Kindlers Kulturgeschichte

DIE KELTEN

Von der Vorgeschichte bis zum Normanneneinfall

KINDLERS KULTURGESCHICHTE

MYLES DILLON / NORA K. CHADWICK

DIE KELTEN

VON DER VORGESCHICHTE BIS ZUM NORMANNENEINFALL

47 Schwarzweiß-Abbildungen und 4 Karten

PARKLAND VERLAG

Aus dem Englischen übertragen von Dr. Grete und Dr. Karl-Eberhardt Felten
Die Originalausgabe erscheint im Verlag Weidenfeld & Nicolson, London,
unter dem Titel THE CELTIC REALMS

2004 Lizenzausgabe für den Parkland Verlag, Köln

Umschlagentwurf: Dagmar Herrmann
Druck und Bindung: GGP Media, Pößneck

ISBN 3-89340-058-3

Printed in Germany

Vorwort

Die Kelten gehören zu den Völkern im prähistorischen Europa, die die Kultur der letzten zweitausend Jahre wesentlich mitgeprägt haben. Dieses Buch schildert die Geschichte und die Kultur der Kelten von ihrem Ursprung – über die Gründung selbständiger Königreiche auf den britischen Inseln – bis zum Ende ihrer Unabhängigkeit. Den Begriff Geschichte verstehen die Verfasser im weitesten Sinn dieses Wortes, nämlich als Kulturgeschichte, die sowohl gesellschaftliche Institutionen und Religion als auch Sprache, Literatur und Kunst der Kelten umfaßt.

In den letzten Jahren ist die Keltenforschung so sehr fortgeschritten, daß sich die Verfasser verpflichtet fühlen, ihre Ergebnisse ausführlich darzulegen, um sowohl Laien als auch Fachleute gleichermaßen anzusprechen. So möge der Nichtfachmann den Anfang des 9. Kapitels, das ausführlich über Sprache und Literatur der Kelten handelt, flüchtiger lesen als der interessierte Kenner, der es einer gründlichen Lektüre wert finden dürfte.

Die Geschichte der Kelten beginnt im prähistorischen Zeitalter, wo uns Sprache und Archäologie die einzigen Wegweiser sind. Sie bringen eine Terminologie und eine Fülle von Beweismaterial mit sich, die für viele Leser zwar völlig neu, aber trotz ihrer Ungeläufigkeit – wie die Verfasser hoffen – nicht ganz unwillkommen sein werden.

Die Kapitel 1, 5, 9, 10, 11 und den Epilog schrieb Myles Dillon; von Nora K. Chadwick stammen die Kapitel 2, 3, 4, 6, 7, 8 und 12. Nicht immer waren die Verfasser der gleichen Meinung, und in Zweifelsfällen haben sie einfach ihre persönliche Ansicht dargelegt. So herrscht z. B. allgemein die Überzeugung, daß Medb und Fergus sowie Cú Chulainn und Cú Roí Mac Dáire keine historischen Gestalten sind. Nora Chadwick hält dagegen Medb für die geschichtliche Königin von Cruachain. Andererseits betrachtet Myles Dillon die Druiden als Nachfahren einer alten indogermanischen Priesterschaft, die in Indien die Brahmanen repräsentierten. Diese Ansicht teilt Nora K. Chadwick nicht (vgl. Kap. 7). In diesen zwei Hauptpunkten, die noch heute sehr umstritten sind, stimmen die Verfasser nicht überein. Dennoch ist das Buch eine Gemeinschaftsarbeit. Jedes Kapitel wurde gemeinsam erarbeitet, und beide Autoren tragen dafür gemeinsam Verantwortung.

Der Versuch, die Kelten in der Geschichte als ein Volk mit einheitlicher Tradition und gemeinsamen Wesenszügen zu schildern, ist neu und gewissermaßen ein Experiment. Dennoch scheint dieser Versuch – mehr als die Verfasser erhofft hatten – gerechtfertigt zu sein, da sowohl in Geschichte, gesellschaftlichen Institutionen und Religion als auch in Kunst und Literatur – vielleicht auch in der Sprache – eine gemeinsame und kennzeichnende Wesensart hervortritt, die ebenso für die Kelten Galliens wie für die Englands und Irlands zutrifft. Es ist schwierig, sie zu benennen: Sie unterscheidet sich vom maßvollen Wesen der Griechen und lebt in Extremen, wie Luxus und Askese, überschwengliche Freude und Verzweiflung, Mangel an Disziplin und Fähigkeit, sich gesellschaftlich zu organisieren, Freude an der Schönheit der Natur und Vorliebe für mysteriöse und phantastische Erzählungen, schließlich ein künstlerischer Sinn, der Dekoration und Ornament der blo-

ßen Darstellung vorzieht. Diese Wesensart nannte Matthew Arnold »den keltischen Genius«.
Da auf diesem Gebiet, das eine so reiche Ernte verheißt, nur wenig Vorarbeit geleistet wurde, waren die Verfasser auf die Hilfe anderer Fachleute angewiesen. Professor Binchy, der sogar seine Vorlesungsnotizen zur Verfügung stellte, half bei Kapitel 5. Kapitel 9 und 11 wären ohne den ständigen Rat und die Überwachung durch Proinsias Mac Cana nicht zustande gekommen. Auch unsere Freunde Francis Byrne, Glyn Daniel, Christopher Hawkes, Kenneth Jackson, Stuart Piggott, Terence Powell und Joseph Raftery wurden zur Hilfe herangezogen. Diesen und allen anderen, die wir gelegentlich um Rat gebeten haben, gilt an dieser Stelle unser Dank.
Ebenso danken wir nachstehenden Instituten für die Erlaubnis zum Nachdruck von Zitaten: der University of Chicago Press für Texte und Übersetzungen aus M. Dillon, Early Irish Literature, sowie der Clarendon Press für zwei Gedichte aus G. Murphy, Early Irish Lyrics, und für Gedichte und Auszüge aus T. Parry, The Oxford Book of Welsh Verse.
Besonderer Dank gilt unserem Freund Dr. Oliver Edwards, der die Mühe auf sich nahm, die deutsche Übertragung in den Fahnen zu lesen.

Dublin 1967 *Myles Dillon*
Nora K. Chadwick

I

Die Entdeckung der Kelten

Gegen Ende des 6. Jahrhunderts v. Chr. waren die Kelten griechischen Geschichtsschreibern und Ethnographen schon bekannt. Hekataios aus Milet, der zu dieser Zeit schrieb, nennt Narbonne eine keltische Stadt und sagt von Marseille, es sei in der Nähe keltischen Gebiets gelegen. Im 5. Jahrhundert v. Chr. erwähnt Herodot die Kelten zweimal (hier begegnet zum erstenmal der Name κελτοί), stellt aber nur fest, daß die Donau (deren Quelle er in den Pyrenäen zu vermuten scheint) bei den Kelten entspringe, daß diese jenseits der Säulen des Herakles wohnten und mit Ausnahme der Kynesier das westlichste Volk Europas seien. Doch gibt es noch eine ältere schriftliche Quelle, die allerdings nur in einer späteren Fassung erhalten ist. Die *Ora maritima* des Avienus (4. Jahrhundert) enthielt, wie nachgewiesen wurde, eine Beschreibung der Mittelmeerküste von Cádiz bis Marseille, die aus dem frühen 6. Jahrhundert stammt, und auch hier heißt es von den Kelten, sie wohnten in Gallien und im Südwesten Spaniens.

Wir können zeitlich noch weiter zurückgehen und dürfen annehmen, daß die ursprüngliche Heimat der Kelten östlich des Rheins im heutigen Bayern und Böhmen und westlich davon den ganzen Rhein entlang gelegen hat. Den Beweis für diese Annahme liefert ein Vergleich von Ortsnamen mit archäologischen Funden. In der späten Bronzezeit, gegen Ende des 14. Jahrhunderts v. Chr., tritt in Mitteleuropa eine Kultur auf, die durch Bestattungsbräuche und Schmuckformen an Waffen, Kultgeräten, Werkzeugen und Tonwaren gekennzeichnet ist, wie sie dort bislang unbekannt waren.

In den vorausgegangenen Jahrhunderten erfolgte die Bestattung in Erdhügeln *(tumuli)*, die über dem Grab aufgehäuft wurden, und einige Archäologen bringen diese Kultur mit dem Auftreten der Kelten in Verbindung. Auf die Leichenbestattung in Hügelgräbern folgt eine neue Art der Bestattung, bei der die Leiche verbrannt und die Asche in Urnen gefüllt wurde. Die Urnen wurden in Friedhöfen beigesetzt, die unter der Bezeichnung ›Urnenfelder‹ bekannt sind.

Das Auftauchen eiserner Geräte und Waffen gegen Ende der Urnenfelderkultur leitet eine neue Epoche ein: die Eisenzeit. Sie wird in ihrer frühen Phase — ältere Eisenzeit — nach dem österreichischen Fundort Hallstatt auch die Hallstattkultur (um 800—450 v. Chr.) genannt, im Gegensatz zur jüngeren Eisenzeit — La-Tène-Kultur (von 450 v. Chr. bis zur endgültigen Eroberung Galliens) — nach dem Schweizer Fundplatz La Tène.

Manche Archäologen möchten das Auftauchen der Kelten mit dem Vorkommen von Urnenfeldern im südlichen Mitteleuropa gleichsetzen, da von der Zeit ihres Erscheinens, also vom Ende der Bronzezeit an durch die Hallstattperiode hindurch bis in die La-Tène-Zeit, eine kontinuierliche Kultur vorzuherrschen scheint. Aber das ist unserer Meinung nach zu spät, um das Keltische als eigenen Dialekt abzutrennen, und man sieht deshalb besser alles als bereits keltisch an, was auf den Beginn des 2. Jahrtausends v. Chr. datiert werden kann.

Über dieses ganze Gebiet hin — Oberösterreich, Böhmen, Süd- und Westdeutschland — begegnen uns Ortsnamen, die sich aus folgenden Elementen zusammensetzen: *briga*, ›Hügel‹; *dunum*, ›Festung‹; *magos*, ›Feld‹; *nemeton*, ›Heiligtum‹;

ritum, ›Furt‹; *seno-,* ›alt‹; *uindo-,* ›weiß‹. Und diese Wörter sind uns vertraut aus dem irischen *brí,* ›Hügel‹ (dem walisischen *bre*); dún, ›Fort‹ (*dinas*); *mag,* ›Feld‹ (*ma*); *nemed,* ›Heiligtum‹; walisisch *rhyd,* ›Furt‹; *sen,* ›alt‹ (walisisch *hen*); *find,* ›weiß‹ (walisisch *gwyn*). Der walisische Ortsname *Gwynfa* in Montgomeryshire und das irische *Findmhagh* in der Grafschaft Antrim sind genaue Übersetzungen des gallischen 'Ουινδόμαγος (*Uindo-magos*) in Gallia Narbonensis, das Ptolemaios (2, 10,6) erwähnt. Der Name des Rheins ist keltisch, und alle seine östlichen Nebenflüsse haben keltische Namen: Neckar, Main, Lahn, Ruhr und Lippe. Isar, Inn und Taunus sollen auch keltischen Ursprungs sein (1). Wahrscheinlich darf man annehmen, daß diese Namen, deren Verbreitung mit der frühen Hügelgräberkultur zusammenfällt, von den Trägern dieser Kultur stammen; und diese Namen sind keltisch. Diese Vermutung wird von der Tatsache gestützt, daß sich in Frankreich und Spanien die gleiche Übereinstimmung keltischer Orts- und Flußnamen mit der Urnenfelderkultur findet; archäologische Funde zeigen ja die Verbreitung materieller Kulturen westlich und nördlich jenes mitteleuropäischen Gebiets.

Es gibt eine – durchaus vertretbare – Theorie, nach der das Wort ›keltisch‹ mit dem gotischen *hildja,* ›kämpfen‹, verwandt sei. Es hat keine Vorgeschichte wie etwa der Name *Graeci,* der einst eine kleine Gemeinde auf dem Peloponnes bezeichnete, oder der Name *Rus,* ›russisch‹, der ursprünglich eine finnische Bezeichnung für die Schweden war und vielleicht ›Ruderer‹, ›Seefahrer‹ bedeutete. Doch Strabon sagt, es sei früher der Name des Stammes von Gallia Narbonensis gewesen, und er nimmt an, es sei vielleicht über Marseille als Name für das ganze Volk ins Griechische gekommen (2).

Bei Caesar heißt es, die Gallier hätten sich selbst *Celtae* genannt. Der Name wurde allmählich wie bei Strabon für ein Volk benutzt, das sich von den Ligurern und Iberern im Westen und von den Illyrern und Skythen im Osten unterschied. Die Germanen in ihrer Heimat im Norden waren den ältesten griechischen Geschichtsschreibern noch unbekannt.

Die Kelten waren in verschiedener Weise bemerkenswert: durch ihre soziale Gliederung, Religion, Kleidung und Art der Kriegführung; das sind Punkte, die den frühen Historikern wichtig waren. Freilich wird der Hauptunterschied auch damals schon in der Sprache gelegen haben. Tacitus sagt von einem Stamm: »Daß die Kotiner keine Germanen sind, beweist ihre gallische Sprache.« (3) Tatsächlich ist die Definition von der Sprache her die einzig brauchbare, da man nur unter Berufung auf sie sinnvollerweise von keltischer Archäologie oder keltischer Religion sprechen kann. Wenn wir aber die Sprache nicht als Kriterium akzeptieren, bedingen diese Begriffe einen Zirkelschluß. Damit ist nicht gesagt, daß es keine Verwechslungen gegeben hätte. Stämme, die einen germanischen Dialekt sprachen, mögen ihrer Kleidung und Bräuche wegen oder weil sie unter keltischer Oberherrschaft standen, für Kelten gehalten worden sein. Die Männer, die damals ihre Beobachtungen machten, waren keine ausgebildeten Linguisten und konnten ohne sorgfältige Nachforschungen unmöglich wissen, ob der Dialekt eines Stammes in einem Grenzgebiet keltisch war oder nicht (4).

Abgesehen von den Ortsnamen sagen uns die Namen gallischer Häuptlinge und Völker einiges über die Sprache der alten Kelten. Manche können über das Irische und Walisische gedeutet werden: Dumnorix geht ins Irische als *rí an domhain*, ›König der Welt‹, über; Vercingetorix ist zusammengesetzt aus *uer*, ›über‹, *cinget-*, ›Krieger‹, und *rīx*, ›König‹; Anektomāros bedeutet ›Großer Beschützer‹ (altirisch *aingid*, ›beschützt‹); Eporedorix, ›König der Pferde‹, ist das altirische *rí echraide;* Bituriges, altirisch *ríg in betho,* ›König der Welt‹; Brigantes ›die Erhabenen‹ (altirisch *Brigit*). Manche Wörter werden von antiken Schriftstellern als gallische Sachbezeichnungen erwähnt: κόρμα, ›Bier‹; βάρδος, ›Dichter‹; δρουίδαι, ›Druiden‹; *raeda,* ›Streitwagen‹; μάρκα, ›Pferd‹. Und die Wörter begegnen uns im Irischen als *coirm, bard, druí,* ›Druide‹, *riad,* ›fahren, reiten‹, und *marc,* und im Walisischen gibt es ähnliche Formen. Eine direktere Quelle erschließen gallische Inschriften, die in Frankreich und Italien gefunden worden sind. Manche Inschriften des cisalpinischen Gallien sind im griechischen oder etruskischen Alphabet geschrieben, aber die überwiegende Mehrzahl zeigt römische Buchstaben. Ihre Zahl beträgt etwa 60, wenn man von den in La Graufesenque gefundenen Graffiti auf Topfscherben und von dem Inhalt des berühmten *Kalenders von Coligny* absieht. Auf die Sprache wird später noch näher eingegangen.

Die Kelten sind also ein Volk, das in der Geschichte im 6. Jahrhundert v. Chr. erscheint. Die älteren Schriftsteller erwähnen sie nur gelegentlich, etwa wenn Xenophon von den Kelten spricht, die als Söldner gegen die Thebaner auf dem Peloponnes 369 v. Chr. kämpften. Platon erwähnt sie in einer Aufzählung barbarischer Völker, die dem Trunk ergeben seien. Bei Aristoteles heißt es, sie stünden im Ruf äußerster Unerschrokkenheit und fürchteten weder Fluten noch Erdbeben (5). »Es ist keine Tapferkeit«, sagt er, »der Gefahr durch Unbekümmertheit zu widerstehen, wie die Kelten, wenn sie die Waffen ergreifen, um die Fluten zu bekämpfen.«

Aus ihrer Heimat in Mitteleuropa verbreiteten sich die Kelten nach Westen bis an die atlantische Küste und bis nach Spanien, nach Norden bis auf die britischen Inseln, später südwärts nach Italien und ostwärts die Donau entlang und bis nach Galatien in Kleinasien. Die frühen Wanderungen fanden in prähistorischer Zeit statt und können nur mit Hilfe der Archäologen datiert werden. Das archäologische Beweismaterial ist insofern unvollständig, als Schwerter, Broschen und Scherben uns nicht sagen können, daß die Menschen, die sie verfertigten, einen keltischen Dialekt sprachen. Tatsache jedoch ist, daß die Hallstatt- oder ältere Eisenzeitkultur sich bis nach Spanien erstreckte; schriftliche Zeugnisse beweisen, daß die Kelten im 6. Jahrhundert im südwestlichen Spanien saßen, und die in Spanien weitverstreuten keltischen Ortsnamen finden sich bis zur Mündung des Tejo *(Arabriga)*. Man darf vernünftigerweise folgern, daß die Hersteller dieser Hallstattwaffen und -werkzeuge Kelten waren. Aber die frühesten keltischen Wanderungen fielen in die Bronzezeit, denn die Urnenfelder, die sich in Süddeutschland und Ostgallien nach der Hügelgräberkultur finden und die als keltisch gelten, gibt es auch in Katalonien und tief im Süden in Valencia. Später kam es noch zu einzelnen Wanderungen der Kelten in der Hallstattzeit (etwa 600 v. Chr.) und in der zweiten Phase der La-Tène-Kultur (3. Jahrhundert v. Chr.), und einige Inschriften bezeugen das Vorhandensein eines starken keltischen Elements in der Bevölkerung. Die Keltiberer, die dem römischen Ansturm so lange und so tapfer Widerstand leisteten, waren, wie ihr Name sagt, eine Mischung aus Kelten und Iberern.

Die keltische Ansiedlung auf den britischen Inseln läßt sich weniger leicht nachweisen. Es scheint zur Zeit, als müßten wir zwischen zwei Extremen wählen. Um 2000 v. Chr. kamen die Glockenbecherleute, die ihre Toten in Einzelgräbern und mit individuellen Grabbeigaben bestatteten. Die bemerkenswerte Wessexkultur der Bronzezeit, die etwa 1500 v. Chr. auftritt, gründet sich, wie man annimmt, auf diese Überlieferung. Ihre Grabbeigaben lassen auf das Vorhandensein einer Kriegeraristokratie »mit einer abgestuften Reihe von Dienstverpflichtungen ... über einen Kriegeradel bis hinunter zu den Handwerkern und Bauern« (6) wie in der homerischen Gesellschaft schließen. Das ist die Gesellschaft, wie sie in den irischen Sagas geschildert wird, und es ist nicht einzusehen, warum ein so früher Zeitpunkt für das Auftreten der Kelten unmöglich sein sollte. Wir werden sehen, daß es sprachliche und kulturelle Überlegungen gibt, die diese Annahme eher unterstützen. Von der Mitte des 6. Jahrhunderts v. Chr. an erscheinen allmählich die Menschen der älteren Eisenzeit, die jene für die inselkeltische Welt so kennzeichnenden Hügelburgen bauen. Von da bis zur belgischen Invasion, die nach Caesar nicht lange vor seiner Zeit stattgefunden hat, gab es mehrere keltische Einwanderungswellen nach Britannien. Zur Zeit scheinen allerdings die Archäologen allgemein der Ansicht zu sein, daß zwischen 2000 und 600 v. Chr. keine Einwanderung großen Maßstabs nach den britischen Inseln stattgefunden habe.

In den letzten Jahren hat die Archäologie große Fortschritte gemacht. Für den Außenstehenden ist es schwierig, sich ein persönliches Urteil zu bilden, und es ist daher ratsamer, sich einer Autorität anzuschließen. Inzwischen ist man auch in der keltischen Philologie bedeutend weiter gekommen, und der starke Archaismus der irischen Überlieferung ist nun einwandfrei nachgewiesen, wie aus dem folgenden hervorgeht. Unserer Meinung nach scheint im Augenblick jede der beiden Annahmen gute Gründe für sich zu haben, und wir gestehen, daß wir der früheren Datierung den Vorzug geben. Wenn die Forschung noch weiter in die Vorgeschichte eindringt oder sich vielleicht auch irgendeine neue linguistische Entdeckung ergibt (7), mag in Zukunft eine begründete Entscheidung möglich werden.

Über die Ansiedlung der Kelten in Irland hat O'Rahilly in

The Goidels and their Predecessors und dann noch einmal in seinem bedeutenden Werk *Early Irish History and Mythology* eine völlig neue Theorie aufgestellt. Er unterscheidet vier aufeinanderfolgende Einwanderungen: die Cruthin kurz vor 500 v. Chr., die Érainn (Fir Bolg) vielleicht im 5. Jahrhundert, die Laigin (mit Domnainn und Gálioin) im 3. Jahrhundert und die Goídil, die etwa 100 v. Chr. kamen. Die Vorstellung, daß es eine Reihe von Invasionen gegeben habe, ist schon alt. Sie begegnet zuerst bei Nennius, der von drei Einwanderungen wußte: von Partholón, Nemed und den Söhnen des Míl. Im *Buch der Invasionen,* das wir in der revidierten Fassung aus dem 11. Jahrhundert kennen, sind es fünf (oder sechs): (Cesair), Partholón, Nemed, Fir Bolg, Tuatha Dé Danann und die Söhne des Míl. Doch diese Legenden sind bloße Fiktion der Gelehrten und haben keinen geschichtlichen Wert. Ihre Bedeutung liegt auf einem anderen Gebiet. Der einzige Bezug, den sie zur Geschichte haben, besteht darin, daß sie einen Zustand verraten, den Gelehrte zu erläutern bestrebt waren. Aus verschiedenen von O'Rahilly angeführten Stellen geht denn auch hervor, daß in Irland zumindest drei Völkergruppen vorhanden waren: Cruthin (oder Cruithni), die hauptsächlich im Norden saßen und offenbar mit den Pikten von Schottland (die auch Cruthin heißen) verwandt waren, Érainn, die hauptsächlich im Südwesten und in der Südostecke (Déisi) saßen, und Goídil (*Cland Míled*), die über Tara, Cashel und Croghan herrschten und in der geschichtlichen Periode dominierten. Ob die Laigin ein eigenes Volk waren oder nur ein Stamm der Goidelen, wissen wir nicht.

O'Rahillys höchst neuartige Behauptung besteht darin, daß seine ersten drei Gruppen britonische Dialekte gesprochen hätten, das heißt, daß sie ›p-Kelten‹ waren, und daß die Goídil als einzige Goidelisch gesprochen hätten, also die

Außenfeldornamente vom Silberkessel aus Gundestrup. 2./1. Jh. v. Chr. Nationalmuseet, Kopenhagen

Innenfeldornamente vom Silberkessel aus Gundestrup. 2./1. Jh. v. Chr. Nationalmuseet, Kopenhagen

einzigen ›q-Kelten‹ gewesen seien. O'Rahilly versucht seine Behauptung mit irischen Wörtern zu belegen, die ihrer Form nach nicht goidelisch sind und britonisch sein können. Seine Darlegungen überzeugen nicht, und die Vorstellung, daß diese stärker archaische Sprache infolge einer Wanderung der Quariaten als späteste vom südöstlichen Gallien herübergekommen sein sollte, ist unwahrscheinlich. Wir halten es für wahrscheinlicher, daß Goidelisch in Irland zuerst eingeführt war und daß britonische Stämme sich dort niederließen, genau wie in Wales im Norden und auch im Süden irische Niederlassungen entstanden. In diesen frühen Jahrhunderten mit ihrem regen Verkehr über die Irische See bestand jede Möglichkeit für sprachliche Anleihen. Außerdem kann ein unbekannter Prozentsatz des irischen Wortschatzes als Erbe aus vorkeltischer Zeit vorindogermanisch sein. Die Cruthin und die Érainn, die beide früher eingewandert sind als die Goídil, sprachen wahrscheinlich q-Dialekte. Dennoch muß man korrekterweise sagen, daß sich in dieser Angelegenheit keine Gewißheit erreichen läßt. O'Rahillys Theorie ist von einigen Gelehrten angenommen (8), von anderen abgelehnt worden (9).

In weiteren Wanderungen hatten sich die Kelten bis nach Italien und längs der Donau in der Richtung auf das Schwarze Meer ausgebreitet. Das cisalpinische Gallien wurde im 4. Jahrhundert v. Chr. besiedelt, und keltische Horden drangen 390 bis nach Rom vor. Das Heiligtum von Delphi wurde 278 ausgeraubt, und die Plünderer streiften dann durch Thrakien und Makedonien. Die Skordisker gründeten die Stadt Singidunum (Belgrad), und andere Horden kamen sogar mit den Skythen in Berührung und bildeten eine keltoskythische Gruppe. Schließlich zog ein Heer von über 20 000 Mann nach Kleinasien – Tektosagen, Tolistobogier und Trokmer – und gründete im östlichen Phrygien die drei Tetrarchien von Galatien. Die Tektosagen bewohnten das Gebiet des heutigen Ankara. Und wie die Kelten Galliens in ihrem Heiligtum im Gebiet der Carnutes (10), die Kelten von Irland in Uisnech und in Tailtiu (11), so versammelten sich auch diese Galater von Zeit zu Zeit in einem Heiligtum namens *Drunemeton,* ›der heilige Eichenhain‹, und hielten so ihren alten Überlieferungen die Treue (12).

Zu jener Zeit befand sich ein Gebiet in den Händen der Kelten, das von Irland bis Galatien reichte. »Zwei Jahrhunderte lang«, sagt Grenier, »waren sie (die Kelten) das bedeutendste Volk Europas ... Um 300 v. Chr. ist die Macht der Kelten auf ihrem Höhepunkt, und ihr Tatendrang scheint ebenso unerschöpflich zu sein wie ihr Menschenmaterial.« (13)

Diese rasche Verbreitung über ein ungeheuer großes Gebiet läßt auf große Fruchtbarkeit und bedeutenden Unternehmungsgeist der Kelten schließen. Außerdem brachten die Kelten genau wie die Griechen im Mittelmeerraum ihre Kultur mit, die sie den eroberten Ländern aufzwangen. Und wenn sie auch Barbaren im eigentlichen Sinn des Wortes waren, so war ihr Lebensstil keineswegs primitiv. Berichte darüber finden wir bei Polybios aus dem 3. Jahrhundert v. Chr., in Fragmenten des Poseidonios, der im 1. Jahrhundert v. Chr. lebte, und bei Iulius Caesar. Es lohnt sich, gewisse Stellen des Poseidonios ausführlich zu zitieren, da sie in späteren irischen Quellen ihre Bestätigung finden (14).

Polybios berichtet sehr ausführlich von der Eroberung des cisalpinischen Gallien, von den späteren Kämpfen der Römer mit den Keltiberern in Spanien und von der Niederlage der Galater in Kleinasien. Er schildert die Waffen der Kelten, berichtet, daß sie es liebten, nackt zu kämpfen und daß sie dem erschlagenen Feind den Kopf abzuschneiden pflegten;

ferner erwähnt er die prächtigen Torques und Armbänder, mit denen die keltischen Krieger sich schmückten. Er sagt auch, daß die Anzahl ihrer Klienten eine große Rolle spielte, da sich danach die Stellung des einzelnen in der Gesellschaft bemaß.

Die bekannteste Schilderung der Kelten findet sich im VI. Buch von Caesars *Gallischem Krieg,* aber unsere hauptsächliche Informationsquelle ist Poseidonios, der eine Fortsetzung der Weltgeschichte des Polybios geschrieben hat. Sein Werk ist nicht erhalten, doch haben Diodoros Siculus und Strabon einen großen Teil seiner Berichte überliefert. Strabon äußert sich wie folgt über die gallischen Kelten: »Das ganze Volk, das man jetzt das gallische oder galatische nennt, ist sehr kriegerisch, mutig und stets kampfbereit, sonst aber ehrlich und nicht bösartig. Deshalb sammeln sie sich, wenn sie herausgefordert werden, und ziehen ganz offen und ohne Vorbedacht in den Kampf, so daß ein Feind, der ihnen mit List begegnen will, leicht mit ihnen fertig wird; er findet sie nämlich, wann und wo und unter welchem Vorwand er will, bereit, sich der Gefahr zu stellen, selbst wenn sie nur Kraft und Kühnheit auf ihrer Seite haben. Auch widmen sie sich, wenn ihnen gut zugesprochen wird, nützlichen Beschäftigungen; sogar der Erziehung und den Wissenschaften wenden sie sich zu. Ihre Stärke beruht sowohl auf ihrer Körpergröße wie auf ihrer Menge, und schnell gereizt, lassen sie sich wegen ihres geraden, unbefangenen Wesens rasch in großer Anzahl in einen Kampf ein, immer bereit, einem Nachbarn zu helfen, der sich gekränkt glaubt ... Unter allen Stämmen stehen durchweg drei Klassen in besonderem Ansehen: die Barden, Vates und Druiden. Die Barden sind Hymnensänger und Dichter, die Vates opfern und erforschen die Natur, die Druiden beschäftigen sich neben der Betrachtung der Natur auch mit der Sittenlehre. Man hält sie für die Gerechtesten und überläßt ihnen deshalb die privaten und öffentlichen Streitigkeiten zur Entscheidung; in früheren Zeiten schlichteten sie Kriege und stifteten Frieden zwischen Heeren, die sich schon zur Schlacht rüsteten. Auch in Mordfällen wurden sie meistens mit der Entscheidung betraut. Wo solche sich häufen, glauben sie, daß der Ernteertrag reich sein wird. Mit anderen halten sie die menschliche Seele und die Welt für unzerstörbar, wenn auch Feuer oder Wasser vorübergehend die Oberhand gewinnen.

Neben ihrer Offenheit und Herzhaftigkeit muß doch auch ihre kindliche Prahlerei und Putzsucht erwähnt werden. Sie tragen goldenen Zierat, goldene Ketten am Hals und Reifen an Armen und Handgelenken, und Vornehme kleiden sich in gefärbte und goldgestickte Kleider. Diese Eitelkeit ist auch der Grund, warum sie im Sieg unerträglich übermütig und bei einer Niederlage ganz zerknirscht sind. Zu ihrem Unverstand kommt auch noch – insbesondere bei den nördlichen Völkerschaften – ein barbarisch wilder Brauch hinzu: Wenn sie das Schlachtfeld verlassen, hängen sie die Köpfe ihrer Feinde an den Hals ihrer Pferde, und bei der Heimkehr nageln sie diese als Schaustücke über ihren Haustüren an. Poseidonios sagt, er habe das oft gesehen; zunächst habe es ihn abgestoßen, aber später habe er sich daran gewöhnt und sich nicht mehr darüber empört . . .« (15)

Diodoros schildert die Gebräuche der Kelten in Gallien bei einem Fest: »Ihre Edlen rasieren sich die Wangen, den Knebelbart dagegen lassen sie langwachsen, so daß der Mund ganz verdeckt wird. Beim Essen hat daher der Bart mit den Speisen zu tun, und wenn sie trinken, rinnt das Getränk wie durch einen Seiher. Sie speisen alle sitzend, und zwar nicht auf Schemeln, sondern auf der Erde, auf ausgebreiteten Wolfs- oder Hundefellen. Dabei lassen sie sich von ihren jüngsten Leuten beiderlei Geschlechts bedienen. Nahe dabei steht der Herd mit Feuer und Kesseln und Bratspießen mit großen Fleischstücken. Tapfere Männer ehren sie durch die schönsten Fleischstücke, wie ja auch der Dichter den Aias von den Heerführern ehren läßt, als er den Hektor im Zweikampf besiegt hat: ›Aber den Aias ehrt er mit einem Kammstück in voller Länge.‹« (16)

Athenaios, der sich auf Poseidonios beruft, bestätigt, was über den Anteil der Heerführer gesagt wird: »In früheren Zeiten nahm sich der tapferste Heerführer das Oberschenkelstück, wenn Hinterviertel aufgetragen wurden, und wenn ein anderer Anspruch darauf erhob, standen sie auf und fochten es im Zweikampf aus, bis einer fiel.« (17)

Dieses Vorgehen wird sehr lebendig in der altirischen Sage *Mac Da Thós Schwein* (s. Kap. 10) geschildert und liefert auch das Hauptthema für *Bricrius Gastmahl.*

Unter diesem Gesichtspunkt ist eine weitere Stelle ganz besonders interessant. Es handelt sich um Diodoros' Bericht über die Gallier in der Schlacht: »Auf Reisen und in Schlachten bedienen sie sich des Zweigespanns. Auf dem Wagen steht außer dem Lenker ein Kämpfer. Stoßen sie im Gefecht auf Reiter, so schleudern sie zuerst den Wurfspieß gegen den Feind, springen dann herab und greifen zum Schwert. Einige von ihnen verachten den Tod so sehr, daß sie ganz nackt und nur um die Hüften geschürzt in den Kampf gehen. Sie führen auch Freigeborene als Diener mit sich, die sie sich aus den armen Leuten aussuchen, um sie in der Schlacht als Wagenlenker oder Schildträger zu gebrauchen. In der Schlachtaufstellung pflegen sie vor die Linie zu treten und die Tapfersten der Gegner zum Zweikampf herauszufordern, indem sie ihre Waffen schwingen, um den Feind zu schrecken. Hat einer ihre Herausforderung angenommen, so preisen sie die Tapferkeit ihrer Vorfahren und rühmen ihre eigenen Taten, den Gegner aber schmähen und erniedrigen sie und suchen ihm schon vor dem Kampf durch Wortschwall den Mut der Seele zu nehmen. Den gefallenen Feinden hauen sie die Köpfe ab und hängen sie am Hals ihrer Pferde auf; die blutigen Waffen aber geben sie ihren Dienern und lassen sie als Beute unter Kriegsgeschrei und Siegesgesang einhertragen. Diese Waffenbeute nageln sie dann zu Haus an die Wand, gleich wie Tiere, die man auf der Jagd erlegt hat.« (18)

Auch hier stimmen die irischen Quellen wieder mit der Schilderung der Kelten in Gallien überein. Die Krieger der Ulstersagas fahren mit Streitwagen in die Schlacht, und die Herausforderung zum Zweikampf bildet das Hauptthema des großartigen Prosaepos *Táin Bó Cualnge.* Cú Chulainn mit Loeg als Wagenlenker gleicht auf seinem mit zwei Pferden bespannten Streitwagen und seiner aus Schild, Speer und Schwert bestehenden Bewaffnung genau den Keltenkriegern, wie sie Poseidonios beschreibt.

Es folgt eine Schilderung der Gallier bei Diodoros, die anscheinend auch auf Poseidonios zurückgeht: »Sie selber sind von furchterregendem Anblick, ihre Stimme tieftönend und überaus rauh. In Gesprächen machen sie nicht viele Worte, vielmehr drücken sie sich rätselhaft aus und deuten vieles nur bildlich und mit halben Worten an; dagegen sprechen sie viel und überschwenglich, um sich selbst zu erheben und andere herabzusetzen. Sie drohen gern und drücken sich hochfahrend und tragisch gespreizt aus. Dabei besitzen sie einen scharfen Verstand und sind zum Lernen keineswegs ungeschickt. Es gibt bei ihnen auch Liederdichter, die sie Barden nennen. Diese tragen ihre Gesänge unter Begleitung von Instrumenten vor, die der Lyra ähnlich sind; und zwar sind dies teils Lobgesänge, teils Schmählieder. Überaus geehrt sind bei ihnen einige Philosophen, die auch der göttlichen Dinge kundig sind und Druiden genannt werden. Auch Wahrsager haben sie, denen gleichfalls große Ehre erwiesen wird. Sie weissagen aus dem Vogelflug und aus der Beschauung der Opfertiere, und alles Volk glaubt und gehorcht ihnen. Besonders haben sie für gewisse Fälle eine höchst auffällige und kaum glaubliche Art, das Zukünftige zu erforschen. Sie weihen nämlich einen Menschen und stoßen ihm dann ein Schwert oberhalb des Zwerchfells in die Brust, und wenn das Opfer getroffen zusammenstürzt, erkennen sie aus der Art und Weise, wie es niederfällt, sowie aus den Zuckungen der Glieder und dem Ausströmen des Blutes das Zukünftige, wobei sie einer alten und durch lange Beobachtung erprobten Erfahrung Glauben schenken. Es ist bei ihnen Sitte, überhaupt kein Opfer ohne Zuziehung eines Philosophen zu bringen, denn sie sagen, man müsse seine Dankbezeigungen den Göttern durch solche Männer darbringen, die des göttlichen Wesens kundig seien und gleichsam dessen Sprache verstünden, und durch deren Vermittlung müsse man sich auch das Gute erbitten. Aber nicht nur in den Angelegenheiten des Friedens, sondern auch in den Dingen des Krieges folgen sie meist dem Rat dieser sowie den Gesängen der Dichter, und zwar nicht nur die befreundete Partei, sondern auch die feindliche. Oft, wenn schon in der Schlachtaufstellung die beiden Heere gegeneinander anrücken mit gezogenen Schwertern und vorgestreckten Lanzen, treten diese Männer in die Mitte und bewegen die Heere, vom Angriff abzusehen, gleich als wenn sie durch ihren Gesang wilde Tiere bezauberten. So weicht auch bei den wildesten Barbaren die Leidenschaft der Weisheit, und Ares scheut sich vor den Musen.« (19)

Das Zeugnis Caesars, das ja weithin bekannt ist, wiegt in vielerlei Hinsicht am schwersten. Seiner Schilderung nach gliedert sich die gallische Gesellschaft in drei Klassen: die *Druides*, die *equites* und die *plebs;* das sind die drei Funktionen Priester,

Krieger und Bauer. Die Vornehmen und Begüterten unter den *equites* hatten zahlreiche Klienten um sich.

Von den Druiden berichtet uns Caesar mehr als die anderen Quellen der Antike. So sagt er zum Beispiel von den Galliern: »Das ganze Volk der Gallier hat einen starken Hang zur Religion.« Wir hören, daß die Druiden die Seelenwanderung lehrten, daß sie sich mit der Götterverehrung befaßten und daß ihnen junge Leute zur Ausbildung zuströmten. »Man sagt, sie lernen eine große Menge von Versen auswendig. Einige bleiben daher 20 Jahre in der Lehre. Es ist nämlich streng verboten, diese Dinge niederzuschreiben, während sich die Gallier sonst in geschäftlichen und privaten Angelegenheiten des griechischen Alphabets bedienen ... Außerdem beschäftigen sie sich ausgiebig mit den Gestirnen und ihren Bewegungen, mit der Größe der Welt und der Erde, der Natur der Dinge, der Macht und Gewalt der unsterblichen Götter, und in diesem allem unterrichten sie auch die Jugend.« (20)

Diese Klasse professionell ausgebildeter Männer, der Priester und Gelehrten, scheint wie die Brahmanen Indiens auf ein gemeinsames indogermanisches Erbe zurückzugehen, denn das spätere und reichlichere Beweismaterial aus irischen Quellen bezeugt eine ähnliche Schicht, die *filid*, die in einer christlichen Gesellschaft zwar ihres Priesteramts verlustig gegangen sind, sich aber die Gelehrtenfunktion der Druiden als Dichter, Genealogen und Rechtskundige erhalten haben und auch weiterhin die mündliche Überlieferung der schriftlichen vorziehen. Form wie auch Inhalt ihres gelehrten Wissens sind der brahmanischen Tradition überraschend ähnlich.

Wie archaisch diese Überlieferungen sind, geht am deutlichsten aus dem irischen Material hervor, das später vorgelegt wird (Kap. 10), doch sei schon hier auf zwei Punkte hingewiesen, nach denen man eine gelehrte Tradition in Anschlag bringen muß, die von den Druiden Galliens als Erbe übernommen und von ihnen an die *filid* Irlands weitergegeben wurde.

Die Metren des *Rigveda* – die älteste uns bekannte Form indogermanischer Verse – beruhen auf einer Zeile mit einer bestimmten Silbenzahl, deren erste Hälfte frei rhythmisiert wurde, während die Kadenz feststand: ⏑ — ⏑ ⏓ .

Meillet hat schon vor langer Zeit nachgewiesen, daß die griechischen Metren denselben Ursprung haben, und in neuerer Zeit hat das Roman Jakobson in moderner slawischer Lyrik festgestellt. Calvert Watkins hat nun, wie wir glauben, überzeugend dargelegt, daß die altirische heptasyllabische Zeile von dieser indogermanischen Form herkommt und daß andere irische Metren Varianten davon sind; damit hat er das Alter der keltischen Überlieferung und die Gemeinsamkeit im Erbe der Druiden und Brahmanen bestätigt (21).

Beim zweiten wichtigen Punkt geht es um die Überlieferung in der Rechtsprechung. Die ältesten Stellen in den altirischen Gesetzestraktaten stammen aus dem 7., vielleicht sogar aus dem 6. Jahrhundert. Sie sind in Versen geschrieben, gewöhnlich eine siebensilbige Zeile, die in einem Daktylus endet, wie es uns die mündliche Überlieferung bezeugt. Der Inhalt gehört dem System eines Gewohnheitsrechts an, zu dem sich enge Parallelen im *Mānavadharmaśāstra,* den Hindugesetzen von Manu, finden (22).

Binchy hat darauf hingewiesen, daß die irischen und indischen Gesetzbücher einander in manchen Fakten ähneln. In beiden Ländern besteht das Gesetz aus kanonischen Texten, denen göttlicher Ursprung nachgesagt wird und die ausschließlich durch eine privilegierte Kaste ausgelegt werden. Hier wie dort gab es Rechtsschulen mit wechselnden Traditionen der Auslegung. Die Beziehung zwischen Schüler und Lehrer (irisch *felmac* und *fithithir;* Sanskrit *śiṣya* und *guru*) war ähnlich und führte eventuell zum Recht auf Nachfolge. *Sapiṇḍa,* eine aus vier Generationen bestehende Familiengruppe, die von einem gemeinsamen Urgroßvater abstammt, scheint bei den Hindu dieselbe Bedeutung und dieselben Funktionen zu haben wie *derbfine* bei den Iren und *gwely* bei den Walisern. In beiden Systemen bildete die Familieneinheit die Grundlage.

Das Recht, ›eine Tochter zu ernennen‹, findet sich sowohl im griechischen wie auch im indischen Rechtssystem. In Griechenland wurde die ἐπίκληρος vom Vater ernannt, wenn er keine Söhne hatte, damit sie ihm von einem erwählten Gatten – gewöhnlich von ihrem nächsten Verwandten väterlicherseits – Enkel gebären sollte. Diese Enkel wurden seine gesetzlichen Erben und Nachfolger auf seinem Grundbesitz. In Indien heißt die ernannte Tochter *putrikā,* ›die Sohnesgleiche‹ (*putra,* ›Sohn‹), und die Parallele zum irischen System liegt noch näher, denn der Brauch, eine Tochter zu ernennen, verfiel, und wenn keine Söhne da waren, durfte eine Tochter das Erbe antreten. Später erbte sie nur auf Lebenszeit, und der Grundbesitz fiel nach ihrem Tod an die väterliche Verwandtschaft zurück.

Dies ist die Stellung der irischen *ban-chomarba,* des ›weiblichen Erben‹, doch scheint es einen älteren Brauch gegeben zu haben, nach dem sie einen Verwandten heiratete und ihrem Vater Erben brachte. In Indien und in Irland machte das Gesetz die gleiche Entwicklung durch, was vermutlich Zufall ist, während der ursprüngliche Status der *putrikā* und *banchomarba* offensichtlich auf gemeinsamer indogermanischer Überlieferung beruht.

Noch eindrucksvoller sind die Ehegesetze in Irland und Indien. In Indien gab es acht Formen der Ehe: *brāhma, daiva, árṣa, prājāpatya, āsura, gāndharva, rākṣasa* und *paiśaca.* Bei den ersten vier wird die Tochter dem Bräutigam vom Vater gegeben, ohne daß ein Kauf stattfindet. Die fünfte ist eine auf Kauf beruhende Ehe, die sechste eine freiwillige Vereinigung der Jungfrau und ihres Geliebten, die siebte eine gewaltsame Entführung (wie sie einem Krieger ansteht), die achte ist bloße heimliche Verführung, die als schändlicher und sündiger Brauch bezeichnet wird (23). In Irland gab es ebenfalls verschiedene Formen der Eheschließung. In dem Gesetzestraktat über die Ehe werden zehn Arten anerkannt, von denen nur neun erläutert werden. Die ersten drei sind reguläre Eheschließungen, die sich nur in der Aufteilung des von beiden Partnern eingebrachten Vermögens unterscheiden; es kann zu gleichen Teilen, nur vom Mann oder nur von der Frau in die Ehe eingebracht werden. Die anderen sind Verbindungen auf Zeit, von denen zwei mit den entsprechenden indischen Formen übereinstimmen: Ehe durch Gewalt (*lánamnas écne*) und heimliche Verführung (*lánamnas tothla*). Vielleicht kann auch noch eine dritte Form – die auf eine Aufforderung des Mannes hin eingegangene Vereinigung – mit der *gāndharva*-Ehe der Hindus, der freiwilligen Vereinigung einer Jungfrau mit dem Geliebten, gleichgesetzt werden.

Wir dürfen sogar behaupten, daß die Anzahl der Eheformen übereinstimmt, nachdem Binchy zwei der irischen ›Vereinigungen‹ als spätere Entwicklung hingestellt hat (24).

In beiden Rechtssystemen ging die Rechtsnachfolge im Familienbesitz in der Form ›idealer‹ Anteile vor sich, ohne daß der Besitz tatsächlich unter die Erben aufgeteilt wurde, und in beiden gab es eine mit wichtigen rechtlichen Folgen verbundene Unterscheidung zwischen ererbtem und selbsterworbenem Besitz.

Ebenso gab es in beiden Systemen mannigfache Formen der Bürgschaft, die dann von Bedeutung waren, wenn es darum ging, private Verbindlichkeiten geltend zu machen (25).

Besonders interessant ist der Brauch des gegen den Beklagten gerichteten Fastens eines Klägers, wovon später noch die Rede sein wird (26). Es wird in beiden Rechtssystemen als legitimes Mittel angesehen, einen Anspruch durchzusetzen.

Der indogermanische Ursprung irischer Metren und die auffallende Ähnlichkeit zwischen den Rechtssystemen der Hindu und der Iren, die ebenfalls auf indogermanischen Ursprung hinweist, stützen die These, daß die irische *filid* und damit auch die keltischen Druiden der gleichen Tradition entstammten wie die Brahmanen.

Vendryes hat vor langer Zeit schon gezeigt, daß sich im Indoiranischen einerseits und im Italischen und Keltischen andererseits eine Wortgruppe erhalten hat, die mit Religion und Königtum zusammenhängt, und er hat dieses Weiterleben auf die Priesterkaste zurückgeführt, die in Indien durch die Brahmanen und in Gallien durch die Druiden repräsentiert wird (27). Wir dürfen jetzt einen Schritt weiter gehen und behaupten, daß Druiden und Brahmanen in Gelehrsamkeit und Kultur eine gemeinsame Tradition übernommen hatten.

Die irische Gesellschaft beruhte auf der Familiengruppe aus vier Generationen, und dasselbe darf für die Kelten angenommen werden. Die größere Einheit war der Stamm. Zu Caesars Zeiten gab es etwa 50 Stämme in Gallien, von denen nur noch einige wenige die Institution des Königtums anerkannten. Die meisten hatten eine oligarchische Regierungsform angenommen. Unsere hauptsächlichen Informationen über das keltische Königtum gewinnen wir deshalb aus irischen Quellen.

Über die Religion der Kelten ist viel geschrieben worden, ohne daß ein klares Bild erzielt worden wäre. Caesar berichtet uns, die Gallier hätten Mercurius, Apollon, Mars, Iupiter und Minerva verehrt, doch setzt er da einfach gallische Gottheiten mit seinen römischen Göttern gleich. Er nennt nicht einen einzigen gallischen Namen. Andere Historiker überliefern uns Namen, und viele finden sich auch auf Weihinschriften über das gesamte riesige, ehemals keltische Territorium hin verstreut, von Kleinasien bis nach Spanien und Britannien. Insgesamt liegen uns über 400 Namen vor, von denen über 300 nur einmal auftreten. Vielleicht handelt es sich dabei um Lokalgottheiten, da jeder Stamm oder jede Stammesgruppe einen eigenen Kult hatte.

Ein wichtiger Name ist *Lug*, walisisch *Llew*. Er begegnet uns auf Weihinschriften in der Schweiz und in Asma (Tarragona) in Spanien als Plural: *Lugoues, Lugouibus* (28); verbreitet ist er in dem Ortsnamen Lugudunum, das sich in Lyon, Loudon, Laon und Léon in Frankreich, Leiden in Holland und Liegnitz in Schlesien verbirgt. *Lugus* muß ein bedeutender keltischer Gott gewesen sein, doch wissen wir nichts über seine Wesensart. In Irland war er der Gott des *Lugnasad*, des 1. August, an dem offenbar ein Herbstfest stattfand; es ist möglich, daß Lug der Gott der Fruchtbarkeit war. In Lyon wurde am gleichen Tag das Fest des Augustus gefeiert, das wohl dem alten Lugfest untergeschoben war. Máire MacNeill hat gezeigt, daß dieses Fest in ganz Irland noch bis in unsere Zeit gefeiert wurde (29). Lugs anderer Name war Find, ›der Blondhaarige‹, und auf dem Kontinent lebt er als *Vindonnus* und in einigen Ortsnamen weiter: *Uindobona* (Wien), *Vindonissa* usw. (30).

Bei Lucanus heißt es, Esus, Taranis und Teutates seien die Götter der Kelten gewesen, und zwei dieser Namen sind in dem walisischen *taran* (irisch *torann*), ›Donner‹, und *tud* (irisch *tuath*), ›Stamm‹, enthalten. Da sie nur noch schwach anklingen, dürfen wir vermuten, daß zwischen der ersten keltischen Landnahme auf den britischen Inseln und dem Datum unseres gallischen Beweismaterials eine große Zeitspanne liegt.

Ogmios, der von Lucanus geschilderte Gott der Beredsamkeit, und der irische Ogma, der in der Schlacht von Moytura auftritt, sind zwar nicht in ihrer Funktion, aber der Wortform nach verwandt, obgleich Thurneysen sich gegen eine Identifizierung ausspricht (31).

Der Kult der Mütter, d. h. der Mutter Erde als Ursprung der Fruchtbarkeit, war sicherlich keltisch; sie wurde als Dreiheit unter der Bezeichnung *matres* oder *matronae* verehrt. Die auf Denkmälern in Gallien noch vorhandenen Weihinschriften sind in lateinischer Sprache abgefaßt, und die Götterbilder sind bisweilen mit Fruchtkörben oder Füllhörnern oder auch mit Kindern auf dem Schoß dargestellt. In dem walisischen Ortsnamen *Y Foel Famau*, ›der Berg der Mütter‹, hat sich die Überlieferung erhalten.

Einer der am häufigsten dargestellten Götter ist ein dreiköpfiger Gott, von dem 32 Bildnisse erhalten sind. In Irland sind Goibniu, Luchta und Credne die drei Götter des Handwerks: *Trí Dé Dána* (32). Es gibt drei Brigits (33) und drei Finds (34). Manchmal hat der Gott eine Begleiterin. Sucellos (der Gott mit dem Hammer) und Nantosuelta erscheinen zusammen auf Denkmälern, ebenso Luxovius und Brixia, Bormo und Damona. Jonval vertritt in *Dieux et Héros des Celtes* (35) die Ansicht, die Götter seien Nationalgötter und Beschützer des Volkes, während die Göttinnen ländliche Lokalgottheiten der Fruchtbarkeit oder des Krieges seien. Die Ehe des Hauptgottes mit der Muttergottheit sicherte dem Volk Schutz und Fruchtbarkeit.

Hier werden wir wieder an den Hinduismus erinnert, in dem der Gott eine Begleiterin hat, seine *śaktī* oder ›Quelle der Kraft‹. So hat Indra eine Gattin Sacī, Śiva hat Umā, Viṣṇu hat Śrī-Lakṣmī. Brahmā, Viṣṇu und Śiva bilden eine Trinität als Schöpfer, Wiederhersteller und Zerstörer, das Trimūrti (›in

Dreiergestalt‹). Allerdings findet sich die dreiköpfige Gottheit in vielen Kulturen (36).

Ein weiteres deutlich wahrnehmbares Charakteristikum der keltischen Religion ist, daß Brunnen, Flüsse und heilige Bäume Gegenstände der Verehrung waren und unter dem Schutz von Göttern oder Göttinnen standen. Manche Flüsse waren selbst Gottheiten. Es gab ein Heiligtum der *Dea Sequana* an der Quelle der Seine und eines der *Dea Matrona* in der Nähe der Marne-Quelle. In Irland waren Bóinn (Boyne) und Sinainn (Shannon) Göttinnen. Dann gab es noch Tiergötter: den Stier Tarvos Trigaranus, der auf dem berühmten Denkmal im Pariser Cluny-Museum erscheint (Abb. S. 382), den Eber Moccos, die Gottheit Epona, deren Name auf einen Pferdekult schließen läßt, und die Gottheit Artio, die vielleicht ein Bär war (37). Der gehörnte Gott Cernunnos erscheint auf dem Gundestrup-Kessel mit einem Hirsch (Abb. S. 18), und die Gottheit Damona läßt auf einen Kuhkult schließen.

Die Priester, die den Kult dieser Götter pflegten, waren die Druiden, über die Caesar ausführlich berichtet. Sie führten die privaten und öffentlichen Opfer durch. Nach ihrer Lehre war die Seele unsterblich und ging – ähnlich wie im Hindu-Glauben – nach dem Tod in einen anderen Körper über. Sie lehrten auch, daß alle Menschen von Dis, dem Gott der Unterwelt, abstammten, und hatten Kenntnisse in Astronomie und Naturphilosophie.

Nach einem Sieg wurden die erbeuteten Tiere dem Gott des Krieges geopfert. Bisweilen brachte man Menschenopfer dar, bei denen man nach Caesar zwar Verbrecher vorzog, da sie den Göttern wohlgefälliger seien, notfalls aber auch auf andere Opfer zurückgriff. Diesen barbarischen Brauch erwähnt Lucanus an einer bekannten Stelle, in der es heißt, die Götter Esus, Taranis und Teutates werden durch Menschenopfer besänftigt (38). Bei häuslichen Zeremonien oder bei den regelmäßigen Festen im Jahreslauf wurden wahrscheinlich auch Opfer dargebracht, doch da die Druiden keine Aufzeichnungen hinterlassen haben, wissen wir nur wenig über die gallischen Feste und Rituale.

Immerhin gibt es ein kostbares Dokument, das druidischer Gelehrsamkeit zuzuschreiben ist: den *Kalender von Coligny.* Die Einteilung des Kalenders mit seinen glück- und unglückverheißenden Tagen gehörte vermutlich zu den Priesterpflichten. Der *Kalender von Coligny* ist das längste bisher entdeckte Einzeldokument in gallischer Sprache und umfaßt ungefähr 60 verschiedene Wörter, von denen manche mehrfach vorkommen. Er wurde 1897 in einem Weinberg in Coligny (Ain) gefunden, und seine Entdeckung hatte epochemachende Bedeutung für das Studium der Sprache und auch der Kultur der Kelten. Vermutlich stammt er aus dem 1. Jahrhundert.

Nachdem die Grabungen viele Bruchstücke einer Bronzetafel erbracht hatten, stellte sich heraus, daß es sich um eine Tabelle von 62 aufeinanderfolgenden Monaten handelte, was ungefähr fünf Sonnenjahren entspricht. Die Monate haben 30 oder 29 Tage und sind in zwei Hälften geteilt (15 + 15 oder 15 + 14). Die Monate mit 30 Tagen (außer EQUOS) sind als glückverheißend gekennzeichnet (MAT.), die mit 29 Tagen als unglückverheißend (ANM.). Doch sind bestimmte Tage in einem Glücksmonat Pechtage, während bestimmte Tage in einem Unglücksmonat wieder Glückstage sind. Die zweite Monatshälfte trägt die Überschrift ATENOUX (›wiederkehrende Nacht‹?); es gab also eine Unterteilung in eine helle und in eine dunkle Hälfte. MacNeill hat gezeigt, daß die siebten, achten und neunten Tage des Monats Vollmondtage waren (39). Das Mondjahr mit zwölf Monaten wurde dem Sonnenjahr dadurch angeglichen, daß jedes dritte Jahr ein zusätz-

Bronzevase aus Bussy-le-Château, Marne

Bronzehelm aus Amfreville, Eure.
Frühe La-Tène-Zeit. Louvre, Paris

licher Monat von 30 Tagen eingeschaltet wurde. Dieses Jahr hatte dann also 13 Monate: zwölf mit einem Namen versehen und einen zusätzlichen von 30 Tagen, wobei jeder Tag seinen Namen der Reihe nach von einem der zwölf Monate bekam. Der zusätzliche Monat hatte gewissermaßen keine eigenen Tage und wurde nur dazwischengeschaltet, um den Mond- und den Sonnenumlauf in annähernde Übereinstimmung zu bringen.

Es bestand ein sorgfältig ausgeklügeltes System, nach dem die Aufzeichnungen für die Tage eines bestimmten Monats vermutlich zu rituellen Zwecken auf die entsprechenden Daten des vorhergehenden Monats übertragen oder auch zwischen zwei aufeinanderfolgenden Monaten ausgetauscht wurden (40). Die Einzelheiten sind hier nicht wichtig, doch offenbart der *Kalender von Coligny* ein beachtliches Maß astronomischer Kenntnisse und beweist die Gelehrsamkeit der Druiden. Darüber hinaus ähnelt dieser gallische Kalender dem der Hindus auch in der Aufteilung der Monate in helle und dunkle Hälften sowie mit seinem Monat von 30 Tagen im Dreijahreszyklus, an dessen Ende ein eingeschalteter Monat hinzugefügt wurde (41).

Die Gelehrsamkeit scheint damals in Gallien in Blüte gestanden zu haben, wenn wir auch wenig unmittelbare Kenntnisse davon haben (42). Mehr wissen wir von der gallischen Kunst, da uns Arbeiten aus Stein und Metall erhalten geblieben sind. Die eigentlich keltische – anscheinend von den Kelten entwickelte – Kunstform ist die der späten Eisenzeit, die unter dem Namen La Tène bekannt ist. Da sie lange im Schatten der hochangesehenen griechischen und römischen Kunst und Architektur stand, hat man sie nur sehr allmählich als wertvollen Beitrag zur Kultur des Westens anerkannt. Im Gegensatz zum Realismus und zu der natürlichen Schönheit der klassischen Kunst ist diese keltische Kunst phantasievoll, ja unbändig, und findet mehr Genuß im Symbol und im Ornament als in der unmittelbaren bildhaften Wiedergabe. Es besteht eher eine Verwandtschaft mit skythischen und nahöstlichen als mit mediterranen Formen. Teilweise leitet sie sich auch von abstrakten Schmuckmotiven der Bronzezeit, ja sogar des Paläolithikums her (43). »Für die Griechen ist eine Spirale eine Spirale und ein Gesicht ein Gesicht, und es ist stets klar, wo das eine aufhört und das andere anfängt, während die Kelten Gesichter in die Spiralen oder Ranken ›hineinsehen‹: Doppeldeutigkeit ist ein Charakteristikum keltischer Kunst ... Es ist der Mechanismus der Träume, wo die Dinge fließende Umrisse haben und in andere Dinge übergehen.« (44)

Ein prächtiges Beispiel für diese Freude am Ornament ist der skulptierte Pfeiler von St. Goar (Abb. S. 450), auf dem der menschliche Kopf nur ein Einzelbestandteil in dem ganzen Feld aus Spiralen, Rauten und Schnüren ist. Ein anderes ist der kleine bronzene Zügelring von einem Wagen, bei dem der Kopf regelrecht zu einem Teil des Spiralmotivs wird. In den Metallarbeiten kommt die keltische Kunstfertigkeit am deutlichsten zum Ausdruck, und der berühmte Gundestrup-Kessel zeigt Ornament und Bildnis so kombiniert, daß, gerade weil das Ornament vorherrscht, die Bilder als ein Teil davon um so eindrucksvoller hervortreten (Abb. S. 53). Ein Schildbuckel aus Auvers-sur-Oise und der mit Goldblech überzogene Bronzehelm aus Amfreville (Abb. S. 36) sind gute Beispiele reiner Dekoration. Die goldenen Halsringe verdeutlichen die Liebe zum Ornament, die Polybios und Poseidonios den Galliern zuschreiben (45).

Auch in ihren Münzen zeigten die gallischen Kelten, obgleich sie den griechischen und römischen Vorbildern viel verdanken, ihren Einfallsreichtum und ihre Originalität. Die Münze des

Vercingetorix (Abb. S. 293) ist hauptsächlich wegen des Namens interessant, die mit den Wagenlenkern jedoch (Abb. S. 293) und die beiden anderen hier ausgewählten, auf denen die Köpfe ins Ornament übergehen, sind rein keltisch.

Auf die alten Geschichtsschreiber machten die Kelten den Eindruck draufgängerischer und furchtloser Kämpfer, die leicht in Zorn gerieten, ein sehr empfindliches Ehrgefühl hatten, als Sieger hochfahrend und als Besiegte bis zum Selbstmord verzweifelt waren, Freude am Schmuck, an Festen, am Vortrag von Dichtungen hatten und »sehr zur Religion hinneigten«. Bei Aristoteles in der *Nikomachischen Ethik* heißt es: »Wir haben kein Wort für einen Menschen, der extrem furchtlos ist; vielleicht könnte man einen solchen Menschen, der überhaupt nichts fürchtet, weder Erdbeben noch Fluten, wie es von den Kelten heißt, als wahnsinnig oder jeglicher Empfindung bar bezeichnen.« (III, 7, 7) Und Strabon beruft sich auf Ptolemaios, wenn er die Geschichte von den keltischen Siedlern am Adriatischen Meer erzählt, die auf die Frage Alexanders des Großen, wovor sie am meisten Angst hätten, antworteten: daß der Himmel herunterfallen könnte. Cato der Ältere sagt von den Kelten des cisalpinischen Gallien: »Sie haben zwei große Leidenschaften: im Krieg tapfer zu sein und gut zu reden.«

Das Bild, das wir uns von den Kelten machen, ist also das eines tapferen und fröhlichen, körperlich kräftigen Volkes, das in seiner Frühzeit erstaunliche Erfolge hat. Von Galatien in Kleinasien konnte man nach Nordwesten bis Schottland und nach Süden bis Andalusien reisen, ohne keltisches Gebiet zu verlassen. Und wenn es auch nicht ein geschlossenes Reich war, so war es doch eine einheitliche Kultur.

Nach Jacobsthal gehört die keltische Kunst bei all ihrer Vielfalt und ihrer weiten Verbreitung einer einzigen Kultur an (46). Er fügt hinzu: »Man sagt uns, die Kelten seien tapfer, streitsüchtig, grausam, abergläubisch und beredsam gewesen: Genauso voller Widersprüche ist auch ihre Kunst. Sie ist anziehend und abstoßend; sie ist weit davon entfernt, primitiv und naiv zu sein; sie ist ihrem Geist und ihrer Technik nach raffiniert, kompliziert und intelligent, voller Paradoxe, ruhelos, verblüffend vieldeutig; rational und irrational, dunkel und unheimlich – weit entfernt von der liebenswerten Humanität und Transparenz der griechischen Kunst. Dennoch ist es ein echter Stil, der erste große Beitrag der Barbaren zur europäischen Kunst, das erste große Kapitel in der Geschichte der ständigen Berührungen zwischen südlichen, nördlichen und östlichen Mächten im Leben Europas.«

Von solcher Art waren die Ahnen der Völker, die in den ersten Jahrhunderten der christlichen Ära als ›Britanni‹ und ›Hiberni‹, Britannier und Iren, in der Geschichte auftauchen.

2

Die britischen Inseln bis zum Ende der Römerzeit

Ein schriftlicher Bericht über die Eroberung der britischen Inseln durch keltische Stämme ist uns nicht überliefert, doch können wir uns aus ihren Sprachen, aus archäologischen Funden und aus den Aufzeichnungen griechischer und römischer Autoren eine gewisse Vorstellung von dieser Zeit und von ihrer Ausbreitung machen.

Der älteste Name, mit dem antike Schriftsteller die britischen Inseln benennen, ist ›Die Pretanischen Inseln‹. So heißen sie bei Pytheas im späten 4. Jahrhundert v. Chr. und bei späteren Schriftstellern: Polybios, Strabon, Avienus. Die Bewohner würden danach *Pritani* oder *Priteni* heißen. Der Name ist vermutlich keltisch – p-Keltisch – und wahrscheinlich gallisch; die Gallier mögen den Namen an die Griechen weitergegeben haben. Die ältere Form hat sich in walisischen Texten erhalten, wo sie sich auf die Insel als Ganzes beziehen: *Prydain*, ›Britannien‹ von *Pritani;* in frühen walisischen Texten, die sich auf das Volk nördlich des Antoninischen Walles, die ›Pikten‹, beziehen, findet sich eine Variante für *Priteni* in der Form *Prydyn* (1). In der Römerzeit nannten sich die Bewohner der römischen Provinz *Brittones,* was eine verderbte Form von *Pritani* sein mag.

Die Völker, die die keltischen Sprachen auf die britischen Inseln brachten, treten uns als Menschen von Fleisch und Blut zuerst in den Schriften und im Atlas des Ptolemaios (2) entgegen, eines griechischen Geographen aus Alexandria, der um die Mitte des 2. Jahrhunderts schrieb. Seine Geographie einschließlich seines Berichts über Irland fußt auf dem verlorenen Werk des Marinos von Tyros (3), der in der ersten Hälfte desselben Jahrhunderts lebte. Allerdings nimmt man an, daß alles, was Ptolemaios über Irland berichtet, letztlich auf das Werk eines Reisenden zurückgeht, der mindestens 200 Jahre vor ihm lebte (4). Die Kenntnisse des Marinos stammen vermutlich aus dem 1. Jahrhundert v. Chr. oder aus noch früherer Zeit; jedenfalls lassen sich verschiedene Schichten von Informationen feststellen, darunter auch einige spätere Einzelheiten. Hier sei noch erwähnt, daß wir neben Ptolemaios in einem anonymen Werk aus dem 6. Jahrhundert, das als *Kosmographie von Ravenna* bekannt ist (5), eine weitere wertvolle Quelle für die Geographie des keltischen Britannien besitzen. Diese Kosmographie beruht ihrerseits auf Quellen aus der Zeit des Ptolemaios und verschiedenen anderen Perioden.

Aus der Art des Ptolemaiischen Berichts schließen wir, daß die keltischen Völker auf den britischen Inseln wie im vorrömischen Gallien in eine Anzahl einzelner Gruppen zerfielen. Markianos, ein griechischer Geograph aus dem 5. Jahrhundert, erklärt, Ptolemaios zähle 33 solcher Gruppen in Britannien auf (6), von denen 17 zu Südbritannien gehörten. In Schottland (7) gab es also etwa 16 Gruppen (8). Ptolemaios gibt die Namen von neun ›Städten‹ (Stämme oder Staaten) an sowie ihre Lage an der irischen Küste (9), doch letzteres darf nicht als verläßlich gelten, da die Angaben vermutlich aus den Berichten von Seefahrern übernommen sind. Er nennt keine landeinwärts gelegene Stadt, und alle Namen, die sich identifizieren ließen, stammen von der Ost- und Südküste, während die Nachrichten über die Westküste zu spärlich sind, als daß wir uns ihre Bewohner auch nur einigermaßen vorstellen könnten. Die Nord- und Westküste Irlands gehört zu den stürmischsten Küsten der Welt und wurde vermutlich von den Seefahrern nach Möglichkeit gemieden. Die von Ptolemaios angeführten Städte waren wohl Versammlungsplätze oder königliche *raths*, *oppida* wie Tara und Emain Macha; zwei werden *regia* genannt (10). Keine kann auch nur mit einiger Sicherheit identifiziert werden, und andere Namen lassen eine enge Verwandtschaft mit entsprechenden Stammesnamen in Britannien vermuten. Brigantes (11) in Südwexford muß doch wohl mit den Brigantes in Zusammenhang gebracht werden, die in der Römerzeit den größten Teil Nordbritanniens innehatten. Ganz allgemein schließen die Namen im Bericht des Ptolemaios jeden Zweifel daran aus, daß Irland bei ihrer Aufzeichnung schon keltisch sprach. Nur sehr wenige Stammes- oder Städtenamen bei Ptolemaios können mit Namen aus der literarischen Tradition Irlands identifiziert werden; sein Irland ist also älter als das des heroischen Zeitalters. Seine irischen Namen stammen direkt oder indirekt von einem Geographen, der sie ziemlich lange vor Ptolemaios niederschrieb, und das kann eigentlich nur Pytheas sein (12).

Im südlichen Britannien sind Leicester und Lincoln die beiden interessantesten Namen, die von Ptolemaios (13) und in der *Kosmographie von Ravenna* erwähnt werden. Ersteres heißt *Ratae*, d. h. *Ratae oppidum Coritaniorum*, ›die *rath* oder Stammeshauptstadt der Coritani‹. Die Stadt Lincoln begegnet uns bei Ptolemaios als *Lindum oppidum* im Gebiet der Coritani (d. h. Leicestershire und Lincolnshire).

Wir wissen nichts von Sprachen auf den Inseln, die älter wären als das Piktische. Unser gesamtes Material aus der Linguistik, der Archäologie und Geschichte läßt darauf schließen, daß in prä- und protohistorischer Zeit die Pikten eine große Nation waren, die den Norden Schottlands vom Firth of Tay bis zu den Shetlandinseln innehatten und die Beda im 8. Jahrhundert als Nord- und Südpikten kannte. Ihr Ursprung ist dunkel, doch hatten sie vermutlich in Schottland eine ununterbrochene Geschichte von der Bronzezeit bis zum Vorrücken der Kelten nach Britannien, mit denen sie sich vereinigt zu haben scheinen. Ihre Eigennamen sind in etwa zwei Dutzend Steininschriften enthalten, die sich zwischen den Inseln im Norden und dem Tay gleichmäßig verteilt finden und in einer späten Form des als *Ogam* bekannten altkeltischen Alphabets geschrieben sind. Abgesehen von den Eigennamen sind die Inschriften noch nicht gedeutet. Aus den vorhandenen Eigennamen und den wenigen noch vorhandenen piktischen Worten läßt sich schließen, daß das keltische Element in der piktischen Sprache dem Britonischen näherstand als dem Goidelischen und ebenso dem Gallischen näher als dem Walisischen. Diese piktische Sprache wurde bis ins 9. Jahrhundert, dem Ende der piktischen Vormachtstellung, gesprochen.

Es ist zu vermuten, daß auf den britischen Inseln genau wie in Gallien einige ältere keltische Stämme in erheblicher Zahl Fuß faßten, um sich dann – vor oder nach der endgültigen Niederlassung – in einzelne Gruppen aufzulösen. Das kann die Erklärung für die auffallend weite Verbreitung einiger früher gleichlautender Namen sein. So finden wir die *Cornavii* von Ptolemaios im äußersten Norden Schottlands, dem Gebiet des heutigen Sutherland oder Caithness (14) erwähnt, und die *Cornovii* – wiederum bei Ptolemaios (15) – an der nordwalisischen Grenze und ihre *oppida* als *Deva* (Chester) und *Viroconium* (Wroxeter). Der Wortteil *Corn-* findet sich auch andernorts in Westbritannien; hierzu gehört Cornwall und auch Cornouaille in der Bretagne. Ein anderer weitverbreiteter Name ist der der *Dumnonii*, die Ptolemaios in den Westen Schottlands südlich der Forth-Clyde-Linie verlegt, die aber bis nach Stirlingshire hineinreichen (16). Die ganze südwestliche Halbinsel Englands jedoch, einschließlich des heutigen Cornwall, Devon und eines großen Teils von Somerset weist er andererseits den *Dumnonii* zu. In Irland war ein Stamm im alten Königreich von Connacht und in einem Teil von Leinster als die *Fir* (Männer) *Domnann* (17) bekannt. Sind das etwa die Überreste früher atlantischer Siedlungen? Ptolemaios erwähnt drei andere Stämme in Südschottland: die *Novantae* (18) in Galloway, im Süden der Dumnonii, die *Otadinoi* (19) in Haddington und Berwickshire und südlich gegen Northumberland zu, und zwischen den beiden die *Selgovae* (20) im Bergland, das die Wasserscheide zwischen Clyde und Tweed bildet.

In Wales sind unsere Kenntnisse über die Stammeseinteilungen vor dem Normanneneinfall sehr unvollständig. Die von Ptolemaios lokalisierten Hauptstämme sitzen längs der Meeresküste und umfassen zweifellos auch die Berggebiete im Hinterland, die keine eigenen Namen erhalten. Von Ptolemaios und anderen Schriftstellern erfahren wir, daß der Südosten bis hinunter zum Bristolkanal von den *Silures* (21) besetzt war. Ihr Stammesmittelpunkt lag offenbar in Caerwent *(Venta Silurium)*. Ptolemaios erwähnt die *Demetae* (22) – später *Dyfed* – als Bewohner des äußersten Westens. Über die Gebiete nördlich von Wales wissen wir wenig Genaues. Der ganze Norden von Wales gehört wohl zum Gebiet der *Ordovices* (23), und über Anglesey (24) und Snowdonia hat Ptolemaios sicher nur lückenhafte Unterlagen. Im Nordosten saßen die *Decangli* von Flintshire, von denen es bei Tacitus heißt, sie wohnten nicht weit »von dem Meer, das gegen Irland schaut« (25).

Außer der Karte des Ptolemaios gilt als hauptsächliche Quelle für unsere Kenntnisse über die Ansiedlung der Keltenstämme in Britannien während der Eisenzeit das archäologische Material, das uns die keltischen Festungsanlagen liefern, und der Verlauf der römischen Eroberung, den wir in den zeitgenössischen, von den Römern selbst geschriebenen Berichten verfolgen können. Die Befestigungsanlagen hat man in zwei Gruppen eingeteilt: erstens die großräumigen Festungen auf den Hügelkuppen der keltischen Eisenzeit A und zweitens die Festungen belgischen Typs, die nach einem jüngeren Schema angelegt sind, aber bisweilen mit dem ersten Typ gleichzeitig auftreten. Bei der ersten – und gemeinhin in Britannien ältesten – Gruppe handelt es sich um die weitläufigen *oppida* der Stämme, die sogenannten ›Städte auf Hügelkuppen‹, die hartnäckig und anhaltend verteidigt wurden, von denen man aber annimmt, sie seien ursprünglich nicht für eine Dauerbesiedlung gedacht gewesen, sondern als Kernanlage, die in Zeiten der Gefahr als Schutz dienen und eine Konzentrationsmöglichkeit für die ringsum verstreute Bevölkerung bieten sollte. Ein typisches Beispiel dafür ist in der Bretagne der große Campus d'Artus bei Huelgoat in Finisterre, der offenbar als Sammelpunkt der *Osismi* im Feldzug anläßlich der Invasion Caesars im Jahr 56 v. Chr. errichtet wurde (26). Derart großangelegte *oppida* waren zweifellos die Stammesmittelpunkte der ›Stadtstaaten‹. Zu den eindrucksvollsten, völlig erforschten Anlagen in Britannien gehören die Befestigungen von Stanwick (27), die zweifellos mit dem *oppidum* der nördlichen Brigantes (28) identisch sind, und ferner die große Stadt auf der Hügelkuppe von Maiden Castle bei Dorchester.

Zusammenfassend kann gesagt werden, daß die keltischen Stämme Südbritanniens während der Römerzeit aus alteingesessenen Königreichen bestanden, deren Hauptmacht im Binnenland lag. Die Cornovii (29) wurden bereits erwähnt. Sie saßen (30) etwa in Cheshire und Shropshire. Ihre Stammeshauptstadt in der Römerzeit war *Viroconium Cornoviorum*, das heutige Wroxeter, ohne Frage eine spätere Neugründung von der großen Hügelfestung auf dem Wrekin her, der — dreieinhalb Meilen östlich davon gelegen — wie ein großer Wachturm als Vorposten des walisischen Grenzlandes dasteht. Ptolemaios hat auch *Deva* zu ihrem Gebiet gerechnet, das Legionslager von Chester; und das Königreich der Cornovii bewegte sich mit den interessanten Coritani (31) aus Lincolnshire und Leicestershire nach Osten, der große Stamm der Brigantes nach Nordosten, die Decangli (32) nach Nordwesten, die Ordovices nach Westen und die *Dobunni* nach Süden.

Die Brigantes (33) besetzten die Täler des Penninischen Gebirges und den Nordwesten Englands bis hin zu den *Parisi* im Osten des heutigen Yorkshire und den Cornovii im Süden und stießen vielleicht sogar bis in das südwestliche Schottland vor. Sie waren ein kriegliebendes und nach Tacitus das zahlenmäßig stärkste Volk in Britannien. Ihre Stammeshauptstadt Stanwick im North Riding (Yorkshire) erstreckte sich über ein Gebiet von 850 Morgen Flachland, das von einem mehr als sechs Meilen langen Wall und Graben umgeben war. Sie läßt sich ihrer weiten Ausdehnung und unzusammenhängenden Besiedlung nach mit den frühen keltischen Stammeszentren in Gallien sowie mit Cruachain, der Hauptstadt der Königin Medb im frühen Connacht, vergleichen.

Östlich von den Brigantes saßen die Parisi mit ihrem *oppidum* Petuaria (34). Sie waren vermutlich im 3. und 2. Jahrhundert v. Chr. aus den nordöstlichen Ebenen Galliens gekommen, und ihre reichen Gräber, die an die Marnekultur erinnern, lassen aufgrund der Bestattungsweise mit Streitwagen und den reichen Pferdegeschirren ihre Zugehörigkeit zu einer Kriegeraristokratie erkennen. Zu solchen frühen Siedlergruppen aus Gallien gehören auch das bedeutende Königreich der *Iceni* (35) von Norfolk und Suffolk, die *Trinovantes* (36) in Essex sowie andere. Diese Stämme wurden von Königen (37) und kriegerischen Aristokratenfamilien regiert; sie hatten alle ihren Mittelpunkt in mächtigen und weitläufigen Burganlagen auf Hügelkuppen und hatten durchaus ihre Ansprüche auf Reichtum und Kultur.

Die Dumnonii verfügten über zahlreiche Erzgruben, die belgischen Dobunni (38) und die Iceni (39) sowie andere schlugen ihre eigenen Münzen. Von den älteren Königreichen Südbritanniens waren die *Cantii* kulturell am weitesten fortgeschritten, da sie für den Handel mit dem Kontinent ganz besonders günstig gelegen waren. Ptolemaios erwähnt ihre *oppida Londinium* (London) und *Rutupiae* (Rochester; 40).

Im südöstlichen und im südlichen England bieten die keltischen Stämme während der letzten Jahrhunderte v. Chr. doch ein etwas anderes Bild als die älteren und größeren Königreiche der La-Tène-Zeit. Wie in Gallien zur Zeit der Invasion Caesars, so fehlte auch in Britannien den bereits bestehenden keltischen Reichen politisch jeder Zusammenhang. Diese Uneinigkeit begünstigte zweifellos das Eindringen und die Vormachtstellung der Belgen, wie sie auch später der Hauptgrund für die römische Eroberung sein sollte. Als Caesar 55 und 54 v. Chr. seine zwei Expeditionen nach Britannien unternahm, stellte er fest, daß gewisse Stämme der Belgen bereits aus Nordgallien über den Kanal gewandert waren und allmählich eine Oberherrschaft über einen großen Teil der älteren keltischen Küstenstämme Südbritanniens errichtet hatten.

Diese Bewegungen von Gallien nach Britannien hin hatten eher den Charakter einer Expansion als einer Invasion, und Caesar selbst stellte fest, daß die Gallier zu seiner Zeit sich noch daran erinnern konnten, wie die Einwanderer teilweise im Stammesverband nach Britannien gekommen waren, plündernd und gleichzeitig kolonisierend, und daß ihre britischen Siedlungen gallische Namen trugen.

Zu den mächtigsten unter den neuen Reichen, die sie auf der anderen Seite des Kanals errichteten, gehörte das der *Catuvellauni* in Hertfordshire, die ihr Stammeszentrum (41) in der Nachbarschaft des späteren St. Albans (römisch *Verulamium*) hatten. Die Catuvellauni dehnten ihre Herrschaft über die umliegenden Stämme aus und nahmen die Trinovantes (42) in Essex – zwischen den ostanglischen Höhen und der Meeresküste – mitsamt ihrem *oppidum* in Colchester in ihr Herrschaftsgebiet auf. Außer den mächtigen Catuvellauni und dem Vasallenreich der Trinovantes setzten sich sehr rasch Belgenreiche im Süden und im Westen fest.

Caesars erste Expedition nach Britannien im Jahr 55 v. Chr. sollte ihm einen Überblick über die Lage verschaffen. Er selbst berichtet uns (IV, 20), er müsse annehmen, daß der Feind in fast allen Feldzügen des gallischen Krieges von dieser Seite her unterstützt worden sei, und er glaube deshalb, es müsse von großem Vorteil für ihn sein, sich auf die Insel zu begeben und den Charakter der Eingeborenen und die Natur des Landes zu erkunden, das den Galliern so gut wie unbekannt sei. Er berichtet weiter, die Briten hätten, sobald sie seine Landungsabsichten erkannt hatten, ihre Reiter und Wagenlenker vorgeschickt, wie sie diese »gewöhnlich in der Schlacht einzusetzen pflegen«, und seien mit ihren restlichen Streitkräften nachgefolgt. Die Art der Britannier, vom Streitwagen herab zu kämpfen, hat offenbar tiefen Eindruck auf Caesar gemacht, denn nachdem er eine schwierige Landung und eine darauffolgende Niederlage der britannischen Streitkräfte geschildert hat, hält er in seiner Erzählung inne, um einen ziemlich eingehenden Bericht über die Taktik der Wagenkämpfe einzuschalten: »Die eigentümliche Kampfesweise dieser Streitwagen ist folgende: Zuerst jagen sie in allen Richtungen umher, werfen ihre Geschosse und bringen gewöhnlich schon durch die Wildheit ihrer Pferde und das Gerassel der Räder die feindlichen Reihen in Verwirrung. Haben sie sich zwischen den feindlichen Reitergeschwadern eingenistet, so springen die Kämpfer von den Wagen ab und kämpfen zu Fuß. Unterdessen ziehen sich die Wagenlenker allmählich aus dem Gefecht zurück und stellen sich mit den Wagen so auf, daß sich die Kämpfer leicht auf sie zurückziehen können, wenn sie von der feindlichen Übermacht bedrängt werden. So bewahrt diese Waffe zugleich die Beweglichkeit der Reiterei und die Standhaftigkeit des Fußvolks im Gefecht. Durch tägliche Übung haben die Wagenlenker eine außerordentliche Gewandtheit erlangt. Sie parieren die Pferde im vollen Lauf, selbst auf ziemlich steilen Abhängen, machen kurze Wendungen, laufen auf der Deichsel hin und her, stellen sich auf das Joch und sind von da aus rasch wieder im Wagen.«

Caesar hatte mit seinen beiden Exkursionen nach Britannien in den Jahren 55 und 54 v. Chr. eine »gewaltsame Aufklärung« (43) durchgeführt. Die eigentliche Eroberung setzte unter Claudius im Jahr 43 ein und schritt nach Norden und nach Westen vor, bis die keltischen Stämme des englischen Flachlands anscheinend überrannt und innerhalb von drei Jahren bis zum Severn und zum Humber unterworfen worden waren. Im Jahr 47 wurden die Iceni überwunden, und der größte Teil der älteren ansässigen Stämme einschließlich der Iceni selbst nahmen den Status von Unterkönigreichen an. Im Norden trat auch Cartimandua, die Königin der Brigantes, in ein Vertragsverhältnis zu Rom und nahm ebenfalls den Unterkönigsstatus hin.

Die alten keltischen Reiche jedoch jenseits der Peripherie des unteren Britannien hatten sich noch in keiner Weise mit einer

Eroberung durch die Römer abgefunden. Widerstandsbewegungen und Rebellionen brachen aus, wo und wann immer sich die geringste Erfolgschance (44) bot. Die Geschichte der keltischen Reiche im Verlauf der römischen Eroberung zu verfolgen ist deshalb besonders schwierig, weil unsere einzigen Berichte von den Eroberern stammen und wir uns vor der Aufgabe sehen, einer fast allumfassenden Untergrundbewegung nachgehen zu müssen, für die es keine lückenlosen Anhaltspunkte gibt. Es ist gerade, als wollte man den Verlauf einer Reihe kleiner Erdbeben verfolgen, ohne die Möglichkeit zu haben, sich von seismologischen Instrumenten führen zu lassen. Wir sind schon dankbar für die Oberflächenberichte, die uns die römischen Geschichtsschreiber hinterlassen haben.

In Wales kamen die mächtigsten Widerstände (45) von den Stämmen der Ordovices (46) im Norden und in der Mitte sowie von den kriegerischen Silures (47) im Südosten. Sir Jan Richmonds kürzlich erschienene Untersuchung über die Cornovii (48) hat gezeigt, daß die militärischen Maßnahmen der Römer zur Kontrolle dieses westlichen Randstaates von der Notwendigkeit diktiert waren, tatkräftig gegen Unruhen und sogar gegen Aufstände einzuschreiten, die von den einheimischen keltischen Bergstämmen im Westen ausgingen. In Südwales wiegelte Caratacus den kriegerischen Stamm der Silures (49) auf und marschierte nach Norden, um sich mit den Ordovices zu vereinigen; zweifellos zählte er auf ein Bündnis mit den Brigantes, wurde jedoch in einer regelrechten Schlacht im Jahr 51 entscheidend geschlagen und, nachdem er bei den Brigantes Schutz gesucht hatte, von deren Königin Cartimandua den Römern in Ketten ausgeliefert.

Cartimandua (50) ist eine der bedeutenden Herrscherinnen des keltischen Altertums; sie kann mit der Königin Boudicca verglichen werden, die zur gleichen Zeit über die Iceni herrschte, sowie mit der Königin Medb von Connacht aus dem heroischen Zeitalter Irlands. Es ist im Grunde unmöglich, die keltische Geschichte oder die keltische Literatur wirklich zu verstehen, wenn man sich nicht über die Sonderstellung der keltischen Frauen im klaren ist und über ihre gesellschaftliche Bedeutung in Gallien und Britannien einigermaßen Bescheid weiß. Wir hören von Polybios, daß sie ihre Männer in die Schlacht begleiteten, wobei sie ihnen in Wagen nachfolgten (51), doch nach Ammianus Marcellinus haben sie sich sehr energisch am eigentlichen Kampf beteiligt. Er berichtet sogar, daß eine ganze Schar nicht in der Lage wäre, einem einzigen Gallier in der Schlacht Widerstand zu leisten, wenn er seine Frau herbeiriefe.

Cartimandua war von Claudius als regierende Königin der Brigantes eingesetzt. Sie hatte sich von ihrem Gatten Venutius losgesagt, der anscheinend weite Gebiete im Norden beherrschte, und ihre einzige Hoffnung, überleben zu können, lag in der Schutzherrschaft Roms. Ihre Ehe mit Vellocatus, dem Standartenträger ihres Gatten, war zweifellos politisch begründet, denn Venutius, der früher wie sie selbst loyal zu Rom gewesen war, trat nun als Feind und Haupt einer Widerstandsbewegung auf. Es spricht sehr viel für die Behauptung, daß sich die Römer, wenn sich die Brigantes in einem starken Pufferstaat hätten vereinigen lassen, die Besetzung Nordbritanniens hätten ersparen können. Doch das sollte nicht sein. Die Niederwerfung der Brigantes wurde durch Agricola vollendet, der Chester, das jetzt ein Legionslager wurde, zu seiner Basis machte und von da aus die Eroberung von Wales zu Ende führte, kurz nachdem er im Jahr 77 oder 78 in Britannien eingetroffen war.

Schon im Jahr 61 hatte der römische General Suetonius Paulinus den walisischen Stämmen – möglicherweise den Ordo-

Außenfeldornament vom Silberkessel aus Gundestrup. 2./1. Jh. v. Chr. Nationalmuseet, Kopenhagen

vices – am Menai-Kanal eine schwere örtliche Niederlage beigebracht, und Tacitus gibt uns einen lebendigen Bericht von der Begegnung römischer Söldner mit den Druiden von Anglesey. In einem ganz besonders geglückten melodramatischen Absatz heißt es: »Die Britannier säumten die Küste, ein dichter Haufen bewaffneter Männer, dazwischen schwarzgekleidete Frauen, die wie Furien aussahen, mit herabwallendem Haar und mit Fackeln in den Händen. Um sie herum standen Druiden, die düstere Verwünschungen murmelten und ihre Arme zum Himmel reckten. Dieser ungewohnte Anblick erschreckte die Soldaten. Sie verharrten regungslos, als seien sie gelähmt, und boten ihre Körper den Streichen dar. Von ihrem General angefeuert und durch gegenseitiges Anspornen, diesen Haufen von Weibern und Rasenden nicht zu fürchten, stürmten sie endlich mit erhobenen Standarten, brachen jeden Widerstand und hüllten den Feind in das Feuer seiner Fackeln ein. Suetonius ließ eine Besatzungsmacht in dem eroberten Gebiet zurück und fällte die Haine, die ihrem grausamen Aberglauben geweiht waren.« (52)

Inzwischen setzte sich Boudicca, die Königin der Iceni, an die Spitze eines machtvollen Aufstandes in Ostanglia, an dem auch die Trinovantes teilnahmen, so daß Suetonius gezwungen war, sich schnellstens zurückzuziehen und die endgültige Eroberung von Wales Agricola zu überlassen (53). Unter Pratugasus, dem Gatten Boudiccas, und sicherlich auch schon vorher, waren die Iceni zwangsläufig ein Klientenstaat geworden, der seine Selbständigkeit der Schirmherrschaft Roms geopfert hatte und folgerichtig zum loyalen Untertan geworden war. Als König eines Klientenstaates hatte Pratugasus nicht das Recht, seinen Nachfolger zu ernennen, doch vermachte er die Hälfte seines Besitzes Rom und die andere Hälfte seinen beiden Töchtern. Die königliche Familie und der Adel wurden wie Besiegte behandelt, und die Römer setzten Boudicca nicht als Thronerbin ein. Sie entfremdeten sich den britischen Adel fernerhin dadurch, daß sie die Subventionen, die er von Claudius erhalten hatte, als Darlehen behandelten, und ehe sie das Reich der römischen Provinz einverleibten, gingen sie so weit, das Erbe zwischen den Offizieren und den Steuerbeamten aufzuteilen. Zweifellos erregte das heftigen Widerstand, und die Rohheit, mit der Boudicca und ihre Tochter behandelt wurden, kränkte die Ehre des ganzen Stammes, der sich im Aufstand erhob. Die Trinovantes, die auch ihre eigenen finanziellen Gründe zur Beschwerde hatten, schlossen sich den Iceni an.

Cassius Dio hat uns ein Bild der Boudicca überliefert, das mit Recht »das dramatischste Porträt einer keltischen Heroine in der klassischen Literatur« (54) genannt worden ist: »Sie war von ungeheurem Wuchs, schrecklich anzusehen und besaß eine rauhe Stimme. Eine reiche Fülle glänzend roten Haares umwallte sie bis zu den Knien; sie trug ein breites, aus Gold geschlungenes Halsband, ein vielfarbenes Überkleid und darüber einen weiten Mantel, der durch eine Spange geschlossen wurde. Jetzt ergriff sie einen langen Speer, um allen Furcht einzuflößen, die sie sahen ...« (55)

Nach Cartimandua und Boudicca zu schließen standen die britannischen Frauen ihren gallischen Schwestern an Kraft der Persönlichkeit und politischem wie militärischem Ansehen kaum nach. Durch rasches Eingreifen und überaus geschickte militärische Taktik gelang es Suetonius, den Aufstand, wenn auch unter großen Schwierigkeiten, zu ersticken; mit den Rebellen verfuhr man so streng, wie das zu erwarten war. Bald darauf wurde Suetonius zurückgerufen, und die römische Politik konnte sich darauf konzentrieren, die Verteidigungsstellungen an den Grenzen zu verstärken.

Indessen sah sich Agricola durch die Unruhe der Brigantes – dieser größten konföderierten Gruppe eingeborener Stämme unter allen römischen Klientenstaaten in Britannien – gezwungen, bei seiner Ernennung zum Statthalter von Britannien die endgültige Unterwerfung von Wales – das jetzt praktisch von Suetonius erobert war – zurückzustellen und alle seine Anstrengungen auf den Norden zu konzentrieren. Auf dem Weg nach Norden bezwang er das unzugängliche Gebiet von Lancashire zwischen dem Penninischen Gebirge und dem Meer, er legte sein Kastell in Ribchester an, das den Zugang zum Ribble bewacht, zog über das Gebirge hin bis zu seinem Lager in Elslack auf dem Weg nach Ilkley und York, und dann wieder von seinem Kastell in Manchester über ein Netz von Gebirgspfaden nach Yorkshire hinein (56).

Das war eine meisterhafte Strategie, um zu verhindern, daß einerseits die Brigantes Querverbindungen über das Land hin unterhielten und daß andererseits die Iren von jenseits der Morecambe Bay sich gegen die römischen Forts in Yorkshire erhoben (57).

Im Jahr 80 n. Chr. begann Agricola seinen berühmten Feldzug in Südschottland, indem er rasch bis zum Tay nach Norden vorstieß und eine Linie provisorischer Forts entlang dem Forth Clyde errichtete; dabei schloß er die keltischen (britannischen) Reiche der Selgovae und der Votadini im Südwesten bzw. Südosten mit ein und durchdrang und befestigte Galloway und Ayrshire. Als er die irische Küste so deutlich vor sich liegen sah, ließ er nur zögernd von seinen weiter nach Westen gerichteten Eroberungsplänen ab oder schob sie vielleicht auch bloß auf. Tacitus, der es ja wissen mußte, berichtet uns: »Er sah, daß sich Irland ... von den Häfen Galliens aus so günstig gelegen, wohl als eine wertvolle Eroberung erweisen möge«, und er fährt fort, einer der irischen Könige, der infolge lokalpolitischer Schwierigkeiten hatte fliehen müssen, sei von dem römischen Feldherrn aufgenommen und, unter Vortäuschung von Freundschaft, zurückgehalten worden, um bei einer künftig sich bietenden Gelegenheit als Geisel dienen zu können (58).

Tacitus fügt hinzu: »Ich habe Agricola oft sagen hören, daß eine einzige Legion mit einem mäßigen Kontingent von Hilfstruppen genügen würde, um ganz Irland zu erobern.« (59) Doch Agricolas Traum erfüllte sich nicht. Statt dessen traf er vorsorglich Maßnahmen gegen eine irische Invasion im Südwesten Schottlands.

Wie weit die Römer Schottland besetzt hielten, ist noch nicht genügend erforscht, doch sind sie offenbar niemals in das Gebiet der Hochlandclans nördlich der Highland Line vorgedrungen. Agricola stieß, um die Lowlands vor Überfällen oder Eroberungszügen aus dem Norden zu schützen, nach Perthshire vor und legte das große Legionärslager Inchtuthill zehn Meilen von Perth an, eine starke Stellung als Dauerstützpunkt für Winterquartiere, nicht aber als Ausgangspunkt strategischer Unternehmungen. Über diesen Punkt hinaus scheint er nach Norden meistens durch die große Ebene von Strathmore nördlich des unteren Tay vorgedrungen zu sein. Forts wurden an der Ostküste bis hinauf nach Kintore am Don und wohl noch darüber hinaus errichtet (60). Doch der mächtige Stamm der Kaledonier verhinderte ein weiteres Vordringen nach Norden in der berühmten Schlacht am Mons Graupius (61), einem noch nicht identifizierten Ort (62), der anscheinend nördlich der Perthshire Highlands lag, aber doch wohl sicher durch einen Marsch längs der Ostküste erreicht worden war. Mit größter Wahrscheinlichkeit nimmt man als Schauplatz der Schlacht (63) das römische Lager Raedykes in der Nähe von Stonehaven an, und die einheimischen Stämme, die Kaledonier, die sich zur Schlacht versammelten, wären dann wohl die Pikten gewesen. In einem Vorgefecht hatten die Kaledonier einen nächtlichen Angriff auf das römische Lager gemacht, in dem sie die neunte Legion unvorbereitet antrafen. Den Angreifern gelang es, bis mitten ins Lager vorzustoßen, und wenn nicht Agricola rechtzeitig zum Einsatz der Legion eingetroffen wäre, so hätten die Kaledonier den Sieg davongetragen. Tacitus berichtet uns jedoch, daß sie in die Flucht geschlagen wurden, »und wenn nicht Sümpfe und Wälder ihnen Schutz geboten hätten, wäre dieses Eintreffen zugleich auch das Ende des Krieges gewesen« (64). Die Kaledonier jedoch waren keineswegs entmutigt, und nach ihrer Taktik zu schließen, scheinen sie sowohl politisch wie auch militärisch den Britanniern im Süden überlegen gewesen zu sein.

Tacitus, der die Schlacht im allgemeinen leider recht ungenau schildert, gibt uns doch einige aufschlußreiche Einzelheiten an. So sagt er zum Beispiel, daß die Kaledonier ihre Frauen und Kinder an einen sicheren Platz schickten – wie wir sahen, das genaue Gegenteil von dem, was die Kelten zu tun gewohnt waren. Er betont auch, daß sie neuerdings gelernt hatten, wie wichtig es war, einig zu sein: »Sie erfaßten die jungen Leute ihres Volkes in Listen, hielten öffentliche Versammlungen der verschiedenen Staaten ab und... schlossen ein Bündnis zur Erhaltung der Freiheit... Die Erfahrung hatte sie gelehrt, daß das Allgemeinwohl eine lebhafte Anstrengung ihrer vereinten Kräfte erforderte. Zu diesem Zweck hatten sie durch Verträge, Bündnisse und durch Abordnungen an die verschiedenen Gebietsteile die Streitmacht ihrer Nation versammelt.«

Tacitus fügt hinzu, daß nahezu 30 000 Mann in Waffen erschienen und daß ihre Zahl sich täglich vermehrte. Ihr Führer war Calgacus, höchst berühmt durch Abstammung und Tapferkeit; dieser ermahnte die versammelten Truppen vor der Schlacht in einer Ansprache, die Tacitus angeblich wörtlich wiedergibt und die, wie wir mit Sicherheit annehmen dürfen, die charakteristische und zwingende Beredsamkeit der Kelten widerspiegelt: »Wir leben am Rand der Erde ... aber hier ist das Ende der bewohnbaren Welt ... Die Römer stehen im Herzen unseres Landes ... Keine Unterwerfung kann ihrem Stolz Genüge tun ... Solange das Land noch das geringste zu bieten hat, bleibt es Kriegsschauplatz ... Sie schaffen eine Wüste und nennen es Frieden.«

Inzwischen wählte sich Agricola seinen Platz an einer engen Stelle zwischen den Bergen und dem Meer und stellte seine Truppen auf, die Infanterie – nach Tacitus über 8000 Mann – in der Mitte, die 3000 Reiter auf den Flügeln, die Legionen im Rücken. Die Kaledonier waren auf ansteigendem Gelände aufgestellt und hatten ihre Wagenlenker weiter unten in der Ebene. »Den Britanniern«, sagt Tacitus, »fehlte es weder an Geschicklichkeit noch an Entschlossenheit. Mit ihren langen Schwertern und *cetrae* (kleine leichte Schilde) gelang es ihnen, sich den schweren Waffen der Römer zu entziehen und gleichzeitig einen dichten Schwall ihrer eigenen abzuschießen.« Doch die Streitwagen scheinen die Bewegungen der einheimischen Krieger auf dem ungünstigen Gelände behindert zu haben; das Heer auf der Höhe begann zunächst langsam den Abstieg in der Hoffnung, die Römer im Rücken packen zu können, und steigerte dann seine Geschwindigkeit, war aber gezwungen, sich schleunigst zurückzuziehen: »Die besiegten Britannier bewiesen immer wieder ihren neu aufflammenden Mut, ihre Mannhaftigkeit und ihre verzweifelte Tapferkeit. Sie flohen in die Wälder, sammelten ihre versprengten Scharen und umzingelten römische Trupps, die sich bei der Verfolgung zu hitzig vorgewagt hatten... Es ist eine vielbezeugte Tatsache, daß einige Hand an ihre Frauen und Kinder legten, wild entschlossen, ihrem Elend ein Ende zu machen.« (65)

Die Schlacht am Mons Graupius, die im Jahr 84 stattgefunden hatte, beendete den siebten und letzten Feldzug Agricolas in Schottland. Damit war der Gipfelpunkt seiner Bemühungen, das Land zu erobern, erreicht; bald danach wurde er zurückgerufen. Das Ergebnis des gesamten Feldzugs im Norden bestand darin, daß die Römer im Besitz des ganzen schottischen Unterlands blieben; die Hochlandstämme jedoch behielten ihre Freiheit, und nie drangen die römischen Legionen in ihre Gebiete ein. Schottland blieb für immer ein unerobertes Land.

Sobald die römische Macht Zeichen der Schwäche erkennen ließ, waren die immer noch unbezwungenen Hochlandstämme sofort bereit, aus diesem Wandel den größtmöglichen Nutzen zu ziehen, indem sie eine Reihe von Angriffen und Überfällen unternahmen, die schließlich dazu führten, daß die römischen Verteidigungslinien allmählich nach Süden zurückgenommen wurden. Der Grund dieses Wandels hatte natürlich weder mit den örtlichen Gegebenheiten noch überhaupt mit Britannien etwas zu tun, sondern war durch die Militärkrise im Herzen des Imperiums begründet, die den Abzug von Truppen aus den westlichen Grenzgebieten notwendig machte. Der Wandel setzt im schottischen Unterland bald nach dem Jahr 100 ein. Die vorgeschobenen Garnisonen wurden aufgegeben, und alle Festungen nördlich der Cheviots und vielleicht sogar nördlich der Tyne-Solway-Linie wurden evakuiert. Im Jahr 117 erhoben sich die keltischen Volksstämme in Schottland und Nordengland in einem Aufstand, der so ernst war, daß Kaiser Hadrian selbst nach England kam; und zwischen 122 und 128 oder 129 wurde der große Steinwall, oder besser *vallum,* vom Tyne bis zum Solway errichtet, von dem man hoffte, er werde eine unüberwindbare Schranke bilden (66). Eine offenbar vom östlichen Ende stammende interessante Inschrift scheint die Vollendung des Baues dieses großen *vallum* als eines *limes*, einer ›Barriere‹, durch Hadrian zu bezeugen, die zu errichten sich als ›Notwendigkeit‹ erwiesen hatte (67). 139—142 kam es wieder zu einer Vorwärtsbewegung, und unter Hadrians Nachfolger Antoninus Pius wurde vom Forth zum Clyde ein mit Rasen bedeckter Wall errichtet. Trotzdem kam es in der zweiten Hälfte des 2. Jahrhunderts wieder zur Ansammlung keltischer Streitkräfte in den schottischen Lowlands und im Norden Englands. In Aufständen während der Jahre 155 und 181 wurden die Wälle und fast alle Forts zerstört, und 196 wurde ein großer Teil Britanniens überrannt. 208 traf Septimius Severus mit seinem jüngeren Sohn Geta ein und unterwarf die *Caledonii* und die Pikten von Strathmore und Strathearn, doch nach seinem Tod im Jahr 211 zog Caracalla alle römischen Garnisonen bis zum Hadrianswall zurück (68). Die wichtigsten Verteidigungsmaßnahmen für die Zukunft bestanden darin, daß neue vorgeschobene Posten mit irregulären Einheiten oder Grenzpatrouillen, den *exploratores*, besetzt wurden: High Rochester, Risingham, Bewcastle und Netherby gehörten dazu. Die Hauptlast der Verteidigung im Norden wurde von nun an den Britanniern im Norden übertragen, die von römischen Hilfskräften unterstützt wurden. Der Erfolg dieser Maßnahme läßt sich daran ermessen, daß das römische Britannien während des 3. und mehr noch während des 4. Jahrhunderts seine glücklichste Zeit erlebte.

Man kann die römische Besetzung Britanniens am besten mit einer großen Flut vergleichen, die genau wie bei Beginn der Ebbe nicht mit einem plötzlichen Ereignis und auch nicht einmal mit einer Folge von Ereignissen endet, sondern ganz allmählich, wie sich das Wasser bei Ebbe von der Küste zurückzieht. Es war gewissermaßen Teil einer Weltkrise, der Untergang einer großartigen Kultur infolge der Barbareneinfälle aus dem Norden. Im Jahr 406 überschritten die Barbaren den Rhein, und 410 erlag Rom, ›die Herrin der Welt‹, den Goten. Im gleichen Jahr verzeichnet der anonyme gallische Chronist einen besonders schweren Überfall auf Britannien.

Während des 4. und 5. Jahrhunderts hatten sich Südbritannien und Gallien dank der *pax Romana* gleichermaßen im Gefühl der Sicherheit gewiegt. Kein Zweifel, daß sich im unteren Britannien die keltischen und römischen Völker in den Jahrhunderten der Besatzung zu einer Gemeinschaft zusammengefunden hatten, deren beste Hoffnung auf Erhaltung des Friedens in ihrer Einigkeit lag. Mittlerweile hatten sie gemeinsame Interessen, und ihre Zukunft hing davon ab, daß sie Überfälle von jenseits der Grenzen und die Landnahme fremder Volksstämme verhindern konnten. Für die keltischen Völker des Nordens und Westens jedoch zeigte sich die Lage in ganz anderem Licht. Das Schwinden der römischen Macht über Britannien und die allmähliche Zurücknahme der römischen Streitkräfte eröffneten Hoffnungen auf Eroberung und Besetzung, und zwar nicht nur für die germanischen Stämme des nordwestlichen Europa – die Angeln und Sachsen, die Jüten und Friesen –, sondern auch für die unabhängigen keltischen Reiche in Nordbritannien und Irland.

Die Barbareneinfälle auf dem Kontinent, die der römischen Herrschaft ein Ende setzten, waren nicht ohne Zusammenhang mit den Einfällen in das römische Britannien. Die Geschichte der Flotte ist bis heute noch nicht erforscht (69), doch hat Carausius, ein römischer Admiral, der den englischen Kanal überwachte, die Flotte sicherlich wieder instand gesetzt, ehe er im Jahr 293 ermordet wurde, nachdem er sich in Britannien selbst zum Kaiser ausgerufen hatte. Sein Nachfolger Constantius, der 296 nach Britannien kam, baute eine neue Flotte, und vor seinem Tod (70) im Jahr 306 waren entweder von ihm oder von Carausius zumindest einige der zwölf mit starken Verteidigungsanlagen versehenen Forts längs der – vielleicht mißverständlich so genannten – ›Sachsenküste‹ (71) im südöstlichen Britannien (von Brancaster am Wash bis nach Portchester in Hampshire) errichtet worden, während eine entsprechende Reihe von Befestigungen an der französischen Küste und auf der Isle of Alderney entstand.

Inzwischen gewannen die Pikten im fernen Norden und die Iren, die beide vor den Eroberungszügen der Römer nicht sicher gewesen waren, in dem Maß an Macht und Dreistigkeit, in dem die römische Macht verfiel. Beide Völker besaßen größere und mächtigere Flotten, als man sich im allgemeinen klarmacht, und beide griffen damals immer wieder die englischen Küsten an. Gildas gab zu, daß die piktischen Seeangriffe *de curucis* (mit Hilfe ihrer *curraghs*, gälische Bezeichnung der einheimischen Schiffe) schwer waren, und Vegetius, der im 4. Jahrhundert schrieb, hat uns einen interessanten Abschnitt über die der Flotte zugeteilten neuen britannischen Küstenpatrouillen hinterlassen, in dem auch von ihrer geschickten Tarnung und ihrer Guerillataktik zur See die Rede ist (72).

Im 4. Jahrhundert wurden die Überfälle der schottischen Pikten immer bedrohlicher, und 367 ereignete sich die größte Katastrophe, die dem römischen Britannien bisher begegnet war: Es wurde gleichzeitig an allen drei Fronten angegriffen, im Westen von den Iren, im Norden von den Pikten und im Osten von den Sachsen. Ammianus Marcellinus, ein zeitgenössischer Chronist (73), bezeichnet den Vorgang als *conspiratio barbarica*. Die unmittelbare Wirkung des Angriffs war verheerend, selbst wenn man berücksichtigt, daß sie übertrieben wurde. Die Forts am Wall wurden von dem General Theodosius wiederhergestellt, doch wurden die Vorposten jenseits des Walles für immer aufgegeben, und die Überfälle von der See her gingen weiter. Längs der Yorkshireküste wurden – vermutlich auch von Theodosius – Signalstationen eingerichtet, die jedoch einem Sachseneinfall zum Opfer fielen, und Stilichos Feldzug vom Jahr 395 hatte zur Folge, daß die Verteidigungslinie noch weiter nach Süden rückte. Das römische Gallien verfolgte weiterhin mit Spannung die Berichte aus Britannien, das jetzt sein wichtigster Vorposten bei der Abwehr der Barbaren war, und 399 oder 400 behauptet der Dichter Claudian in seinem Gedicht gegen Eutropius:

»Der Sachse ist besiegt, und die Meere sind ruhig,
der Pikte liegt am Boden, und Britannien ist sicher.« (74)

Aus dieser kritischen Zeit Britanniens nennen uns Geschichte und Überlieferung vor allen anderen den Namen Magnus Maximus. Welche Rolle er in Wirklichkeit spielte, bleibt der Vermutung überlassen (75). Die ergötzliche walisische Überlieferung – die aus dem Mittelalter stammt – von seiner Hochzeit mit einer walisischen Braut (76) oder seinem unzulänglichen Stammbaum (77) ist nicht verläßlich genug. Dagegen ist der kurze Eintrag in der zeitgenössischen anonymen *Gallischen Chronik* unter dem Jahr 392 wichtig: »Maximus bezwang tatkräftig die Pikten und Skoten.« (78) Offenbar leistete er Außerordentliches in der Abwehr der keltischen und piktischen Angriffe, denn 383 rief ihn das Heer in Britannien zum Kaiser aus und setzte mit ihm nach Gallien über, wo er 384 oder 385 in Trèves seinen Hof etablierte. Seine Truppen waren offensichtlich die *Seguntienses*, ›die Männer aus *Segontium*‹ (Caernarvon), die unter den *auxilia palatina* (anscheinend seine persönliche Leibwache) genannt werden; sie dienten in Illyrien (79), wo er (in Aquileia) im Jahr 388 getötet wurde und wo eine Inschrift dieses Ereignis unbezweifelbar festhält (80).

In Britannien ging es rasch zu Ende. Der Statthalter Konstantin wurde vom Heer 407 gezwungen, den Kaisertitel zu usurpieren; er setzte anscheinend in freundschaftlichem Einvernehmen mit dem Kaiser Honorius nach Gallien über, wobei er einige britannische Truppen mitnahm. Dies ist für die Britannier der endgültige Abschied von einem römischen Statthalter. Prokopios berichtet uns, daß er später in der Schlacht besiegt und zusammen mit seinen Söhnen erschlagen wurde. Er fügt hinzu: »Trotzdem waren die Römer nicht in der Lage, sich Britanniens jemals wieder zu bemächtigen; es wurde hinfort ständig von Tyrannen beherrscht.« (81)

Im großen und ganzen scheint es, als sei dies praktisch das Ende zumindest der römischen Besetzung gewesen (82). Zosimos, ein griechischer Schriftsteller, von dem man annimmt, daß er seine Informationen von Olympiodoros bezog, also aus sehr verläßlicher Quelle, berichtet uns, daß die Barbaren von jenseits des Rheins »willkürliche Verwüstungen anrichteten und das Volk von Britannien sowie manche gallischen Stämme zwangen, sich vom römischen Kaiserreich loszusagen und, den Gesetzen der Römer nicht länger untertan, selbständig zu handeln. Die Britannier griffen zu den Waffen und verteidigten sich, und in tapferen Kämpfen befreiten sie sich und schlugen die Angriffe der Barbaren zurück. Die Armorikaner (Bretonen) hatten, vom Beispiel der Britannier ermutigt, das römische Joch abgeworfen. Dieser britannisch-gallische Abfall ereignete sich zur Zeit des Kaisers Konstantin« (83).

Im Jahr 410 erschien der berühmte Erlaß des Honorius, in dem den ›Städten‹ (Stadtstaaten) von Britannien mitgeteilt wurde, sie seien nun auf sich selbst gestellt (84). Man legt das wohl richtig dahingehend aus, daß Rom offiziell das

Verbot des Waffentragens für die Eingeborenen aufhob. Das genaue Jahr des offiziellen Abzugs ist kaum von Belang. Um die Mitte des 5. Jahrhunderts war Britannien ein unabhängiges Land geworden, das nun wieder von unabhängigen keltischen Fürsten beherrscht wurde.

Infolge seiner Abgeschlossenheit und Unangreifbarkeit hat Irland den Aufbau und die Bräuche der alten keltischen Welt der Eisenzeit im kleinen für künftige Zeiten bewahrt. Es ist der Mikrokosmos der frühen keltischen Rasse. Die Kunst des La-Tène-Stils blieb ungebrochen erhalten und bildete einen organischen Bestandteil der mittelalterlichen Kunst Irlands. Die intellektuellen Kasten Galliens tauchen im alten Irland wieder auf und führen das geistige Leben und die geschichtlichen Überlieferungen in mündlicher Weitergabe fort, bis mit der Einführung des Christentums und lateinischer Gelehrsamkeit schriftliche Aufzeichnungen einsetzen. Da die Römer nicht nach Irland vorgedrungen waren, änderte sich seine politische Geographie nur langsam, und wir haben keinerlei wahrnehmbares Material aus zeitgenössischen lateinischen Zeugnissen oder frühen Aufzeichnungen in der Landessprache, das uns bei der Erforschung der frühen Besiedlung und der Bevölkerungsgruppen helfen könnte.

Andererseits war Irland reicher an sorgfältig bewahrten mündlichen Überlieferungen aus der frühesten Periode unseres Zeitalters als jedes andere Volk Europas nördlich der Alpen. Aus diesem Grund ist die Fundierung seiner Frühgeschichte mit Hilfe des überlieferten Materials weit über seine geographischen und politischen Grenzen hinaus von allgemeinem Interesse; sie wird an Bedeutung nur von der Welt der Griechen und Römer übertroffen. Ferner ist Irland unter dem Aspekt der Archäologie geradezu ein Museum der antiken Welt. Die industrielle Revolution, die das Gesicht Britanniens verändert hat, ließ die irische Landschaft unverletzt; sie ist ein Paradies für den Archäologen und den Ortsnamenforscher. Daß es weder zu einem inneren Bruch durch die Römer kam noch eine neuzeitliche industrielle Entwicklung gegeben hat, versetzt uns dank den Methoden der modernen Wissenschaft in die Lage, die Besiedlung Irlands vor der Zeit schriftlich fixierter Geschichte wenigstens zum Teil versuchsweise zu rekonstruieren. Diese günstigen Umstände werden vielleicht die Geschichte der Randgebiete Westeuropas um Jahrhunderte erweitern.

Als Irland im frühen 5. Jahrhundert dort ins Licht der Geschichte trat, waren die sogenannten Goidelen mit ihren Festungen in Tara, Croghan und Cashel der herrschende Volksstamm. Die maßgebenden irischen Familien nahmen für sich in Anspruch, ›goidelischer‹ Abstammung und infolgedessen miteinander eng verwandt zu sein. Es handelte sich bei ihnen um eine Gruppe führender Familien, ›Oberkönige‹, die ihre Gebiete von Abgaben und Steuern freihielten, während sie selber von den unterworfenen Provinzkönigreichen Tribut einzogen.

Unsere ältesten echten Überlieferungen indessen beziehen sich auf eine Zeitspanne, die sich nachweislich mit der vorhergehenden Periode in Irland deckt, wobei es sich nicht etwa um gelehrte Spekulationen handelt, sondern um echte mündliche Überlieferung, die – innerhalb gewisser festgelegter Grenzen – ein zuverlässiges Bild von dem Irland vor der Einführung der Schrift, der europäischen Kultur und vor der Herrschaft der Meath-Dynastie im Norden geben. Die historische Geographie und die politischen Einrichtungen innerhalb dieses überlieferten Bildes von Irland stehen in bemerkenswertem Gegensatz einerseits zu dem Bild, das die späten Pseudohistoriker im Interesse der geschichtlichen Dynastie von

Tara künstlich entworfen haben, stimmen andererseits aber, wie wir sehen werden, auch ganz und gar nicht mit jenen Zuständen überein, die laut echten historischen Quellen vom 5. Jahrhundert an vorgeherrscht haben. Es ist das Bild einer heroischen Gesellschaft in der späten Eisenzeit und gleicht in vieler Hinsicht dem Galliens vor der Eroberung durch die Römer. Erhalten geblieben ist es uns durch die ganz außergewöhnlich hohe Qualität der irischen mündlichen Überlieferung. Diese dem Eintritt Irlands in die Geschichte unmittelbar vorausgehende Phase verdient unser ungeteiltes Interesse und unsere volle Aufmerksamkeit. Sie bietet das Bild einer keltischen Gesellschaft, das in Europa einzig dasteht.

Diese ältere mündliche Überlieferung erhebt den Anspruch, die irische Geschichte nach rückwärts zuverlässig bis ins heroische Zeitalter zu erweitern, und es läßt sich zeigen, daß sie tatsächlich auf eine so frühe Zeit wie das 4. Jahrhundert v. Chr. paßt. Viele Überlieferungen dürften sogar auf das Ende des 3. Jahrhunderts zu verlegen sein, so zum Beispiel die Person des Cormac mac Airt, der nach der Überlieferung von 227 bis 266 in Irland als König regierte, und manche Geschichten über ihn. Das farbigste und zutreffendste Bild von Irland in seiner ältesten geschichtlichen Periode bietet uns das große Prosaepos *Táin Bó Cualnge,* dem ›Viehraub von Cooley‹, mit dem uns ein genauer Bericht über eine europäische Gesellschaft der jüngeren Eisenzeit erhalten geblieben ist (85). Irland ist in dieser Geschichte schon ein keltisches Land, wie sein Eigenname beweist. Wir müssen jedoch bedenken, daß die Geschichte, bevor sie auf uns kam, jahrhundertelang mündlich überliefert worden war und daß in dieser Phase die ursprünglich im heroischen Zeitalter formulierten frühesten Bestandteile zunächst mündlich und dann – wahrscheinlich im frühen 8. Jahrhundert – schriftlich ihre endgültige künstlerische Form erhalten hatten. Der Erzähler ist sich bewußt, daß die Zeit, von der er berichtet, einer fernen Vergangenheit angehört, doch die Hinweise und Überlieferungen sind mit großer Treue festgehalten, wie sich aus der inneren Folgerichtigkeit des Dargestellten und aus Vergleichen mit anderen irischen Heldengeschichten schließen läßt (86).

In der *Táin* zerfällt Irland in vier Provinzen, die *cóiceda*, ›Fünftel‹, heißen und von denen jede aus einem ›Fünftel‹ besteht, wobei allerdings die Überlieferung so konservativ ist, daß sie die in historischer Zeit unter dem Namen Meath (*Mide*) bekannte fünfte Provinz noch nicht zur Kenntnis nimmt und auch nirgendwo erwähnt. Das Irland der *Táin* ist das Irland der *Érainn*, der ältesten keltischen Bewohner, und man nimmt an, daß die fünfte Provinz, Meath (irisch *Mide*, ›die mittlere Provinz‹), später hinzugefügt wurde, als sich im 5. Jahrhundert die Vorherrschaft der Uí Néill (›Abkömmlinge von Niall Noígiallach‹) im mittleren und nördlichen Irland gefestigt hatte. Die vier aus der *Táin*-Überlieferung her bekannten Provinzen waren große Königreiche nach Art der ältesten keltischen Provinzen Galliens und Britanniens; sie hießen Ulaid, Connachta, Laigin und Mumu. Die Namen dieser Vierteilung haben sich bis zum heutigen Tag erhalten als Ulster, Connacht, Leinster und Munster. Die Provinz *Ulaid* (Ulsterleute) bestand in der *Táin* aus dem gesamten nördlichen Irland einschließlich Donegals im fernen Westen und Dunsevericks an der Antrimküste. Es war eine bedeutende Monarchie, die ihren Haupt-*ráth* oder ›Hof‹ in Emain Macha, zwei Meilen westlich von Armagh, hatte und deren König Conchobar mac Nessa aus dem Herrschergeschlecht der *Érainn* war.

Das zweite *Cóiced* war zu jener Zeit *Connachta* (heute Connaught), dessen Hauptstadt sich weit über den Hügel von Cruachain ausdehnte. In der *Táin* wird *Connachta* von einer

Frau regiert, der Königin Medb, deren Gatte Ailill ist, und die Provinz *Connachta* ist Rivalin und Feindin der *Ulaid.* Südlich der *Ulaid* saßen die *Lagin* (heute Leinster). Das *Cóiced Mumu* (heute Munster) wird von kleinen Königen regiert, mit Cú Roí mac Dáiri als ihrem Oberhaupt, der in West Kerry sitzt und enge Beziehungen zu den Helden des Ulsterzyklus hat. Die Eóganacht-Dynastie der mächtigen Felsenburg Cashel ist noch nicht auf dem Schauplatz erschienen.

Die in der *Táin* dargebotene Überlieferung und ihr Rahmenwerk der vier großen Provinzen vermitteln uns eine erste Einführung in die irische Frühgeschichte, die dem Bild vergleichbar ist, das wir von Britannien zur Zeit der Eroberung durch die Römer haben. Das Christentum ist unbekannt. Tara spielt keine Rolle. Die Goidelen werden nicht erwähnt. Alles und jedes deutet in der *Táin* darauf hin, daß die politischen und religiösen Gegebenheiten eine ungebrochene Tradition seit vor dem 4. Jahrhundert voraussetzen, eine Kultur, die dem heroischen Zeitalter der späten La-Tène-Zeit entspricht. Aus diesen Gründen darf man sagen, daß die in der *Táin* erhaltene mündliche Überlieferung die früheste Periode der irischen Geschichte widerspiegelt, die im 4. Jahrhundert einsetzt, als die Erinnerung an das heroische Zeitalter noch ganz lebendig war. Außerdem sympathisiert die *Táin* mit den *Ulaid* und deshalb mit den *Érainn,* nicht aber mit der späteren Dynastie von Tara. Die Lokalitäten und die Helden von Ulster sind dem Erzähler vertrauter als die von Munster und Connaught. Das läßt darauf schließen, daß die *Táin* in Ulster entstanden ist, und da das Kloster von Bangor (Down) im 7. und 8. Jahrhundert ein Mittelpunkt historischer Studien war, ist es wahrscheinlich, daß die *Táin* schließlich in diesem Kloster niedergeschrieben worden ist. Was war nun das Motiv für die Aufzeichnung dieses großen Prosaepos? Wir dürfen vielleicht annehmen, daß es eine stolze Bestätigung der versunkenen Größe der *Érainn*, der alten Beherrscher von Irland, ist, die sich gegen die Uí Néill, die Parvenü-Dynastie von Tara, richtet und gegen die Uí Néill im Norden, die Emain Macha zerstört und die *Ulaid* auf ein kleines Gebiet im nördlichen und östlichen Antrim zusammengedrängt haben. Es steht zu vermuten, daß die endgültige Formulierung der Geschichte und ihre Niederschrift auf Pergament ihre politischen Motive hatte.

Nach dem Zeitabschnitt, den die *Táin* repräsentierte, erhob sich ein neues Herrschergeschlecht, das seinen königlichen *ráth* in dem prähistorischen Heiligtum von Tara in Meath hatte. Mit der Gründung dieses Reichs hat anscheinend die Einteilung in fünf »Fünftel« (*cóiceda*) begonnen, ein System, das nicht lange bestehen sollte. Der Begründer dieser neuen Dynastie war Niall Noígiallach, und seine Nachfahren beherrschten in der Folge die gesamte Mitte und nördliche Hälfte von Irland. Die Südhälfte, die aus dem halben Leinster und dem ganzen Munster bestand, war niemals den Uí Néill (›Abkömmlinge von Niall‹) untertan, wurde aber später von einem Zweig der Munster-Dynastie von der großen Felsenburg zu Cashel aus regiert. Man nimmt an, daß die neue Dynastie der Uí Néill in der Provinz Meath als Invasoren zur Macht kamen und daß sie Goidelen waren.

Die Herkunft dieser Goidelen von Meath wird in späten pseudohistorischen Texten auf einen fiktiven *Míl* zurückgeführt. Daher der Name *Milesier*, mit dem neuere Geschichtswerke im allgemeinen die goidelischen Eroberer bezeichnen. *Míl Espáine* ist wohl aus dem lateinischen *miles Hispaniae*, »Soldat aus Spanien«, übersetzt, und im *Buch der Invasion* wird ihm eine Abstammung zugeschrieben von dem namengebenden Stammvater *Goídel Glas*. Der Name *Goídel* ist tatsächlich aus dem kymrischen *Gwyddel,* ›Irländer‹, entlehnt und enthält vielleicht das kymrische *gwydd,* ›Wald‹.

O'Rahilly stellte kategorisch fest, daß der Volksstamm, der als letzter in Irland einfiel, und die goidelische Form der keltischen Sprache zu einem verhältnismäßig späten Zeitpunkt gleichzeitig nach Irland gekommen seien, und er verwendet das Wort ›goidelisch‹ sowohl für das Volk wie auch für seine Sprache (87). O'Rahillys These lautet: »Wenn sich über die Goidelen überhaupt etwas mit Sicherheit behaupten läßt, dann nur, daß sie Irland direkt vom Kontinent aus erreichen.« (88) Er war der Meinung, sie müßten »von Gallien nach Irland gekommen« sein, und vermutete, ihre Wanderung sei vom südöstlichen Gallien, vielleicht von Gallia Narbonensis, ausgegangen, von wo sie spätestens im Jahr 120 v. Chr. (89) an die Westküste weiterzogen und um 50 v. Chr. nach Irland eingewandert seien (90). Der späte Zeitpunkt und der Ablauf der Ereignisse, die O'Rahillys Annahme zugrunde liegen, lassen sich nur schwer vertreten, wenn man das Schweigen der römischen Geschichtsschreiber über eine derart lange und wichtige Wanderung um diese späte Zeit in Rechnung zieht. Man muß die Frage als gegenwärtig ungelöst betrachten.

Wenn wir jedoch das in Kapitel 1 angenommene vorläufige Datum – also einen Zeitpunkt im frühen 2. Jahrtausend v. Chr. – für die Ausbreitung der keltischen Volksstämme auf den britischen Inseln akzeptieren, so ist es nur logisch, auch die Folgerung daraus hinzunehmen, daß nämlich die Aufspaltung der keltischen Sprachen in zwei Hauptgruppen, das sogenannte Goidelische (gewöhnlich q-Keltisch genannt) und das Britonische (gewöhnlich p-Keltisch genannt), zuerst zwischen 2000 und 600 v. Chr. auf den britischen Inseln erfolgte und nicht, wie man früher glaubte, unbedingt irgendwo auf dem Kontinent. Es ist sehr gut möglich, daß es zu analogen Veränderungen überall in der keltischen Welt gekommen ist und daß die Quariaten einen rückständigen Gebirgsdialekt sprachen. Doch wer sind eigentlich, von der Sprache ganz abgesehen, die allgemein unter dem Namen ›Goidelen von Meath‹ bekannten Völker, von denen es gewöhnlich heißt, sie seien die letzten Einwanderer in Irland gewesen, die zahlenmäßig stark genug waren, um eine eigene politische (und Bevölkerungs-?) Gruppe zu bilden?

Gegenwärtig läßt sich diese Frage nicht überzeugend beantworten, doch sind folgende Tatsachen bedeutsam:

1. Obwohl in der ältesten irischen Überlieferung aus dem heroischen Zeitalter nur vier Provinzen bekannt sind, erscheinen sie in den ältesten schriftlichen Quellen als die *cuig cóiced,* ›die fünf Provinzen‹. Es ist also in der ältesten geschichtlichen Periode eine hinzugefügt worden.
2. Die politischen Institutionen der ältesten geschichtlichen Periode haben eine dominierende kriegerische Dynastie in Meath (altirisch *Mide*), der ›mittleren‹ Provinz, zur Voraussetzung, mit kriegerischen Nebenlinien im Norden und Westen. Meath war deshalb wahrscheinlich die ›fünfte‹ Provinz der *cóiceda* und hatte Tara zum Mittelpunkt.
3. Die Dynastie von Tara wurde entweder durch Invasion von außen oder durch Impulse von innen her in der nördlichen Hälfte Irlands ebenso zur herrschenden Macht, wie die Dynastie auf der Felsenburg zu Cashel es im Süden war. Tara war ein altes heidnisches Heiligtum. Die spätere christliche Geschichte von Cashel legt nahe, daß sowohl Cashel wie auch Tara als heilige Stätten Ansehen genossen.
4. In sich stimmige Überlieferungen lassen vermuten, daß die herrschende Dynastie im nördlichen und zentralen Irland durch kriegerische Eroberung im späten 4. und frühen 5. Jahrhundert v. Chr. an die Macht kam. Eine Bewegung von

Volksstämmen muß damit nicht unbedingt verbunden gewesen sein. Es war die Zeit der Barbareneinfälle, und Meath, die fruchtbare Provinz mit dem reichen Heiligtum, mußte für eine kriegerische Schar von Invasoren eine verlockende Beute darstellen. Doch kann der Einfall auch schon viel früher stattgefunden haben und der Aufstieg der Goidelen an die höchste Machtstellung allmählich vor sich gegangen sein. Wir wissen das nicht.

Während des 5. Jahrhunderts und schon früher gab die schwindende Kraft des römischen Imperiums den Bewegungen und der Ausdehnung der insularen Keltenstämme, die stets bestrebt waren, ihr Gebiet zu vergrößern, starken Auftrieb. Ganz besonders nützten die Iren die militärische Schwäche der römischen Verteidigungsstellungen in Westbritannien, um in die westlichen Vorgebirge Britanniens vorzudringen. Von Ammianus Marcellinus wissen wir, daß schon im 4. Jahrhundert irische Überfälle nicht weniger furchtbar waren als die der Pikten und Sachsen aus dem Norden und Osten. Die Irische See blieb, was sie schon immer gewesen war, politisch wie auch kulturell ein rein keltisches Gebiet. Die Römer traten hier nicht in Erscheinung, und es gab keine in sich geeinte keltische Macht, die den freien Transport und Verkehr der einzelnen keltischen Gruppen in beiden Richtungen über die keltischen Binnengewässer hatte verhindern können.

Zu den bedeutsamsten Unternehmungen der irischen Expansion gehörte die Besetzung von Südwestwales, des später als Königreich von Dyfed bekannten Gebiets von und um Pembrokeshire. Dieses Gebiet wurde unter Führung einer Dynastie aus Leinster von einer Gruppe von Einwanderern besetzt, die so groß war, daß die Bevölkerung im 5. Jahrhundert zweisprachig wurde und schließlich ein kleines irisches Königreich entstand. Stammbaum und Gründungsgeschichte sind uns außergewöhnlich gut erhalten und versetzen uns neben anderen Überlieferungen in die Lage, auch die Bildung irischer Niederlassungen von diesem Bezirk aus die ganze Südküste von Wales und den Bristolkanal entlang, ja selbst bis in das kleine Gebirgsreich von Brecknoch im Inneren zu verfolgen. Zur selben Zeit hat auch die irische Durchdringung der Halbinsel Caernarvonshire zahlreiche Spuren hinterlassen, die in Ortsnamen, in Bodenfunden und in den römischen Verteidigungsmaßnahmen zutage treten. Einigen dieser spätrömischen Maßnahmen sind wir ja oben bereits nachgegangen.

Die Halbinsel, auf der dieser irische Einfluß am stärksten auftritt, ist Dyfed. Es scheint tatsächlich, daß Dyfed und vielleicht auch die Halbinsel Lleyn in Caernarvonshire damals zweisprachig waren, ganz gewiß jedenfalls sprach in Dyfed die herrschende Schicht Irisch. Inschriften im *Ogam*-Alphabet, das typisch irisch ist, sind hier zahlreicher als sonst irgendwo in Wales. Ihre Anzahl läßt auf eine starke irische Aristokratie schließen, die sich auch auf das Nachbargebiet Carmarthenshire erstreckte, jenen Bezirk, der nach Dyfed die größte Anzahl von *Ogams* hat.

Außerdem scheint es, daß sich in Dyfed die irischen Ansiedler für die Dauer eingerichtet hatten. Bemerkenswert ist die Familiengruppe aus drei Generationen, die in diesem Gebiet auf vier Steinen mit Inschriften erwähnt wird. Ein Stein auf dem Kirchhof von Llandeile erwähnt in lateinischen und auch in *Ogam*-Buchstaben einen gewissen Andagellus, Sohn des Cavetus (91). Ein anderer Stein auf demselben Kirchhof erwähnt in Latein Coimagnus, den Sohn des Cavetus (92), ein weiterer in Maenchlochog, ebenfalls lateinisch, Curcagnus, den Sohn des Andagellus (93).

Eine interessante Bestätigung sowohl dafür, daß die Iren sich damals in großer Zahl im Südwesten von Wales niedergelassen hatten, wie auch dafür, daß die Römer Barbarenfürsten den Schutz der vorgelagerten Provinzen übertragen hatten, bietet eine Inschrift auf einem oben abgerundeten Grabstein, der auf etwa 550 datiert wird (94). Er befindet sich jetzt im Museum zu Carmarthenshire, stand aber früher am Eingang des Kirchhofs von Castell Dwyran. Die Inschrift lautet:

Memoria
Voteporigis
Protictoris.

Die Rundung des Steines ist alt und nicht durch Verwitterung entstanden, denn auf dem linken Bogen befindet sich oben eine *Ogam*-Inschrift, die den britonischen (britannisch-walisischen) Namen ins Goidelische (Irische) übersetzt und lautet:

Votecorigas.

Man erinnert sich, daß im Irischen dem walisischen *p* ein *c* entsprach.

Man nimmt an, daß der *Voteporigis* der Inschrift jener *Vorteporius* ist, den Gildas in der ersten Hälfte des 6. Jahrhunderts als den *tyrannus* (Tyrann) der *Demetae* (der Leute von Dyfed oder Pembrokeshire) angreift. Das Wort *tyrannus* wurde damals allgemein für Usurpatoren verwendet.

Solchen Gedenksteinen begegnet man vor allem in den Gebieten, die nachweislich in geschichtlicher Zeit von den Iren besetzt waren; interessant daran ist, daß *Voteporix* (Genitiv *Voteporicis*) irischer Abstammung ist und sich in einem Déisi (d. h. irischen) -Distrikt befindet und daß die irische Form *Votecorigas* gleichfalls genannt und in *Ogam*-Schrift hinzugefügt worden ist. Man muß daraus schließen, daß sowohl bei den Walisern, die Latein können, wie auch bei Irischsprechenden Interesse für diesen frühen Herrscher, den ›Protector‹, vorausgesetzt wird. Für unseren eigentlichen Zweck, nämlich einmal den Übergang von der römischen zur einheimisch-keltischen Herrschaft in Britannien zu beobachten und zum anderen den Maßnahmen nachzugehen, die die Römer in der späteren Zeit ihrer Herrschaft trafen, um ihre einheimisch-keltischen Elemente auszubilden und einzusetzen, ist das wichtigste Moment der Inschrift das Wort *protictor*, d. h. *protector*. Es ist nicht etwa ein lobendes oder dankbares Beiwort, sondern ein römischer Titel. Es ist der Titel, den die Römer jenen Barbarenfürsten verliehen, die sie in die Ehrenstellung der *foederati* erhoben, d. h. von Schützern, Bewachern der Grenzen im Interesse der Römer. *Voteporix* trug diesen Titel im 6. Jahrhundert zweifellos als Erbtitel. Natürlich war niemand so gut geeignet, die Iren von Dyfed fernzuhalten, wie ein irisches Herrschergeschlecht mit irischen Untertanen.

Die Halbinsel Caernarvonshire und auch Anglesey und Westmerioneth wurden etwa zur selben Zeit von den Iren besiedelt wie Dyfed, und im gesamten Gebiet – in entlegenen Gegenden vielleicht sogar bis in die Zeit des Normanneneinfalls (95) – wurde damals Irisch gesprochen, was sich auch noch an den Ortsnamen ablesen läßt. An der Quelle des Afon Lledr in Caernarvonshire liegt *Llyn Iwerddon*, der ›See von Irland‹. Weiter unten, in der Nähe der Fälle des Conwayflusses befindet sich ein Berg oder eine Stelle, die *Iwerddon*, ›Irland‹, heißt, und halbwegs dazwischen liegt *Dolwyddelan*, ›Gwyddelans Wiese‹, wobei Gwyddelan von *Gwydel*, ›ein Gäle‹, ein Ire, abgeleitet ist (96). Selbst im 14. Jahrhundert noch konnte ein walisischer Dichter von einem anderen sagen, sein Walisisch sei *diseisnig* und *Diwyddelig*, d. h. ›nicht von Englisch und Irisch verunreinigt‹. Die alte Annahme, daß das irische Element in Westwales ein Überbleibsel der alten goidelischen Bevölkerung sei, gilt jetzt als völlig überholt. Die Iren von Caernarvonshire kamen jedoch anscheinend von weiter nördlich her als die von Dyfed, denn die nördliche Halbinsel war – und ist es noch heute – unter dem Namen *Lleyn*, von dem irischen *Lagin*, ›die Leinstermänner‹, bekannt, während das kleine Dorf an der Nevin Bay noch immer den Namen *Porth Dinllaen* trägt, ›der Hafen der Burg der Leinstermänner‹ (97). Daß später Aberffraw an der Westküste von Anglesey zur Hauptstadt von Nordwales ausersehen wurde, ist wahrscheinlich auf die Angst vor einem *adventus Scotorum*, einer ›irischen Eroberung‹, zurückzuführen. Wie stark diese Furcht war, läßt sich aus der Überlieferung von Cunedag und seinen Söhnen erkennen.

Nach spätwalisischer Überlieferung, die sich in dem – wie man annimmt – ältesten Teil der *Historia Brittonum* erhalten hat und vielleicht aus dem 7. Jahrhundert stammt, wenn sie auch erst im frühen 9. von Nennius endgültig zusammengestellt worden ist, kam ein gewisser Cunedda mit seinen acht Söhnen und Enkeln aus Manau Gododdin, dem alten Gebiet der *Votadini*, nach Nordwales südlich des Firth of Forth, und »sie vertrieben in einem ungeheuren Blutbad die Iren aus diesen Gegenden, die niemals zurückkehrten, um wieder dort zu wohnen«. Diese Stelle ist unser einziger Beleg für den Feldzug. Wenn man der Überlieferung trauen kann, so setzt sie Truppenbewegungen wahrscheinlich längs der 37 Meilen des Antoninischen Walls und dann zu Schiff von Dumbarton nach Anglesey voraus. Es ist nicht richtig, daß die Iren tatsächlich aus Wales vertrieben worden wären, aber diese britannischen Häuptlinge aus dem Norden kamen wahrscheinlich mit der Absicht, sich niederzulassen, und spätere Überlieferungen waren bemüht, die einzelnen Königreiche zu benennen, die sie in Nord- und Westwales gegründet haben sollten. Die Errichtung dieser Königreiche wurde zu einem wesentlichen Faktor in der Frühgeschichte von Wales.

Der bei weitem wichtigste Ausgriff der Iren im 5. Jahrhundert war der Übergang aus dem Nordosten Irlands auf die Inseln und Küstengebiete des Südens und Südwestens von Schottland. Jedes der beiden Länder kann die Küste des anderen deutlich erkennen, und wir sahen bei Tacitus, wie der römische General Agricola von Ayrshire aus über das Meer geschaut und sich Gedanken darüber gemacht hatte, wie leicht doch Irland zu erobern wäre. Wenn wir andererseits die irischen Niederlassungen an der Westküste Britanniens und die Verteidigungsmaßnahmen verfolgen, die die Römer gegen das Vordringen der Iren trafen, so wird auch der Vorstoß der Iren von der Küste von Antrim in den Westen Schottlands im 5. Jahrhundert durchaus verständlich.

Ein Seßhaftwerden der Iren in größerem Maßstab war in Westbritannien nur jenseits der römischen Grenze, d. h. des Antoninischen Walls, möglich. Hier wurde im 5. Jahrhundert ein dauerhaftes irisches Königreich begründet, doch bleibt ungewiß, ob das auf kriegerischem Weg oder durch friedliche Durchdringung geschah, jedenfalls ist uns keinerlei Nachricht von einer kriegerischen Eroberung überliefert. Die Ausweitung und Stabilisierung dieser irischen Landnahme und irischen Dynastie wird in den folgenden Kapiteln behandelt. Im südwestlichen Britannien war die wichtigste Bewegung und Ausdehnung die der Britannier von der Halbinsel Devon-Cornwall und von Severn Sea nach Armorica, auf die westlichste Halbinsel Galliens, hinüber. Vor ihrer Eroberung durch Caesar im Jahr 56 v. Chr. hatte der mächtige Seefahrerstamm der Veneter im Südosten enge überseeische Verbindungen mit Westbritannien. Wir sahen, daß laut Zosimos die erlahmende Macht des römischen Imperiums die Bewohner von Armorica dazu angeregt hatte, dem Beispiel der Inselbritannier zu folgen und das römische Joch abzuwerfen. Während dieser Periode – wahrscheinlich schon im 4. Jahrhundert oder noch eher — begann allmählich die Kolonisation Westarmoricas vom südwestlichen Britannien her, und sie setzte sich ohne sichtbaren Widerstand seitens der Römer fort, bis die britannische Sprache die der ursprünglichen gallo-römischen Stämme Armoricas verdrängt hatte. Laut Gildas, dem britannischen Geschichtsschreiber des 6. Jahrhunderts, wurde die britannische Auswanderung gewöhnlich darauf zurückgeführt, daß sich die Westsachsen im Osten Englands festsetzten. Untersucht man jedoch den Druck und das Vordringen der Iren im Westen der britischen Inseln genauer, so bleibt kein Zweifel daran, daß auch die britannische Auswanderung eine Folge des Druckes war, den die Iren damals auf Westbritannien ausübten. In einem späteren Kapitel werden wir die Entwicklung dieser britannischen Einwanderung beim Aufstieg des Königreichs der Bretagne verfolgen.

3

Die keltische Erneuerung

Als die keltischen Fürsten in Britannien die Unabhängigkeit erlangten, bestand ihr Hauptproblem darin, ihr nationales Keltentum allen äußeren Übergriffen gegenüber unversehrt zu erhalten: gegen die germanischen Stämme im Osten, die Pikten und Schotten (Iren aus Dál Riata) im Norden und gegen die Iren im Westen. Nachdem Rom seine Verwaltung und seine Truppen zurückgezogen hatte, stand die Insel Britannien gleich einem großen Leuchtturm vor der Atlantikküste Europas und mußte wie die keltischen Völker Galliens einen Kampf auf Leben und Tod gegen die anbrandenden Barbarenwogen bestehen. Diese schwierige Situation der unabhängigen Keltenfürsten war das Grundproblem der britischen Geschichte im 5. Jahrhundert. Wir wollen uns zuerst mit den Zuständen innerhalb der keltischen Königreiche Britanniens beschäftigen und untersuchen, welche Maßnahmen sie ergriffen, um ihre politische Selbständigkeit zu festigen und ihre Grenzschwierigkeiten zu meistern. Danach wollen wir die Geschichte der keltischen Stämme an der äußeren Peripherie des keltischen Britannien betrachten.

Wir sahen, daß diese Völker am Westrand Europas ebenso wie die germanischen Stämme im Norden ruhelos nach Expansion strebten. Da sie — wiederum wie ihre germanischen Zeitgenossen — sich weder nach Westen noch nach Norden ausdehnen konnten, versuchten sie, auf die britischen Küsten überzugreifen. Die Geschichte der Keltenstämme an der Peripherie Britanniens und Europas während des 5. und 6. Jahrhunderts ist die Geschichte eines Volkes, das neue Siedlungsräume sucht, neue Reiche, in denen es seine Herrschaft errichten und sein Recht auf Landnahme erzwingen kann. Das war ja schließlich auch das Ziel, das die germanischen Stämme im Osten anstrebten, wie die Geschichte Galliens zeigt. Die kriegerische Eroberung war nur ein Mittel zum Zweck. Ihrem Wesen nach waren die Keltenstämme nicht kriegerisch, und ihre Geschichte beweist immer wieder, daß militärische Ziele nie den Vorrang hatten und im allgemeinen, ja vielleicht sogar immer, erst dann ins Auge gefaßt wurden, wenn eine friedliche Durchdringung nicht möglich war. Römische Berichte müssen ein verzerrtes Bild ergeben, da ja die Römer den Kelten fast ausnahmslos als erbarmungslose Gegner gegenüberstanden.

Bisher hatte der gesamte Norden und Westen Britanniens seine keltische Bevölkerung praktisch unverändert bewahrt. Schottland, der Nordwesten Englands, Wales, Cornwall und alle Inseln im Westen waren durch und durch keltisch. Von diesen Gebieten sprachen Mittelschottland, Nordengland, Wales und die kornische Halbinsel Britannisch, das sich damals zu dem entwickelte, was wir heute Walisisch nennen. Im Norden dieses britannischen Umkreises waren die Pikten zumindest halb keltisch und im Westen die Iren ganz keltisch. Sollte es den Pikten gelingen, den Süden Schottlands für immer in Besitz zu nehmen und sogar noch weiter nach Süden vorzudringen, sollte es den Iren gelingen, für sich selber ein Königreich an der Westküste Schottlands zu errichten, so würden die britischen Inseln dennoch ein keltisches Gebiet bleiben. Letztlich mußte sich der entscheidende Existenzkampf innerhalb dieser noch ungebrochenen westlichen Festung aller keltischen Stämme abspielen, an dem ›Rand der bewohnbaren Erdkugel‹, damit die Selbständigkeit gegenüber dem neuen germanischen Element gewahrt blieb, das in diese letzte Festung keltischer Kultur von Osten her eindrang.

Im großen und ganzen war es für die britannischen Volksstämme auf drei Fronten eine Rückzugsbewegung im ständigen Kampf. Ihre Linien reichten lückenlos vom Firth of Forth bis Land's End, ohne daß es eine zentrale Organisation oder Koordinierung gegeben hätte. Sie mußten sich gegen das Eindringen der Sachsen von Osten, der Pikten von Norden und der Iren von Westen her verteidigen. In diesem Kapitel wollen wir nun zu zeigen versuchen, welche Schritte sie unternahmen, um ihre neuerlangte Unabhängigkeit zu bewahren, und wieweit sie damit Erfolg hatten. Hier darf wohl vorweggenommen werden, daß es ihnen schließlich gelang, im Westen eine großangelegte Eroberung durch die Iren südlich der Highland-Linie zu verhindern, auch während sie eine neue überseeische Kolonie in Armorica gründeten. An der Ostfront konnten sie am Anfang zunächst eisernen Widerstand leisten und zumindest im Nordabschnitt sogar zum Angriff gegen die sächsischen Eindringlinge übergehen; doch da es unter den keltischen Stämmen an zentraler Gewalt und Einigkeit fehlte und sie es versäumten, sich mit den mächtigen piktischen Königreichen im Norden zu verbünden, ganz abgesehen davon, daß rein geographisch das Gebirgsland die Fühlungnahme erschwerte, fiel schließlich das gesamte Untere Britannien in die Hände der Sachsen.

Die erste Aufgabe, die sich den unabhängigen keltischen Königreichen in ihrem Kampf um die keltische Selbständigkeit stellte, bestand darin, daß die britannischen Fürsten und neuen selbständigen Herrscher irgendeine Regierung und zentrale Organisation zur Verteidigung der Grenzen schaffen mußten. Diese Aufgabe wurde anscheinend mit Erfolg gelöst, denn die Überlieferung aus jener Zeit erwähnt keinerlei anarchische Erscheinungen nach dem Rückzug der Römer. Unsere erste Frage lautet zwangsläufig: Wie waren die neuen Maßnahmen beschaffen, und wieweit hielt man an den Errungenschaften aus römischer Zeit fest?

Einer der bemerkenswertesten Fortschritte bei der modernen Beurteilung der römischen Besetzung Britanniens besteht darin, daß man sich der Kontinuität über jene Zeitspanne hin besser bewußt ist, die zwischen dem älteren keltischen Stammesleben und jenem Zustand lag, der sich ergab, als der letzte römische Militärtransport die Insel verließ. Im ganzen gesehen hatte das Land wahrscheinlich keine grundlegenden Veränderungen erfahren. Wir sahen, wie die alten Stammesbezirke im Norden und in Wales während der Besatzungszeit weiterbestanden, und wir können verfolgen, wie die Lebenskraft und Erfahrung der britannischen Stämme vor allem in den schottischen Lowlands sie allmählich in die Lage versetzte, schon in der späten Römerzeit die Verteidigung im Norden gegen das mächtige piktische Königreich Nordschottlands mit außerordentlichem Erfolg zu übernehmen.

Es ist zu vermuten, daß die römische Zivilisation mit ihren Annehmlichkeiten kaum mehr von Britannien wirklich tiefgehend beeinflußt hat als jenen Teil von Mittel- und Südostengland, der im allgemeinen mit dem Begriff ›Unteres Britannien‹ bezeichnet wird. Dies war das Hauptgebiet der Villen und Städte – London, Canterbury, Landstädte wie Silchester, Verulamium, Bath, Cirencester, Gloucester, Caerwent. Im allgemeinen scheint die althergebrachte keltische Lebensweise kaum aufgegeben oder auch nur umgeformt worden zu sein. Die Römer haben sich offenbar wenig in die religiösen, innenpolitischen und administrativen Angelegenheiten der einheimischen Keltenstämme eingemischt. Die alten keltischen Königreiche scheinen als *civitates,* politische ›Kantone‹ für die Verwaltung, fortbestanden zu haben, die durch einen *ordo,* einen ständigen ›Rat‹ mit Exekutivvollmachten, geleitet wurden; dieser hatte seinen Sitz in der Hauptstadt des Kantons und bestand aus *decuriones* oder Exmagistraten, die von der Stadt gewählt waren. Die einheimische Religion bestand anscheinend ohne Unterbrechung neben den römischen Kulten weiter, und es wurden nach wie vor Tempel und Altäre für die einheimische Bevölkerung gebaut. Obwohl Agricola den Wunsch hatte, die Erziehung zu fördern, sorgte er nicht dafür, daß die Kelten schreiben lernten, oder brachte sie nicht dahin, daß sie ihre Überlieferungen und Bräuche schriftlich niederlegten. Diese wurden vielmehr während der römischen Besatzungszeit wie bisher mündlich gepflegt und weitergegeben, und als Jahrhunderte später die keltischen Volksstämme unter der Vormundschaft der christlichen Kirche das keltische Alphabet gelernt hatten und gut genug schreiben konnten, um ihre keltische Kultur in der Muttersprache schriftlich zu fixieren, kodifizierten sie nicht etwa das römische Recht, sondern ihre einheimischen keltischen Gesetze, zeichneten die alte Literatur ihres eigenen Volkes – Poesie und Prosa – in ihren Handschriften auf und erstellten die Genealogien ihrer eigenen Häuptlinge und führenden Familien, die die Nachfolge der römischen Herren angetreten hatten. Am bezeichnendsten ist, daß die lateinische Sprache in Britannien nie weite Verbreitung fand und – ganz im Gegensatz zu Gallien – verhältnismäßig wenig Spuren aus der Zeit der römischen Besatzung hinterlassen hat. Es ist viel Aufhebens um die *Graffiti* (1) gemacht worden, die auf kleine Gegenstände eingeritzt sind, etwa das Wort *satis* auf einem einzelnen Ziegel in Silchester, das Haverfield (2) einem erschöpften Ziegelmacher zuschreibt

Bronzeschnabelkanne aus Basse-Yutz, Moselle.
4. Jh. v. Chr. British Museum, London

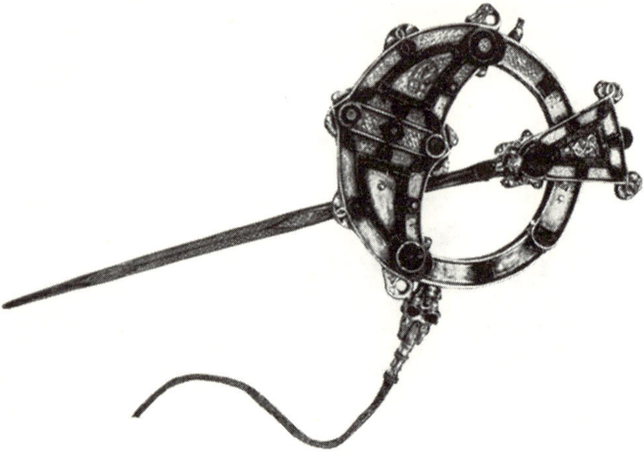

Oben: Tarafibel aus Bettystown, Meath. 8. Jh. National Museum of Ireland, Dublin. – Unten: Bronzener Kultwagen aus Mérida, Spanien. Musée des Antiquités Nationales, St. Germain

und das M.P. Charlesworth ergötzlich mit »Feierabend« übersetzt (3); aber handelt es sich bei dieser kargen Spur von Arbeiterlatein nicht doch eher um das »Schluß jetzt!« eines römischen Werkmeisters, der auf rechtzeitigen Arbeitsschluß bedacht ist?

Hinsichtlich der Zivilverwaltung Britanniens nach dem Abzug der Römer im weiteren Sinn sind wir weitgehend auf Vermutungen angewiesen. Der Brief, den Honorius 410 nach Britannien schickte, soll an die ›Städte‹ in Britannien gerichtet gewesen sein. Das Wort bedeutet wahrscheinlich *civitates* oder Stadtstaaten und bezieht sich auf die einzelnen keltischen Königreiche, die über die römische Periode hinweg – etwa wie in Gallien – ihre Individualität und ein gewisses Maß an eingeschränkter Selbstverwaltung behalten hatten. Die obenangeführte Zosimos-Stelle läßt darauf schließen, daß die militärische Organisation in den Händen der *civitates* lag. Doch welche war die zentrale Macht, die allein es vermochte, ihren Bemühungen um Aufrechterhaltung der politischen Selbständigkeit Britanniens Nachdruck zu geben?

Prokopios, der etwa um 550 schreibt, stellt im Hinblick auf den Aufstand der Britannier unter Konstantin im Jahr 407 fest: »Die Römer waren niemals in der Lage, Britannien wiederzuerobern; doch wurde es seit dieser Zeit ununterbrochen von Tyrannen regiert.« In lateinischen Quellen aus dieser Zeit bedeutet dieses Wort gewöhnlich ›Usurpatoren‹ oder Herrscher, die ihre Stellung unrechtmäßig innehatten, und gewiß ist das der Typ des einheimischen Herrschers, der vor und nach der Römerzeit den keltischen Provinzen Britanniens vorstand.

In einer Abhandlung, die zeitgenössisch sein will und den Titel *De excidio Britanniae* trägt – sie wird allgemein als Arbeit des Gildas, eines Geistlichen aus dem frühen 6. Jahrhundert, angesehen –, hören wir im 23. Kapitel von einem mächtigen britischen Herrscher, einem *superbus tyrannus*, dem der Autor unter vielen Schmähungen die Verantwortung dafür aufbürdet, die Sachsen nach Britannien hereingebracht zu haben. Gildas selbst sagt uns jedoch, daß alle Ratsmitglieder samt dem höchsten Diktator die kriegerischen Sachsen ins Land geholt hätten, als die Briten von den Pikten »in ihren seetüchtigen Schiffen« bedrängt wurden. Damit ist deutlich gesagt, daß die Verantwortung für diese Aufforderung bei den *conciliarii* lag – unter denen wir wahrscheinlich die *civitates* zu verstehen haben –, deren Haupt der *tyrannus* war. Es handelte sich um eine offizielle Einladung, und die Sachsen wurden zunächst aufgefordert, als Söldner gegen piktische Überfälle vorzugehen, wobei sie ihren Unterhalt in festgesetzten monatlichen Zuwendungen erhielten *(annonas, epimenia)*. Dieser von Gildas geschilderte Vorgang war vollkommen normal und entsprach der kontinentalen römischen Praxis den Franken oder anderen Barbarenvölkern gegenüber; das Vorgehen des *tyrannus* war ein durchaus verfassungsmäßiger Akt. Aus Gildas' Bericht kann man schließen, daß die Sachsen nur dann zu plündern begannen, wenn die Zahlungen ausblieben oder ihren Forderungen nicht entsprachen. Darüber hinaus besagt er, daß eine feste Regierung bestand, keinesfalls aber eine Anarchie. Der *superbus tyrannus*, der einheimische britische Herrscher mit dem Auftrag, für die Verteidigung zu sorgen, handelte im Einvernehmen mit allen seinen Räten – vermutlich Mitglieder des *ordo* – und ergriff verfassungsmäßige Maßnahmen, wenn er sich mit der schwierigen Lage auseinandersetzte, die zweifellos noch aus der vorhergehenden Periode herrührte. Die von Gildas verwendete Bezeichnung bedeutet nicht ›ein stolzer Tyrann‹ in dem Sinn, wie es meistens verstanden wird, sondern bezeichnet den führenden oder maßgebenden Herrscher, den *superbus tyrannus* und ›obersten Diktator‹ (4). Einen Namen gibt er ihm nicht, doch Beda nennt ihn in seiner *Chronica maiora ›Vertigernus‹* (Vortigern). Man hält das gewöhnlich für einen Eigennamen, es bedeutet aber in Wirklichkeit nur ›oberster Herr‹ (5).

Von Vortigern wissen wir nur wenig Gesichertes, doch scheint er in Britannien um 425 die führende Keltenpersönlichkeit gewesen zu sein, und es ist sehr gut möglich, daß er – vielleicht zu einer Zeit, als die am Rand liegenden Halbinseln schon weitgehend in irischer Hand waren – einen Pufferstaat an der walisischen Grenze bildete. Man darf mit einiger Sicherheit annehmen, daß er ermächtigt war, die einheimischen militärischen Verteidigungsmaßnahmen seines Landes mit Hilfe sächsischer *foederati* zu verstärken. Er wurde zur negativen Hauptfigur einer großen Zahl von Legenden, zu denen auch die phantastische Geschichte seiner Begegnungen mit St. Germanus (6) gehörte; deutlicher jedoch zeichnet sich seine Stellung als römisch-britischer Fürst im römischen Britannien ab, der in der Zusammenarbeit mit den Provinzgouverneuren eine ganz offizielle Rolle spielte, wenn er sächsische Söldner anwarb, die nach dem Abzug der römischen Besatzungstruppen Britannien gegen Überfälle aus dem Norden schützen sollten. Es gibt keinerlei Hinweise darauf, daß seine Sympathien für die Kelten eine antirömische Politik zur Folge gehabt hätten; er scheint vielmehr in der Eigenschaft eines römischen Beamten als Führer der *civitates* aufgetreten zu sein.

Als nächstes müssen wir das Hauptproblem betrachten, dem die anderen unabhängigen britischen Fürsten gegenüberstanden: die Verteidigung ihrer Grenzen als einzige Möglichkeit, die Freiheit des Landes und die Selbständigkeit der keltischen Herrscher zu erhalten. Wie sah diese Bedrohung der Grenzgebiete des keltischen Britannien aus, wie ernst war sie, und welche Schritte wurden zum Zwecke der Verteidigung unternommen?

Vielleicht hat sich gerade in der Beurteilung der angelsächsischen Besitzergreifung von Ostengland in den letzten Jahren der deutlichste Wandel vollzogen. In unserer Generation hat die Archäologie unser literarisch-urkundliches Beweismaterial ergänzt, und das Bild, das sich daraus ergeben hat, unterscheidet sich von dem des Gildas sehr stark.

Nach dem von den Archäologen bisher vorgelegten Material traten die Sachsen zunächst nicht als Invasionsarmee, sondern in einer Folge von friedlichen Ansiedlungen auf, die schon unter den Römern gegen Ende des 2. Jahrhunderts einsetzten. Wieweit es auch schon selbständige Einzel- oder Handelsniederlassungen gegeben haben mag, ist gegenwärtig noch ungeklärt, fest steht jedoch, daß die Römer sich der Sachsen als *foederati*, als ›Söldner‹, bedient haben, was ja auch ganz und gar mit der Praxis der Römer auf dem Kontinent übereinstimmt. Als *foederati* der Römer sind die Sachsen zum erstenmal zwischen 390 und 400 aufgetreten, und man hat darauf hingewiesen, daß es — wenn man von den sächsischen Küstenfestungen und ähnlichen Plätzen in den Lincolnshire Wolds absieht — östlich der Linie York—Bedford kaum eine römisch befestigte Stadt gibt, zu der nicht auch ein angelsächsischer Friedhof gehört; dazu kommt, daß die Keramik aus dem 4. Jahrhundert in römischer Technik und sächsischer Dekoration auf eine enge Verbindung der Römer und Sachsen sowohl in der Nachbarschaft der Festungen der ›Sachsenküste‹ wie auch im Bezirk East Riding in York hindeutet. Wir haben Anlaß anzunehmen, daß am Ende des 3. Jahrhunderts die ›Sachsenküste‹ bereits teilweise von Sachsen besiedelt war oder daß die Festungen selbst zum Teil sächsische Besatzungen hatten oder doch Brennpunkte von mehr oder weniger organisierten Handelsbeziehungen mit den Germanenstämmen jenseits der Nordsee waren (7). Es läßt sich nicht nachweisen, daß die einheimische Bevölkerung unterschiedslos niedergemacht worden wäre, und man kann die Möglichkeit eines solchen Massakers schon aus praktischen Gründen als höchst unwahrscheinlich außer acht lassen. Nach dem Abzug der Römer nahmen die Übergriffe jedoch kriegerischen Charakter an. Wie in Gallien führte auch hier eine Entwicklung, die anscheinend mit zahlreichen verhältnismäßig geringfügigen germanischen Aktionen und Niederlassungen begonnen hatte, schließlich zur kriegerischen Eroberung und zur Entstehung eines fremden Barbarenkönigreiches, das die römische und keltische Herrschaft gleichermaßen ablöste.

Gildas berichtet uns nach einer düsteren Schilderung der von den Sachsen angerichteten Verwüstungen (Kap. 25 f.), wie ein letzter Rest der Briten zu den Waffen gegriffen und unter der Führung eines gewissen Ambrosius Aurelianus, den er rühmend »den letzten Römer« nennt, den Sieger zur Schlacht herausgefordert habe, in der diese Männer dann siegreich geblieben seien.

Ambrosius scheint die Nachhut des abziehenden römischen Heeres verkörpert zu haben; er wird von Gildas als *vir modestus* und *dux* bezeichnet. Aus frühen Quellen ist sonst nichts von ihm bekannt, doch ist er höchstwahrscheinlich der *Emreis Guletic*, den Nennius in der *Historia Brittonum* als Sieger in einer Reihe von Aktionen gegen Vortigern erwähnt, in deren Verlauf Vortigern gezwungen wurde, in Snowdonia Zuflucht zu suchen. Diese Legenden haben den Charakter von Volkssagen und sind zweifellos Ausdruck des Geistes jener Zeit, in der ein zunehmender Sachsenhaß Vortigern immer mehr zum Sündenbock machte.

Neuerdings neigt man mehr und mehr dazu, König Arthur

als historische Figur anzusehen (8); gelegentlich wird er auch mit Ambrosius Aurelianus gleichgesetzt, obwohl es sich hier um ganz verschiedene Probleme handelt. Wir haben keine ausreichenden Beweise für einen historischen Arthur. Trotzdem läßt sich das Legendenmaterial in seiner Fülle nicht ganz beiseite schieben, und es ist nicht unmöglich, daß es im späten 5. oder im 6. Jahrhundert einen britischen Heerführer gegeben hat, der den römischen Namen Arthur (Artorius) trug.

Wenden wir uns jetzt von der sächsischen Infiltration Ostenglands zu den Nordgrenzen, so können wir auf die bereits erwähnte Vermutung zurückgreifen, daß die Hauptverteidigung gegen die Pikteneinfälle aus dem Norden in den Händen der britischen Stämme in Südschottland lag, die anscheinend schon in der Römerzeit mit der Verteidigung der Nordgrenze betraut gewesen und wahrscheinlich bis zu einem gewissen Grad für diesen Zweck nach römischer Kampfweise ausgebildet und ausgerüstet worden waren. Was die Briten in Südschottland (9) betrifft, so sind wir – wie wir noch sehen werden – letztlich weitgehend auf keltische Überlieferung angewiesen. Außerdem besitzen wir ein ganz wesentliches zeitgenössisches lateinisches Dokument, das uns – soweit wir es deuten können – ein sicherer Führer durch die Übergangszeit von der römischen zur keltischen Herrschaft in Südbritannien ist; hinsichtlich der Grenzverteidigung im Norden und Westen ist es als negatives Zeugnis besonders bedeutsam: die *Notitia Dignitatum* (10), ein Dokument, von dem man annimmt, daß es im späten 4. oder frühen 5. Jahrhundert in der Kanzlei des oströmischen Reiches aufgezeichnet worden ist. Es enthielt für jede Provinz die Präsenzmeldungen, die die örtlichen Beamten im ganzen Reich von Zeit zu Zeit abgeben mußten. Das Dokument ist also nicht etwa eine Übersicht über die zivile und militärische Lage des römischen Reiches in irgendeinem bestimmten Augenblick, sondern eher so etwas wie eine Kartei, die über eine ganze Zeitspanne hinweg geführt worden ist. Es ist ein Register, das eine Entwicklung erkennen läßt und das uns über die Endphase der Römerherrschaft in Britannien die klarsten Aufschlüsse gibt. Seine knappen Einträge können aus der keltischen Überlieferung durch Genealogien der Fürsten in den Grenzreichen ergänzt werden. Diese Genealogien zeigen während des 4. und 5. Jahrhunderts bezeichnende Veränderungen in den Namen: Aus Namen, die piktisch anmuten, werden solche, die auf romanisierte Britannier schließen lassen, und diese wiederum weichen den Namen keltischer Fürsten, die stolz am Beginn der geschichtlichen Periode im 5. Jahrhundert stehen. Die *Notitia Dignitatum* zeigt keinen Eintrag für den *dux*, ein altes Amt des römischen Militärkommandeurs der Verteidigungsanlagen im Norden. Wenn diese Aufgabe den nordbritischen *foederati* übertragen worden war, ist es nur natürlich, daß für ihn keine Meldungen eingesandt wurden, denn seinen Platz hätte ja dann irgendein britischer Führer innegehabt. Vielleicht hatte ein mächtiger britischer Häuptling die Nachfolge Stilichos als *dux* angetreten, nachdem jener die römische Nachschubbasis im Norden endgültig nach York zurückverlegt hatte. Mit Hilfe der lateinischen *Notitia* und der keltischen Genealogien lassen sich die geschichtlichen Vorgänge an der Nordgrenze verhältnismäßig gut durchschauen.

Während der letzten Jahre der römischen Besatzungszeit in Britannien und insbesondere nach dem großen Überfall von 367 waren die Römer darum bemüht gewesen, die unbezwungenen Stämme im Norden dem Bereich ihrer geschwächten Macht fernzuhalten, wobei sie die von ihnen bereits auf dem Kontinent (11) erprobte Politik verfolgten, einheimische Truppen auszubilden und für die Bewachung der Nordgrenze mit einzubeziehen; diese erhielten dann vermutlich bis zu einem gewissen Grad die Ausrüstung römischer Truppen und wohl auch ihre Feldzeichen. Wir haben hierfür kein unmittelbares zeitgenössisches Zeugnis, doch würde dies etwa der Lage entsprechen, wie sie die *Historia Brittonum* (12) des Nennius und die walisischen Genealogien andeuten. Wenn diese Texte auch erst aus dem Anfang des 9. Jahrhunderts stammen, so hat Nennius doch Aufzeichnungen benutzt, die bis ins 7. Jahrhundert oder noch weiter zurückgehen, während die Genealogien auf einer konservativen und sorgsam bewahrten mündlichen Überlieferung beruhen.

Nach diesen Aufzeichnungen darf man vermuten, daß die Römer für die Bewachung der beiden – nur 37 Meilen voneinander entfernten – Enden des nördlichen (Antoninischen) Walls je eine einheimische Dynastie entweder eingesetzt oder doch unterstützt haben. Glücklicherweise sind uns die Genealogien dieser Dynastien erhalten geblieben (13). Die am besten nachgewiesene und am festesten gegründete von ihnen ist die Dynastie von Strathclyde mit der Burg in Dumbarton. Der hervorragendste Name in der Dynastie von Dumbarton am Ende der Römerzeit ist der eines gewissen *Ceredig Gwledig* (14), der gewöhnlich mit jenem *Coroticus* gleichgesetzt wird, dessen Krieger St. Patrick in seinem berühmten Brief beschuldigte, sie hätten neugetaufte Mitglieder seiner Herde aus Irland – zweifellos in die Sklaverei – entführt. Noch im frühen 8. Jahrhundert nannte Beda Dumbarton noch immer eine *munissima urbs,* »einen sehr stark befestigten Ort«. Die Ausläufer dieser Dynastie lassen sich im fernen Galloway feststellen. Wahrscheinlich ist der Stammbaum von Amts wegen sorgfältig aufbewahrt worden, denn seine Echtheit kann anhand externer geschichtlicher Quellen nachgeprüft werden. Der berühmteste unter ihren Königen, Rhydderch Hen, erscheint in späten Überlieferungen sowohl bei St. Kentigern und dem Propheten Myrddin (später Merlin) wie auch in Adamnáns *Leben St. Kolumbans.* Ceredigs unmittelbare Vorgänger tragen Namen, die wie verderbte römische Namen aussehen, und vor diesen kommen drei, die piktisch wirken (15). Daraus sollte man schließen, daß die Dynastie kurz nach dem Überfall von 367 begann und daß dann eben als Folge dieses Überfalls zunächst piktische und später örtliche britische Häuptlinge von den Römern als *foederati* eingesetzt worden waren, um das Westende des Antoninischen Walls zu bewachen. Das ständige Beiwort der Dynastie: *hael,* ›freigebig‹, ›reich‹, könnte darauf schließen lassen, daß die Römer in Gold bezahlten, und der Sklavenraub des Coroticus in Irland im 5. Jahrhundert könnte dahingehend ausgelegt werden, daß sich die Fürsten auf diese Weise halfen, wenn die römischen Geldquellen versiegten. So erklärt zumindest Gildas den Sachseneinfall in Britannien, als die *epimenia* ausblieben, die ihnen als römischen *foederati* zustanden. Die britischen Fürsten von Dumbarton im Norden sehnten sich natürlich genausowenig danach, von den mächtigen Pikten überrannt zu werden, wie die Romano-Britannier weiter südlich.

Am Ostende des Antoninischen Walls befand sich das alte Königreich der *Votadini,* ein Name, der später in *Manau Guotodin,* der ursprünglichen Heimat *Guneddas* (16), weiterlebte. Der Name *Cunedag* gibt insofern Rätsel auf, da er weder römisch noch britannisch ist und im Walisischen sonst nicht vorkommt. Kann er irisch sein? Nach den walisischen Genealogien gehen dem Namen *Cunedag* wie dem des *Ceredig* drei römische Namen voran: *Ætern* (lat. *Aeternus), Patern* (lat. *paternus*) mit dem Beinamen *peis rut,* ›vom roten Mantel‹, und an dritter Stelle Tacitus. Vor diesen kommt eine Folge von zwei Namenspaaren, die den seltsamen Kolonnen von

Namenspaaren in den Stammbäumen der Piktenkönige ähneln (17). Das Gebiet der Votadini erstreckte sich von südlich des Firth of Forth bis Berwickshire, während im Norden des Firth das Reich der mächtigen Südpikten lag.

Man könnte fast vermuten, daß der bedeutende Schatz von Traprain Law in Haddingtonshire (18) aus dem 5. Jahrhundert Seeräubergut gewesen sei und daß die römischen *foederati* dieser bedeutenden Festung wie ihre Kollegen, die Fürsten von Dumbarton, sich der Seeräuberei ergeben haben könnten, als damals die römischen Zahlungen ausblieben. Der Beiname *peis rut* bezieht sich, wie man mit großer Wahrscheinlichkeit annimmt, auf den roten Mantel, der das offizielle Abzeichen der römischen Kavallerieoffiziere ist. Es scheint, daß Ceredig sowohl wie Cunedag romanisierte Britannier waren, die die schmale Landenge jeweils am Ende des Antoninischen Walls zwischen dem Forth und dem Clyde gegen die Pikten bewachten. Möglicherweise sind diese Dynastien beide piktischen Ursprungs. Nach den drei Generationen römischer Namen, die den piktischen Namen auf diesen Stammbäumen folgen, kommen britische Namensformen. Diese Herrscherlisten würden uns bei normaler Rechnung bis ins 4. Jahrhundert zurückführen, und das Material legt uns die Vermutung nahe, daß die Römer auf die Piktenüberfälle und insbesondere auf den großen Pikteneinfall im Jahr 367 hin einheimische Fürsten – erst Pikten, dann romanisierte Britannier – ermächtigt hatten, die Verteidigungslinie im Norden im Namen des Imperiums als *foederati* zu überwachen. Im 5. Jahrhundert folgten dann während der sogenannten ›nationalen Erneuerung‹ einheimische britische Namen auf die römischen.

Wie war nun die allgemeine Lage im Westen, wo die Keltenstämme niemals ganz romanisiert worden waren? Die *Notitia Dignitatum* läßt uns hier wiederum im Stich, denn aus den walisischen Marken wurden keinerlei Meldungen gesandt, wie überhaupt aus ganz Westbritannien nicht. Das ist um so bemerkenswerter, als wir wissen, daß Caernarvon (Segontium) noch 383 besetzt war, als Magnus Maximus mit seinen *Seguntienses* abzog, und von Manchester und Ribchester finden sich Münzen bis zu demselben Zeitpunkt. Chester war von der XX. Legion besetzt gewesen und Caerleon von der II., und nur ein Teil der letzteren war schon vorher nach Richborough verlegt worden. Wie sollen wir also das vollständige Schweigen der *Notitia* hinsichtlich römischer Beamter an der Westgrenze im 5. Jahrhundert deuten? Teilweise erklärt es sich vielleicht daraus, daß Magnus Maximus bei der Verlegung zumindest eines Teils der regulären Truppen aus dem Westen nach Gallien die gesamte westliche Verteidigung den einheimischen Truppen überließ. Diese Phase entspricht in etwa der Übertragung der Pflichten auf die *foederati* an der Nordgrenze, und es finden sich noch weitere Belege dafür, daß die Römer auf dem Weg einer ähnlichen Pflichtenzuweisung einen Teil der Verantwortung im Westen, ganz besonders an der Seeküste, auf einheimische Fürsten übertrugen.

Wie die Gefahr an der Nordgrenze von zwei verschiedenen Völkern her drohte — von den Pikten und den Iren —, so war auch die Westgrenze von zwei — voneinander nicht abhängigen — Völkern bedroht: den Walisern und den Iren. Jan Richmond (19) hat überzeugend dargelegt, daß die Cornovii, der maßgebende Stamm in den Provinzen an der Westküste, sich infolge der Unzufriedenheit und der Gebirgsüberfälle der unmittelbar im Westen sitzenden Ordovices in einer höchst unsicheren Lage befanden. Sie hatten deshalb schon unter den Römern außergewöhnliche Verantwortung getragen, aber auch außergewöhnliche Privilegien genossen. Sie waren der einzige britische Stamm, der einer Einheit der kaiserlichen Hilfstruppen seinen Namen gab, und diese Einheit tat – wiederum gegen alle Gewohnheit – trotzdem weiter in der Heimatprovinz Dienst.

Von den offiziellen römischen Berichten über die Cornovii wenden wir uns den späteren britischen Überlieferungen dieses Zeitabschnitts zu, die sich mit denen der nordbritischen *foederati* vergleichen lassen. Wir sahen, daß Gildas einen mächtigen einheimischen Fürsten, einen *superbus tyrannus*, dem spätere Schriftsteller den Namen Vortigern gaben, in der Rolle des Beherrschers des Unteren Britannien darstellt, der mit denjenigen einheimischen Beamten (*omnes consiliarii*) zusammenarbeitet, die nach dem Abzug der römischen Behörden noch tätig waren. Das geschah zur Zeit der ›keltischen Erneuerung‹. Sein britischer Name und alles, was uns an Überlieferung vorliegt, lassen darauf schließen, daß er aus dem walisischen Grenzgebiet stammte; sein Stammbaum weist drei Generationen romanisierter Vorfahren auf, wobei sein Urgroßvater den Namen *Gloiu*, wohl eine Ableitung von Gloucester, trägt, dem noch das Wort *gwalltiu* beigefügt ist, ›mit dem langen Haar‹, was sich vielleicht auf den langen Roßschweif bezog, der den Helm des römischen Kavalleristen schmückte. Überlieferungen und Stammbaum weisen darauf hin, daß er ein bedeutender britischer Fürst gewesen sein muß, der romanisiert worden war, und in Analogie zum Norden läßt sich vermuten – mehr als eine Vermutung ist nicht möglich –, daß ihm in der späten Phase der römischen Besatzungszeit in der Nachfolge der Cornovii, die ja den Römern unterstanden, der Status eines *foederatus* zugesprochen worden war. Daß in der *Notitia Dignitatum* ein Eintrag für die westlichen Verteidigungsanlagen fehlt, wäre in diesem Fall keineswegs auffallend, sondern würde nur übereinstimmen mit dem Fehlen eines Eintrags für den *dux* an der Nordgrenze.

Die Hauptgefahr für das südliche Britannien kam jedoch von den Iren, und so richteten zunächst die Römer und später die unabhängigen britischen Fürsten ihr Hauptaugenmerk auf die Verteidigung der Westküste. Wir sahen bereits, daß schon in der Römerzeit die Iren sich in großer Zahl auf den westlichen Halbinseln von Wales ansiedelten, wir sahen, daß eine frühe Inschrift in Dyfed (Pembrokeshire) einen einheimischen Fürsten als Inhaber des Titels *Protector* ausweist und daß dies ein offizieller römischer Titel ist, der den *foederati* verliehen wurde, soweit sie für die Verteidigung der Grenzen verantwortlich waren. Die späteren Genealogien geben diesen selben Titel dem Magnus Maximus und seinem Sohn und Enkel.

Die Römer waren sich längst schon der irischen Bedrohung bewußt, und vom 3. Jahrhundert an sahen sich die Römer und die Britannier von Wales einem gemeinsamen Feind gegenüber. Im südöstlichen Wales befanden sich die Hauptverteidigungsstellungen gegen die Waliser nicht mehr in Caerleon und Caerwent, sondern in Cardiff, wo im 3. Jahrhundert ein spätes großes Kastell gegen die Iren an einem Ort errichtet wurde, auf dem sich im 2. Jahrhundert bereits eines befunden hatte. In Caernarvonshire wurde das alte, auf dem Hügel über Caernarvon errichtete Kastell von Segontium aufgegeben und ein neues nächst der Flußmündung an der Küste errichtet, das den wertvollen römischen Handel mit dem Kupfer aus den Bergwerken von Anglesey vor irischen Überfällen schützen sollte (20); das späte kleine Kastell in Holyhead wurde wahrscheinlich in dieser Zeit auch gegen die Iren errichtet (21). Ferner wurden die Verteidigungslinien der Kastelle an der Sachsenküste im Osten und der walisischen im Westen nach Norden vorgetrieben in Lancashire, an der Morecambe Bay und sogar östlich des Penninischen Gebirges.

Eine frühe Überlieferung von irischen Königreichen an den

Küsten der Severn Sea in Wales und Südwestbritannien hat sich in einem irischen Text erhalten, der unter dem Namen *Sanas Cormaic* (22) bekannt ist, einer Art Enzyklopädie und Wörterbuch, das vermutlich aus dem 9. Jahrhundert stammt. Hier wird behauptet, daß die Iren von der Zeit des heiligen Patrick an geteilte Reiche gehabt hätten, deren bedeutendere Hälften in Britannien lagen, und daß sie noch lange nach der Ankunft Patricks diese Macht innegehabt hätten: »Die Macht der Iren über Britannien war groß, und sie teilten Britannien unter sich in Besitztümer auf ... und die Iren lebten so weit östlich vom Meer wie in Irland, und dort wurden auch ihre Wohnstätten und königlichen Burgen errichtet. Daher *Dind Tradui* ... das heißt der dreifache Schutzwall von Crimthann Mór (23), Sohn des Fidach, König von Irland und Britannien bis zum Ärmelkanal ... Aus dieser Teilung entstand die Burg der Söhne von Liathán in den Ländern der Britannier von Cornwall (*Dind map Lethain, dún maic Liatháin*). Und so herrschten sie eine lange Zeit, selbst nach der Ankunft des heiligen Patrick in Irland.« (24)

Es ist unbekannt, woher Cormac sein Wissen bezieht, doch wenn er selbst auch die Überlieferung um mehrere Jahrhunderte zurückverlegt, so läßt doch die Feststellung, daß die von ihm geschilderte Situation sich bis ›lange nach der Ankunft des heiligen Patrick‹ erhalten habe, darauf schließen, daß seine Kenntnisse ziemlich neu sind, und das stimmt ja auch mit allen anderen Zeugnissen überein, die wir besitzen. Cormacs Hinweis läßt vermuten, daß sich *Dind map Lethain* an oder nahe der Nordküste der Dumnonischen Halbinsel befindet. Wahrscheinlich ist der Stamm mit den irischen Uí Liatháin von Munster identisch, denn Cormac muß für seine irischen Leser die benutzte walisische Quelle übersetzen: »Dún maic Liatháin – denn *mac* ist dasselbe wie *map* im Britannischen.«

Nennius, der etwa um dieselbe Zeit schreibt, stützt sich wahrscheinlich auf dieselbe walisische Quelle, wenn er uns berichtet (25), daß »die Söhne Liethans das Gebiet von Dyfed, Gower und Kidwely bewohnten«. Der Überlieferung nach war also die gesamte südwalisische Küste im 5. Jahrhundert von einem den Munsterleuten nahe verwandten Stamm (26) besetzt, den Cormac auf den einander gegenüberliegenden Küsten der Severn Sea lokalisiert, und dieser Stamm oder gewisse irische Königreiche kontrollieren alle Zugänge zum südwestlichen Britannien – den Süden und den Südwesten von Wales, den Bristolkanal und die Dumnonische Halbinsel.

Gegen fünf britannische Fürsten dieser geplagten Küstenreiche richtet Gildas (Kap. 28) im frühen 6. Jahrhundert seine Vorwürfe. Sie scheinen älter als er, aber doch Zeitgenossen zu sein, Beherrscher ausgedehnter Gebiete an der westlichen Küste. Er apostrophiert sie namentlich, offenbar in geographischer Reihenfolge, und beginnt mit Konstantin, dem ›Tyrannen‹ von Dumnonia (der Halbinsel Devon-Cornwall), und schreitet um die walisische Küste fort, bis er zum ›Inseldrachen‹ Maglocunus gelangt. Die drei Fürsten im Westen können sämtlich nach den walisischen Genealogien identifiziert werden: Maglocunus ist der große Maelgwn Gwynedd, der Urenkel Cunedags und Herrscher von Nordwales und Anglesey. Gildas nennt die Namen der ausgedehnten britannischen Königreiche von Devon bis Lancashire, die als Bollwerke gegen ein weiteres Vordringen der Iren gedient haben müssen. Archäologie und Überlieferung spiegeln gleichermaßen die Gefahr eines *adventus Scotorum* wider.

Gleichzeitig mit dem Abzug der Römer aus Britannien, der Übernahme der Herrschaft durch die keltischen Fürsten und der zunehmenden Bedrohung der britischen Unabhängigkeit durch Sachsen, Pikten und Iren nahm auch die Kolonisierung der Bretagne von Westbritannien her lebhafte Formen an (27). Sie hatte zweifellos schon im 4. Jahrhundert begonnen und setzte sich kraftvoll durch das ganze 5. Jahrhundert fort, um im 6. ihren Höhepunkt zu erreichen. Linguistisch läßt sich nachweisen, daß die Sprache der Einwanderer der von Cornwall nahe verwandt war, doch nimmt man an, daß ein großer Teil der Kolonisten von Devon gekommen sei, weil das rasche Auftauchen englischer Ortsnamen in Devonshire den Schluß nahelegt, daß dieses keltische Gebiet nur noch dünn mit Britanniern besiedelt war, als die Engländer dort eintrafen, und tatsächlich machen ja auch die irischen Niederlassungen an der Severn Sea eine britannische Auswanderung von Devon her sehr wahrscheinlich. Die späten bretonischen hagiographischen Überlieferungen jedoch bringen die fürstlichen Führer der Bewegung sowie die Geistlichen mit Ost-, Mittel- und sogar mit Westwales in Verbindung.

Man geht allgemein davon aus, daß die Wanderung durch den Druck der Sachseninvasionen ausgelöst wurde, und das ist auch der Eindruck, den Gildas hervorruft. Das ihm zugeschriebene *De excidio* ist das älteste britische Zeugnis für den Auszug aus Britannien. In Kapitel 25 spricht er von einem »Teil der Bevölkerung«, der voller Trauer die Auswanderung über das Meer angetreten und »unter den vom Winde geschwellten Segeln« nicht etwa Seemannslieder, sondern Klagegesänge aus den Psalmen gesungen habe. Er sagt zwar nicht, daß sie nach Armorica fuhren, doch die historischen Belege dafür sind überzeugend. Erinnern wir uns jedoch dessen, was oben über das Vordringen der Iren gesagt wurde, so muß die Furcht vor einem *adventus Scotorum* für die Bewohner von Cornwall, Devon und Wales und insbesondere für alle diejenigen, die an der Severn Sea lebten, noch größer und gegenwärtiger gewesen sein als die Furcht vor Gildas' *adventus Saxo-*

Bronzeplakette aus Tal Y Llyn, Merionethshire. Frühe La-Tène-Zeit. National Museum of Wales, Cardiff

Daubeneimer aus Aylesford, Kent.
1. Jh. British Museum, London

num. Diese Völker sahen sich dadurch einer Zangenbewegung ausgesetzt.

Nur wenig später als Gildas bezeugt Prokopios von Kaisareia (28), daß Britannier und andere in großer Anzahl und unter der Führung eigener Könige alljährlich in das Land der Franken gesandt wurden und sich dort in den dünnbevölkerten Gebieten als Kolonisten ansiedelten. Prokopios bezog seine Informationen offensichtlich von fränkischen Gesandten am Hof von Konstantinopel, wo er in der ersten Hälfte des 6. Jahrhunderts ein Amt bekleidete, gerade zu der Zeit, als die Kolonisation der Bretagne ihren Höhepunkt erreicht hatte. Die ernstzunehmenden sächsischen Einfälle in Gallien bewirkten natürlich, daß die Frankenkönige freundlich gesinnte Einwanderer gern sahen. Außerdem gibt es Stimmen, die darauf hinweisen (29), daß die Sachsen, wenn wir uns auf die Aussagen des Prokopios und des Gildas (Kap. 26) hinsichtlich des langen Friedens nach der Niederlage vom Mons Badonius (Kap. 26) verlassen dürfen, ihre Grenze während dieser Zeit nicht weit nach Westen vorgeschoben haben können und daß kein Grund für die Annahme besteht, die Bedrohung für Britannien sei damals schon lebensgefährlich gewesen. Die fränkischen Chronisten schrieben allerdings die britische Einwanderung sächsischen Überfällen zu; so insbesondere Eginhard, der Freund und Biograph Karls des Großen, und Ermold le Noir, der König Pippin 824 auf einer Expedition nach der Bretagne begleitet hatte, doch der literarische Charakter und das späte Datum dieser Behauptungen macht sie als Beweismaterial wertlos. Es ist sehr gut möglich, daß sie letztlich sogar auf Gildas selbst zurückgehen, der in der Bretagne im 9. Jahrhundert sehr bekannt war und viel gelesen wurde.

Inzwischen war die nächstgelegene Zuflucht der von den Iren geplagten Britannier im Südwesten der britischen Inseln die westliche Bretagne. Doch litten die Römer in der Bretagne während des 5. Jahrhunderts nicht weniger als Britannien unter den Angriffen der Sachsen, und die römische Verwaltung nahm, um diesem Notstand zu begegnen, Änderungen in ihrem Verteidigungssystem vor. Sie versuchte, die Verteidigungsanlagen so nahe wie möglich an der Ostgrenze zu konzentrieren und außerdem die Küstengebiete und die Flußmündungen zu schützen (30). Die *Notitia Dignitatum* (31) zeigt ausgedehnte Veränderungen, da jetzt das Militärkommando vom Innern des Landes an die Küste verlegt und die Verteidigungsstellungen an der gesamten Küste zur Abwehr sächsischer Landungen umorganisiert worden sind. Zum Schutz des Westens ist offenbar nichts unternommen worden, und das muß kleinere Landungen und Niederlassungen der einwandernden keltischen Bevölkerung erleichtert haben. Es ist den Sachsen nie gelungen, hier – wie etwa in Britannien – ein Königreich von Dauer zu gründen, doch brachten sie es fertig, insbesondere die Küsten entlang viel von der römischen Zivilisation zu zerstören.

Die Tatsache, daß die Sachsen die bretonischen Einwanderer nicht zu vertreiben vermochten, läßt aber doch darauf schließen, daß immer noch so etwas wie eine innere Organisation existierte. Wir haben keinerlei Anhaltspunkte für den Aufbau dieser Organisation. Da auch nicht das geringste Material vorliegt, ist man versucht, Vermutungen anzustellen, die sich an den Ablauf der Ereignisse in Britannien halten. Können die Gallier so vorgegangen sein, wie der *superbus tyrannus* und seine *conciliarii* in Britannien verfahren sein sollen? Haben sie die britannischen Einwanderer aufgefordert, als *foederati* ins Land zu kommen und ihnen gegen den gemeinsamen Feind beizustehen? Wir haben Belege dafür kennengelernt, daß es den britischen Häuptlingen der walisischen

Marken weder an Erfahrung noch an Tapferkeit in solchen Kämpfen mangelte. Und das ist genau das Gebiet, das nach bretonischer Überlieferung die Führer der bretonischen Einwanderer stellte.

Die Römer verloren rasch ihre Herrschaft über Armorica. Schon 409 hatten sich die Armoricaner empört, und Zosimos berichtet uns, daß sie, »vom Beispiel der Inselbritannier ermutigt, das römische Joch abgeworfen« hätten. Daraus darf man schließen, daß schon vor dem Beginn des 5. Jahrhunderts ein enger politischer Verkehr zwischen Britannien und Armorica bestand, der anscheinend in geregelten Formen vor sich ging. Zweifellos ist dies der Grund, aus dem St. Germanus 429 nach Britannien kam, denn wir hören von seinem Biographen Constantius (32), er habe vor seiner Ernennung zum Bischof von Auxerre das Amt eines *dux tractus Armoricani* innegehabt, und wir besitzen in der *Notitia Dignitatum* den Nachweis, daß er als solcher für das *litus tractus Armoricani* (33) verantwortlich und deshalb vor allem mit den Verwüstungen in Armorica durch die Sachsen befaßt war. Wir wissen, daß die romanisierten Gallier von Armorica sich nicht nur 409 und 429, sondern das ganze 5. Jahrhundert (34) hindurch im Aufstand befanden, und Constantius nennt sie »ein wankelmütiges und ungebärdiges Volk« unter der Führung eines gewissen Tibatto, der in der anonymen *Gallischen Chronik* zweimal erwähnt wird, und zwar erstmals 435 als Führer einer Unabhängigkeitsbewegung seitens »Gallia Ulterior« (Armorica) und dann wieder 437 als einer der Gefangenen und Erschlagenen bei der Niederwerfung des Aufstands. Die Bewegung scheint sich 429 nach dem Besuch des Germanus in Britannien auf ihrem Höhepunkt befunden zu haben.

Zur gleichen Zeit, da die gallo-römischen Zentren Armoricas nach Osten rückten, drangen in Armorica von der See her neue Keltenschübe ein, die sich auf die Küstenstriche konzentrierten, aber auch weite Gebiete des Landesinnern, insbesondere im Westen, besetzten. Die hauptsächlichen römischen Zentren – Nantes, Vannes und Rennes, die östlichen Grenzgebiete also – hatten römische Verteidigungsmaßnahmen übernommen und blieben ihrem Wesen und ihren Einrichtungen nach römisch, wobei die Schutzwälle übrigens ihr Entstehen der Bedrohung durch die Sachsen verdankten (35); der gesamte Rest der Halbinsel jedoch, die bis dahin gallo-römisch gewesen war, wandelte sich dem Charakter und der Sprache nach zum Keltischen, und zwar in einer Form, die besonders eng mit dem Kornischen, aber auch mit dem Walisischen verwandt ist. Aus der gallo-römischen Randprovinz Armorica, einem schäbigen Vorposten des Imperiums, der seinen Blick nach Osten gerichtet hatte, wurde ein Land, das Gallien den Rücken zuwandte, das durch seine Kultur, seine politischen Sympathien, die sozialen Verhältnisse, durch Religion und Blutsbande mit dem keltischen, insbesondere dem westlichen Britannien eng verbunden war. Es wurde wieder zum keltischen Land.

Wendet man sich vom Irland der jüngeren Eisenzeit im ersten Dämmer der Geschichte dem Irland am Beginn der geschichtlichen Zeit zu, so bedeutet das ein spannungsreiches Erlebnis. Es ist die Wandlung eines Landes, das sich in völliger Abgeschlossenheit ganz aus seiner eigenen Überlieferung heraus entwickelt hat zu einem Land, das Einflüssen einer fremden und höheren Kultur offensteht. Es wurde bereits betont, daß die hohe Bildung und der gelehrte Eifer der intellektuellen Kasten des alten Irland uns die mündlichen Zeugnisse einer einheimischen Kultur am Rande der antiken Welt erhalten haben, bis ihre Überlieferungen in den Schmelztiegel der lateinischen Schrift eingingen. Diese kulturelle Revolution ergab sich aus der Aufnahme von Kontakten mit der fortgeschrittenen Kultur im Osten. In Irland bezeugen vereinzelte Schatzfunde aus dem römischen Britannien – der Silberhort von Balline etwa – ganz konkret eine unmittelbare Verbindung über die Irische See hinweg im 4. oder 5. Jahrhundert (36). Dies ist eine andere und unmittelbarere Kontaktnahme Irlands mit der Außenwelt als jene, die sich in der Bronzezeit auf dem längeren Seeweg durch das Mittelmeer ergeben hatte, oder als jene aus den frühen Jahrhunderten unserer Zeitrechnung, vielleicht schon aus dem 3. Jahrhundert, als gallische – wahrscheinlich verbannte – Krieger nach Südirland übersetzten und in die Dienste irischer Könige traten (37), anders schließlich auch als jene kulturellen Kontakte, die durch die Barbareneinfälle in Gallien angeregt wurden.

Wir sahen schon, daß wir mit den Überlieferungen der *Táin Bó Cualnge* und anderen Sagas des Heldenzeitalters das Irland der alten Welt hinter uns ließen und mit dem 5. Jahrhundert in eine neue Phase der Geschichte eintraten. Das Ansehen, das schriftliche Zeugnisse genießen, führt zur Unterschätzung der mündlichen Überlieferung, und wenn wir auch wissen, daß die schriftlich fixierten Annalen und viele Berichte über Bräuche aus dem Anfang des Jahrtausends ihrerseits auf mündlicher Überlieferung beruhen, so sichert ihnen doch die Tatsache, daß sie nachträglich bei der Übernahme in die Jahrbücher schriftlich fixiert wurden, zum erstenmal einen Platz in der Geschichtsschreibung Europas. Wieweit man sich allerdings auf diese Berichte verlassen kann, das ist eine sehr schwierige und im Augenblick sehr umstrittene Frage.

Dieser Übergang von dem, was wir die Eisenzeit des geschichtlichen Berichts nennen können, von der mündlich überlieferten Saga nämlich zu dem Chronikstil, der unter kirchlichem Einfluß durch lateinische Kanäle nach Irland drang, hat für den

Forscher, der sich mit irischen geschichtlichen Aufzeichnungen befaßt, etwas Erregendes. Von nun an werden die Ereignisse in chronologischer Abfolge nach ausländischem Vorbild in der Form von Annalen verzeichnet. Die Einträge sind kurz und knapp und gewöhnlich in lateinischer Sprache abgefaßt, wenn auch gelegentlich – wie in den *Annalen von Tigernach* – von irischen Einträgen durchsetzt. Die Geschichtsschreibung fällt jetzt in den Aufgabenbereich von Klerikern, die in der lateinischen Überlieferung großgeworden sind, einen kontinentalen Bildungsgang durchlaufen haben und sich in der chronologischen Anordnung, der Wurzel der Geschichtsschreibung, auskennen (38).

Doch die Kleriker konnten genau wie die *filid*, ihre Vorgänger, ihre Arbeit nur unter dem Schutz und mit Förderung entweder von Klöstern oder auch direkt von Fürsten leisten. In jedem Fall diente das Geschichtswerk unweigerlich einem bestimmten Zweck und stand unter unmittelbarem politischem Einfluß. Stets wird Propaganda getrieben, auch wenn es nicht zugegeben wird. Das gilt grundsätzlich für alle frühen irischen Annalen, und alles, was wir über diese frühe geschichtliche Periode wissen, ist dadurch gefärbt. Eben diesem Einfluß ist es zuzuschreiben, daß die Provinz Munster praktisch ignoriert wird, während die Familie des Níall Noígiallach und ihre wachsende Macht in Ulster im Rampenlicht steht. Damit ist nicht gesagt, daß die Annalen nicht echte Geschichte enthalten. Es bedeutet nur, daß es schwierig ist, sie richtig zu beurteilen (39).

Die frühen Überlieferungen der Familie Níall Noígiallach stellen eine Verbindung zwischen den älteren rein mündlichen Berichten über das prähistorische Irland und den späteren schriftlichen Nachrichten her, und die Machtübernahme eben dieses Níall und seiner Familie im mittleren und nördlichen

Irland bedeutet den eigentlichen Beginn der Geschichte Irlands. Die überlieferten Daten Níalls (40) sind 379 bis 405 oder – wahrscheinlicher – 428. Der Stammbaum (41) Níalls und seiner Familie ist nicht zuverlässig; doch die irische Überlieferung, die sich aus fragmentarisch erhaltenen (42) alten Dichtungen, insbesondere Elegien, aus Munster herleitete, macht ihn zum Sohn von Eochu Mugmedón und »Cairenn, der schwarzlockigen Tochter des Sachsen Sachell Balb«. Dies scheint die einzige Erwähnung des Namens Cairenn zu sein, einer irischen Umbildung des lateinischen *Carina.* Das Wort *balb,* ›Stotterer‹, wird auch sonst von Menschen fremder Zunge gebraucht. Wahrscheinlich hatte sich Níalls Vater seine Frau aus dem römischen Britannien geholt. Man nahm weithin an, daß Níall seinen Tod außer Landes (43) gefunden habe, und es ist keineswegs unwahrscheinlich, daß das bei einem Überfall in Britannien geschah. Dasselbe gilt für Dathí (44), einen Fürsten von Connacht, Níalls Neffen und unmittelbaren Nachfolger als ›König von Irland‹, von dem es bei den späteren Genealogen heißt, er sei bei einem Unternehmen außer Landes gestorben. Auch in späteren Generationen waren Berührungen mit dem Ausland für die Familie charakteristisch. In den *Additamenta* des Schreibers Ferdomnach im *Book of Armagh* hat Níalls Enkel Fedelmid die Tochter eines griechischen Königs geheiratet, und sie und ihr Sohn sind imstande, sich mit dem britischen Neffen Lomman des heiligen Patrick in britischer Sprache zu unterhalten. Die ersten Früchte dieser überseeischen Beziehungen zeichnen sich in der Wanderung St. Kolumbans, eines Angehörigen der Familie der Uí Néill im Norden, nach dem schottischen Dál Riata im nächsten Jahrhundert ab.

Unsere ältesten Nachrichten von Níall bringen ihn in enge Verbindung mit zeitgenössischen Dichtern, und von Dichtern erhalten wir auch unsere deutlichsten Hinweise auf seine Person. Ein Gedicht aus dem 8. oder 9. Jahrhundert, das sich als Elegie gibt, nennt Níall den Pflegesohn des berühmten Dichters Torna Éices, ›Tornas des Gelehrten‹, aus Munster. Der Dichter erwähnt Níalls Vater Eochu Mugmedón und seinen Großvater Muiredach und behauptet, daß nunmehr, da Níall tot sei, die Feinde von Erin (d. h. die Sachsen) Verheerungen anrichten würden. Die Eingangsstrophe erinnert an den britannischen Namen der Mutter Níalls und weist auf sein helles Haar hin. Tuirn (Torna) klagt:

»Wenn wir zur Versammlung gingen
mit Eochus' Sohn,
Gelb wie eine lichte Primel war das Haar auf dem
Haupte von Cairenns Sohn.« (45)

Eine Saga (46) vom Tod Níalls gibt hierzu eine Erklärung: »Cairenn, die schwarz(lockige) Tochter des Sachell Balb (47) von den Sachsen, war die Mutter von Níall.«

In derselben Saga heißt es, sein eigener offizieller Dichter sei der bekannte Ladchenn mac Bairchedo gewesen, jener frühe Dichter aus Munster, dessen erhaltenes genealogisches Gedicht nach Kuno Meyer aus dem 7. Jahrhundert stammt (48). Diese Gedichte und Dichter und ihre Beziehungen zu Níall lassen klar erkennen, wie wichtig die frühe irische Dichtung für die Rekonstruktion der irischen Frühgeschichte ist. Es ist bezeichnend, daß man später in diesem berühmten Haupt der Goidelendynastie den heldischen Krieger sah, der seine Heldendichter hatte, die ihn und seine Vorfahren feierten. Diesen Dichtern und ihrer engen Verbindung zu Níall und seiner Familie dürfen wir zweifellos das hohe und gewiß auch übertriebene Ansehen der Uí Néill in den späteren Annalen zuschreiben. Das allein würde schon die Unterstützung erklären, die Kolumban der Sache der Dichter zuteil werden läßt – er selbst gehörte ja zu den Uí Néill im Norden. Es besteht jedoch kein Zweifel daran, daß Níall und seine Familie ihre Bedeutung einem grundlegenden Wandel verdanken, der zu ihrer Zeit in Irland eintrat und für den sie die Hauptverantwortung tragen: Es handelt sich um den Fortfall der politischen Aufgliederung Irlands in die *Cóiceda* (Kap. 2).

Die Hauptveränderung innerhalb der Entwicklung, die während der frühgeschichtlichen Periode von der jahrhundertealten politischen Einteilung wegführte, bestand in der Beseitigung und Aufteilung des alten *cóiced* der *Ulaid* um die Mitte des 5. Jahrhunderts, das den ganzen Norden Irlands von Donegal bis Antrim umfaßt hatte. Der Überlieferung nach hatte dieser Prozeß mindestens schon zur Zeit Cormacs mac Airt (49) eingesetzt, doch offenkundig und endgültig wurde dieser Wandel unseren sogenannten historischen Aufzeichnungen zufolge erst im Zusammenhang mit der Expansion des Geschlechts der Níall und ihrer Verbündeten von Connacht nach Norden und nach Osten. Das Ergebnis war die Zerstückelung und schließlich die Eroberung der Érainn im Norden, aller Wahrscheinlichkeit nach durch die drei Söhne Níalls, Eogan, Conall und Enda, auf Níalls Betreiben hin (50).

Diese Zerstückelung begann mit der Eroberung einer als die Airgialla (›Oriel‹, ›unterworfene Völker‹) bekannten Gruppe von Stämmen (51) durch die Uí Néill und ihre Verbündeten aus Connacht. Ihr Gebiet setzte sich aus den heutigen Bezirken Armagh, Monaghan, Tyrone und dem größten Teil von Fermanagh und Derry zusammen. Damit besaßen die Uí Néill nun auch Emain Macha (zwei Meilen von Armagh gelegen), die alte Hauptstadt der Ulaid. Mit der Einnahme von Oriel war der größte Teil von Ulster unter die Herrschaft der Uí Néill geraten. Von den alten unabhängigen Ulaid gehörten nun nur noch Donegal und der nordöstliche Küstenstreifen von Antrim bis Dundalk nicht der neuen ›Dynastie von

Tara‹ – im Norden und Nordosten waren es die kleinen Königreiche Dál Riata und Dál Fiatach, östlich des Lough Neagh das Königreich von Dál nAraidi (52).

Einen weiteren Schritt in dieser Zerstückelung des alten Ulster bedeutete die Eroberung von Donegal um 428, des Landes, das westlich von Oriel immer noch selbständig blieb, sowie die damit verbundene Gründung des neuen Königreichs Ailech oder Fochla (wörtlich ›Norden‹) durch zwei Söhne Níalls, Eogan (gest. 465) und Conall. Die neue Provinz bildete später den Kern des Königreichs der nördlichen Uí Néill. Diese beiden Söhne Níalls beherrschten nun die Gebiete, die später unter dem Namen *Tír Conaill* in den Bergen von Donegal im Westen und Tyrone *(Tír Eógain)* im Osten bekannt waren. Die Hauptstadt (53) war Ailech. Im Jahr 563 brachten sie den Dál nAraidi eine verheerende Niederlage bei, deren Land in den Besitz der Linie Eogans gekommen zu sein scheint, wie die *Annalen von Ulster* 562 (richtig 563) berichten.

Vom 5. Jahrhundert an waren die Uí Néill (54), die Nachkommen Níall Noígiallachs, die herrschende Dynastie Nord- und Mittelirlands. Der Nachfolger Níalls auf dem Thron von Tara war sein Sohn Laegaire, der zur Zeit des heiligen Patrick (55) dort regierte; er ist der erste irische König, dessen Datierung (427/28–462/63) als sicher angesehen wird. Der Überlieferung nach (56) waren die Häupter der Dynastie (57) von 506 bis 734 abwechselnd Nachkommen seiner beiden Söhne Eogan und Conall, gemeinsam bekannt als die nördlichen Uí Néill, die das Königreich Ailech im Norden gegründet hatten, und die Nachkommen eines dritten Sohnes, Crimthann, die südlichen Uí Néill, die Tara als ihre Hauptstadt beanspruchten (58). Von den beiden Dynastien des Königreiches Ailech heißt es, daß sie einig waren untereinander und daß sie ihrerseits sich mit den südlichen Uí Néill in der Thronfolge abwechselten, bis die Cenél Eógain im Jahr 734 die Cenél Conaill in der Schlacht besiegten. Von 734 bis 1036 wechselt die Thronfolge laut Überlieferung zwischen den Cenél Eógain und den südlichen Uí Néill von Meath ab. In den Streitigkeiten zwischen den Cenél Conaill und den Cenél Eógain hatten die ersteren den Vorteil, daß die Berge von Donegal eine natürliche Befestigung darstellten, während sich die Cenél Eógain nach Osten und nach Süden ausdehnen konnten, bis die Macht von Oriel, ihrem Nachbarn im Osten, 827 durch Níall Caille, den König von Ailech, gebrochen wurde und Oriel unter die Botmäßigkeit der Könige von Cenél Eógain kam, die später die Könige von Tyrone hießen (*Tír nEógain*). Möglicherweise war eine frühe Phase der Expansion nach Osten Anstoß dafür, daß sich Angehörige der Dynastie von Dál Riata an der Küste von Antrim über das Meer nach dem schottischen Argyll aufmachten.

Die hauptsächlichen Königreiche, die sich als unabhängige Bestandteile des ausgedehnten Überreiches von Ulaid gebildet hatten, waren erstens das kleine Königreich Dál Riata auf dem äußersten nördlichen Küstenstreifen der Grafschaft Antrim; die Burg des Herrschergeschlechts lag auf dem felsigen Vorgebirge von Dunseverick am Endpunkt des *Slige Midluachra,* des alten Königswegs von Nordleinster und Meath nach Norden (59). Die Dynastie erhob, wie wir uns erinnern, Anspruch darauf, von den Érainn abzustammen. Zweitens die Dál Fiatach an der Ostküste der Grafschaft Down, auch Érainn und vielleicht die echten Ulaid aus der Überlieferung des heroischen Zeitalters, was jedoch strittig ist. Drittens die Dál nAraidi, Überreste der alten Cruithni, die zwischen den Dál Riata und den Dál Fiatach ein großes Gebiet um den Lough Neagh innehatten. Sie waren in dieser Gegend das größte und mächtigste Volk und bildeten einen Teil der östlichen Oriel (Airgialla), die von den Söhnen Níalls im 5. Jahrhundert (60) besiegt und zu einem abhängigen Staat gemacht wurden. Ihr bedeutendster König im 6. Jahrhundert war Mongán (gest. 624), der in der um seine Person gruppierten sehr bemerkenswerten Sammlung von Sagas und Gedichten hochgepriesen wird. Seine Residenz befand sich in Moylinny, das praktisch mit dem heutigen Antrim an der Ostküste des Lough Neagh identisch ist. Die Hauptstadt des alten Ulaid, Emain Macha, woraus offenbar das nur zwei Meilen entfernte Armagh entstanden ist, kam mit der Eroberung von Ulaid in den Besitz der Uí Néill (61).

Die Zerstörung des alten *Cóiced* Ulster und die Annexion seines Machtzentrums durch die Dynastie der Uí Néill ist das wichtigste Ereignis in der älteren irischen Geschichte. Von da an liegt das bedeutendste Machtzentrum in Mittelirland, wo der südliche Zweig der Nachkommen Níalls das prähistorische Heiligtum von Tara als Sitz beansprucht und infolgedessen gewöhnlich als ›Dynastie von Tara‹ bezeichnet wird. Durch die Annexion der alten Ulaidhauptstätte Emain Macha um die Mitte des 5. Jahrhunderts hatten sie deren altes Heiligtum, das jetzige Heiligtum St. Patricks in Armagh, erobert und sich damit das Ansehen des Hauptheiligen der besiegten Ulaid dienstbar gemacht. Da dies obendrein als älteste Stätte der Gelehrsamkeit gilt, wo die Schreibkunst und die lateinische Kultur in Irland ihren Einzug hielten, versetzte sein Besitz die Uí Néill in die Lage, nicht nur in politischer Hinsicht, sondern auch im religiösen und intellektuellen Bereich die Führung zu ergreifen und die künftige Geschichtsschreibung und deren Dokumente zu überwachen.

Von nun an unterscheiden unsere literarischen Quellen zwei große Landesteile in Irland, nämlich ›Conns Hälfte‹, die Nordirland umfaßt, und ›Mugs Hälfte‹, die aus Munster und Leinster besteht. Die Namen leiten sich von einer erfundenen Geschichte her, nach der Conn Cétchathach, »der hundert Schlachten«, Urahne der Uí Néill (Connachta) und Mug Nuadat, »Sklave des Nuadu«, dessen eigener Name Eógan (Urahne der Eóganacht) war, Irland unter sich geteilt hatten. Diese Erfindung stammt zweifellos von den Historiographen. Sie erscheint in Annalen und Genealogien, nicht aber im *Buch der Invasion.*

Dennoch spiegelt sich in der literarischen Überlieferung zweifellos eine historische Spaltung wider, die sich zwischen dem von den Uí Néill beherrschten Gebiet und demjenigen ergab, das sich aus den alten *cóiceda* von Munster und Südleinster vom 4. bis zum 10. Jahrhundert entwickelte. Unsere Überlieferung für diese Südhälfte (Mugs Hälfte) ist im großen und ganzen weniger spannend als die für den Norden, doch läßt sich in den Annalen und Genealogien von Munster eine Gruppe von Geschichtsschreibern feststellen, die im Sinn der herrschenden Linie der Eóganacht von Cashel tätig waren und mit jenen Geschichtsschreibern zu vergleichen sind, die die Interessen der Uí Néill im Norden vertraten. Das literarische Material legt jedoch im großen und ganzen den Schluß nahe, daß Munster sich vom 5. Jahrhundert an auf geistigem Gebiet vielleicht stärker entwickelte als durch militärische und territoriale Expansion und daß seine geistige Einstellung eher kontinental als insular war. Es ist möglich, daß Munster in der Frühgeschichte der kultivierteste Teil Irlands war.

Während im heroischen Zeitalter der Sitz des Hauptkönigs Cú Roí mac Dáiri in Westmunster lag, stellen wir fest, daß in der frühgeschichtlichen Periode die Hauptdynastie von ›Mugs Hälfte‹ die Eóganacht waren, die ihren Hauptsitz in Cashel nahe der Grenze nach Leinster hatten. Die Dynastie der Eóganacht in Munster bildete ein in sich gefestigtes Reich, in dem gewöhnlich Frieden und Wohlstand herrschten und das, wie oben erwähnt, wahrscheinlich stets Berührung mit dem Kontinent hatte. Sowohl Munster wie Leinster hatten eine hohe Kultur. Es wird behauptet, daß man in Munster schon um 600 in der Landessprache zu schreiben begonnen habe und daß Preislieder aus Munster von der zweiten Hälfte des 6. Jahrhunderts an schriftlich erhalten sind (62); Kontakte zwischen dem Südosten Irlands und Gallien hatte es offensichtlich in ununterbrochener Folge mindestens schon seit dem 3. Jahrhundert gegeben, sie wurden während der Barbareninvasionen in Gallien (63) zwischen Aquitanien und Südirland kräftig belebt.

Die Macht der Eóganacht hatte sich überaus rasch vergrößert. In der frühesten Zeit hört man überhaupt nichts von ihnen. Zur Zeit des heiligen Patrick jedoch herrscht ihre Hauptlinie bereits auf dem großen Felsen von Cashel, indes andere bedeutende Linien im Westen in Cork und Limerick sitzen. Cashel ist nachgerade das ›Tiryns‹ von Südirland, das die Reisewege von West- nach Ostmunster und wiederum auch die Nordroute nach Leinster beherrschte. Der Machtzuwachs in Ostmunster geht bis zu einem gewissen Grad auf Kosten des alten Königreichs Leinster, das durch die Machterweiterung von Meath (64) stark beschnitten worden war. Nachdem Nordleinster durch die Dynastie von Tara erobert worden war, wurde ihm ein beträchtlicher jährlicher Tribut auferlegt, dem man sich einer lückenlosen Überlieferung zufolge (65) in einer Reihe von Schlachten durch Jahrhunderte hindurch widersetzte. Es wird berichtet, daß König Laegaire von Tara, der Sohn des Níall Noígiallach, im Jahr 462 oder 463 den Tod fand, als er den Tribut einzutreiben versuchte, und die letzte Heldensaga, die von der Schlacht von Allen im Jahr 722 handelt (66), berichtet den Tod Fergals, des Sohnes von Mael

Dúin, des Königs von ›Conns Hälfte‹, der nach Leinster eingefallen war und umkam, als er den Tribut einziehen wollte.
Der Machtverlust der Lagin infolge der zunehmenden Stärke von Meath im 5. Jahrhundert erleichterte offenbar den Machtzuwachs der Eóganacht von Cashel. Die Stammesgeschichten und Genealogien ermöglichen es uns festzustellen, mit welchen Mitteln die östlichen Eóganacht sich im 5. Jahrhundert auf Kosten der Érainn von Westmunster, die bisher die Oberherrschaft gehabt hatten, der Gewalt über das Teilkönigreich Munster bemächtigten. Diesen Machtzuwachs scheinen die Eóganacht dadurch erreicht zu haben, daß sie bei der Unterwerfung der herrschenden Teile der Érainn und beim Ausbau ihrer eigenen Position gegen sie verschiedene Stämme, darunter auch die Lagin und sogar einige Gruppen der Érainn, als Verbündete gewannen (67). Im Prinzip glich das dem Vorgehen der Römer, wenn sie *foederati* an ihren Grenzen einsetzten. Unter diesen Verbündeten der Eóganacht sind die Déisi die interessantesten (68). Rivalisierende Überlieferungen schreiben den Aufstieg Cashels bald den östlichen, bald den westlichen Gruppen der Eóganacht zu. Die beiden Linien lagen vom 5. bis zum 9. Jahrhundert immerwährend im Kampf miteinander, und dieser Streit soll das Hauptkennzeichen der Innenpolitik von Munster in der frühgeschichtlichen Periode gewesen sein. Beide Linien waren mächtig, und wenn auch die von Cashel in Ostmunster gewöhnlich ihren Anspruch auf die Königswürde von Munster (69) durchsetzen konnte, so blieb dieser Anspruch doch nicht immer unangefochten.
Nach der offensichtlich von der östlichen Linie beeinflußten Überlieferung gelangten die Eóganacht von Cashel mit Hilfe der Déisi an die Macht, die nach einem Streit mit Cormac mac Airt aus Tara vertrieben worden waren. Während ein Teil

der Déisi unter ihrem Führer Eochaid Allmuir (›von Übersee‹) nach Pembrokeshire zog, ließ sich der Rest in Südleinster nahe der Grenze von Munster nieder, wo sie *Déisi* (70) – im heutigen Irisch *Decies* – genannt wurden, nach *Déisi Breg*, dem Bezirk, aus dem sie gekommen waren. Die Enkelin ihres Häuptlings heiratete den König von Cashel, Oengus mac Nadfroích (71), und die Déisi halfen ihm Ostmunster zu erobern, wo er sie als *foederati* ansiedelte (72). Die Einverleibung des Déisi-Gebiets von Südleinster in das Reich von Munster steht also in engem Zusammenhang mit dem Machtzuwachs Munsters und der Burg von Cashel. Oengus mac Nadfroích ist tatsächlich der erste in den Annalen (73) erwähnte König von Cashel. Das Gebiet von Leinster wird immer weiter beschnitten, aber die Heirat zwischen den herrschenden Familien und die Stellung der Grenztruppen sicherten den Frieden und stärkten beide Provinzen; diese Ausdehnung nach Osten und die Konsolidierung der Macht Munsters war für die künftige Geschichte Irlands in der Folgezeit von Bedeutung. Im *Dreiteiligen Leben des heiligen Patrick* wird behauptet, Oengus mac Nadfroích sei samt seinen Söhnen von dem Heiligen in Cashel getauft worden, und Patrick habe prophezeit, keiner seiner Nachkommen werde jemals an einer Wunde sterben, was für sie einer Aufnahme unter die Priester gleichkam, und dieselbe Quelle fügt denn auch hinzu, daß niemand König von Cashel wird, ehe nicht Patricks Nachfolger ihm die geistliche Würde verleiht (74).
Eine abweichende Überlieferung schreibt den Beginn des Aufstiegs der Eóganacht nicht Oengus mac Nadfroích zu, sondern dem legendären Ahnherrn der Eóganacht, Conall Corc, dem Sohn des Lugaid, der von Crimthann Mór mac Fidaig aufgezogen wurde und ihm auf dem Thron von Munster nachfolgte. Gemäß dieser Überlieferung, die sich in Schottland bis

in die jüngste Zeit erhalten hat, erreichte Conall Corc, nachdem er von seinem Onkel Crimthann verräterischerweise verbannt worden war, schließlich das Schloß des Piktenkönigs Feradach Findfechtnach, des Herrn von Cruithentuath auf Turin Hill oberhalb Forfar (75), und heiratete dessen Tochter Mongfind. Am Ende kehrte Corc mit Weib und Söhnen nach Munster zurück, wo er den Thron bestieg. Diese Geschichte gibt es in verschiedenen Fassungen, und es ist interessant festzustellen, daß Corcs Onkel jener Crimthann Mór mac Fidaig ist, der in Cormacs Glossar (76) als »König von Irland und Albion bis zum Iktischen Meer« erscheint, und zwar in dem Abschnitt, der sich auf das Doppelkönigtum der irischen Könige jener Zeit und auf ihre königlichen Residenzen in Britannien bezieht. Eine von diesen, Dind Tradui, »die mit drei Gräben versehene Feste von Crimthann Mór mac Fidaig«, wird eigens genannt. Die Geschichte von Corc kann nicht als historisch angesehen werden, enthält aber interessante Elemente (77) der Überlieferung. Die Ehe einer Piktenprinzessin mit einem ausländischen Fürsten stimmt ganz und gar mit dem überein, was wir von piktischer Exogamie wissen, während schottische Clan-Überlieferungen behaupten, daß der Eóganacht-Clan des Mag Gerginn und auch die Earls von Lennox Nachkommen von Corc und Mongfind sind (78).

Der mächtigste der vornormannischen Könige von Cashel war Cathal mac Finguini (um 721–742), dem sich laut den *Annalen von Inisfallen* im Jahr 721 Fergal, der Sohn des Mael Dúin, Königs von Tara, unterwarf. Diese — natürlich aus Munster stammenden — Annalen verzeichnen im Jahr 742 seinen Tod als *rí hErend* (›König von Irland‹), während die *Annalen von Ulster*, die aus dem Norden kommen, ihn nur als *rex Caisil* (›König von Cashel‹) erwähnen. Die späteste irische Heldensage, *Die Schlacht von Allen* (79), etwa 722 oder 724, erwähnt den Tod dieses Fergal, des Sohnes von Mael Dúin, auf einem Zug nach Leinster, wo er den *Boromeischen* Tribut zur Zeit des Cathal mac Finguini eintreiben wollte. Die Schlacht, an der Cathal mac Finguini nicht teilnahm, bedeutete eine Verletzung der vorher zwischen Cathal und Fergal beschlossenen Waffenruhe (80). Cathal tat also, wozu er ehrenhalber verpflichtet war, und schickte das Haupt des Fergal, das in der Schlacht abgehauen worden war, an die Uí Néill, um damit den Bruch der vereinbarten Waffenruhe wettzumachen.

Trotzdem wird angenommen, daß Munster im großen und ganzen während der ersten Jahrhunderte n. Chr. vielleicht das am festesten in sich gegründete Reich in Westeuropa (81) gewesen sei. Politische Veränderungen, Wanderungen und dynastische Kämpfe halten sich in Grenzen, und die Tatsache, daß von den etwa 20 Königen, die Munster damals regierten, nur zwei oder drei eines gewaltsamen Todes starben, bezeugt die verhältnismäßig friedliche Lage (82). Diese ruhige politische Geschichte Munsters muß in unmittelbarer Verbindung mit der Kulturgeschichte und der Kirche gesehen werden. Gerade in Munster finden wir Ogam-Inschriften häufiger als sonst: ein deutliches Anzeichen für das Vorhandensein einer kultivierten und wohlhabenden Aristokratie. Wir finden dort die frühesten Schriftzeugnisse, die früheste klösterliche Kontaktpflege — der ›irische Augustinus‹ im Kloster Lismore am Blackwater ist ein Beispiel dafür — und schließlich die geistlichen Interessen der Könige von Cashel, die in geschichtlicher Zeit manchmal Bischöfe waren. Die Überlieferung will, daß diese einzigartige Verbindung der Königswürde mit dem Bischofsamt bis auf die Zeit der Weihe des Oengus mac Nadfroích durch St. Patrick zurückgeht. Die Überlieferung ist späten Datums, doch die Tatsache der Vereinigung beider

Ämter in der Gestalt des König-Bischofs von Cashel liefert uns zweifellos die Erklärung für die Geschichte der Südhälfte Irlands während der frühgeschichtlichen Zeit.

4

Die Entstehung der keltischen Königreiche

Im vorigen Kapitel haben wir das Auftauchen organisierter keltischer Reiche an der westlichen Peripherie Europas im Anschluß an den Niedergang und das Zurückweichen der römischen Macht verfolgt. Der gesamte Süden Britanniens wurde jetzt wieder von einheimischen keltischen Dynastien beherrscht, die die innere Verwaltung des Landes weiterführten und die Grenzen verteidigten, an denen auf allen Seiten Nachbarvölker saßen — Germanen, Pikten und Iren —, die sich nach der Zurücknahme der römischen Verteidigungslinien auszubreiten und für immer in Britannien niederzulassen bestrebt waren. Während des 6. Jahrhunderts und in der Folgezeit entwickelten sich aus den vorher politisch zersplitterten keltischen Stämmen größere und enger zusammengeschlossene Gemeinschaften. Wir sahen, daß die keltischen Stämme an den Grenzen von Südschottland und im gesamten Südbritannien bereits einheimische Dynastien errichtet hatten, die ausgedehnte Reiche beherrschten, und wir sahen auch, daß in diesen Reichen eine einzige britonische Sprache gesprochen wurde: überall in Schottland, südlich der Forth-Clyde-Linie, in Nordwestengland, Wales, Cornwall und nun auch schon in der Bretagne.

Jenseits des Gebietes, das unter römischer Herrschaft gestanden hatte, lagen zwei große keltische Reiche, die von den Römern nie unterworfen worden waren. Es waren die mächtigen Pikten aus dem Hochland und von den schottischen Inseln, denen ihre Berge Schutz gewährt hatten, und die keltischen Völker Irlands, die in ihrer Isolation jenseits der Irischen See unangreifbar waren. Wir sahen, daß die Eroberungen und das Emporkommen der Goidelen während des 5. Jahrhunderts die Königreiche von Irland unter zwei großen Dynastien zusammengeschweißt hatten: Nordirland wurde von den Nachkommen des Níall Noígiallach, Südirland von den Eóganacht von Cashel beherrscht. In diesem Kapitel nun wollen wir verfolgen, wie sich die Pikten während des 6. und 7. Jahrhunderts zu den beiden mächtigen Gruppen entwickelten, die Beda die »voneinander durch steile und zerklüftete Gebirge getrennten Nord- und Südpikten« nennt. Wir wollen weiter die Entwicklung der letzten und größten irischen Siedlergruppen in Westbritannien verfolgen, denen es gelang, im Westen Schottlands ein bedeutendes Königreich nördlich der römischen Verteidigungslinie, des Antoninischen Walls, zu errichten. Aus der Verbindung dieser piktischen und irischen Siedlungen miteinander, mit den Britanniern im Süden und später mit den Angeln, die sich südlich und östlich von ihnen angesiedelt hatten, entstand das heutige Königreich Schottland, während die britischen Dynastien Südschottlands sich mit denjenigen des nordwestlichen und westlichen Britannien verbanden und das Königreich Wales bildeten.

Während wir die Eroberungen der Uí Néill in Nordirland untersuchten, stellten wir fest, daß zwei kleine unabhängige Reiche, die Teile des alten *cóiced* der Ulaid gewesen waren, ihre Unabhängigkeit bewahrt hatten und für die Länder jenseits der Irischen See eine Bedeutung gewinnen sollten, die ihre Rolle in der Geschichte der irischen Inseln weit übertraf. Beide behaupteten von den Érainn abzustammen oder vorgoidelischer Herkunft zu sein. Es handelt sich erstens um das kleine Königreich Dál Riata, dessen Dynastie sich auf den ›Samen des Conaire Mór‹, ihres prähistorischen Königs, zurückführte. Dieser Überrest der Ulaid hatte nach dem Verlust seines alten Mittelpunktes Emain Macha seinen Hauptsitz in Dunseverick auf dem schmalen Streifen, der ihm an der Nordküste der Grafschaft Antrim noch verblieben war. Wir wissen bis zur Zeit des heiligen Patrick wenig von dieser Dynastie, doch nach dem *Dreiteiligen Leben des heiligen Patrick* aus dem 9. Jahrhundert wird das Königreich von Erc und seinen Söhnen Loarn und Fergus regiert, deren letzterer von dem Heiligen gesegnet wird; Patrick prophezeit ihm auch, einer seiner Nachkommen werde den Thron von Dál Riata und Fortrenn für immer in Besitz nehmen. Fortrenn ist der Name eines Königreichs der Südpikten in historischer Zeit, scheint aber hier für Schottland als Ganzes gebraucht zu werden. Wir hören von der Ausweitung des Königreiches von Dál Riata unter den Söhnen Ercs zuerst in den *Annalen von Tigernach*: »Fergus mór mac Erca (*sic*) mit dem Volk von Dál Riata hatte einen Teil Britanniens inne und starb daselbst.« Das Ereignis, von dem hier die Rede ist, ist in den *Annalen von Ulster* unter dem Jahr 502 verzeichnet. Wahrscheinlich hat es um die Mitte des 5. Jahrhunderts oder ein wenig später stattgefunden. Inzwischen bestand das Königreich Dál Riata in Irland, von dem sie ausgezogen waren, noch immer; doch hört man nach der Schlacht von Mag Rath (Moira) um 634 wenig davon, in der sie als Verbündete der Dál Riata von Schottland erfolglos gegen Domnall, den Sohn des Aed, Königs von Tara, kämpften. Fortan gehört die Geschichte von Dál Riata und der ›Samen des Conaire Mór‹, wie sie sich nannten, zu Schottland, wo die Bezeichnung in Verbindung mit der Dynastie der schottischen Dál Riata bis ins 12. Jahrhundert weiterlebte (1).

Der zweite Überrest der alten Ulaid, der sich seine Selbständigkeit bewahrte, war das Königreich der *Dál Fiatach*, die der Überlieferung nach mit den Dál Riata verwandt sind und sich auf dieselben Ahnen zurückführten. Sie saßen in den Küstengebieten der Grafschaft Down und teilweise der Grafschaft Antrim. Dál Fiatach, der Name der Dynastie, ist von ihrem legendären Ahnherrn Fiatach Find abgeleitet, dem Sohn des Furmne und Enkel des Cú Roí mac Dáiri. Ihr Herrschergeschlecht hielt sich bis zum Normanneneinfall, spielt aber in den irischen Annalen eine verhältnismäßig geringe Rolle; wie bei den Dál Riata richteten sich ihre bemerkenswerteren Beziehungen in geschichtlicher Zeit nach Osten und nach Übersee. Ihr hervorragendster König war Baetán mac Cairill (gest. 581), von dem es heißt, er habe Aidán mac Gabráin, den König von schottisch Dál Riata in der Schlacht von Rosnaree an der Bucht von Belfast (2) zur Unterwerfung gezwungen und Manu (die Isle of Man) unter seine Botmäßigkeit gebracht (3).

Wenn wir uns kurz mit den Beziehungen befassen, die uns aus der frühgeschichtlichen Zeit der kleinen Königreiche im Nordosten Irlands, jener zersplitterten Reste der prähistorischen Ulaid, überliefert sind, so begeben wir uns in Wirklichkeit auf ein neues, und zwar vom Meer geprägtes Gebiet. Sein Kulturzentrum war eine Insel, die Isle of Man, mit der wir uns bisher noch nicht befaßt haben, weil keine frühen Aufzeichnungen erhalten sind und wir nur aus den Zeugnissen der späteren geschichtlichen Zeit einiges für die Frühgeschichte der Insel erschließen können. Der Schlüssel zu dieser verlorenen Geschichte liegt zum Teil in der Sprache, zum Teil auch in den lokalen Steininschriften und archäologischen Funden, vor allem aber in der Geschichte der umliegenden Länder – Irland, Schottland, Nordengland und Wales –, mit denen die Isle of Man durchweg in engem Verkehr stand. Ehe wir uns also einer genaueren Betrachtung des nördlichen und südlichen Britannien im 6. und 7. Jahrhundert zuwenden, wollen wir einen Blick auf die Isle of Man werfen, auf Ellan Vannin, ›Manannáns Insel‹, wie sie mit ihrem keltischen Namen heißt.

In prähistorischer und frühgeschichtlicher Zeit, als das Meer ein rascherer und bequemerer Verkehrsweg war als die Landrouten, hatte die Isle of Man eine Schlüsselstellung inne. In jenen Zeiten der schnellen Seereisen in beiden Richtungen zwischen Irland, Schottland und Wales waren die Irische See und die Wasserstraßen nördlich davon vielbefahrene Seewege, die Fortsetzung der atlantischen Küstenroute aus prähistorischer Zeit nach Norden, und die keltischen Völker waren keine untüchtigen Seefahrer. Während der geschichtlichen Zeit wurden die schmalen und stürmischen Meerengen zwischen Irland, den Hebriden und Südwestschottland eifrig überquert, und die Irische See ermöglichte einen lebhaften – teils freundschaftlichen, teils feindlichen – Verkehr zwischen allen Ländern an ihren Küsten. Sie war ein großer landumschlossener See und bildete den wahren Kern keltischer Kultur in der Zeit vor der römischen Besetzung Britanniens sowie das wichtigste Verteilerzentrum für die eng miteinander verwandten literarischen und mythologischen Überlieferungen, an denen die Länder rings um ihre Küsten teilhatten.

Weil sie eine solche Schlüsselstellung einnahm, und mehr noch vielleicht infolge ihres günstigen Klimas und ihrer Fruchtbarkeit, saßen auf Manannán's Isle, Ellan Vannin, Ansiedler sowohl aus Irland wie auch aus Wales seit prähistorischer Zeit (4). Wir haben keine frühen Aufzeichnungen in der Landessprache (5), doch läßt sich aus den Annalen der ringsumliegenden keltischen Länder vieles aus der Frühgeschichte erschließen. Zweifellos spielte die Insel eine sehr bedeutende

Rolle im Kampf zwischen den Resten der Ulaid, d. h. dem neuen irischen Königreich Dál Riata in Westschottland, dem verhältnismäßig großen und bedeutenden Reich Dál nAraide rund um Lough Neagh und dem kleinen, aber keineswegs unwichtigen Reich der Dál Fiatach an der Nordostküste Irlands. Manches aus ihrer Geschichte und ihren Beziehungen zu all den umliegenden Ländern spiegelt sich auch in der Sprache oder vielmehr in den Sprachen wider, denen wir auf den Steininschriften nachgehen können und deren die Insel eine beträchtliche Anzahl sowohl im Ogam- und Runenalphabet als auch in lateinischer Sprache besitzt.

Man nimmt an, daß im 4. und 5. Jahrhundert, etwa um die Zeit, als die irische Einwanderung in das schottische Dál Riata auf ihrem Höhepunkt stand, eine Kolonisation von Irland her stattgefunden habe, und diese Vermutung hat viel für sich. Anscheinend wurde in einer früheren Zeit auf der Insel Britisch gesprochen, doch spätestens im 5. Jahrhundert gab es dort auch Irisch sprechende Bewohner (6). Die Sprache, die heute auf der Insel gesprochen wird, gehört nicht zur britonischen, sondern zur goidelischen Gruppe. Wir wissen, daß spätestens im 5. Jahrhundert auf Man gälisch gesprochen wurde, da mehrere Ogaminschriften auf der Insel aus dieser Zeit linguistisch gälische Charakteristika zeigen; die Sprache kam im 4. Jahrhundert genauso nach Man, wie sie wahrscheinlich damals in das schottische Hochland, auf die schottischen Inseln und auf die westlichen Halbinseln von Wales kam. Es gibt jedoch Anzeichen dafür, daß in Man auch in der Zeit der Ogam-Inschriften Britisch (Walisisch) gesprochen wurde, und im frühen Mittelalter waren dort wahrscheinlich beide Sprachen im Gebrauch (7).

Das Gälisch von Man ist jedoch kein selbständiger Überrest des ursprünglichen goidelischen Sprachstammes, sondern ist eng verbunden mit dem mittelalterlichen Irisch und dem schottischen Gälisch, wobei die Verwandtschaft zu dem schottischen Gälisch noch näher ist als die zum Irischen. Diese beiden letzteren Formen wurden vor dem 16. Jahrhundert nicht streng unterschieden, und von der Wikingerzeit an bis ins späte 13. Jahrhundert stand die Isle of Man in enger politischer Verbindung mit Westschottland. Schottisches Gälisch wurde in Galloway, keine 20 Meilen von der Isle of Man entfernt, noch im 17. Jahrhundert gesprochen, und historische wie linguistische Merkmale deuten auch auf einen engen Verkehr zwischen Man und Galloway mindestens vom frühen 9. Jahrhundert an hin (8). Die enge Verbindung, die noch immer zwischen der Manxsprache und dem schottischen Gälisch von heute besteht, spiegelt die Zeit wider, in der das Gälisch von Galloway ein Bindeglied zwischen beiden bildete (9).

Wir werden sehen, daß walisische geschichtliche Berichte Einfälle nach Nordwales von Galloway aus über die Morecambe Bay schildern, und es ist nahezu sicher, daß sich im frühen 9. Jahrhundert eine neue Dynastie von Galloway aus auf der Isle of Man festsetzte, ehe sie sich in Gwynedd neu begründete.

Bevor im 5. Jahrhundert eine irische Dynastie von Argyll Besitz ergriff, hatte ganz Schottland nördlich des Antoninischen Walls einschließlich der Inseln im Norden und Westen unter der Herrschaft der mächtigen Piktendynastien gestanden, und mit Ausnahme Argylls beherrschten die Pikten das Gebiet weiterhin bis ins 9. Jahrhundert. Ihre Sprache, die sich nur in Eigennamen und Inschriften erhalten hat, ist noch nicht gedeutet worden, doch hält man sie jetzt für eine Verschmelzung einer älteren mit dem Britischen verwandten Form des Keltischen mit einer einheimischen nicht-indogermanischen

Sprache, die wahrscheinlich von einer Sprache der Bronzezeit herkommt (10). Wir sahen bereits, daß in der frühesten Zeit, aus der wir Nachricht besitzen, Gruppen oder Stämme, die uns als die Cornovii und die Dumnonii bekannt sind – Namen, die wir auch aus dem südwestlichen Britannien kennen – den Nordwesten beziehungsweise die südlichen Mittelgebiete Schottlands besetzt hielten.

Das Wort Pikten ist eine etwas allgemeine Bezeichnung, die eine Anzahl von Stämmen in Schottland umfaßt; lateinischen Schriftstellern auf dem Kontinent und auch in England sind sie als *Picti* bekannt (11), und in den ältesten einheimischen Quellen heißen sie *Cruithni.* Doch für manche schottischen Volksstämme haben antike Schriftsteller noch eigene Namen. In der Römerzeit waren zwei wichtige Stämme – die sicherlich zu den Pikten gehörten – die *Verturiones,* die am oberen Forth und am Fluß Earn saßen und später die ›Männer von Fortrenn‹ hießen, und die *Caledonii* im Tal des Upper Tay mit ihrer Hauptstadt in *Dunkeld,* ›dem *dún* (Kastell) der Caledonii‹. Das Hauptgebiet der Caledonii lag rund um den Mount Shiehallion (›Shee-hill‹ oder ›heiliger Berg der Caledonii‹).

Wir wissen wenig darüber, wie sich die Gesellschaft der Pikten in den frühen Jahrhunderten ihrer Geschichte aufbaute; Beda, der im frühen 8. Jahrhundert geschrieben hat, stellte sich offenbar die Pikten als in zwei große Gruppen geteilt vor, die er als Nordpikten und Südpikten bezeichnete, denn er erwähnt (12), daß »die Provinzen der ersteren von denen der letzteren durch steile und zerklüftete Gebirge getrennt« seien, und er sagt uns ferner, St. Kolumban sei im 9. Regierungsjahr des Königs Brideus, Sohnes des Meilochon (13), nach Britannien gekommen, des *rex potentissimus* (14) der Nordpikten, und er habe sie zum Christentum bekehrt. Die Südpikten, die »diesseits der Berge« sitzen, fügt Beda hinzu, seien schon lange vorher durch die Predigten des heiligen Ninian bekehrt worden. Die Berge, die die Nordpikten von den Südpikten trennten, waren Druim Alban und der Mounth. Bedas Unterteilung entsprach wahrscheinlich der politischen Wirklichkeit. Der Verkehr auf dem Landweg muß zwischen den Nord- und Südpikten immer schwierig und mit Risiken verbunden gewesen sein, besonders nach der Errichtung des Königreichs Dál Riata.

Unmittelbare Hinweise auf Beziehungen zwischen den Nord- und Südpikten sind in den älteren Annalen selten. Während der geschichtlichen Zeit erscheinen die Südpikten in unseren Zeugnissen als in vier getrennte Provinzen oder Königreiche aufgeteilt, die sämtlich das Tal des Tay umgeben:

1. *Atholl*, etwa die Perthshire Highlands und das Schwemmland von Gowrie, das alte Königreich der Caledonii mit seiner Hauptstadt Dunkeld, vom Shiehallion überragt, der möglicherweise ihr Heiligtum war. Dieses Reich beherrschte das Tal des Tay, seine Hauptstadt war während der historischen Piktenzeit Scone.

2. *Circinn* oder *Girginn*, d. h. Forfar, jetzt Angus, und Kincardine oder The Mearns, d. h. Strathmore, das nördliche Gebiet des unteren Tay-Tals und die Meeresküste im Osten bis zum Flußgebiet des Dee. Strathmore ist ein landwirtschaftlich sehr reiches Gebiet, und seine Hauptstadt muß immer in der Nähe von Forfar gelegen haben, nahe dem Fuße des Turin Hill, der heute im Volksmund *Dunnechain* (›*dún* des Nechtan‹) heißt.

3. *Fortrenn* (Genetiv von *Fortrinn*, Plural, später als Nominativ gebraucht) ist im Südwesten des Tay gelegen und umfaßt die Oberläufe des Earn und des Forth samt deren Zuflüssen.

4. *Fib* (Fife), das reiche Getreideland zwischen Tay und Forth.

Überlieferungen von Heiligen aus dem 5. Jahrhundert und von frühen Königen mit dem Sitz in St. Andrews weisen auf seine Konzentration an der Meeresküste hin. Der älteste Name von St. Andrews war *Kilrymont.*

Die gesamte Gruppe piktischer Königreiche oder Staaten oder Provinzen hieß in den lateinischen Aufzeichnungen des Mittelalters *Pictavia,* in der Landessprache und in einheimischen Zeugnissen *Cruithentuath,* ›das Volk der Cruithni(g)‹.

Sowohl die Pikten von Atholl wie diejenigen von Fortrenn lebten an Durchgangsstraßen zu dem irischen Königreich Dál Riata im Westen und spielen deshalb in irischen Aufzeichnungen eine bedeutendere Rolle als die Pikten von Fife oder Circinn. Dennoch war das reiche, Ackerbau treibende Königreich Circinn (Angus) wahrscheinlich immer das bedeutendste Machtzentrum. Hier finden wir die schönsten und vollendetsten der berühmten piktischen skulptierten Steine über das ganze Gebiet verstreut, und wenn man auf der großen Hügelburg aus der Eisenzeit, Castle Law, oberhalb Abernethy am Südufer des Tay steht und gegen Norden die Linie der Hügelburgen verfolgt, bietet sich das ganze Tay-Tal dem Auge als ein zentrales Gebiet dar, das sicherlich immer das Herz von *Pictavia* war. Wir wissen nichts Genaues über die politischen Beziehungen zwischen den Nord- und den Südpikten zu der Zeit, über die Beda berichtet. Es ist nicht unmöglich, daß im 6. Jahrhundert die Hauptmacht der Pikten sich in der Nachbarschaft von Inverness unter Bride mac Maelchon konzentrierte: Bedas *rex potentissimus,* der in späteren Berichten gewöhnlich Brude mac Maelchon genannt wird. Er hatte eine Flotte und beherrschte sicherlich die Inseln im Norden und die Hebriden. Adamnán spricht in seiner Biographie Kolumbans davon, daß der Heilige einem *subregulus* von den Orkneys an seinem Hof begegnet sei, und im Hinblick auf

Kolumbans Beziehungen zu ihm ist es undenkbar, daß der Heilige sein Sanktuarium auf Iona begründet hätte, wäre nicht Brude Beherrscher der Hebriden gewesen.

Doch die Verhältnisse waren nicht so, daß man selbst im späten 6. Jahrhundert auf ein Übergewicht der Nordpikten über die Südpikten schließen könnte. 100 Jahre später, als Ecgfrith von Northumbria 685 die Macht der Pikten brechen wollte, wurde er bei Forfar in Circinn (Angus) getötet, obwohl sein Gegner in diesem Kampf, Brude mac Bile, in den Annalen König von Fortrenn genannt wird. Vielleicht waren die beiden Königreiche Fortrenn und Circinn damals schon vereinigt; jedenfalls stellte Circinn, Ecgfriths Ziel, das Herz von *Pictavia* dar.

Die Reiche, die in ihrer Gesamtheit unter dem Namen *Cruithentuath* bekannt sind, waren die älteste einheimische Macht in Schottland; sie bildeten eine starke und zumindest in mancher Hinsicht hochentwickelte Kultur, in deren westliches Küstengebiet das Königreich Dál Riata vorgestoßen war, das sich selbst zu einem mächtigen Königreich entwickelte und sogar vor einem Angriffskrieg in *Cruithentuath* nicht zurückschreckte. Vom 6. Jahrhundert an bildet der Kampf um die Vorherrschaft zwischen den Nord- und Südpikten einerseits und dem irischen Königreich Dál Riata, später Argyll genannt, andererseits das wichtigste Thema der Geschichte Schottlands bis zur Vereinigung der beiden Völker in der Mitte des 9. Jahrhunderts, wo dann das Gestalt gewinnt, was wir heute als Schottland bezeichnen. Eine untergeordnete, aber nicht unwichtige Rolle spielen während dieser Zeit stets die bald freundlichen, bald feindlichen Beziehungen zwischen dem irischen Königreich Dál Riata und den Britanniern von Südschottland. Inzwischen dehnte sich die anglische Dynastie der Bernicier aus Northumbria allmählich nach Norden aus und erlaubte sich schwere Übergriffe auf das britannische Gebiet von Südschottland.

Obwohl alle Anzeichen die Überlieferung bestätigen, daß die Pikten ein mächtiges Volk waren, tappen wir in bezug auf ihre innere Geschichte ziemlich im dunkeln. Es existieren etwa zwei Dutzend piktischer Inschriften, die sich über Nord- und Ostschottland verteilen, genau wie die in den ›Symbolsteinen‹ vertretene piktische Kunst, von der später die Rede sein wird. Mit zwei oder drei Ausnahmen, bei denen die Inschriften in lateinischen Buchstaben geschrieben sind, ist für diese bisher nicht übersetzten Inschriften eine späte Form des Ogam-Alphabets verwendet.

Wir wissen nicht genau, zu welcher Zeit die Pikten als Gesamtheit das Lesen und Schreiben erlernt haben. Es gibt gelegentliche Hinweise auf die »alten Dokumente der Pikten« (15), doch nimmt man an, daß damit nur kurze Notizen in Kalendern gemeint sind, die in piktischen Kirchen geführt wurden. Mehrere Fassungen der sogenannten *Pictish Chronicle* sind uns überliefert (16), doch enthalten diese größtenteils kaum mehr als Verzeichnisse früher Könige, denen bisweilen kurze Anmerkungen beigefügt sind. Von etwa 550 an scheinen diese Verzeichnisse einigermaßen zuverlässig zu sein; wir können sie anhand häufiger Verweise auf dieselben Könige in zuverlässigen irischen, walisischen und englischen Aufzeichnungen nachprüfen. Vor 550 jedoch können die piktischen Königslisten nicht als historisch angesehen werden.

Die Thronfolge wurde bei den Pikten in weiblicher Linie vererbt. Darüber hinaus deutet vieles in der piktischen Überlieferung darauf hin, daß die Väter oft, wenn nicht üblicherweise, einem anderen Clan angehörten und bisweilen fremde Fürsten waren, die einen Besuch abstatteten. Es wurde bereits auf Corc, den Sohn des Lugaid, einen Neffen des Crimthann mac Fidach von den *Eóganacht* aus Munster, hingewiesen, von dem berichtet wird, daß er an den Hof des Piktenkönigs Feradach auf Turin Hill über Forfar gekommen sei, um 400 dessen Tochter geheiratet habe und später mit ihr und ihren drei Söhnen nach Munster zurückgekehrt sei. Die Geschichte ist insofern interessant, als sie alte piktische Bräuche widerspiegelt, ganz besonders aber auch, weil die Clans Mar und Lennox ihre Abstammung auf Corc und die Tochter Feradachs zurückführten (17) und eine Linie der *Eóganacht* von Munster der Überlieferung nach schon früh in Mag Gerginn (d. h. Angus und The Mearns oder Kincardineshire) gesessen haben soll, und zwar als Ahnensippe des Oengus, Königs von Alba, bei dem es sich höchstwahrscheinlich um Oengus mac Fergusa handelte, der 761 starb.

Wesentlich leichter haben wir es, wenn wir die Berichte des schottischen Königreichs Dál Riata verfolgen wollen (18). Zunächst finden wir dafür bei den Nachbarvölkern viel mehr Zeugnisse. Anhand der irischen Annalen lassen sich die ganze Zeit hindurch bis etwa ins Jahr 750 die Vorgänge in Schottland leicht überprüfen, insbesondere was Dál Riata betrifft. Außerdem hatte das schottische Königreich Dál Riata, das irischen Ursprungs ist, wahrscheinlich auf der Insel Iona spätestens vom 7. Jahrhundert an eine kurze Chronik geführt (19).

Mit Ausnahme von Beda stimmen alle unsere Quellen darin überein, daß das Königreich von Fergus mac Eirc (›Sohn des Erc‹) begründet worden sei, und zwar, wie man annimmt, gegen Ende des 5. Jahrhunderts. Es hat sich auch ein interessantes Dál Riata zugeschriebenes Dokument erhalten, das einen Inspektionsbericht oder ein Bestandsverzeichnis der ›Häuser‹ und ein allgemeines Aufgebot zu Wasser und zu Lande enthält. Dem Bestandsverzeichnis geht ein kurzer Text voran, der Einzelheiten über die Invasionen und die Landung bringt; das Dokument kann durchaus auf einer Einrichtung aus späterer Zeit beruhen – vielleicht ist es eine Grundlage zur Besteuerung oder für den Wehrdienst (zur See?) – und hat so wahrscheinlich Anklänge an ältere Überlieferungen bewahrt. Von der Flottenbesatzung heißt es, sie habe aus 150 Mann unter der Führung dreier Brüder – Fergus Mór, Loarn und Aengus Mór – bestanden. Von Loarn selbst wissen wir wenig, aber sein unter dem Namen Cinél Loairn bekanntes Geschlecht beherrschte den Nordteil von Argyll und hatte seinen Hauptsitz auf dem felsigen Vorgebirge, das jetzt von der Ruine des Dunolly Castle bei Oban gekrönt wird. Die Lage war günstig für einen bequemen Verkehr mit Irland, und die auswärtigen Verbindungen der Cinél Loairn richten sich auch hauptsächlich nach dort. Die Rivalität zwischen den Cinél Loairn und den Cinél Gabráin bildete das Hauptmoment der inneren Geschichte Dál Riatas. Von Fergus Mór selbst wissen wir nichts, außer daß sein Geschlecht in Islay saß. Fergus' Enkel Gabran, der Kintyre und Knapdale mit seiner Hauptburg auf dem Felsen von Dunadd inmitten von Crinan Moss innehatte, fiel 557 in einem schweren Zusammenstoß mit den Pikten unter Brude mac Maelchon; sein Vetter Conall folgte ihm auf dem Thron nach. Während der Regierung Conalls ließ sich St. Kolumban auf Iona nieder und soll anläßlich eines Besuchs am Hof Brudes, den wir wohl als diplomatische Mission deuten dürfen, die Pikten zum Christentum bekehrt haben.

Daß sich schließlich die Cinél Gabráin die herrschende Stellung in Dál Riata sicherten, ist zweifellos der politischen Klugheit St. Kolumbans zuzuschreiben. Unbestreitbar war er der große Mann in der Expansionspolitik der Dál Riata während des 6. Jahrhunderts. Sein Biograph Adamnán möchte, daß wir ihn uns als einsiedlerischen Heiligen vorstellen, aber seine Beziehungen zu den Pikten müssen den Bestand der neuen Kolonie von Dál Riata gesichert haben. Seine Klosterniederlassung auf Iona mag dem damaligen religiösen Brauch entsprochen haben, demzufolge die Mönche der keltischen Kirche ihre heiligen Stätten auf einsamen Inseln errichteten, doch wird man nicht umhinkönnen festzustellen, daß das Kloster für den Verkehr mit den Pikten im Norden und vielleicht auch im Osten sowie mit allen – den irischen wie auch den schottischen – Teilen von Dál Riata strategisch außerordentlich günstig lag. Wenn auch späte irische Überlieferungen das Gegenteil behaupten, so kehrte Kolumban doch mehr als einmal im Interesse des neuen schottischen Königreichs Dál Riata in politischer Mission nach Irland zurück. Die berühmteste dieser Missionen war die unter dem irischen König Aed, Sohn des Ainmire, abgehaltene Versammlung von Druim Ceata (575), bei der Kolumban sich in Begleitung des Königs von Dál Riata, Aedán mac Gabráin, befand.

Das Königreich in Argyll nahm zu an Umfang und Bedeutung und dehnte sich sogar noch weiter nach Osten in das alte Gebiet der Caledonii in den Perthshire Highlands aus. Der eigentliche Begründer dieses irischen Königreiches war Aedán mac Gabráin selbst. Er blieb bis ans Ende seines Lebens Kolumban in Freundschaft verbunden, und es besteht wohl kein Zweifel, daß das Schicksal des kleinen Irisch sprechenden Königreichs von ihrem gemeinsamen politischen Geschick gelenkt wurde, bis es schließlich allmählich – zum Teil durch Eroberungen, wahrscheinlich aber noch häufiger durch Bündnisse – unter den Nachkommen Aedáns mit dem Piktenreich verschmolz und mit ihm vereint das Königreich Schottland bildete.

Aedán selbst hat sich besonders zur See hervorgetan. Im Jahr 575 besuchten er und Kolumban gemeinsam die Ratsversammlung von Druim Ceata in Nordirland, wobei Aedán offensichtlich im Besitz einer verbündeten Flotte war oder doch Verfügungsgewalt über sie hatte, denn nach den *Annalen von Ulster* (im Jahr 579, richtig 580) unternahm er eine Expedition zu den Orkneys, die damals anscheinend dem König der Nordpikten unterstanden. Im Jahr 578 (20) verzeichnen die irischen Annalen eine Schlacht in Manau, aus der Aedán als Sieger hervorging; die Erwähnung beweist, daß die Kunde davon sich weit verbreitet hatte. Aedáns Unternehmungen zur See sind nicht ohne weiteres verständlich. Er hatte allerdings von seinem Sitz auf dem Dunadd über den Crinan-Fluß Zugang zum Meer, aber für eine Hochseeflotte war das trotzdem keine ideale Lage. Andererseits berichten unsere Quellen fast nichts von Œngus mac Eirc, nachdem er sich auf der Insel Islay niedergelassen hatte. Hier wäre jedoch eine Flotte für ihn unerläßlich gewesen, und es ist nicht völlig unmöglich, daß er und Aedán gemeinsame Expeditionen zur See unternahmen und daß die dalriatischen Panegyriker, deren Gedichte die Grundlage aller späteren schottischen Annalen dieser Zeit gebildet haben müssen, die Expeditionen einzig und allein Aedán zuschrieben. Wie es um Aedáns Unternehmungen zur See bestellt gewesen sein mag, ist besonders auch deshalb eine wichtige Frage, weil sie mit seinem feindlichen Verhältnis zu Baetán mac Cairill (gest. 581 oder 582) einschließlich ihrer Rivalität bezüglich der Isle of Man zusammenhängen. Baetán war damals der bedeutendste König von Dál Fiatach, der Überreste der alten Ulaid an der Ostküste von Antrim, und wir sahen, daß gerade auch in dieser Zeit, im 6. Jahrhundert nämlich, die Isle of Man in der Geschichte der Irischen See und der umliegenden Länder, soweit sie belegbar ist, eine Rolle zu spielen beginnt und unter ihrem eigenen Namen *Manau* in den irischen und schottischen

Annalen sowie in den *Annalen von Wales*, ja sogar in der von Beda aufgezeichneten Geschichte von Northumbria auftaucht. Alles, was überliefert wurde, ist infolge verschiedenlautender Lesarten in den Stammesgeschichten und den Annalen dunkel, doch scheint es möglich, daß Baetán zuerst Aedán – vielleicht in der berühmten Schlacht von Rosnaree am Belfast Lough – zur Unterwerfung gezwungen hat und daß Baetán dann die Isle of Man eroberte, die Aedán zwei Jahre nach Baetáns Tod, d. h. 582 oder 583, zurückgewann. Die Daten sind nicht ganz zuverlässig und werden eben jetzt gründlich überprüft (21).

Anscheinend war zwischen dem schottischen Dál Riata und dem König von Südulster zunächst an der Küste von Belfast Lough, dann auf der Isle of Man, ein Kampf im Gange – zweifellos ein Kampf, in dem diese beiden Linien von Érainnabkömmlingen um die Vorherrschaft in Nordostirland rangen, vielleicht auch den Uí Néill Widerstand leisteten. Es ist möglich, daß in diesen ungeklärten, aber wichtigen Beziehungen zwischen den Königen von Dál Riata und denen von Dál Fiatach zu jener Zeit die Dál nAraidi um Lough Neagh eine Rolle spielten. Eine interessante irische Sage berichtet, daß Aedán militärische Unterstützung von ihrem König Mongán (gest. etwa 624) erhalten habe. Die Isle of Man hätte für Aedán wie auch für Baedán eine wichtige Basis bedeutet, und tatsächlich muß Aedáns Seemacht beträchtlich gewesen sein. Das gilt zweifellos für alle Dál Riata; das obenerwähnte irische Dokument, in dem die Einheiten aufgezählt sind, aus denen die Flotte sich zusammensetzte, weist darauf hin (22).

Aedáns dauerhafteste Leistung jedoch bestand in seinen Unternehmungen gegen die Pikten, insbesondere im Osten seiner Besitzungen, und wenn er auch einige heftige Rückschläge erlitt, scheint er sich doch der Herrschaft über einen Teil des piktischen Territoriums bemächtigt zu haben. In der Geschichte steht er als Dál Riatas größter König da. Schon 628 erwähnen die *Annalen von Ulster* seinen Sohn und Nachfolger Eochaid Buide als *rex Pictorum.* Inzwischen veranlaßten die zunehmende Macht der Bernicischen Könige und das Vorrücken Aethelfriths von Northumbria nach Norden Aedán, mit einem großen Heer nach Süden ihm entgegenzuziehen, wobei er zweifellos mit seinen Nachbarn im Süden, den Briten, im Bunde war. Er wurde jedoch 603 an einem Ort, den Beda (23) *Daegsastan* nennt, entscheidend geschlagen, und, wie Beda hinzufügt, »von jenem Tage an hat es bis heute kein Schottenkönig in Britannien gewagt, die Engländer zu bekriegen«.

Die Frühgeschichte Schottlands zu erforschen ist deshalb so besonders schwierig, weil Schottland bei Beginn des Zeitabschnitts, aus dem wir zeitgenössische schriftliche Quellen besitzen, mindestens aber vom Beginn des 7. Jahrhunderts an, unter vier Völker aufgeteilt war, die sich ihrer Abstammung nach stark voneinander unterschieden und auch verschiedene Sprachen hatten. Die Pikten im Norden und im Osten waren nach Sprache und Institutionen das archaischste von ihnen, während das Königreich Dál Riata (Argyll) im Westen verhältnismäßig jung war. Die Briten saßen zumindest seit der Römerzeit, wahrscheinlich aber schon früher im ganzen Süden zwischen den beiden Wällen. Um die Mitte des 6. Jahrhunderts hatte sich eine neue germanische Dynastie im nordöstlichen Gebiet des römischen Britannien darübergesetzt, die das anglische Königreich Bernicia begründete, und diese neue politische Kraft dehnte ihre Macht sehr rasch auf das südöstliche Schottland aus, wobei es sich das britische Gebiet Manau Guotodin und den gesamten früheren Stammesbereich der *Votadini* aneignete.

Die britischen Königreiche, die jetzt von den Berniciern verdrängt wurden, waren entstanden, nachdem sich die Römer aus den nördlichen Verteidigungsstellungen zurückgezogen hatten. Als diese Britisch sprechenden Völker im 6. Jahrhundert und in der Folgezeit unter selbständigen einheimischen Fürsten in die Geschichte eintraten, scheint ihr Gebiet etwa dem der römischen Hilfstruppen entsprochen zu haben, die sie ersetzten und deren Vorgänger sie vermutlich gewesen waren. Aller Wahrscheinlichkeit nach entwickelten sie sich, ohne daß in bezug auf ihre Territorien, ihren Einflußbereich oder ihre Dynastien wesentliche Veränderungen eingetreten wären, zu jener Gruppe unabhängiger Königreiche, die in späteren walisischen Aufzeichnungen *Gwŷr y Gogledd*, ›Die Männer des Nordens‹, heißen.

So wurde aus diesen Britanniern von Südschottland eine Anzahl selbständiger Königreiche von verschiedener Größe und Bedeutung, deren jedes von seiner eigenen einheimischen Dynastie regiert wurde, dabei aber in der Lage war, vorübergehende Bündnisse zu schließen. Die im Osten saßen, hießen *Gododdin*; sie behielten ihren alten Namen, der von den *Votadini* herkam, und von ihrem Gebiet sollen Cunedag und seine Söhne ausgezogen sein, wenn sich auch freilich nirgends ein Hinweis auf einen König oder auch nur *dux* Cunedag findet. Die Königreiche im Westen erstreckten sich vom Clyde vermutlich bis an die Grenzen von Mercia. Die wichtigsten britischen Königreiche im Westen waren Strathclyde (›das Flußgebiet des Clyde‹) und unmittelbar südlich davon Cumbria, das vom Clyde in den Nordwesten Englands bis an die Grenze von Wales hinabreichte. Wahrscheinlich waren diese unabhängigen westlichen Dynastien ursprünglich Mitglieder großer und wichtiger britischer Geschlechter, deren Stammbäume in walisischen Aufzeichnungen auf einen gewissen Coel

Hen im Süden und Dyneval Hen weiter im Norden zurückgeführt werden.

Vielleicht sollten wir Strathclyde und die britischen Gebiete südlich davon unter dem einen Namen *Cumbria* zusammenfassen und ihre Sprache als das Cumbrische bezeichnen, da die Lateinisch schreibenden Schriftsteller sie *Cumbri* und *Cumbrenses* nennen. Dies ist eine latinisierte Form des Wortes *Cymry*, das ›Landsleute‹ bedeutet und das sowohl die Bewohner dieses Gebiets wie auch die Waliser heute noch auf sich selbst anwenden. Doch von ihrer Unterteilung ganz abgesehen unterscheiden sich die beiden Gebiete gründlich voneinander, wie aus der frühwalisischen Dichtung hervorgeht. Innerhalb der walisischen Königreiche, die den Staatenbund Cumbria bildeten, war das wichtigste im 6. und 7. Jahrhundert dasjenige, das in frühen walisischen Quellen *Rheged* heißt. Wie weit es sich erstreckte und wie seine Grenzen verliefen, wissen wir nicht, doch war nahezu sicher Carlisle seine Hauptstadt und sein Machtbereich der Solway Firth und die Morecambe Bay, und es scheint einen politischen Einfluß sogar auch bis an die Grenze von Strathclyde im Norden, Galloway im Westen, Gododdin im Osten und Lancashire und vielleicht Nordwestyorkshire im Süden ausgeübt zu haben. Dieser weitreichende Einfluß und alles, was wir über Hoheitsgebiet und Geschichte wissen, legt die Vermutung nahe, es habe, den irischen *cóiced* vergleichbar, eine Art übergeordnetes Königreich dargestellt, das eine Fortführung der ausgedehnten altkeltischen Königreiche Westbritanniens sein könnte, wie Dumnonia etwa und diejenigen des vorrömischen Gallien.

Diese nordbritischen Staaten haben keine schriftlichen Aufzeichnungen hinterlassen, doch scheinen einmal Annalen, die sich auf das 6. und 7. Jahrhundert beziehen, in einem nordbritischen Scriptorium festgehalten worden und in unsere walisischen Annalen sowie in die *Historia Brittonum* des Nennius im 9. Jahrhundert (24) und schließlich auch in ein Schriftstück aus dem 8. Jahrhundert eingegangen zu sein, das in Symeon von Durhams *Historia regum* (25) aufgenommen worden ist; gänzlich selbständige Aufzeichnungen haben sich jedoch nicht erhalten, nicht einmal kirchliche, obwohl jüngere Überlieferungen und das untrügliche Beweismaterial der Inschriften auf Grabsteinen bezeugen, daß die ›Männer des Nordens‹ Christen waren. Zusätzlich zu diesen frühen Aufzeichnungen, die in spätere lateinische Bücher eingegangen sind, besitzen wir eine reiche Zahl von landessprachlichen Überlieferungen in der Form von Gesängen vorwiegend panegyrischen und elegischen Charakters. Diese nordbritischen Dichtungen sind im Norden nicht lebendig geblieben (26), sie sind uns erhalten und mündlich überliefert durch eine hochgebildete Kaste von Barden, die Hofbeamte waren; wir finden sie für diese Zeit in der *Historia Brittonum* (Kap. 62) erwähnt, wo es heißt: »Dann gewann Talhaern Tataguen (›Vater der Inspiration‹) Ruhm in der Dichtkunst, und Neirin und Taliesin sowie der Barde Bluch und Cian, ›der Weizen des Gesangs‹, gewannen miteinander Ruhm zur gleichen Zeit in der britischen Dichtkunst.« Diese Barden oder ihre Nachfolger sangen später – wahrscheinlich nachdem die Angeln Cumbria annektiert hatten – ihre Lieder aufs neue an den Höfen ihrer Nachbarn im Süden, und in Wales wurden die Gedichte noch später in Handschriften festgehalten, von denen uns vier erhalten sind (27).

Das Bild, das uns so durch eine hochkultivierte und sorgsam gehütete Tradition (28) überliefert worden ist, ermöglicht es uns, viele Herrscherfamilien (29) des Nordens aus erster Hand kennenzulernen, und verschafft uns Einblick in diese kleinen Höfe, die freilich nicht immer ganz leicht genau zu lokalisieren sind. Wir gewinnen den allgemeinen Eindruck eines Bundes von kleinen lokalen Fürsten und einer Gesellschaft, die unter Bedingungen lebte, wie sie für die Gesellschaft eines Heldenzeitalters schlechthin charakteristisch sind. Es gab weder eine zentrale Regierung noch einen organisierten Staat und demgemäß auch keinen entwickelten Handel und kein ausgebautes Münzsystem, schließlich auch keine Architektur außer Holz- und Erdbauten oder rohen Steinburgen. Grundlage der Gesellschaft war der Kriegeradel, und der herrschende Geist wurde vom ›noblesse oblige‹ bestimmt. Geburt und Erbe verliehen großes Ansehen, doch nicht weniger galt die individualistische Haltung, die der Gesellschaft durchweg eigen war, sowie die Heldenehre, die zur Leistung antrieb und mit dem Führertum untrennbar verbunden war. Ein Fürst mit seinen Anhängern bildete ein *teulu* (›Kriegsschar‹). In Friedenszeiten lebten sie in enger Nachbarschaft und trafen sich zum Abendschmaus, der von Musik und Gesang begleitet war. In Kriegszeiten erhoben sie sich wie ein Mann unter der Führung ihres Häuptlings und kannten nur Sieg oder Tod. Von Politik oder irgendeiner Staatskonzeption hören wir nichts. Die berühmteste ihrer Schlachten, von der die walisischen Annalen berichten und die weithin in Dichtungen gefeiert wird, wurde nicht gegen äußere Feinde geschlagen und auch nicht gegen die mächtigen Nachbarn – die Iren von Dál Riata, die Pikten im Norden oder die Angeln, die im Osten und im Süden vordrangen –, sondern gegen die eigenen britannischen Stammesgenossen. Es war die Schlacht von Arthuret, die in den *Annales Cambriae* (573) als *Bellum Armterid* erwähnt wird. Aus walisischen Überlieferungen schließen wir, daß in ihr einer dieser britischen Fürsten – Gwenddoleu – gegen seine Vettern Gwrgi und Peredur kämpfte und daß Gwenddoleu fiel. Es heißt, man habe »um ein Lerchennest gekämpft«, was sich möglicherweise auf Caerlaverock bezieht, einen strategisch wichtigen Hafen, der in alten Zeiten den Zugang zum Solway am Nordufer beherrschte. Die Stelle muß nahe dem heutigen Arthuret gelegen haben, einem Dorf im Randbezirk von Longtown und nicht weit von den römischen *Castra Exploratorum*; sollte der Ortsname Carwinley für ein älteres *Caer Gwenddoleu* stehen, was sehr möglich erscheint, so dürfen wir Gwenddoleu mit dem römischen Kastell in Verbindung bringen. Im allgemeinen interessiert mehr die romantische Note an dieser Schlacht: In walisischen Dichtungen heißt es, der Prophet Myrrdin (Merlin) habe in der Schlacht von Arthuret, in der sein Herr Gwenddoleu geschlagen wurde, mitgekämpft und einen goldenen Torques gewonnen, infolge dieser Schlacht aber den Verstand verloren und dann als wilder Mann in den Wäldern von Celyddon in Schottland gelebt. Es gibt gewisse Gründe dafür, Merlin als den Hausbarden Gwenddoleus in Betracht zu ziehen.

Trotzdem waren die nordbritischen Fürsten in der Lage, untereinander zeitlich begrenzte Bündnisse zu schließen, und unter diesen Umständen waren sie noch immer stark genug, gegen die Angeln von Bernicia die Offensive zu ergreifen. Nennius berichtet in Kap. 63 der *Historia Brittonum,* die sich offensichtlich auf schriftliches Material aus dem 7. Jahrhundert stützt, das in einem Scriptorium im Norden, vielleicht sogar in Carlisle selbst, aufgezeichnet war, daß Urien von Rheged und sein Sohn gegen Theodric, den Sohn des Ida, König von Bernicia (572–579) gekämpft habe. Er berichtet ferner, daß Urien mit drei anderen britischen Fürsten – Riderch (d. h. Rhydderch) *Hen* (›der Alte‹) mit einem gewissen Guallauc und mit Morcant – gegen Hussa, Idas Sohn, König von Bernicia (585–592) gekämpft und ihn auf der Insel Metcaud (Lindisfarne) drei Tage und Nächte lang belagert habe; doch Urien wurde von Morcant aus Neid (*invidia*) verraten und getötet, weil er der größte Kriegsherr unter ihnen allen war. Die Britannier waren also bei ihrem ersten großartigen Zusammentreffen mit den Angeln durchaus in der Lage, die Initiative zu ergreifen und einen Angriffskrieg gegen ihre Feinde zu wagen, aber sie brachten es nie fertig, ein dauerhaftes Bündnis zu schließen. Wir besitzen eine um eine Generation jüngere glänzende, unter dem Namen *Gododdin* bekannte Gedichtsammlung, in der geschildert wird, wie die Männer von Manau Gododdin einen glücklosen Feldzug nach Northumbria unternahmen und die Schlacht von Catraeth – wahrscheinlich bei Catterick oder Richmond in Yorkshire – schlugen, in der sie fast bis auf den letzten Mann niedergemacht wurden. Das ist der letzte Angriff der Nordbritannier gegen die Angeln, von dem wir wissen. Hätten sie ein vereinigtes britannisches Königreich im Norden begründen und sich mit den Pikten verbünden können, so hätte keine anglische Dynastie sich ihnen gegenüber behaupten können.

Von jetzt an verzeichnet die Geschichte Nordbritanniens eine Rückwärtsbewegung. Bernicia, das neue Königreich der Angeln, war um die Mitte des 6. Jahrhunderts begründet worden. Die Bevölkerung und wahrscheinlich auch der Name waren britisch, doch die Dynastie, unbekannter Herkunft, scheint anglisch gewesen zu sein. Der erste Herrscher, von dem wir hören, war Ida (etwa 547–559), und ihre Hauptstadt Bamburgh. Nach der Ermordung Uriens von Rheged und dem Zusammenbruch der britischen Offensive unter den vier Fürsten, überrannten die Angeln von Bernicia die britischen Fürsten von Manau Gododdin. Bereits im 7. Jahrhundert besaßen sie das ganze Land zwischen dem Tees und dem Forth, einschließlich Manau Gododdin. Beda berichtet uns (I, 34), daß ihr König Athelfrith »mehr Länder von den Britanniern eroberte als jeder andere König, indem er sie entweder tributpflichtig machte oder die Einwohner vertrieb und Angeln an ihre Stelle setzte«. Die Expansion der Angeln nach Westen und die allmähliche Beseitigung der britischen Königreiche südlich der Hochlandlinie ging langsamer vor sich. Die Erweiterung nach Rheged hinein kann sogar auf friedliche Weise erfolgt sein und ergab sich vielleicht aus einer königlichen Eheschließung zwischen Oswy, dem König von Northumbria (642 bis 671) und Riemmelth, einer Enkelin Uriens (30), des Fürsten von Rheged. Von den britischen Königreichen gab es damals nur noch Strathclyde, das sich seine Unabhängigkeit trotz allem bis ins frühe 11. Jahrhundert erhielt. Die Ausdehnung der Angeln nach Norden wurde eine Generation später – 685 – in Forfar aufgehalten, als Oswys Sohn Ecgfrith bei seinem Vorstoß nach Norden gegen die Südpikten in der Schlacht von Dunnichen Mere den Tod fand und die englische Grenze auf die Forthlinie zurückgenommen werden mußte. Trotzdem war das allmähliche Ausgreifen des anglischen Machtbereichs und der anglischen Sprache nach Norden und Westen der Grund dafür, daß schließlich die schottischen Lowlands entstanden und die angelsächsische Sprache sich ausbreitete.

Infolge der spärlichen Quellen für Nordwestengland haben wir in der älteren Periode wenig unmittelbares Material für den Verkehr zwischen den Britanniern im Norden und denen in Wales, doch lassen wohl die beiden walisischen Ausdrücke *Deheubarth* (aus lat. *dextralis pars,* ›die rechte Seite‹ oder ›der südliche Teil‹) als die übliche Bezeichnung für Südwales und *Gwŷr y Gogledd* (wörtlich ›die Männer von links‹ oder ›Norden‹) als Bezeichnung für die Nordbritannier oder, wie wir auch interpretieren dürfen, für ›unsere nördliche Hälfte‹, auf ein gewisses Zusammengehörigkeitsgefühl schließen. Ein Blick auf die Karte der Königreiche von Wales nach den ältesten Überlieferungen sowie auf die dynastischen Genealogien, die uns schriftlich überliefert sind, zeigt uns eine große Anzahl kleiner Reiche, deren jedes selbständig ist und von einem Königshaus regiert wird, das die Herrschaft vom Vater auf den Sohn vererbt. Das Schema gleicht weitgehend dem, das in Cumbria und Strathclyde und auch früher in Gallien vorherrschte. Es handelt sich hier tatsächlich um ein typisch keltisches Phänomen, das auf die Zersplitterung der ausgedehnten vorrömischen Königreiche zurückgeht. Wenn wir die Entwicklung eines jeden dieser kleinen Reiche bis zur allmählichen Einigung von Wales unter dem Haus des Merfyn Vrych und seines Sohnes Rhodri Mawr im 9. Jahrhundert und schließlich in der Person des Hywel Dda im 10. verfolgen, so werden wir mit Überraschung feststellen, daß die meisten dieser kleinen Königreiche eine lange Geschichte haben und daß sie sich ihre Selbständigkeit über eine große Zeitspanne erhalten konnten. Manche Herrscherlinien hielten sich mehr als 500 Jahre. Das ist ein starker Beweis dafür, daß die Waliser nicht von Haus aus und ihrer Veranlagung nach ein kriegerisches Volk waren, solange sie nicht gezwungen wurden, ihr Land gegen fremde Einfälle zu verteidigen.

Bei den Landesteilen, von denen neuere Geschichtsforscher annehmen, daß sie ihre Entstehung den Söhnen und Enkeln Cunedags verdanken, handelt es sich um diejenigen, die in den erhaltenen späten Listen noch immer deren Namen tragen; doch sind die Namen wahrscheinlich als Beinamen der kleinen walisischen Königreiche von Nord- und Westwales geschaffen worden: Rhufon von Rhufoniog, d. h. Südconway; Dunod (lat. *Donatus*) von Dunoding um Harlech (wo sich die Linie bis 900 hielt); Ceredig von Ceredigion; Edeyrn (lat. *Aeternus*) von Edeyrnion; Meirion (lat. *Marianus*) von Meirionydd usw. Im 9. Jahrhundert haben in allen keltischen Ländern einheimische Geschichtsschreiber dort, wo die echten überlieferten Stammbäume im 5. Jahrhundert aufhörten, namengebende Vorfahren erfunden. Wir können die Stammbäume der Herrscherfamilie von Argyll (Lorna, Gabrán usw.) und auch den Stammvater *Cruithne* und seine Söhne sowie gewisse Berichte über die Pikten zum Vergleich heranziehen, die nach Art und Ursprung durchaus altertümlich sind. Die walisische Liste ist später anzusetzen als die ursprüngliche Bemerkung über Cunedag (31) und kann ebenso auf einer Gedächtnisstütze beruhen wie jene Liste, die vorgeblich Arthurs Schlachten verzeichnet.

Außerdem läßt sich die Feststellung, daß die Iren gänzlich und endgültig vertrieben worden seien, was in der ersten schriftlichen Fixierung Cunedag und seinen Söhnen zugeschrieben wird, nicht so ohne weiteres hinnehmen, da wir wissen, daß die Iren noch lange nach dem 5. Jahrhundert einen wichtigen Bestandteil der Bevölkerung von Nordwales bilden. Es ist sogar darauf hinzuweisen, daß die Bezirke, in denen die Söhne Cunedags sich niedergelassen haben sollen, nicht in allen Fällen Gebiete sind, wo Iren allem Anschein nach in größerer Menge saßen. Dennoch ist die vorherrschende Meinung, daß die Söhne Cunedags die ältesten Herrscherdynastien in den maßgebenden Königreichen an der Nord- und Westküste von Wales bildeten und daß sie dort kurz nach der Mitte des 5. Jahrhunderts die Macht ergriffen.

Wir können die Geschichte walisischer Dynastien samt ihrer Nachkommen verfolgen und überblicken bis zu einem gewissen Grad die politische Geschichte von Wales vom 6. Jahrhundert an – dem Anfangsstadium der sächsischen Dynastien in Britannien – bis der Fürst Hywel Dda sich im 10. Jahrhundert

Eduard dem Älteren unterstellte. Die bei weitem hervorragendste unter diesen walisischen Dynastien ist die Linie des *Maglocunus,* der – wie wir aus der *Historia Brittonum* erfahren – in der Gegend von Gwynedd über die Britannier herrschte und als dessen *atavus* Cunedag hier erwähnt wird. Der Begründer der Dynastie, Einion Yrth (*Girt*) hatte seinen Sitz in Rhos, wo ihm einer seiner Söhne auf dem Thron nachgefolgt zu sein scheint, der Vater des *Cynlas,* den man mit *Cuneglasus* identifiziert hat, einem der drei ›bösen‹ Fürsten, die Gildas mit Mißbilligung bedenkt. Einions zweiter Sohn, Cadwallon Llaw Hir (›Cadwallon mit der langen Hand‹), der Vater von Maelgwn (bei Gildas *Maglocunus*), herrschte über Môn (das heutige Anglesey). Diese Linie mit dem Sitz im Aberffraw hatte eine achthundertjährige Geschichte vom 5. Jahrhundert bis 1282, und unter Maelgwn sollte die Dynastie zur einflußreichsten in Wales werden.

Der Maglocunus des Gildas ist ein typischer Fürst der heroischen Zeit im Kreis seiner Hofbarden. Sämtliche Angehörige der Dynastie waren eifrige Christen: Die kleine Kirche von Llangadwaladr, die Hofkirche dieses kleinen Königreichs, enthält noch eine lateinische Inschrift zum Andenken an König Cadfan, auf den wir später zurückkommen. Das Denkmal für Cadfan mit seinen anspruchsvollen rhetorischen Formulierungen bezeugt eine interessante ununterbrochene Geschichte dieser Familie an Ort und Stelle und legt die Vermutung nahe, daß Aberffraw, das ja nur zwei Meilen von Llangadwaladr entfernt liegt, schon Hauptsitz der Dynastie geworden war. Cadwallon II., Cadfans Sohn, hat dann im Jahr 633 im Bündnis mit König Penda von Mercia Edwin von Northumbria besiegt und erschlagen, der als erster englischer König in Wales eingedrungen war. Eine Zeitlang schien es, als würden die Waliser das northumbrische Königreich zerstören, doch

Cadwallon fiel im Jahr 634, als er eben zu diesem Zweck einen Zug nach Norden unternahm.

Viele der außerordentlich interessanten walisischen Königreiche erhoben nicht den Anspruch, von den Söhnen des Cunedag abzustammen, sondern entwickelten sich ganz unabhängig. Das bedeutendste ist Powys, der ›Garten von Wales‹, wie der Dichter Llywarch Hen es nennt; man nimmt an, es habe sich unmittelbar aus dem alten Königreich der *Cornovii* entwickelt, und es umfaßte in frühgeschichtlicher Zeit die Täler des Severn und des Dee. Im frühen Mittelalter gehörten zum Südteil von Powys Builth und Gwrthrynion am oberen Wye. Die königliche Linie von Builth erhob einen unbestrittenen Anspruch darauf, von Vortigern abzustammen. Es hatte sein eigenes Königsgeschlecht, und Fernmail, ein König aus dieser Linie, herrschte noch um 830, als Nennius schrieb. *Gwrthrynion* ist aus *Gwrthreyrn* entstanden, das wiederum auf die ältere Form *Vortigern* zurückgeht. Das romantische kleine Königreich Brecknock in Südmittelwales wurde nie erobert und erhielt sich seine Selbständigkeit vom 5. bis zum 10. Jahrhundert. Der Stammbaum seines Königshauses (32) erhebt den Anspruch, auf eine einheimische Fürstin Marcell (lat. *Marcella*) zurückzugehen, die einen Iren heiratete. Deren Sohn Brychan (33) ist offensichtlich einer von den Stammvätern. In dem Stammbaum begegnen uns noch andere irische Namen (34).

Außer Powys, Builth und Brecknock blieb auch das gesamte Südwales bis in die Zeit des Hywel Dda weiterhin unter der Herrschaft unabhängiger Könige. Das Königreich Dyfed wurde, wie wir bereits sahen, von einem Herrscherhaus regiert, das nahezu sicher irischer Abstammung war, und diese Dynastie hielt sich vom 5. bis zum 10. Jahrhundert. Es sind drei Genealogien vorhanden (35).

Silberkelch von Ardagh. 8. Jh. National Museum of Ireland, Dublin

Bronzeblech-Buchdeckel aus Athlone. 8. Jh.
National Museum of Ireland, Dublin

Südostwales war immer unabhängig und bildete ein eigenes Königreich Morgannwg. Dies war der am stärksten romanisierte Teil von Wales. Er hatte ein günstiges Klima und fruchtbaren Boden und schloß Cardiff, Caerleon und Caerwent sowie die frühchristlichen Klosteranlagen von Llanilltud, Llancarfan und Llandaff mit ein. Die Geschichte dieses Königreichs interessiert hauptsächlich infolge eines frühen bedeutenden kirchlichen Einflusses. Es stand unter der Herrschaft einheimischer Fürsten bis unmittelbar vor dem Normanneneinfall.

Wales ist im wesentlichen ein Küstenland. Die großen Gebirgsmassen im Inneren erschweren den Verkehr zwischen Norden und Süden, und schon seit frühester Zeit wird in der Geschichte des Landes eine politische Trennung zwischen Norden und Süden immer zwingender. Verkehrswege und freundschaftliche Beziehungen verbanden die Nordwaliser mit den Britanniern von Cumbria und Galloway, und diese Verbindung spiegelt sich in dem Ausdruck *Gwŷr y Gogledd* wider, der ›unser Nachbar im Norden‹ bedeutet. Die Verbindung mit dem Norden wurde nur noch enger, als die Macht des Königreichs Northumbria es zum wertvollen Verbündeten gegen einen Einbruch der Wikinger machte, der Nordwales bedrohte. Andererseits hatte Deheubarth stets in engerer Verbindung mit Südengland gestanden, und in der Wikingerzeit kamen die südwalisischen Königreiche allmählich zu der Erkenntnis, daß ihre Sicherheit in einem Bündnis mit den stärkeren Nachbarn im Osten lag. In Kapitel 6 werden wir der allmählichen Vereinigung der kleinen walisischen Königreiche zu einer konstruktiven politischen Einheit nachgehen.

Zum Abschluß dieser knappen Zusammenfassung über die Entstehung der keltischen Königreiche in historischer Zeit sei noch ein Wort über das Wesen der bretonischen Niederlassungen und die Entstehung der unabhängigen bretonischen Königreiche gesagt. Wir sahen, daß die Ansiedler ihre britische Muttersprache mitbrachten, die am nächsten mit der von Cornwall verwandt war, einem armen Land, aus dem die Mehrheit der Kolonisten gekommen sein mußte. Andererseits kamen, soweit wir uns auf bretonische Überlieferungen verlassen können, die in diesem Fall im allgemeinen in sich stimmig und nicht etwa schon von vornherein unwahrscheinlich sind, die Führer der Wanderung – Adel wie Geistlichkeit – in der Hauptsache aus Ost- und Südwales.

Was immer St. Germanus mit seiner Reise nach Britannien bezweckt haben mag, wenn er in politischer Hinsicht die Hoffnung hegte, den Verkehr mit Armorica zu unterbinden, so hatte er keinen Erfolg, denn die Kolonisten strömten weiterhin während des gesamten 5. und 6. Jahrhunderts in die Bretagne ein, und im 6. Jahrhundert hatten sie längs der ganzen Küste Armoricas, die nun nicht mehr mit ihrem alten Namen *Armorica*, ›längs der Küste‹, sondern Bretagne (*Brittany*) hieß, britannische Königreiche errichtet. Der Name taucht zuerst in einem Brief des Sidonius Apollinaris auf. In Britannien kommt er als *Britannia Minor*, ›Kleinbritannien‹, bei lateinischen Schriftstellern vor, auch als *Lledau, Letavia* – wahrscheinlich ist das der einheimische Name –, und die Bewohner heißen *Lidwiccias*.

Den Namen zweier der drei großen britannischen Königreiche in Armorica hört man noch ihre Verbindung mit Britannien an. Im Norden umfaßte das ausgedehnte (später als ›duchy‹, ›county‹ bezeichnete) Königreich *Domnonia* fast die gesamte nördliche Bretagne einschließlich – nach 530 – der Provinz Léon im Nordwesten, die zuerst selbständig war. Im ältesten der bretonischen *Heiligenleben*, dem des heiligen Samson von Dôl, wird Domnonia als *Prettonaland* (d. h. ›Brittany‹, Bretagne) erwähnt, was auf seine frühe Bedeutung hinweist. Der Überlieferung nach war das Reich von einem König Rhiwal aus dem Königsgeschlecht Gwent im südöstlichen Wales begründet worden. Kein früher Bericht für die Besiedlung von Cornouaille vor dem 9. Jahrhundert ist irgendwie historisch zuverlässig, und unsere Legenden finden sich hauptsächlich in den *Lebensbeschreibungen* der Ortsheiligen Guénolé, Corentin und Ronan sowie in den gefälschten Urkunden der großen Abtei von Landévennec. Der Legende nach soll schon früh eine Verbindung zwischen Cornouaille und Westwales bestanden haben. Weiter sei erwähnt, daß allgemein angenommen wird, *Domnonia* verdanke seinen Namen den Kolonisten, die ihn von der *Domnonischen* Halbinsel Devon und Cornwall mitgebracht hätten, doch kommen weder das britische Cornwall noch das bretonische Cornouaille vor dem 9. Jahrhundert als Namensbezeichnungen vor. Tatsächlich wissen wir nicht genau, woher die Einwanderer nach Domnonia oder Cornouaille kamen oder wie die Namen entstanden sind.

Das dritte der bedeutenden Königreiche ist *Bro Waroch* (›das Land von Waroch‹), das den gesamten Rest der Südbretagne einschließlich des westlichen Teils von Vannes umfaßte. Östlich dieser Grenze war das Land noch immer römisch und längst unter dem Namen *Romania* bekannt. Dies ist der reichste Teil der Bretagne, das alte Königreich der *Veneti*, die von Caesar besiegt wurden und schon frühzeitig mit Britannien in Verbindung standen, von wo sie angeblich ihren Flottennachschub zu beziehen pflegten. Vielleicht gaben sie Gwynedd ihren Namen. Die meisten unserer Überlieferungen deuten auf Wales als das Gebiet, aus dem die führenden Ansiedler kamen. Ein besonders schlagendes Beispiel ist St. Gwrthiern, dessen Name und Geschichte – er war ein bretonischer Heiliger – dem britannischen ›Tyrannen‹ Vortigern entsprechen.

Über die Lage in den Niederlassungen sind uns keine zeitgenössischen Berichte erhalten, doch haben bretonische Gelehrte inzwischen geklärt, daß die ›Heiligen‹, das heißt die gebildeten Elemente, die keine Krieger waren, die wahren Organisatoren der Expeditionen und der Niederlassungen darstellten. »Die Einwanderer organisierten sich, und alle Anzeichen weisen darauf hin, daß bei dieser wichtigen Aufgabe die geistlichen Führer sehr gern die maßgebende Rolle übernahmen.« (36) Tatsächlich lassen Überlieferungen von der Wanderung auf eine enge Verbindung zwischen den fürstlichen Anführern und den Klerikern schließen, die oft ein und derselben Familie angehörten und miteinander nach der Bretagne zogen, wobei Fürst und Geistlicher das treibende Element der Auswanderungsbewegung bildeten.

Wir dürfen überzeugt sein, daß die Gallo-Römer den Britanniern nicht erlaubt hätten, ihr Land zu besetzen und sie arm zu essen, wenn sie nicht von den Einwanderern eine entsprechende Gegenleistung erhalten hätten. Späte Überlieferungen, die uns in mittelalterlichen lateinisch geschriebenen *Heiligenviten* erhalten sind, wie zum Beispiel die des St. Leonorus und des St. Méen, berichten, wie die Britannier das Land rodeten, dem man bis zum heutigen Tag noch anmerkt, daß es früher weithin mit Wald und Heide bedeckt war. In diesen Überlieferungen spiegeln sich ihre forstwirtschaftlichen Methoden wider, insbesondere in der *Vita des St. Méen,* eines Heiligen aus Archenfield in Südostwales, der seine Kenntnisse vielleicht in dem geheimnisvollen Wald von Dean erworben hatte und der im Wald von Brocéliande in der Ostbretagne ein großes Kloster errichtete. Er gehörte der Königssippe von Archenfield an und blieb sein ganzes Leben lang dem König Judicaël von Domnonia eng verbunden, der von dem sagenhaften König Rhiwal abstammte. Judicaël zog sich schließlich in Méens Kloster im Wald von Brocéliande zurück, um dort sein Leben zu beschließen, nicht weit von der Quelle, an der nach der Überlieferung Vivien den Merlin verzauberte. Die wirkliche Bedeutung des Klosters, das das größte unter vielen Waldklöstern in der Bretagne war, bestand darin, daß es durch seine Abgelegenheit den Barbarenüberfällen entzogen war. Und diese Unverletzlichkeit erhielt es sich bis in die Wikingerzeit, denn es wird berichtet, daß ein Bischof von Dol sich dorthin zurückzog, um den Angriffen der Wikinger zu entgehen.

Diese Viten machen vielfach Anleihen untereinander, und in der *Vita des heiligen Malo* erfahren wir, daß St. Leonorus beim Roden einen goldenen Widder – zweifellos römischer Herkunft – gefunden habe, den die Maulwürfe ausgegraben hätten. Diesen Widder habe er bei Gelegenheit einer diplomatischen Mission nach Paris zu König Childebert (gest. 558) mitgenommen, sich den Gegenwert in Landbesitz und gleichzeitig auch Lehnsschutz erbeten. Er erklärte, das Land sei eine Wildnis gewesen, bevor sie es gerodet und gepflügt hätten, und so sei es nur gerecht, wenn sie es ungehindert in Besitz nähmen. Der König gewährte diese Bitte. Interessant an dieser Überlieferung ist, daß sie den Kleriker als Diplomaten und als Anwalt der Kolonisten zeigt, daß sie Licht auf die Beziehungen zum Frankenkönig sowie auf die Maßnahmen zur Sicherung einer ordentlichen Belehnung auf Dauer wirft und daß aus ihr schließlich hervorgeht, Leonorus habe das Land in Wirklichkeit gekauft und sich nur den genauen Gegenwert des Widders ausgebeten. Interessant sind diese Geschichten ferner deshalb, weil sie vermuten lassen, daß Fürst und Kleriker – die oft miteinander verwandt waren – nicht nur in der alten Heimat in Wales, sondern auch weiterhin in der Bretagne zusammengearbeitet haben. Alles das läßt auf eine

gute Organisation schließen. Die Auswanderungen wurden nicht aufs Geratewohl unternommen, und die Erzählungen machen klar, daß diese Verbindung von Fürsten und Geistlichen sich nicht auf die ältesten Generationen beschränkten.
Die Bedeutung der Bretagne für die keltische Kirche auf den britischen Inseln muß damals insofern besonders groß gewesen sein, als sie die Verbindung mit der kontinentalen Kirche gewährleistete und die zwangsläufig gefährlichere Überquerung der Straße von Dover vermeiden half. Dieser Weg über die Bretagne war natürlich auch der Reiseweg des heiligen Kolumban. Außerdem müssen wir bedenken, daß das Meer im allgemeinen einen großen einigenden Faktor darstellte. Es verband viel mehr, als daß es trennte. Wir sahen, wie in Cormacs Glossar behauptet wurde, daß sich gewisse irische Königreiche damals auf beiden Seiten der Irischen See ausgebreitet hätten. In den Überlieferungen der bretonischen Niederlassungen stoßen wir wieder auf Nachrichten von solchen Doppelreichen. So heißt es, König Rhiwal, der sagenhafte Begründer des Königreiches Domnonia, sei zur Zeit des Frankenkönigs Lothar I. mit einer großen Flotte aus seinem Königreich in Ostwales gekommen und »habe als *dux Brittonum* auf beiden Seiten des Meeres bis zu seinem Tod die Herrschaft weitergeführt« (37). Außerdem gibt es einige Belege für die Annahme, daß ein Tyrann von Domnonia, Cunomorus, Graf von Poher und von Carhaix, dem großen römischen Zentrum in Westarmorica, gleichzeitig im britannischen Domnonia geherrscht haben könnte.
Alles, was wir der bretonischen Überlieferung entnehmen, weist darauf hin, daß Armorica ein Expansionsbereich des westlichen Britannien ist. Zwischen den ausgewanderten Fürstenhäusern und dem alten Stamm wurde die Verbindung aufrechterhalten. Die sogenannten ›Missionare‹ waren die ge-

bildeten Männer, die die Ansiedlung auf dem Verhandlungsweg ermöglichten und die Kolonisten organisierten, indem sie sich ihrer geistlichen und juristischen Bedürfnisse annahmen. Der fränkische Hof förderte sie, und im allgemeinen müssen die Kolonisten ein verhältnismäßig hohes geistiges Niveau gehabt haben, das vielleicht der Berührung mit der gallo-römischen Bevölkerung zu danken war. Wir besitzen eine Anzahl von Heiligenviten, die im 9. Jahrhundert in lateinischer Sprache abgefaßt worden sind, während die älteste walisische Vita – die des heiligen David – erst aus dem späten 11. Jahrhundert stammt.

Es bietet sich uns also nicht das Bild einer fliehenden Auswandererschar mit einem hochgeistigen Führer an der Spitze, sondern das einer politischen Expansion von Stämmen, die von führenden walisischen Fürstenfamilien geleitet werden und über deren politische Rechte, Privilegien und geistliche Lauterkeit gebildete Kleriker wachen. Da unsere Hauptquellen aus Klöstern stammen und späten Datums sind, ist es nicht verwunderlich, daß manche von den frühen Fürsten sich in Heilige verwandelt haben. Das schlagendste Beispiel hierfür ist, wie schon erwähnt, Vortigern, der in den Aufzeichnungen von Quimperlé als St. Gwrthiern erscheint (38).

Indessen war das 6. und 7. Jahrhundert in der Bretagne genau wie auf den britischen Inseln die Zeit, in der die historischen Königreiche sich herausbildeten. Es ist bedauerlich, daß sich der zeitgenössische Bericht Gregors von Tours nicht einigermaßen ernsthaft mit den beiden bretonischen Staaten Domnonia und Cornouaille befaßt, für deren Geschichte wir weitgehend auf Aufzeichnungen kirchlicher Institutionen und die weniger verläßlichen Berichte in den Heiligenleben angewiesen sind. Im ältesten, dem *Leben des heiligen Samson* von Dôl, wird Domnonia (*Prettonaland*) nicht als Königreich bezeichnet, sondern als Reich, Herzogtum oder Grafschaft, und nach fränkischen Quellen wurde es von einem »königlichen Grafen« regiert, der allerdings die Thronfolge auf den Sohn vererbt zu haben scheint. In diesem Heiligenleben finden wir eine lebendige Schilderung der Beziehungen der domnonischen Fürsten sowohl zum Frankenkönig Childebert wie auch zum Regenten Cunomorus, der die Herrschaft usurpiert haben soll, als der Prinz Judual (gest. um 580) noch minderjährig war. Der heilige Samson führt uns an den fränkischen Hof des 6. Jahrhunderts, wo er sich die Hilfe Childeberts für den jungen Judual erbitten will, und wir werden Zeugen des Triumphs des – wie uns versichert wird – rechtmäßigen Erben und des Sturzes des Usurpators (39).

Cunomorus ist die interessanteste Gestalt in der frühbretonischen Geschichte, die eigentlich erst mit seiner Beziehung zu den Frankenkönigen einsetzt. Ursprünglich war er einer der kleinen bretonischen Häuptlinge und hatte seine Burg in Pou-Castel, dem heutigen Carhaix, und seine ›Grafschaft‹ oder sein kleiner Stadtstaat bestand aus dem umliegenden Land, dem jetzigen Poher. Die für ihn erst als Regent, dann als Usurpator Domnonias überlieferten Daten hat man auf etwa 540–554 errechnet. Er scheint zunächst Christ gewesen zu sein, nachdem er sich aber die Feindschaft der Kirche zugezogen hatte, vermittelt uns die Überlieferung das Bild eines Usurpators, eines mörderischen Tyrannen, ja sogar eines Blaubarts. Infolge der Usurpation Domnonias besaß er, der Herr von Poher und Léon, bereits die halbe Bretagne und strebte offenbar die Souveränität eines unabhängigen Fürstentums an. Doch nach dem Triumph des Judual erhob sich Domnonia gegen den Tyrannen, der in seinem heimischen Poher besiegt und erschlagen wurde, wohin er sich in der Hoffnung auf Schutz und Verstärkung zurückgezogen hatte.

Während die Bretonen die Halbinsel besetzten, hatten sich die Franken allmählich über Gallien ausgebreitet, und unter Chlodwig (etwa 481–511) erkannten die gallo-römischen Städte von Armorica in aller Form die fränkische Oberhoheit an. Die Franken sahen sich selbst als die echten Nachfolger der römischen Herrscher an und weigerten sich, die Selbständigkeit der Bretonen auf der restlichen Halbinsel anzuerkennen, während die Bretonen ihrerseits den fränkischen Machtanspruch nicht hinnehmen wollten, sondern vielmehr ihre Unabhängigkeit nach Osten zu erweitern suchten (40). Laut Gregor von Tours (41), der damals lebte, nahmen die Nachfolger Chlodwigs den bretonischen Herrschern ihren Königstitel und bezeichneten sie als ›Grafen‹, mit einem Titel also, den die fränkischen Beamten trugen, die im Dienst der Frankenkönige für die Verwaltung der verschiedenen Stadtstaaten verantwortlich waren. Trotzdem fuhren die bretonischen Herren unter dem Titel von Herzögen fort, der Macht der Merowingerkönige Trotz zu bieten. Dies war die Zeit, in der der gallo-römische Staat Vannes sich zu *Bro Waroch* entwickelte, was ›Gebiet des Waroch‹ heißt, nach dem Bretonenhäuptling Waroch II. (577–594), unter dem die Stadt im Jahr 579 bretonisch wurde. Waroch war in der Tat ein besonders furchtbarer Gegner der Franken, und Gregors Bericht wird zur spannenden Lektüre, wenn er den erstaunlichen kriegerischen Aufstieg dieses mächtigen Fürsten und seine politischen Beziehungen zu den fränkischen Herrschern schildert. 587 überfiel er Nantes, im folgenden Jahr Rennes und noch einmal Nantes, und obwohl 590 ein starkes fränkisches Heer in Vannes eindrang, wurde dieses Unternehmen für die Franken zur Katastrophe, denn das Heer wurde geschlagen und von Warochs Sohn Canao teilweise vernichtet (42). Unter diesen Umständen überrascht es nicht, wenn das Bild, das uns

Gregor von Tours zeichnet, auf bretonischer wie auf fränkischer Seite Gewaltherrscher zeigt, die ständig miteinander im Krieg liegen, wobei die Franken versuchen, ihre Souveränität durchzusetzen, während die Bretonen von Bro Waroch die gallo-römischen Stadtstaaten an der Grenze – Rennes, Nantes und das östliche Vannes – verwüsten (43).

Der Kampf zwischen Bro Waroch und den Frankenkönigen dauerte jahrhundertelang. Manchmal erlitten die Heere der fränkischen Könige schwere Niederlagen durch die Bretonen, doch die Bretonenführer waren nicht imstande, ihre Gewinne festzuhalten. Karl der Große befahl nicht weniger als drei Feldzüge gegen die Bretagne, und Ludwig der Fromme kam in eigener Person zweimal. Schließlich ernannte Ludwig der Fromme Nomenoë, einen geborenen Bretonen, zunächst zum Grafen, später zum Herzog; doch 846 zwang derselbe Nomenoë Karl den Kahlen, die Unabhängigkeit der Bretagne anzuerkennen. Karl war sogar dankbar für die Hilfe der Bretonen, die sie ihm nicht etwa als Untertanen, sondern als Verbündete gewährten, denn er stand jetzt dem sehr viel ernsteren Problem der Wikingereinfälle gegenüber. 849 erhob sich Nomenoë ganz offen, fiel aber 851 in einem Feldzug bei Chartres (44). Sein Sohn und Nachfolger Erispoë wurde 857 im Auftrag des berüchtigten Salomon, der ihm auf dem Thron nachfolgte, ermordet. Seit 863 erkannte Salomon die fränkische Vorherrschaft an und versprach, Karl dem Kahlen zu huldigen, verweigerte ihm aber bald Tribute wie Gefolgschaft und bezahlte 874 seine Verbrechen und seine Verräterei mit dem Leben. Mit Salomon hatte sich die Bretagne zu dem Feudalismus des Mittelalters bekannt.

5

Die frühirische Gesellschaft

Es gibt eine grosse Zahl von Nachrichtenquellen über die weltlichen Einrichtungen in Irland, sie sind jedoch noch nicht vollständig ausgeschöpft. Vieles können wir aus den Sagen entnehmen und noch bedeutend mehr aus Annalen, Genealogien und vor allem aus den alten Gesetzestraktaten. Diese sind wahrscheinlich die wichtigsten Dokumente ihrer Art in der gesamten westeuropäischen Überlieferung, einmal schon ihres Umfangs wegen und dann wegen des Archaismus der in ihnen bewahrten Überlieferung. Ihre Wurzeln liegen nicht im römischen Recht, sondern im alten indogermanischen Brauchtum.

Die grundlegende Gebiets- und zugleich Verwaltungseinheit in Irland war die *tuath*, die im Umfang wohl der heutigen Baronie zu entsprechen scheint (1). Das Wort bedeutet ›Stamm‹, ›Volk‹ und wird gleichzeitig auch für das von ihm bewohnte Gebiet verwendet. Viele Baronienamen sind alte *tuath*-Namen; freilich verzeichnet das *Buch der Rechte* im 11. Jahrhundert nur 97 *tuatha*, während wir heute 273 Baronien haben.

Es wäre ein Irrtum, wollte man zwischen *tuath* und Baronie einen engen Zusammenhang annehmen. Die Baronie war ein normannisches Lehen, und wenn Strongbow oder De Lacy Landbesitz als Baronie vergaben, mögen sie sich der vorhandenen Gebietseinteilung als steuerbringender Einheiten bedient haben, so daß eine Baronie aus einer oder mehreren *tuatha* bestehen konnte. Doch in den Gebieten, die später zu den alten Grafschaften dazukamen, war die Baronie vermutlich ein neuabgegrenzter Bezirk ohne jede Vorgeschichte.

Eine größere Einheit bedeutete die *trícha cét*, ›dreißig Hundert‹, ursprünglich ein militärischer Terminus für 3000 Mann. MacNeill nahm an, er enthalte möglicherweise eine sehr alte Überlieferung und sei eines Ursprungs mit der römischen Legion, die in ihrer ältesten Form auch dreitausend bedeutete (2). Später wird der Begriff auf Gebiete angewendet; wir kennen aus verschiedenen Quellen die Namen von 29 *trícha cét* (3). In Gesetzestexten jedoch tritt er nicht auf, und die Glossatoren setzen ihn mit *tuath* gleich, woraus hervorgeht, daß er zu ihrer Zeit bereits veraltet war (4).

Jede *tuath* wurde von einem König (*rí*) regiert, der »ursprünglich eine geheiligte Persönlichkeit war, die ihre Abstammung von der einen oder anderen Ahnengottheit herleitete und mit Hilfe uralter Inaugurationsriten mit der Herrschergewalt bekleidet worden war« (5). Die Inauguration des Königs war eine symbolische Vermählung mit der Herrschergewalt, ein Fruchtbarkeitsritus, für den der Fachausdruck *banais rígi*, ›königliche Hochzeit‹, lautete.

Die Herrschergewalt stellte man sich als eine Göttin vor, die der König – mutmaßlich, um seinem Königreich Wohlergehen zu sichern – ehelichen mußte. Wir fühlen uns an die Śaktī der Hindu wie auch an die weiblichen Gefährten mancher gallischer Götter erinnert. Vielleicht hat sich der Ritus aus der primitiven Vorstellung von einer Ehe zwischen dem Stammesgott und einer Erd- oder Wassergöttin als Spenderin der Fruchtbarkeit entwickelt.

Es gibt viele irische Märchen, in denen diese Vorstellung zum Ausdruck kommt, und sie hat sich bis in die Neuzeit erhalten.

Das älteste Beispiel ist wahrscheinlich *Baile in Scáil*, ›Der rasende Geist‹, wo Conn, der König von Irland, sich in einer Geisterbehausung findet, in der ein Gespenst die künftigen Könige Irlands vorhersagt, während eine Frau auf kristallenem Thron für jeden König, dessen Name genannt wird, eine Schale Ale vergießt. In mehreren anderen Märchen verwandelt sich eine alte Hexe durch die Umarmung des künftigen Königs in ein schönes Mädchen. Diese Geschichte wird von Níall von den neun Geiseln und auch von Lugaid Laígde, dem Vater des Lugaid Mac Con erzählt (6). In der *Dindshenchas*-Version sagt das Mädchen zu Lugaid:

»Atbér-sa fritt, a meic mín,	»Ich will dir sagen, edler Knabe,
limsa foït na hairdríg:	mit mir schlafen die Oberkönige;
is mé ind ingen seta seng,	ich bin das anmutige, zarte Mädchen,
flaithius Alban is Hérenn.«	die Herrschergewalt von Schottland und Irland.« (7)

Die sagenhafte Königin Medb, deren Name ›Berauschung‹ bedeutet, war ursprünglich eine Personifizierung der Herrschergewalt, denn es wird uns berichtet, sie sei die Frau neun irischer Könige gewesen, und an anderer Stelle heißt es, nur der könne König sein, der sich mit ihr vereine. Von König Cormac hieß es: *nocor faí Medb lasin mac / níba rí Érenn Cormac*, »ehe Medb mit dem Jüngling schlief, war Cormac nicht König von Irland« (8). Auch geringere Könige wurden ihren Reichen anvermählt. Noch im Jahr 1310 verzeichnen die Annalen die Vermählung des Fedlimid Ó Conchobhair (Felim O'Connor) mit der Provinz Connacht. Im 17. Jahrhundert bezeichnet Ó Bruadair einen König als »den Gatten von Cashel«, und noch im 18. Jahrhundert nannten die Dichter Irland die Gattin ihrer rechtmäßigen Könige.

Giraldus Cambrensis schildert um 1185 ein Ritual, das, wie ihm berichtet wurde, in einem der Königreiche im Norden noch in Brauch war und zu dem die Opferung einer Stute gehörte. Der zum König Erwählte unterzog sich einer symbolischen Vereinigung mit dem geschlachteten Tier, badete dann in der Brühe aus seinem Fleisch und trank davon (9). Der Bericht ist mehrfach in Frage gestellt worden, doch besteht kaum Zweifel daran, daß er wohlbegründet ist. Er ist dem Hinduritus *aśvamedha* sehr ähnlich, bei dem die Königin eine symbolische Vereinigung mit dem geschlachteten Hengst vollzieht, was deutlich auf einen Fruchtbarkeitsritus hinweist. In diesem nordirischen Reich war es der König, der mit Hilfe des alten Ritus Fruchtbarkeit für sich und seinen Stamm anstrebte. Der Kult der Göttin Epona aus dem gallischen Pantheon scheint sich hier in Irland bis ins 12. Jahrhundert erhalten zu haben. Üblicherweise jedoch ging die Inauguration eines Königs so vor sich, daß ihm ein weißer Stab als Zeichen der Herrschergewalt überreicht wurde. Ein Oberkönig erhielt den Stab von seinem bedeutendsten Vasallenkönig, ein Vasallenkönig erhielt ihn vom Oberkönig (10).

In der Frühzeit war der König von Tabus umgeben. Kein Mann, der einen körperlichen Makel hatte, konnte zum König gewählt werden. Der König war auch durch die Zaubermacht der Wahrheit (*fír flatha*) gebunden, und wenn er sich einer Ungerechtigkeit schuldig machte, konnte sein Volk vom Unglück heimgesucht werden, ähnlich wie die Sünden des Ödipus über Theben kamen. Von dem berühmten König Cormac wird erzählt, während er in Tara aufgezogen worden sei, habe König Lugaid Mac Con ein Urteil über einen Mann gefällt, dessen Schafe im Färberwaidgarten der Königin gegrast hatten. Lugaid erklärte die Schafe für verwirkt. Da fiel die Seite des Hauses, in dem er saß, den Abhang hinunter. »Nein«, sagte Cormac, »die Wolle der Schafe genügt als Ersatz für die Kräuter, die sie abgefressen haben, denn beides wächst wieder.« Da blieb das Haus stehen und fiel nicht weiter zusammen. »Das ist das richtige Urteil«, sagten alle, »und das ist der Sohn des echten Fürsten, der es gesprochen hat.« Noch ein Jahr blieb Lugaid danach König von Tara, und es wuchs kein Gras aus der Erde, kein Laub an den Bäumen und kein Korn in der Ähre. Da vertrieben ihn die Männer von Irland vom Königsthron, denn er war ein falscher Fürst; und Cormac wurde König.

Zweierlei ist hier bemerkenswert; erstens, daß das Land durch das falsche Urteil des Königs verödete, und zweitens, daß das Haus zwar einzufallen begann, aber dann durch das richtige Urteil doch stehen blieb. Diese Vorstellung von der Zauberkraft der Wahrheit erscheint auch in anderen irischen Märchen und bildet eine weitere merkwürdige Verbindung zu der Hindu-Überlieferung. Lüders hat in einem aufsehenerregenden Artikel gezeigt, daß die Hindu glauben, das bloße Aussprechen einer wahren Feststellung könne Wunder wirken; derselbe Glaube läßt sich deutlich in Irland nachweisen (11).

Der König war Herrscher seines Volkes in Friedenszeiten und militärischer Führer im Krieg. Er hatte den Vorsitz bei der alljährlichen Versammlung (*oenach*), die auf heiligem Begräbnisgrund abgehalten wurde, aber er stand nicht über dem Gesetz. Er hatte einen besonderen Richter (*brithem ríg*), dessen Pflicht es war, Fälle zu entscheiden, die des Königs Rechte berührten. Dieser Richter konnte auch tätig werden, wenn es sich um Streitfälle zwischen verschiedenen Familien innerhalb der *tuath* handelte, doch waren die Parteien nicht gezwungen, auf ihn zurückzugreifen: Sie durften sich jeden beliebigen qualifizierten Richter aussuchen.

Der König (*rí*) der *tuath* war durch persönliches Treueverhältnis an einen übergeordneten König (*ruiri*) gebunden, der seinerseits in ähnlicher Weise an einen ›König übergeordneter

Könige‹ (*rí ruirech*), den König einer Provinz, gebunden war, den höchsten, den das Gesetz kannte. Der untergeordnete König stellte seinem Oberherrscher Geiseln und empfing von ihm einen Sold zum Zeichen seiner Abhängigkeit. Er war zu bestimmten Dienstleistungen verpflichtet, insbesondere zu Tributen und zur Heerfolge, und der Oberlehnsherr wiederum war mutmaßlich verpflichtet, ihm in seinen eigenen Streitigkeiten beizustehen. Doch das Band zwischen beiden beruhte lediglich auf der persönlichen Lehenstreue: Zumindest theoretisch hatte der Oberlehnsherr keine Macht über das Gebiet und das Volk seines Vasallen. Im *Buch der Rechte* aus dem 11. Jahrhundert haben wir detaillierte Listen der von den Königen gezahlten Tribute und der Solde, die sie erhielten, doch sind sie vermutlich reine Erfindung eines Altertumskenners, der überlieferte Bräuche beschreiben wollte, die zum Teil in Vergessenheit geraten waren. Spätere Quellen erwähnen Tribute an Nahrungsmitteln, die bisweilen in Unzen von Gold oder Silber umgewandelt wurden. Woraus der Sold bestand, ist ungewiß (12).

Wie es drei Stufen des Königtums gab, so gab es auch drei Arten des *oenach*: »Ein Markt, von einem König einberufen, dem die Herren mehrerer *tuatha* zur Treue verpflichtet waren, wurde wohl auch von Stammesangehörigen dieser kleineren Königreiche aufgesucht, *Oenach Raigne* zum Beispiel von den Stämmen von Ossory. Am wichtigsten war der in der Nähe der Hauptburg abgehaltene Provinzmarkt, der von allen Stämmen der Provinz besucht wurde; er dauerte mehrere Tage, und es gab dabei ein sorgfältig ausgearbeitetes Programm, das sich aus öffentlichen Geschäften und Unterhaltungen zusammensetzte.« (13) Dasselbe bedeutete Oenach Tailten für das große Königreich der Uí Néill, Oenach Emna im Königreich der Ulaid, Oenach Carman im Königreich der

St. Patricks Glockenschrein. Um 1094–1105, nördlich von Armagh. National Museum of Ireland, Dublin

Krummstab von Lismore. Um 1100.
National Museum of Ireland, Dublin

Lagin, Oenach Téite (Nenagh) in Mumu (Cashel) und Oenach Cruachan in Connacht.

Nach dem König kamen die Edlen (*flaithi*), die der Kriegerkaste angehörten und die Schutzherren der ›Männer der Kunst und Wissenschaft‹ (*oes dána*), der Dichter, Geschichtsschreiber, Rechtskundigen, Ärzte und Handwerker waren. Der dritte Stand – *grád féne* – umfaßte die gewöhnlichen Freien, die den Boden bearbeiteten und dem König eine Steuer in Gestalt einer Naturalrente zahlten. Dieser freie Mann war gewöhnlich als *céle* durch ein Klientenverhältnis (*célsine*) an einen Edelmann gebunden, »der ihm gegen eine bestimmte Lieferung von Naturalien und ein gewisses Maß an unbezahlter Arbeit Vieh gab, das auf seinem Lande weiden durfte, und der ihm beschränkten Schutz gegen Übergriffe mächtiger Nachbarn gewährte« (14).

Die Klientel scheint die Grundlage des Wohlstands und der gesellschaftlichen Stellung der Adeligen gewesen zu sein. Die Gesetzestexte unterscheiden je nach vertraglichen Bedingungen zwei Arten von Klientenschaft: die ›freie‹ Klientel und die ›gemeine‹ Klientel. Das Verhältnis zwischen Herrn und Klienten bestand darin, daß der Herr ein Lehen (*rath*) an Vieh gewährte und dafür vom Klienten eine festgesetzte Abgabe in Naturalien und Dienstleistungen empfing. Die Abgabe wurde auf sieben Jahre als jährliche Zahlung so errechnet, daß sie ein Drittel des Wertes des Lehens betrug. Bei der ›gemeinen‹ Klientel, die öfter erwähnt wird, erhielt der Klient zusätzlich zu dem *rath* eine Summe, die seinem Ehrenpreis entsprach, wodurch dieser zusätzliche Rechte auf den Klienten erwarb: Ihm stand zum Beispiel ein Drittel des Sühnegeldes zu, wenn der Klient getötet wurde. Doch blieb auch der ›gemeine‹ Klient genau wie der ›freie‹ ein freier Mann. Das Verhältnis beruhte auf einem Vertrag und konnte unter bestimmten Bedingungen von jedem der beiden Partner aufgesagt werden.

Ein großer Teil des Traktats über die ›gemeine‹ Klientel ist Einzelheiten des Lehens und der Abgabe gewidmet. Die jährliche Abgabe für sechs Kühe ist ein Kalb im Wert von drei Säcken Weizen, ein gepökeltes Schwein, drei Säcke Malz, ein halber Sack Weizen und eine Handvoll Binsenlichter (Kerzen mit Binsendocht). Für 24 Kühe beträgt die Abgabe eine fette Kuh, ein gepökeltes Schwein, acht Säcke Malz, einen Sack Weizen und drei Handvoll Binsenlichter. Die Bedeutung, die der Klientel in den irischen Gesetzestexten beigemessen wird, ruft uns ins Gedächtnis, was Polybios und Caesar von den Galliern berichteten. Zweifellos war sie eine alte keltische Einrichtung, die walisischen Gesetzbücher erwähnen sie nicht.

Es gab Sklaven (*mug*, männliche, und *cumal*, weibliche), wahrscheinlich meistens Kriegsgefangene, doch scheinen sie nur einen geringen Bestandteil der Bevölkerung ausgemacht zu haben. Das Wort *aire* bedeutet ›freier Mann‹ und ist ein Oberbegriff sowohl für *flaith* wie auch für *aithech* (15).

In Irland gab es eine besondere Klasse, die man als eine Unterklasse der Adeligen bezeichnen kann, die *oes dána*; sie waren durch ihre Kunst geadelt. Zum *oes dána* oder Gelehrtenklasse gehörten der Richter, der Arzt, der Schreiner, der Metallarbeiter und vor allem der Dichter (*fili*), der weitgehend das Ansehen der Druiden aus heidnischen Zeiten geerbt zu haben scheint. Seine erste Pflicht bestand darin, seinen Schutzherrn zu preisen, daneben aber auch dessen Stammbaum zu bewahren, in Geschichte und Literatur Bescheid zu wissen und ein Meister in der Kunst der Dichtung zu sein. Es gibt Traktate, in denen die Metren vorgeschrieben sind, die er lernen, die Zahl der Geschichten, die er kennen muß, und die übrigen gelehrten Bücher, die er in einer zwölfjährigen Ausbildungszeit zu studieren hat. Er forderte reichen Lohn für seine Dienste, und man mußte damit rechnen, daß er einen geizigen Fürsten oder Edelmann verspottete. Der *fili* wurde geehrt und gefürchtet wie der Brahmane in Indien. Er war in dieser christlichen Gesellschaft kein Priester mehr, verfügte aber über eine Sehergabe, die der Zauberei verwandt war. Oder er hatte doch jedenfalls in der heidnischen Vergangenheit darüber verfügt, und die Überlieferung von seiner Zauberkraft war noch lebendig (16).

Dies ist also die dreigliedrige Gesellschaft von Priester *fili* (*druí*), Krieger (*rí*) und Bauer (*aire*), die Dumézil so erfolgreich in vielen Gebieten der indogermanischen Welt aufgespürt hat. In Gallien hatte Caesar die Klassen der *Druides*, der *equites* und der *plebs* festgestellt; die frühirische Gesellschaft hat also das alte keltische und offenbar auch das indogermanische Schema festgehalten.

Der einzige Staatsbeamte, dessen Namen wir kennen, war der *rechtaire*, der die Einnahmen des Königs überwachte.

Innerhalb der *tuath* war nicht der einzelne die maßgebende Einheit, sondern die Familie, und zwar vor dem Gesetz in den meisten Fällen die Familie aus vier Generationen (*derbfine*), als Nachkommen eines gemeinsamen Urgroßvaters, eine Gruppe, die ursprünglich auch im walisischen Recht eine Einheit bildete (17). Das Land war Gemeinschaftsbesitz der Gruppe, und bei Erbschaft und Haftung nahmen eventuell alle Mitglieder des *derbfine* teil. Dasselbe galt für die Thronfolge. Ein Onkel oder Großneffe konnte ebensogut die Nachfolge antreten wie ein Sohn oder Enkel, so daß theoretisch ein reiches Reservoir vorhanden war, aus dem der beste Mann gewählt werden konnte. In der Praxis waren oft mehrere skrupellose Rivalen da, die einander zu verstümmeln oder zu töten suchten, um sich die Herrschaft zu sichern.

Über der *tuath* stand das größere Provinzkönigreich, das von einem *rí ruirech* oder *cóicedach* regiert wurde. In prähistorischer Zeit hatte es fünf solcher Provinzen gegeben: Ulaid, Lagin, Mumu, Connachta und Mide (18), die sich ungefähr mit den heutigen Ulster, Leinster, Munster und Connaught deckten; Meath und Westmeath jedoch waren ein eigenes zentrales Königreich mit der heiligen Stätte Tara als Hauptort. Diese Aufteilung in fünf Königreiche hat uns das Wort *cóiced*, ›Fünftel‹, für ›Provinz‹ gebracht, doch gehörte sie schon der Vergangenheit an, als die Geschichte im 5. Jahrhundert einsetzte. Inzwischen gab es drei Königreiche im Norden, Ailech, Airgialla und Ulaid, und im Südosten war Osraige (Ossory) ein mächtiges Königreich, das sich manchmal Caisel (Mumu), manchmal auch Lagin unterstellte, aber stets eine gewisse Eigenständigkeit bewahrte. Später, im 8. Jahrhundert, fiel das zentrale Königreich Mide auseinander, und es wurde ein eigenes Königreich Brega errichtet, das der heutigen Grafschaft Meath zwischen Louth im Norden und Dublin im Süden entspricht. Die Dynastie von Brega scheint im 11. Jahrhundert ausgestorben zu sein, und Brega wurde wieder mit Mide vereint (19).

Dies ist der politische Status Irlands, wie er uns in den alten Gesetzestraktaten entgegentritt, deren einige aus dem 7. Jahrhundert stammen. Doch vom 9. Jahrhundert an versuchten mehrere mächtige Könige, sich selbst zu Herren des ganzen Landes zu machen, indem sie sich Geiseln von den anderen Provinzkönigen holten. Brian Boru erreichte schließlich im Jahr 1002 dieses Ziel, und man könnte sagen, daß von da an bis zum Normanneneinfall die Königswürde von Irland zumindest in der Idee Geltung gehabt habe.

In einer derartigen Gesellschaft ging der Handel in Form eines Austauschs von Gütern und vermutlich auch persönlichen

Dienstleistungen vor sich, nicht unähnlich der Praxis, die sich noch heute unter irischen Bauern beobachten läßt. Die große Gelegenheit für diese Geschäfte war das jährliche *oenach*, doch konnten private Handelsabschlüsse jederzeit zustande kommen. Werteinheit war der *sét*, der halbe Wert einer Milchkuh, und er bildete die Grundlage für diese Handelsgeschäfte sowie für die verschiedenen vom Gesetz als Buße, Wergeld oder Entschädigung vorgeschriebenen Tarife (20).

Da es keine Städte im heutigen Sinn gab und die Gesellschaft durchaus bäuerlich war und da zudem der Gebrauch des Geldes unbekannt war und keine Exekutive über die Einhaltung der Gesetzesvorschriften wachte, hatte der Staat nur wenige und einfache Pflichten. Die Hauptquelle des Wohlstandes war das Vieh, denn es gab ja keinen privaten Grundbesitz, da das Land gemeinsames Eigentum der *derbḟine* war.

Kam es zu einem Streit zwischen Mitgliedern der *tuath*, so standen der geschädigten Partei mehrere Verfahrenswege offen, doch wurde der Fall privat zwischen Kläger und Beklagtem ausgetragen. Gewöhnlich einigten sie sich dann darauf, ihre Sache vor einen Richter zu bringen, der als Schiedsrichter zu wirken hatte und ein Honorar für seine Dienste entgegennahm. Die Gesetzestraktate schreiben vor, wie bei der Pfändung des Eigentums des Beklagten vorzugehen ist, wie die Benachrichtigung erfolgen soll, welche Zeugen anwesend sein müssen und so weiter; es gab auch ein kompliziertes System der Bürgschaftsleistung, das der geschädigten Partei die Möglichkeit gab, einen Vertrag zu erzwingen, wenn die andere Partei ihren Verpflichtungen nicht nachkam. Selbst bei Mord wurde das Verbrechen als private Schädigung behandelt.

In Irland spielte Pfändung eine große Rolle in Rechtsangelegenheiten, da sie das übliche Mittel war, den Nachbarn zu zwingen, daß er sich dem Schiedsspruch fügte. Beide Parteien nahmen sich Anwälte, die ihren Fall vortrugen. Das Honorar des Richters betrug ein Zwölftel des Streitwertes. Dann erhob sich die Frage des Vorgehens, die sehr verwickelt war, da es fünf Methoden gab – »Die fünf Wege zum Urteil« (21) –, je nachdem, wie der Streitfall lag; der Anwalt des Klägers mußte den richtigen finden. Auf Überwechseln von einem ›Weg‹ auf einen anderen stand eine Strafe.

Die Gesetzestraktate erläutern auch die Zeugenfähigkeit sowie das Beweis- und Aussagerecht. Schließlich mußten beide Parteien Sicherheiten dafür bringen, daß sie sich an die Entscheidung des Richters hielten.

Wo die Durchführung der Gesetze nicht in der Hand des Staates lag, kam der Institution der Bürgschaftsleistung große Bedeutung zu. Es gab drei Arten von Bürgen, *naidm*, *aitire* und *ráth*. Der *naidm* verpflichtete sich nur unter Verpfändung seiner Ehre, dem Gläubiger bei der Eintreibung der Schuld beizustehen. Der *aitire* bürgte mit seiner Person und Freiheit, falls der Schuldner säumig blieb. Der *ráth* verpflichtete sich, den Schuldner zur Begleichung seiner Schuld zu zwingen oder, wenn ihm das nicht gelang, sie selbst zu bezahlen. In manchen Fällen wurden alle drei Sicherungen verlangt (22).

Ein besonders wichtiger Punkt im Rechtsverfahren ist die Anwendung des Fastens als eines Mittels zur Sicherung der Wiedergutmachung. In gewissen Fällen war, wenn es sich bei dem Beklagten um einen Privilegierten (*nemed*) handelte, der Kläger verpflichtet, vor dem Hause des Beklagten zu fasten, ehe er eine Pfändung vornahm, und dies legte dem Beklagten eine schwere Verpflichtung auf, sich dafür zu verbürgen, daß er sich dem Schiedsspruch fügen wolle. Der Kläger kam bei Sonnenuntergang und fastete bis zum Sonnenaufgang. Der Beklagte war verpflichtet, gleichfalls zu fasten, und wenn er das nicht einhielt, verdoppelte sich der Anspruch des Klägers. Wünschte er Nahrung zu sich zu nehmen, so mußte er zuerst dem Kläger zu essen anbieten und versprechen, daß er zahlen oder sich dem Schiedsspruch beugen wolle. Tat er innerhalb von drei Tagen keines von beiden, so konnte er wie ein gemeiner Mann gepfändet werden.

Wenn ein solcher Beklagter das Fasten einfach nicht beachtete und sich weigerte zu zahlen, so verlor er seine Ehre; er konnte dann keinerlei eigene Ansprüche durchsetzen: »Wer sich nicht zum Fasten verpflichtet, entzieht sich allem und jedem. Wer alles mißachtet, für den zahlt weder Gott noch Mensch.« (23) Dieser Brauch findet eine Parallele in den Hindugesetzen, wo der Vorgang *dharṇa* (*dharaṇa*) heißt. Ein Gläubiger kann fastend vor der Tür des Schuldners sitzen, bis der Schuldner nachgibt, um nicht am Tod des anderen schuld zu sein (24).

Die Entschädigung für ein Unrecht wurde entsprechend dem erlittenen Schaden und auch entsprechend dem Stand der geschädigten Partei angesetzt. Die Höhe der Buße (*díre*) richtete sich nach dem Wergeld (*lóg n-enech, eneclann*) des Opfers (25). Abgesehen von den Schriften, die sich mit Klientel, Pfändung, Bürgschaft und den »Fünf Wegen zum Urteil« befassen, gibt es Traktate über die Ehe, über Wasserrechte und über das Eigentumsrecht an Bienen, über ›Krankenunterhalt‹ – die Verpflichtung desjenigen, der einem anderen Körperverletzungen zugefügt hat, sein Opfer auf seine Kosten wieder gesundpflegen zu lassen – (26) und über viele andere Themen.

Das Ehegesetz im alten Irland verdient besondere Beachtung, da es zeigt, wie trotz der christlichen Lehre altes Brauchtum in weitem Umfang weiterlebte. Scheidung ist uneingeschränkt erlaubt, ja es finden sich sogar Hinweise darauf, daß es Ehen gab, die nur für ein Jahr geschlossen wurden. Eine Ehe kann jederzeit in gemeinsamer Übereinstimmung beendet werden. Diese Freizügigkeit könnte die Karriere der berühmten Gormlaith erklären, die zuerst die Frau Olaf Cuaráns war, des norwegischen Königs von Dublin, dann die des Malachy, des Königs von Meath, darauf die des Brian Boru und die später Sigurd, dem Jarl von Orkney, zur Ehe angeboten wurde (27). Noch 1339 berichten die *Annalen von Ulster*, Turlogh O'Conor, der König von Connacht, habe die Frau eines Adeligen aus Ulster zu sich genommen und seine eigene Frau, eine Tochter O'Donnells, verstoßen. Noch bemerkenswerter ist die Tatsache, daß das Konkubinat – wie wir heute sagen würden – gesetzlich erlaubt ist: Der Mann darf zu Lebzeiten seiner ›Hauptfrau‹ eine zweite Gattin nehmen und unterhalten. Vermutlich geschah das, um Söhne zu bekommen, wenn die erste Frau unfruchtbar war, doch ist nicht einmal das in den Gesetzestexten angegeben. Das Gesetz regelt das Verhältnis zwischen der zweiten Gattin und der Hauptfrau und setzt die Entschädigung fest, die dem Gatten gezahlt werden muß, wenn ihr ein Schaden zugefügt wird. Der Text sieht zehn Arten der Vereinigung vor, von der Dauerehe bis zu vorübergehenden sexuellen Beziehungen. (Zwei von den letzteren scheinen spät zu sein, so daß wir in die Nähe der acht Formen der Ehe bei Manu geraten.) Wieweit diese Bestimmungen in der christlichen Ära noch die Praxis widerspiegeln, muß dahingestellt bleiben. Doch es gibt Belege für Scheidungen, und die häufige Erwähnung der zweiten Frau in den Kommentaren kann nur bedeuten, daß sie ganz und gar nichts Seltenes war (28).

Daß Kinder in die Obhut von Pflegeeltern gegeben wurden, war in der irischen Gesellschaft durchaus nichts Ungewöhnliches und beschränkte sich nicht auf die Schicht der Adeligen. Manchmal wurden die Kinder umsonst aufgezogen, doch gewöhnlich wurde ein Pflegegeld bezahlt, das nach einem alten Text zwischen drei *séts* (29) für den Sohn eines Freien von niederem Rang und 30 *séts* für den Sohn eines Königs schwankte. Im Kommentar heißt es, daß man die Jungen reiten, schwimmen, den Gebrauch der Schleuder und Brettspiele lehrte; die Mädchen lernten Nähen und Sticken. Bei Kindern geringeren Ranges war es Viehhüten und Bauernarbeit für die Jungen, Handmühle, Knetbrett und Sieb für die Mädchen. Doch es ist nicht ausgeschlossen, daß der Kommentator hier seine Phantasie spielen ließ, wie es häufig vorkam. Er wußte, daß es für einen Jungen, der in den Haushalt eines *fili* eintreten sollte, ein genaues Unterrichtsprogramm gab, und wollte das vielleicht nachmachen. Natürlich lernten die Pflegekinder in der Praxis diese Fertigkeiten ohnehin. Die Pflegezeit endete für Knaben mit 17, für Mädchen mit 14 Jahren, dann kehrten sie nach Hause zurück. Doch das Band zwischen ihnen und den Pflegeeltern blieb erhalten: Die Kinder waren verpflichtet, ihre Pflegeeltern im Alter zu unterstützen, und diejenigen, die als Pflegekinder zusammen aufgezogen worden waren, blieben untereinander freundschaftlich verbunden. Diese Verbindung mit dem *comaltae* bildet ein immer wiederkehrendes Sagenmotiv. Der tragische Höhepunkt der *Táin Bó Cualnge* ist der Kampf Cú Chulainns mit seinem Pflegebruder Fer Diad. In der *Zerstörung der Herberge Da Dergas* ist die Tragödie um so größer, als der Tod Conaires durch seine eigenen Pflegebrüder erfolgt.

In Wales war es ebenfalls üblich, Kinder in Pflege zu geben, und in den Gesetzen finden sich an mehreren Stellen beiläufige Hinweise darauf, doch wird dem Brauch kein eigenes Kapitel gewidmet. Gewöhnlich ging es so vor sich, daß der Adelige seinen Sohn bei einem *taeog* oder Leibeigenen in Pflege gab, und das Gesetz schreibt vor, daß der Pflegesohn am Erbe des

Leibeigenen teilhat wie einer von dessen Söhnen (30). Das Wort *cyfaillt*, ›Freund‹, entspricht dem irischen *comaltae*.

Ein weiteres Kapitel des irischen Rechts verdient besonderes Interesse, da es sehr alte Überlieferungen bewahrt: die Verpflichtungen zum Krankenunterhalt. Es gibt zu diesem Thema zwei Traktate, die in einer Handschrift des 15. Jahrhunderts aus der von der National Library in Dublin 1930 erworbenen Sammlung Phillipps erhalten sind. Beide sind sehr alt, spätestens aus dem 8. Jahrhundert. Eine heißt *Urteile über Blutlager* und die andere *Die Urteile des Dian Cécht*. Viele Rechtssysteme enthielten eine Vorschrift, die denjenigen, der seinen Nachbarn körperlich schädigte, anhielt, nicht nur die zuerkannte Buße zu zahlen, sondern auch die Kosten für die Heilung seines Opfers zu tragen, das Arzthonorar der Angelsachsen. Im alten Irland war der Täter verpflichtet, selbst für die Heilung seines Opfers zu sorgen. Neun Tage, nachdem die Verwundung zugefügt worden ist, verkündet ein Arzt seine Diagnose. Wenn er sagt, der Patient werde sich erholen, muß ihn der Schuldige in sein eigenes Haus oder in das eines Verwandten bringen und bis zu seiner Genesung für ihn sorgen. Verpflegung und Behandlung des Kranken sind bis ins einzelne festgelegt. Die Verpflegung richtet sich nach der gesellschaftlichen Stellung. Außer einer Grundration von zwei Brotlaiben täglich und einer nicht näher bestimmten Menge frischen Fleisches, die jedem Patienten zustehen, erhält ein Mitglied der ›vornehmen Ränge‹ Honig, Knoblauch und vor allem Sellerie wegen seiner besonderen Heilwirkung, Salzfleisch jeden Tag von Neujahr bis zur Fastenzeit und zweimal wöchentlich von Ostern bis zum Ende des Sommers. Mitglieder der ›Ränge der Freien‹ bekommen Salzfleisch bis zur Fastenzeit nur an Sonntagen und nach Ostern überhaupt nicht. Sellerie ist für alle vorgeschrieben.

Die Vorschriften für die Unterbringung sind sehr streng. Narren, Wahnsinnige und Feinde dürfen nicht eingelassen werden. Spiele sind zu unterlassen. Kinder dürfen nicht geschlagen, und es darf auch nicht gekämpft werden. Hundegebell und Grunzen der Schweine ist nicht erlaubt. Der Patient darf nicht plötzlich geweckt werden, und Unterhaltungen über das Bett hinweg, in dem er liegt, sind verboten. Es darf weder gebrüllt noch gekreischt werden. Doch das alles ist nur ein Teil der Verpflichtungen des Beklagten, denn er muß außerdem während der ganzen Krankheitszeit das Gefolge seines Patienten unterhalten. Jeder Freie hatte bei bestimmten Gelegenheiten das Recht auf eine seinem Rang entsprechende Gefolgschaft, und die Krankenversorgung war eine solche Gelegenheit. Wir hören von Gefolgschaften von vier und mehr, ja auch von acht Personen. Schließlich muß der Beklagte auch noch jemanden finden, der während der Abwesenheit des Patienten dessen Arbeit erledigt.

Dian Cécht war der irische Gott der Heilkunst, und die zweite Schrift weist eine fromme Widmung für ihn auf. Sie befaßt sich ausführlich mit dem Entgelt, das dem Arzt zu zahlen ist und das sich nach der Schwere der Verwundung richtet oder, einer anderen Meinung zufolge, nach der Höhe des Wergeldes, das heißt nach dem Status des Verletzten. Eine interessante Einzelheit ist, daß Wunden nach Getreidekörnern gemessen werden. Und es gibt auch einen merkwürdigen Katalog von zwölf Toren der Seele, Körperteilen, an denen Verwundungen besonders schwerwiegend sind.

Diese Schrift – *Die Urteile des Dian Cécht* – gehört zu den ältesten und enthält Verskomplexe, die wahrscheinlich noch aus dem 6. Jahrhundert stammen. Binchy hat sie kürzlich herausgegeben (31). Der archaische Brauch der Krankenversorgung war schon im 8. Jahrhundert veraltet, denn im

Críth Gablach, das spätestens damals entstand, heißt es, derartiges gebe es gegenwärtig nicht mehr; im folgenden wird dann der alte Vorgang beschrieben, wie wir ihn im *Bretha Crólige* (*Urteile über Blutlager*) finden (32).

In Wales sieht alles sehr anders aus, und man kann in den walisischen Texten, wie sie uns vorliegen, überhaupt nur mit Hilfe der irischen Quellen Spuren des alten keltischen Systems finden. Es gibt nämlich ein walisisches Gesetzbuch, das im 10. Jahrhundert unter Hywel Dda zusammengestellt und veröffentlicht worden sein soll, während es in Irland nur eine Aufzeichnung alten Brauchtums gibt, die bis ins 6. oder 7. Jahrhundert zurückgeht und Glossen und Kommentare zur Erläuterung enthält. Die walisischen Erzählungen, die uns ebenfalls einiges über die Bräuche verraten, gehen nicht weiter zurück als bis ins 12. Jahrhundert.

Die ältesten Handschriften des walisischen Gesetzbuches stammen etwa von 1200, lange nach dem ersten Eingreifen der Normannen, und wenn wir sie mit den irischen Schriften vergleichen, müssen wir das Gewicht, das den normannischen Bräuchen zukam, in Betracht ziehen (33). Zur Zeit Hywels bestand eine enge Verbindung zwischen dem großen walisischen König und dem Königshaus von Wessex. Er besuchte oft das Witenagemote (Versammlung der geistlichen und weltlichen Großen im Angelsachsenreich); und Asser, der Biograph König Alfreds, der Waliser war, pflegte seine Zeit zwischen dem Hof von Wessex und seinem Heim in Dyfed zu teilen. Es gab also schon vor Hywels Zeit einen starken angelsächsischen Einfluß, der ebenfalls seine Spuren in den Gesetzen hinterlassen haben wird.

Die walisischen Gesetzeshandschriften zerfallen in drei Hauptgruppen oder revidierte Texte, die vermutlich alle auf das unter Hywel herausgebrachte ursprüngliche Gesetzbuch zurückgehen, aber zahlreiches von späteren Juristen hinzugefügtes zusätzliches Material enthalten, mit Hilfe dessen sich an interessanten Beispielen die weitere Entwicklung des walisischen Rechts einschließlich der Übernahme anglonormannischer Bräuche verfolgen läßt. Diese revidierten Texte sind unter den Namen *Das Buch Iorwerths*, *Das Buch Blegywryds* und *Das Buch Cyfnerths* bekannt; keines der Manuskripte geht über das 13. Jahrhundert zurück, und was sie über frühere Zustände aussagen, ist nicht immer verläßlich. So ist der Bericht, der sich in allen dreien über die Umstände findet, unter denen die *Gesetze des Hywel* aufgezeichnet und verbreitet worden seien, voll von Anachronismen. Das älteste erhaltene Manuskript (aus dem späten 12. Jahrhundert) ist in lateinischer Sprache abgefaßt, doch scheint es, als handele es sich um die Übersetzung eines noch älteren walisischen Textes (34). Die vielen kleinen Königreiche, die wir im nachrömischen Wales des 5. und 6. Jahrhunderts feststellen und die sich in der gleichen Lage befinden wie die irischen, gerieten allmählich unter die Herrschaft einer einzigen von Cunedda abstammenden Dynastie, und im 9. Jahrhundert war Rhodri Mawr König über nahezu das gesamte Wales, das während der Normannenzeit walisisch bleiben sollte. Bei seinem Tod im Jahr 877 wurde sein Königreich unter seinen drei Söhnen Mervyn, Anarawd und Cadell aufgeteilt. Von Anarawd leitet sich die Linie des Gwynedd im Norden her, und von Hywel dem Guten, dem Sohn Cadells, stammen die Linien Powys und Deheubarth ab. Diese Aufteilung in drei Königreiche entspricht dem Zustand von Wales, wie er sich in den Gesetzen widerspiegelt.

Lloyd erklärt im Anfang seiner Untersuchung frühwalisischer Bräuche, daß vier Einrichtungen den Rahmen bildeten: *cenedl*, *tref*, *cantref* und *brenin* – Großfamilie, Weiler, Stamm und

Häuptling (König). Die entsprechenden Bezeichnungen im Irischen sind *fine, baile, tuath, rí*. Doch während die ersten beiden ungefähr gleichgesetzt werden können, unterschied sich das walisische *cantref* (oder *gwlad*, wie es mit dem älteren Namen heißt) inzwischen stark von der irischen *tuath*. Der König in Wales unterhielt einen Hof mit einer ganzen Schar von Höflingen, deren Pflichten und Rechte festgelegt waren; er stand an der Spitze einer öffentlichen Rechtspflege, aus der ihm in Form von Bußgeldern Einnahmen zuflossen. Der *cantref* selbst und die *commotes* (walisisch *cymwd*), in die er unterteilt war, scheinen späte Verwaltungsbezirke gewesen zu sein, die entstanden waren, nachdem der alte *gwlad* seine Selbständigkeit als Königreich verloren hatte. Nach Lloyd waren »die größeren *gwlads*, etwa Môr, Ceredigion, Brycheiniog, Ystrad Tywi in *cantrefs* unterteilt, während die kleineren, etwa Meirionydd, Dyffrin Clwyd, Buellt, selbst zu *cantrefs* geworden waren, so daß der *cantref* überall die Stelle des Stammes einnahm, soweit er das Recht zur Geltung zu bringen und als Bindeglied zwischen Volk und Krone zu fungieren hatte« (35). Diese Lage ergab sich wahrscheinlich nach der Errichtung der drei Königreiche.

Jeder *cantref* hatte seinen Gerichtshof, und im Süden war das die alte Versammlung der freien Männer. Diese Versammlung konnte sogar einen Urteilsspruch über das Verhalten des Königs fällen und durch *dedfryd gwlad* oder ›Volksurteil‹ feststellen, daß er tyrannisch gehandelt habe. Sie behielt auch die gewöhnlichen Rechtsbefugnisse des Gerichtshofes. In Gwynedd und Powys jedoch gab es in jedem *cymwd* einen bestimmten Richter, der die eigentliche Arbeit leistete, und die freien Männer, die als Beisitzer des Gerichts zu beiden Seiten des Königs saßen, waren ein bloßes Überbleibsel ohne jede richterliche Funktion. Es scheint keinen feststehenden Versammlungsplatz gegeben zu haben, so daß der Gerichtshof zusammentreten konnte, wo immer es am besten paßte.

Während sich das alte auf der Blutfehde beruhende Brauchtumsrecht im Gesetz über *galanas* oder die Entschädigung für Totschlag noch nachweisen läßt, hat sich in Wales die Vorstellung vom Vergehen als einer Schädigung des Staates schon voll entwickelt. Die gewöhnliche Strafe für schwere Verbrechen war eine Buße von zwölf Kühen, die als *dirwy* (irisch *díre*) bezeichnet wurde; für geringere Vergehen betrug die Buße drei Kühe. Diese Strafen wurden an den König bezahlt, nicht an den Geschädigten. Das Beweismaterial bestand wie in Irland im wesentlichen aus Eiden, die von beiden Seiten bei der Anklage und bei der Ableugnung geschworen wurden, wobei der Beklagte Eideshelfer beizubringen hatte, die sein Zeugnis durch Eide bekräftigten. Neben dem Gerichtshof des *cymwd* oder des *cantref* gab es noch einen höheren Gerichtshof, vor dem alle Fälle entschieden wurden, die den König und seine Hofhaltung betrafen. Niedere Gerichte traten auch unter dem *maer* oder Verwalter und unter dem *canghellor* zusammen. Darüber hinaus hatten der Bischof und der Abt ihre eigenen Gerichte. Gesetz und Verfahren waren für alle diese Gerichte dieselben.

Drei Kapitel des *Buches Iorwerths* befassen sich mit Totschlag, Brandstiftung und Diebstahl, und hier haben sich Einzelheiten aus dem alten Brauchtumsrecht erhalten. Die *galanas* genannte Strafe für Totschlag bemaß sich jeweils nach dem Stand des Opfers und wurde an die Sippe (väterlicher- wie auch mütterlicherseits) gezahlt. Wergeld (*gwynebwerth*) mußte auch gezahlt werden, und wenn der Betrag nicht voll erlegt wurde, durfte der Mörder ungestraft erschlagen werden. Hier ist noch etwas von der alten Blutfehde lebendig. Daß zusätzlich zur Buße noch Wergeld bezahlt wird, bedeutet eine Übereinstimmung mit dem irischen Brauch und muß auf einen gemeinsamen Ursprung zurückgehen. Die abgestufte Verantwortlichkeit bei Diebstahls- oder Brandstiftungsfällen steht dem irischen Recht nahe, doch entziehen sich diese Gegenstände unserer Kompetenz und müssen den Rechtshistorikern überlassen bleiben.

Das Königtum erhielt sich in Wales bis zum Ende der walisischen Unabhängigkeit. Im 10. Jahrhundert gab es drei Königreiche, Gwynedd im Norden mit dem Sitz des Königs in Aberffraw in Anglesey, Deheubarth im Süden mit seiner Hauptstadt Dynefwr und Powys im Osten mit seiner Hauptstadt Pengwern (Shrewsbury; 36). Der König hatte, wie aus den Gesetzbüchern hervorgeht, einen sorgsam zusammengestellten Hof und zahlreiche Beamte. Er ernannte die Richter, und das Recht wurde in seinem Namen gesprochen. Doch alles das scheint aus dem angelsächsischen England entliehen zu sein. In den *Mabinogion* und in einigen technischen Ausdrükken in den Gesetzbüchern lassen sich Spuren des alten keltischen Systems erkennen. Das Wort *alltud*, ›Fremder‹ (wörtlich: ›aus einem anderen Stamme‹), zum Beispiel zeigt, daß ebenso wie in Irland der *tud* (irisch *tuath*) die ursprüngliche Bevölkerungseinheit war, ehe die drei Königreiche errichtet wurden. Mit der Familie aus vier Generationen und dem familieneigenen Grundbesitz verhielt es sich genau wie in Irland. Auch der Brauch, Kinder in Pflege zu geben (*cyfaillt*, ›Freund‹ = irisch *comaltae*, ›Pflegebruder‹), und das System der Bürgschaft hatten wahrscheinlich in beiden Fällen denselben Ursprung.

An einem besonders interessanten Beispiel sei gezeigt, wie sich in den walisischen Texten altes Brauchtum verbirgt. Vom irischen Pfändungsrecht war bereits die Rede, und gepfändet wurde üblicherweise Hab und Gut, das heißt lebendes Inven-

Handschriftenblatt aus dem Evangeliar von Durrow. Um 650. Trinity College, Dublin

tar. Land konnte nicht beschlagnahmt werden, da es der Großfamilie gehörte. Wenn aber jemand Anspruch auf Land hatte – zum Beispiel, weil er seines ihm rechtmäßig zustehenden Anteils beraubt worden war –, so konnte er mittels einer altertümlichen Prozedur (*tellach*) das Land formell betreten. Es gab drei ›Betretungen‹, zwischen denen bestimmte Pausen einzuhalten waren; der Kläger brachte jedesmal mehr Zeugen und eine größere Menge Vieh mit. Beim drittenmal blieben sie über Nacht auf dem Land, und der Kläger zündete ein Feuer an. Wenn dann derjenige, der das Land im Besitz hielt, sich noch immer weigerte, dem Schiedsspruch zu folgen, wurde dem Kläger das Eigentumsrecht verliehen (37). Im walisischen Recht stellt sich ein Prozeß um Anrecht auf Land völlig anders dar. Der Kläger geht vor Gericht, das einen Termin für die Verhandlung festsetzt. Der Inhaber wird davon benachrichtigt. Beide Parteien werden durch Anwälte vertreten, und es findet eine regelrechte Gerichtsverhandlung statt. Hier haben wir einen verhältnismäßig modernen Rechtsvorgang, während es sich bei der irischen Form um einen legalisierten Vorgang gewaltsamer Inbesitznahme handelt.

Die walisischen Texte verzeichnen jedoch auch noch einen anderen gesetzlichen Weg, den Anspruch auf Land nachzuweisen, indem man nämlich das Feuer auf dem angestammten Herd freilegte (*dadannudd*). Offenbar war diese Methode veraltet, denn die Rechtskundigen verstanden sie selbst nicht genau; trotzdem bleibt sie ein Beweis dafür, daß früher alte keltische Rechtsbräuche geübt wurden (38).

Die irischen Sagen berichten uns mehr vom Leben des Volkes, als wir für Wales aus den Erzählungen der *Mabinogion* erfahren. Unter den freien Männern war die Ehre der mit dem größten Eifer gehütete Besitz – sie war kostbarer als das Leben.

In der Sage von der *Verbannung der Söhne von Uisliu* packt Derdriu Uisliu bei seiner Ehre und zwingt ihn so, sie zu entführen. Seine Brüder versuchen ihm abzuraten, doch sobald sie erfahren, daß es sich um eine Ehrensache handelt, versprechen sie, zu ihm zu stehen. Ähnlich geschah es auch im *Festmahl des Dúin na nGéd*, wo die dem Congal zugefügte Beleidigung zur Schlacht von Moira führte. »Das wichtigste Element im gesetzlichen Status eines jeden Freien ist sein ›Ehrenpreis‹« (39), nach dem sich die Höhe der Entschädigung bemaß, die ihm für angetanes Unrecht zustand.

Die Ehre eines Adeligen, ja sogar die eines Königs konnte durch das Spottgedicht (*aer*) eines Dichters gefährdet werden, und das war sehr gefürchtet. Schlug jemand einem Dichter etwas ab oder belohnte man ihn nicht angemessen für ein Gedicht, so zog man sich unter Umständen ein Spottgedicht zu, und in den Sagen konnte dieses einen Menschen sogar verunstalten. Die Forderungen eines Dichters und die Bereitschaft anderer, ihnen nachzukommen, was immer es kostete, sind ein stets wiederkehrendes Thema.

Der Terminus für die offizielle Bitte eines Dichters ist *ailges* (*ail* = ›Vorwurf‹, *ges* = ›Bitte‹). Das Wort *ges, geis* (Plural *gessa*) allein hat die spezielle Bedeutung von ›tabu‹, ›Verbot‹ angenommen und drückt eine Vorstellung aus, die uns allen in der einfachen Form des abergläubischen Vermeidens bestimmter Handlungen oder Umstände vertraut ist. In der frühirischen Gesellschaft spielte *geis* eine große Rolle, doch ist es schwer zu definieren. Es konnte mit einem Rang, etwa einem König, zusammenhängen oder auch mit einem Platz oder einem Ding: Es war *geis* für jemanden, die linke Seite seines Wagens Emain Macha zuzuwenden; *gessa* kann einem Speer oder Schwert eigentümlich sein (40). Doch gewöhnlich handelt es sich um einschränkende Bestimmungen für ein Individuum. Es war *geis* für Fothad Canainne, Ale zu trinken, ohne die Häupter der Erschlagenen um sich zu haben. Es war *geis* für Cú Chulainn (›Der Jagdhund von Culann‹), Hundefleisch zu essen, und für Conaire, dessen Vater ein Vogel war, Vögel zu jagen; doch Conaire war vielen anderen *gessa* unterworfen, und er kam um, weil er sie übertrat. Eine alte Schrift über die *gessa* der Könige von Irland enthält einige merkwürdige Bestimmungen. Es ist *geis* für den König von Tara, noch im Bett zu liegen, wenn in der Ebene von Tara die Sonne aufgeht, oder am Mittwoch eine Reise in Mag Breg zu unterbrechen oder nach Sonnenuntergang über Mag Cuilinn zu reisen. Der König von Leinster darf nicht neun Tage lang am Mag Cualann bleiben oder an einem Montag über Belach Duiblinne reisen, er darf nicht zwischen Dublin und dem Dodder River schlafen und den Kopf nach einer Seite halten. Der König von Connacht darf zum Festmahl von Samain nicht um Cruachain herumgehen. Der König von Ulster darf nicht das Fleisch des Stiers von Dáire mac Dáire essen und zwischen Tagesanbruch und Abenddämmerung nicht vom Wasser des Flusses Bó Nemid trinken. Dies sind nur einige der *gessa*; es gibt sieben für den König von Tara und fünf für jeden der anderen Könige (41).

Könige und Edle wohnten in befestigten Anlagen, Erdwälle (*dún* oder *ráith*) umschlossen mehrere hölzerne Gebäude. Neben der Umzäunung befand sich eine Rasenfläche (*faithche*), wahrscheinlich die Hausweide.

Viele Sagen schildern die Festbräuche der Iren: *Die Geschichte von Mac Da Thós Schwein, Bricrius Festschmaus, Das Festmahl von Dúin na nGéd;* im *Buch von Leinster* haben wir eine Beschreibung, ja sogar einen Plan der Bankettballe von Tara, in der die den Gästen angewiesenen Plätze und die ihnen zugeteilten Portionen geschildert sind.

Wenn das auch keine historischen Quellen im eigentlichen Sinn des Wortes sind, so sagen sie uns doch, was von einem mittelalterlichen irischen Publikum als Überlieferung hingenommen wurde.

Die Nahrung bestand für gewöhnlich aus Brot und Haferbrei, aber an Festtagen wurde Rindfleisch und Schweinefleisch aufgetragen und Bier (*coirm*) getrunken. Man trank auch Met (*mid*), und bei besonderen Gelegenheiten gab es Wein. Die Hauptmahlzeit wurde abends eingenommen. In einem königlichen Speisesaal befanden sich das Feuer und der Kessel in der Mitte. Die Trinkhörner wurden aus einem Bottich mit Bier gefüllt. Die Gäste ruhten auf Liegen (*imdae*), die in Reihen von der Wand nach dem Feuer zu aufgestellt waren. Ehrenplätze in der Nähe des Königs wurden dem Rang entsprechend zugeteilt.

Im *Fled Dúin na nGéd* (11. Jahrhundert?) heißt es, wenn ein König der südlichen Uí Néill Oberkönig gewesen sei, habe der König von Connacht zu seiner Rechten gesessen, und wenn ein König der nördlichen Uí Néill Oberkönig gewesen sei, habe er den König von Ulster zu seiner Rechten und den König von Connacht zu seiner Linken gehabt. In *Die Schlacht von Mag Rath,* die etwas älter ist, findet sich eine im Widerspruch dazu stehende und mehr ins einzelne gehende Angabe: Der Oberkönig sitzt in der Mitte des Saales, er hat den König von Munster zu seiner Rechten am südlichen Ende, den König von Ulster zu seiner Linken am Nordende, den König von Connacht hinter sich nach Westen zu und den König von Leinster vor sich nach Osten zu. Hier nehmen die Könige Plätze ein, die ihnen geographisch entsprechen, doch ist es zweifelhaft, ob jemals eine Zusammenkunft dieser Gäste stattgefunden habe.

An Kleidung hatten Männer und Frauen die *léine,* ein leinenes auf der Haut getragenes Hemd, den *inar*, einen kurzen Überrock und darüber einen quadratischen wollenen Mantel (*brat*), der mit einer Brosche (*delg*) befestigt war, die manchmal einen kostbaren Schmuck darstellte. Ringe, Armbänder und Torques waren aus Gold, Silber und Elektron (*finnruine*). Krieger waren mit Schild (*sciath*), Schwert (*claideb*) und Speer (*gae, sleg*) bewaffnet; an Waffen werden sonst noch *bir, foga* – kleinere Speere – und *mánaís*, eine schwere Waffe, erwähnt, die O'Curry für eine Stoßwaffe hält.

Was die Kriegführung betrifft, so ist in den Sagen des Ulsterkreises eine Tradition erhalten, die weitgehend den gallischen Bräuchen entspricht, wie sie von antiken Schriftstellern beschrieben werden. Die Krieger fuhren in Wagen in die Schlacht. Die Herausforderung zum Zweikampf und das Abschneiden der Köpfe der Erschlagenen werden häufig erwähnt. Damals wie später war die häufigste Gelegenheit zum Kampf der Viehraub.

In historischer Zeit mögen die Heldenbräuche von früher in Vergessenheit geraten sein, ohne daß sich deswegen die Waffen sehr verändert hätten, bis die Normanneneinfälle eine ganz neue Bedrohung brachten und zu neuen Modellen führten. Allerdings ist hierüber seit O'Curry und Joyce keine umfassende Arbeit erschienen.

Hauptbeschäftigung des Adels waren Jagd und Viehraub. Zu Haus lauschten sie den Gesängen der *filid* und der Barden sowie den Märchen der Geschichtenerzähler. Brettspiele waren ein üblicher Zeitvertreib. Das am häufigsten erwähnte Spiel ist *fidchell* (walisisch *gwyddbwyll*), andere hießen *brandub*, ›rabenschwarz‹, und *buanfach*, ›Weitschlag‹. Von *fidchell* wissen wir nur, daß um einen Einsatz gespielt wurde und daß es dabei zwei Figurensätze auf einem in schwarze und weiße Quadrate unterteilten Brett gab.

Die Jungen spielten ein Ballspiel, das manchmal *áin phuill*, ›ein Loch treiben‹, genannt wurde. In einer frühen Schilderung in der *Táin Bó Cualnge* hat jeder Spieler einen Ball, und abwechselnd greift eine Seite an, und die andere verteidigt das Tor.

Der hervorstechendste Zug der Gesellschaft in Wales wie auch in Irland ist ihr bäuerlicher Charakter. Es gab keine Städte, ja nicht einmal Dörfer im englischen Sinne. Die städtische Kultur blieb den Inselkelten fremd, bis sie ihnen von den Eroberern aufgezwungen wurde. Nachdem die römischen Legionen aus Britannien abgezogen waren, verließen die Britannier die Städte und *castra* und nahmen ihre ländliche Lebensweise wieder auf. In Irland waren selbst noch nach dem Normanneneinfall die Städte normannische Festungen, die den einheimischen Iren verschlossen blieben. Die alten großen Städte Dublin, Waterford und Limerick wurden von den norwegischen Eindringlingen erbaut, spätere – etwa Trim, Kilkenny und Clonmel – von den Normannen. Die Stadt mit ihrem Marktplatz für den Handel, ihren Rechten und Pflichten, die für alle galten, war der keltischen Gesellschaft fremd. Die ältesten irischen Münzen wurden für Sihtric III. von Dublin gegen Ende des 10. Jahrhunderts geschlagen. Hywel Dda war der erste König von Wales, der Münzen schlagen ließ. Vor dem Normanneneinfall gab es keine einheimischen irischen Münzen. Der Handel ging auf dem Tauschweg vor sich, wobei die Werte in Vieh umgerechnet wurden, und der Ort, wo hauptsächlich Handel getrieben wurde, war die Volksversammlung, in Irland der *oenach*, nach dem der heutige irische Viehmarkt benannt ist. Die walisischen Gesetze setzen Strafen in Geldsummen fest, da sie späten Datums sind, aber die Erinnerung an eine ältere Methode ist noch lebendig. Das Gesetz sagt: *ar warthec y telyt pob tal gynt*,

»jede Zahlung wurde früher in Vieh geleistet« (42). In Irland rechnen selbst späte Kommentatoren lange nach dem Normanneneinfall noch immer in Vieh, obwohl längst schon Münzen in Gebrauch gewesen sein müssen. Es kann allerdings sein, daß die Iren sich nicht so leicht an Hartgeld gewöhnt haben, denn noch im 16. Jahrhundert berechnet man Gegenwerte manchmal nicht nach der gängigen Münze, sondern nach Gold- und Silberunzen (43).

Dieser konservative Wesenszug der inselkeltischen Gesellschaft läßt sie besonders interessant erscheinen, und er lebt bis zu einem gewissen Grad auch heute noch fort. Die Landschaft von Wales oder Irland mit ihren verstreuten Gehöften und dem dichten Muster der Felder spiegelt noch heute den alten bäuerlichen Stil wider, jene Zeiten, als die Großfamilien noch Eigentümer des Landes waren. Evans in *The Irish Heritage* und Arensberg in *The Irish Countryman* haben zumindest für Irland gezeigt, wie lange es dauert, bis sich in dieser Umgebung Änderungen durchsetzen.

6

Die Frühgeschichte der neuen keltischen Königreiche

Das Bündnis zwischen den Herrscherhäusern von Dumbarton und Dál Riata (Kap. 4) muß nach Aedáns Tod sein Ende gefunden haben. Im Jahr 642 unternahm sein Enkel Domnall Brecc einen unglücklichen Feldzug gegen die Briten im oberen Tal des Carron unter dem König Owen von Dumbarton, dem Abkömmling einer Seitenlinie von Rhydderch Hen, und die britischen Barden besangen triumphierend, wie »die Raben das Haupt des Domnall Brecc zerfleischten« (1) – ein interessanter Hinweis auf ein britisches Preislied auf den siegreichen britischen Führer. Danach hören wir zunächst nichts mehr von dalriatischen Angriffen. Etwa 100 Jahre lang ist die Geschichte von Dál Riata weitgehend ein Bericht über innere Streitigkeiten um die Vorherrschaft, die sich zwischen den Cinél Loairn und den Cinél Gabráin abspielen.

Doch die Schotten drangen allmählich immer weiter nach Osten in das Gebiet der Pikten vor. Schon 628 sprechen die *Annalen von Ulster* von Aedáns Sohn, Eochaid Buide, als vom *rex Pictorum*; es ist also möglich, daß die Herrscher von Dál Riata zwar nicht gerade als Eroberer aufgetreten sind, aber doch ihren Einfluß ostwärts unter den Pikten über mehrere Generationen hin durchgesetzt haben. Der von *Ath-Ḟótla* abgeleitete Name *Atholl*, ›zweites Irland‹ oder ›Neu-Irland‹ (2), muß diesem Gebiet von den Schotten selbst schon am Anfang des 8. Jahrhunderts beigelegt worden sein (3). Ursprünglich war es eines der südpiktischen Reiche mit der Hauptstätte Scone. Um die Mitte des 8. Jahrhunderts kam es zwischen Dál Riata und Oengus mac Fergusa, dem mächtigsten aller südpiktischen Könige, zu einem Zusammenstoß. Seine genaue Abstammung ist unbekannt, doch scheint er ein Vertreter einer neuen Linie zu sein. Während des Jahrhunderts, das dem Bündnis zwischen Pikten und Skoten voranging, hatten die vier südpiktischen Königreiche untereinander mit wechselndem Erfolg um die Vorherrschaft gekämpft, bis sich schließlich Oengus mac Fergusa (4) durchsetzte, der seinen Hauptsitz überlieferungsgemäß zu Forteviot in Fortrenn gehabt zu haben scheint und offensichtlich mit den Pikten von Fife und ihrer Hauptstätte Kilrymont oder St. Andrews im Bunde war. Es ist durchaus möglich, daß zu dieser Zeit der Begriff Fortrenn die heutige Grafschaft Angus und zugleich auch Fife einschloß und daß sich im Namen des piktischen Königreichs Angus mit seiner Hauptstadt Forfar der Name des Königs erhalten hat. Schon zwischen 706 und 717 hatte der König, Nechtan IV., selbständig mit Bischof Ceolfrith von Jarrow in Northumbria verhandeln können, und zwar offenbar auf der Basis eines überwiegend politischen Bündnisses.

741 verzeichnen die irischen Annalen eine *percussio Dál Riatai* (einen ›verheerenden Angriff‹) des Oengus auf Dál Riata. Gleichwohl war es das Jahr, in dem die lange und glänzende Regierung des Aed Finn in Dál Riata begann; 749 hören wir vom ›Abnehmen‹ der Macht des Oengus und 768 von einem Überfall auf Fortrenn durch Aed von Dál Riata, den Flann Mainistrech (5) ›Aed, den Räuber‹ nennt; im *Duan Albanach* (›Das schottische Gedicht‹; 6) heißt er *Aed árd-ḟláith*, ›Aed, der hohe Herrscher‹. Von Dál Riata aus werden die Pikten also ernsthaft angegriffen, und dies scheint die Zeit zu

sein, in der die Schotten von Dál Riata weit nach Atholl und Fife eindrangen.
Über die Zeitspanne zwischen 765 und 973 wissen wir sehr wenig, weil uns die irischen Annalen im Stich lassen, die bisher unsere hauptsächlichen Wegweiser in der Geschichte Dál Riatas waren. Es muß jedoch eine bedeutsame Periode gewesen sein, denn wir stehen unmittelbar vor der Vereinigung der Pikten und Schotten; freilich haben die Pikten selbst in dieser späten Zeit nur wenig verläßliche Aufzeichnungen hinterlassen. Die Vereinigung muß sich in einem allmählichen Prozeß, weitgehend auf dem Wege von Heiraten, vollzogen haben; kurz nach 781 scheinen die Königshäuser der Dál Riata und der Pikten bis zu einem gewissen Grad eins geworden zu sein, denn nach dem Tod des Fergus, des Nachfolgers von Aed Finn, haben vier der neun Könige von Dál Riata zwischen ihm und Kenneth mac Alpin piktische Namen. Das kann nicht die Folge von Eroberungen sein, denn diese piktischen Namen beginnen erst nach 781, dem Todesjahr des Fergus, in einer Zeit also, in der die Annalen keinerlei Eroberung erwähnen. Zudem haben mit Ausnahme Konstantins (gest. 820) alle piktischen Könige, von denen man weiß, daß sie in Dál Riata geherrscht haben, dalriatische Namen. Zweifellos muß die piktische Erbfolge in der weiblichen Linie, die im Königshaus von Dál Riata auf die durch Wahl geregelte Nachfolge im Mannesstamm stieß, eine Vereinigung der beiden Völker durch Eheschließungen beträchtlich erleichtert haben. Der endgültige Zusammenschluß der Pikten und Schotten, der das heutige Schottland entstehen ließ, scheint um die Mitte des 9. Jahrhunderts unter Kenneth mac Alpin (gest. 858) stattgefunden zu haben und ist möglicherweise allmählich vor sich gegangen; die Angriffe der Wikinger waren jetzt jedenfalls voll im Gange. Henry von Huntingdon, der englische

Chronist des 12. Jahrhunderts, der wahrscheinlich Dokumente der Regierung Davids I. als Material benutzte, schreibt offensichtlich den Anfangserfolg Kenneths über die Pikten dem Umstand zu, daß er sie angegriffen habe, unmittelbar nachdem sie durch dänische Seeräuber eine schwere Niederlage erlitten hatten.

Der Weg, auf dem die Familie Kenneths an die Macht kam, liegt weithin im dunkeln. Alpins Vater gehörte zur königlichen Linie von Gabrán, doch weist sein Name auf eine piktische Mutter hin. Er hatte in Dál Riata während der ersten Hälfte des 9. Jahrhunderts regiert, doch sind seine Heimat und Abstammung unbekannt. Henry von Huntingdon berichtet, 834 habe »Alpin, der König der Skoten«, erfolgreich gegen die Pikten gekämpft, und viele Edle der Pikten seien erschlagen worden, drei Monate später jedoch sei er in einer anderen Schlacht umgekommen, »in freudiger Stimmung wegen seiner Erfolge«, und die Pikten hätten ihm den Kopf abgeschlagen (7).

Nach Henry von Huntingdon hat auch Kenneth im Jahr 834 die Pikten angegriffen, die Monarchie von Alba gesichert und »siebenmal an einem Tag« siegreich gegen die Pikten gefochten. Selbstverständlich wurden Alpin und sein Sohn Kenneth in Gesängen gefeiert, die in unseren Aufzeichnungen ihre Spuren hinterlassen haben. In einem irischen Königreich wie Dál Riata konnte das gar nicht anders sein, und deshalb sind sie auch mit der nötigen Vorsicht aufzunehmen. Die Chronik der vereinten Pikten und Schotten, die aus dem 10. Jahrhundert stammt, stellt fest, daß Kenneth die Pikten 16 Jahre glücklich regiert habe, nachdem er sie erst vernichtet hatte (*delevit*); auch in anderen Texten ist die Rede von einer *destructio* der Pikten. Es ist merkwürdig, daß sich kein Hinweis auf eine solche Niederwerfung in Aufzeichnungen irischer, britannischer oder englischer Herkunft findet. Die *Annalen von Ulster* nennen Kenneth bei der Erwähnung seines Todes im Jahr 857 (richtig 858) König der Pikten, und der Titel wurde bis in die Zeit seines Enkels von den irischen und sogar auch von den walisischen Annalisten weiterverwendet. Die eigentlichen Untertanen des Kenneth und seiner Nachfolger jedoch werden als ›Schotten‹ bezeichnet, und die Pikten galten bald als ein Volk der Vergangenheit.

Das irische Königreich Argyll drängte seine Sprache allmählich auch dem Norden und Westen von Schottland auf, und seit dem 17. Jahrhundert ist sie Gälisch benannt worden. Nach dem 9. Jahrhundert verschwand die piktische Sprache, und so blieb die Sprache Südschottlands das Britische, das dort seit prähistorischer Zeit gesprochen worden war (8). Auch im östlichen Flachland war es durch die englische Sprache noch nicht verdrängt. Fand nun die weitausgreifende Überlagerung durch das Gälische zwischen dem 5. und 9. Jahrhundert statt? Es ist nicht ausgeschlossen, doch ist man versucht anzunehmen, daß der neue irische Einfluß vielleicht schon vor der Einwanderung der Söhne Ercs im 5. Jahrhundert eingesetzt habe. Tatsächlich dürfen wir sogar annehmen, daß die Iren die schmalen Meeresarme schon zu einer früheren Zeit überquert hatten und daß der Bericht von den Söhnen Ercs in Wirklichkeit nicht den Beginn einer Einwanderung, sondern ihr letztes Stadium und damit das Zeugnis einer neuen Dynastie darstellt. Ohne die Schwierigkeiten zu erörtern, die diese Annahme zugegebenermaßen auslöst, dürfen wir daran erinnern, daß Beda bei der Schilderung der frühen Bewohner Englands (9) erwähnt, daß die ›Schotten‹ aus Irland unter ihrem Führer *Reuda* herübergekommen seien und sich »entweder auf rechtliche Weise oder mit Waffengewalt jene Niederlassungen unter den Pikten sicherten, die sie noch immer besitzen. Nach dem Namen ihres Feldherrn«, fährt er fort, »werden sie bis zum heutigen Tag *Dálreudini* genannt; in ihrer Sprache bedeutet nämlich Dál einen Teil«. Kann Beda recht haben, und lag die Ankunft einer irischen Dynastie in Argyll schon vor dem 5. Jahrhundert? Beda gibt keine Daten an, doch die Stelle ist deshalb besonders wichtig, weil die von ihm angeführten Namen eine archaische Form aus der Zeit um 700 zeigen, die Beda aus zeitgenössischen Quellen entnommen haben muß.

Wie und wann immer die Iren kamen – jedenfalls gewinnt das ›irische‹ Element schottischer Prägung, obgleich der Zahl nach dem piktischen weit unterlegen, in ganz Schottland das Übergewicht, und Dál Riata selbst wird unwichtig. Seit dem 9. Jahrhundert verliert das Küstenreich im Westen seine Bedeutung. Das Machtzentrum verlagert sich vom Westen Schottlands in den Osten. Die kirchliche Hauptstadt war bereits Dunkeld im Schatten des Mount Shiehallion am Ufer des Tay wenige Meilen nördlich von Perth, wohin es von Konstantin, dem König der Pikten (gest. 820), verlegt worden war (10). Die dalriatischen Könige leben und herrschen jetzt in den alten piktischen Königreichen. Nach Flann von Monasterboice war Kenneth mac Alpin der erste König der Gaedhil (d. h. der Iren), der das – eigentlich schon irische – Königreich Scone (Atholl) beherrschte. Man muß aber wohl annehmen, daß die Königsfamilie wie die Bernicischen Könige nicht immer nur an einem Ort saß, denn wir finden sie auch in Abernethy, Forteviot und Rosemarkie – sämtlich im südlichen Piktavia –, und die verschiedenen Familienmitglieder waren anscheinend nicht immer alle zusammen an einem Ort. Kenneth selbst starb in seinem Schloß zu Forteviot in Fortrenn. Von da an jedoch ist die Hauptresidenz in Scone, nahe dem römischen Lager Grassy Walls in Scone Park in Atholl am lieblichen Tayufer, wenig oberhalb Perth. Der Hügel im Gelände unmittelbar hinter Schloß Scone bezeichnet noch immer die alte Stätte, an der nach der Überlieferung die Piktenkönige — die Könige von Cruithentuath — gewohnt haben.

Wir kommen nun zu einem der interessantesten Abschnitte walisischer Geschichte, der uns zur Herrschaft Rhodri Mawrs ›des Großen‹ (gest. 878) über Nordwales führt, unter dessen Enkel Hywel Dda (gest. 950) die Vereinigung mit England stattfand. In dieser Phase der Geschichte von Wales spielen die wichtigste Rolle erstens der allmähliche Prozeß, in dem innerhalb weniger Generationen durch eine Reihe königlicher Ehebündnisse die Vereinigung der verschiedenen walisischen Königreiche vor sich ging; zweitens die Niederlage des dänischen Heeres und der Tod des Dänenkönigs Gormr durch Rhodri Mawr; drittens das Ende der Isolierung von Wales und der Anfang seiner geistigen Entwicklung sowie die Aufnahme von Verbindungen mit Wessex und der weiteren kontinentalen Sphäre. Von großer Bedeutung ist auch die Rolle, die das Königshaus von Wessex und insbesondere Alfred der Große in der Politik von Wales spielten. Das Gewicht der keltischen Sympathien und eben dieser Einfluß Alfreds des Großen auf die walisische Politik stellen eines der wichtigsten ungeschriebenen Kapitel der Frühgeschichte Englands dar. In der *Angelsächsischen Chronik* ist, wie wir sehen werden, Alfreds Keltenpolitik nicht voll erfaßt, da der Annalist selbst ganz andere Interessen hatte, in Assers *Life of King Alfred* dagegen, einem in diesem Punkte maßgebenden Buch, besonders, soweit es sich um Südwales handelte, werden wir sie behandelt finden.

Im frühen 9. Jahrhundert, entweder 816 oder 828 (11), kam es zu einem gewissen Wandel in der vom Vaterrecht bestimmten Thronfolge von Gwynedd (12). Merfyn Vrych (gest. 844) war der Sohn Ethyllts, die ihrerseits direkt von dem ›Inseldrachen‹ Maelgwn abstammte und den Catamanus aus der berühmten Inschrift von Anglesey sowie den Großen Cadwallon, den Mörder des Edwin von Northumbria, zu ihren Ahnen zählte. Seine Mutter stammte aus dem vornehmsten Geschlecht in Wales. Seine väterliche Linie ist in den walisischen geschichtlichen Zeugnissen nicht gut belegt, doch weisen Dichtung und Genealogien darauf hin, daß er zu den ›Männern des Nordens‹ gehörte und ein Nachkomme sowohl der berühmten Linie des Coel Hen wie auch des Dyfnval Hen von Dumbarton war, deren Herrschergeschlechter die englischen Nordgrenzen während der spätrömischen Periode erfolgreich beschützt hatten. Die Familie führte sich auf Llywarch Hen zurück, einen Vetter des großen Urien von Rheged, und auf andere, deren Namen in der engsten Verwandtschaft Merfyns auftauchen, sonst aber in Wales nicht üblich sind, wohingegen sie bei den ›Männern des Nordens‹ vorkommen. Wahrscheinlich waren durch die northumbrische Expansion Zweige der alten Dynastien insbesondere aus Galloway vertrieben worden, die sich daraufhin über die Meerengen nach Irland und der Isle of Man abgesetzt hatten (13). Die irischen *Annalen von Ulster* verzeichnen 657 (richtig 658) den Tod des »*Guret* (*Gwriad*; 14), Königs von Alcluathe« (Dumbarton), während das berühmte Manx-Kreuz mit der Inschrift Crux Guriat (15), das etwa in die Zeit Merfyns gehört, eher vermuten läßt, daß die Familie unmittelbar von der Isle of Man gekommen sein könnte.

In dem unter dem Namen *Cyfoesi* bekannten Gedicht finden wir »Merfyn Vrych aus dem Land Manau« (16) erwähnt, und in Triad Nr. 68 lesen wir von »Gwriad, Sohn des Gwrian im Norden«, wahrscheinlich mit Bezug auf den Guriat auf dem gleichzeitigen Manx-Kreuz. Es handelt sich also um den Namen von Merfyns Vater *Guriat* und den seines Sohnes oder Enkels (17). Es scheint sicher, daß zu Merfyns eigenen Vorfahren verschiedene Häuptlinge der ›Männer des Nordens‹ gehörten und daß die Namen der engsten Familie in Wales Namen der Vorfahren in der väterlichen Linie waren. Wie es nun auch um Merfyns unmittelbare Herkunft stehen mag – jedenfalls setzte er sich in Gwynedd fest und verband sich mit dem königlichen Hause Powys, indem er Nest, die Schwester Concenns oder *Cyngens* (gest. 854), des letzten Königs aus der alten Linie von Powys, heiratete. Danach ging das Königreich Powys offenbar an die Linie Merfyn Vrychs über und fiel nach seinem Tod seinem Sohn Rhodri Mawr zu.

Merfyn war ein bedeutender Herrscher. Aus einer in Bamberg befindlichen Handschrift, die auf ein Original des 9. Jahrhunderts zurückgeht, kennen wir die Eingangsfloskel eines Briefes – vielleicht des ältesten walisischen Briefes überhaupt –, den Merfyn von Gwynedd an Concenn oder Cyngen, den König von Powys, seinen Schwager, gerichtet hat: *Mermin rex Conchen salutem,* ›Merfyn, der König, grüßt Conchen‹. Der Brief enthält ein gelehrtes Kryptogramm (18), und im eigentlichen Text behandelt Merfyn den benachbarten König von Powys überaus höflich; daraus geht hervor, daß sein Hof (der als *arx* bezeichnet wird) durchaus Kultur hatte: Es herrschte eine gewisse Bildung, man sprach etwas Latein, vielleicht auch etwas Griechisch, und mindestens zwei keltische Sprachen. Die *arx* von Merfyn liegt offenbar an einer regelrechten Durchgangsstraße von Irland nach dem Kontinent, denn in dem Brief wird vorausgesetzt, daß weitere Reisende nachfolgen werden. Wir befinden uns ja jetzt in der Phase, in der die großartige Tätigkeit irischer Gelehrter in den Schreibstuben der Bibliotheken auf dem Kontinent einsetzt, und wir wissen, daß es unterwegs anerkannte Herbergen für irische und auch für britische *peregrini* gab. Wenn wir also hören, daß Merfyns Schwager Concenn, König von Powys, an den dieser Brief gerichtet ist, 855 in Rom starb, so wissen wir, daß er nur einer aus der großen Zahl von Pilgern ist, die damals aus Britannien nach Irland kamen. Alfred der Große aus dem Hause Wessex hat die Reise nach Rom zweimal gemacht.

Was das geistige Leben betrifft, so scheint die Regierung Merfyns hochbedeutsam gewesen zu sein (19). Dies ist die Zeit, in der wahrscheinlich die *Annales Cambriae* in ihrer jetzigen Form (20) aufgezeichnet worden sind, und das gleiche gilt für die wichtigsten Texte der *Historia Brittonum*. Die Genealogien der nordbritischen Fürsten scheinen erstmals zur selben Zeit und im gleichen Milieu ihre schriftliche Fixierung gefunden zu haben (21). Im ganzen gesehen läßt das vorhandene Material darauf schließen, daß in Wales im Königreich Gwynedd um den Beginn des 9. Jahrhunderts eine systematische Altertumsforschung in Blüte stand, die das ganze Jahrhundert hindurch am Hof Merfyns und seines Sohnes Rhodri gefördert wurde, und daß Wales offensichtlich vom Anfang des 9. Jahrhunderts an auf dem Kontinent so etwas wie ein Publikum oder doch wenigstens einen Leserkreis hatte.

Dies ist auch die Periode, der wir unsere Kenntnis der ältesten walisischen Dichtung verdanken. Wie wir aus dem Kap. 62 der *Historia Brittonum* entnehmen konnten, »war Talhaern *Tataguen* (›Vater der dichterischen Inspiration‹) ein berühmter Dichter, und zur gleichen Zeit waren auch Neirin (Aneirin) und Taliesin wie der Barde Bluch und Cian Gueinth Guaut (›Kern des Gesanges‹) sämtlich berühmte Vertreter britischer Dichtung«. Die große Sammlung der ältesten walisischen Dichtung ist dem Titel der einzigen uns erhaltenen Handschrift nach angeblich ein Werk des Aneirin selbst. Eine andere uns erhaltene Gedichtsammlung nennt Taliesin als ihren Autor, und einige wenige dieser Gedichte stammen wahrscheinlich aus seiner Zeit. Der Inhalt der Gedichte legt die Vermutung nahe, daß Aneirin und Taliesin die offiziellen Barden der Höfe des Manau Gododdin und des Urien von Rheged waren. Wir wissen nicht, wo diese Gedichte zuerst niedergeschrieben wurden, doch aus linguistischen Gründen muß man am ehesten auf Wales im 9. Jahrhundert schließen. Ja wir wissen nicht einmal, wo die uns erhaltenen Handschriften entstanden sind, doch auch hier bietet sich am ehesten Wales, weniger wahrscheinlich Cumbria an. Der Inhalt der Gedichte muß den literarischen Kreisen in Gwynedd wohlbekannt gewesen sein, und aller Wahrscheinlichkeit nach entstanden die ersten schriftlichen Aufzeichnungen der Gedichte nach mündlicher Überlieferung in demselben Milieu, in dem die alten Bräuche, Annalen und Stammbäume der Fürsten im Norden aufgezeichnet wurden, nämlich in Nordwales, und zwar im 9. Jahrhundert. Wie in Irland wurde Kenntnis des Lateinischen zur Vorbedingung für die Aufzeichnung der mündlichen Überlieferungen aus der Vergangenheit, die wahrscheinlich im Interesse der regierenden Herrscherhäuser vorgenommen wurde. Gwynedd war ein Kulturzentrum und zugleich Mittelpunkt der einheimischen mündlichen Überlieferung, und offensichtlich war es in erster Linie der Hof, zunächst Merfyns und dann seines Sohnes Rhodri Mawr, auf dessen Veranlassung die Aufzeichnungen zustande kamen. Hier wird deutlicher als anderswo, welche Bedeutung die Verherrlichung der Herkunft aus dem Norden, die großartige nördliche Überlieferung und Geschichte und die mündlich weitergegebene Literatur über die ältesten Gestalten unter den Ahnen Merfyns hatten. Alles das mußte sich als unschätzbarer Gewinn für das Ansehen der neuen Dynastie auswirken, die ihre Herkunft auf Llywarch Hen und den Norden zurückführte.

Obwohl wir es nicht beweisen können, dürfen wir glauben, daß die große geistige Leistung der Regierung Merfyns und seines Sohnes Rhodri in der schriftlichen Fixierung der alten Überlieferungen des Nordens, des nordbritannischen heroischen Zeitalters, bestand. Und diese Überlieferungen aus ihrer Heldenvergangenheit im Norden müssen ihnen bei ihren Bemühungen um die Unterstützung ihrer antienglischen Politik durch ihre unmittelbaren Anhänger wie auch durch die breitere Bevölkerung des Landes ihrer Wahl um so entscheidendere Dienste geleistet haben, da ihre Dynastie in Nordwales ja teilweise neu war.

Die Bedeutung, die der Hof von Nordwales damals hatte, ist bisher kaum voll anerkannt worden. Zuerst hat Merfyn, dann sein Sohn Rhodri Wales aus seiner Isolation gelöst und in das geistige Leben Europas eingegliedert. In der Politik leisteten beide nicht weniger als in der Literatur ihren bleibenden Beitrag zur künftigen Geschichte von Wales, indem sie ganz bewußt auf die Einigung des Landes hinwirkten, und zwar nicht auf dem Wege der Gewalt, sondern durch eine Reihe klug berechneter Heiraten. Wir sahen, daß Merfyn infolge der Heirat seines Vaters Gwriad mit Ethyllt, der Tochter Cynans, des letzten Königs der insularen Linie von Gwynedd, auf den Thron gelangte und daß er selbst Nest (22), die Schwester des letzten Königs aus der alten Linie von Powys, heiratete.

Der Sohn aus dieser Ehe war Rhodri Mawr, ›Rhodri der Große‹. Von seiner Mutter Seite her war er also Thronfolger von Powys, wie Merfyn durch Ethyllt Gwynedd geerbt hatte, und beim Tod Cyngens in Rom im Jahr 855 (23) erhielt Rhodri Powys (24) noch zu Gwynedd hinzu. Kurz nach 872 heiratete Rhodri selbst Angharad, die Schwester Gwgons, des Königs von Ceredigion, und sah sich wohl daraufhin im Besitz des großen Königreichs Seissyllwg, das über ein Jahrhundert früher durch die Vereinigung Ceredigions mit Ystrad Tywi entstanden war, wodurch das kleine ›irische‹ Königreich Dyfed oder Pembroke vom restlichen Wales abgeschnitten wurde. Dyfed konnte nichts anderes erwarten, als daß es von den Söhnen Rhodris allmählich eingekreist werden würde. Es befand sich in der Zange. Rhodris Enkel Hywel Dda jedoch, der Sohn des Cadell, der wiederum Rhodris und der Angharad Sohn war, beschwichtigte die Befürchtungen Hemeids (*Hyfeidden*), des Königs von Dyfed, und machte sich einen Feind zum Freund, indem er dessen Tochter Helen heiratete, so daß Hywel beim Tod von Hemeids Sohn Llouarc (Llywarch) im Jahr 892 (25) Dyfed zu Seissyllwg schlug, das inzwischen zu seinem Gebiet gehörte, und fügte schließlich als Nachfolger der Söhne Rhodri Mawrs noch Powys hinzu.

Diese Dynastie ist in der Tat bemerkenswert. Durch eine Reihe wohlüberlegter Heiraten hatte sie sich anscheinend ohne einen Schwertstreich in vier Generationen zur Herrin des größten Teils von Wales gemacht. Schon um die Mitte des 9. Jahrhunderts war Rhodri der größte Mann in Wales und der Begründer eines angesehenen Geschlechts. Freilich hatte schon Merfyn alles für ihn vorbereitet. Seine Heirat mit Nest von Powys muß gerade in dem Augenblick stattgefunden haben, als Powys und Gwynedd verheerenden Angriffen seitens der Mercier ausgesetzt waren, wobei Mercia von Wessex unterstützt wurde. Wenn Merfyn sich mit seinem Nachbarn in diesem reichsten und offensten Teil von Wales verbündet hatte, so verfolgte er dabei zweifellos das Ziel, englischen Angriffen eine geeinte Front entgegenzustellen. Die Geschichte dieser Heiraten könnte darauf schließen lassen, daß in früheren Zeiten in Wales wie bei den Pikten die Erbfolge bei der weiblichen Linie lag; Prosaerzählungen in den *Mabinogion* scheinen diese Vermutung zu bestärken. Die Geschichte der allmählichen Einigung von Wales zeigt ebenso wie die lange Lebenszeit vieler älterer walisischer Dynastien, wie falsch es ist, die keltischen Völker als ihrem Wesen nach kriegliebend zu bezeichnen.

Dennoch sind die militärischen Leistungen Rhodris kaum weniger wichtig als seine Politik der Konsolidierung. Unter dem Jahr 856 (richtig 857) verzeichnen die *Annalen von Ulster* den Tod des ›Horm‹ (norwegisch *Gormr*), des Anführers der Dänen, von der Hand des *Ruaidri,* Sohnes des Mermin, Königs von Britannien (*rig mBretain*). Die Kunde von dieser großen Tat drang wahrscheinlich bis an den Hof Karls des Kahlen zu Lüttich, der damals von den Wikingern sehr eingeschüchtert war, denn Sedulius Scottus (›der Ire‹), der zum Hof Karls gehörte, verfaßte eine Ode auf einen Sieg über die Dänen (26). 876 verzeichnen die *Annales Cambriae* die ›Sonntagsschlacht‹ in Anglesey, die zweifellos gegen die Dänen geschlagen wurde, und das ist sicherlich auch die Erklärung für den Eintrag unter 876 (richtig 877) in den *Annalen von Ulster,* wo berichtet wird, wie *Ruaidri,* der Sohn des Muirmenn, Königs der Britannier, auf der Flucht vor den ›Schwarzen Fremdlingen‹ (d. h. den Dänen) nach Irland kam; und im folgenden Jahr ist der Tod Rhodris und auch seines Sohnes (27) Gwriad durch die Sachsen in den *Annales Cambriae* verzeichnet. Sein Reich wurde unter seine Söhne aufgeteilt: Anarawd, wahrscheinlich der älteste, nahm Gwynedd und Anglesey, Cadell hatte vermutlich Seissyllwg, wo seine Nachkommen viele Generationen lang herrschten. Welche Landesteile den übrigen vier Söhnen zufielen, ist unbekannt (28).

Rhodri war wie die Männer des Nordens gezwungen gewesen, an zwei Fronten zu kämpfen. Sein Tod war der schwerste Schlag, der die Waliser damals treffen konnte. Im Westen war die Macht der Dänen noch immer im Anstieg begriffen, während im Osten die Engländer sowohl in Mercia wie auch in Wessex eine ständig wachsende Bedrohung gewesen waren und es auch blieben. Dadurch, daß Rhodri Powys geerbt hatte, war ihm der reichste Teil von Wales zugefallen, zugleich aber auch die uralte Fehde längs seiner Grenzen; das bezeugt Offas Dyke, der am Ende des 8. Jahrhunderts gebaut wurde. Am Beginn dieses Jahrhunderts, zu Lebzeiten Eliseds, des Königs von Powys (an den das allgemein ›Eliseds Säule‹ genannte Kreuz bei Llangollen erinnert), waren die Waliser stark genug gewesen, etwas Boden zu gewinnen, doch 822 verzeichnen die *Annales Cambriae* die Zerstörung von Degannwy durch die Sachsen, die »das Gebiet von Powys unter ihre Herrschaft brachten« (*in sua potestate*). Im Jahr 828 verzeichnet die *Angelsächsische Chronik*, Ecgbright, der westsächsische König, habe Mercia erobert und die Waliser zur Unterwerfung gezwungen, wobei Wessex zum erstenmal unmittelbar mit den Walisern zusammenprallte.

Eine Generation später, im Jahr 853, berichtet die *Angelsächsische Chronik*, wie die Mercier unter ihrem König Burgred sich der Hilfe Aethelwulfs, des Vaters Alfreds des Großen, versicherten, einen Feldzug in das Innere von Wales unternahmen und das Land zur Unterwerfung zwangen. Diese Zeit der Unterdrückung Powys' durch den von Wessex unterstützten Burgred von Mercia bildet nach Ifor Williams den Hintergrund für jene Klagegedichte, die sich als das Werk des Llywarch Hen (s. Kap. 10) ausgeben. Es besteht kaum ein Zweifel, daß dieses einschneidende und bittere politische Ereignis der Anlaß zu Cyngens Pilgerfahrt nach Rom war.

Rhodris Tod von der Hand der Sachsen beendet die langen Machtkämpfe nicht nur zwischen Powys und Mercia, sondern in ihren späteren Phasen auch zwischen Gwynedd und Wessex. Asser hat den Beitrag durchaus zu würdigen gewußt, den die Dynastie von Gwynedd zur Entstehung eines geeinten Wales leistete, indem es ein Konglomerat von kleinen Staaten zu einem festgefügten Reich formte. Als Hywel Dda (›Hywel der Gute‹), der Enkel Rhodris, Powys noch hinzufügte, bedeutete das nur einen letzten Schritt. Asser betont, daß nach dem Tod Rhodris dessen Söhne vereint gegen die Staaten im Süden vorgegangen seien, und vor allem dieses Wales der Söhne Rhodris – Gwynedd im Norden und Deheubarth im Süden – hat Asser im Auge, wenn er Wales den hochtönenden Beinamen *Britannia* gibt. Unter der Regierung Merfyns und Rhodris sollte der Glanz der ›Männer des Nordens‹ aufs neue erstrahlen und im politischen und geistigen Bereich seinen vollkommensten Ausdruck finden. In der ältesten Genealogie dieser Familie (29) stoßen wir auch zuerst auf den Beinamen *Mawr* für Rhodri. Die in diesem Jahrhundert zusammengestellte *Historia Brittonum* hebt ganz besonders die in Wales bewahrten römischen Traditionen hervor. Während der Regierung Alfreds weist Asser von St. David nachdrücklich auf die anhaltenden Anstrengungen Anarawds, des Sohnes und Erben Rhodris, hin, einen Vertrag mit den Northumbriern zu schließen. Es besteht kein Zweifel, daß Rhodri und seine Söhne wie schon ihr Ahnherr Cadwallon bei alledem auf eine geeinte britische Nation und eine endgültige Bezwingung der Sachsen abzielten. Diese Vorstellungen sind es ebenso wie die rassischen und sprachlichen Gemeinsamkeiten, die wir bedenken müssen, wenn wir verstehen wollen, warum im Gwynedd des 9. Jahrhunderts den Überlieferungen und der Dichtung Cumbrias und der Nordbritannier soviel Gewicht beigemessen wurde. Alle Erinnerungen an die heldische Vergangenheit wurden dem einen großen Ziel dienstbar gemacht, das sogar noch nach Rhodris Tod mit dem letzten großen walisischen Heldengedicht *Armes Prydein* (›Die Prophezeiung Britanniens‹) – entstanden zwischen 900 und 930 – seinen Alarmruf über alle keltischen Lande hin sandte (30).

Es wäre interessant festzustellen, auf welche Weise Asser mit Alfred in Berührung kam. Seine eigenen Worte lassen darauf schließen, daß er ein Flüchtling war, denn er spricht von seinem eigenen König Hemeid von Dyfed, der oft das Kloster St. Degui (St. David) plünderte und die Insassen vertrieb; er berichtet, daß einer seiner Verwandten, der Bischof Nobis, und er selbst vertrieben worden seien (31). Dennoch überrascht, daß sowohl Alfred als auch Wilhelm der Eroberer es für notwendig hielten, dauernde Verbindung mit Dyfed und der Kirche von St. David zu halten. Stand die irische Drohung dahinter? Sicherlich müssen wir Alfreds Interesse an St. David – einer Kirche und einem Kloster, die ihrem ganzen Wesen nach durchaus irisch waren – mit seinen Zuwendungen an die irische Kirche in Verbindung bringen, von denen uns Asser berichtet (Kap. 39), wie auch mit anderen Hinweisen auf Alfreds Interesse an Irland, die sich bei Asser finden (Kap. 76 und 91).

Dazu kommt noch der einzigartige Bericht vom Besuch dreier Iren an seinem Hof und die Nachricht über den Tod des irischen Schreibers Swifneh (von Clonmacnoise), die sich beide unter dem Jahr 891 im Parker-Text der *Angelsächsischen Chronik* finden (32). Die walisische Grenze vor Augen, mußte Alfred sich bewußt sein, daß Wessex und Mercia niemals erwarten konnten, vor einem Einfall sicher zu sein, solange sie ständig einen unversöhnlichen Feind im Rücken hatten.

Zu Beginn seiner Laufbahn war Hywel Dda, Hywel ›der Gute‹, zusammen mit seinem Bruder Clydog Erbe von Seissyllwg, wurde aber nach dem Tod seines Bruders, der zwei Jahre nach ihrer Unterwerfung unter Edward dem Älteren starb, wahrscheinlich Alleinherrscher. Hywel erwarb zweifellos Dyfed durch seine Heirat mit Helen, der Tochter Hemeid Hens. In einem frühen Lebensabschnitt besuchte er Rom, und nach seiner Rückkehr blieb er sein Leben lang in enger Verbindung mit dem englischen Hof. In der *Angelsächsischen Chronik*, MS. D, lesen wir unter dem Jahr 926, daß Hywel von den ›Westwalisern‹ (33) und Owen von Gwent, also das gesamte Südwales, sich Athelstan unterworfen haben. Als gut zehn Jahre später die tributpflichtigen Fürsten sich gegen Wessex verbündeten, scheinen nur die Südwaliser beiseite gestanden zu haben.

Hywel hatte die längste Zeit seines Lebens keinen Anspruch auf Nordwales; Verträge belegen, daß er und sein Vetter, Idwal Foel ap Anarawd, unter Athelstan über Nord- beziehungsweise Südwales herrschten. Doch 942 fielen Idwal und sein Bruder – vielleicht auch sein Sohn – Cingen im Kampf gegen die Sachsen. Nunmehr scheint Hywel Gwynedd und zweifellos auch Powys in Besitz genommen zu haben, womit er nach und nach durch Erbschaft und Heirat Alleinherrscher in Wales unter Athelstan wurde.

Hywels englische Sympathien sind einwandfrei bezeugt sowohl durch seine Einstellung zum englischen Rechtsverfahren wie auch durch den englischen Einfluß auf seine eigenen walisischen Institutionen. Athelstan berief oft die *subreguli* zu Versammlungen der *witan* (Mitglieder der *witenagemote*) ein, wenn diese Landzuteilungen genehmigten, und so erscheinen von Zeit zu Zeit die Namen walisischer Fürsten unter den Zeugen; von 928 bis 949 steht Hywels Name auf jedem Vertrag, den Waliser mit unterzeichnet haben, und zwar stets an erster Stelle. Auf einer dieser Zuweisungen heißt es: *† Ego Howael subregulus consensi et subscripsi.*

Das Kreuz ist zweifellos Hywels Zeichen, das seine Unterschrift ersetzt. Der englische Einfluß auf seine Institutionen zeigt sich auch an dem Silberpfennig, der sich jetzt im British Museum befindet: Er ist das erste Beispiel eines von einem walisischen König geschlagenen Silberpfennigs, der auf der Vorderseite die Legende *Howael Rex* trägt.

Es ist verlockend, darüber nachzudenken, wie die Geschichte von Wales sich gestaltet hätte, wenn Rhodri nicht im Krieg gegen die Sachsen gefallen wäre. Es war ihm nicht gelungen, sich Dyfeds zu bemächtigen, wenn er es auch hatte einkreisen können; und gerade von diesem Winkel von Wales aus gelang es Alfred mit Assers Hilfe, eine proenglische Politik unter den südwalisischen Fürsten einzuleiten, eine Politik, die in dem Bündnis zwischen Rhodris Enkel Hywel Dda und Alfreds Enkel Athelstan im nächsten Jahrhundert Frucht tragen sollte. Als Alfred erreichte, daß Asser sich ihm zur Verfügung stellte und daß die südwalisischen Fürsten, die den ehrgeizigen Plänen der Söhne Rhodris widerstrebten, ihm huldigten, war die Schlacht – zwischen den gegensätzlichen politischen Zielen der nord- und südwalisischen Fürsten, zwischen keltischem politischem Separatismus mit der Hoffnung, den Sachsen gegenüber die Freiheit zu bewahren einerseits und der Vereinigung mit England angesichts der drohenden dänischen Gefahr andererseits – eigentlich schon geschlagen. Die Eingliederung von Powys durch Hywel Dda, seine Unterwerfung unter Alfreds Sohn, Edward den Älteren, im Jahr 918 und die schließliche Vereinigung mit England unter Athelstan sind nur noch Schlußphasen.

Es besteht eine Ähnlichkeit zwischen den Zielen und Leistungen Rhodri Mawrs und Alfreds des Großen. Beide hatten sie es dem Wikingerdruck zu danken, daß es ihnen gelungen war, ihre Reiche, die zunächst aus einer Gruppe kleiner Einheiten bestanden, zu verhältnismäßig gefestigten Staaten zu entwickeln; jeder hatte, von fremden Feinden bedroht, um sein Weiterbestehen gekämpft. Jeder war der erste in der Geschichte seines Landes, dem der Beiname ›der Große‹ zugebilligt wurde, wobei vermutlich der mächtige Kaiser des Abendlandes, Karl der Große, das Beispiel gab. Jeder von beiden wußte auch einigermaßen, was auf dem Kontinent vor sich ging. Der Umstand, daß Rhodri gerade starb, als Alfreds Macht im raschen Anstieg war, erleichterte zweifellos die Aufgabe Alfreds und Athelstans, zunächst die südwalisischen Fürsten und schließlich ganz Wales unter einem englischen König zu einigen. Die Überlieferungen dieser Zeit aus Nord- und Südwales zeigen uns, daß nicht mehr die Heldenideale des Nordens, sondern die realistischen politischen Konzeptionen des Südens gelten. Aber damit sind wir auch aus der Alten Welt in eine neue Ära eingetreten.

Wir sahen, wie am Ende der Antike, nachdem die Barbareneinfälle das römische Reich umgeformt hatten, zwei Völker aus Nordwesteuropa sich eigentlich ohne größere Erschütterung ihrer Tradition gemäß weiterentwickelten. Obwohl sich die germanischen Völker in Skandinavien und die keltischen Völker auf den britischen Inseln nie gänzlich vom Kontinent abgeschlossen hatten und die neue Lage eine Folge des Niedergangs des römischen Reichs war, wurden sie davon politisch zunächst nicht unmittelbar berührt. Sie lebten auf ihre Art in verhältnismäßiger Isolation weiter. Die Machtkonzentration des Königtums erwuchs hier mehr von innen heraus als durch äußere Einwirkungen, und von den Grenzgebieten abgesehen blieben die keltischen Länder davon unberührt.

Im 8. Jahrhundert erfolgte ein neuer Barbareneinbruch von Nordeuropa her, der sich im Osten über Rußland und im Westen über die britischen Inseln und die Randgebiete Westeuropas ergoß. Der weite Ausgriff und der verheerende Aufprall dieser Bewegung läßt sich schon mit dem Namen umreißen, unter dem diese Epoche in der Geschichtsschreibung ganz allgemein bekannt ist: die Wikingerzeit. Im Osten, beziehungsweise von Schweden aus, konzentrierten sich die Umtriebe der skandinavischen Wikinger vor allem auf Finnland und ganz besonders auf Rußland, wo die großen Flußsysteme des Dnjepr, des Don und der Wolga ihnen als Straßen in reichere Länder im Süden und Osten dienten, in die sie sich ausbreiten, die sie kolonisieren und wo sie Stadtstaaten bilden konnten. Die westlichen Wikinger kamen in der frühen Periode meist von Norwegen, und wo ihr Kerngebiet lag, läßt sich aus den Namen erschließen, unter denen sie in den damaligen irischen Aufzeichnungen erscheinen – *Lochlannachs*, Leute von *Lochlann* (Rogaland), dem Gebiet rund um den Stavangerfjord in Südwestnorwegen; gelegentlich auch *Hiruath*, die Leute von Hörthaland, unmittelbar nördlich von Rogaland (34).

Anlaß der Wikingereinfälle war wie immer bei solchen Barbareneinbrüchen Nahrungsmittelknappheit. Besonders Norwegen mit seinem langen schmalen Gebirgsrückgrat und dem schmalen Küstenstreifen konnte eine rasch anwachsende Bevölkerung nicht ernähren. Auswanderung in welcher Form auch immer schien der einzig mögliche Ausweg. Um einer genaueren Datierung willen hat man verschiedene Tatsachen als auslösendes Moment bezeichnet, so etwa die Erfindung des Kiels um 600 (35), die im Westen sich entscheidend auf den Bau seefester Schiffe ausgewirkt haben muß. In der skandinavischen Überlieferung wird nachdrücklich auf die Auswirkungen der Politik König Harold Blondhaars (gest. etwa 945) hingewiesen (36), der von seinem Königreich Vestfold im Südosten Norwegens aus das ganze Land unter seiner Herrschaft zu vereinen trachtete. Viele selbständige Herrscher gingen fort, um sich anderswo Land zu erobern, in Island vor allem, auf den Färöern und den Nord-Inseln (Orkney und Shetland).

Die Kelten müssen selbst unerschrockene Seefahrer gewesen sein, denn der irische Mönch und Gelehrte Dicuil, der um 825 vermutlich in Iona die Abhandlung *De mensura orbis* schrieb, spricht, wie wir sehen werden, von Inseln in dem Meer nördlich von Britannien, also wohl den Färöern, die etwa 100 Jahre lang von irischen Einsiedlern bewohnt gewesen, infolge von Wikingerüberfällen aber verlassen worden seien. Er erwähnt auch die Insel *Thile* (offensichtlich *Thule*, Island; 37); sie sei ihm etwa 30 Jahre früher von Priestern beschrieben worden, die mehrere Monate dort verweilt hätten. Später, als sich die Norweger gegen Ende des 9. Jahrhunderts in Island ansiedelten, fanden sie dort noch irische Einsiedler vor, die sie *papar* (wörtlich ›Priester‹) nannten (38).

Aller Wahrscheinlichkeit nach war die Lawine, die sich von Norden her über die britischen Inseln ergoß, von Gründen ausgelöst, die außerhalb lagen. Der erste war, daß die piktische Flotte aus den nördlichen Gewässern verschwunden war. Gildas hatte von den Angriffen der Pikten auf Südbritannien in der Römerzeit berichtet, die *de curucis*, ›von curraghs‹, den einheimischen seefesten Schiffen ohne Kiel (s. S. 65) aus erfolgten. Von Adamnán wissen wir, daß im 6. Jahrhundert die Orkneyinseln von einem *subregulus* beherrscht wurden; dieser unterstand Brude, dem mächtigen König der Nordpikten, der augenscheinlich die Oberherrschaft über die Hebriden besaß – eine Führungsstellung, die sich nur auf seine Flotte gegründet haben kann. Im Westen mag sie durch neue keltische Flotten bedroht gewesen sein, denn wir sahen, daß schon im 5. Jahrhundert eine Flotte von beträchtlicher Größe von der nordirischen Heimat aus das Königreich Dál Riata in Westschottland begründet hatte, und wir haben die Bedeutung dieser Flotte auch über die Errichtung des Königreichs in Schottland hinaus weiterverfolgt. Die *Annalen von Ulster* verzeichnen eine Expedition (*fecht*) nach den Orkneyinseln, die Aedán mac Gabráin etwa 580 vom schottischen Argyll aus durchführte. Jetzt war also die Piktenmacht auch im Westen herausgefordert. Im Osten wurden die Meere im 7. und 8. Jahrhundert durch die Friesen beherrscht, die zweifellos die Pikten auf die nördlichen Gewässer verwiesen und dadurch ihre Macht beeinträchtigten. Es darf als sicher angenommen werden, daß die Vernichtung der Macht der Friesen durch Karl Martell 734 sowie ihre schließliche Unterjochung durch Karl den Großen den Wikingern in südlichen Gewässern freie Bahn gab. Doch die schottischen Inseln waren lange vor der Wikingerzeit (39) schon in großem Umfang besiedelt worden, und das wohl kaum auf friedlichem Wege. Die Familie Rögnvaldrs, des Jarls von Möre, einer großen Provinz in Westnorwegen südlich von Trondhjem, ließ sich im *Northreyjar*, auf den ›Nordinseln‹, d. h. auf den Orkney- und Shetlandinseln, wahrscheinlich schon um 860 nieder, wo die Grafenwürde bei ihnen erblich wurde (40). Von dort dehnte sich das Königreich über den ganzen Norden Schottlands aus, und seine Macht und sein Reichtum wird durch die Anzahl der Skalden oder Dichter bezeugt, die sich an den Hof drängten und deren Preislieder und Gesänge die Grundlage der historischen Sagen von den Orkney-Jarls bilden – die *jarlasaga*, die in die *Orkneyinga Saga* eingegangen ist (41). Mit dieser großen Grafschaft hatten die Wikinger den Schlüssel zum Westen in der Hand, und es war lediglich eine Frage der Zeit, wann der Traum von Expansion und dauernder Herrschaft Irland in das Blickfeld ihrer Hoffnungen rückte. Nur ein solcher Traum läßt uns die Sagen und Gedichte und das ganze Bild von der Schlacht von Clontarf (42) verstehen, die das Ende der Wikingerhoffnungen in Irland bedeutete. Doch damit greifen wir allzuweit vor. Eine lange, schwere Zeit stand den Kelten bevor, ehe sie dieses Ziel erreichen sollten.

Das älteste der norwegischen Königreiche auf den britischen Inseln stammt wahrscheinlich aus noch früheren Zeiten. Es bestand aus einem Reich, das die Hebriden und dazu die Isle of Man umfaßte und – zum Unterschied von *Northreyjar* – den Namen *Suthreyjar*, die ›südlichen Inseln‹ (später *Sodor*), trug. Wie lange dieses Hebriden-Königreich bestand und wann es entstand, ist unbekannt (43); doch nach der Anzahl der norwegischen Ortsnamen zu schließen, hat wahrscheinlich schon in frühen Zeiten eine allmähliche norwegische Infiltration die ursprünglich keltische Bevölkerung durchsetzt (44). Die gälischen und norwegischen Bevölkerungsteile lebten viele Jahrhunderte lang auf den Hebriden nebeneinander. Die gälischen Dialekte der nördlichen äußeren Hebriden standen seit etwa 800 (45) unter norwegischem Einfluß, und während der Wikingerzeit wurde die Bevölkerung der Hebriden als eigenes Volk unter dem Namen *Gall-Ghaedhil* (wörtlich ›Auslands-Iren‹) anerkannt, der sie von der eigentlichen gälischen Bevölkerung unterschied.

Wir wissen, daß dies die Kirchen – Iona, wahrscheinlich auch Eigg (46) und die Färöer (47) – nicht davor bewahrte, den frühesten Wikingereinfällen zum Opfer zu fallen, und im 9. Jahrhundert spielt sich die innere Geschichte des Hebriden-Königreichs unter Familien ab, die nach Island auswanderten (48). Aus der Lage der inneren Hebriden zwischen dem Herrschaftsgebiet der Orkneys und Irland dürfen wir annehmen, daß das Hebriden-Königreich vielleicht bis zu einem gewissen Grad von den Jarls von Orkney abhängig war.

Daraus würde sich erklären, daß es so wenige Aufzeichnungen auf den Hebriden gibt und daß offensichtlich kein Hof als Mittelpunkt mit Dichtern zu seiner Verherrlichung da war. Andererseits findet sich kein Hebriden-Kontingent unter den Gefolgsleuten des Jarl Sigurðr von Orkney in der Schlacht von Clontarf 1014, während ein Hebriden-Reich von der Isle of Lewis in Westirland mitten unter den anstürmenden Wikingern operierte. Die Isle of Lewis war stärker norwegisch als jeder andere Teil der Hebriden oder des gälischen Schottland, und die norwegischen Ortsnamen sind in Lewis dichter gestreut als in allen anderen Teilen des Keltisch sprechenden Schottland (49).

Die härtesten Wikingerangriffe auf keltisches Gebiet waren die gegen Irland. Im frühen 9. Jahrhundert hatte dort ihr Einbruch dem Zeitalter der Heiligen ein Ende gesetzt; zuerst waren die heiligen Stätten der Insel weithin zerstört worden, vor allem Inishmurray vor der Küste bei Sligo und Skelig Michael vor der Kerryküste, dazu die Inseln am Ausgang der Wexford Bay sowie die klösterlichen Niederlassungen und Kapsiedlungen, zum Beispiel das berühmte Kloster St. Comgall zu Bangor in der Grafschaft Down. Im gleichen Jahrhundert noch steigerten sich diese plötzlichen und verheerenden Beutezüge rasch zu tief eindringenden Einbrüchen ins Innere des Landes, wo feste Plätze errichtet wurden, die noch umfassendere Raubzüge ermöglichten. In dieser frühen Phase waren die Norweger bei den Angriffen die führende Wikingermacht; die Einfallspforte nach Irland war Limerick und die hauptsächliche Wasserstraße nach Norden und Osten der Shannon. Auf Lough Neagh und Lough Ree wurden Flotten stationiert, von dort aus nahmen und schändeten die Eindringlinge den bedeutenden religiösen Mittelpunkt Armagh und brannten die im Westen gelegenen Klöster Clonmacnoise,

Gallo-römische Bronzestatuette aus Neuvy-en-Sullias, Loiret. Musée historique de l'Orléanais, Orléans

Tanzendes Mädchen. Gallo-römische Bronzestatuette aus Neuvy-en-Sullias, Loiret. Musée historique de l'Orléanais, Orléans

Clonfert und Terryglas nieder. Die ersten Haupteinfälle nach Leinster hinein und bis an die Ostküste erfolgten ebenfalls vom Westen her, und es hat den Anschein, als sei das Hebriden-Königreich oder genauer das Königreich Lewis der unmittelbare Ausgangspunkt für diesen Vorstoß in das Herz Irlands während der ersten Hälfte des 9. Jahrhunderts gewesen. In der zweiten Hälfte des 10. Jahrhunderts, als die Wikinger von Limerick sich zu einem von Dublin völlig unabhängigen Reich entwickelten und ihre Bemühungen darauf richteten, eigene Kolonien in Munster zu bilden, weist zumindest in der irischen Überlieferung die Erwähnung eines gewissen Morann, Sohnes des ›Seekönigs von Lewis‹, der in Limerick im Kampf gegen die Iren gefallen sei, auf eine direkte Verbindung mit den äußeren Hebriden hin, und die Wiederkehr der Namen *Manus* (altnordisch *Magnus)* und *Somarlidh* (altnordisch *Sumarliði*) in beiden Königsfamilien läßt auf enge Beziehungen, möglicherweise eheliche Verbindung, vielleicht sogar auf ein Doppelreich schließen.

Während des 9. und 10. Jahrhunderts setzte sich die norwegische Kolonisation in großem Maßstab fort und griff immer weiter auf die Ost- und Südküsten aus. Dublin war 841 befestigt worden, und norwegische Hafenstädte wurden in Wicklow, Wexford, Waterford und Cork gegründet. Im 10. Jahrhundert hatte jede ihren eigenen selbständigen König und war in der Lage, entweder durch Heirat oder zum Zweck von Beutezügen selbständige Bündnisse untereinander oder genausogut auch mit irischen Häuptlingen zu schließen. Es gab keine Zentralregierung, bei den Iren sowenig wie bei den Norwegern, doch führte um die Mitte des 9. Jahrhunderts eine Widerstandsbewegung zu einer Reihe irischer Siege, in deren Folge die norwegische Vorherrschaft abbröckelte. Gleichzeitig tauchte eine bedeutende dänische Flotte im Osten auf, die wahrscheinlich aus England kam. Sie eroberte Dublin, während ihr Führer die Norweger in einer großen Schlacht besiegte, die der Landung in Carlingford Lough folgte. In der dritten Phase der Wikingereinfälle, die damit einsetzten, lag die Operationsbasis im Osten, und die Angriffe kamen aus der Irischen See.

Der Verlauf der nun folgenden Ereignisse läßt darauf schließen, daß das Hauptziel der Dänen darin bestand, die Macht der Norweger in Irland zu brechen, und man hat sogar vermutet, sie seien von den Iren zu diesem Zweck als Söldner gedungen worden. Es fällt schwer, für eine derartige Annahme eine vernünftige Grundlage zu erkennen, doch hat zweifellos Leinster in diesem Falle wie auch später bei Clontarf, wo die alte Feindschaft gegen die Dynastie von Tara noch weiterwirkte, seine Kräfte mit denen der Dänen vereint. Die Dänen verfügten offenbar über eine gewaltige Flotte, doch 852 (richtig 853) verzeichnen die *Annalen von Ulster* die Ankunft des Amlaim (nordisch *Ólafr*), des Sohnes des Königs von Lochlann (50; möglicherweise *Ólafr* ›der Weiße‹), der Dublin wiedereroberte. Unter dem Jahr 870 (richtig 871) berichten dieselben Annalen noch einmal, daß Ólafr und Imar (nordisch *Ívarr*) von ›Alba‹ wieder nach Dublin kamen. Diese beiden norwegischen Führer machten miteinander Dublin zum bedeutendsten Wikingerzentrum in Irland und zur Basis ihrer Flotte, die gegen die Küsten der umliegenden Länder operierte. Die Ankunft Ólafrs aus Lochlann in dieser zeitlichen Nähe des dänischen Sieges von 854 ist nur eines unter vielen Anzeichen dafür, daß die Niederlassungen von Norwegern in Irland im Zuge einer vom südwestlichen Norwegen ausgehenden bewußten Expansions- und Kolonisationspolitik erfolgte.

Als um die Mitte des Jahrhunderts Ólafr und Ívarr eintrafen und ihre Basis errichteten, änderte sich das Gleichgewicht der Kräfte aufs neue, und Irland scheint damals über 40 Jahre von weiteren Einfällen verschont geblieben zu sein, abgesehen davon, daß die beiden Norwegerführer die Grabhügel und Heiligtümer plünderten, wobei sie gelegentlich von den örtlichen irischen Herrschern unterstützt wurden. Vielleicht erhielten sie diesen Beistand nur unter Zwang, und auch die norwegischen Herrscher mögen wohl gezwungen gewesen sein, sich Gold zu verschaffen, um ihre Gefolgschaft zu entlohnen, wenn sie ihre neuerworbenen Gebiete auf den britischen Inseln erhalten wollten. Im ausgehenden 9. und beginnenden 10. Jahrhundert errichteten dann die Dänen ihr Königreich in Northumbria und Ostanglia. Dem norwegischen Königreich Dublin drohte damit aus dem Osten eine sehr ernst zu nehmende Gefahr.

Ólafr suchte dieser Gefahr mit Angriffen aus Schottland zu begegnen. 866 fiel er in Fortrenn ein und plünderte diese südlichste der piktischen Provinzen. Die *Annalen von Ulster* berichten uns, daß 869 (richtig 870) die zwei Könige der Norweger, d. h. die zwei Herrscher von Dublin, die große Felsenburg von Dumbarton überwältigten und dadurch den Zugang zum Clyde und nach Strathclyde und Cumbria im Süden überwachen konnten. Die Zerstörung von Dumbarton 870 wird auch in den *Annales Cambriae* erwähnt. Vielleicht war das nur eine Präventivmaßnahme, denn das Kloster von Hoddom in Dumfriesshire scheint nicht entweiht worden zu sein, während 875 sowohl Strathclyde als auch Galloway vom Tyne-Tal aus verheert wurden.

Im allgemeinen blieb Wales infolge seiner Armut und seines gebirgigen Landesinneren von jeder dauernden Besetzung durch die Wikinger verschont, wenn es auch in Südwales kleine skandinavische Kolonien gab (51). Trotzdem war es unvermeidlich, daß Anglesey, die ›Kornkammer von Wales‹, wie die *Annales Cambriae* unter dem Jahr 853, richtig 855, berichten, von den ›Schwarzen Heiden‹ verwüstet wurde. Ihr Führer war zweifellos Horm (nordisch *Gormr*), der die große dänische Flotte bei Carlingford Lough zum Sieg über die norwegischen Streitkräfte in Irland geführt haben soll und vermutlich auch an der Spitze der dänischen Truppen stand, die Paris geplündert hatten und Karl den Kahlen und sein Frankenreich in Furcht versetzten. In dem auf die Verwüstung von Anglesey folgenden Jahr (855, richtig 856) jedoch verzeichnen die *Annalen von Ulster*, daß Horm, der Führer der ›Schwarzen Heiden‹, von Rhodri Mawr (dem ›Großen‹), dem König von Gwynedd in Nordwales, geschlagen wurde, und die Erleichterung darüber läßt sich nicht nur aus den irischen Annalen herauslesen, sondern war anscheinend auch auf dem Kontinent zu spüren, wie aus den Lobeshymnen auf einen gewissen *Roricus* hervorgeht, die am Hof Karls des Kahlen entstanden und sich höchstwahrscheinlich auf Rhodri Mawr bezogen.

Auf der Isle of Man finden sich besonders viele Überbleibsel aus der Wikingerzeit, unter anderem auch eine Fülle von Runeninschriften, und es scheint, als seien die ersten norwegischen Daueransiedlungen gerade zur Zeit der norwegischen Vorherrschaft in Irland – um die Mitte des 9. Jahrhunderts also – entstanden. Man nimmt an, daß der Ausgangspunkt dafür Dublin war, und zwar insbesondere im Zusammenhang mit der Vertreibung einer großen Anzahl von Norwegern, die in den *Annalen von Ulster* unter dem Jahr 901 (richtig 902) erwähnt ist; doch vermutlich waren auch die Hebriden und Galloway an der Besiedlung beteiligt, denn die starke Hand der Jarls von Orkney tritt wieder in Erscheinung, als die Isle of Man schließlich von Sigurðr dem Starken, dem romantischen Inhaber des berühmten Rabenbanners, erobert wurde, der in der Schlacht von Clontarf im Jahr 1014 fiel. Die Eroberung von Man gehörte zweifellos zu seinem ehrgeizigen Vorhaben, ein Südreich zu errichten, das ein westliches Pendant zur Normandie sein sollte. Man kann den Beginn der historischen Manx-Periode mit der Eroberung durch die Wikinger ansetzen, denn später kam die Insel in den Besitz des Godred Crovan von den Hebriden (König *Gorry* oder *Orry* der Manx-Überlieferung), dessen Nachfolger bis zur Abtretung der Insel im Jahr 1266 Könige von ›Man und den Inseln‹ hießen. Doch blieb sie auch unter norwegischer Herrschaft und mit einer beträchtlichen Anzahl von norwegischen Einwanderern als faktisch letztes Wikingerreich auf den britischen Inseln genau wie Irland keltisches Gebiet mit einer Sprache, die noch heute existiert.

902 wurde Dublin von den Iren zurückgewonnen, und viele von den *gennti* (›Fremdlinge‹, ›Wikinger‹) wurden vertrieben. Möglicherweise ist diese Widerstandsbewegung der Anlaß dazu, daß um diese Zeit eine in den Chroniken nicht verzeichnete umfangreiche Besiedlung von Cumberland (52) und Lancashire (53) erfolgte, die schon fast einer Invasion gleichkam, obwohl Kampfhandlungen aus unseren Annalen nicht ersichtlich sind. Unser Beweismaterial besteht hauptsächlich aus Ortsnamen (53), die auf eine norwegische Bevölkerung schließen lassen, deren Sprache starke keltische Elemente enthält. Sie betrieben Landwirtschaft nach einer intensiven Methode und hinterließen so viele nordische Ortsnamen, daß längs der Küste von Lancashire zwischen dem Meer und den Vorbergen des Penninischen Gebirges nördlich des Dee fast keine anderen vorkommen. Die Dörfer scheinen die Wohnorte von Siedlern zu sein, die kleine Flecken herrenlosen Landes bewässern und bearbeiten, das infolgedessen tiefschwarz und

überaus fruchtbar geworden ist, und diese Dörfer liegen so dicht beisammen, daß man selbst heute noch in einem Tagesmarsch einen ganzen Bereich von Dörfern mit rein nordischen Namen durchwandern kann, ohne daß einem ein einziger sächsischer Name begegnet: Ainsdale, Birkdale, Meols Cop, Blowick, Scarisbrick, Bescar, Ormskirk, Burscough, Hoscar, Skelmersdale. Die Sachsen scheinen an den Flußufern und mehr noch in den höheren und trockeneren Gebieten zwischen den Wikingersiedlern und den Bergen gesessen zu haben, und auch hier enthüllen die Namen wieder den Siedlungsplan: Preston, Rufford, Whalley, Churchtown, Croston, Eccleston, Wrightington, Worthington, Shevington, Parbold, Appley Bridge. Und die sächsischen Meierhöfe haben Spuren ihrer Sommerweiden und Viehtriften im Hügelland auf den sonnigen Westhängen der Vorberge des Penninischen Gebirges hinterlassen. Daß sich in Chroniken oder Annalen keine Aufzeichnungen finden, liegt wahrscheinlich daran, daß im nordwestlichen England keine reichen Klöster mit Schreibstuben errichtet worden waren. Burscough Priory bei Wigan entstand erst um 1190 und war keine bedeutende Gründung.

Wenn unsere Quellen über die ausgedehnten norwegischen Siedlungen östlich der Irischen See schweigen, so können wir daraus ersehen, daß das Bild der Wikingerzeit in Irland ausschließlich von der Hand der Mönche gezeichnet ist. Die Klöster waren als konzentrierte Anlagen und infolge ihres Reichtums die vielgeprüften Opfer bewaffneter Eindringlinge. Das Bild, das sie uns überliefert haben, ist leider nur allzu wahrheitsgetreu. In den frühen Phasen der Invasionen ist es vielleicht tatsächlich nicht übertrieben. Wir wissen, daß in der Bretagne das Kloster von St. Méen im Wald von Brocéliande besonders gefördert und ausgestattet wurde, um als Zuflucht der Bischöfe von Dôl bei Wikingerangriffen zu dienen.

919 wurde Dublin zurückerobert, und Niall Glúndub verlor mit zwölf anderen Königen und dem Kern der Widerstandsbewegung sein Leben, obwohl die nördlichen Uí Néill sich der Fremdherrschaft weiterhin tapfer widersetzten. Das war unmittelbar nach jener Zeit, in der die Wikinger ihre Hafenstädte angelegt hatten. Dublin nahm an Bedeutung zu und erstarkte durch einen engeren Verkehr mit dem dänischen Königreich York. Limerick, das zu seinen Feinden zählte und unter unabhängiger Herrschaft — wahrscheinlich seines ursprünglichen Herrschergeschlechts — stand, verstärkte seine Kolonien in Munster. Doch gegen Ende des Jahrhunderts gab ein gewisser Cellachán (gest. 954), ein Herrscher aus der Eóganacht-Dynastie von Cashel, dem irischen Widerstand neuen Auftrieb, während in Westmunster das Reich der Dál Cais an der Grenze der Grafschaft Clare sich die Hilfe von Connacht gegen die Wikinger von Limerick sichern konnte. Um die Mitte des 10. Jahrhunderts war die Vorherrschaft von der Dynastie der Eóganacht von Cashel auf Cennétig, den Herrscher der Dál Cais, übergegangen, und seine beiden Söhne Mathgamain und Brian Bórama waren stark genug, die Offensive gegen die Wikinger anzuführen, die in der großen Schlacht von Clontarf 1014 gipfelte und der Wikingerherrschaft in Irland ein Ende setzte.

Es gibt gelegentlich Meinungsverschiedenheiten über die Bedeutung der Schlacht von Clontarf. Eine klare Scheidung zwischen Iren und Norwegern ist dabei keineswegs möglich. Sihtric, der norwegische König von Dublin, war an dem Kampf nicht beteiligt. Leinster unterstützte aufgrund seiner alten Rivalität mit Meath die Wikinger von Dublin, und die Wikinger von Limerick, die Dublin stets feindlich gegenüberstanden, scheinen auf Brians Seite gestanden zu haben. Der Tod Brians beeinträchtigte den Erfolg, und wenn die Schlacht auch mit einem unbestrittenen Sieg der Iren endete, so führte das doch nicht zu einem sofortigen und vollständigen Umbruch. Die norwegischen Siedlungen bestanden unter eigener Verwaltung weiter und trieben sogar Handel mit den englischen Häfen am Bristolkanal. Darüber hinaus hatten zwei Jahrhunderte gegenseitiger Anpassung in einem kleinen Lande dahin geführt, daß die beiden Völker einander nähergekommen waren. Zahlreiche Verschwägerungen und der Übertritt vieler führender Norweger in Dublin zum Christentum – auch Ólafr Cuaran und sein Sohn Sihtric ›Seidenbart‹ gehörten dazu – bezeugen das gegenseitige Wohlwollen, das sich herausgebildet hatte. Brian hatte Sihtrics Mutter geheiratet und diesem, vielleicht im Austausch, seine eigene Tochter zur Frau gegeben. Die führenden Barden der irischen und norwegischen Höfe verkehrten auf freundschaftlichem Fuß. Die eigentliche grundlegende Bedeutung von Clontarf lag im Tod Sigurðrs des Starken, des großen Jarls von Orkney, der ›seinen eigenen Teufel‹ – das ahnungsvolle Rabenbanner – mit sich in die Schlacht trug, und darin, daß nach dem Tod dieses Herrschers das Hauptanliegen der Norweger, Irland wie eine zweite Normandie zu annektieren und auszubeuten, ein Ende hatte.

Daß sich diese Schlacht letztlich eher ideell als unmittelbar politisch auswirkte, verlieh ihr damals ihre einzigartige Bedeutung. In Gemeinwesen, in denen das gesprochene Wort größeren Einfluß ausübt als jede schriftliche Propaganda, bezeugen die zeitgenössischen Barden und Sagenerzähler am glaubwürdigsten die Wirkung aktueller Ereignisse auf die Zeitgenossen. Die Gelehrten, die tausend Jahre später das Beweismaterial sichten, vermögen die Bedeutsamkeit des Geschehenen und die damit verbundenen Gefühlsbewegungen nur zu ahnen. Die Schlacht von Clontarf hat bei den Iren sowohl wie bei den Norwegern eine Fülle von Gedichten und Sagen hervorgerufen. Besonders für die norwegischen Dichter und Sagenerzähler spielte sich die Schlacht nicht nur zwischen Iren und Norwegern, sondern auch zwischen übernatürlichen Mächten in der Luft ab. Die alte Sagenüberlieferung der *Schlacht von Allen*, in der St. Bridget gegen Columcille kämpft, erscheint hier aufs neue. Überall in der keltischen Welt hatten die Menschen Träume und sahen Vorzeichen, und so hatte ein Mann in Caithness die gespenstische Vision von Frauen aus einer anderen Welt, die das große Schlachtengewebe an einem blutigen Webstuhl woben, bei dem Menschenköpfe die Gewichte und menschliche Eingeweide Schuß und Kette waren (54). In Irland läßt sich die Prosaerzählung *Der Krieg der Iren und der Fremden* (55) in ihrer Gefühlsbewegung und Anschaulichkeit nur mit der Saga von der *Schlacht von Allen* vergleichen, und die Schilderung zeigt in ihrem erregten Ablauf eine nahezu hektische Rhetorik. Wahrscheinlich ist nie eine Schlacht im Nordwesten Europas so leidenschaftlich in Poesie und Prosa ihrer Zeit gefeiert worden wie diese.

Jetzt gab es kein Zurück mehr. Unter der Regierung der Wikinger waren im Wirtschaftsleben und den sonstigen Einrichtungen des Landes grundlegende Veränderungen eingetreten. Sie hatten davon geträumt, sich in einem Bauernland niederzulassen, das reichlich Nahrungsmittel hervorbrachte, sich selbst erhielt und keinerlei Verpflichtungen nach außen hatte und in dem ein altertümliches, nie bestrittenes Erb- und Regierungssystem herrschte, praktischer und zuverlässiger als jede Theorie einer gesetzgeberischen Ordnung, die sich leicht ersinnen ließ. Die norwegische Landnahme hatte sich als unsicher, ihre Träume hatten sich als trügerisch erwiesen. Das auseinanderstrebende, natürliche und konservative Leben der alten keltischen Eisenzeit, das noch immer die wirtschaftliche

Grundlage der irischen Lebensweise bildete, siegte über die zentralistischen Methoden der Eindringlinge, deren einzige Hoffnung, sich in einem neuen Land durchzusetzen, in der Konzentration lag.

In Irland hatte es keine Städte im heutigen Sinne gegeben. Die königlichen *raths* – Tara, Cruachain, Emain – glichen eher Dauerlagern als Residenzstädten und Zentren einer bürokratischen Verwaltung. Sie hatten keine Seehäfen. Die Wikinger schenkten dem Land sein Küstengebiet, indem sie Häfen anlegten und ein städtisches Leben insbesondere in Orten wie Limerick, Dublin, Waterford und Wexford förderten. In jedem Schulbuch steht, daß die irischen Bezeichnungen, was den Schiffsbau und Handel sowie die dazugehörigen Maße und Gewichte betrifft, weitgehend skandinavisch sind. Die ersten Münzen, die in Irland geprägt wurden, kamen aus dem Wikingerreich in Dublin. An den Wikingern lag es nicht, daß die Iren kein Handelsvolk wurden. Sie rückten es zumindest in den Bereich der Handelswelt, die sie selbst kannten. Und dabei blieb es.

Der Einfluß der Wikingerherrschaft auf die Binnenwirtschaft Irlands ist infolge der extrem konservativen Haltung der irischen Überlieferung, wie sie in den erhaltenen schriftlichen Zeugnissen zum Ausdruck kommt, komplizierter und schwieriger abzuschätzen. Besonders auffallend ist diese konservative Haltung in den irischen Gesetzestexten, die von den Rechtskundigen als unantastbar betrachtet und mit solcher Treue gehütet wurden, daß man nicht nur die ursprünglichen mündlichen Überlieferungen in den aus ihr abgeleiteten Niederschriften aufspüren kann, sondern stellenweise sogar auf die poetische Formulierung stößt, in der sie jahrhundertelang mündlich weitergegeben worden waren. Im Gegensatz zu den walisischen Gesetzen, die durch den Einfluß der angelsächsischen Nachbarn gewisse Veränderungen durchmachten, wurden die irischen Gesetze niemals maßgeblich durch Nachbarvölker modifiziert. Freilich waren unter der Einwirkung einer fremden Besatzung Veränderungen unvermeidbar, und schon im 10. Jahrhundert waren grundlegende Veränderungen vorgegangen. Man hat ja im Hinblick auf die Bedrohung, die die norwegische Besetzung für die überlieferte irische Gesellschaftsordnung darstellte, von einer »Wasserscheide in der Geschichte der irischen Institutionen« gesprochen (56). Mittelbar waren also die Wikinger der Anlaß, daß die irischen Könige in die Reihe derer eintraten, die – einer nach dem anderen – kraft ihrer Persönlichkeit ihre Völker zu Nationen zusammenschlossen: Karl der Große im Jahr 800, Rhodri Mawr um 850, Kenneth mac Alpin ebenfalls um die Mitte des 9. Jahrhunderts, Alfred der Große kurz vor 900 und als letzter von allen Brian. So gliederte sich zögernd und unter dem Druck der Wikinger die kleine Insel auf der Höhe Europas in die politische Entwicklung des Abendlands ein.

Der Schaden, den das künstlerische und intellektuelle Leben Irlands erlitt, war groß. Beides hatte sich auf die klösterlichen Mittelpunkte gestützt, die es gepflegt, gefördert und angeregt hatten. Viele von den Klöstern waren niedergebrannt und geplündert, ihre Schätze waren zerstreut und viele Schreibstuben samt ihrer alten Tradition und Technik sowie ihrer Meisterschaft in der Buchmalerei waren zerstört worden. Der Verlust war unermeßlich, und vieles war nie wiedergutzumachen. Große schöpferische Kunst kann genau wie große geistige Leistung nur in einer Atmosphäre der Sicherheit gedeihen. Die Klöster waren immer auf die Unterstützung der herrschenden Häupter angewiesen. Die Herrscher selbst jedoch waren Plünderungen weniger ausgesetzt als die reichen klösterlichen Gründungen. Sie waren in hohem Maß lebenswichtig für die Eindringlinge, die ja selbst nichts produzierten und von der überkommenen irischen Weidewirtschaft und den bestehenden Maßnahmen zur Nahrungsmittelerzeugung abhängig waren, wie sie die einheimischen Häuptlinge anwandten. Diese und ihre Erben waren noch da, und so erholten sich schließlich auch die großen Klöster und lebten wieder auf. Es ist eine erstaunliche Tatsache, daß die unmittelbar auf die Wikingerzeit folgende Periode so reich an Kunstwerken – vor allem an Metallarbeiten – war, daß man sie als eine Art Renaissance bezeichnet hat (57). Hierzu hat allerdings auch der Einfluß der Wikinger beigetragen, der nicht nur Anregung und Wiederbelebung brachte, sondern auch neue künstlerische Motive beisteuerte.

Die Verwüstung der Klöster trieb so manchen Mönch über das Meer, und es ist allgemein bekannt (58), welch dauernden Gewinn die europäische Gelehrsamkeit aus ihrem Übertritt in Klöster auf dem Kontinent und ihrem Einfluß auf die Geisteswissenschaften gezogen hat (59). Dieser Auszug irischer und sogar auch walisischer Gelehrter (60) auf den Kontinent ist nichts Neues. Schon Notker Balbulus zur Zeit Karls des Großen wußte davon. In seinen *Gesta Caroli Magni* berichtet er von der Ankunft hochgelehrter irischer Mönche, die mit britischen Kaufleuten nach Gallien gekommen waren und von Karl dem Großen freudig aufgenommen und mit der Erziehung der jungen Adligen betraut wurden. Einer dieser Gelehrten blieb in Gallien, ein anderer lebte im Kloster des heiligen Augustinus zu Pavia in Italien (61). Die *Angelsächsische Chronik* verzeichnet unter dem Jahr 891 die Ankunft dreier irischer Mönche in einem Coracle (aus Weiden geflochtenes und mit Leder überzogenes Boot) an der Küste von Cornwall. Aethelweard (62) fügt hinzu, sie seien dann in der Absicht, nach Jerusalem zu ziehen, nach Rom gegangen. Aus dem Eintrag in die *Angel-*

sächsische Chronik geht nicht hervor, daß sie Gelehrte waren, doch ein späterer Nachtrag zum Text besagt, daß Swifneh, »der größte Gelehrte von Irland«, gestorben sei. Man hat ihn mit Suibhne mac Maíle Humai identifiziert (63), dem Anachoreten und Schreiber der Abtei von Clonmacnoise am Shannon, dessen Tod im gleichen Jahr (890, richtig 891) in den *Annalen von Ulster* angezeigt wird. Sein Grabstein, der jetzt verschwunden ist (64), war zu Petries Zeiten in Clonmacnoise noch vorhanden (65), und die Namensform, die Suibhne in der *Angelsächsischen Chronik* zugeteilt wird, läßt darauf schließen, daß dem Chronisten der Name mündlich mitgeteilt wurde. Mit größter Wahrscheinlichkeit haben die drei Pilger die Nachricht vom Tod Suibhnes überbracht.

Es ist sicherlich falsch anzunehmen – wie es gewöhnlich geschieht –, daß die irischen Mönche ihre Bücher mitnahmen, als sie während der Wikingerüberfälle aus Irland flohen. In manchen Fällen kam es zweifellos vor, aber die Umstände, unter denen damals eine Reise vor sich ging, verhinderten doch wohl eine Überführung von Klosterbibliotheken auf den Kontinent in großem Maßstab. Das großartige Geschenk der Mönche an die kontinentalen Klöster bestand, wie aus unzähligen Hinweisen hervorgeht, in ihrem geistigen Kapital, das sie in irischen Klöstern erworben hatten, deren bedeutendstes im Westen Clonmacnoise, im Osten Bangor in der Grafschaft Down war. Die willkürliche Zerstörung der Klosterbibliotheken vor allem durch Brände und Wetterschäden muß ungeheure Ausmaße gehabt haben, doch erfolgreiche Rettungsversuche bestanden wohl vor allem darin, daß man sie in nächster Nähe sicherstellte. Es überrascht durchaus nicht, daß sich kleine Gedichte mit aktuellen Anspielungen finden, die vom Wikingerterror inspiriert sind. In den folgenden Zeilen etwa drückt sich das Glücksgefühl aus, das stürmisches Wetter auslösen kann, weil es einen Wikingerüberfall vom Meer her unmöglich macht:

»Schneidend bläst der Wind heute nacht,
Er schleudert das weiße Haar des Ozeans empor:
Heute nacht fürchte ich die wilden Krieger aus Norwegen nicht,
Die die Irische See durchmessen.« (66)

7

Die keltische Religion und Mythologie

DIE KELTISCHE WELT ist außerordentlich reich an religiösen, mythologischen und transzendenten Vorstellungen. In Gallien war das religiöse Leben offensichtlich überaus rege. Irland hat von allen Ländern nördlich der Alpen, Island nicht ausgenommen, den reichsten Schatz mythologischer Überlieferung bewahrt. Doch das Beweismaterial für die transzendenten Vorstellungen dieser beiden keltischen Reiche ist einigermaßen zwiespältig und unvereinbar. Aus Gallien wissen wir viel über die Religion der Kelten. In Kapitel 1 sahen wir bereits, daß Erinnerungen an alte gallische Götter und Geister sich in zahllosen Weihinschriften in örtlichen Heiligtümern an Flüssen und Quellen, heiligen Seen und Wäldern erhalten haben. Viele Nachweise liegen uns in den Schriften antiker Autoren, in Ortsnamen und Funden wie Metallarbeiten, Münzen und Inschriften vor. Man hat einheimische Keltenstempel der Spätantike ausgegraben, und Skulpturen aus Holz und Stein bezeugen eine einheimische gallische Vorstellung von Göttern in Menschengestalt zumindest schon zu Beginn unserer Zeitrechnung. Deshalb wissen wir, was Glaubensform und -ausübung betrifft, verhältnismäßig viel über die Religion in Gallien.

Andererseits besteht in Gallien genauso wie im alten Griechenland und in der germanischen Welt kein enger Zusammenhang zwischen Religion und Mythologie, wie ja auch unsere Kenntnis der Mythologie aus einem viel späteren und weiter fortgeschrittenen Stadium stammt. Mythologie ist mehr oder weniger stets künstlich geschaffen, ein künstlerischer Ausdruck religiöser Empfindung oder Gläubigkeit, die ihrem Wesen nach formlos ist.

Mythologie ist also eigentlich ein Versuch, das Unendliche und nicht Bestimmbare zu bestimmen, und deshalb ist, was sie bietet, keine Definition, sondern ein Symbol. Die Mythologie der Gallier, die künstlerische Symbolisierung ihrer Religion, ist uns nicht überliefert, da wir auch keine Zeugnisse gallischer Literatur besitzen. Ihre mündliche Überlieferung einschließlich ihrer Mythologie ist niemals aufgezeichnet worden. In der Folge der römischen Machtergreifung übernahmen die Gallier sehr schnell die römische Kultur und damit auch die Kunst des Schreibens, so daß die mündliche Überlieferung bald unterging.

Im Gegensatz dazu ist die mündliche Überlieferung geistigen Lebens im alten Irland – die Mythologie nicht ausgenommen –, wie wir bereits sahen, viel länger lebendig geblieben. Die archaische irische Kultur, die von der römischen praktisch fast ein halbes Jahrtausend länger unberührt geblieben war als die Galliens, erhielt sich diese Überlieferungen unversehrt, bis sich vom 6. Jahrhundert an die Kunst des Schreibens in den klösterlichen Schreibstuben allgemein durchgesetzt hatte. Inzwischen war die heidnische Religion eine Angelegenheit der fernen Vergangenheit geworden, und die christlichen Klöster waren nicht gesonnen, sie schriftlich zu fixieren. Für Gallien besitzen wir also reiches Material über die keltische Religion, aber kein klares System seiner Mythologie. Für Irland dagegen haben wir eine reiche mythologische Überlieferung in hochentwickelter literarischer Form, aber praktisch keine Belege, die sich unmittelbar auf die heidnische Religion beziehen.

Oben links: Götterkopf aus Bouray. – Oben rechts: Tonschieferkopf aus Mšecké Žehrovice. – Unten links: Steinkopf aus Mellifont Abbey. – Unten rechts: Bronzemaske aus Garancières-en-Beauce

Gallorömische Holzplastiken aus dem Heiligtum an der Seinequelle nahe Dijon

Dennoch ist die Lücke in Wirklichkeit nicht so groß, wie es den Anschein hat. Das keltische Britannien bildet eine Brücke zwischen den beiden keltischen Reichen Gallien und Irland. In den Funden hat es vieles gemeinsam mit Gallien, von dem es ganz unmittelbar beeinflußt ist, und von seinen mythologischen Überlieferungen haben sich Bruchstücke erhalten, die erkennen lassen, daß sie gleichen Ursprungs sind wie die irischen. Infolge der Eroberung Britanniens durch die Römer sind sowohl die Funde wie auch die mythologischen Überlieferungen spärlich, aber sie sind dennoch wichtig und überzeugend, und wir wollen uns hier kurz damit beschäftigen, um einmal die grundsätzliche Einheit der keltischen Religion und Mythologie und zum anderen die wesentliche Einheit der Keltenreiche in ihrem heidnischen Geistesleben hervorzuheben.

Untersuchen wir die Übereinstimmung zwischen der kontinentalen Religion und Mythologie Galliens und ihre Spuren in den Ländern der Inselkelten im Westen, so finden wir Verbindendes in den Überlieferungen von heiligen Inseln vor der Atlantikküste Britanniens und Irlands in der Geschichte immer wieder; das erinnert uns an frühe griechische Erzählungen von den »Inseln der Seligen« westlich der Säulen des Herakles und an die Zauberinsel der Kirke von der Zeit Homers bis ins Zeitalter der Heiligen, als sie die Zufluchtsstätten christlicher Einsiedler waren. Strabon (1), der im 1. Jahrhundert v. Chr. schrieb, berichtet unter Berufung auf Poseidonios, eine Gemeinschaft von Frauen habe eine kleine Insel vor der Loiremündung bewohnt, auf der Männer nicht zugelassen waren, obwohl die Frauen von Zeit zu Zeit übers Meer fuhren, um mit ihren Männern zusammenzukommen und dann wieder zurückzukehren. Einmal im Jahr pflegten sie vom Tempel ihres Gottes das Dach zu entfernen, um ihn noch am gleichen Tag neu zu bedecken. Ließ etwa eine der Frauen das Baumaterial fallen, das sie trug, so wurde sie sogleich von ihren Gefährtinnen in Stücke gerissen. Die irischen *immrama*, von denen einige Inseln schildern, die nur von Frauen bewohnt werden, sind kaum weniger bemerkenswert als diese alte gallische Überlieferung.

Im 1. Jahrhundert erwähnt der römische Geograph Pomponius Mela neun Priesterinnen, die *Gallizenae* genannt werden und ewige Keuschheit geschworen haben (2); ihr Wohnsitz war die Insel Sena (heute ›Île de Sein‹), die von der Südwestspitze der Bretagne aus zu sehen ist. Sie besaßen Zauberkräfte, konnten Unwetter machen, sich nach Belieben in Tiere verwandeln, Kranke heilen und Seeleuten, die von ihnen Rat einholen wollten, die Zukunft voraussagen. In der irischen Überlieferung werden wir finden, daß dem Gott Manannán mac Lír auf der Isle of Man ähnliche Wetterkünste zugeschrieben wurden. Plutarch wiederum, der etwa um 83 schrieb, erwähnt einen gewissen Demetrius, der berichtet hatte, daß unter den Inseln in der Nähe Britanniens viele ganz einsam seien und wenige oder gar keine Bewohner hätten und daß manche die Namen von Göttern oder Halbgöttern trügen. Er hatte die nächstliegende dieser Inseln besucht, auf der nur wenige Menschen lebten, die von den Britanniern für heilig und unverletzlich gehalten wurden. Kurz nach seiner Ankunft hatte sich ein Sturm erhoben, der nach Auskunft der Inselbewohner das Vorüberziehen der Mächtigeren verkündete (3). Gleichfalls von Plutarch erfahren wir, daß in jenem Teil der Welt – »fünf Tage von Britannien entfernt« – eine Insel existiere, auf der Kronos, den Briareus im Schlaf bewache, gefangen liege; dieser Schlaf sei nämlich zu seiner Bändigung ersonnen, und rings um ihn befänden sich viele Halbgötter als Gefährten und Diener (4). Wer dieser Demetrius war, ist ungewiß, doch nimmt man an, er sei ein Schriftsteller aus Tarsus gewesen, den der Kaiser Domitian in irgendeiner Mission nach Britannien geschickt habe, wahrscheinlich jener Demetrius, der zwei jetzt im Museum von York befindliche Bronzetäfelchen mit griechischen Inschriften weihte (5).

Noch im 6. Jahrhundert finden sich bei dem byzantinischen Schriftsteller Prokopios bemerkenswerte Spuren letzter festlandkeltischer Überlieferung. Er berichtet, der Bevölkerung von Armorica sei es aufgegeben, die Seelen der Toten nach Britannien zu geleiten. Mitten in der Nacht hörten sie ein Klopfen an der Tür und den Ruf einer leisen Stimme. Sie gingen dann an den Strand, ohne zu wissen, welche Gewalt sie dahin treibe. Dort fänden sie Boote vor, die leer zu sein schienen, mit den Seelen der Toten aber so schwer beladen seien, daß ihr Dollbord sich kaum über die Wogen erhebe. In weniger als einer Stunde seien sie am Ziel ihrer Reise, und dort, auf der britischen Insel, sähen sie niemanden, hörten jedoch eine Stimme, die die Fahrgäste, jeden bei seinem Namen, aufrufe. Die bretonische Volkssage sieht die Baie des Depassés als Ort der Abreise an (6).

Über die Religion der Festlandkelten wurde das Grundlegende bereits in Kapitel 1 gesagt; es braucht hier nicht wiederholt zu werden. Wir werden uns an dieser Stelle auf eine kurze Zusammenfassung entsprechender Züge der keltischen Religion in Britannien und ein etwas detaillierteres Bild von einem oder zwei gallischen Kulten beschränken, die von antiken Autoren ziemlich eingehend in ihrer heimischen Umgebung beschrieben worden sind. Damit läßt sich wohl am besten die Wesensgleichheit der gallischen und britischen Religion zeigen und ein Hintergrund schaffen, von dem sich die keltische mythologische Literatur abheben kann, wie sie uns aus den Aufzeichnungen der Westkelten, insbesondere aus Irland, bekannt ist.

In Kapitel 1 sahen wir, daß das weitverbreitete Vorkommen heiliger Stätten, die mit bestimmten Punkten in der Natur verbunden waren – vor allem mit Flüssen, Quellen, Seen und Hainen – zu den charakteristischsten Kennzeichen der gallischen Religion gehörte. Die Gallier waren keine Stadtbewohner, und ihre Heiligtümer sind die einer Naturreligion. Strabon (7) berichtet – wieder unter Berufung auf Poseidonios – von einem umfangreichen Weiheschatz des Stammes der *Volcae Tectosages*, der innerhalb einer heiligen Umzäunung, teilweise auch in heiligen Seen verwahrt worden war. Er fügt hinzu, daß es in *Celtica* viele Orte gab, an denen Goldschätze aufbewahrt wurden, und daß schwere Mengen von Gold und Silber in Seen versenkt worden waren, weil sie dort am unzugänglichsten blieben. Das war offenbar in der Nähe von Toulouse, wo es ein großes Heiligtum gab (einen ›Tempel‹), der sehr bedeutende Schätze enthielt, denn viele hatten Weihgaben beigesteuert und keiner wagte sich daran zu vergreifen. Das erinnert an den Hort von Llyn Cerrig Bach, der 1943 in Anglesey gefunden wurde. An der Fundstelle war ursprünglich ein See gewesen, in den eine große Anzahl Waffen, Wagengeschirr, Werkzeuge, Sklavenketten, Trompetenteile, Kessel und mit La-Tène-Ornamenten verzierte Bronzebruchstücke geworfen worden waren. Man nimmt an, daß das Ganze ein Platz war, an dem von der Mitte des 2. Jahrhunderts v. Chr. an bis ins 2. Jahrhundert n. Chr. Opferspenden dargebracht wurden (8).

Ein bedeutendes Heiligtum der Göttin Sequana bestand seit der Zeit der Gallier nahe der Seinequelle, und hier wurde im moorigen Grund vor kurzem eine Anzahl hölzerner Skulpturen gefunden, zu denen auch eine Reihe von Bildwerken aus dem 2. Jahrhundert gehören. In Kapitel 12 wird von diesem Heiligtum noch ausführlicher die Rede sein, doch hier können wir das Quellenheiligtum der heimischen britannischen Gottheit Coventina bei dem römischen Kastell (Kastell VII) Brocolitia (Carrawburgh) an der Südseite des Hadrianswalles zum Vergleich heranziehen (9). Die Quelle, die noch immer fließt, war ursprünglich von einem Tempel keltischen Typs überdacht, mit einem Brunnen oder einem Bassin im Innern, in das viele Geldspenden und noch im 5. Jahrhundert – vielleicht von Christen – Altäre und skulpturengeschmückte Täfelchen aus dem Tempel geworfen worden waren (10). Unter ihnen befinden sich eine Marmortafel mit der Inschrift »für die Göttin Coventina« und ein Flachrelief, das Coventina selbst, die eine Wasserpflanze in der rechten und einen überfließenden Pokal in der linken Hand hält, auf einem vom Wasser getragenen Blatt ruhend darstellt.

Ein anderes Flachrelief stellt drei Wassernymphen dar, deren jede eine Vase hält, aus der sich ein schwellender Strom ergießt. Die eindrucksvollsten Stellen über die gallischen Waldheiligtümer finden sich bei Lucanus (11). Er erwähnt dort die gallischen Druiden, »die in dichten Hainen und abgelegenen menschenleeren Wäldern wohnen«, die »barbarische Riten vollziehen und auf finstere Art die Götter verehren«. Ein Scholiast ergänzt: »Sie verehren die Götter in Wäldern, ohne Tempel zu benutzen.« (12) Dieser Hinweis auf heilige Wälder in den *Pharsalia* läßt an eine andere Stelle in demselben Gedicht denken, an der Lucanus (13) berichtet, wie Caesar einen heiligen Wald bei Marseille fällen ließ, in dem roh zugehauene Baumstämme Götter darstellen sollten. Hier werden, heißt es bei Lucanus, zu Ehren der Götter barbarische Riten vollzogen, die Altäre sind überhäuft mit scheußlichen Spenden, und jeder Baum ist mit Menschenblut bespritzt; er erzählt weiter von dem Wasser, das reichlich aus schwarzen Quellen emporquillt, und von dem Dickicht, in dessen unwegsamem Gestrüpp nicht einmal wilde Tiere Zuflucht suchen. Ein Priester amtiert stellvertretend für den Geist des Ortes.

Es ist eine unheimliche Stelle: »Die Leute kamen diesem Platz bei der Verrichtung ihrer Andacht nie sehr nahe, sondern überließen ihn den Göttern ... Selbst der Priester scheut sich, dorthin vorzudringen, und fürchtet, dem Herrn des Haines zu begegnen.«

Wenn wir auch das rhetorische Pathos Lucanus' an dieser Stelle berücksichtigen müssen, so können wir doch am Vorhandensein des von Caesar gefällten heiligen Waldes bei Marseille ebensowenig zweifeln wie an der abergläubischen Furcht der Eingeborenen, die Befehl hatten, die Bäume, »die seit uralten Zeiten keine Menschenhand berührt hatte«, zu fällen.

In Britannien haben wir weniger Belege für Waldheiligtümer, doch heißt es bei Cassius Dio, die Britannier hätten unter Boudicca heilige Stätten gehabt und der Siegesgöttin *Andraste* oder *Andate* in einem heiligen Hain Menschenopfer dargebracht (14). Es sei auch an die Haine auf der Insel Anglesey erinnert, von denen uns Tacitus (15) berichtet, sie seien barbarischem Aberglauben geweiht, und die von Suetonius Paulinus kurz vor 61 zerstört wurden. Wenn uns in britischen Ortsnamen der Bestandteil *nemet* begegnet, so bedeutet das wieder eine Verbindung dieser britischen heiligen Stätten mit denen Galliens. Einer der interessantesten Belege findet sich im bretonischen Urkundenregister von Quimperlé aus dem 11. Jahrhundert, in dem es von einem Wald in Finisterre heißt: »Sie nennen ihn *nemet.*«

Wir wissen nicht, wann in Gallien zuerst einheimische Tempelbauten auftraten; die neue Technik im Ausgraben hölzerner Überreste wird hier vielleicht Aufschlüsse bringen (16). Ein einziges Beispiel eines typischen vorrömischen Holztempels aus der Eisenzeit ist nicht in Gallien, sondern in Heathrow in

Middlesex in Britannien ans Licht gekommen (17). Caesar erwähnt nie gallische Tempel; Suetonius freilich beschuldigt ihn in vagen Ausdrücken, er habe gallische *fana* und *templa* ausgeraubt (18). Griechische und römische Schriftsteller verwenden nicht das Wort ναός beziehungsweise *aedes*, um keltische Tempel damit zu bezeichnen, und wir haben keine Beschreibung gallischer Altäre, für die lateinische Schriftsteller das Wort *arae* oder *altaria* benutzen. In der gallisch-römischen Zeit jedoch verbreiten sich Heiligtümer in Gebäudeform überall in Gallien und in Britannien, und in beiden Ländern, vorzüglich aber in Britannien, finden sich viele Spuren an Straßen gelegener heiliger Stätten. In der Rhônemündung sind keltische Tempel ausgegraben worden, von denen in Kapitel 12 noch ausführlicher die Rede sein wird. Hier sei nur erwähnt, daß die Portiken der größeren Tempel monumentale Bauten sind, »wahre *propylaea* hellenischer Konzeption«; die anspruchsvolle Bauweise in Verbindung mit einheimisch keltischen Zügen, insbesondere mit dem Kult des Menschenkopfes, legt die Vermutung nahe, daß hier die antike Bauüberlieferung einem keltoligurischen Kult angepaßt worden ist.

Die zahlreichen keltischen Steintempel in Gallien und Britannien aus römischer Zeit sind, von geringen Abweichungen abgesehen, alle nach einem Plan gebaut. Die übliche Form war ein viereckiges, schachtelartiges Gebäude, das aus einer *cella* oder einem Allerheiligsten bestand; bisweilen war es erhöht und von einem Portikus oder einem Umgang eingefaßt, der geschlossen sein konnte oder auch niedrige Mauern mit einer Säulenreihe darauf hatte. Die *cella* war klein, wurde durch eine Tür betreten und erhielt Licht durch kleine Fenster über dem Portikus. Die Öffentlichkeit war, wie es scheint, von der *cella* ausgeschlossen. Bisweilen stand das Ganze innerhalb einer rechtwinkligen Einfassung. Es gab zwar sowohl in

Gallien wie in Britannien auch runde und polygone Tempel, doch hatten auch sie stets eine von einem Peristyl umgebene *cella* (19). Viele Kultstätten an den Wegrändern in England, die sich häufig in der Nähe römischer Straßen befinden, werden mit römischen Göttern in Verbindung gebracht, doch sind Heiligtümer hier, besonders im Norden, auch häufig einheimischen Göttern geweiht. Ab und zu sind spätere römische Bauten über älteren keltischen Heiligtümern errichtet worden. Ein berühmtes Beispiel in England für die Dauerhaftigkeit eines einheimischen Kultes findet sich in Gosbecks Farm bei Colchester, wo ein römischer Tempel keltischer Bauart an der Stelle stand, an welcher ursprünglich ein großer Graben gewesen war, der dasselbe rechtwinklige Stück Land umschloß und vorrömischen Schutt enthielt. Hier läßt eine Bronzestatue Merkurs auf den späteren Kult schließen (20). In Frilford, nordöstlich von Abingdon, sind zwei romanisierte Altäre auf ein älteres Bauwerk aus Holz gesetzt, das aus einer kreisförmig angelegten, mit Graben versehenen Einhegung bestanden hatte, in der sich eine offene Tür befand. In der Römerzeit war das bis auf den Grund zerstört und durch eine runde Einfassung ersetzt worden, während ein neuer Tempel nach der üblichen keltischen Kastenbauart daneben errichtet wurde (21). Das Heiligtum wurde bis ins 5. Jahrhundert weiterbenutzt.
Das bedeutendste Beispiel für einen einheimischen Kult in einem römisch-britannischen Tempel in England findet sich in Lydney an dem westlichen Steilufer des Severn in Gloucestershire. Ursprünglich war dort ein Waldheiligtum, das im Forest of Dean lag. Der Gott dieses Tempels ist *Nodons* oder *Nodens*, also zweifellos *Nuadu* oder *Nuada Argetlám*, ›Nuadu mit der Silberhand‹ (22). Lydney war ein Heiligtum vom Aeskulaptyp und ein Pilgerheiligtum und hatte seine größte Bedeutung nach 364. Es besteht aus einem weitläufigen Gebäude-

komplex nach Art der antiken Heiltempelanlagen und enthielt einen langen kreuzgangähnlichen Portikus, der zur Aufnahme von Patienten unterteilt war, außerdem ein Gebäude mit Innenhof und weiteren Gemächern sowie einen Empfangssaal; dazu kamen viele Bäder. Beachtenswert ist, daß die mythologische Überlieferung Irlands das Beiwort Nordens' damit erklärt, daß der Gott eine künstliche Hand aus Silber hatte. Die Beziehung zum Heiltempel von Lydney ist klar; doch war Lydney ein reicher Tempel, und es ist möglich, daß die ›silberne Hand‹ auf die reichen Spenden zurückging, die dem Gott dargebracht wurden. Der Name *Nuadu Argetlám* kommt auch in der walisischen Überlieferung vor: als *Lludd Llaw Ereint* (›Lludd mit der silbernen Hand‹), dessen Tochter *Creiddylad* das Urbild der *Cordelia* Shakespeares ist und dessen Sohn *Gwynn ap Nudd* (irisch ›Finn‹) war.

Die Lage der meisten britischen Heiligtümer sowie die Verbreitung der Kulte zeigen, daß die Religion des vorrömischen Britannien wie die des vorrömischen Gallien im wesentlichen eine Naturreligion war.

Die weite Verbreitung von Bildwerken – Rundplastiken und Reliefs – läßt erkennen, daß die Gallier ihre Götter bisweilen in Menschengestalt darstellten; allerdings mag es sich dabei um eine verhältnismäßig späte Entwicklungsstufe handeln. Unter den Statuen gallischer Götter begegnen uns einige in Dreiergruppen, d. h. als Göttertriaden, doch stoßen wir auch auf dreiköpfige und sogar auf zweiköpfige Statuen einheimischer Gottheiten, und Spuren übernatürlicher Triaden finden sich gelegentlich auch in Britannien, so zum Beispiel in Brocolitia. In Kapitel 1 sahen wir, daß Caesar die Namen von vier römischen Göttern angab, die er mit keltischen Göttern gleichsetzte, ohne uns freilich keltische Namen zu überliefern; wir sahen auch, daß Lucanus wiederum drei keltische

Götter mit ihren einheimischen Namen benennt. Diese Aufzählungen legen die Vermutung nahe, daß man sich die fraglichen Götter in Menschengestalt vorstellte, doch finden wir weder in Gallien noch in Britannien irgendeine Andeutung, daß es die Vorstellung eines allmächtigen, allumfassenden Gottes oder etwa eines Pantheons gegeben hätte. In Gallien sind jedoch bestimmte Kulte weit verbreitet, und römische Schriftsteller haben uns über die zwei Götter Belenus und Ogmios Nachrichten überliefert, aus denen sich schließen läßt, daß in gallorömischen Kreisen eine reiche Literatur vorhanden gewesen sein muß, die sogar – in Fresken und Münzen – auf die einheimische Kunst einwirkte.

Der griechische Schriftsteller Lukianos, der im 2. Jahrhundert in Samosata am Euphrat geboren wurde, berichtet, er sei auf einer Reise in Gallien – offenbar in der Nähe des Atlantischen Ozeans – auf das Bild eines alten Mannes gestoßen, der, mit einem Löwenfell bekleidet, eine Gruppe von Gefolgsleuten anführte, deren Ohren durch sehr schöne und fein gearbeitete Ketten aus Gold und Bernstein an seine Zunge geheftet gewesen seien. Die Männer folgten nicht gezwungenermaßen, sondern bereitwillig und rühmten ihn dabei; ganz offensichtlich hätten sie es bedauert, frei zu sein. Ein Griechisch sprechender Gallier, der in seiner Nähe stand, erklärte ihm, der alte Mann verkörpere die Beredsamkeit und sei mit seinem Löwenfell als Herakles dargestellt, da – so sagte der Gallier – die Kelten die Beredsamkeit für eine größere Macht hielten als die physische Kraft und außerdem annähmen, daß diese im Alter ihren Höhepunkt erreiche (23). Er hieß Ogmios. In Autun soll M. Fulvius Nobilior nach der Einnahme von Ambracia 189 v. Chr. einen Tempel errichtet haben, weil er in Griechenland gelernt hatte, daß Herakles Anführer der Musen war (24). Spuren dieser bildhaften Auffassung der Beredsamkeit haben sich in der Mythologie und im Sagenschatz Irlands erhalten. Es sei auf den Eintrag vom »Kessel der Begierde« in *Cormacs Glossar* unter *bóige* (25) hingewiesen, und in der *Táin Bó Cualnge* (26) wird an einer Stelle ein dunkler Mann, offenbar ein übernatürliches Wesen, geschildert, der sieben Ketten um den Hals trägt, an deren Enden sieben Köpfe befestigt sind. Es wäre interessant festzustellen, welche Beziehungen zwischen diesen Überlieferungen und den Bildern auf gewissen bretonischen Goldmünzen bestehen, die Menschenköpfe an einer Schnur zeigen, die vom Mund des großen Kopfes auf der Hauptfläche der Münze ausgeht.

Der galloromanische Dichter Ausonius von Bordeaux aus der zweiten Hälfte des 4. Jahrhunderts gibt uns einen wertvollen Hinweis auf einen anderen rein gallischen Gott: Belenus. Ausonius berichtet uns, daß ein gewisser Phoebicius, der Großvater seines Zeitgenossen Delphidius, eines berühmten Lehrers an der Universität von Bordeaux, *aedituus* oder ›Tempelpriester‹ des Gottes Belenus gewesen sei. Der Belenus-Kult ist uns als der des Hauptgottes von Noricum bezeugt; er wurde in Aquileia hoch verehrt, wo man ihn mit Apollo gleichsetzte (27). Der Name findet sich auf Inschriften in den Ostalpen, in Norditalien und Südgallien sowie bei den Ligurern. Man hat – wie es scheint, ganz ohne Grund – angenommen, Ausonius habe hier, ohne sich auf einen örtlichen Kult beziehen zu können, einen fremden Namen eingeführt. Dagegen spricht, daß der Name im Süden in Gegenden weit verbreitet ist, die einem starken griechischen Einfluß ausgesetzt waren, daß in Aquileia Phoebicius mit Apollo gleichgesetzt wurde und daß die Namen seines Sohnes Attius Patera wie auch seines Enkels Delphidius, die beide berühmte Redner waren, ans Griechische anklingen. Die Familie führte sich auf die Druiden von Armorica zurück, und man wird sich erinnern, daß Caesar berichtet, die Druiden hätten sich, obwohl sie ihre Gelehrsamkeit nur mündlich weitergaben, für ihre Verständigung untereinander so gut wie ausschließlich des griechischen Alphabets bedient. Die Vorstellung eines mit Apollo gleichgesetzten gallischen Gottes Belenus und seines Tempelpriesters mit Nachkommen über zwei Generationen hinweg, die Namen mit delphischen Anklängen tragen, durchweg berühmte Redner sind und sich auf ein altes Druidengeschlecht aus dem fernen Westgallien zurückführen, ist ebenso überzeugend wie anschaulich; wie erfreulich, daß im Dämmer des gallischen Heidentums ein helleres Licht auf einen gallischen Gott und seinen Priester fällt. Der Kult des Belenus und das Ogmiosporträt des Lukianos gehören zu den interessanteren, nicht alltäglichen Spuren, die der griechische Einfluß unter den im südlichen Gallien bekannten Gottheiten hinterlassen hat. Irische Mythologie wurde über die atlantischen Seewege aus einer Zeit übernommen, die weit älter ist als unsere ältesten mythologischen Zeugnisse. Von Vergil bis in das 5. Jahrhundert n. Chr. pflegten die stolzen Römer die Kelten als ein Volk zu bezeichnen, das »außerhalb unserer Welt« lebt, »am Rande der bewohnbaren Erde«. Damit meinten sie, daß die keltischen Völker jenseits der Zivilisationsgrenze Griechenlands und Roms hausten. Die stolzen Kelten jedoch bezeichnen sich bis zum heutigen Tag als »die westliche Welt«. Beide Teile haben recht. Die antike Kultur war eine Welt für sich, durch die Einführung und Verbreitung der Kunst des Schreibens hatte diese Kultur in unglaublich kurzer Zeit einen stolzen Gipfel erreicht. Schon im 5. Jahrhundert war das römische Bildungssystem nach Britannien vorgedrungen, und man schickte ganz selbstverständlich Knaben zur Schule, damit sie schreiben lernten.

Unter dieser antiken Kultur jedoch mit ihrem Schrifttum lag

eine andere reiche und glänzende Kultur verborgen. Ihre Geschichten und ihre Dichtung sowie ihre gesamte reiche einheimische Überlieferung wurde mündlich weitergegeben. Dies war das geistige Leben während der Eisenzeit, die im 7. Jahrhundert v. Chr. oder noch früher begann. In den Mittelmeerländern wich sie der klassischen Kultur, in Zentraleuropa jedoch erhielt sich diese einheimische keltische Kultur unter der römischen Herrschaft, und so entstand eine faszinierende Verbindung: die galloromanische Kultur.

Jenseits des römischen Gallien aber erhielt sich die uralte keltische Kultur der Eisenzeit in aller Frische und blieb praktisch unberührt vom römischen Einfluß. Das ist die alte bodenständige Kultur Irlands, die sich samt ihren Überlieferungen seit der Eisenzeit wie ein ungeschriebenes Manuskript aus dem keltischen Altertum in aller Reinheit erhalten hat. Irland ist das einzige keltische Land, das sich einen großen Reichtum altertümlicher mythologischer Erzählungen bewahrt hat.

Diese Mythologie steht in einem krassen Gegensatz zur griechischen Mythologie, weil die Dichter in der Frühzeit die Götter nicht zu einer großen Himmelsgemeinschaft zusammenschlossen, wie es bei den olympischen Göttern geschah. Sie leben weder im Himmel noch auf den Berggipfeln, sondern jeder für sich entweder unter oder auf der Erde, oft auch jenseits der Meere oder auf fernen Inseln.

Die alten Göttersagen Irlands lassen sich in vier Hauptgruppen unterteilen. Geschichten über örtliche Kulte im Zusammenhang mit Quellen, Flüssen oder Seen, wie sie für die gallische Religion charakteristisch sind, beziehen wir hier nicht mit ein. Sie sind als selbständige Kulte in Irland nicht von Bedeutung und begegnen uns — nicht einmal sehr häufig — meist im Zusammenhang mit einer bedeutenden Gottheit, etwa mit *Dagda*, der in Bruig na Bóinne zu Hause ist.

Die erste Gruppe ist die der älteren keltischen Götter, die aus der Frühzeit in Gallien und – möglicherweise später – aus Britannien bekannt sind.

Die zweite Gruppe ist bedeutend größer und umfaßt die einheimischen irischen Götter unter der Erde, die in den *síd*-Hügeln, den großen Hügelgräbern der Toten, zu Hause sind. Dies ist die Gruppe, von der die Mehrzahl unserer meist sehr anschaulichen Erzählungen handelt. Sie sind der heutigen Wissenschaft bei weitem am besten bekannt.

Die dritte Gruppe, die Götter der Wiedergeburt, die man auch aus außeririschen Quellen kennt, hat keine ursprüngliche oder zumindest keine offensichtliche Verbindung zu den *síd*-Hügeln, wohl aber zum Meer.

Bei der vierten Gruppe handelt es sich um Geschichten aus der ›Anderen Welt‹: *Tír Tairngiri,* ›das Land der Verheißung‹; *Tír na nÓc*, ›das Land der Jungen‹; *Mag Mell* sowie Geschichten von Sterblichen, die dieses Land besuchen. Das übliche Wort dafür ist *echtrai,* ›Fahrten‹ (in die ›Andere Welt‹), und *baili,* ›Verzückungen‹.

Die Annahme liegt nahe, daß die ältesten Götter diejenigen sind, die ursprünglich zu den alten Kelten Galliens gehörten. Ihr Oberhaupt war vielleicht der Gott Lug, von dem bereits die Rede war. Sein Name hat sich, wie wir sahen, in vielen Ortsnamen Galliens und wohl auch Britanniens erhalten. Wir kennen verschiedene Geschichten über seinen Einzug in Irland; seine ausländische Herkunft wird aus frühen Anspielungen deutlich. In einer Geschichte heißt es, er sei über das Meer hergekommen, und in einem altertümlichen irischen Gedicht wird er »Lug mit dem Schild, ein weißer *scál*« (›Geist‹) genannt, auch heißt er *scál balb,* ein ›stotternder Geist‹, was sich zweifellos auf die fremde Sprache bezieht. In Wales ist sein Name mit dem des *Lleu Llanu Gyffes* verwandt, eines hervorragenden Helden im *Mabinogi* von Math mab Mathonwy. Er wurde jedoch dem irischen Pantheon einverleibt, da der Markt von Telltown auf ihn zurückgeführt wurde, der 14 Tage vor dem Fest von Lughnasa am 1. August und 14 Tage nach diesem Fest stattfand und den Olympischen Spielen ähnelte. Er wurde von der Frau eines der *Thuatha Dé Danann* in Pflege genommen und aufgezogen, bis er fähig war, Waffen zu tragen. Diese Ausbildung im Gebrauch der Waffen und im Kriegshandwerk durch eine Frau ist ein bedeutsamer Hinweis auf einen aus frühkeltischer Zeit überlieferten Brauch, auf den wir später zurückkommen werden.

Die Dreiheit der alten keltischen Gottheiten, die *matronae* (lat. *matres*), hat sich auch in den drei Muttergöttinnen des Krieges in Irland erhalten – Mórrígan, ›große Königin‹, Macha und Bodb, der eigentlichen Göttin der Schlachten – vielleicht auch in drei Brigits. *Mórrígu* oder *Mórrígan*, ›große Königin‹, ist eine der alten pankeltischen Gottheiten und offensichtlich die Vorläuferin von Morgan la fée aus dem Arthurkreis; von ihr heißt es, daß sie ein Jahr vor der Schlacht von Moytura eine Verbindung mit Dagda eingegangen sei. Sie ist ein unheimliches Wesen. In den *Annalen von Tigernach* ist unter dem Jahr 622 das altertümliche Bruchstück einer Elegie auf einen Prinzen von Leinster erhalten, der mit seinem kleinen Boot untergegangen war: »Die tiefen klaren Abgründe des Meeres und der Sand auf dem Meeresboden decken sie zu. Sie haben sich über Conaing in seinem zerbrechlichen kleinen Boot gestürzt. Das Weib hat seine weiße Mähne Conaing in seinem Boot entgegengeschleudert. Abscheulich ist das Gelächter, das sie heute hören läßt.«

Die weißhaarige Frau mit dem abscheulichen Lachen ist die Mórrígu, die den Prinzen mit den weißen Brechern ertränkt hat. Wir denken dabei an das in *Cormacs Glossar* erwähnte

Coire Brecain, den ›Kessel des alten Weibes‹, den wohlbekannten Strudel, den Corry-vreckon zwischen dem Nordende des Jura und der Insel Scarba in den Inneren Hebriden.

Eine andere durch Inschriften in Gallien und Britannien bezeugte Gottheit ist die Göttin Brigit, *Brigantia* (vgl. den Stammesnamen der *Brigantes* in Nordengland). In dem spätirischen Text *Lebor Gabála* (117) ist sie die Tochter des *Dagda,* des bedeutendsten einheimischen irischen Gottes. Nach der Erzählung in *Cormacs Glossar* ist sie die Patronin der Dichter, während ihre beiden Schwestern die Göttinnen der Schmiede und der Gesetze sind. Man nimmt an, sie sei als St. Brigit ins Christentum übernommen worden, deren Heiligtum sich in Kildare befindet, wo ihr heiliges Feuer unterhalten wurde.

Die ältesten bodenständigen irischen Götter, die oben in der zweiten Gruppe zusammengefaßt wurden, leben unter der Erde, manchmal in Höhlen, öfter in prähistorischen Gräbern der alten toten Häuptlinge. Das berühmteste von ihnen ist *Bruig na Bóinne,* Grafschaft Meath, eines der drei großen Gräber in der Form von Bienenstöcken in der Art des sogenannten ›Schatzhauses des Atreus‹ in Griechenland. Es wird jetzt New Grange genannt und ist elektrisch beleuchtet, so daß man von innen die eindrucksvolle auf Kragstücke gesetzte Wölbung sehen kann. Diese Götter der Unterwelt werden *aes síde* (Sing. *síd*) genannt, und ihre Behausungen, die Grabhügel, sind *síde.* Der interessanteste von allen ist *Brí Leith* bei Ardagh in der Grafschaft Longford, das Heim des Gottes Midir, der der Milchbruder des Gottes Oengus mac Óc, des Sohnes von Dagda und Boann, gewesen war.

Dagda ist die bedeutendste der chthonischen älteren Gottheiten. Sein Name bedeutet wörtlich ›der gute Gott‹, doch das Beiwort weist nicht auf Gutsein im moralischen Sinne hin. Der ›gute Gott‹ ist kein Name, sondern eine Bezeichnung, ein

Beiwort. Als Dagda an der Reihe ist, im Kriegsrat für die Schlacht von Moytura seine Fähigkeiten zum Nutzen der gemeinsamen Sache darzulegen, erklärt er: »Alles, was ihr zu tun versprecht, will ich tun, ich ganz allein.« »Du bist der *gute Gott«*, sagen sie. Und von diesem Tage an wird er Dagda genannt, d. h. ›gut für alles‹, ein führender Zauberer, ein gefürchteter Krieger, ein kunstvoller Handwerker – allmächtig und allwissend. Er ist *Ruad Ro-fhessa*, ›Herr der vollständigen Erkenntnis‹.

Eine unserer ältesten Prosaerzählungen berichtet von *Dagda*, seinem Sohn *Mac Óc* und seiner Mutter *Boann*, der Göttin des Boyne. Dagda selbst wohnt in *síd Nechtain*, der Quelle des Boyne, in der Grafschaft Kildare, wo Boann infolge ihrer Vereinigung mit Dagda Mutter des Oengus vom Brugh wird. Boyne und Shannon entspringen der Überlieferung nach beide aus der Quelle Segais, die im Land der Verheißung liegt und aus der alles übernatürliche Wissen kommt. Sie war von Haselbüschen umgeben, deren Nüsse in den Brunnen fielen und Blasen der Inspiration erzeugten oder – nach einer anderen Überlieferung – vom Lachs der Erkenntnis gefressen wurden, der in der Quelle hauste. Beide Versionen tauchen immer wieder in der irischen Literatur auf, wenn von dichterischer Eingebung die Rede ist.

Oengus mac Óc wohnte in dem großen *síd* (›Grab‹) von Bruig na Bóinne, wo ihn nachts im Schlaf die Vision einer wunderschönen Jungfrau heimsucht; er verfällt darauf aus Liebe zu ihr in eine zehrende Krankheit. Man schickt nach seinen Eltern, und nach vielem Forschen bringen sie heraus, daß es sich bei dem Mädchen um Caer aus dem *síd Uaman*, ›der übernatürlichen Höhle‹, im Lande Connacht handelt, jener Provinz, die im heroischen Zeitalter unter der Herrschaft Ailills und Medbs stand. Dorthin kommt Mac Óc und findet Caer und ihre Jungfrauen in Gestalt weißer Schwäne, die Silberketten tragen, auf dem Loch Bél Dracon bei Crotta Cliach in Mag Femin. Er ruft sie zu sich, und sie gehen in sein Heim im Bruig. Wahrscheinlich stammt der Text dieser Erzählung aus dem 8. Jahrhundert.

Eine andere Erzählung aus Connacht gehört zu den spannendsten Unterweltgeschichten: *Echtra Nerai* (›Die Abenteuer Neras‹). Hier wird die Unterwelt durch eine ›Höhle‹ (*uaim*) oder eine ›Spalte‹ im Felsen nahe dem Hof des Ailill und der Medb zu Cruachain in Connacht betreten. Während der Hof das *Samain*-Fest feiert, geht Nera hinaus und schneidet einen Gehenkten vom Galgen los, der über Durst klagt, gibt ihm zu trinken und hängt ihn wieder auf. Als er an den Hof zurückkehrt, stellt er fest, daß die *síde* gekommen sind und alles niedergebrannt haben. Einen Haufen abgeschnittener Köpfe seiner Leute haben sie zurückgelassen, genau wie es bei keltischen Überfällen üblich war.

Nera bricht sofort zur Verfolgung auf und geht hinter der zurückkehrenden Schar der *síde* her, die offensichtlich Tote sind, denn jeder von ihnen sagt zu seinem Nachbarn, es müsse sich ein Lebender im Zug befinden, da er größer geworden sei. Nachdem sie die ›Höhle‹ (*síd*) von Cruachain betreten haben, werden die Köpfe als Trophäen vor dem König ausgebreitet; der König gibt Nera ein Haus und ein Weib, und seine tägliche Arbeit ist, den König mit Feuerholz zu versorgen.

Dann warnt ihn in einer Vision seine Frau, die *síde* würden am nächsten *Samain*-Fest den Hof wiederum überfallen, wenn er nicht hingehe und ihnen einen Wink gebe. Er nimmt wilden Knoblauch, Schlüsselblumen und Farn zum Zeichen, daß er aus der Unterwelt kommt, und geht an den Hof, um Ailill und Medb zu warnen. Sie zerstören den *síd*, aber Nera war »daringeblieben und ist bis heute nicht herausgekommen, und er wird auch vor dem Jüngsten Gericht nicht herauskommen«. Von dem Augenblick an, in dem er sich dem Zug der *síde* angeschlossen und die Unterwelt betreten hatte, gehörte er zu den Toten.

Die Geschichtenerzähler des alten Irland, die diese Märchen weitergaben, nannten die Götter und das Volk der Geisterwelt *áes síde* oder *sluag síde,* ›die Heerschar der *síde*‹. Doch in der Zeit, in der die Geschichten aufgezeichnet wurden, hatten sie schon lange keine religiöse oder kultische Bedeutung mehr. Man sieht in den Göttern längst nicht mehr Geister, die in unserer Mitte leben, sondern rechnet sie einer fernen Vergangenheit zu. Die Schreiber, die die Erzählungen aufzeichneten, waren christliche Mönche. Einer Version der *Táin Bó Cualnge* hat ein Mönch oder ein Geistlicher folgenden Schluß angefügt: »Ich, der ich diese Geschichte oder richtiger Erfindung aufgeschrieben habe, erkenne gewisse Dinge in dieser Geschichte oder vielmehr Erfindung nicht als Glaubenstatsachen an. Manches ist nämlich teuflischer Betrug, manches poetische Erfindung, manches hat den Anschein der Wahrheit, anderes wieder nicht, und manches soll zur Unterhaltung von Narren dienen.« Die Geistlichen zeichneten zwar getreulich diese Überlieferungen aus längst vergangener Zeit auf, vermenschlichten aber dabei die Götter und verfälschten sie auch. Sie haben sie ihres ursprünglichen Ansehens als Gegenstand der Verehrung beraubt und in eine künstliche Umgebung verbannt, indem sie die Götter in ein pseudohistorisches Schema einpaßten, das ihrem Ursprung völlig fremd war. Wir können das mit der Methode vergleichen, nach der der germanische Gott *Othinn* (*Wodan*) in den frühen Aufzeichnungen Englands zum Ahnherrn der ältesten angelsächsischen Könige gemacht worden ist.

Die Schreiber der späteren Sagen in Irland machten keinen

Unterschied zwischen den einheimischen irischen Göttern der Unterwelt, den alten keltischen Göttern Galliens, die auch in der irischen Mythologie weiterlebten, und den Göttern einer übernatürlichen Welt: *Tír Tairngiri*, ›das Land der Verheißung‹; *Tír na nÓc*, ›das Land der Jungen‹; *Mag Mell*, ›die Ebene der Glückseligkeit‹. Sie fassen alle Götter gleichmäßig unter dem Namen *Tuatha Dé Danann*, ›Stämme der Gottheit Danann‹, oder einfach *Tuatha Dé*, ›die Stämme der Gottheit‹, zusammen. Die *Tuatha Dé Danann* setzen eine Göttin *Danann* voraus, doch ist von ihr außer dem Namen aus der irischen Mythologie nur wenig bekannt. In manchen Texten wird sie als Mutter der drei mythischen Brüder Brian, Iucharba und Iuchar erwähnt. Sie entspricht zweifellos der *Dôn;* im walisischen *Mabinogi* von Math, dem Sohn *Mathonwys* (siehe Kap. 10), ist Maths Schwester Dôn die Mutter von Maths Neffen Gilfaethwy und Gwydion. In der walisischen Überlieferung sind Dôns Brüder und Neffen Menschenwesen, keine Götter, doch sind sie große Zauberer, und ihr Geschick im Zaubern erscheint wie ein spätes Echo ihrer Göttlichkeit. Tatsächlich sind in Wales die Götter der *Tuatha Dé Danann* in Helden der mittelalterlichen Geschichten der *Mabinogion* verwandelt worden. In den Anfangskapiteln der *Historia Brittonum* des Nennius findet sich allerdings in Wales schon im frühen 9. Jahrhundert jene gelehrte und spitzfindige Behandlung, die dann im Mittelalter die Götter in ein chronologisches Schema einpaßte.

Die späteren irischen Schriftsteller hatten eine ziemlich zutreffende Vorstellung davon, daß Irland in vorgeschichtlicher Zeit durch eine Reihe von Einwanderungen und Invasionen bevölkert worden war, und sie hielten die Goidelen für die Herrscherschicht im Irland der beginnenden geschichtlichen Zeit. Also mußten die Götter älter sein. Sie stellten sich vor, sie seien über das Meer nach Irland gekommen, ganz so wie später die Eroberer Irlands. Für den Erzähler heißen die Götter dieser großen Einwanderung insgesamt *Tuatha Dé Danann.* Die Einwohner Irlands, die sie im Besitz des Landes vorfanden, waren die *Fir Bolg,* die als Bauern dargestellt werden, im Gegensatz zu den *Tuatha Dé Danann,* die als höhere Wesen Zauberkraft besaßen und alle Handwerksarten und Künste beherrschten. Die älteste Form der Geschichte ist jedoch die des Nennius in der *Historia Brittonum* (Kap. 3).

Der irische Bericht über die Invasion der göttlichen Eroberer Irlands läßt sie unter der Führung ihrer Druiden und in einen Zaubernebel eingehüllt aus Richtung Norwegen und Nordschottland übers Meer herkommen; sie brachten alle Zauberkünste und Wissenschaften mit. Ihr König war Nuada, und sie bezwangen die Fir Bolg, die früheren Bewohner, durch ihre Künste in der ersten *Schlacht von Moytura,* die bei Lough Arrow in der Grafschaft Sligo stattfand und in der Nuada einen Arm verlor. Die Fir Bolg suchten Zuflucht bei den *Fomoiri* (wörtlich: die ›Unter-(See)-Gespenster‹, d. h. jenseits des Meeres unter dem Horizont) auf den Hebriden und der Isle of Man. Die *Tuatha Dé Danann* ließen sich jetzt als siegreiche Götter in Irland nieder und schlossen einen Bund mit den *Fomoiri* jenseits des Meeres. Die *Fomoiri* werden halb menschlich, halb als Ungeheuer dargestellt, die eine Hand, ein Bein und drei Reihen Zähne haben. Ihr Führer Balor hatte ein Auge in der Mitte der Stirn und war der Großvater Lugs. Ihr König *Bres* war mit den *Tuatha Dé* verwandt und regierte Irland als Stellvertreter Nuadas, nachdem dieser seinen Arm in der ersten *Schlacht von Moytura* verloren hatte. Doch die Tributforderungen und der Sklavenraub der *Fomoiri* waren für die Bewohner von Irland unerträglich. Außerdem geizten sie auch noch mit ihren Lebensmitteln, und wenn die

Häuptlinge der *Tuatha Dé* zu den Festen des Bres gingen, der König der *Fomoiri* und Regent in Irland war, so »machten sie ihre Messer nicht fettig«, und wie oft sie ihn besuchten, so roch dennoch »ihr Atem nicht nach Bier«, auch zeigte sich Bres nicht als Mäzen ihrer Dichter und Hornbläser und benahm sich überhaupt sehr unfreundlich. Schließlich stürzten sie ihn. Nuada erhielt eine schöne neue, mit Gelenken versehene Silberhand, die der göttliche Arzt Dian Cécht und der göttliche Schmied Creidine für ihn herstellten, und wurde wieder als König eingesetzt.

Das ist der Augenblick, in dem die großartigste aller irischen Göttersagen beginnt. Sie ist aus den verschiedensten Elementen zusammengebaut. Die *Fomoiri* setzten ihrerseits einen großen Überfall ins Werk und wurden von den irischen Göttern in der zweiten großen *Schlacht von Moytura* geschlagen. Der Erzähler hat hier alle irischen Götter zusammengeführt, die einheimischen und diejenigen, die übers Meer gekommen waren, indem er eine Art Vereinigter Staaten der Götter und einen göttlichen keltischen Unabhängigkeitskrieg gegen die Tyrannen und Bedrücker, die überseeischen *Fomoiri*, ersonnen hat.

Da Nuada einen Arm verloren hat, kommt er als Führer in der Schlacht nicht mehr in Frage. Während sich die Götter in ihrer Festung auf die Schlacht vorbereiten, kommt Lug über das Meer und behauptet, ihnen helfen zu können. Er gehört nicht zu den *Tuatha Dé*. Der Wächter am Tor zögert, ihn einzulassen, und will wissen, über welcherlei Künste er verfüge, doch für jedes Talent, dessen sich Lug rühmt, führt der Pförtner einen der *Tuatha Dé* an, der eben dies Talent in höchster Vollkommenheit besitzt. Da ist Dian Cécht, der Arzt, der die Verwundeten heilt, indem er sie in eine Zauberwanne setzt, und der Nuada mit einer vollkommen beweglichen und gebrauchsfähigen Silberhand versehen hat, als er die seine in der Schlacht gegen die Fir Bolg verloren hatte. Darüber hinaus war Dian Cécht's Geschicklichkeit, wie wir aus einer anderen Geschichte erfahren, so groß, daß er ein verlorenes Auge durch ein Katzenauge ersetzen konnte. Doch hatte das, wie der Erzähler bemerkt, seine zwei Seiten, denn tagsüber, wenn das Auge hätte aufmerken sollen, schlief es, während es nachts bei jedem Schilfrascheln und Mäusepfiff erwachte.

Einer der wichtigsten Götter, die vor Beginn der Schlacht versammelt sind, ist *Goibniu*, der Schmied, der die Waffen herstellt und ausbessert. Ein anderer ist *Luchtine*, der Stellmacher, der die Speerschäfte verfertigt, und dann ist auch noch *Credine* da, der die Nägel macht. So groß ist ihre Geschicklichkeit, daß Luchtine, wenn Goibniu die Speerspitzen durch einen Wurf im Türpfosten haften ließ, die Speerschäfte hinterherzuschleudern und auf diese Weise an den Spitzen zu befestigen pflegte; Credine warf dann die Nägel aus der Zange hinterher, und das genügte, um ihnen festen Halt zu geben. Goibniu erscheint auch als der Schmied Gofannon in der mittelalterlichen walisischen Erzählung von *Kulhwch* und *Olwen*.

Schließlich behauptet Lug, er selbst verstehe sich auf alle Künste (er ist *samildánach*); nun wird er sofort zugelassen, er führt die Schlacht an, wobei er seine berühmte Rüstung aus dem Land der Verheißung trägt, in dem er aufgezogen worden war, und erringt den Sieg für die Götter.

Doch die ganze große Götterschar versammelt sich und tritt ihm zur Seite. Der tapferste Kämpe ist *Ogma*, der in der Schlacht fällt. Ogma ist der Gott der Beredsamkeit, der wahrscheinlich mit dem gallischen Gott *Ogmios* gleichzusetzen ist.

Während der Schlacht sprach Lug den Männern von Irland Mut zu: »Sie sollten grimmig kämpfen, damit sie nicht länger in Knechtschaft leben müßten, denn es sei besser für sie, den

Tod bei der Verteidigung des Vaterlandes zu finden, als wie bisher in Knechtschaft und Tributpflichtigkeit zu verharren.« Diese Worte Lugs klingen noch immer durch die Jahrhunderte; sie könnten auch gestern gesprochen worden sein. Dann kam *Mórrígan* und forderte die *Tuatha Dé* auf, grimmig und kühn zu kämpfen, und die *Fomoiri* wurden ins Meer zurückgeworfen.

Darauf verfolgten Lug, Dagda und Ogma die *Fomoiri*, weil sie den Harfenspieler Dagdas entführt hatten. Als sie in den Bankettsaal des Königs Bres traten, hing die Harfe dort an der Wand. Dies ist die Harfe, der Dagda die Melodien eingegeben hatte, die nun nur auf seinen Befehl aus ihr klingen würden, und die Harfe löste sich von der Wand und kam zu ihm. Und er spielte ihnen drei Melodien vor: die Klageweise, so daß die Frauen zu weinen begannen; die Lächelweise, so daß die Frauen und Kinder der *Fomoiri* lachten, und die Schlafweise, bei der der Feind in Schlaf fiel. Und während dieser Weise entkamen die drei Götter unversehrt der mörderischen Schar der *Fomoiri.* Und als die Schlacht gewonnen war, gaben Mórrígan und Bodb Kunde von der Schlacht und dem großen Sieg den königlichen Höhen von Irland und ihren *síd*-Scharen, den Hauptgewässern und den Flußmündungen. Mórrígan beschreibt die hehren Taten, die dabei verübt worden sind, Bodb dagegen ist ein Schwarzseher und prophezeit nur die Entartung künftiger Zeiten.

Die Geschichte des Gottes Midir von Brí Leith stellt tatsächlich eine Verbindung zwischen den Göttern der *síd*-Hügel und einer anderen Gruppe, den Göttern der Wiedergeburt, her, die offenbar ursprünglich nicht mit den alten vorgeschichtlichen Grabhügeln in Zusammenhang stehen, sondern mit Reisen über das Meer. Beide Göttergruppen sind jedoch in überirdischen Regionen zu Hause.

Die Heimat Midirs ist das Land der Verheißung, das in den *síd*-Hügeln von Brí Leith, westlich von Ardagh in der Grafschaft Longford, liegt. Er behauptet, Étaín sei zwar in ihrem früheren Leben sein Weib gewesen, jedoch durch die Zauberei eines eifersüchtigen Rivalen von ihm getrennt worden. Als Étaín in ihrem späteren Leben das Weib Eochaids, des Königs von Tara, wird, kommt Midir, um sie zurückzufordern. Midir und Eochaid spielen um hohen Einsatz Schach. Zunächst läßt Midir Eochaid gewinnen, und Eochaid erlegt Midir die Buße auf, zusammen mit seinen überirdischen Scharen einen großen Damm über den Sumpf im Innern von Meath zu errichten. Nach der Beendigung kommt Midir, um wieder zu spielen, und diesmal gewinnt er. Er verlangt als Preis einen Kuß von Étaín. Einen Monat später kommt er, um ihn zu erhalten. Während der Hof von Tara beim Schmaus sitzt und alle Zugänge versperrt sind erscheint Midir in seiner ganzen überirdischen strahlenden Schönheit inmitten der Versammlung und führt Étaín durch die Rauchöffnung im Dach davon. Man sieht sie als zwei Vögel am Himmel über der Halle ihre Kreise ziehen.

In dieser Geschichte, oder besser, in diesem Geschichtenzyklus lebt Étaín in mindestens drei, vielleicht auch mehr Generationen, ohne zu altern, sondern jedesmal neu geboren. Bei jeder Wiedergeburt behält sie ihren Namen, obwohl der Name ihres Gatten jedesmal ein anderer ist. Zuerst ist sie Étaín, Gattin des Gottes Midir vom *síd*-Hügel. Dann ist sie Étaín, Gattin des Eochaid, Königs von Tara. Darauf wird sie als Étaín, ihre eigene Tochter, wiedergeboren, die von ihr selbst nicht zu unterscheiden ist, denn die irischen Frauen waren die Medien, durch die in jeder Generation die Toten immer von neuem wiedergeboren wurden. Der menschliche Gatte spielte keine geistige Rolle.

Wir werden sehen, daß diese Geschichte von Midir und Étaín eine Entsprechung in der Geschichte des Gottes Manannán mac Lir findet, des geistigen Vaters des historischen Königs Mongán aus dem 7. Jahrhundert. Der einzige grundlegende Unterschied besteht darin, daß Midir zu den síd-Hügeln gehört, den Grabhügeln der Toten, während Manannán am Meer zu wohnen scheint.

Die mythologische Überlieferung Irlands hat ursprünglich mit den alten Unterweltgöttern nichts zu tun; sie gruppiert sich um Lug und Manannán, die beide eine unmittelbare Verbindung zur Wiedergeburt haben. Wir fanden auf dem Kontinent Spuren des alten keltischen Kultes des Lug, nicht aber des Manannán. In den irischen Sagen ist Manannán König von *Mag Mell*, dem Land der Verheißung. Dieser Überlieferung nach hatte er Lug im Land der Verheißung aufgezogen und ihm seine berühmte Rüstung vermacht: seinen Helm der Unsichtbarkeit und seinen Schild, den später Finn mac Umaill besaß. In der walisischen Prosaüberlieferung (im *Mabinogi* von *Manawydan*) sind seine Familienverbindungen besser bewahrt als bei den Iren. Hier ist er Manawydan, der Sohn des Lir und Bruder von Bran dem Gesegneten. Eine der ältesten irischen Geschichten, die *Seereise des Bran*, schildert ihre Begegnung mitten auf dem Ozean, als Manannán aus dem Land der Verheißung nach Irland unterwegs ist; durch seine Zauberkraft verwandelt er das Meer und die Fische in die blumengeschmückte Ebene mit den Herden des Landes der Verheißung. Die lyrischen Partien, in denen Manannán das Land der Verheißung besingt, gehören zu den anmutigsten und bilderreichsten Stücken der irischen Mythenüberlieferung. An dieser Stelle sei betont, daß das Land der Verheißung manchmal mit einem übernatürlichen Bezirk innerhalb der *síd*-Hügel, der großen Grabhügel der Toten, gleichgesetzt, dann wieder als ein Reich dargestellt wird, das man über das Meer oder über einen See hinweg erreicht. Es ist ein Land, in dem es nichts als Wahrheit gibt, keinen Tod und keinen Verfall, keine Traurigkeit, keinen Neid, keine Eifersucht, weder Haß noch Groll noch Stolz – ein Land der Fülle, der Schaf- und Rinderherden, der ewigen Jugend, der Blumen und Früchte.

Es ist nur natürlich, daß Manannán und Bran einander mitten auf dem Meer begegnen, denn die Familie steht in enger Verbindung mit dem Meer. In der walisischen *Mabinogion*-Erzählung von *Branwen, Tochter des Llŷr,* befindet sich der Familiensitz auf dem Felsen von Harlech über der Cardigan Bay. In *Cormacs Glossar* wird Manannán als berühmter Seefahrer und Wetterkundiger der Isle of Man bezeichnet.

Dies ist die Stelle in dem *Glossar,* wo der Gott rational erklärt und vermenschlicht ist: »*Manannán mac Lir,* ein namhafter Kaufmann, der auf der Isle of Man ansässig war. Er war der beste Lotse im Westen Europas. Infolge seiner Kenntnis des Himmels wußte er, in welchen Bereichen gutes und schlechtes Wetter herrschte und wann jeweils eine Änderung eintreten werde. Deshalb nennen ihn die Schotten und Britannier einen Gott des Meeres und einen Sohn des Meeres, *mac lir.*«

Die Familie, der Manannán angehörte, war nicht in einem bestimmten keltischen Land zu Hause, sondern im Bereich der Irischen See mit allen ihren Küstengebieten und der Isle of Man als ihrem Kernpunkt. Das ist der Grund, warum Manannán wie sein Pflegesohn Lug als überseeische Ankömmlinge auftreten.

Die wichtigsten Gaben Manannáns bestehen darin, daß er durch Zauber Trugbilder erzeugen kann und daß er mit dem Glauben an die Wiedergeburt in Verbindung steht. Wir sahen, daß er mit seinen Zaubergesängen in Bran die Vorstellung erweckt, das Meer sei eine blumengeschmückte Ebene, d. h. *Mag Mell.* Tatsächlich ist seine Fähigkeit, die Sinne zu täuschen, unbegrenzt. Er selbst verwandelt sich häufig und kann auf diese Weise die Reinkarnation, die Wiedergeburt, überwachen. Er selbst scheint ein Vorgänger Lugs zu sein. Er zeugt viele Kinder und ist ein Seelengeleiter, ein *psychopompos.* Er hat kein gewöhnliches Familienleben, keinen ortsgebundenen Wohnsitz, keine unmittelbare Verbindung zu den alten Kultzentren, doch kann er infolge seines plötzlichen Auftauchens und Verschwindens und seiner Verwandlungskunst Vater von Kindern der Frauen anderer Männer, also von Kindern anderer Männer, werden. Das sind dann nicht seine Kinder. Er ist nur der geistige Vater.

Das erstaunlichste Beispiel von Manannáns geistiger Vaterschaft ist die Geburt des historischen Königs Mongán (gest. 615), der zu Moylinny am Lough Neagh im Norden Irlands regierte, in einem Königreich, dessen Bewohner die Cruithni hießen. Die Sage berichtet, daß der König, Fiachna Lurgan, nach Alba (Schottland) gezogen sei, um seinem Verbündeten, Aedán mac Gabráin (St. Kolumbas König) gegen die Sachsen zu helfen. Er hat seine Frau in der königlichen Burg zu Moylinny zurückgelassen, wo ihr ein vornehm aussehender Mann erscheint und erklärt, ihr Mann werde am nächsten Tag in der Schlacht fallen, wenn sie nicht einwillige, ihm, dem Ankömmling, einen Sohn zu gebären, der der berühmte Mongán sein werde. Um das Leben ihres Mannes zu retten, erklärt die Frau sich einverstanden, und am nächsten Tag erscheint dieser vornehm aussehende Mann in Alba vor den Heeren Aedáns und Fiachnas und besiegt den Gegner Fiachnas. Als Fiachnas Frau ihm bei seiner Heimkehr erzählt, was sich ereignet hat, dankt er ihr für alles, was sie für ihn getan hat, und die Geschichte endet folgendermaßen: »Dieser Mongán ist also ein

Sohn Manannán mac Lirs, wenn er auch Mongán, Sohn des Fiachna, heißt. Denn als er (d. h. Manannán) am Morgen von ihr wegging, hinterließ er bei Mongáns Mutter diesen Vierzeiler:

›Ich gehe nach Hause,
Der blasse klare Morgen naht heran:
Manannán, Sohn des Lir,
Ist der Name dessen, der bei dir war.‹ «

Doch das Merkwürdige ist, daß Mongán die Fähigkeiten Manannáns erbt. Denn als er drei Nächte alt war, kam Manannán ihn holen und zog ihn im Land der Verheißung auf, bis er zwölf oder vielleicht auch 16 Jahre alt war. In einer anderen Sage wird dagegen behauptet, Mongán sei der wiedergeborene Finn mac Cumaill, doch werde ihm das nicht offenbart. Es wurde jedoch in der Burg Moylinny von Caílte, dem Pflegesohn Finns, der aus dem Land der Toten kam, öffentlich kundgetan. Da Mongán allgemein als Sohn Fiachnas des Lichten angesehen wurde, wäre es nicht ausgeschlossen, daß die Vorstellung, er sei der wiedergeborene Finn, sekundär ist.

Das Seltsamste an diesen Geschichten von Mongán ist, daß er in christlicher Zeit lebte. Ein dem Dichter Muru von Fahan in Donegal zugeschriebenes Gedicht läßt Mongán aus dem »herdenreichen Land der Verheißung« kommen, um mit Colum Cille zu sprechen und sich dann Eintritt in den Himmel zu verschaffen, indem er seinen Kopf unter Colum Cilles Kapuze birgt. Ist es denkbar, daß es unter Fiachna bei den Cruithni einen Rückfall ins Heidentum gegeben hätte und daß sie von Mongán – möglicherweise unter dem Einfluß von Colum Cille – wieder bekehrt worden sind? Die aus der Geschichte von der Empfängnis Mongáns deutlich zu erschließenden guten Beziehungen zwischen Fiachna, dem König der Cruithni, und Aedán mac Gabráin, Kolumbas König im irischen Dál

Riata, geben dieser Vermutung eine gewisse Berechtigung. Der in Irland überlieferte Glaube an die Wiedergeburt führt uns noch einmal zu festländischen Aufzeichnungen zurück. Nach den Berichten gewisser antiker Autoren lehrten gallische Druiden, daß die Seelen unsterblich seien und *in alio orbe* wieder ins Leben träten. In den gallischen Überlieferungen finden sich nur wenige Spuren eines Glaubens an die Wiedergeburt oder an das Amt eines Gottes als *psychopompos*, eines göttlichen Vaters von Kindern, die, wie Mongán, einen menschlichen Vater haben. Bei Augustinus dagegen findet sich eine merkwürdige Stelle, wo er unter Berufung auf »eine unanfechtbare Quelle« behauptet, daß »unsaubere Geister – *Silvanos et Panes*, im Volksmund *incubi* genannt – oft Frauen auf unverschämte Weise bedrängen, und daß gewisse *daemones*, die von den Galliern *Dusii* genannt werden, derartige böse Handlungen versuchen und auch zuwege bringen«. Ist es möglich, daß Augustinus derartige Geschichten, wie wir sie mit Manannán verbinden, gekannt und begreiflicherweise mißverstanden hat und daß er sie nach christlichen Maßstäben auslegt?

Es wäre gewagt anzunehmen, daß der Kult Manannán mac Lirs stets auf die Irische See beschränkt geblieben oder auch nur, daß er in diesem Bereich entstanden sei. In der frühen isländischen und nordischen Literatur finden sich schriftliche Zeugnisse, die nahe Beziehungen zu Manannán, dem Kult der Wiedergeburt und dem Land der Verheißung aufweisen. Überlieferte Mythen berichten von einem gewissen Guðmundr von Glasisvellir, der über ein überirdisches Reich herrschte, das *Tír Taingire* ähnelte und dessen Bewohner angeblich nicht starben, sondern von Generation zu Generation weiterlebten; sein Reich heißt *Ódainsakr*, ›das Feld der nicht Toten‹, und *Land lifanda manna*, ›das Land lebender Männer‹. Aus den

Geschichten geht hervor, daß es ein Land der Wiedergeburt war, ein Land der Jugend und Unsterblichkeit. Die Hebriden kommen als Ausstrahlungszentrum in den nördlichen Meeren in Frage. Die frühe nordische Dichtung *RígsÞula* ist sicher in einer irischen Umgebung entstanden; hier ist der nordische Gott *Rig* (irisch *rí*, ›König‹) geübt darin, verschiedene Gestalt anzunehmen, und steht in enger Verbindung mit dem Meer. In den nordischen Sagen und in den nordischen Helgi-Gedichten der Älteren Edda kommt die Wiedergeburt der Toten gleichfalls dadurch zustande, daß ein Sterblicher das Land der Toten besucht und in die Grabhügel eindringt, in denen die Toten bestattet sind.

Die geistige Rolle, die den Frauen in diesem Kult der Wiedergeburt zufällt, ist sehr bedeutsam. In dieser Phase der irischen Mythologie ist die Frau, nicht der Mann, das Medium, das die Seele des Toten der Wiedergeburt in einer späteren Generation zuführt. Man kann tatsächlich sagen, daß im allgemeinen das hohe Ansehen der Frau ein charakteristischer Zug der frühkeltischen Kultur und insbesondere der keltischen Mythologie ist. Die *matronae, matres,* fanden wir schon unter den ältesten Gestalten der gallischen Kultur. In Irland gelten die einheimischen Götter, die *Tuatha Dé Danann,* als die ›Stämme der Göttin Danann‹. Die Mórrígan ist die ›große Königin‹.

Geschichte und Überlieferung machen gleichermaßen das hohe Ansehen deutlich, das die Frauen der keltischen Sagenwelt genossen. Die römische Geschichtsschreibung erwähnt im keltischen Britannien keine männlichen Gegner, die das Format einer Boudicca oder Cartimandua haben. Im heroischen Zeitalter Irlands ist Medb, die Königin von Connacht, die regierende Herrin. Ailill, ihr Mann, ist nie mehr als ihr Gatte, und Medb selbst ist die bedeutendste Persönlichkeit aller Königsgeschlechter des heroischen Zeitalters.

In irischen und walisischen Geschichten aus dem keltischen Britannien werden die großen Helden nicht nur in der Weisheit, sondern auch in der Waffentüchtigkeit von Frauen unterwiesen. In der irischen Sage *Emers Werbung* bilden zwei streitbare Königinnen Cú Chulainn in allen kriegerischen Heldentaten aus: Scáthach, die gleichzeitig auch eine *fáith*, d. h. eine Seherin, ist, eine Expertin in übernatürlichem Wissen, und Aífe. In der walisischen Erzählung von *Peredur* (später Parzival), empfängt der Held seine Ausbildung durch die neun *gwiddonod* von Gloucester, Frauen, die einen ähnlichen Beruf ausgeübt zu haben scheinen. Sie tragen Helm und Rüstung und unterweisen Peredur in den ritterlichen Tugenden und Waffenkünsten und statten ihn mit Roß und Rüstung aus. Diese Frauen lehren auch andere junge Männer und wohnen mit ihren Eltern an einem festen Wohnsitz, einem *Llys* oder Hof. Die ganze Einrichtung scheint einer Kriegsschule geglichen zu haben.

Dieses hohe Ansehen der Frauen ist auf den britischen Inseln schon sehr alt. Bei den alten Pikten war die Erbfolge in mütterlicher Linie bis ins 9. Jahrhundert die Regel. Beda berichtet, daß selbst zu seiner Zeit noch das weibliche Erbfolgerecht in Kraft war, wenn bei den Pikten ein neuer König gewählt werden mußte. Geht das auf die Gallier vom Festland zurück? Zumindest scheinen auch die gallischen Frauen waffentüchtig gewesen zu sein. Ammianus Marcellinus, der im 4. Jahrhundert schrieb, hat uns eine unvergeßliche Schilderung der gallischen Frauen als Krieger hinterlassen: »Fast alle Gallier sind groß, blond und zeigen eine rötliche Gesichtsfarbe; sie sind schrecklich durch ihren wilden Blick, sehr streitsüchtig, überaus stolz und anmaßend. Eine ganze Schar wäre nicht in der Lage, einem einzigen Gallier Widerstand zu leisten, wenn er seine Frau herbeiriefe, die ihm an Kraft überlegen ist, besonders wenn sie, tief Atem holend, zähneknirschend und ihre riesigen weißen Arme schwingend, dazu übergeht, Schläge und Tritte auszuteilen, die wie Wurfgeschosse aus einer Schleuder treffen.« (XV, XII)

Es wurde gesagt, daß die irischen Götter sich üblicherweise in drei Hauptgruppen einteilen lassen und daß die der ersten Gruppe, die auch in Gallien vorkommen, wahrscheinlich die ältesten sind. Die zweite hängt mit den vorgeschichtlichen Grabhügeln zusammen, wobei es sich offenbar um chthonische Gottheiten handelt. Die dritte Gruppe umfaßt die Götter der Wiedergeburt. Die führenden neueren Gelehrten neigen dazu, eine vierte Gruppe aufzustellen, bestehend aus bestimmten Männern und Frauen, Helden und Heldinnen, die in der irischen Literatur und der geschichtlichen Überlieferung als Menschen erscheinen, von denen man aber heute allgemein annimmt, daß sie ursprünglich Götter und Göttinnen waren. Diese verhältnismäßig neue Auffassung ist nicht auf irische Gelehrte beschränkt. Sie bildete sich am Anfang des vorigen Jahrhunderts unter deutschen Volkskundlern und Sagenforschern heraus und beeinflußte weithin die Erforschung nicht nur der alten griechischen und der modernen slawischen, sondern auch der germanischen und keltischen Mythen. Es ist hier nicht der Ort für die Behandlung dieses Themas, doch seien einige Beispiele dieser neuen Kategorie irischer ›Götter‹ erwähnt. Diese neue Tendenz bildet ein interessantes Gegenstück zu den rationalisierenden Bemühungen der frühmittelalterlichen Geschichtsschreiber, die die irischen Götter als menschliche Eindringlinge darstellten, von denen Irland mit Waffengewalt erobert wurde.

Seit langem bestand die Vermutung, daß Cú Roí mac Dári, der Beherrscher von Munster in der *Táin Bó Cualnge*, ein Gott gewesen sei, weil ihm gewisse Zauberattribute zugeschrieben wurden und weil er gewisse rituelle Funktionen an sich selbst vollzog. Allerdings erscheint er in den Heldengeschichten immer als menschlicher Held. In einer gelehrten und ausführlichen Untersuchung ist Gerard Murphy für einen göttlichen Ursprung Finn mac Umaills eingetreten, der nach Leinster und Connacht gehört und der in den überlieferten Geschichten als menschlicher Held erscheint. O'Rahilly erklärt kategorisch, Cormac mac Airt sei in Wirklichkeit kein König, sondern ein Gott gewesen. Irische Gelehrte behaupten in überwältigender Mehrheit, Medb, die Königin von Connacht in der *Táin Bó Cualnge*, sei eine Göttin gewesen. Das Beweismaterial ist teils philologischer Natur – ihr Name bedeutet ›Rausch‹ –, teils ergibt es sich aus der großen Anzahl der ihr zugeschriebenen Gatten sowie aus ihrer rituellen Eheschließung. In der irischen Überlieferung jedoch werden diese Gestalten aus der Heroenzeit genau wie bei den Griechen nie als Götter dargestellt, und in der Literatur erscheinen sie durchgehend als Menschen. Wir nehmen die Überlieferung, wie sie ist.

Binchy hat neuerdings in einem aufschlußreichen Artikel das Zeremoniell, mit dem Médb überlieferungsgemäß in ihr Amt eingesetzt wird, in einen größeren Zusammenhang gestellt, indem er den archaischen Charakter dieser Zeremonien und ihre Verwandtschaft mit den Einsetzungsbräuchen anderer irischer Könige und bei Königen in anderen Teilen der Welt aufgezeigt hat, durch die jenen ebenfalls göttliche Kräfte verliehen werden. Hier sei noch hinzugefügt, daß sich die zeremonielle Heirat der regierenden Königin mit den überlieferten alten Heiratsbräuchen der Pikten vergleichen läßt. Als Beweis für die Einsetzung eines menschlichen Herrschers mittels eines Zeremoniells, das ihm göttliche Kräfte verleiht, lassen sich gewisse »Wiedergeburtszeremonien« auf der Insel Bali in Indonesien anführen: Diejenigen, die sich ihnen unterwerfen, werden *dvija*, ›zweimal geboren‹, wie die oberen Kasten in Indien. Es sei außerdem auf einen früher in Travancore in Südwestindien geübten Brauch hingewiesen, nach dem die Herrscher aus der *kṣatriya*-Kaste gewählt werden und die Erbfolge über die weibliche Linie läuft. Trotzdem wird hier der Rajah, ehe er den Thron besteigen kann, einem Ritual unterworfen, bei dem er seine *kṣatriya*-Kaste gegen die eines Brahmanen austauscht, eines ›Gottes‹ also, eines der ›Gott-Menschen‹. Die Zeremonie versinnbildlicht die doppelte Geburt des *dvija* als Mensch und Gott. Der *kṣatriya* ist tatsächlich wiedergeboren.

Die irischen Götter werden immer als schöne und prächtig gekleidete Erscheinungen dargestellt. Lug hat einen goldenen Helm sowie eine goldene Rüstung, und sein Schild ist berühmt. Wir sahen in einem frühen Gedicht die Formel »Lug mit dem Schild, ein lichter *scál*«, d. h. ein lichtes Gespenst oder ein Geist (dem Tod entrückt), und die späte Sage vom *Schicksal der Kinder von Tuireann* zeigt ihn als Träger der Zauberrüstung seines Pflegevaters Manannán aus dem Land der Verheißung. Manannán selbst wird bei seiner ersten Begegnung mit Fiachna Find folgendermaßen beschrieben: »Er trug einen einfarbig grünen Mantel und eine Spange aus weißem Silber im Mantel über der Brust und ein Atlashemd auf seiner weißen Haut; einen goldenen Reif auf seinem Haar und zwei Goldsandalen unter den Füßen.«

Und wieder erinnern wir uns an die Gallier, wie Ammianus Marcellinus sie uns geschildert hat: »Sie achten alle sehr auf Sauberkeit und Gepflegtheit, und im ganzen Land ... sieht man auch unter den Ärmsten weder Mann noch Frau schmutzig oder mit zerrissenen Kleidern.« (XV, XII)

Es scheint, daß wir nie das Glück haben werden, die Götter als Gemeinschaft im *Tír Tairngire* oder *Tír na nÓc* versammelt zu sehen, aber bei mehr als einer Gelegenheit genießen wir den Vorzug, Zeugen eines Besuchs zu sein, zu dem ein König von Tara durch eine Art Wunder dorthin versetzt wird. Eine der ältesten irischen Erzählungen – *Baile in Scáil* – berichtet, wie der vorgeschichtliche König Conn Cétchathach mit seinen drei Druiden und seinen drei Dichtern auf den königlichen Wällen von Tara plötzlich in einen Zaubernebel eingehüllt wurde. Ein Reiter kam durch den Nebel geritten, der sie mit sich in sein Haus nahm, in eine Burg mit einem goldenen Baum neben dem Tor. Im Haus befand sich der Gott Lug, hochgewachsen und schön, und daneben saß bei einem silbernen Faß voll Bier eine wunderschöne Jungfrau, die ›Landeshoheit von Irland‹. Aus einem goldenen Gefäß schenkte sie Conn wiederholt Bier ein, und bei jedem Trunk nannte Lug, der danebenstand, einen Nachkommen Conns, der ihm als Herrscher nachfolgen würde, und Conn schrieb ihre Namen in Ogam auf ein Stück Holz nieder. Schließlich löste sich der Nebel auf, und Conn fand sich mit seinen Gefährten wieder in Tara. Diese Geschichte wird gewöhnlich als die feierliche Vermählung des Königs von Tara mit der Souveränität von Irland gedeutet. Sicherlich drückt sie den Anspruch der goidelischen Herrscher von Tara auf ihr göttliches Recht aus – vielleicht auch einen Anspruch darauf, daß dieses Recht auf einen von jenseits des Meeres eingeführten Kult zurückgeführt wird, der die alten einheimischen Götter verdrängt hat. Eine ähnliche *echtrae*, ›Vision‹ – wir können es ein Wunder nennen –, erlebte Conns Enkel, Cormac mac Airt, doch hier ist anstelle von Lug Manannán mac Lir der Gott, der auf der Burg im Land der Verheißung gebietet. Manannán hat hier Cormacs Frau, Sohn und Tochter gestohlen und mit sich in seine Heimat, in das Land der Verheißung, geführt, doch als er sie Cormac wiedergibt, sagt er: »Ich erkläre dir hiermit, o Cormac, daß bis heute weder deine Frau noch deine Tochter das Antlitz eines Mannes gesehen haben, seit ich sie von dir aus Tara weggenommen habe, und daß dein Sohn nicht das Gesicht einer Frau gesehen hat. Nimm also deine Familie mit dir«, sagt der Krieger. »Ich bin Manannán mac Lir, König des Landes der Verheißung, und damit du das Land der Verheißung sähest, habe ich dich hergebracht.«

Das ist ein Wunder im Sinne der Griechen, eine Vorschau auf das Land der Verheißung. In gewisser Weise ist es auch Manannáns *apologia pro vita sua,* aber es läßt alles Wichtige ungesagt. Manannán ist der einzige frühe irische Gott, der in der überlieferten Literatur nie überzeugend vermenschlicht worden ist. Er ist bis zuletzt ein übernatürliches Wesen.

Es ist eine seltsame Geschichte oder Geschichtenfolge. Der heutigen Vorstellungswelt steht Manannán unter den irischen Göttern am fernsten. Ist es ein letzter Nachhall der pythagoreischen Fortdauer der Persönlichkeit, der über Gallien aus der spätmediterranen Welt herüberklingt? Wir wissen, daß von den Druiden behauptet wird, sie hätten eine derartige Philosophie in Gallien gelehrt, und wir sahen, daß die irische Mythologie mancherlei Verbindungen nicht nur mit der Sagenwelt der Kelten Galliens, sondern auch mit der von Wales und sogar von Schottland hatte.

Die irische Mythologie zeigt genauso deutlich wie die griechische, welche tiefe Kluft zwischen Mythologie und Religion liegt. In beiden Religionen, der irischen und der griechischen, müssen die Kulte irgendwann einmal die Mythen hervorgebracht haben, doch diese haben sich zeitlich und manchmal auch örtlich weit von ihren ursprünglichen Kultzentren entfernt. Sie sind bis zu uns gedrungen, nicht als Religion, sondern als literarische Themen. Sie zeigen weder Ehrfurcht noch Achtung vor den ältesten Göttern, und allmählich färbt in dem Maß, in dem die Kluft sich vertieft und Religion und Glaube schwinden, lockerer Humor, ja sogar rohe Rüpelei die Bilder dieser Götter. In der zweiten *Schlacht von Moytura* ist Dagda, einst der *ruad ro-fhessa*, ›Herr alles Wissens‹, zum komischen und schwerfälligen alten Mann geworden, »so fett und schwerfällig, daß die Männer lachten, wenn er versuchte, sich vorwärts zu bewegen«. Er hat einen Kessel, der 80 Gallonen faßt und ebensoviel an Fleisch und Fett — ganze Ziegen, Schafe und Schweine. Alles das ist nötig für das Porridge des Dagda. Sein Schöpflöffel ist so groß, daß ein Mann und eine Frau hineinpassen. Doch merkwürdigerweise erstreckt sich diese Abwertung nicht auf Lug oder Manannán. Sie stehen auf einer anderen Stufe. Warum, fragt man sich. Ihre Schönheit und Würde und die Pracht ihrer Erscheinung verlieren nie ihren Glanz.

In der großen Schlacht, die die Unabhängigkeit der Götter von den *Fomoiri* begründet, ist Lug der Fremdling von jenseits des Meeres, Lug, der alles kann (*Samildánach*), derjenige, der die Götter zum Sieg führt, obwohl Dagda, der Vertreter der älteren bodenständigen Götter, der ebenfalls alles konnte und alles wußte, anwesend ist. Dürfen wir annehmen, daß der Kult der Wiedergeburt den alten Kult der Toten in den *síd*-Hügeln verdrängt hat? Und sogar einen noch älteren und weiter verbreiteten Kult, die Naturreligion mit der Verehrung von Flüssen und Quellen, die in Gallien so weithin bezeugt ist? Vielleicht ist der weite Abstand, der die irische Mythologie von einem religiösen Kult trennt, die Ursache dafür, daß die christlichen Mönche keine Hemmungen hatten, die Mythen in ihren Büchern aufzuzeichnen. Sie zeigten allerdings auch keine Bedenken, die Zauberpraktiken, die in diesen mythologischen Erzählungen vorkamen, wiederzugeben. Immer wieder wird die geheimnisvolle Anwendung von zauberkräftigen Verboten erwähnt, die als *gessa* bekannt sind. So ging Conaire Mór, ein vorgeschichtlicher König von Irland, dadurch zugrunde, daß das ihm auferlegte persönliche *gessa* verletzt worden war, wie in der Erzählung von der *Zerstörung der Halle Da Derga* berichtet wird. Hellsehen wird weithin anerkannt, und wo es vorkommt, wird es gewöhnlich mit dem Wort *adciu,* ›ich sehe‹ mit meinem geistigen Auge, eingeleitet; »Ich sehe rot, ich sehe sehr rot.« Zaubersprüche und Beschwörungen werden häufig angewandt. In einem irischen Text wird wörtlich wiedergegeben, auf welche Weise eine übernatürliche Erscheinung herbeigeführt werden kann. Sie heißt *Imbas forosnai,* ›Eingebung, die erleuchtet‹, und auch die Namen anderer Zaubersprüche werden samt den ihnen zukommenden poetischen Formeln aufgezeichnet.

Die irische Mythologie führt uns in eine seltsame Welt der Phantasie. Mit Recht konnten die antiken Völker des Mittelmeerraumes von den Kelten, ja auch von den Galliern sagen, sie lebten »jenseits des Sonnenuntergangs, fern von unserer Welt«. Dennoch sind sie noch weiter von der Welt des Mittelalters entfernt. Die irischen Götter sind weder Elfen noch Feen, sondern groß, schön und licht, in all ihrer körperlichen Kraft, ihrer Macht und edlen Erscheinung, ja selbst in der Kleidung sind sie den Männern und Frauen der Menschenwelt überlegen. Sie erinnern uns an die Schilderung von Galliern, wie wir sie bei antiken Schriftstellern finden. Es gibt keine Hexen oder Teufel, keine kindischen Wunder oder rein vulgäre Entfaltung von Zauberkraft. Das Übernatürliche und Wunderbare zeichnet Beherrschung und Würde aus. Nirgends ist die Rede von Schuld, Bestrafung oder Gericht in einem Leben nach dem Tod, durch die die Heiterkeit der »seltsamen Anmut« der keltischen Mythologie gestört werden könnte. Und gerade diese »seltsame Anmut« der »Atmosphäre einer anderen

Welt verleiht dem irischen Sagenzyklus eine ganz besondere Schönheit«.

Im Gegensatz zu Gallien sind im römischen Britannien bauliche und sonstige Überreste, die von der Überlieferung her mit dem bodenständigen keltischen Heidentum in Verbindung gebracht werden, verhältnismäßig selten. In Irland sind sie ebenfalls weniger häufig als in Gallien, dafür aber ansehnlicher; außerdem gehören sie in eine ganz andere Zeit und Tradition. Dort stellen die großen Hügelgräber aus der Bronzezeit, besonders die Hügel aus dem Tal des Boyne, die Hauptzeugen der heidnischen Religion dar. Sie stammen aus einer älteren Zeit als die Denkmäler, die in Gallien von der keltischen Mythologie künden, und sie sind zudem bar jenes römischen Einflusses, der in Gallien und Britannien so viele keltische religiöse Überlieferungen durchdrungen hat. Dagegen wurden in der irischen Mythologie diese frühen bronzezeitlichen Hügel oder Kammergräber schon in der frühesten uns bekannten Phase mit keltischen Gottheiten in Verbindung gebracht. Wann allerdings die prähistorischen Bauten Irlands zum erstenmal in die keltische Mythologie einbezogen wurden, entzieht sich unserer Kenntnis.

8

Das keltische Christentum und seine Literatur

Die Einführung des Christentums in Gallien vollzog sich langsam und stufenweise. Wann die Bekehrung begann, wissen wir nicht, doch aus dem 2. Jahrhundert haben wir zeitgenössische Berichte von Christen in Lyon und in Vienne. Der Gemeinde von Lyon stand Bischof Pothinus vor, daneben der Priester Irenaeus, der ihm schließlich im Amt nachfolgte. Im Jahr 177 brach eine Verfolgung von unglaublicher Härte über die kleine Gemeinde herein; eine Anzahl von Christen wurde ins Gefängnis geworfen, grausam gefoltert und umgebracht. Unter den Märtyrern befand sich auch der Bischof Pothinus. Da er damals 90 Jahre alt war, wird seine Einsetzung in das Bischofsamt kaum sehr kurze Zeit vorher stattgefunden haben, und wir dürfen deshalb vielleicht annehmen, daß die christliche Gemeinde von Lyon zu dieser Zeit nicht neu war, wenn auch Eusebius (1) von denjenigen spricht, »durch die unsere Dinge in Fluß gebracht worden waren«; Sulpicius Severus stellt fest, daß das Evangelium nur langsam über die Alpen nach Gallien vorgedrungen war.

Was wir über diese Verfolgung und die damit verbundenen Leiden wissen, stammt aus einer von den gallischen Kirchen an die Kirchen von Asien und Phrygien gerichteten Epistel, die Eusebius, der Bischof von Caesarea (um 260 – um 340), aus Berichten über gallische Martyrien und Briefen ausgewählt hatte. Diese Epistel ist »das erste aus der Sammlung von Dokumenten der Kirche von Gallien; sie ist im wesentlichen zuverlässig« (2). Eusebius nahm sie in seine Martyriensammlung auf. Sie ist nicht erhalten, aber Teile davon hat Eusebius in seine Kirchengeschichte eingearbeitet (3), die unsere reichste und verläßlichste Quelle über die Lage in Lyon und die einzelnen Märtyrer und ihre Leiden ist. Weitere Nachrichten stammen von Gregor, dem Bischof von Tours (etwa 540–594), der – möglicherweise in Lyon – Zugang zu Nachrichtenquellen hatte, die heute nicht mehr verfügbar sind; wir finden diese Berichte in seinem Werk *De gloria martyrum*, Kap. 48.

Die Epistel ist von den »Dienern Christi zu Vienne und Lyon an die Brüder in ganz Asien und Phrygien« sowie an Eleutherius, den Bischof von Rom, gerichtet. Eusebius, der ihren Brief vor sich gehabt zu haben scheint, berichtet uns, daß dieser vom Priester Irenaeus nach Rom gebracht worden sei: »Wir haben Irenaeus, unseren Bruder und Gefährten, beauftragt, Euch diesen Brief zu überbringen«, schrieben sie an den Papst, »und wir bitten Euch, ihn wertzuhalten als einen treuen Verfechter des Vermächtnisses Christi« (4). Nach dem Zeugnis des hl. Hieronymus (5), an dem zu zweifeln wir keine Ursache haben, hat Irenaeus seinen Auftrag erfüllt. Seine Abwesenheit von Lyon erklärt ohne weiteres, daß er bei den Verfolgungen nicht das Leben verlor. Spätere Zeugnisse berichten von seinem Martyrium, doch ist das ungewiß, da Zeit und Art seines Todes unbekannt sind.

Nach Gregor von Tours war Pothinus wahrscheinlich der erste Bischof von Lyon (6). Von der Lebensgeschichte des Irenaeus (um 130 – um 200) ist wenig bekannt. Gregor von Tours erklärt, er sei von Polykarp (um 69 – um 155), dem Bischof von Smyrna, nach Lyon ›gesandt‹ (*directus*) worden. Eusebius zitiert aus einem Brief, den Irenaeus an einen Freund geschrieben haben soll und in dem er behauptet, in Smyrna als

Knabe den Worten des Polykarp, des Märtyrerbischofs von Smyrna, gelauscht zu haben, als er von seinem Umgang mit Johannes und den anderen Jüngern, die den Herrn gesehen hatten, erzählte (7). Es ist sehr wahrscheinlich, daß Irenaeus in Rom war, als Polykarp dorthin kam, um mit Anicetus die Osterkontroverse zu erörtern; Eusebius erwähnt, daß die beiden Bischöfe freundschaftlich miteinander verkehrten (8).

Wir haben keinen Grund, an diesen frühen Erlebnissen des Irenaeus mit den griechischen Lehrern von Kleinasien und Rom zu zweifeln, zumal sein Ruf als hervorragender Gelehrter mit dieser Vorbildung durchaus in Übereinstimmung steht. Er hat offenbar viel geschrieben, und wenn auch zahlreiche Schriften verloren sind, so genügt doch, was davon an Übersetzungen ins Griechische, Syrische und Armenische erhalten ist, um zu beweisen, daß er Beträchtliches dazu beigetragen haben muß, die Kirche von Lyon zu einem wichtigen Bindeglied zwischen den Kirchen des Ostens und des Westens zu machen. Er war tatsächlich der erste große katholische Theologe, und, abgesehen von einer neuerdings entdeckten armenischen Übersetzung der *Darstellung der apostolischen Verkündigung*, befassen sich seine theologischen Arbeiten mit christlicher Apologetik zur Verteidigung der Rechtgläubigkeit. Sein Hauptwerk hieß *Adversus omnes haereses* und war ein direkter Angriff auf die Gnostiker; es ist griechisch geschrieben und so nur teilweise, in einer alten frühlateinischen Übersetzung jedoch vollständig erhalten. Das Griechische war noch immer die Hauptsprache der Kirche, doch Lyon war eine lateinische Stadt, und Irenaeus entschuldigt sich wegen seines — wie er meint — mangelhaften griechischen Stils damit, daß er inmitten der Kelten lebe und meist einen ›barbarischen Dialekt‹ spreche (9).

Die interessanteste Tatsache aus seiner Amtstätigkeit als Bischof ist seine Intervention in der berühmten Osterkontroverse um 190, die in den folgenden Jahrhunderten eine so bedeutende Rolle spielte. Seit der Zeit der Apostel schon waren die verschiedenen europäischen und asiatischen Kirchen hinsichtlich der Datierung und der Begehungsweise des Osterfestes verschiedener Meinung gewesen. Die Asiaten stützten sich auf eine örtliche Überlieferung und betrachteten Ostern als den Todestag des Erlösers, den sie mit Fasten begingen, gleichviel, auf welchen Wochentag er fiel, auch wenn es ein Sonntag war. Selbst in Rom hielten sie an dieser Übung fest und erklärten, sie könnten von dem Brauch nicht lassen, der von den großen Leuchten der Kirche, insbesondere von dem Apostel Johannes, stamme. Im Jahr 189 neigte der Papst Viktor dazu, den Trennungsstrich zu setzen und die asiatischen Kirchen zu exkommunizieren, doch die Bischöfe rieten dringend zum Frieden, und aus ihren Reihen wies Irenaeus im Namen der Brüder, denen er in Gallien vorstand, in einem Brief darauf hin, daß nicht nur der Zeitpunkt des Osterfestes, sondern auch die Art und Weise zu fasten strittig sei und daß die Meinungsverschiedenheiten sich in einer langen Zeitspanne erst allmählich herausgebildet hätten; er erinnerte Viktor an die versöhnlichere Haltung seines Vorgängers Anicetus und dessen Nachfolger. Viktor war vernünftig genug, sich von diesen Ratschlägen umstimmen zu lassen.

Irenaeus erwähnt Kirchen in Germanien (10) und auch in keltischen Ländern, und es scheint, daß das Christentum sich auch in Gallien schon einigermaßen ausgebreitet hatte, wobei Lyon vielleicht eine Art Mutterkirche und Kristallisationspunkt war (11). Ein anderes Bistum wird im 2. Jahrhundert nicht genannt. Nach dem Tod des Irenaeus ist der erste urkundlich erwähnte gallische Bischof Saturninus von Toulouse, dessen *Passio* den Anfang seines Episkopats auf das Jahr 250 festlegt; aus zeitgenössischen Dokumenten geht hervor, daß Gallien damals vor allem im Süden, in den Gebieten mit städtischer Kultur, eine anerkannte Episkopalordnung hatte. Im nördlichen Gallien ging die Christianisierung langsamer vor sich, da hier die alten gallischen Landgüter im Gegensatz zum Rhônetal für die Entwicklung einer festen Ordnung wesentlich weniger natürliche Gelegenheiten der neuen Religion boten.

Mit der Regierung Konstantins des Großen (274—337), der 313 Augustus ersten Ranges wurde und im gleichen Jahr zusammen mit seinem Schwager Licinius das berühmte Edikt von Mailand zum Schutz der Christen herausgab, begann eine neue Ära für das Christentum in Gallien und im Westen überhaupt. 323 wurde Konstantin Alleinherrscher des Ostens und des Westens, und wenn er sich auch nicht offiziell zum Christentum bekannte, bis er auf dem Totenbett die Taufe empfing, so unterstützte und förderte er die Kirche doch durch Gesetze und in seiner Politik. Die Verfolgungen gehörten der Vergangenheit an. Im gesamten Kaiserreich herrschte volle Gewissensfreiheit.

Indem Konstantin den offiziellen Kaiserkult als Staatsreligion durch das Christentum ersetzte, schuf er ein Regierungsprinzip, das durch die Anerkennung einer volkstümlichen Religion einigend wirkte. In der Hoffnung, die Einigkeit innerhalb der Kirche zu fördern, ließ er sich die Unterdrückung von Schismen und Häresien besonders angelegen sein. Das donatistische Schisma, das besonders in der christlichen Kirche Afrikas eine große Rolle spielte, erweckte schon früh seine Aufmerksamkeit, und 314 berief er eine Synode der Bischöfe der westlichen Provinzen nach Arles ein, an der die Bischöfe von Spanien, Italien, Afrika, ja selbst von Großbritannien teilnahmen und auf der verschiedene Fragen der Kirchendisziplin einschließlich der des Osterfestes besprochen werden sollten (12).

Das donatistische Schisma war innerhalb der Westkirche ein lokales Problem geblieben. Größere Bedeutung hatte der arianische Streit, der die gesamte christliche Welt spaltete. Dieser Streit hatte schon früh im 4. Jahrhundert in Alexandria begonnen, wo der Priester Arius unmittelbaren Anlaß dazu gab, indem er, der Lehre des Lucian von Antiochien folgend, die wahre Göttlichkeit Christi leugnete. Hier ging es um etwas ganz Grundlegendes, und es entstand eine heftige und weitverbreitete Kontroverse. In der Hoffnung, Einigkeit zwischen den beiden Hälften seines Reiches und den Kirchen im Osten und im Westen herbeizuführen, berief Konstantin 325 das Konzil von Nicaea ein. Es wurde von über 300 Bischöfen besucht, die zum größten Teil aus den mit Alexandria und Antiochien verbundenen Kirchen kamen; Britannien war nicht vertreten, und Gallien nur durch eine einzige bescheidene Unterschrift.

In Gallien selbst war Hilarius, der kurz nach 350 Bischof von Poitiers wurde, die treibende Kraft und der hauptsächliche Vorkämpfer in der arianischen Streitfrage. Seine glänzenden Abhandlungen waren der Hauptbeitrag Galliens zu den Themen, die die Kirche damals in zwei Lager teilten; zusammen mit den Schriften des Athanasius legten sie den Grund für den Katholizismus der Westkirche. Während Hilarius von etwa 356 bis um 360 infolge seines unnachgiebigen Widerstandes gegen den Arianismus nach Phrygien verbannt war, wurde er zur Hauptstütze der Westkirche, und sein Einfluß war um so größer, als er in seinem Exil eine genaue Kenntnis der Ostkirche gewann. Die Muße, die ihm die Befreiung von seinen Bischofspflichten gewährte, hatte es ihm ermöglicht, sein bedeutendstes Werk, *De Trinitate*, zu verfassen. Inzwischen sandten kurz nach Hilarius' Rückkehr nach Gallien im Jahr 360 die gallischen Bischöfe ein Schreiben, in dem sie Hilarius huldigten und ihre Treue zur Entscheidung des Nicaenums bekräftigten. Dieser Brief bezeichnet das Ende der arianischen Krise in der Kirche von Gallien, und Sulpicius Severus behauptet, man habe es allgemein dem Wirken des Hilarius zugeschrieben, daß die Kirche wieder in den alten Zustand zurückgekehrt sei (13). Seine Beredsamkeit wie auch seine Gelehrsamkeit standen in hohem Ansehen bei seinen Zeitgenossen (14). Er starb um 367. In der Geschichte der Kirche Galliens ist er die erste bedeutende Erscheinung unter den geistigen Führern seit Irenaeus. Seine Hauptleistung war die Festigung des westlichen Katholizismus. Auf den im 4. Jahrhundert gelegten Fundamenten richtete sich das Christentum allmählich als die Nationalkirche in Gallien ein und schuf sich eine kirchliche Organisation, die ganz selbstverständlich einen integrierenden Bestandteil der römischen Zivilverwaltung bildete, innerhalb deren sie entstanden war und die ihr zu finanzieller Stabilität verholfen hatte.

Während der Regierung Konstantins hatten viele Kirchen weitgehende Vollmachten erlangt, sich innerhalb der Stadtmauern einzurichten. Der Bischof, jetzt ein Beamter, hatte natürlich seinen Sitz in der Stadt selbst, und die Kirchenverwaltung nahm sich überall die Zivilverwaltung des Reiches zum Vorbild. Gegen Ende des 4. Jahrhunderts hatte fast jede Stadt ihren Bischof. Als Theodosius im Jahr 395 starb, hatte die Kirche bereits ihre Einteilung in Diözesen sowie ihre bischöfliche Hierarchie. In dieser Phase fand das Christentum in Gallien weite Verbreitung. Der Adel trat nicht nur in den Städten der Kirche bei, sondern auch in ihren Randgebieten, den *vici*, die allmählich den Kern der mit einer Kirche und einem Priester ausgestatteten Pfarrbezirke bildeten, wie beispielsweise von Paulinus von Nola erwähnte Kirche in der Nähe von Bordeaux (15). Derartige Stadtpfarreien besuchte der Bischof bei seinen Visitationen, und Sulpicius Severus hat sie uns in seinem *Leben des heiligen Martin*, Kap. 11 ff., geschildert. Mit der zunehmenden Verbreitung des Christentums unter dem Landadel wuchs die Zahl der Kirchen, die, von den Grundbesitzern auf ihren Gütern auf eigene Kosten errichtet, privates Eigentum waren. Eines der reizvollsten Themen in dem privaten Briefwechsel zwischen Sulpicius Severus und Paulinus von Nola sind die immer wiederkehrenden Schilderungen ihres Stolzes und ihrer Freude über den Bau und die Ausschmückung ihrer eigenen Kirchen.

Der Begriff ›Kirche von Gallien‹ ist nicht fest umrissen und bezeichnet eigentlich genauer die Kirchen der gallischen Provinzen. Es gab kein maßgebendes kirchliches Zentrum, keinen Primas von Gallien. Die Kirche organisierte sich im Rahmen der Provinzialverwaltung, deren Entscheidungen in wichtigen Angelegenheiten – etwa bei der Weihe von Bischöfen und der Gründung neuer Kirchen – vor denen der Bischöfe Vorrang hatte. Allmählich entstand die Provinzialsynode, der der Bischof des Verwaltungssitzes vorstand. Im Jahr 392 erwähnt Ambrosius die zahlreichen Synoden des Bischofs von Gallien. Noch 404 verbot Papst Innozenz I. den Bischöfen in einem Schreiben an Victricius, den Bischof von Rouen, ihre Streitigkeiten den Bischöfen anderer Provinzen vorzulegen, und hielt sie dringend an, ihre Angelegenheiten selbst beizulegen oder ausschließlich beim Apostolischen Stuhl Zuflucht zu suchen (16). Das überlieferte politische System Roms, in dem die Kirche sich entwickelte, mußte sich notwendig bis zu gewissem Grad auf die Form des christlichen Kultes auswirken. Der Dichter Ausonius von Bordeaux, der selbst bekennender und praktizierender Christ war, betrachtete offenbar seine Anwesenheit

Münzen gallischer Stämme. 1. Lemovices-Stater, Rückseite. 2. Venetes-Münze, Vorderseite. – 3. Coriosolites-Stater, Vorderseite. – 4. Coriosolites-Stater, Rückseite. – 5. Redones-Stater, Rückseite. – 6. Arverni-Münze, Vorderseite

Ringwälle auf dem Hügel von Tara, Meath. University Collection, Cambridge

bei den Gebeten am frühen Morgen in seiner Privatkirche als Pflicht, doch bildeten sie nur einen Teil seiner täglichen Routine, und wenn er meint, er habe, wie er treuherzig sagt, »genug zu Gott gebetet«, so geht er zum nächsten Programmpunkt über und instruiert wie jeden Tag seinen Koch Sosias. Selbst im späten 5. Jahrhundert noch vermitteln die Briefe und Gedichte des Sidonius Apollinaris, des Bischofs der Auvergne, bei all ihrem Reiz, ihrer Intimität und Originalität eher die Vorstellung von einem Kirchenbeamten als von einem Menschen mit tiefem religiösem Innenleben und von visionärer Kraft. Dennoch dürfen wir uns nicht von Salvian zu dem Glauben verführen lassen, die gallischen Bischöfe hätten sich nicht gebührend um ihre Gemeinden gekümmert. Während der Mißernte spendeten die Bischöfe freigiebig aus ihren privaten Beständen und schickten ihre Vorräte auf eigene Kosten in die bedürftigen Gebiete, wobei sie weit über ihre üblichen Dienstpflichten hinausgingen. Tatsächlich bezeugen sämtliche Quellen die Gewissenhaftigkeit, mit der sie den Verpflichtungen ihres Berufes nachkamen.

In dieser Zeit einer offiziellen christlichen Organisation, der persönlichen Sicherheit und der Einheitlichkeit drang aus dem östlichen Mittelmeerraum ein neues Licht nach Gallien, das die neue Religion vertiefte und vergeistigte. Seit dem 3. Jahrhundert hatte sich die Askese in den christlichen Gemeinden von Ägypten bis nach Syrien und ins ferne Mesopotamien ausgebreitet und ihre Glieder veranlaßt, aller weltlichen Sorge und Verantwortung zu entsagen und sich in die Wüste zurückzuziehen, wo sie sich einem Leben der Einsamkeit und geistigen Versenkung widmen konnten. Im Ägypten des 3. Jahrhunderts unterschied man hinsichtlich der religiösen Lebensweise zwei Gebiete. In der Nitrischen und Sketischen Wüste westlich des Nildeltas lebten Scharen von christlichen Asketen, die zum Teil in fast vollkommener Einsamkeit ein einfaches und strenges Leben führten, für das sie sich eigene Regeln gaben, die erstaunliche Zucht verlangten. Nur an Sonnabenden und Sonntagen versammelten sie sich zum Abendmahl. In Oberägypten war ein Gemeindeleben schon am Anfang des 4. Jahrhunderts unter Pachomius entwickelt, dem seine militärische Ausbildung in einem früheren Lebensabschnitt wahrscheinlich zum Teil zugute kam bei dem Erfolg, mit dem er das klösterliche Leben und die gemeinsamen Regeln in seinem Kloster Tabennesi einrichtete.

Diese beiden Formen der Askese verbreiteten sich im 4. Jahrhundert nach Westeuropa und haben, wie man wohl sagen darf, die offiziöse Religion verwandelt. Die erste Kunde von dem vertieften religiösen Leben der Wüstenväter mag durch Athanasius nach Gallien gelangt sein, der 336 aus seinem Bistum in Alexandria nach Trier verbannt worden war. Zwischen 356 und 362 verfaßte er das *Leben des heiligen Antonius,* der 35 Jahre einsam in einem verfallenen römischen Kastell in den Bergen von Pispir zwischen dem Nil und dem Toten Meer verbracht hatte, und diese hervorragend geschriebene Biographie mußte notwendig auf die ernsthaft religiös gesinnten Christen des Westens einwirken. Das Ideal des Eremitenlebens verbreitete sich allmählich von den Einsiedlern Unterägyptens bis nach Gallien teils durch Berichte von Reisenden, die sie besucht hatten, wie wir aus den *Dialogen* des Sulpicius Severus erfahren, teils auch durch die Kunde von kleinen Gemeinden etwa auf den Inseln längs der italienischen Küste, von denen wir in dem Gedicht des Rutilius Namatianus *De reditu suo* hören, worin er seine Rückreise aus Italien nach Gallien schildert und nebenbei auch die kleinen Gemeinden auf den Inseln Gorgon und Capraria erwähnt.

Im frühen 5. Jahrhundert regte das Eremitenideal den heiligen Honoratus, der in Griechenland erzogen worden war, zu einer Klostergründung auf der Insel Lérins vor der provençalischen Küste an. Die Gelehrsamkeit und Frömmigkeit seiner Mönche gewann der kleinen Gemeinde sehr schnell ein Ansehen, das nahezu dem einer abendländischen Universität gleichkam. Bald nach der Begründung dieser Inselgemeinde entstanden zönobitische Klöster in der Südprovence, deren berühmtestes das des heiligen Viktor bei Marseille war. Der Einfluß dieser beiden Klöster war, vor allem ihrer geistigen Aktivität wegen, weitreichend und dauerhaft. Als künftige Bischöfe gingen – von Honoratus selbst abgesehen – aus Lérins Eucherius von Lyon, Faustus von Riez, Caesarius von Arles hervor, die zu den hervorragendsten Kirchenmännern im Gallien des 5. Jahrhunderts gehörten; ebenso wie die Schriften *De institutis* und *Collationes* des Johannes Cassianus, Abt des benachbarten Zönobitenklosters St. Victor bei Marseille, die die bedeutendsten Werke über mönchische Zucht in der Westkirche vor der Regel des heiligen Benedikt sind.

Gleichzeitig mit diesen berühmten Klostergründungen wurde das mönchische Leben in Gallien einfacher und weniger zeremoniös, was vielleicht eine natürliche Folge der privat erbauten und dotierten Kirchen war. Hieronymus erwähnt ein Familienkloster, »einen Chor der Seligen« (17) in Aquileia, in dem er sich mit Rufinius zu treffen pflegte. Augustinus spricht von einer Gemeinde vor den Mauern von Mailand, deren Haupt Ambrosius war, und von einer anderen in Trier, bei der er ein Buch mit dem *Leben des heiligen Antonius* gefunden hatte (18), und wir können hier vielleicht auch die von Victricius, dem Bischof von Rouen, in *De laude sanctorum* (19) geschilderte Gemeinde anführen. Wir sahen, wie Sulpicius Severus in Gallien und sein lebenslanger Freund und Briefpartner Paulinus zu Nola in Italien miteinander darin wetteiferten, eigene Kirchen für ihre Gemeinden zu bauen und zu verschönern. Sulpicius bezeichnet sich selbst als umgeben von einer *turba monachorum*, und in seinen Dialogen schildert er seinen eben erst von einem Aufenthalt bei einem Einsiedler in der nordafrikanischen Wüste heimgekehrten Freund Posthumianus, wie er seine Erlebnisse einer begierig lauschenden Zuhörerschaft vorträgt. Für Paulinus bedeutete die neue Vision eines aus dem Mystizismus und der Askese des Ostens entstandenen Christentums eine Erleuchtung von überwältigender Herrlichkeit, einen unüberhörbaren Ruf, der Welt zu entsagen und seinen Reichtum und seinen weitläufigen Landbesitz — seine *regna*, wie Ausonius sagt — Christus zu weihen; er gründete also ein privates Kloster, in dem er in Nola in Kampanien mit seiner spanischen Ehefrau Theresia von nun an wie ein Bruder mit seiner Schwester lebte. Er bezeichnet diese Einrichtung als *monasterium* (20) und die wenigen ausgewählten Insassen als eine *fraternitas monacha* (21). Sein Briefwechsel mit dem alten Freund und Lehrer Ausonius ist unser beredtestes Zeugnis für die unwiderstehliche Gewalt, mit der dieses neue asketische Ideal den ruhigen Bürokratismus des gallischen Christentums überflutete.

Der große Pionier der mönchischen Bewegung im Westen war der hl. Martin, der Bischof von Tours (22). Wahrscheinlich war er 316 geboren und starb 397. Als junger Mann hatte er im römischen Heer in Pannonien — dem heutigen Ungarn — nahe der Donau gedient, doch nachdem er sich zum Christentum bekehrt hatte, erstrebte und erreichte er, während sich die Truppe in Worms befand, seine Entlassung. Der genaue Termin ist nicht bekannt. Er verbrachte eine kurze Zeit als Einsiedler in einer Zelle bei Mailand, und zwar in der Zeit, da der arianische Streit seinen Höhepunkt erreicht hatte. Martin war damals offenbar schon von tiefer Bewunderung für Hilarius von Poitiers erfüllt, der, wie er selbst, seine geistigen Impulse vorwiegend in der Atmosphäre der griechischen Kirche empfangen hatte. Als Hilarius aus dem Exil zurückkehrte, wollte Martin ihn aufsuchen und folgte ihm, nachdem er ihn in Rom nicht angetroffen hatte, nach Gallien nach. Hier ließ er sich unter dem Schutz des Hilarius nieder, lebte zuerst als Asket mit einigen wenigen Mönchen in Höhlen und hölzernen Zellen zu Ligugé und gründete später sein *magnum monasterium*, sein ›großes Kloster‹ Marmoutier bei Tours. Um 370 wurde er zum Bischof von Tours geweiht. Ligugé war das erste Kloster in Gallien und Martin der erste von den Mönchsbischöfen, die für die keltische Kirche durch mehrere Jahrhunderte typisch wurden.

Seiner Laufbahn und Persönlichkeit nach vereinigte Martin den praktischen Organisator mit dem Mystiker, und diese Gaben zusammen mit der bischöflichen Forderung durch den großen Hilarius ließen ihn zum traditionellen Begründer westlichen Mönchtums werden. Die stärksten Impulse in seinem Leben empfing er zweifellos von Hilarius, und es steht wohl fest, daß Martins Tätigkeit wie auch sein Ruf, solange er lebte, von Hilarius angespornt und bestimmt wurden. Es ist schwer zu sagen, wieweit Martins frühes Ansehen – zunächst in Gallien und später in Britannien – seinem Schüler Sulpicius Severus zuzuschreiben ist, der sein Leben und sein literarisches Schaffen dafür verwandt hat, ein Bild vom hl. Martin zu zeichnen, das noch heute lebendig ist. Martin hat uns keine eigenen Schriften hinterlassen, doch der Zauber der Schriften des Severus und das liebevoll ausgeführte Bild, das er uns vermacht hat, lassen sich von dem Heiligen, der es inspirierte, nicht trennen.

Es ist eine erstaunliche, aber unbezweifelbare Tatsache, daß das westliche Mönchstum, das durch Hilarius, die Stütze des westlichen Katholizismus, angeregt und gefördert wurde, bei den gallischen Bischöfen auf entschiedene Mißbilligung stieß. Im Briefwechsel zwischen Sulpicius Severus und Paulinus von Nola wird immer wieder darauf hingewiesen. Das demokratische System, das in den klösterlichen Gemeinschaften immer und überall vorherrschte, lief der auf dem bürokratischen römischen Verwaltungssystem fußenden kirchlichen Hierarchie strikte zuwider. In den ersten Jahren des 5. Jahrhunderts wurde die zunehmende Feindseligkeit zwischen den bischöflichen und den mönchischen Elementen in Gallien immer stärker, und die Mißbilligung der Bischöfe richtete sich besonders gegen die Besetzung freier Bischofsstellen mit Mönchen. Diese Mißbilligung wurde unmißverständlich durch den Heiligen Stuhl ausgesprochen und schlägt sich mit großem Nachdruck in einem berühmten Sendschreiben – *Cuperemus quidem* – nieder, das 428 von Cölestin, dem Bischof von Rom, an die Bischöfe von Vienne und Narbonne gerichtet wurde, als es um die Wahl eines Bischofs von Arles ging. Der Papst protestierte dagegen, daß »Fremdlinge und Ausländer« zu Bischöfen gemacht wurden und das über die Köpfe der örtlichen Geistlichkeit hinweg, die ihren Gemeinden doch bekannt sei und ein Recht darauf hätte, in den Bezirken, in denen sie bisher tätig gewesen sei, zuerst berücksichtigt zu werden. Er gibt seiner Abneigung gegen die Mönchsbischöfe sehr eindeutig Ausdruck: »Jene, die nicht in der Kirche großgeworden sind, handeln den Gewohnheiten der Kirche zuwider... da sie von anderen Bräuchen herkommen, hängen ihnen ihre alten Gewohnheiten an... sie kleiden sich in Kutten mit einem Gürtel um die Lenden ... Derartige Sitten mögen richtig sein ... für Leute, die an abgelegenen Orten wohnen und ihr Leben fern von ihren Mitmenschen verbringen. Aber warum sollten sie derartige Kleidung in den Kirchen Gottes tragen und den Brauch so langer Jahre, so bedeutender Kirchenmänner mit einer neuen Gewohnheit vertauschen?« (23)

Wir haben so lange bei dem frühen Christentum in Gallien verweilt, weil es verhältnismäßig viele und maßgebende Aufzeichnungen darüber gibt. Für die Geschichte der Frühkirche in Britannien (24) existieren außer einigen wenigen Steininschriften im Westen keine lokalen Zeugnisse aus dieser Zeit. Einheimische literarische Dokumente gibt es in Britannien vor dem 6. Jahrhundert nicht, und in Irland, wo wahrscheinlich im 5. Jahrhundert zur Zeit des hl. Patrick das Schreiben eingeführt wurde, sind dessen Schriften unsere einzigen echten Dokumente aus diesem frühen Zeitraum. Wir müssen uns darum hinsichtlich der ältesten christlichen Zeit in Britannien hauptsächlich an zeitgenössische Schreiber auf dem Kontinent halten, und unsere reichsten Nachrichten kommen deshalb aus Gallien.

Indessen stammen die ältesten unmittelbaren Hinweise auf das Christentum in Britannien aus zwei nordafrikanischen Quellen. Tertullian, der um 200 schrieb, erklärt, das Evangelium habe bereits Teile Britanniens erreicht, die außerhalb des römischen Gebietes lägen (25); und Origines, der um 240 schrieb, nennt das Christentum eine Kraft, die die Britannier einte (26). Gut belegte Überlieferungen berichten von drei frühen Martyrien in Britannien: dem des hl. Alban bei Verulamium (27) und denen des Aaron und Julius in Carlisle oder Chester oder vielleicht auch in Caerleon. Ferner hat man ein Akrostichon, das in den roten Verputz eines römischen Hauses in Cirencester gekratzt ist, glaubhaft als ein Kreuz gedeutet, das aus den Worten *Pater noster* und den Buchstaben A und Ω gebildet wird, wobei das Ganze ein griechisches Kryptogramm ergäbe und anzunehmen wäre, daß es in Britannien schon vor dem Jahr 312 als christliches Symbol benutzt wurde.

Wir wissen wenig über die Bekehrung Britanniens oder über die Quelle, aus der das Christentum zuerst eindrang, doch war es offensichtlich verhältnismäßig früh in der Römerzeit schon fest gegründet, und die Anwesenheit dreier britischer Bischöfe auf den Synoden von Arles 314 und von Rimini 359 läßt darauf schließen, daß es bereits eine wohlgeordnete Institution war (28). Offensichtlich befand es sich im ganzen 4. Jahrhundert in voller Übereinstimmung und enger Verbindung mit der Kirche von Gallien, denn Athanasius erwähnt, daß die Kirche von Britannien die auf dem Konzil von Nicaea im Jahr 325 festgelegten Definitionen angenommen habe (29), und sowohl Hilarius von Poitiers (30) als auch Athanasius (31) zählen neben den gallischen auch die britannischen Bischöfe zu ihren Anhängern. Im Rundschreiben Konstantins an alle Teile des Reichs, das Einheitlichkeit im Begehen des Osterfestes einschärft, gehört Britannien zu den Ländern, an die es gerichtet ist (32). In den Briefen des Hieronymus werden die Britannier regelmäßig unter den Völkern genannt, die Christus verehren.

In neuerer Zeit hat die Archäologie zu unserer Kenntnis über die Verbreitung des Christentums im Britannien der Römerzeit beigetragen. Seit 1893 nimmt man allgemein an, daß ein kleines in Silchester ausgegrabenes Gebäude, nach seinem Grundriß zu schließen, eine Kirche gewesen sei, doch sind, obwohl der Bau neuerdings noch einmal ausgegraben worden ist, noch keine Ergebnisse veröffentlicht; ein sicherer Nachweis seines Verwendungszwecks ist also noch nicht erbracht. In der römischen Stadt Caerwent fand sich in den Ruinen der römischen Thermen ein kleines Gebäude, dessen Grundriß und Orientierung stark auf eine christliche Kirche hinweisen (33), was ein Weiterleben römisch-britannischen Christentums in nachrömischer Zeit bedeuten würde; doch auch hier fehlt der

Beweis. Beda erwähnt eine Kirche in Verulamium an der Stätte des Martyriums des hl. Alban, die zu seiner Zeit noch stand, und auch weitere Kirchen in Canterbury, die der Sachsenkönig Ethelbert von Kent wiederhergestellt hatte und deren eine, unmittelbar vor der Stadt gelegen, für die Königin Bertha, seine Gemahlin, und ihren fränkischen Kaplan Liudhard bestimmt war und die auch von Augustin, seinen Mönchen und den von ihnen Bekehrten benutzt wurde.

Die wichtigste Ausgrabung (34) einer römisch-christlichen Stätte in Britannien ist die der Villa von Lullingstone in Kent im Jahr 1949. Zwischen 364 und 370 traten der Besitzer der Villa und seine Familie zum Christentum über. Zumindest zwei der oberen Räume scheinen zum Gebrauch als christliche Kapelle eingerichtet worden zu sein, und auf einer der Wände hat man Fragmente bemalten Stucks rekonstruiert, die sechs menschliche Gestalten mit seitwärts ausgestreckten Armen, also in der frühchristlichen Gebetshaltung des Oranten, darstellen; außerdem war ein großes *Chi-Rho*-Monogramm (☧) in einem Blumenkranz neben die Beter gemalt. Die Wand des Vorraums trug ein weiteres von einem Blumenkranz umrahmtes *Chi-Rho.* Augenscheinlich waren die Bewohner der Villa Christen aus der zweiten Hälfte des 4. Jahrhunderts, und es ist zu vermuten, wenn auch nicht bewiesen, daß sie diesen Teil des Hauses als Betraum für die Familie oder mehrräumige Hauskirche eingerichtet hatten, wie sie den selbständigen Basiliken vorangingen; offensichtlich hielt sich der christliche Kult bis ins 5. Jahrhundert hinein. Schon vor dem Ende der römischen Besetzung und zweifellos als Folge des Religionsfriedens unter Konstantin war das Christentum zur Staatsreligion in Britannien geworden.

Auch nach dem Abzug der Römer blieb die Verbindung zwischen den britischen und den kontinentalen Kirchen bestehen.

Die Barbaren-Piraten, die bereits die Nordsee und den englischen Kanal unsicher und gefährlich machten, konnten doch nicht verhindern, daß Geistliche und auch Privatreisende den Kanal überquerten. Seltsamerweise haben wir gerade aus dieser Zeit die erste Nachricht davon, daß Rom ein tätiges Interesse an den britannischen Angelegenheiten nahm. Ein gewisser Pelagius, ein Mönch keltischer Herkunft und wahrscheinlich Britannier, tat sich damals auf dem Kontinent in der Verbreitung bestimmter Ansichten hervor, die als ketzerisch angesehen wurden, und wir hören von Prosper von Aquitanien, einem verläßlichen Zeugen, daß Britannien als eine Hochburg der Häresie galt (35).

Pelagius hat seine Ansichten selbst nirgendwo ausführlich niedergelegt (36), und wir sind hauptsächlich auf die Berichte seiner Gegner angewiesen. Die Ketzerei, die man ihm vorwarf, bestand in der Verleugnung der Erbsünde und in der Behauptung, der Mensch könne aus eigener Kraft die Sünde vermeiden und bedürfe dazu der göttlichen Gnade nicht. Ob Pelagius die ihm zugeschriebenen Ansichten vertrat, ehe er aus Britannien aufs Festland ging, ist unbekannt, doch wirkte sich der lange und heftige Streit, der sich daraus ergab und der allgemein unter dem Stichwort ›Gnade und freier Wille‹ bekannt ist, wahrscheinlich dahin aus, daß Britannien mit der Festlandkirche in engere Berührung kam als je zuvor.

Im Jahr 429 sandte Papst Cölestin Germanus, den Bischof von Auxerre, als seinen Bevollmächtigten (*vice sua*) nach Britannien, um das Übel mit der Wurzel auszureißen (37). Wir haben einen ausführlichen Bericht über diesen Besuch von Constantius, der Presbyter in Lyon gewesen zu sein scheint und wahrscheinlich im Auftrag des Bischofs von Lyon vor dem Ende des Jahrhunderts schrieb. Constantius (38) verzeichnet auch einen zweiten Besuch des hl. Germanus, der wahrscheinlich um 447 stattfand, doch gibt es für diesen Besuch sonst keine Belege. Die Erzählweise des Constantius läßt darauf schließen, daß er in erster Linie an Erbauung dachte und nicht an historische Genauigkeit; der Autor betont außerdem, daß er die volle Verantwortung für die Richtigkeit seines Berichts nicht übernehmen könne. Sein literarisches Gewissen ist sich noch der kritischen Maßstäbe bewußt, die an den römischen Gelehrtenschulen Galliens hochgehalten wurden (39).

Auch Britannien zog noch Nutzen aus der Bildung, die dort von den Römern gegründete Schulen vermittelten; es nahm immer noch tätigen Anteil am Geistesleben des Kontinents, und die Briten konnten auch noch unbehindert den Kanal in beiden Richtungen überqueren. Wir entnehmen das einer Sammlung anonymer Briefe (40), die – ihrer Haltung nach wenn nicht pelagianisch so doch jedenfalls liberal, ja demokratisch – dieser Periode zugeschrieben werden. Ein besonders reizvoller Privatbrief stammt anscheinend von einem Britannier, der ihn von einer Auslandsreise an seinen Vater schrieb; dieser war vermutlich ein Bischof, da ihn sein Sohn ›*honorificentia tua*‹ und ›*parens delectissime*‹ anredet. Der Schreiber des Briefes hat seine kleine Tochter bei sich, die in Sizilien ihre religiöse Ausbildung empfangen soll; er bittet seinen Vater, sich doch ihretwegen keinen Kummer zu machen, sondern sich vorzustellen, sie wäre ›ein Knabe, der um seiner Ausbildung willen vorübergehend von denen, die ihn lieben, getrennt werden muß‹ (41).

Aller Wahrscheinlichkeit nach hatte das Christentum in Britannien eine ganz kontinuierliche Entwicklung. Im Osten der Insel erschwerten allerdings die Einfälle heidnischer Sachsen die Verbindung mit der Festlandkirche zunehmend, und vom 5. Jahrhundert an versiegen unsere Quellen auf dem Kontinent, so daß wir auf britannische Zeugnisse archäologischer, epigraphischer und literarischer Art angewiesen sind, die von irischen (lateinischen) Quellen aus allen diesen Disziplinen ergänzt werden. Das Bild, das sie uns vermitteln, zeigt, wie sich das Christentum auf den britischen Inseln über die Grenze des römischen Imperiums hinaus ausbreitet.

In dem britischen (keltischen) Königreich Strathclyde hat man durch die Inschriften auf dem berühmten Catstone bei Kirkliston Überreste zweier frühchristlicher Friedhöfe festgestellt (42); sechs Meilen westlich von Edinburgh steht der Stein in seiner ursprünglichen Umgebung zwischen Gräbern. Noch berühmter ist der Grabstein von Yarrowkirk bei Selkirk, der ebenfalls einst auf einem ausgedehnten christlichen Friedhof stand (43). Im Südwesten auf der Halbinsel Galloway sind Steine mit frühen Inschriften weit verbreitet (44). Für den ältesten hält man den *Latinus*-Stein in Whithorn aus dem 5. oder frühen 6. Jahrhundert. Der interessanteste unter den Steinen von Kirkmadrine, ein Gedenkstein für drei Priester, stammt wahrscheinlich ebenfalls aus dem 5. Jahrhundert (45). Drei Steine von Kirkmadrine und zwei von Whithorn sind Gedenksteine für Christen und müssen in alten Kirchenbezirken gestanden haben. Grabungen in der Nachbarschaft fördern jetzt frühe Kirchen zutage. Vornehmlich an der Stelle, wo auf der Insel Whithorn überlieferungsgemäß die Kapelle des hl. Ninian stand, in Whithorn selbst (46) und auf der Insel Ardwell (47). Nach einer von Beda aufgezeichneten Überlieferung aus dem 8. Jahrhundert (48) hat der hl. Ninian (49) die Südpikten bekehrt, lange bevor der hl. Kolumban die Nordpikten missionierte. Kolumban starb im Jahr 597. Beda fügt hinzu, Ninians *locus* (›Klostersitz‹) sei unter dem Namen *Candida Casa* (›weißes Haus‹) bekannt gewesen, »da er dort eine Kirche aus Stein gebaut habe, was bei den Briten etwas Ungewöhnliches war« (50).

Wir haben keine Nachrichten von der Bekehrung der Isle of Man, von Wales oder Cornwall, doch gibt es in Wales Anzeichen, wenn auch keine eigentlichen Beweise dafür, daß es seit der Römerzeit keine Unterbrechung gegeben hat. Ein Stein aus Pentrefoelas in Denbighshire aus dem 5. oder frühen 6. Jahrhundert steht höchstwahrscheinlich im Zusammenhang mit einem frühchristlichen Friedhof an der Stelle, wo der Stein gefunden wurde (51). Der zwingendste Beweis für das frühe Vorhandensein der christlichen Kirche in Wales ist vielleicht die Tatsache, daß es im Irischen eine Reihe von christlich-lateinischen Lehnwörtern gibt, die vor der Ankunft des Palladius in Irland im Jahr 431 durch britische Missionare dort eingeführt worden sein müßten. Dieser religiöse Wortschatz reichte gerade aus, um das nötigste terminologische Gerüst für den christlichen Gottesdienst einer noch sehr einfach organisierten Gemeinde abzugeben (52). Der älteste walisische Heilige einheimischer Überlieferung ist St. Dubricius (walisisch Dyfrig), doch die älteste Vita eines walisischen Heiligen ist wahrscheinlich die des hl. Samson von Dol in der Bretagne, die nicht vor dem 7. Jahrhundert angesetzt werden kann.

Es ist anzunehmen, daß in den Tagen der Frühkirche die Länder an den Küsten des Solway Firth, der Morecambe Bay und der Irischen See miteinander in enger Verbindung standen und in diesem wie in anderen Bereichen eine gemeinsame Kultur hatten. Vermutlich kommt die Manxsprache dem damals in Galloway gesprochenen Gälischen am nächsten (53), und es ist wohl möglich, daß die christliche Kirche, die dort in Blüte stand, das Christentum schon in früher Zeit auf der Isle of Man einführte (54). Wie dem auch sei, jedenfalls weisen sowohl die Überlieferung wie auch die archäologischen Funde darauf hin, daß die Christianisierung der Isle of Man bereits im 5. Jahrhundert erfolgte, in der Zeit des Heiligen, dem die Kathedrale von St. German in Peel geweiht ist. Weihungen für den hl. Patrick sind wahrscheinlich späteren Datums, und die frühen vornordischen Kreuze verraten keine ausgesprochenen Beziehungen zu Irland. Einer der frühchristlichen Gedenksteine trägt Inschriften in Ogam und in lateinischen Buchstaben; er befindet sich in Knoc y Doone in Andreas und wird auf das 5. Jahrhundert datiert. Die drei interessantesten Denkmäler mit Inschriften werden im folgenden noch geschildert. Das älteste ist der sogenannte ›Ringelblumen‹-Pfeiler mit der Inschrift für Bischof Inreit, die in das 7. Jahrhundert gehört.

Frühe Aufzeichnungen fehlen völlig, doch legen die archäologischen Funde die Vermutung nahe, daß die Manxkirche den frühen Einrichtungen der keltischen Kirche überall auf den britischen Inseln entsprach; sie war monastisch organisiert und bestand aus einem Hauptkloster, das den walisischen *clas*-Kirchen gleichzusetzen ist, und einer Anzahl untergeordneter Kirchen, die in Wales *llan* hießen. Die einzige vornordische Klostergründung auf Man, die den *clas*-Kirchen in Wales entspricht, befindet sich in Maughold, wo sich eine reiche Sammlung von Kreuzen erhalten hat und wo die bedeutsame Inreit-Säule vermuten läßt, daß Maughold frühzeitig Bischofssitz war. Hier wie überall in Irland und Schottland stoßen wir an einsamen Plätzen auf kleine Einsiedeleien, die entweder für sich oder als Gruppe innerhalb einer Umzäunung stehen, wozu dann auch ein kleines Oratorium gehört wie in *Cronk na Irree Laa* einige Meilen südlich von Peel. Charakteristisch für Man sind die von einem Erdwall umgebenen kleinen Oratorien, zu denen oft frühe Gräber gehören. Sie sind überall auf der Insel anzutreffen; allein der Kirchhof von Maughold birgt die Überreste von vier Oratorien. Innerhalb der Einfassung befinden sich gewöhnlich mehr oder weniger rechtwinklige kleine steinerne Heiligtümer, die *keills* genannt werden. Sie genau zu datieren, ist zur Zeit nicht möglich, doch legt diese Gruppierung im Zusammenhang mit der Kirche von Maughold den Vergleich mit den zahlreichen Kapellen nahe, die zu bedeutenden irischen Klöstern, etwa zu Clonmacnoise gehören, wo man sie noch heute sehen kann.

Wie in Wales, so hat sich wahrscheinlich auch in Cornwall das Christentum seit der Römerzeit ohne Unterbrechung ausbreiten können, denn wenn wir auch keine regelrechten Aufzeichnungen aus so früher Zeit haben, so bestanden doch keinerlei geographische Hindernisse, und es wurde schon darauf hingewiesen, daß die Severn Sea Südwales und Cornwall in einer gemeinsamen Kultur vereinte. Wir haben neun Gedenksteine, die mit Hilfe ihrer römischen Buchstaben auf das 5. oder 6. Jahrhundert datiert werden können, und zwei, die das *Chi-Rho*-Monogramm in einer Frühform tragen (55).

Die Britannier haben das Behauen von Steinen zuerst von den Römern gelernt, und zweifellos verdanken sie nicht zuletzt dieser römischen Technik ihren Reichtum an frühen Steininschriften. Außerdem hatten die Britannier in allen Teilen des Landes dauernd römische Inschriften auf Steinen vor Augen. Allerdings handelt es sich dabei meistens um Monumente aus dem militärischen Bereich und dem der Verwaltung, während die britannischen (lateinischen) Inschriften ausnahmslos auf Grabdenkmälern stehen. Darüber hinaus sind die britannischen Inschriften des 5. Jahrhunderts fast durchweg christlich und auf einen einzelnen Menschen bezogen, wofür es kein Beispiel bei den frühen Christen des römischen Britannien gibt, die anscheinend keine Grabsteine aufgestellt haben. Die britannischen Inschriften vom 5. bis zum 7. Jahrhundert lassen sich sehr gut mit denen des christlichen Gallien vergleichen, und zwar nicht nur hinsichtlich ihres Zweckes, das Gedächtnis der Toten zu bewahren, sondern auch in den zur Verwendung kommenden Formulierungen und im Buchstabentyp. Wenn Britannien auch, was die Inschriften betrifft, im allgemeinen dem Ausdruck und der äußeren Form nach ein wenig zurück ist, so drängt sich doch der Schluß auf, daß die Stilisierung der ältesten britischen Gedenksteine in der ersten Hälfte des 5. Jahrhunderts von Gallien übernommen worden ist (56).

Eine Inschrift in Anglesey ist in dieser Hinsicht ganz besonders interessant. Wir erwähnten bereits die Gedenktafel in der Kirche von Llangadwaladr, die dem Gedächtnis des ›berühmten Königs Catamanus‹ gewidmet ist, d. h. König Cadfan von Nordwales, der 625 starb. Die Beschriftung ist ganz in der Art der handgeschriebenen Halbunzialen gehalten und gibt den Typ der Buchstaben wieder, die in den Handschriften jener Zeit üblich waren. Zwei andere Inschriften aus Anglesey zeigen ähnliche Buchstaben (57). Der Sohn Cadfans war der große Cadwallon, der König Edwin von Northumbria erschlug, und die Kirche wurde offensichtlich von seinem Enkel Cadwaladr gegründet, der 664 starb. Die Dynastie hatte alle Ursache, ihren Begründer in rühmenden Ausdrücken zu preisen, die an die Lobeshymnen der Barden erinnern; während sie am Ruder war, kann der Hof von Anglesey und Nordwales sehr wohl kulturelle Verbindungen mit einem gallischen Hof aufgenommen haben, die später im 9. Jahrhundert noch nachklingen.

Wie wir sahen, haben die Sachseneinfälle ins östliche und südöstliche Britannien die Beziehung der britischen Inseln zu dem Kontinent nicht unterbunden; wenn diese Überfälle für den innerkirchlichen Verkehr auch ein ernstes Hemmnis gewesen sein müssen, so haben sie ihn doch gewiß nicht zum Erliegen

Emain Macha, der berühmteste irische Königssitz. University Collection, Cambridge

Das berühmte Gallarus-Oratorium bei Kilmalkedar, Kerry.
6./7. Jh. Commissioners of Public Works in Ireland, Dublin

gebracht. Aus schriftlichen Quellen geht hervor, daß Victricius (58), Bischof von Rouen von etwa 380 bis um 408, mit dem sowohl der hl. Martin wie auch der hl. Paulinus von Nola bekannt waren, um 395 Britannien besuchte; und die Geschichte des Pelagianismus, ferner die obenerwähnten anonymen Briefe sowie der Besuch des hl. Germanus in Britannien im Jahr 429 lassen auf eine ununterbrochene Verbindung mit Britannien durch das ganze 5. Jahrhundert hindurch schließen. Die Geschichte der Kolonisierung Britanniens bestätigt das, und wir sahen, daß im 6. Jahrhundert ein regelrechter Seefahrtsweg die Länder um die Irische See mit Gallien verbunden haben muß. Dies war also die Periode, in der das Christentum über das Meer hinweg in Irland eingeführt wurde.

Aber wie kam das Christentum zum erstenmal nach Irland? Man nimmt allgemein an, daß die Bekehrung im 5. Jahrhundert stattgefunden hat, wahrscheinlich schon zu Beginn des Jahrhunderts und vielleicht von zwei Seiten her. Unsere erste verläßliche Nachricht (431) findet sich in Prospers *Chronik*; danach erhielt ein gewisser Palladius von Papst Cölestin den Missionsauftrag und wurde als erster Bischof zu den »an Christus glaubenden« Iren gesandt. Die Zuverlässigkeit von Prospers Angaben ist über jeden Zweifel erhaben; sie setzen voraus, daß es schon vor 431 Christengemeinden in Irland gab, die sich bereits soweit eingerichtet hatten, daß Rom sich veranlaßt sehen konnte, einen Bischof zu senden, der ihren Bedürfnissen diente und sie in die römische Gehorsamspflicht aufnahm. Unser direktes Beweismaterial vom Kontinent gibt uns vorläufig keinen Hinweis, von wo die Christianisierung ihren Ausgang nahm, doch läßt es keinen Zweifel, daß die erste christliche Organisation von Rom kam.

Von jetzt an sind wir auf lateinische Aufzeichnungen angewiesen, die in Irland entstanden. Gemäß der alten und ununterbrochenen Überlieferung durch lateinische Schriften wurde das Christentum zuerst vom hl. Patrick (59) etwa um die Zeit der Mission des Palladius oder wenig später in Irland eingeführt. Jedenfalls steht fest, daß die Kunst des Schreibens in Irland im 5. Jahrhundert aufkam. Die *Annalen von Ulster* stützen sich zweifellos auf Prosper bei der Feststellung, Palladius sei von Cölestin, dem Bischof von Rom, als erster Bischof der Schotten (Iren) entsandt worden. Im folgenden Jahr (432) verzeichnen die gleichen Annalen die Ankunft Patricks in Irland. Über den Auftrag des Palladius wissen wir tatsächlich nicht mehr. Die *Annalen von Ulster* bringen eine Anzahl weiterer Einträge, in denen Patricks Tod verschieden datiert wird, unter anderem wird er 457 als *senex Patricius* erwähnt, ebenso 461 und dann noch einmal 492. Man hat diese Widersprüche auf verschiedene Weise erklärt (60); wahrscheinlich gehen sie darauf zurück, daß die Annalen nicht aus einem Stück sind. Für unsere Zwecke ist jedenfalls wichtig, daß die älteste irische historische Überlieferung annahm, das Christentum sei tatsächlich im 5. Jahrhundert in Irland eingeführt worden.

Unsere ältesten und eigentlich auch unsere einzigen verläßlichen historischen Beweisstücke für die Mission Patricks und für die Gründung seiner Kirche bestehen in zwei lateinischen Briefen, von denen man aufgrund innerer Beweise annimmt, daß sie aus dieser Zeit stammen, und die kategorisch behaupten, von Patrick selber geschrieben zu sein. Es handelt sich um die *Confessio* und den *Brief an die Soldaten des Coroticus*. Beide sind zwar kurz, doch äußerst bedeutsam. In der *Confessio* heißt es, Patrick gehöre einer romanisierten britannischen Familie an, sei als Sklave nach Irland gebracht worden, habe dort seine Kindheit verlebt, sei als Sechzehnjähriger schließlich entflohen und aufgrund einer Vision wieder nach Irland zurückgekehrt, »ans Ende der Welt«, um dort eine Kirche zu gründen (61). Diese Ausdrücke haben keine geographische Bedeutung, sondern sind eine altüberlieferte Bezeichnung für die britischen Inseln, die noch immer gebräuchlich war, ohne wörtlich verstanden zu werden. So sagt auch der hl. Kolumban noch im frühen 7. Jahrhundert in seinem Brief an Papst Bonifatius IV. (612–613) im Hinblick auf Irland: »Wir, alle Iren, die wir am Ende der Welt wohnen.« (62)

Acta des Heiligen sind nicht erhalten, auch keine frühen *vitae*, sondern nur wenige frühe Überlieferungen seiner Anhänger. Fast alle frühen Dokumente, die angeblich von ihm oder seinen Anhängern geschrieben worden sind, haben sich als Fälschungen erwiesen (63). In den am Ausgang des 7. Jahrhunderts zusammengestellten biographischen Berichten von Muirchu und Tirechán wird wahrscheinlich mit Recht behauptet, daß sie Überlieferungen enthalten, die zumindest eine Generation älter sind; sie stimmen mit anderen Überlieferungen überein, die in spätere Arbeiten mit aufgenommen worden sind. Diese frühen Dokumente geben uns ein in sich stimmiges Bild einer von Patrick im 5. Jahrhundert gegründeten Kirche, die nach Entstehung, Tradition, Wesen und Episkopalorganisation vollkommen römisch war. In dieser Hinsicht stimmen sie mit der *Confessio* überein, in der Patrick keinen Zweifel darüber läßt, daß er sich selbst und seine Landsleute in Britannien als römische Bürger ansieht.

Wir dürfen die schwierige und strittige Frage der Echtheit der Tendenz des ganzen Dokumentenkomplexes beiseite lassen, denn die eigenen Schriften Patricks geben uns ein klares Bild von seiner Mission und der Kirche, deren Gründung er für sich in Anspruch nimmt; diese Schriften aus dem 5. Jahrhundert sind mit Sicherheit unser ältestes Beweismaterial für das Christentum auf den britischen Inseln, nachdem die unmittelbaren Nachrichtenquellen auf dem Kontinent versiegt sind. Es ist eine allgemein anerkannte Tatsache, daß alle diese frühen Dokumente das Vorhandensein einer Kirche in Irland vom 5. Jahrhundert an voraussetzen, die in allen wesentlichen Punkten ähnlich organisiert war wie die zeitgenössische Episkopalkirche in Gallien. Wir sahen schon, daß diese gallische Kirche im wesentlichen eine städtische Kirche war, die in ihrer Ordnung und Verwaltung das bürokratische System des römischen Staatsdienstes widerspiegelte. Wahrscheinlich war die Frühkirche in Britannien, wie sie auch Patrick vertraut war, ebenso organisiert. Die späteren Überlieferungen, nach denen er sich in Lérins aufgehalten und auch Verbindung mit Martin von Tours gehabt haben soll, sind völlig unbegründet.

Dennoch stehen wir, wenn wir die Errichtung einer irischen Bischofskirche durch Patrick annehmen, einem schwierigen Problem gegenüber. In dem Bild, das uns von der irischen Kirche im 6. Jahrhundert überliefert ist, spielt die Kirche Patricks praktisch keine Rolle. Ihre Organisation wird vielmehr als durchaus monastisch und nicht mehr als episkopal dargestellt. Wir wissen nichts Authentisches über Patricks unmittelbare Nachfolger, und die großen kirchlichen Gründungen, die der Überlieferung nach in dieser Zeit überall in Irland aus dem Boden schossen, berufen sich niemals darauf, von ihm oder von Palladius oder einem ihrer Anhänger zu stammen. Diese irische Kirche des 6. Jahrhunderts stellt sich uns als durchweg monastisch aufgebaut und verwaltet dar. Es gibt jedoch keine zentrale Stelle, die über allen diesen Klöstern steht. Jedes große Kloster ist selbständig und wird von einem Abt geleitet, dessen Rechte und Verantwortlichkeiten für Grundbesitz und Finanzen uneingeschränkt sind, wenn auch oft Verbindungen zu großen weltlichen Machthabern bestehen, von deren Unterstützung bis zu einem gewissen Grad Gründung und Bestand abhängig gewesen zu sein scheinen.

Jedes dieser großen selbständigen Klöster besaß vollkommene Selbstverwaltung. Sie hatten alle ihre eigenen Regeln und ihre eigene Meßordnung. In Form und Aussehen entsprechen sie den walisischen *clas*-Kirchen, den ›Mutter‹-Kirchen von Wales, die bisweilen Zentren für untergeordnete kirchliche Einrichtungen bilden und von Zeit zu Zeit sogar Einsiedeleien gründen oder ihnen ihren Schutz und Segen geben, ihnen ihre Vorteile zukommen lassen und sie in ihre Zucht einbeziehen. Zu den größten irischen Klostergründungen, die Anspruch erhoben, von Heiligen des 6. Jahrhunderts gegründet zu sein, gehörte Clonmacnoise westlich von St. Keiran, das sich zu einem bedeutenden Religions- und Bildungszentrum entwickelte; Bangor in der Grafschaft Down nordöstlich von St. Comgall, das zu einem berühmten Mittelpunkt der Geschichtsforschung wurde; Clonard, östlich von St. Finnian, das sprichwörtlich wurde wegen der vielen von dort ausgegangenen Heiligen; Lismore im Süden, das von Mo-Chuta gegründet worden war und interessante geistige Kontakte mit dem Kontinent aufnahm. Weitere wichtige frühe Gründungen waren Ardmore in der Grafschaft Waterford, das der Überlieferung nach von St. Declan, dem Hauptheiligen der Déisi, gegründet worden war und noch heute ein stiller Zufluchtsort ist, der sich seit der Errichtung seines runden Turms kaum verändert hat, sowie Imblech-ibair (Emly), die Hauptkirche der Eóganacht im alten Munster, die ihre Gründung St. Ailbe verdankt und etwa 50 Meilen landeinwärts von Ardmore liegt. Der Überlieferung nach sollen diese Kirchen in Munster vor der Ankunft des hl. Patrick errichtet worden sein, und diese Behauptung dürfte tatsächlich zutreffen. Wir wissen nicht genau, wie oder wann das monastische System nach Irland kam. Es läßt sich in jeder Hinsicht mit dem System vergleichen, das der hl. Martin in Gallien einführte, und es verbreitete sich sehr rasch über das ganze Land zusammen mit dem neuen Geist des Mystizismus, einer neuen und strengeren Lebensweise, einer vertieften religiösen Hingabe und asketischen Zucht. Diese Bewegung kam, wie wir sahen, von den Asketen der Wüsten im Osten, in Ägypten, Syrien und Mesopotamien. Ihre Anhänger wurden *peregrini* genannt, weil sie dem Leben in der Welt entsagt und sich an das Geheiß der Schrift gehalten hatten, ihr irdisches Leben als eine Reise, eine Pilgerfahrt zu Gott anzusehen. In Übereinstimmung mit ihrer Absage an die Welt legten diese Asketen auch ihre weltliche Stellung ab und gaben ihre Verwandten, ja sogar ihren eigenen Namen auf. Eugippius berichtet im *Leben des heiligen Severinus*, des Apostels der Donaustämme in Noricum (dem heutigen Österreich), daß der Heilige gegen Ende seines Lebens nie mehr seinen Namen preisgab. Diese praktische Demokratie, die immer ein Grundprinzip des Mönchtums war und auch heute noch ist, spielte zweifellos die wichtigste Rolle bei seinem Siegeszug im Westen. Wir sahen, daß gerade auch diese Eigentümlichkeit der neuen klösterlichen Bewegung in Gallien dem Papst Cölestin ernstlich mißfiel.

In der Tat hatte diese neue Bewegung in Gallien, wo die Episkopalkirche fest im lokalen römischen Verwaltungssystem verwurzelt war, schwerer zu kämpfen gehabt. In Irland bestanden solche Anfangsschwierigkeiten in organisatorischer Hinsicht nicht. Es war ein Hirtenland, es gab keine Städte, und man hatte nie unter römischer Verwaltung gestanden. Die Klöster waren hervorragend geeignet, zu Mittelpunkten für die religiösen Bedürfnisse und kulturellen Annehmlichkeiten der Stämme ringsum zu werden. Es gab deshalb keine Kollision zwischen bischöflichen und klösterlichen Rechten, wie es in Gallien vorkam. Bei der Unabhängigkeit der großen klösterlichen Gemeinschaften konnte es allenfalls gelegentlich zu

Streitigkeiten zwischen den einzelnen Klöstern kommen. Die Annalen berichten von mehreren Fällen, in denen in späteren Zeiten derartige Feindseligkeiten sogar mit den Waffen ausgetragen wurden. Im großen und ganzen jedoch haben wir im Irland des 6. und 7. Jahrhunderts ein Land mit vielen großen und selbständigen Klostergründungen vor uns, die tief religiös waren und die Gelehrsamkeit sorgsam pflegten.

Es muß betont werden, daß wie in Gallien so auch hier der Unterschied zwischen der Bischofs- und der Mönchskirche nur in der kirchlichen Verwaltung und Praxis lag und sich nicht auf die Lehre erstreckte. Die Mönchskirche war niemals ketzerisch oder abtrünnig. Sie hielt in jeder Hinsicht an der überkommenen Hierarchie der katholischen Kirche mit dem Bischof an der Spitze, dem Archidiakon und der ihm unterstellten Geistlichkeit fest. Der Bischof war für die Konsekration der Kirchen und anderer Bischöfe sowie für die Feier der Messe zuständig. Er lebte bisweilen im Kloster, und manchmal waren Bischof und Abt eine Person. Es gab keine Spaltung, und wenn diese monastische Entwicklungsform gewöhnlich auch den Namen ›die keltische Kirche‹ trug, so ist diese Bezeichnung eigentlich nicht genau, denn in allen wesentlichen Punkten war diese Kirche katholisch. Während jener Zeit freilich, in der die Barbareneinfälle das Reisen erschwerten und die Kirche in den keltischen Ländern infolgedessen kaum mehr in der Lage war, wie bisher an der allmählichen Fortentwicklung der Festlandskirche unmittelbar teilzunehmen, wurde die Kirche in Irland konservativ und veraltete bis zu gewissem Grad in ihren Übungen, so daß die Bezeichnung ›keltische Kirche‹ sich gerade für diese konservative Form der Kirchenpraxis eingebürgert hat. In Irland waren die Klöster so mächtig und zahlreich, daß die ›keltische‹ und die ›irische Kirche‹ praktisch auswechselbare Bezeichnungen wurden.

Wir wissen nicht, auf welchem Weg die mönchskirchliche Bewegung Eingang auf den britischen Inseln fand. Verschiedene Anzeichen deuten auf Südirland, wohin sie über Ardmore gelangt sein könnte, aber ob das unmittelbar von Gallien her über Aquitanien oder aus Nordspanien oder direkt aus dem östlichen Mittelmeerraum geschah, ist unbekannt. Man hat alle drei Möglichkeiten in Betracht gezogen. Es kommt hinzu, daß in allen westlichen keltischen Kirchen in engem Zusammenhang mit der mönchskirchlichen Entwicklung ein verstärkter Hang zur Askese auftrat, der gewöhnlich als ›Anachoretenreform‹ bezeichnet wird. Diese Bezeichnung ist freilich irreführend, denn die ›Einsiedler‹ bildeten nicht selten eine geschlossene Gruppe innerhalb eines regulären Klosters oder waren doch von ihm abhängig, während zu anderen Zeiten die Einsiedler in härterer Askese allein oder in sehr kleinen Gruppen auf einsamen Inseln im Meer oder sonst an einsamem Ort lebten. Der schottische Ortsname *Dysert,* irisch *dísert* (lat. *desertum*), erinnert noch heute an diese alten Einsiedeleien, und die Ruinen ihrer bienenkorbförmigen Bauten (*clochán*) haben sich bis in unsere Zeit auf der Insel Inishmurray vor der Küste von Sligo und in der kleinen Siedlung erhalten, die wie ein Adlerhorst über 600 Stufen hoch auf dem Felsen von Skellig Michael acht Meilen vor der Küste von Kerry im Atlantischen Ozean thront, ferner auf Inseln der Inneren Hebriden und auf North Rona (64), wo sich eine Kapelle und ein Kirchhof 60 Meilen nördlich des Butt of Lewis befinden, sowie in Sula-Sker (65) zehn Meilen von Rona, mit ihrer Kapelle und den bienenkorbförmigen Behausungen. Auf der Suche nach einem solchen abgelegenen Ort wurde Cormac úa Liatháin, Abt von Durrow und außerdem Bischof und Anachoret, in nördliche Regionen verschlagen und landete schließlich in Iona (66). Die interessanteste derartige Seefahrt ist die historische Reise des hl. Kolman, von dem es bei Beda (67) heißt, er habe sich mit seinen Anhängern nach der Synode von Whitby 663 auf die Insel Inishbofin vor der Westküste von Mayo zurückgezogen.

Der Abgeschiedenheit der Einsiedeleien ist es zu danken, daß sie ganz oder teilweise erhalten geblieben sind, und die Einfachheit ihrer Architektur kann uns leicht zu falschen Vorstellungen über die Baukunst der frühirischen Kirche verführen. Auf den entlegeneren Inseln konnte man sich nur des dort vorhandenen Steines bedienen, soweit er sich leicht brechen ließ, da die verfügbaren Werkzeuge schwierige Steinbrucharbeiten ausschlossen. Im allgemeinen ist die Technik erstaunlich fachgerecht, die rohen Steinplatten oder Tafeln sind sorgfältig ausgekragt, so daß sie ein Gewölbe bilden, und so gelegt, daß sie nach außen leicht abfallen und den Regen ableiten. Die von F. Henry auf Inishkea (68) nördlich der Westküste der Grafschaft Mayo ausgegrabenen *clochán* sind kunstvolle kleine Gebäude, und an denen von Skellig Michael sehen wir, wie vorspringende Steine, die außen am *clochán* in bequemen Abständen spiralförmig ansteigen, der bodenständige Ersatz für ein Baugerüst waren (69). Alle die *clochán* sind innen völlig trocken, und im größten von ihnen können bequem zwölf Personen Raum finden.

Andererseits hat O'Kelly neuerdings überzeugend dargelegt (70), daß auf der leichter zugänglichen Kircheninsel nächst der Kerryküste bei Valencia, wo zum Transport und zur Arbeitsleistung eine ansässige Gemeinde herangezogen werden konnte, geeignetes Material zum Bau mit Schiff herangeholt und ein kunstvollerer Bau errichtet wurde. Von den frühen Kirchen auf dem Festland sind nur wenige der Zerstörung entgangen, doch unter den wenigen, die übriggeblieben sind, zeigen die kleine Kirche von Kilmalkedar und das sogenannte

Gallerus-Oratorium – das noch vollständig erhalten ist – die Kunst ihrer Baumeister mit einer anspruchsvolleren Konstruktion (71). Diese Kirchen sind nicht rund, sondern haben vier Seiten mit abgerundeten Ecken. Die Wände des Gallerus-Oratoriums sind so konstruiert, daß sie sich innen nach oben verjüngen und dadurch die Spannweite verringern, die das überkragende Dach verlangt. Auch die Neigung der Dachpfosten und die innere Ausschrägung der winzigen Fenster sind bautechnisch bedingt. Wiederum sind die Steine so gelegt, daß sie außen den Regen ableiten und so das Gebäude innen trockenhalten.

Die Technik der frühirischen Kirchenbauten schloß die Aufführung großer Gebäude aus. Diese irischen Kirchen, die – vereinzelt oder auch in Gruppen – sämtlich klein waren, passen sich ganz natürlich der Tradition der frühharmenischen Kirchen als einer Gruppe kleiner Gebäude an. In Irland kann man diese Anordnung in der Klosteranlage von Inishmurray vor der Sligoküste, in der Ansiedlung von Skellig Michael und in der Gruppe späterer Bauten, den sogenannten ›Sieben Kirchen‹ auf Inishmore, einer der Araninseln in der Galway Bay, noch feststellen, und sie ist auch in den Klosteranlagen von Ardmore und Clonmacnoise erhalten. Mit dem Normanneneinfall und dem Auftreten des Zisterzienserordens in Irland änderte sich das alles. Die archaische Bauidee irischer Überlieferung verschwand fast über Nacht; es entstanden dafür die eindrucksvolle normannische Kirche von Cashel und die anmutigen Abteien von Jerpoint, Boyle und vor allem von Mellifont.

Die Anachoreten (72) werden oft mit den Culdees gleichgesetzt, mit denen sie vieles gemeinsam haben, doch ist Genaues über die Culdees noch nicht bekannt. Der Name scheint ›Gefährte Gottes‹ (vgl. das lat. *comes*) zu bedeuten und wird vielleicht analog zu rechtlichen Beziehungen im Sinne von ›Klient‹, ›abhängig‹, gebraucht (73). Ein System, wie es das Wort andeutet, ist nicht klar erkennbar und war wohl auch örtlich verschieden, zumindest in Schottland läßt es auf eine verhältnismäßig späte Entwicklung schließen. Die frühe Regel der Anachoreten, die gemeinhin *Regel von Columcille* heißt, verlangt, daß sie allein auf einem einsamen Platz in der Nachbarschaft eines Hauptklosters hausen; die sogenannte ›anachoretische Reform‹ hat jedoch nur insofern praktische Bedeutung, als bestimmte Dokumente – etwa die *Regel von Tallaght* (74) – zeigen, daß gewisse Klöster von Zeit zu Zeit unter strenggläubigen Äbten ihre Regel aufzeichneten (75).

Ein unter dem Namen *Catalogus Sanctorum* bekanntes irisches Dokument, das angeblich zur Zeit unserer Asketen entstanden ist, in Wirklichkeit aber aus dem 9. oder sogar aus dem 10. Jahrhundert stammt (76), teilt die Heiligen von Irland in drei Gruppen ein. Der ersten gehört der hl. Patrick an, die zweite Gruppe bilden die großen Klostergründer und die dritte »diejenigen, die in verlassenen Gegenden leben, von Kräutern, Wasser und Almosen leben und nichts ihr eigen nennen«. In Wirklichkeit gibt es keine chronologische Reihenfolge. Diese Asketen und Anachoreten sind Zeitgenossen der großen Heiligen des 6. Jahrhunderts (77), und die Bezeichnung ›anachoretische Reform‹ ist einigermaßen irreführend. Hier spiegelt sich ein weitreichender Einfluß jener Askese aus dem Osten wider, wie wir sie in Gallien finden, wo Gregor von Tours von Einsiedlern im Wald von La Perche und andernorts weiß, oder in der Bretagne auf der kleinen Inselgruppe vor der Halbinsel Paimpol im Norden (78) und sogar in der Provinz Galicia in Nordspanien; am tiefsten jedoch ist dieser Hang zur stillen Betrachtung in der keltischen Kirche des Westens verwurzelt, der schließlich eine Eremitendichtung inspirierte, die in ihrer Reinheit und Einfalt, in ihrer persönlichen Hingabe und Liebe zu all den kleinen Dingen der Natur einzigartig ist.

Es war unvermeidlich, daß es zwischen dem Diözesansystem der patristischen Überlieferung (79) und der ›Föderation der Mönchsgemeinden‹ (80), dem monastischen System der sogenannten ›keltischen Kirche‹, zu einem Kampf um die Vorherrschaft kommen mußte. Auf der einen Seite standen alteingeführte Bräuche und das höchste Ansehen innerhalb der Festlandskirche, auf der anderen eine Neuerung, die freilich in Irland festen Fuß gefaßt hatte. Von der ersten Phase des Kampfes wissen wir wenig, was weitgehend damit zusammenhängt, daß kein Außenstehender über St. Patrick berichtet. Weder Gildas noch Beda erwähnen ihn. Adamnán sagt kein Wort von Patrick oder seiner Kirche, und auch Kolumban nicht. Dennoch weist Muirchu in seinem *Leben Patricks* im 7. Jahrhundert nachdrücklich auf die Entstehung Armaghs als der ihm geweihten Kirche hin, und im *Memoir* des Tirechán wird die Ausdehnung seiner *paruchia* bestimmt und praktisch mit ganz Irland gleichgesetzt. Ein Kampf um die Vorherrschaft in der Kirche von Irland war bereits im Gang, und im 9. Jahrhundert hatte sich das Ansehen Patricks und der Kirche von Armagh durchgesetzt. Das Zeitalter der Heiligen war eine Erinnerung. Es galt lange als kostbar und unendlich wertvoll in der religiösen Geschichte des irischen Volkes im Lande wie auch in seiner geistigen Auswirkung auf das Ausland. Aber in maßgebenden Kreisen stand es nicht mehr an erster Stelle.

Der Ausgang des Kampfes richtete sich gegen das Prinzip der Einheitlichkeit. Daß es in der keltischen Kirche – wie im politischen System – des frühen Irland keinerlei zentrale Ordnung gab, machte sie verwundbar und führte notwendig dazu, daß sie durch jede starke Zentralgewalt ersetzt werden konnte.

Das ergab sich bei der Eroberung von Ulidia, dem damals mächtigsten Königreich in Irland, durch die Dynastien der Uí Néill, die sämtlich in einem nominellen Treueverhältnis (81) zu ihrem Oberkönig von Tara standen. Bisher hatte es keine zentrale Dynastie in Irland gegeben, die die Hegemonie besessen hätte. Immer wieder wird in den irischen Gesetzen festgestellt, daß der höchstgestellte König in Irland der König einer Provinz ist (82). Der sogenannte ›Oberkönig‹ (*ard-rí*) von Irland ist eine reine Erfindung, die später zur Unterstützung der Dynastie von Tara propagiert worden ist. Die Aufgabe war nicht schwierig, denn mit der Bezwingung der Ulaid hatten die Uí Néill auch Emain Macha genommen, die alte ulidische Hauptstadt, die zwei Meilen von Armagh entfernt lag. Die ererbte mündliche Überlieferung von Emain und die neue lateinische Kultur, zu der auch die in Armagh eifrig gepflegte Kunst des Schreibens gehörte, standen fortan den Uí Néill ganz und gar zu Diensten. Der Kult des hl. Patrick und die älteren schriftlichen Dokumente wurden ihre Hauptstütze, da sie ein uraltes fiktives Oberkönigtum von Irland erfanden und es mit der ganzen Kraft einer mächtigen Kirche ausstatteten.

Unterdessen hatte, wie wir sahen, der nördliche Zweig der Uí-Néill-Dynastie, der im Nordwesten Irlands saß, bei seinem Vorrücken nach Osten die Ulaid bezwungen und die kleinen nördlichen Königreiche von Dál Riata bedroht. Wir sahen auch, daß im 5. Jahrhundert ein Zweig der Dalriadischen Dynastie sich über das Meer ausbreitete und eine Dynastie im südwestlichen Schottland sowie ein schottisches Königreich Dál Riata gründete, das später das Königreich Argyll genannt wurde. Das Gebiet muß bis dahin unter piktischer Herrschaft gestanden haben, doch sagt die Überlieferung nichts von einem Widerstand, vielmehr scheint nach allem, was wir wissen, das neue Königreich das Ergebnis einer friedlichen Durchdringung unter Duldung der Pikten zu sein. Die nördlichen Uí Néill, die sich ursprünglich in der Nachfolge bei der Führung der Uí-Néill-Dynastie mit der Tara-Linie abgewechselt hatten, müssen sich darüber klar gewesen sein, daß die Bezwingung der Ulaid und die Errichtung der Kirche von Armagh zwangsläufig die Einsetzung der Tara-Linie der südlichen Uí Néill als führendes Herrscherhaus des gesamten Nord- und Mittelirland zur Folge haben mußte. Infolgedessen strebten sie nach Expansion über das Meer und vereinigten sich mit der Dalriadischen Dynastie in Argyll (*Airer Gídel*, ›das Land der Iren‹).

Der Fürst der nördlichen Uí Néill, der die Dynastie in Argyll repräsentierte, war St. Kolumba. Als potentieller Erbe des Königsthrones von Tara genoß er hohes Ansehen. Er wählte die sicherste Methode, um die Macht des neuen Königreichs zu festigen, indem er sein politisches Ansehen mit dem von Dál Riata koppelte und in Iona ein neues Zentrum für die keltische Form der irischen Kirche schuf, das ebenso wie Armagh seinem Hoheitsrecht unterstehen sollte. Hier machte er auch Aidán zum König des neuen Reichs Dál Riata in Schottland. Und von hier aus schloß er ein friedliches Abkommen mit dem König der Nordpikten, Brude mac Maelchon, dem *rex potentissimus* des Beda, und errichtete so mit doppelter königlicher Unterstützung sein mächtiges Klosterheiligtum auf Iona, das in Zukunft Haupt der keltischen Kirche sein sollte. Das konstruktive politische Geschick sowie die seelische und intellektuelle Integrität Kolumbas führten zur friedlichen Entstehung des Gebildes, das sich in politischer Hinsicht zum Königreich Schottland, in geistlicher zum Haupt der keltischen Kirche in Irland, Schottland und England entwickeln sollte.

Die Geistigkeit Kolumbas kennen wir hauptsächlich aus den

Werken der panegyrischen Dichter seines Geburtslandes und aus der Prosabiographie des Adamnán. Alle ihm und seinen Zeitgenossen zugeschriebenen Dichtungen und literarischen Arbeiten sind späteren Datums, ausgenommen vielleicht die *Amra Choluimb Chille*, eine höchst kunstvolle Stabreimkomposition (83), die dem irischen Barden Dallán mac Forgaill zugeschrieben wird und heute als ein echtes Dokument aus dem 6. Jahrhundert gilt. Diese *amra*, ein ›Loblied‹ des Barden Dallán auf den Heiligen, ist hauptsächlich aus Dankbarkeit entstanden, weil Kolumba sich der Dichter Irlands angenommen hatte, die ihrer übertriebenen Ansprüche wegen mit Verbannung bedroht waren. Die große Anzahl verstreuter Überreste späterer Bardendichtung, die sich als zeitgenössische Verherrlichung des Heiligen gibt, wie auch die späteren literarischen Arbeiten, die die Überlieferung dem Kolumba selbst zuschreibt, müssen als dankbarer Tribut späterer Zeiten angesehen werden, der dem hervorragenden Mitglied einer Dynastie galt, die stets im Rufe stand, sowohl die alten Dichter wie auch die neuere lateinische Gelehrsamkeit zu fördern.

Die Einrichtungen des Klosters auf Iona waren typisch für die keltische Mönchskirche. Kolumba war Priester und Abt, aber niemals Bischof, und er trat bei der Feier der Messe immer vor einem Bischof zurück. Beda (84) erwähnt als Eigenart der Kirche Kolumbas, daß ihr Oberhaupt stets ein Priester war. Die Nachfolger Kolumbas in der Abtwürde folgten dem überlieferten irischen System der *coarbship*, das heißt, der Abt war stets ein Mitglied (ein *com-orba*, ›Miterbe‹) der Familie des ursprünglichen Gründers. Die Kirche Kolumbas war ihrem Wesen nach irisch. Ihr bedeutendster Abt, Adamnán, der Biograph des Heiligen, war ein Urenkel von Kolumbas Vetter ersten Grades; er selbst gehörte zu den *Cenél Conaill* der nördlichen Uí Néill. Wie früh Iona schon Ansehen erworben hatte, geht daraus hervor, daß es sehr schnell Haupt der vereinigten ›keltischen‹ Kirchen, d. h. der ›kolumbanischen‹ Gemeinden, in Irland wurde und daß es ihm fast gelungen wäre, sie zu jener Einigkeit zusammenzuführen, die ihnen vielleicht den Charakter einer Dauereinrichtung hätte geben können. Die Wikingerüberfälle schwächten die Kraft Ionas. 795, 802 und 806 wurde es geplündert, und 825 wurde die Gemeinde niedergemacht. Die Überreste und die Führungsrolle der Kirchen Kolumbas scheinen um diese Zeit zwischen Dunkeld im geschützteren Binnenland am oberen Tay und Kells in Irland aufgeteilt worden zu sein; seitdem war Kells der Mittelpunkt der ›keltischen Kirche‹.

Es gab aber, wie wir sehen werden, auch noch andere und tiefere Gründe für den Niedergang des Ansehens der Kirche Kolumbas. Während des 6. Jahrhunderts hatten sich der Kult des heiligen Patrick und das Gewicht Armaghs als seines Hauptheiligtums im Zuge der Ausweitung und Festigung der Macht der Könige von Tara in Irland sehr rasch in den Vordergrund geschoben. Die Biographie des Heiligen von Muirchu und das *Memoir* von Tirechán, die beide die Interessen Armaghs vertraten, hatten stark dazu beigetragen, den Kult Patricks zu fördern; und der Nachdruck, den Muirchu darauf legte, daß der Heilige das Osterfest zu Tara beging, hatte die Bedeutung der katholischen Einheit in Übereinstimmung mit dem römischen Brauch unterstrichen. Zahllose Schriften, die heute als nachpatristische Fälschungen angesehen werden, sich aber als zeitgenössische Dokumente geben, bezeugen die Überlieferung einer starken, von den irischen Klosterschreibstuben getragenen Bewegung, die den Heiligen begünstigte, der nach Irland nicht als Klostergründer, sondern als unmittelbarer Abgesandter der von Rom und Gallien geförderten und in Britannien bereits begründeten Bischofskirche gekommen war.

Handschriftenblatt aus dem Evangeliar von Kells. Frühes 9. Jh. Trinity College, Dublin

Der Unterschied in Organisation und Verwaltungsgrundsätzen, wie wir ihn zwischen der Frühkirche in Gallien und der in Irland feststellten, blieb nicht auf diese Länder beschränkt. Er bestand überall in den keltischen Ländern, auf den Inseln ebenso wie auf dem Festland. Dieser Unterschied führte im 7. Jahrhundert zu einer Kontroverse, die gewöhnlich ›Osterkontroverse‹ genannt wird, da es dabei um die Datierung des Osterfestes ging. Die katholische Kirche übte offiziell die Praxis, Ostern so zu datieren, wie es 457 von Victorius von Aquitanien festgelegt worden war. Die keltische Kirche dagegen hegte einen gerechtfertigten Stolz auf ihre alte und ehrwürdige Tradition und zog es vor, sich an den von ihren *seniores* überlieferten Brauch zu halten. In Wirklichkeit freilich ging es in der langen und mit aller Heftigkeit geführten Kontroverse nicht um belanglose Kleinigkeiten. Der eigentliche Anlaß lag tiefer; es ging um nichts Geringeres als um das Bestreben der Kirche von Rom einerseits, Einhelligkeit und Souveränität zu befestigen, die allein den Bestand des katholischen Christentums im Abendland sichern konnten, und um das der keltischen Kirche andererseits, ihre geistige Unabhängigkeit zu bewahren und das Recht zu behaupten, ihren eigenen alten und ehrwürdigen Bräuchen anzuhängen.

In Britannien wurde der Streit in den verschiedenen Ländern getrennt ausgetragen. Es ist sehr bedeutsam, daß der Süden Irlands, der immer unmittelbare Verbindung zu den Entwicklungen auf dem Kontinent gehalten hatte, die römische Ordnung zuerst annahm. Ein Brief von Cummian, der wahrscheinlich Abt von Durrow war, an Segéne, den Bischof von Iona (623–652), legt die Vermutung nahe, daß bereits 629 der Südosten Irlands zum größten Teil Ostern nach römischem Brauch feierte. Der Brief ist noch vorhanden (85), allerdings mit stark verderbtem Text, und stellt das einzige noch vorhandene polemische Dokument dar, das in Irland zur Osterkontroverse niedergeschrieben worden ist. Die prorömische Partei holte sich, um ihre Widersacher zu besiegen, Rat aus Rom – man sieht hier wieder, wie bequem die Verbindung war –, und 636 trat der Süden Irlands der ›neuen Ordnung‹ bei, die ›kürzlich aus Rom gekommen war‹. Es ist interessant, daß der Süden hier der keltischen Kirche in Britannien voraus war. Und es dauerte fast 60 Jahre, ehe der Norden Irlands sich ihm anschloß.

Die Kirche in Northumbria hatte eine wechselvolle Geschichte gehabt. Edwin, der anglische König der vereinigten Bernicia und Deira, war 627 vom hl. Paulinus von Canterbury bekehrt worden. Nach seinem Tod folgte ihm Oswald nach, der während der Regierung Edwins als Verbannter in Schottland gewesen war und bei seiner Thronbesteigung den frommen Aidán aus Iona mitgebracht und die kolumbanische Kirche in Northumbria eingeführt hatte. Auf Oswald folgte sein Bruder Oswiu, der das Exil im Norden mit diesem geteilt hatte; Oswiu jedoch hatte eine Tochter Edwins geheiratet, die natürlich der römischen Form des Christentums anhing, in der Paulinus sie unterwiesen hatte. Das Nebeneinander der beiden Formen am northumbrischen Hof schuf eine unmögliche Situation und wurde 663 auf der Synode von Whitby dadurch beseitigt, daß König Oswiu der römischen Ordnung den Vorrang gab.

Paulinus war unmittelbar von Rom nach Canterbury gesandt worden, und nach der Synode von Whitby mußte damit gerechnet werden, daß die northumbrische Kirche sich bemühen werde, sämtliche kolumbanischen Kirchen in den Gehorsam der römischen Kirche zu führen. Von Beda erfahren wir, daß der northumbrische Mönch Ecgberth dieses Ziel in Irland lange und vergeblich verfolgt hatte, und es ist wahrscheinlich, daß das Bistum Whithorn in Galloway, das jetzt in anglischem Gebiet lag, zu diesem Zweck wieder erneuert wurde und ein Zentrum bilden sollte, das in diesem Sinn auf Irland einwirkte. Sein erster Bischof war Pecthelm, ein Schüler Aldhelms von Malmesbury, der mit Beda im Briefwechsel stand. Im Jahr 686 und in den beiden folgenden Jahren hatte Adamnán, der Abt von Iona, am Hof seines *amicus* und königlichen *alumnus*, des Königs Aldfrith, geweilt, der jetzt in Northumbria regierte, und hatte sich nun der römischen Ordnung zugewandt. Er vereinigte infolgedessen seine Anstrengungen mit denen des Mönchs Ecgberth in Irland und führte, wie Beda uns mitteilt, »fast alle, die nicht unter der Herrschaft Ionas standen, der katholischen Gemeinschaft zu«. Der Sieg der römischen Partei in Irland wurde wahrscheinlich auf der Synode von Birr um 696 ratifiziert, bei der Adamnán selbst den Vorsitz führte. Adamnán und Ecgberth gingen dann nach Iona, wo Adamnán wenig später – 704 – starb; zwei Jahre nach der Synode von Birr feierte Iona Ostern nach römischem Brauch. 716 vertrieb der König der Südpikten, nachdem er sich mit dem northumbrischen Abt Ceolfrith von Jarrow beraten hatte, die kolumbanische Geistlichkeit aus seinem Königreich. Die souveräne Stellung, die Iona als Haupt der irischen Kirche innegehabt hatte, ging nun auf Armagh über. Der Sieg der Kirche des hl. Patrick und des bischöflichen Stuhls von Armagh waren perfekt.

In Wales und den keltischen Kirchen auf dem Kontinent kam es erst später zu einer Vereinheitlichung. Beda hat uns über die Bekehrung von Wales zum Christentum nichts berichtet, widmet aber den Anstrengungen, die der hl. Augustin von Canterbury machte, um die Waliser in die Gehorsamspflicht der römischen Kirche zu bringen, einen ausführlichen Bericht. Dabei schildert Beda, wie Augustin zwei Reisen nach Westen unternimmt, um eine Anzahl britischer Bischöfe zu befragen und sie zu beschwören, »mit ihm« die katholische Einheit zu bewahren und »zusammen mit ihm« den Heiden, d. h. zweifellos den Sachsen, das Evangelium zu verkünden. Als sie sich weigerten, verließ er sie mit einer Prophezeiung, die einem Fluch gleichkam: Sie würden ihre Strafe von der Hand ihres Feindes empfangen. Beda war offensichtlich der Ansicht, daß sich diese Voraussage in der Schlacht von Chester 616 erfüllt habe. Diese Geschichte findet sich nur bei Beda; er erzählt sie im Sagenstil in drei Episoden und hat augenscheinlich die ganze Schilderung aus der mündlichen Tradition übernommen. Tatsächlich haben die Waliser die Autorität Roms in der Person des Erzbischofs von Canterbury erst mehr als 30 Jahre nach Bedas Tod anerkannt, und in Cornwall sogar erst im 10. Jahrhundert. Der Kontinent übernahm das reformierte Osterfest selbstverständlich eher als Britannien – das spanische Galicien bereits 633 –, während in den keltischen Klostergründungen Mitteleuropas die Reform im großen und ganzen bis zum 8. Jahrhundert durchgedrungen war; allerdings ging die Veränderung sehr allmählich vor sich, und die alten Bräuche hielten sich zäh. 818 fügte sich die große Abtei von Landévennec in der Bretagne unter ihrem Abt Matmonoc dem Geheiß Ludwigs des Frommen, gab die keltischen Bräuche auf und übernahm die römische Tonsur und die Regel des hl. Benedikt; die übrigen bretonischen Klöster folgten dann auch bald nach.

Zu den eindrucksvollsten Phänomenen der keltischen Kirche gehört, daß sie keine Märtyrer hatte. Selbst die Osterkontroverse war auf beiden Seiten würdig und maßvoll geführt worden. Sie hatte darüber hinaus auf beiden Seiten die Entstehung literarischer Werke zur Folge, die unsere Hauptgrundlage für die Geistesgeschichte dieses Zeitabschnitts bilden. In den Dokumenten, die innerhalb der sogenannten »römischen«

Partei entstanden, finden wir die ersten Einflüsse einer literarischen Gattung, wie sie auf dem Kontinent zu dieser Zeit üblich war: den Anfang einer Chronologie und historischer Aufzeichnungen in örtlichen, in der Art von Annalen geführten Chroniken sowie den Sinn dafür, daß Genauigkeit der Aufzeichnungen wichtig ist. Die bedeutendste irische Zusammenstellung von Synodalberichten und kanonischem Recht war die *Collectio canonum Hibernensis,* die im 8. Jahrhundert in Gallien erschien und frühzeitig in Britannien bekannt war und kopiert wurde. In Irland wurde ein Kompendium hergestellt, das schon früh im 8. Jahrhundert von Mitgliedern der »römischen« Partei vielfach abgeschrieben und übersetzt wurde (86). Die Aufzeichnungen der irischen Partei gingen zweifellos auf den Wunsch zurück, die Überlieferungen, Regeln und Ideale zu formulieren, die man von den *seniores* übernommen hatte und an denen man noch immer hing. Es ist dies keine Literatur geschulter Theologen oder spekulativer Denker, doch in den Regeln – etwa der von *Tallaght,* der sogenannten *Regel von Columcille* des Columbanus von Bobbio – und in den Bußpsalmen weht jener Geist der Weltabgewandtheit der frühen keltischen Kirche, der die Strenge ihrer Zucht nachhaltig zu Bewußtsein bringt und in Worte faßt.

Der folgenreichste Anstoß, der von der Literatur um die Osterkontroverse ausging, war der zur Aufzeichnung der *vitae* keltischer Heiliger, ihrer *acta* – wie sie geboren worden und gestorben waren – und ihrer Wunder, ohne die in dieser wundergläubigen Zeit kein Kult begründet, kein Heiliger und kein Heiligtum populär werden konnten. Die *vita* hatte auf dem Kontinent eine Geschichte, die so alt war wie das Christentum selbst. Die älteste Form sind vielleicht die *acta* der Apostel im Neuen Testament (Apostelgeschichte). Eine spätere Entwicklung ist die Leichenrede, in der ganz selbstverständlich die heroisch-panegyrischen und elegischen Reden aus der heidnischen Antike für christliche Zwecke übernommen wurden. Berühmte christliche Beispiele sind die Leichenrede des christlichen Rhetors Pacatus für St. Paulinus von Nola (gest. 431) und die Gedächtnisrede des hl. Hilarius von Arles für St. Honoratus, den Gründer des Klosters Lérins im frühen 5. Jahrhundert (87). Schon zwischen 356 und 362 übernahm St. Athanasius die Erzählform, wie sie der spätgriechische Roman populär gemacht hatte, und wandte sie mit hervorragendem Erfolg in seinem *Leben des heiligen Antonius* an. Einen bleibenden Platz in der Hagiographie des Westens hatte Sulpicius Severus sich mit seinem *Leben des heiligen Martin* gesichert.

Unsere älteste erhaltene *vita* des heiligen Patrick stammt von Muirchu, der in seinem Vorwort den Anspruch erhebt, eine neue Stilform anzuwenden, wie sie sein »Vater« Cogitosus eingeführt habe. Wahrscheinlich ist das eine Anspielung auf das *Leben der heiligen Brigitta von Kildare*, das Cogitosus vor ihm im gleichen Jahrhundert verfaßt haben soll (88). Was die Erzählweise von Muirchus *Leben des heiligen Patrick* betrifft, so läßt der Hinweis des Verfassers auf den »neuen Stil« darauf schließen, daß der Erzählstil bereits nach Irland vorgedrungen war und die ältere Form der *acta* verdrängt hatte. Die Schule von Armagh, zu der Muirchu sich bekannte, hatte bereits Kontakt mit den neuesten literarischen Moden aufgenommen.

Die klassische *vita* der »keltischen Partei« ist das *Leben des heiligen Kolumba* (89) von Adamnán, seinem Nachkommen aus einer Seitenlinie und *coarb* im Amt des Abts. Genaugenommen handelt es sich dabei nicht um eine Biographie, und die *vita* weist auch keinen einheitlichen Erzählstil auf. Sie zerfällt in drei Teile, von denen der erste die Prophezeiungen, der zweite die Wunder, der dritte die Visionen des Heiligen enthält. Als sie – wahrscheinlich zwischen 685 und 689 – entstand (90), war diese Art literarischer Anordnung schon aus der Mode gekommen und von den erzählerischen Vorlagen verdrängt worden, die Athanasius und Sulpicius Severus eingeführt hatten. Doch Adamnán war mit dem späteren Stil der Heiligengeschichten durchaus vertraut, denn das *Leben des heiligen Germanus* von Constantius war in Irland schon bekannt und wird ja auch von Adamnán selbst in der *vita* zitiert (II, 34). Adamnán war also gut informiert und seiner Bildung nach alles andere als rückständig; in der zeitgenössischen Literatur des Kontinents war er vergleichsweise gut belesen (91). In einem anderen seiner Werke – *De locis sanctis* (92) – erzählt er, was er von dem gallischen Bischof Arculf gehört hatte, der nach Iona verschlagen worden war, als er aus dem östlichen Mittelmeer zurückkehrte, wo er Jerusalem und andere »heilige Stätten« besucht hatte. Beda kannte die Arbeit, die Adamnán dem König Aldfrith von Northumbria zum Geschenk machte, und schätzte sie offensichtlich hoch ein, denn er schildert die Entstehungsgeschichte (93) und berichtet einige Einzelheiten aus dem Inhalt, wobei er hinzufügt, der König habe die Arbeit zirkulieren und den Verfasser mit mancherlei Geschenken bereichert wieder nach Hause ziehen lassen. Der ganze Vorfall und der Bericht sind bezeichnend für das neu erwachende Interesse, das man in keltischen Ländern der Geographie der damaligen Welt entgegenbrachte; die Reisen der *peregrini* müssen dazu viel beigetragen haben, wie die Schilderungen Arculfs bei Adamnán und des Fidelis bei Dicuil beweisen.

Adamnáns *Leben des heiligen Kolumba* ist ein historisches Werk von hohem Wert. Wie alle Hagiographen jener Zeit schrieb er in erster Linie zur Erbauung und nicht so sehr, um Geschichte aufzuzeichnen. Dennoch fallen seine Bemerkungen über historische Personen und Ereignisse durch eine Genauigkeit und Realistik auf, wie sie in dieser Zeit selten sind, und obwohl manches vage und unwahrscheinlich ist, liefert er uns doch im allgemeinen das anschaulichste Bild vom Leben der Frühkirche in Britannien vor Beda (94). Tatsächlich stammt von ihm unser bester Bericht über die alte keltische Mönchskirche in Irland.

Der berühmteste und einflußreichste Vertreter der keltischen Ordnung war der heilige Columbanus. Er hat als erster die Kontroverse über die Grenzen der Inselkelten hinausgetragen und sich für die Sache der keltischen Ordnung (95) beim Heiligen Stuhl in einer Reihe von Briefen an den Papst Bonifatius eingesetzt, die uns auf einzigartige Weise die Haltung der Iren in der Osterkontroverse deutlich machen. Er ist auch der berühmteste der frühen *peregrini,* jener Männer, die wie St. Kolman von Lindisfarne mit einer Anzahl von Anhängern um eines religiösen Ideals willen ihre Heimat verließen und in fernen Gegenden religiöse Gemeinschaften strengerer Observanz bildeten. Er war aus Leinster gebürtig und gehörte zur Gemeinde St. Comgall von Bangor in der Grafschaft Down, begab sich jedoch um 590 mit zwölf Schülern als *peregrinus* auf den Kontinent, wobei er durch Westgallien nach Burgund gelangte. Hier ließ er sich in einer Klause im Wald von Annegray nieder und errichtete später zwei weitere religiöse Gründungen in Luxeuil und Fontaine, deren erstere sich zu einer berühmten Gelehrtenschule entwickelte. Seine Haltung in der Osterkontroverse jedoch und seine entschiedenen Ansichten über die Notwendigkeit einer strengeren Zucht machten ihn am Hof und bei den Bischöfen von Burgund unbeliebt, so daß er gezwungen war, das Land zu verlassen, sich an die Höfe von Neustrien und Austrasien und von dort in die Schweiz zu begeben.

In der Nähe von Bregenz hielt er sich eine Zeitlang in Gesellschaft seines irischen Freundes und Schülers Gallus auf, der ihn auf allen seinen Reisen vom Kloster zu Bangor aus begleitet hatte. St. Gallus beschloß, sich für immer in der Schweiz niederzulassen, und an der Stätte seines Grabes entwickelte sich ein Kloster zu jener berühmten Gelehrtenschule, die noch immer seinen Namen trägt und eine der kostbarsten Bibliotheken Europas beherbergt (96). Columbanus selbst jedoch ging über die Alpen in die Lombardei, wo ihn der König und die Königin freundlich aufnahmen und ihm ein Tal in den Apenninen zur Ansiedlung überließen. Hier fand seine lange fromme Odyssee ihren Abschluß mit der Gründung des Klosters von Bobbio, das sich ebenso durch Gelehrsamkeit hervortat wie St. Gallen. Beide Klöster wurden berühmte Treffpunkte für irische *peregrini,* die nach Rom reisen wollten. Der Mönch Jonas, der 618 in Bobbio eingetreten war und viele Gefährten Columbanus' gekannt haben muß, schrieb ein wertvolles Werk: *Das Leben des heiligen Columbanus* (97).

Man hat den Einfluß Columbanus' auf die Kultur Westeuropas mit dem des älteren Kolumba verglichen (98). Insbesondere haben seine Klostergründungen auf dem Festland die Entwicklung des Geisteslebens im frühen Mittelalter ganz beträchtlich beeinflußt. Daß diese Gründungen soviel Gelehrsamkeit, so viele Bücher auslösten und daß sie die Revolutionierung des Geisteslebens verwirklichen halfen, die von der Kunst des Schreibens eingeleitet wird, das alles übertrifft an Bedeutung bei weitem die persönlichen literarischen Leistungen des Columbanus. Er war der letzte und größte Stifter keltischen Mönchstums in seiner strengsten Form, zu der auch gehörte, daß die Klosterverwaltung der Kontrolle des Abtes unterstand.

Columbanus war kein originaler Denker und kein tiefschürfender Gelehrter. Sein Einfluß wird wie der seines großen Namensvetters, des älteren Kolumba, mehr nach seiner unmittelbar bleibenden, praktischen Leistung bemessen als nach seinem literarischen Werk. Dennoch fehlte es ihm nicht an der lateinischen Bildung seiner Zeit, und sein Stil beeindruckt noch immer durch seine kräftige und unmittelbare Rhetorik. Die *Regel des heiligen Columbanus* (99) ist zweifellos in der Hauptsache sein Werk; sie ist die älteste erhaltene Regel irischen Ursprungs. Wenn sie auch auf dem Kontinent niedergeschrieben wurde, so ist sie doch durchaus repräsentativ für die irische Kirche und gibt wahrscheinlich die Regel aus St. Comgalls berühmtem Kloster in Bangor wieder, in dem Columbanus ausgebildet worden war. Sie ist ausdrücklich zur Leitung des geistlichen Lebens in den zönobitischen Gemeinschaften bestimmt und schärft unbedingten Gehorsam, ständige Abtötung, unablässige Kasteiungen und Andachtsübungen ein. Das Bußbuch *de poenitentia,* das ihm zugeschrieben wird, beruht in der Hauptsache wohl auf älterer irischer Bußüberlieferung (100), legt jedoch besonderen Nachdruck auf die Bedeutung der häufigen Übung der privaten Beichte.

Die alte und vielbegangene Straße nach Rom über die Alpen, die unter dem Namen *via barbaresca* bekannte alte Römerstraße, wurde zur Hauptroute der Pilger im Zeitalter der Heiligen; es gab da am Wege eigene Pilgerherbergen (101). Die Abtei von St. Gallen lag dicht bei dieser Straße, und das *Leben des heiligen Gallus* und andere Dokumente haben uns Einzelheiten von den charakteristischen Bräuchen und dem Verhalten der Pilger überliefert. Wie eh und je bei Karawanenreisen bewegten sich die Reisenden in größeren Trupps vorwärts, und Walafrid Strabo, der im frühen 9. Jahrhundert schreibt, teilt uns mit, das Reisen sei den Schotten schon fast zur zweiten Natur geworden. Bücher konnten sie wahrscheinlich nicht in größerer Menge mit sich führen, aber es ist bezeichnend, daß Schreibtafeln in Deutschland unter dem Namen *pugilares Scotorum* – ›die Schreibtafeln der Iren‹ – bekannt waren.

Die tiefe Liebe der irischen Mönche zur Gelehrsamkeit war außerhalb Irlands schon im 8. Jahrhundert bekannt. In einem seiner bemerkenswertesten Abschnitte berichtet uns Beda (102), wie eifrig man in irischen Klöstern studierte und wie großzügig man den englischen Gelehrten – »vornehmen und anderen« – entgegenkam, die die Klöster aufsuchten, um entweder religiöse Studien zu treiben oder ein Leben in strengerer Zucht zu führen. Manche befleißigten sich eines mönchischen Lebens, während andere es vorzogen, ihre Studien zu betreiben, indem sie die Zellen verschiedener Lehrer besuchten. Die Iren nahmen sie gastlich auf, versahen sie mit Büchern für ihr Studium und unterrichteten sie kostenlos. Sogar auf dem Kontinent erfahren wir von Notker Balbulus (um 840–912), daß zwei Iren in Gallien eingetroffen seien, die, in theologischem und weltlichem Wissen außerordentlich gut beschlagen, ihre Kenntnisse so lautstark feilboten wie andere ihre Ware (103). Karl der Große nahm sie achtungsvoll auf, und sie verlangten von ihm außer Wohnung, Nahrung und Kleidung nichts für ihre Lehrtätigkeit. Er gründete für den einen Iren eine Schule in Gallien, die für hoch und niedrig zugänglich war, während er den anderen unter ebenso großzügigen Bedingungen in Pavia wirken ließ (104).

Einer der ersten unter diesen irischen Gelehrten, die am karolingischen Hof verkehrten und an der Palastschule lehrten, war Dicuil (105), dessen Gelehrsamkeit und literarische Werke bedeutsam und für die damalige Zeit bemerkenswert waren. Er scheint Mönch in Iona und Schüler von Suibne gewesen zu sein, bei dem es sich vielleicht um den 772 verstorbenen Abt handelt. In Iona erlebte er vor 767 den Besuch eines *peregrinus* ins Heilige Land, und er kannte auch irische Anachoreten auf den nördlichen Inseln, wahrscheinlich die *papas* (irische Anachoreten) auf *Thyle* (Thule, »Island«) und auf den Färöern, die durch die Wikinger gezwungen worden waren, ihre Niederlassungen aufzugeben. Es scheint nicht ausgeschlossen, daß Dicuil auch selbst die Färöer besucht hatte, und es wird angenommen, daß seine Niederlassung auf dem Kontinent die Folge der Zerstörung Ionas durch die Wikinger im Jahr 806 war. Seine literarischen Hauptwerke sind eine Abhandlung über Astronomie und Mathematik, die in einer Mischung aus Prosa und Versen geschrieben ist, und *De mensura orbis*. Dieses ist das älteste, in Frankreich zusammengestellte geographische Kompendium dieser Art, und wenn es auch in der Hauptsache auf römische Arbeiten — vor allem auf das Werk des Plinius — zurückgeht, so ist der Verfasser doch geistig viel zu rege, als daß er darauf verzichtet hätte, gewisse ergötzliche eigene Erinnerungen einzustreuen. So erwähnt er den Elefanten, den Harun al-Raschid 804 an Karl den Großen sandte; er gibt wieder, was er selbst von der Pilgerfahrt des Mönchs Fidelis ins Heilige Land gehört hatte, und er schildert auch *Thyle* (Thule) und die Färöer. Dicuil nimmt in seinem geographischen Werk insofern König Alfreds Übersetzung des Orosius voraus, als er zeitgenössische Berichte einschaltet, die für das zunehmende geographische Interesse des Abendlands im 9. Jahrhundert charakteristisch sind.

Um die Mitte des 9. Jahrhunderts, als die Barbareneinfälle die überlieferte Gelehrsamkeit auf dem Festland bedrohten, empfingen Wissenschaft und selbständiges spekulatives Denken in Westeuropa neuen Auftrieb von den britischen Inseln durch angelsächsische und keltische, hauptsächlich irische Gelehrte. Vor allem die Iren haben einen starken und bleibenden Einfluß auf die europäische Kultur des 9. Jahrhunderts und der Folgezeit hinterlassen. Besonders bemerkenswert sind die nordöstlich von Paris in Laon konzentrierten gelehrten Iren sowie die Gruppen in Lüttich östlich von Brüssel, die sich um die Mitte des 9. Jahrhunderts auf mindestens ein Jahrzehnt dort festgesetzt hatten. Aus dieser Zeit etwa hören wir auch von einer Anzahl einzelner Iren, die von Maelsechlainn, dem irischen König, an den Hof König Karls des Kahlen in Lüttich gesandt worden waren, um einen Sieg über die Norweger zu verkünden, und die um freien Durchzug als *peregrini,* als Pilger also, nach Rom baten. Etwa gleichzeitig stoßen wir in Lüttich auf Sedulius Scottus oder Scottigena, der vielleicht dieser Gesandtschaft auch angehörte und Dichter, Gelehrter, Schreiber, Theologe und Höfling war: einer der gelehrtesten Männer seiner Zeit. Er steht einer kleinen Gruppe von Gelehrten sehr nahe, die, wie er selbst, auf dem Weg nach Lüttich am Hof des Merfyn Vrych, König von Wales, eine Pause eingelegt hatten, wo man offenbar Anspruch auf eine gewisse Kultur erhob. Es scheint tatsächlich vieles dafür zu sprechen, daß der Hof Merfyns in Nordwales damals eine anerkannte Station und ein Kulturzentrum auf der üblichen Route der *peregrini* von Irland zum Hof Karls des Kahlen in Lüttich war und daß irische und vielleicht auch walisische Gelehrte in Lüttich ihres Wissens und ihrer höfischen Kultur wegen hochgeschätzt wurden.

Die Hauptperson unter all den irischen Gelehrten, die dem Hof zu Lüttich angehörten, war zweifellos Sedulius Scottus (106). Man weiß nicht genau, wo er geboren und erzogen wurde, obwohl manches in seinen Schriften darauf hinweist, daß zumindest einige seiner literarischen Quellen irischen Ursprungs waren. Laistner schreibt: »Der Ire Sedulius erschien wie ein unbekannter Komet um die Mitte des 9. Jahrhunderts

(845—858) in Lüttich, um genauso geheimnisvoll wieder zu verschwinden, wie er gekommen war.« (107)
Scottigenas Werk erfordert nicht nur seiner Spannweite wegen Beachtung, sondern auch wegen der Gründlichkeit und Souveränität seiner lateinischen Bildung, besonders wegen seiner Beherrschung einer Vielfalt von lateinischen Metren. Sein guter Geschmack in der lateinischen Prosa zeigt sich an seiner Wertschätzung Ciceros. In seiner Sammlung von Auszügen aus lateinischen Autoren, dem *Collectaneum* (108), erwähnt er nicht weniger als sieben Schriften Ciceros, während die Mehrzahl seiner Zeitgenossen nicht mehr als eine oder zwei kennt. Daß er eine wenn auch vielleicht nicht sehr eingehende Kenntnis des Griechischen besaß, wird allgemein angenommen. Ein in griechischen Buchstaben verfaßtes Kolophon einer Handschrift des griechischen Psalters, die sich jetzt in Paris befindet, lautet: *Sidulios Skottos ego egrapsa* (›Ich, Sedulius Scottus, habe es geschrieben‹; 109).
Aus den Schriften des Sedulius geht hervor, daß er in den literarischen Moden seiner Zeit gut bewandert war. Im *Collectaneum,* das man als sein Zitatenbuch bezeichnet hat, stellte er besonders wertvolle Auszüge aus klassischen Autoren zusammen, und in einer Zeit, in der Bücher und Bibliotheken verhältnismäßig selten waren, hatte eine solche Sammlung durchaus einen praktischen Wert; ihre klassische Vollendung fand diese Form in den *Adagia* des Erasmus. Sedulius' *Liber de rectoribus christianis* (110) ist in Prosa mit Verseinlagen geschrieben, die im wesentlichen die vorangegangenen Prosaabschnitte zusammenfassen; es stellt ein frühes Beispiel jener politisch-theoretischen Schriften dar, die im besonderen die Pflichten des Herrschers untersuchen, im Mittelalter von Rußland bis nach Island überall in Europa verbreitet waren und allgemein als »Fürstenspiegel« bekannt waren. Es ist bezeich-

nend, daß Sedulius in diesem Werk sich offensichtlich von dem Kapitel *Der ungerechte König* einer anonymen irischen Abhandlung, *De duodecim abusivis saeculi*, beeinflussen ließ, die aus dem Anfang des vorhergehenden Jahrhunderts stammte. Er teilte das lebhafte Interesse seiner Zeit an grammatischen Abhandlungen, schrieb Kommentare über Eutyches, Priscian und Donatus und lieferte mit einem *Collectaneum in Matthaeum* und einem *Collectaneum in omnes beati Pauli epistolas* seinen Beitrag zur exegetischen Literatur seiner Zeit. Letzteres hat für uns insofern besondere Bedeutung, als es zu einer Gruppe paulinischer Kommentare gehört, die fast alle unmittelbar aus Irland stammen. Kenney hält es aus diesem Grund für wahrscheinlich (111), daß Sedulius sein *Collectaneum* entweder in Irland geschrieben oder Bücher aus Irland benutzt hat.

Heute finden wir unser größtes Vergnügen an den Gedichten (112) des Sedulius, deren er 83 verfaßt hat, denn er handhabt sein Wissen mit der Leichtigkeit und Anmut seiner Landsleute und zeichnet sich nicht nur durch eine für die damalige Zeit einzigartige Vielfalt und Makellosigkeit seiner lyrischen Metren aus, sondern auch durch die Eleganz, die dem gebildeten Geist eigen ist. Aus dieser Heiterkeit heraus schuf er Gedichte an Hartgar, den Bischof von Lüttich (840–854), in denen er um Aufnahme in dessen Schule, daneben aber auch in Ernst und Spaß um Gaben für sich und seine Mitstudenten bat: um Wein, Fleisch und Honig und um bessere Unterkunft. Dieselbe mit Takt verbundene Gewandtheit, die ihm solche Bitten an Hartgar ermöglichte, ohne daß jener sich beleidigt fühlen konnte, befähigte ihn auch zur Begrüßung des Nachfolgers, des Bischofs Franco. Tatsächlich war Sedulius wie ein moderner *poeta laureatus* ein Meister des Gelegenheitsgedichtes, und ein großer Teil seiner Gedichte befaßt sich in tönenden

Versen mit zeitgenössischen öffentlichen Ereignissen, etwa dem Tod des Bischofs Hartgar (Nr. XVII) und der Amtsübernahme des Nachfolgers Franco (XVIII, XIX, LXVI). Viele sind an Fürstlichkeiten gerichtet: an König Karl den Kahlen selbst, an Kaiser Lothar und die Kaiserin Ermengard und deren Söhne Ludwig und Karl (XII – XXVII u. a.). Drei seiner Gedichte über Zeitereignisse (XLV – XLVII) deuten wieder auf eine Verbindung zum Hof von Nordwales hin. Eines dieser Gedichte – mit dem Titel *De strage Normannorum* (XLV) – ist eigentlich eine Dankeshymne für einen Sieg über die Normannen, jene *gens inimica* und *homines viles*, und geht wahrscheinlich auf die Schlacht zurück, in der der Normannenführer Gormr fiel. Ein anderes Gedicht (XLVII) scheint sich auf einen Altar zu beziehen, den König Roricus – zweifellos Rhodri Mawr von Nordwales – errichtet hatte. Es ist nicht ausgeschlossen, daß diese drei Gedichte verfaßt wurden, ehe Sedulius aufs Festland kam, doch wurde Karl damals von den Normannen so hart bedrängt, daß der Tod ihres Führers sicherlich auch in Lüttich ein Anlaß zur Freude war; für Sedulius lag es natürlich nahe, dieses große Ereignis zu verherrlichen.

Der Humor des Sedulius, der ihn von den doch ziemlich düsteren Gedankengängen jener Zeit absetzt, tritt gerade in seinen kleinen Gelegenheitsarbeiten zutage, so wenn er etwa seinen Freund Robert apostrophiert und dabei dessen Namen durchdekliniert (LVIII):

»Bonus vir est Robertus,
Laudes gliscunt Roberti.
Christe, fave Roberto,
Longaevum fac Robertum ...«

Sein humoristisches Talent zeigt sich ganz besonders liebenswert in der Parodie eines Heldengedichts von 140 Versen, die er auf den Tod eines von einem Hund zerfleischten Widders verfaßte (XLI). Das Gedicht ist vollständig erhalten, nicht einmal die offizielle Grabinschrift fehlt. Der gestellte Widder schüchtert die angreifenden Hunde bis auf einen einzigen durch eine hochpathetische Ansprache in zehn Versen ein, und nach seinem heldenhaften Tod stimmt Sedulius, leichtsinnig und gewagt, eine Lobeshymne im erhabenen Stil des antiken Epos an (113): »Ohne Tadel war er und erging sich nicht in leeren Worten; Baa oder Bää: das waren die geheimnisvollen Laute, die er zu äußern pflegte. Der Sohn Gottes selbst hat den bitteren Tod gekostet, ein Lamm auch er, auf den Thron erhoben, um die Sünder zu erlösen. Der du die Straße des Todes ziehst, zerrissen von grausamen Hunden, guter Leithammel, also gehst auch du zugrunde für den unbußfertigen Dieb. Wie ein Widder zur heiligen Opfergabe für Isaak wurde, so bist auch du ein wohlgefälliges Opfer für einen armen Teufel.« (II, 115–122.)

Die poetische Qualität von Sedulius' Kunst kommt jedoch am stärksten zum Ausdruck, wenn er ernste Themen behandelt: religiöse Feste, nationale Katastrophen oder die anmutigeren Seiten der Natur, wie sie sich im Frühling offenbaren. In einem Abschnitt des *Liber de rectoribus* geht er ganz zwanglos von den Greueln des Krieges zu der kraftvollen Schilderung eines Sturmes im Naturreich über: »Wenn die Sturmböen des Ostwinds lärmend wüten und von den hohen Bergen herabdonnern, wenn der weiße Hagel in Wolken einfällt und die Wälder sogleich zu wanken beginnen und die Meeresfluten emporbranden, wenn der Wind in knisternden Blitzen Drohungen gegen die Sterne schleudert – dann schlägt Furcht das zitternde Heer der Sterblichen, daß der Zorn vom Himmel her das Geschlecht der Erdgeborenen hinstrecken könnte.« (114)

Im Gegensatz zur Gewalt dieser Bedrohung durch die aufgepeitschte Natur schildert er ihre sanftere Stimmung im Frühling in den anmutigen Strophen über die Osterzeit: »Die Erde läßt blumenbringende Knollen anschwellen von Blüten und freut sich an ihrem bunten Blumenkleid. Vögel mit leuchtendem Gefieder sänftigen jetzt die Luft mit ihrem Gesang, aus ihren jungen Schnäbeln strömt stolzer Triumphgesang. Der Himmel frohlockt, die Erde ist glücklich und widerhallt jetzt hundertfach von Hallelujaklängen. Jetzt läßt der Kirchenchor, der Zions Lieder singt, sein Hosianna hinauf zur Himmelskuppel dringen.« (115)

Eines der reizendsten unter den heiteren Gedichten des Sedulius ist die kleine Ekloge *De rosae lilique certamine* (LXXXI), ein idyllischer Dialog, in dem Lilie und Rose miteinander streiten. Die Rose rühmt sich darin ihrer leuchtenden Farben, die sie zur Schwester der Morgenröte, der Geliebten des Phöbus, machen, die Lilie ihrer Blässe, die Sinnbild der von Apollo geliebten Jungfräulichkeit ist. Der Streit wird vom Frühling, einem auf dem Rasen ruhenden Jüngling, entschieden, der die Blumen daran erinnert, daß sie beide Zwillingsschwestern, Töchter ihrer Mutter Erde sind.

Zeitgenosse der kleinen um Sedulius in Lüttich versammelten Gruppe von Gelehrten und Dichtern ist der hervorragendste irische Geist des 9. Jahrhunderts auf dem Kontinent, Johannes Scottus Eriugena, »John der Ire« (116), von dem es mit Recht hieß, er sei mit Ausnahme des Columbanus die bedeutsamste Persönlichkeit gewesen, die Irland im Mittelalter dem Kontinent schenkte (117). Freilich lassen sich die beiden nicht miteinander vergleichen. Columbanus war in erster Linie ein Mann der Tat im Kampf um das Fortbestehen der irischen Kirche seiner heimatlichen Überlieferung, ein Bannerträger ihrer Ideale und ein erfahrener Führer ihrer Glieder. Johannes war vor allem Denker und Gelehrter, teils Theologe, teils Philosoph, doch die Unabhängigkeit und Originalität seiner Gedanken entziehen sich einer eindeutigen Klassifizierung. Seine Herkunft und frühe Jugend sind unbekannt. Um 850 erscheint er als Hauptfigur einer anderen Gruppe irischer Gelehrter, die sich in der Umgebung Karls des Kahlen in Laon und Reims zusammenfanden. Er scheint zumindest von 845 bis 870 ein Mitglied der Palastschule gewesen zu sein, und obwohl seine Kenntnisse im Lateinischen und Griechischen hervorragend waren, haben wir kein Zeugnis dafür, daß er Geistlicher war und wissen auch sonst wenig über sein privates Leben.

Dem Studium des Griechischen legten die irischen Gelehrten in diesen Zentren westlich des Rheines die größte Bedeutung bei. Tatsächlich scheint auch damals im Frankenreich die Kenntnis des Griechischen ein irisches Monopol gewesen zu sein, in das sich eine Anzahl irischer Gelehrter in vielfacher Abstufung teilte; zu ihnen gehörten Martin von Laon und ebenso Sedulius. Wir besitzen den bereits erwähnten griechischen Psalter, an dessen Ende sich die griechische Schlußbemerkung befindet: »Ich, Sedulius Scottus, habe das geschrieben.« Doch die Griechischkenntnisse des Johannes waren einmalig unter den zeitgenössischen Gelehrten auf dem Kontinent; seine Gelehrsamkeit war so groß, daß er selbst schwierige griechische Texte richtig zu interpretieren vermochte. Karl der Kahle wußte das zu schätzen und übertrug ihm die Übersetzung des Pseudo-Dionysius, eines besonders schwierigen Autors, sowie die der *Ambigua* des Maximus Confessor (gest. 662). Er übersetzte auch noch andere Texte der griechischen Kirchenväter. Sein Hauptwerk jedoch ist eine völlig selbständige, zwischen 862 und 866 geschriebene Abhandlung, in der er seine philosophischen und theologischen Ansichten von

Schöpfer und Universum darlegt. Bezeichnenderweise trägt sie einen griechischen Titel und den lateinischen Untertitel *De divisione naturae*. Johannes war seiner Zeit um Jahrhunderte voraus, und sein Werk führt uns über die keltische Welt hinaus in das europäische Mittelalter.

Die Gelehrsamkeit der irischen Geistlichkeit hatte in dieser Periode erstaunliche Fortschritte gemacht. Wir sahen jedoch, daß diese Entwicklung nicht neu war. Aus Bedas Werk geht einwandfrei hervor, daß bereits zu seiner Zeit die Hingabe, mit der man sich in Irland den Wissenschaften widmete, eine bekannte Tatsache war. Darüber hinaus hat man sich vielleicht bis heute noch nicht genügend klargemacht, daß diese geistige Entwicklung nicht ursächlich mit der Kunst des Schreibens zusammenhing. Das Schreiben spielte nur eine Nebenrolle in der langen Geschichte der irischen wie überhaupt aller keltischen Gelehrsamkeit. Die Geschichte der aus dem heidnischen Irland überkommenen und erst verhältnismäßig spät in geschriebene Texte eingegangenen keltischen Literatur beweist, daß die Literatur der christlichen Kirche und die lateinische Gelehrsamkeit unter den irischen Gelehrten nur die letzte Blüte einer jahrhundertealten hohen Kultur mit mündlicher Überlieferung darstellten, die zuerst in Gallien und später in den westkeltischen Ländern durch das hohe Ansehen der so sehr geachteten *filid* möglich geworden war, jener geistigen Schicht, die die Verantwortung für die Formulierung und unverfälschte Weitergabe dieser Tradition trug.

Der Idealismus und die Askese des Zeitalters der Heiligen, das seinen erstaunlichsten Ausdruck in den Seereisen der *peregrini* fand, die ein Leben der Abgeschiedenheit inmitten des Meeres suchten, hat ein ganz besonderes Genre irischer Erzählungen hervorgebracht; sie gehören – unter dem Namen *immrama* (Sing. *immram*) – zu den ergötzlichsten Zeugnissen der Literatur und sollen in Kapitel 10 noch ausführlicher besprochen werden. Es handelt sich bei ihnen ursprünglich nicht um Erfindungen. Zum Teil spiegeln sich in ihnen Seereisen wie die Fahrt Cormacs úa Liatháin auf der Suche nach einem einsamen Ort, wie uns von Adamnán berichtet wird, oder die der drei Iren, von denen die angelsächsische Chronik meldet, sie hätten 891 König Alfred besucht. Wir sahen jedoch, daß Geschichten von solchen Seefahrten schon in den irischen Überlieferungen aus heidnischer Zeit voll ausgebildet waren und in enger Verbindung mit den *echtrai* (Sing. *echtrae*), ›Abenteuern‹, stehen. Die beiden Erzählungen von den Seereisen des heiligen Brendan, von denen später noch die Rede sein wird, sind tatsächlich eine unmittelbare Spiegelung der *peregrinatio*, der freiwilligen Verbannung, die zu den charakteristischen asketischen Übungen im Zeitalter der Heiligen gehörte. Der Hauptunterschied zwischen *echtrai* und *immrama* liegt vielleicht darin, daß sich in den *echtrai* das Interesse auf die ›Andere Welt‹ konzentriert, während das *immram* (›die Reise‹), das in einem Boot oder auch unterirdisch vor sich gehen kann, nur den nebensächlichen Rahmen abgibt. Bei den *immrama* ist die ›Andere Welt‹ ganz eindeutig auf Inseln im westlichen Ozean lokalisiert, und der Inhalt der Erzählung besteht in der Schilderung der Seereise und der Abenteuer, die die Mönche auf ihrer Suche nach diesem »Land der Verheißung« von ihrer Abreise bis zu ihrer Heimkehr erleben.

Unter den christlichen *immrama* ist das *Immram Curaig Maíle Dúin* (›Die Reise des Bootes von Mael Dúin‹) das älteste. Es stammt in seiner gegenwärtigen Form aus dem 10. Jahrhundert, geht aber wohl auf ein Original aus dem 8. Jahrhundert zurück (118); wir werden später noch darauf zurückkommen. Hier sei nur kurz erwähnt, daß die Seereise des Mael Dúin und seiner Pflegebrüder von ihrer Fahrt über ein unendliches Meer erzählt, auf der sie phantastische Zauberinseln besuchten und auf Ungeheuer stießen, die an mittelalterliche Bestiarien und spätantike Wundererzählungen erinnern. Zwei weitere christliche *immrama* sind im *Buch von Leinster* erhalten. Das eine erzählt das *Immram Snédgosa ocus Maic Riagla* (›Die Seereise von Snédgus und Mac Riagla‹), eine Sage aus dem 9. oder 10. Jahrhundert, deren ursprüngliche Fassung ein Gedicht mit 76 Strophen ist (119). Da sich in dem Gedicht ein Hinweis auf die Normanneneinfälle findet, der als Warnung gedacht ist, kann man mit großer Wahrscheinlichkeit auf das 10. Jahrhundert schließen. Es handelt sich in der Geschichte um zwei *peregrini* aus Iona, die das westliche Meer befahren und acht Inseln aufsuchen. Was sie erleben, ist von der Reise des Mael Dúin sowie von der visionären Literatur beeinflußt, die im folgenden noch besprochen werden soll, und enthält viele biblische Elemente. Das dritte, im *Buch von Leinster* erwähnte *immram* ist das *Immram Curaig Úa Corra* (›Die Seefahrt des Bootes von Uí Corra‹), das sich in späten Handschriften erhalten hat. Der uns überlieferte Text ist gleichfalls spät, doch enthält er älteres Material, das sich schon im *Immram Maile Dúin* und dem Brendans findet, und geht möglicherweise auf ein frühes Original – vielleicht sogar aus dem 8. Jahrhundert – zurück (120).

Um 800 etwa waren irischen Klosterkreisen Erzählungen von Pilgerfahrten irischer Heiliger über das Meer bereits geläufig. Die berühmtesten davon waren die Seereisen des hl. Brendan von Clonfert (121), und zwar sowohl der in der *Vita Brendani* enthaltene Bericht – von dem es zwei verschiedene Fassungen und viele Varianten gibt – wie auch der noch berühmtere Bericht in der *Navigatio Brendani*. Den Quellen nach muß man annehmen, daß die Meeresfahrt, die in der Vita, wie sie uns vorliegt, eine so hervorragende Rolle spielt, nicht zu der ursprünglichen Fassung gehörte, die wohl nur die Reise des Heiligen nach Britannien einschloß. Dagegen ist die Seereise Thema der weit berühmteren und entwickelteren Form der Geschichte Brendans, der *Navigatio Brendani* nämlich, die spätestens ins 10. Jahrhundert zu gehören scheint, und zwar wahrscheinlich in die erste Hälfte (122). Wenn die Anspielungen auf die Brendangeschichte, die sich in den ältesten Viten St. Malos finden, Teile der Originalfassung sind, so dürfen wir daraus schließen, daß die Brendanlegende aus dem frühen 9. Jahrhundert stammen könnte (123).

Das Verhältnis, in dem die verschiedenen Brendanlegenden zueinander stehen, ist einigermaßen unklar, und es scheint durchaus möglich, daß die große Seereise Brendans von Clonfert ursprünglich mit seinem älteren Zeitgenossen, dem heiligen Brendan von Birr, zusammenhing. Das vielleicht aus dem 9. Jahrhundert stammende *Martyrologium von Tallaght* erwähnt unter dem 22. März den »Weggang der Familie Brendans« (124), wobei Brendan von Birr gemeint ist. In der *Seefahrt des Máil-Duín*, die für älter gehalten wird als die *Navigatio*, ist die Rede von einem einsamen Überlebenden aus einer Gruppe von 15 Schülern Brendans von Birr, der im Westmeer eine Einsiedelei gefunden hatte (125), und im *Martyrologium von Aengus dem Culdee* (am 29. November), das vor dem Jahr 800 angesetzt wird, scheint sich eine dunkle Anspielung auf das Meer in Verbindung mit seinem Namen zu finden. Die im *Buch von Leinster* enthaltene *Litanei der Pilgerheiligen* (126) erwähnt die Pilgerfahrt Brendans, ohne auf Einzelheiten einzugehen.

Die *Navigatio Brendani* entstand im späten 9. oder im 10. Jahrhundert nach Vorbildern in der Art der *Seefahrt des Máil-Duín*. Sie ist in lateinischer Prosa geschrieben und so gut wie unversehrt auf uns gekommen. Aus der Handschrift geht hervor, daß sie spätestens in der ersten Hälfte des 10. Jahrhunderts entstanden ist und auf eine ältere Abschrift zurückgeht. Der Held ist der hl. Brendan der Seefahrer, von dem es in den *Annalen von Ulster* unter dem Jahr 557 (richtig 558) oder 563 (richtig 564) heißt, er habe das Kloster Clonfert in der Grafschaft Galway begründet und sei 564 (richtig 565) gestorben. Der älteste Hinweis auf den Heiligen findet sich jedoch in Adamnáns *Leben des heiligen Kolumba* (127), und Adamnáns Erwähnung sowie die Vita lassen darauf schließen, daß er aus Kerry stammt. Die *Navigatio* schildert, wie ja schon der Name andeutet, nicht das Leben des Heiligen, sondern seine Seefahrt, die uns in ihrem an Wundern reichen Rahmen eigentlich das Bild eines idealen Mönchslebens vor Augen stellt. Brendans Vorschriften und die Beachtung der Klosterregel werden stark betont, und es besteht kein Zweifel, daß der Verfasser Mönch war.

Die *Navigatio* (128) beginnt damit, daß Brendan eines Abends den Besuch eines gewissen Pater Barinthus erhält, der eben von einem Aufenthalt bei Mernoc zurückgekehrt ist. Mernoc hatte früher zu seiner Gemeinde gehört, war ihr aber entwichen, um ein Einsiedlerleben zu führen, und hatte nun viele Mönche auf der Insel der Freuden unter seiner Obhut. Mernocs Gemeinde wird etwa so dargestellt wie die Wüstengemeinden in Ägypten, in denen jeder Mönch seine Einzelzelle bewohnt und alle sich in der Kirche zum Gottesdienst treffen; die Nahrung der Mönche besteht aus den einfachsten Pflanzen und Früchten. Barinthus erzählt, er und Mernoc hätten sich gemeinsam einem kleinen Boot anvertraut und seien nach Westen auf eine Insel gefahren, die das »Land der Verheißung der Heiligen« heiße, wo sie zwei Wochen verbracht und alle Freuden der Blumen und Früchte dieses überirdischen Reichs gekostet hätten, ohne allerdings weiter als bis in die

Mitte der Insel vordringen zu dürfen, worauf sie wieder zu Mernocs Gemeinde auf der Insel der Freuden zurückgekehrt seien. 40 Tage später sei Barinthus aufgebrochen, um wieder in seine eigene Zelle zurückzukehren, und habe unterwegs eine Nacht bei Brendan und dessen Gefährten zugebracht.

Nach einem vierzigtägigen Fasten jedoch machten sich Brendan und 14 Mönche in einem Boot nach Westen auf, um das Land der Verheißung der Heiligen zu suchen, von dem Barinthus gesprochen hatte, und die Erzählung schildert mit vielen originellen Einzelheiten ihre Besuche auf vielen Inseln und ihre übernatürlichen Erlebnisse. Zuerst besuchten sie St. Endas Kloster auf Aran Mór. Daran schließen sich in der Erzählung ihre wunderbaren Abenteuer auf vielen Inseln im Westmeer an. Auf einer Insel befanden sich viele Herden von Schafen, die größer als Ochsen waren, auf einer anderen gab es ein »Paradies der Vögel«. Die Insel St. Ailbe gibt Gelegenheit, eine schweigende Gemeinde christlicher Mönche ausführlich zu schildern, doch im weiteren Verlauf der Reise treten dann Wundererscheinungen auf, wie wir sie in dem spätantiken *Liber monstrorum* finden. Brendan und seine Gefährten werden auf übernatürliche Weise ernährt und überall sicher geleitet und beschützt von einem überirdischen Jüngling, der als eine Art geistlicher Mentor ihren Kurs und ihre religiösen Übungen lenkt. Die Mönche feiern jedes Osterfest, indem sie ihr Lager auf einer großen Insel aufschlagen, die in Wirklichkeit aber ein Walfisch, Jasconius (irisch *iasc*, ›Fisch‹), ist. Sie nähren sich von überirdischen Fischen und Früchten und entgehen den Gefahren einer vulkanischen Insel; sie suchen Judas Ischariot auf, der auf einer kurzen Rast während seiner Höllenqualen auf einem Felsen ausruht. Weiter kommen sie auch zu der Höhle, in der der Einsiedler Paul wohnt, und landen schließlich auf der Insel der Verheißung der Heiligen. Es wird ihnen jedoch nicht gestattet, ins Innere vorzudringen, und nachdem sie den Segen ihres göttlichen Führers erhalten haben, kehren sie zur Insel der Freuden zurück, wo sie drei Tage als Gäste der Äbte verweilen, um dann in Brendans eigenes Kloster heimzufahren.

Die *Navigatio* ist das reizvollste aller *immrama*. Sie hat auch heute noch nichts von ihrer Anziehungskraft verloren, teils wegen der Schlichtheit und Wärme ihrer geschickten Erzählweise, noch mehr aber, weil das Verhältnis zwischen Brendan und seinen Mönchen so zart und innig dargestellt ist. Auch der Aufbau ist interessant und ungewöhnlich, denn wir haben hier in Wirklichkeit drei *immrama* in einem: den kurzen Einführungsbericht über die erste Reise des Barinthus zum Kloster seines früheren Mönchs Mernoc auf der Insel der Freuden, dann den ausführlicheren, aber noch immer ziemlich knappen Bericht der anschließenden gemeinsamen Reise Barinthus' und Mernocs zur Insel »Land der Verheißung der Heiligen« und schließlich die Seereise des hl. Brendan und seiner Gefährten zur Insel »Land der Verheißung« und ihre endliche Rückkehr in Brendans eigenes Kloster, die in aller Ausführlichkeit erzählt wird und der die beiden vorangestellten kurzen Reisen als *remscéla*, d. h. als einleitende Erzählungen, dienen. Das alles ist eine bedeutende literarische Leistung, die mit vollem Recht im Mittelalter in ganz Europa bekannt wurde und in viele Sprachen übersetzt worden ist (129). Immer wieder werden in der Erzählung die Regeln betont, die Brendan seinen Mönchen gab, und die Sorgfalt, mit der man der Routine des mönchischen Lebens oblag. Zweifelsohne war der Verfasser ein Mönch. Trotzdem trägt die Erzählung nicht den Akzent der Gemeinde Brendans noch überhaupt ausschließlich den der irischen Kirche, denn »hier werden stärker als in jedem anderen irischen hagiographischen Dokument kosmopolitische Töne angeschlagen« (130). Das Ziel der Reise Brendans in der *Navigatio* ist nicht eine einsame Insel, auf der sich ein Anachoretendasein führen läßt, sondern *Tír Tairn-giri,* das Land der Verheißung in der vollen christlichen Bedeutung des Wortes, das geistige »verheißene Land« der Heiligen nach jener alten Vorstellung vom Paradies: ein Land voller Frieden und Heiterkeit, ohne Sorgen und voller Überfluß, das man nach vielen Gefahren und Versuchungen erreicht. Von einem Fegefeuer ist nicht die Rede, und die mittelalterliche Vorstellung von der Hölle wird auch nicht betont. Man hat die *Navigatio* mit Recht ein Epos genannt – sie ist wirklich die »Odyssee der altirischen Kirche« (131).

Die *Vita Brendani* steht vermutlich unter dem Einfluß der *Navigatio,* die – wie man annimmt – in den Handschriften ihre Spuren hinterlassen hat. Aus irgendeiner Quelle hat die *Vita* eine kürzere Zusammenfassung der Reise Brendans übernommen, so daß wir, wie es scheint, zwei selbständige Berichte vom *immram* des Heiligen besitzen. Im Unterschied zur *Navigatio* ist die *Vita* allerdings unvollständig überliefert, und wir haben nur eine Anzahl von ineinander verschmolzenen Versionen. Es existieren zwei lateinische Viten in einer Anzahl voneinander abweichender lateinischer Fassungen. Beide hat Plummer ediert (132): die *Vita Sancti Abbatis de Cluainferta I* und die *Vita Brendani Secunda,* letztere in einer einzigen Handschrift vom Ende des 12. Jahrhunderts. Diese *Vita Secunda* ist nach Plummer nichts anderes als eine ganz eigenartig revidierte Fassung der *Navigatio,* so daß wir uns hier nicht länger aufzuhalten brauchen. Es gibt auch drei irische Versionen der *Vita* (133), deren eine, im *Buch von Lismore* (134) aus der zweiten Hälfte des 15. Jahrhunderts (135) enthaltene, wahrscheinlich auf eine lateinische Fassung zurückgeht, obwohl sie gewisse Elemente enthält, die in keiner der uns überlieferten lateinischen Versionen zu finden sind. Diese irische Version ist nicht unmittelbar einer dieser lateinischen Quellen entnommen und ist nicht mit der *Navigatio* verschmolzen, wenn sie auch nicht unberührt von ihr geblieben ist (136). Sowohl in den lateinischen wie in den irischen Fassungen der *Vita* werden Brendan zwei Reisen zugeschrieben, von denen die erste erfolglos, die zweite von Erfolg gewesen sei. Es heißt, er sei in Munster als Sohn eines gewissen Finnlug zur Zeit des Aengus mac Natfroich geboren, von Bischof Eirc zu St. Ita gebracht worden, die ihn fünf Jahre lang aufzog. Von Bischof Eirc schließlich in den geistlichen Stand aufgenommen, habe er durch einen Engel aus dem Himmel eine Botschaft erhalten: »Erhebe dich, o Brendan, denn Gott hat dir gegeben, was du erstrebtest, sogar das Land der Verheißung.«

Infolgedessen fuhren Brendan und seine Gefährten, 90 an der Zahl, in drei Booten über das Westmeer, besuchten in einer Reihe von Jahren – die Angaben darüber schwanken zwischen fünf und sieben – viele wunderbare Inseln und landeten jedes Jahr zur Osterfeier auf dem Rücken eines Walfisches. Nach vielen Abenteuern und Begegnungen mit dem Teufel und nach einer Höllenvision kamen sie auf eine wunderschöne Insel mit einer Kirche, wo Menschenstimmen den Herrn priesen, und hier empfingen sie eine göttliche Botschaft auf einer hölzernen Tafel, die sie nach Hause zurückkehren hieß: »Die Insel, die ihr sucht, werdet ihr finden, und diese hier ist es nicht.« Auf seiner Heimreise holte sich Brendan bei St. Ita seiner Seefahrt wegen Rat; sie schrieb das Mißlingen dem Umstand zu, daß er in Booten gesegelt sei, die mit den Häuten toter Tiere bespannt waren. Daraufhin ließen er und seine ›Familie‹ in Connacht ein großes hölzernes Fahrzeug bauen, und nachdem er zuvor noch Aran Mór besucht hatte, segelte er nach Westen aufs Meer hinaus. Sie kamen zu vielen verschiedenen Zauberinseln, unter denen sich auch eine befand, auf der Mäuse so groß wie »Seekatzen« lebten, und eine andere, auf der eine ungeheure Seekatze wohnte, daneben aber auch ein alter Einsiedler, der sie nach der Insel wies, die sie suchten. Die irische Fassung schließt damit, daß sie dort von einem heiligen alten Mann empfangen werden, der nur mit einem weißen Federkleid wie eine Taube bekleidet war und der ihnen mit der Stimme eines Engels Weisungen erteilte. Hier schließt die irische *Vita*, aber die lateinischen Fassungen schildern Brendans Heimkehr von einer anschließenden Reise nach Britannien und seinem Besuch bei Gildas. Sie erzählen auch von den vielen Klöstern, die er in Irland gründete und deren berühmtestes Clonfert war, und schließlich von seinem Tod – wie man glaubt, im Jahr 577 – und seinem Begräbnis in Clonfert.

Der Akzent der *Vita* liegt wohl mehr auf dem *imtheacht* des Heiligen als auf seinem *immram*. Er hatte sich auf die Pilgerfahrt begeben, weil er, durch eine himmlische Erscheinung erschüttert, sich in die Einsamkeit des Meeres zurückziehen wollte, in der er das geistige Ziel seiner Vision sah. Es wurde ihm jedoch nicht erlaubt fortzubleiben; so kehrte er zurück und lehrte die Iren den Weg des Heils. Großartig wird geschildert, wie er in den Armen seiner Schwester Bryg stirbt: »Am Tage des Herrn, nachdem er das heilige Opfer des Altars dargebracht hatte, sagte Brendan zu denen, die um ihn waren: ›Befehlt Gott in euren Gebeten mein Abscheiden aus diesem Leben.‹ Darauf sagte seine Schwester Bryg zu ihm: ›Lieber Vater, was habt Ihr zu fürchten?‹ ›Ich fürchte mich‹, sagte er, ›da ich ganz allein dahinscheide und da die Reise ins Dunkle geht; ich fürchte das unbekannte Reich, die Gegenwart des Königs, den Spruch des Richters.‹ « (137)

Doch der Kompilator des *Martyrologiums von Aengus dem Culdee* hegte in dieser Beziehung keine Befürchtungen. Er leitet Brendans Fest am 16. Mai mit folgenden Worten ein: »Aufnahme Brendans von Cluain (d. h. Clonfert) in das siegreiche ewige Leben.«

Neben den *echtrai* und den *immrama* hat auch die »Vision« eine umfangreiche Literatur hervorgebracht, da sie ja mit der Erfüllung der Ziele der beiden erstgenannten in enger Verbindung steht. Man kann diese drei Themen als eine Art geistige Trilogie ansehen. Die Vision hatte genau wie *echtrae* und *immram* ihren Vorläufer schon in der heidnischen Literatur unter der Bezeichnung *baile*. In der christlichen Entwicklung ist sie lateinisch als *visio* bekannt, im Irischen in der abgeleiteten Form *fís* oder häufiger als *aislinge*, doch werden *baile* und *aislinge* nicht immer streng unterschieden. *Aislinge* war eine in der internationalen Literatur des Mittelalters weitverbreitete Form und gehört zu den gebräuchlichsten Bestandteilen der Heiligenleben. Im 7. Jahrhundert bilden die Visionen des heiligen Kolumba eine der drei Abteilungen, in die Adamnán sein Leben des Heiligen aufteilt. Dieses literarische Genre wird übrigens mit der Vision des Dryhthelm eingeleitet, die in Bedas *Historia ecclesiastica* geschildert ist. Seinen Gipfel erreicht dieses edle und hohe Thema in Dantes *Göttlicher Komödie*.

Die irischen Visionen sagen uns viel darüber, was in den frühen Jahrhunderten des Christentums in der irischen Welt gelesen und studiert wurde. Das älteste Zeugnis ist das des Fursa (138). Die irische Version ist in einer Handschrift aus dem 17. Jahrhundert erhalten, doch kann der Text (139) aus dem 13. oder 14. Jahrhundert stammen. Er hält sich ziemlich eng an Beda (140). Es existieren zwei lateinische Fassungen von Fursas Leben: Die erste, *Vita prima*, die wahrscheinlich aus dem 7. Jahrhundert stammt, folgt ziemlich genau Bedas eigenem Bericht und stützt sich wahrscheinlich auf das »kleine Buch«, das Beda selbst dreimal als seine Quelle erwähnt (141). Nach Beda (142) war Fursa ein irischer Mönch, der aus Liebe zu Gott sein Leben als Pilger verbringen wollte und deshalb nach Britannien fuhr und sich im Gebiet des Königs Sigeberht von Ostanglia niederließ, wo er ein Kloster in Cnobheresburh gründete, das man mit Burgh Castle identifiziert hat (143). Offenbar hatte er, bereits ehe er Irland verließ, eine Krankheit durchgemacht, in der er während eines Trancezustands eine himmlische Erscheinung gehabt und den göttlichen Auftrag erhalten hatte, das heilige Leben fortzuführen (144). In seinem Kloster in Anglia wurde er krank, und eines Nachts verließ in der Verzückung seine Seele den Leib und wurde einer göttlichen Vision teilhaftig, in der ihr singende Engelchöre im Himmel erschienen. Beim ersten Hahnenschrei kehrte seine Seele in den Körper zurück, um ihn drei Tage später wieder zu verlassen und in einer Vision die Seligen zu erblicken. Zwar gaben sich böse Geister die größte Mühe, durch Beschuldigungen seine Himmelsreise zu verhindern, doch wurden sie von seinen Schutzengeln besiegt. Der Streit wird hier allerdings als ein geistiger Kampf dargestellt und ist weit entfernt von den phantastischen Greueln der Prüfungen in der *Vision Tundales*, von der noch die Rede sein wird. Außerdem sah Fursa, als er eine große Höhe erreicht hatte, die Welt unter sich als dunkles Tal zwischen großen Feuern liegen; doch die Prüfung ist wiederum moralischer und geistiger Art, und er wurde vor dem Feuer und den Anklagen der Teufel durch die himmlischen Heerscharen und die Heiligen seines eigenen Volkes gerettet, die ihm geistige Hilfe zu seiner Erlösung leisteten. Schließlich wurde seine Seele in den Körper zurückgeführt.

Beda berichtet uns weiter, daß Fursa daraufhin die Sorge für das Kloster anderen übertrug und sich entschloß, ein Eremitenleben zu führen. Bedroht von Überfällen der Heiden (d. h. der Sachsen), segelte er jedoch nach Frankreich, wo er am Hof des Frankenkönigs Chlodwig »oder von dem Patrizier Erconwald« freundlich aufgenommen wurde und nach Gründung eines Klosters in der Nähe von Paris starb und in Péronne begraben wurde. Die Nachrichten über das Leben Fursas sind wegen der Treue des historischen Hintergrunds ganz besonders aufschlußreich.

Eine der ältesten und besten Visionen ist auf irisch abgefaßt und unter dem Namen *Fís Adamnáin* (›Die Vision des Adamnáin‹) bekannt (145). Hierüber wird in Kapitel 11 noch mehr gesagt. An dieser Stelle sei nur erwähnt, daß das Werk der hier behandelten literarischen Gattung angehört und daß es angeblich eine Vision des großen Abtes von Iona ist, nach Lage der Dinge aber wahrscheinlich aus dem 10. Jahrhundert stammt. Es handelt sich in dieser Schilderung wie meist in der lateinischen Visionenliteratur, mit der wir uns hier im engeren Sinne befassen, um eine Vision des Heiligen, bei der sich die Seele vom Körper trennt und eine Reise unternimmt, die sie, von ihrem Schutzengel begleitet, in den Himmel, das Fegefeuer und in die Hölle führt (146).

Die *Vision Tundales* (147) ist ein lateinisches Werk, das seinem Thema nach dem irischen *Fís Adamnáin* (148) und der lateinischen Vision Fursas nahesteht. Der Held jedoch gehört nicht dem Klerus an, sondern ist ein Sünder und Laie, ein Ritter von Cashel, ein Mann, der ein furchtbarer Feind der Kirche war, ehe seine Seele in einem Trancezustand plötzlich den Körper verließ und nicht zurückkehren konnte, da sie von einer Horde peinigender Dämonen in Empfang genommen wurde. Als Tundale nun zum erstenmal Gott anruft, ver-

St. Columcilles Haus in Kells, Meath. Um 813

Der Runde Turm von Ardmore, Waterford. 6. Jh.

treibt sein Schutzengel die Teufel und verheißt ihm Gnade, jedoch nur nach einem Gerichtsspruch. Was Tundale nun nacheinander durchmacht, ist insbesondere in den Höllen- und Fegefeuerszenen von eben der Derbheit, die für die Lehre der damaligen Welt typisch war. Ausgleichend wirkt nur ein echtes Mitleid mit den Armen und Achtung vor der Kirche, besonders vor den asketischen Fanatikern und Heiligen, deren »Angesicht war wie die Sonne am Mittag«. Die Mildtätigen und Frommen wohnen im äußersten Himmel, der von einer silbernen Mauer umgeben ist, die Heiligen dagegen, die Engel und Gott selbst innerhalb einer goldenen Mauer und in einer Umgebung, die an das »Land der Verheißung« erinnert.

Der Verfasser war ein Mönch namens Markus, wahrscheinlich aus dem irischen Kloster in Regensburg. Andeutungen in der Schilderung lassen vermuten, daß die Vision in das Jahr 1148 gehört und 1149 geschrieben wurde. Der Verfasser war offenbar ein Mann aus Munster und Parteigänger der Reform des St. Malachias, des Abtes von Bangor in der Grafschaft Down (gest. 1148), der den Zisterzienserorden in Irland einführte und den Tundale in seiner Himmelsvision an der Seite des hl. Patrick darstellt. In ihrer Begleitung befinden sich mehrere Bischöfe, von denen Tundale vier persönlich gekannt hatte. Überhaupt verleiht der Verfasser wie Dante dem gesamten phantastischen Milieu dadurch eine gewisse Realität, daß er schildert, wie Tundale in seiner Vision vielen bekannten historischen Zeitgenossen begegnet.

Rahmen und Milieu dieser Vision sind irisch und ortsgebunden, und die Eschatologie ähnelt der der älteren irischen Visionenliteratur; es finden sich jedoch auch viele Spuren der apokryphen Literatur, die im Irland des 12. Jahrhunderts noch lebendig war. Die sanfte Humanität und die Vergeistigung der irischen Visionenliteratur in der einheimischen Überlieferung — ob in der Heimatsprache oder lateinisch geschrieben — ist verschwunden, an ihre Stelle tritt der rohe Symbolismus der mittelalterlichen Höllen- und Fegefeuergreuel, der nur durch die Musik und die strahlende Helligkeit der Himmelsvision aufgelockert wird. Die Bilder sind durchweg konkret, die Erfahrungen körperlicher Art, und die Vision könnte die östliche kirchliche Kunst widerspiegeln, wenn sie deren Würde und Entrücktheit besäße. Vielleicht spiegelt sich der Wandel im geistigen Klima vom Zeitalter der Heiligen zur mittelalterlichen Kirche in der Tatsache wider, daß mit Ausnahme der *Navigatio Brendani* die *Vision Tundales* zur populärsten aller Erzählungen des mittelalterlichen Irland wurde, deren Übersetzungen in ganz Europa bekannt waren.

9

Die keltischen Sprachen und die Anfänge der Literatur

Bei der Entdeckung der Kelten und der Verfolgung ihrer frühen Wanderungen halten wir uns an die Namen der von ihnen gegründeten Siedlungen, an die Namen ihrer Anführer und an die Namen der von ihnen verehrten Götter – das heißt also an sprachliche Kriterien. Die keltischen Sprachen verdienen in jeder Abhandlung über die keltische Vergangenheit Berücksichtigung, da sie eine der weniger bekannten Gruppen in der indogermanischen Sprachenfamilie darstellen und in gewisser Hinsicht zu den interessantesten gehören. In geschichtlicher Zeit finden sie sich nur noch an den Nordwesträndern Europas, wo sie jene archaischen Züge tragen, die wir nach den sprachgeographischen Untersuchungen erwarten dürfen. In der Grammatik und Syntax, in der Unterordnung des Wortes unter den Satz als Ganzes und sogar in gewissen Einzelheiten des Wortschatzes ähnelt das Altirische dem Sanskrit der Veden. Die gallischen Zeugnisse, die auf uns gekommen sind – Ortsnamen, Personennamen und Inschriften –, wurden bereits erwähnt. Aus diesen alten Quellen erfahren wir wenig über die Grammatik des Gallischen, doch machen sie die charakteristischen Unterschiede zwischen dem gallischen Lautsystem und dem des Lateinischen, Griechischen, Gotischen oder Sanskrit deutlich. Wir wissen aufgrund dieser Quellen, daß dort, wo im Lateinischen oder im Sanskrit ein

OGAM

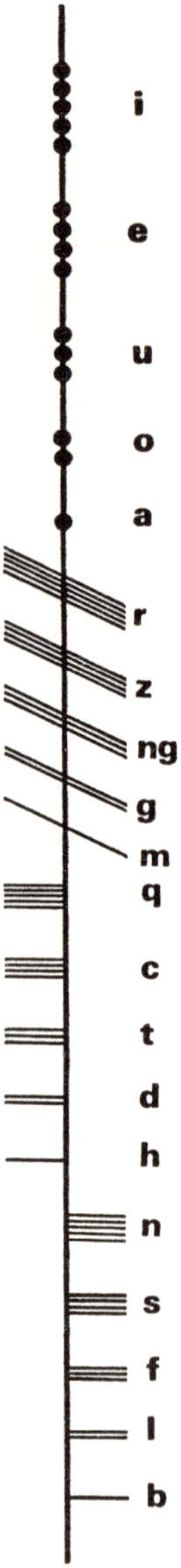

p steht, keltische Sprachen kein *p* haben; wo das Lateinische oder Griechische *ē* haben, steht in den keltischen Sprachen ein *ī*; wo das Lateinische oder Griechische *ō* haben, steht im Keltischen *ā*. So ist *uer-* im gallischen Wort *Uercingetorix* mit dem lateinischen *super* und dem griechischen ὕπερ verwandt und *-rix* mit dem lateinischen *rex*; in dem Namen *Eposognātus,* der ›vertraut mit Pferden‹ bedeutet wie das griechische ἱππόδαμος, ist *-gnātus* mit dem lateinischen *gnōtus* und dem griechischen γνωτός verwandt.

Die späteren Formen des Keltischen haben eine lange Geschichte und sind reich an literarischen Quellen, so daß wir ihre Entwicklung ohne Unterbrechung über zwölf Jahrhunderte hin verfolgen können. Sie zerfallen in zwei Gruppen, das Britannische und das Goidelische, die man manchmal als p-Keltisch und q-Keltisch bezeichnet, da im Britannischen ein ursprüngliches *qu̯* zum *p* wird, während es im Goidelischen der frühesten Periode *q* bleibt und später *k* (geschrieben *c*) wird (1). Bekannte Beispiele sind die Zahl ›vier‹ (lat. *quattuor*) und das Pronomen ›wer‹ (lat. *qui*), die im Walisischen *pedwar* und *pwy,* im Irischen *cethir* und *cia* heißen (2).

Als älteste irische Zeugnisse besitzen wir Inschriften in einem merkwürdigen, *Ogam* genannten Alphabet, dessen Schlüssel wir in einer Abhandlung des Buches von Ballymote finden (3). Die ältere Form des Ogam besteht aus 15 Konsonanten in drei Fünfergruppen und fünf Vokalen, wobei die Konsonanten als Striche rechts oder links einer Stammlinie oder schräg die Linie kreuzend, die Vokale als Kerben in der Linie geschrieben werden. Die Linie selbst ist gewöhnlich die Ecke oder Kante eines Steinpfeilers. Das Alphabet beruht auf dem lateinischen Alphabet, und jeder Buchstabe ist nach einem Baum oder einer Pflanze benannt, die mit diesem Anfangsbuchstaben beginnen. So heißt B *beithe* (›Birke‹), C *coll* (›Stechpalme‹), D *daur* (›Eiche‹) und so weiter. Diese Nomenklatur zusammen mit der Einteilung in Gruppen ließ den Gedanken an eine alte Verbindung mit dem Runenalphabet aufkommen, doch ist wahrscheinlicher, daß Ogam in Irland erfunden wurde, als aus Britannien die Kunst des Schreibens vorzudringen begann, das Christentum jedoch vielleicht noch nicht weit verbreitet war. Ein merkwürdiger Umstand ist, daß der mittelirische Name für Q, *quert*, mit dem altenglischen *cweorð* übereinstimmt. Offen bleibt, wer von wem entlehnt hat. Der Ursprung der Ogamschrift ist also unbekannt, und der Name selbst ist dunkel. Man wird ihn wohl nicht vom gallischen *Ogmios*, irisch *Ogma*, trennen können, doch ist der Zusammenhang unklar. Offensichtlich handelt es sich um eine Zeremonialschrift, da sie sich nur auf Gedenksteinen findet und in den Sagen bei Begräbnisriten oder Geheimbotschaften auftritt (4). Zum Teil sind diese Inschriften wohl vorchristlich, gehen also bis ins 4. Jahrhundert zurück. Es gibt keine Möglichkeit, sie genauer zu datieren, doch geben uns andere – christliche – einen ungefähren Anhaltspunkt. Sie sind in einer Sprache abgefaßt, die dem Latein noch nahesteht, und unterscheiden sich stark von der ältesten in Handschriften erhaltenen Form, bei der die ursprünglichen Endsilben verlorengegangen oder reduziert worden sind. Da diese handschriftliche Form bis ins 6. Jahrhundert zurückgeht, muß eine Zeitspanne, die vor dem 6. Jahrhundert liegt, angenommen werden. Wir kennen etwa 300 Inschriften, die zum größten Teil aus Westmunster, dem Gebiet der Érainn, stammen. 40 hat man in Wales gefunden und einige in Schottland und auf der Isle of Man.

Eine Vorstellung von der irischen Sprachform dieser Periode geben folgende hier transkribiert wiedergegebene Beispiele: CUNAGUṢOṢ MAQI MUCOI VIRAGNI, (›Der Stein von) Cunagussus, Nachkomme des Viragnos‹ (5); DALAGNI MAQI DALI, (›Der Stein des) Dalagnos, Sohn des Dalos‹ (6); DUMELI MAQI GLAṢICONAṢ NIOTTA COBRANOR(IGAṢ), (›Der Stein des) Dumelos, Sohn des Glasicu, Schwestersohn des Cobranorix‹ (7). Im normalen Altirisch des 8. Jahrhunderts hieße das letzte Beispiel: *Dumil maice Glaschon niad Cobarnríg.*

Die goidelischen Dialekte sind das Irische, das Schottisch-Gälische und Manx, wobei die beiden letzteren erst vom 16. Jahrhundert an ihre eigene Geschichte haben. Die britonischen Dialekte sind das Walisische, das Kornische und das Bretonische. Kornisch und Bretonisch unterscheiden sich vom Walisischen bereits in den wenigen aus der frühen Zeit (8.–11. Jahrhundert) erhaltenen Dokumenten (8), doch erst viel später erscheinen Bretonisch und Kornisch in umfangreicheren Texten, und für unsere Zwecke hier dürfen wir das Irische mit dem Goidelischen und das Walisische mit dem Bretonischen gleichsetzen.

Außerdem zeigt die walisische Sprache auch in den frühesten Texten schon in Grammatik wie in Syntax ein fortgeschritteneres Entwicklungsstadium als das Altirische, so daß Altirisch unsere älteste erhaltene Quelle für die charakteristischen Züge der keltischen Sprachen ist.

Sowohl in Irland als auch in Wales wurde die Literatur von einem Berufsstand der Dichter verwaltet, die sich einer konventionellen Sprachform bedienten, und es läßt sich in dieser frühen Periode keinerlei Dialekt nachweisen. In Irland finden wir kurze Gedichte zum Preise berühmter Männer schon im 6. Jahrhundert, daneben ein längeres Gedicht, die berühmte Lobeshymne auf den heiligen Kolumba, die vermutlich in seinem Todesjahr (597) entstanden ist (9). Die ältesten in einer archaischen Versform verfaßten Abschnitte der Gesetzestexte stammen wahrscheinlich schon aus dem 6. Jahrhundert. Diese Texte stellen unsere frühesten einigermaßen umfangreichen Quellen für eine keltische Sprache überhaupt dar, denn die Inschriften bestehen ja fast durchweg nur aus Eigennamen. Wahrscheinlich wurden die Gesetzestexte vor der Niederschrift jahrhundertelang mündlich überliefert und spiegeln ein uraltes gelehrtes Erbe wider. Sie enthalten zu einem großen Teil alte indogermanische Überlieferungen; ihre gesetzeskundigen Verfasser führten ihre Kenntnisse auf jene gelehrten gallischen Kelten zurück, von denen Poseidonios und Iulius Caesar berichten. Ein Vergleich mit dem *Manavadharmaśāstra* der Hindu liegt nahe, und tatsächlich lassen sich bemerkenswerte Ähnlichkeiten feststellen (10).

Im Altirischen bilden die Verben im allgemeinen wie im Sanskrit die verschiedenen Temporal- und Modalstämme unabhängig voneinander, so daß sie nicht wie im Lateinischen zu ›Konjugationen‹ zusammengestellt werden können. In dieser Hinsicht hat das Irische das indogermanische System treuer bewahrt als jeder andere westliche Sprachzweig. Es gibt jedoch zwei Gruppen schwacher Verben – auf *ā* und *ī* –, die der lateinischen ersten und vierten Konjugation entsprechen (*amāre, finīre*) und später allmählich Boden gewinnen, so daß in der neuirischen Periode (13. Jahrhundert) die alten ›starken‹ Verben mit Ausnahme einiger weniger als ›unregelmäßig‹ bezeichneter Überreste verschwunden sind.

Eine weitere archaische Eigentümlichkeit der Verben besteht

darin, daß sie zwei, drei oder sogar vier Präpositionen bei sich haben können, deren erste losgelöst und mit einem Pronomen verbunden werden kann wie das lateinische *ob vos sacro.* In der ältesten Zeit kann die erste Präposition mit oder ohne beigefügtes Pronomen sogar am Anfang des Satzes stehen, der das Verbum am Ende hat, wie in den Veden, oder es kann auch die ganze Gruppe ohne eingefügtes Pronomen am Ende stehen — der zweite Normaltyp der Veden. Das sieht dann folgendermaßen aus (11):

a) Vedisch: *prá tám mahyā raśanáyā nayanti,* ›sie führen ihn mit dem großen Zügel‹.
   Irisch: *ath márchathae fri crícha comnámat cuiretar,* ›große Scharen werden auf das Gebiet der Feinde zurückgeschlagen‹ (*ad-cuirethar*); *for-don itge Brigte bet,* ›mögen Brigits Gebete uns beschützen!‹ (*for-bet*).

b) Vedisch: *mā no yajñād antargāta,* ›schließe uns nicht vom Opfer aus‹.
   Irisch: *oen-chairde fón Eilg n-áragar,* ›über ganz Irland hin wird ein einziger Friede gestiftet‹ (*ad-regar*).

In der klassischen altirischen Periode (8. und 9. Jahrhundert) stand das Verbum in der Regel an erster Stelle im Satz; man hat das als eine Entwicklung aus dem Typ (a) erklärt, bei der das Verbum von der ersten Vorsilbe in einem Kompositum an den Satzanfang gezogen worden sei und das nicht zusammengesetzte Verb sich dieser Übung angeschlossen habe. Auch im Frühwalisischen tritt das Verbum häufig an den Anfang, und im Neuwalisischen ist das die Regel. Es besteht kaum ein Zweifel, daß das walisische System ursprünglich dem irischen glich und daß die Stellung am Satzanfang im walisischen auf dieselbe Weise erklärt werden kann; zu der Zeit jedoch, in der es walisische Texte in Menge gibt, hat die Sprache bereits das Stadium des Neuirischen erreicht, und das ältere System läßt sich nur noch an gelegentlichen überkommenen Formen erkennen (12).

Schon früh sahen die Berufsdichter in der Sprache etwas, das der Pflege und Erhaltung wert war. In den Klöstern führte diese Einstellung zum Studium der Grammatik Priscians, und eine unserer Hauptsammlungen altirischer Glossen stammt aus einer Priscian-Handschrift. In den Laienschulen führte das dazu, daß sich eine von der lateinischen Überlieferung ganz unabhängige grammatische Lehre herausbildete, wie man sie sonst nirgends in Europa findet. Die älteste Form dieser einheimischen Überlieferung verkörpert *Auraicept na nÉces* (›Die Gelehrtenfibel‹), die zwar teilweise auf Donat und Isidor zurückgeht, aber doch auch vieles enthält, was rein irischen Ursprungs ist (13). Jahrhunderte später jedoch, im 15. oder 16. Jahrhundert vielleicht, stellte die eine oder andere Bardenschule Grammatiktraktate zur Unterrichtung der Dichterlehrlinge zusammen und setzte so einen literarischen Maßstab für neuirische Vers- und Prosadichtung (14). Diese Traktate sind neuirisch und liegen außerhalb der Grenzen, die wir uns gezogen haben, verdienen jedoch wegen ihrer Ursprünglichkeit und des Sprachgefühls, das die unbekannten Verfasser leitet, hier erwähnt zu werden; in der Linguistik sind sie bisher noch nicht nach Verdienst beachtet worden.

Innerhalb der indogermanischen Sprachenfamilie steht das Keltische dem Italischen am nächsten, und es gibt, wie wir das ja von der geographischen Lage der Kelten her bei ihrem ersten Auftreten erwarten dürfen, Einzelheiten in Grammatik und Wortschatz, die das Keltische mit dem Germanischen verbinden. Tatsächlich bilden diese drei eine westeuropäische Sprachengruppe, von der sich das Griechische und Slawische abheben.

Gemeinsame Züge der drei westlichen Sprachen sind erstens

eine Anzahl von Wörtern, die sich nur bei ihnen finden, und zweitens das Verschmelzen des Perfektums und des Aorists der Verben in ein einfaches Präteritum.

Das lateinische *verus*, ›wahr‹, erscheint im Mittelhochdeutschen als *wâr*, im Irischen als *fír* und im Walisischen als *gwir*. Das lateinische *caecus*, ›blind‹, heißt im Gotischen *haihs* und im Irischen *caech*. Ähnlich verhält es sich mit Namen von Bäumen, Tieren (15) und Werkzeugen (16) sowie einigen wenigen wichtigeren Wörtern: etwa das irische *treb* (walisisch *tref*), ›Heim‹, ›Wohnung‹, das als *-thorp* in englischen Ortsnamen und im Oskischen (der Mundart der Samniten) als *tríí-búrn*, ›ein Gebäude‹, erscheint, ferner ein Wort für ›Gemeinde‹, das sich zwar im Lateinischen nicht erhalten hat, dagegen wiederum im oskischen *touta*, im irischen *tuath* (walisich *tud*) und im gotischen *þiuda* zu finden ist. Das lateinische Wort für den erleuchteten Dichter, *vates*, begegnet uns im Irischen als *fáith* (walisisch *gwawd*, ›Gedicht‹) und im Germanischen als das gotische *wods*, ›verrückt‹, ›besessen‹.

In diesen drei Sprachen ist überdies der alte Unterschied zwischen Aorist und Perfektum frühzeitig verschwunden, und die Präteritalformen, die sich in jeder von ihnen herausbildeten, stellen eine Mischung aus Aorist- und Perfektformen dar. Das Perfektum als eigene Zeitform verschwand später auch im Griechischen und im Sanskrit, doch für die westlichen Sprachen ist das gemischte Präteritum charakteristisch. Das gleiche läßt sich vom Verlust des Optativs als eines eigenen Modus sagen, nach dem nur der Konjunktiv als Potentialis im Gegensatz zum Indikativ übrigblieb.

Es gibt einige Wörter, die das Keltische nur mit dem Germanischen gemeinsam hat, was auf eine ganz besondere Beziehung hindeutet. Bei manchen läßt sich nachweisen, daß es sich im Germanischen um Lehnwörter aus dem Keltischen handelt, da sie einen keltischen Lautwandel durchgemacht haben. Bei anderen besteht die Möglichkeit, daß sie zu dieser Gruppe gehören, obwohl ein Nachweis nicht möglich ist. Beim Rest handelt es sich einfach um ein gemeinsames Erbe.

Ein deutliches Beispiel einer Entlehnung stellt das Wort für ›Reich‹ dar. Wir wissen, daß für das lateinische *ē* und das keltische *ī* im Germanischen regelmäßig *ā* steht. Das gotische Wort für Königreich ist *reiki,* was genau dem altirischen *ríge* entspricht und offensichtlich ein Lehnwort ist.

Es gibt auch weitere den beiden Sprachen gemeinsame Wörter, die juristische oder rituelle Bedeutung haben: irisch *giall,* ›Geisel‹, althochdeutsch *gîsal*; irisch *rún,* ›Geheimnis‹, gotisch *runa*; irisch *dún,* ›Festung‹, ›eingezäunte Wohnung‹, altenglisch *tún*; irisch *dligid,* ›er schuldet‹, gotisch *dulgs,* ›Schuld‹; indogermanisch *leiqu̯-* (deutsch ›leihen‹, irisch *airliciud*). Man hat angenommen, daß es sich auch hier um Entlehnungen aus dem Keltischen handelt, und daraus eine Zeit der Keltenherrschaft über deutsche Nachbarn abgeleitet, doch bleibt das eine Vermutung, die sich anscheinend nicht beweisen läßt. Die Kelten waren in der älteren Eisenzeit infolge ihrer Berührung mit mittelmeerischen Kulturen zweifellos höher entwickelt, und sie müssen sich eines Ansehens erfreut haben, das die Entlehnungen ausreichend erklärt; immerhin können diese Wörter unter dieselbe Kategorie fallen wie das Wort für ›Axt‹ (irisch *biail,* althochdeutsch *bihol*), das Wort für ›Keule‹ (irisch *lorg,* altnordisch *lurkr*), wie ›Blei‹ (irisch *luaide,* mittelhochdeutsch *lot*), für ›Holz‹ (irisch *fid,* althochdeutsch *witu*), ›Kraut‹ (irisch *luib,* gotisch *lubja-*), ›Hosen‹ (gallisch *braca,* altenglisch *broc*; 17), ›Pferd‹ (irisch *marc,* althochdeutsch *marah*). Es sind Worte, die nur im Germanischen und Keltischen erscheinen und die vielleicht aus irgendeiner anderen vorindogermanischen Sprache Nordeuropas stammen.

Die Verwandtschaft zwischen dem Keltischen und dem Italischen ist viel enger. Viele Eigenheiten in Laut, Form und Wortschatz bezeugen eine enge Verbindung der Kelten mit den italischen Stämmen in vorgeschichtlicher Zeit, vielleicht zu Beginn des 2. Jahrtausends vor Christus. Beide Gruppen haben das Dreivokalsytem *e, o, a* bewahrt, während im Germanischen *e* zu *i* wird. In beiden Gruppen bleibt das indogermanische *qu̯* in dem einen Bereich erhalten und wird in einem anderen zu *p*, und in beiden findet eine Assimilation des ursprünglichen *p* an ein folgendes *qu̯* statt: lat. *quinque*, irisch *coíc* <**qu̯onqu̯e*, oskisch *pempe*, walisisch *pump*. Sanskrit *pañca* und griechisch πέντε beweisen, daß **penqu̯e* die ursprüngliche indogermanische Form war. So entspricht auch dem lateinischen *coquo*, ›ich koche‹, (griech. πέσσω) das walisische *pobaf*. Der lange Vokal – bei lateinisch *grānum*, irisch *grán*; lat. *nātus*, gallisch *gnātos*; lat. *plēnus*, irisch *lán* – zeigt Übereinstimmung in der Behandlung von r̥̄ n̥̄ l̥̄.

Die eindrucksvollsten Übereinstimmungen finden sich jedoch in den Formen, in der Formenlehre der Substantive und Verben. Genauso wie das Lateinische in der zweiten Deklination einen Genitiv Singularis *domini* hat, hat auch das Gallische den Genitiv *Segomari*, *Dannotali*, *Equi* (Name eines Monats im *Kalender von Coligny*), und im Irischen zeigen die Ogaminschriften noch heute MAQI. Im Germanischen, Griechischen und Sanskrit jedoch finden sich ganz andere Endungen für den Genitiv der *o*-Stämme.

Für den Superlativ der Adjektive haben das Italische und das Keltische ein Suffix-*sm̥mo*, das das *s* der Komparative wie *plus* oder *magis* entlehnt hat, im Gegensatz zu *optimus* und *summus*, die die ältere Form zeigen. So entsprechen dem lateinischen *maximus, facillimus* (<* *faklism̥mos*) das irische *nessam*, ›nächst‹, das walisische *nessaf* (oskisch Nom. Pl. Fem.

nessimas) und ähnlich das irische *messam*, ›schlimmst‹, oskisch Akk. Pl. Fem. *messimas*.

Ein hervorstechendes Merkmal bei den Verben ist die Bildung des Konjunktivstammes. Hier ist das Irische altertümlicher als das Lateinische, das regelrechte ›Konjugationen‹ entwickelt hat. Im Irischen gibt es zwei Möglichkeiten der Konjunktivbildung: Entweder wird der Wurzel *-ā-* oder *s* hinzugefügt, z. B. *berid*, ›er trägt‹, Konjunktivstamm *berā-* (lat. *ferat*), oder *rethid*, ›rennt‹, Konjunktivstamm *ress-* (<*ret-s-*; vgl. walisisch *gwares*, ›daß es helfen möge‹). Wenn der *a*-Konjunktiv in drei der vier lateinischen Konjugationen erscheint, wird er vom Präsensstamm, nicht von der Wurzel gebildet, und nur einige vereinzelte Beispiele wie *adveniat* (*advenio*), *tangat* (*tango*) bewahren das ältere System. Der *s*-Konjunktiv erscheint in *dixo, dixim, aspexo, aspexim, faxo, faxim* und ähnlichen Formen. Es ist offensichtlich, daß das Irische und Lateinische hier eine gemeinsame Basis haben.

Die interessanteste Übereinstimmung ist die Bildung des Passivs und des Deponens mit *r*. Umbrisch *ferar* und irisch *berir*, ›wird getragen‹, lateinisch *sequitur* und irisch *sechithir*, ›folgt‹, lateinisch *loquitur*, irisch *-tluchethar* sind eindrucksvolle Beispiele, obwohl die Deponensformen nicht auf dieselbe Stufe gestellt werden können. Diese *r*-Formen erscheinen auch im Walisischen und Bretonischen, und ebenso am entgegengesetzten Ende des indogermanischen Bereichs: im Tocharischen (18) und auch im Hethitischen. Es handelt sich also um ein sehr altes Merkmal, und daß es im Keltischen und Italischen beibehalten wurde, bedeutet ein festes Band zwischen beiden Gruppen (19). Außerdem mußte, da das *r*-Passivum eine Präsensform war, die Vergangenheit anders behandelt werden, wobei man sich in beiden Gruppen des Partizipiums auf *-to-* bedient: *actus* (*est*) im Lateinischen, *ro acht* im Irischen.

Es gibt weiter eine Wortgruppe, die das Keltische nur mit dem Italischen gemeinsam hat und bei der gegenseitige Entlehnung nicht nachgewiesen werden kann: irisch *fota,* ›lang‹, lateinisch *uastus*; irisch *moeth,* ›mild‹, lateinisch *mitis;* irisch *bras,* ›stark‹, ›kräftig‹, lateinisch *grossus.* Das Wort für Erde, Land: irisch *tír,* ein Neutrum mit *s*-Stamm (<*tersos?*), ist verwandt mit *tirim,* ›trocken‹, und sowohl das oskische *teerum* wie das lateinische *terra* stammen aus der gleichen Wurzel. So gibt es auch noch einige Wörter für Körperteile: irisch *cúl,* ›Hinterkopf‹, lateinisch *culus*; irisch *druim,* ›Rücken‹, lateinisch *dorsum*; irisch *sál,* ›Ferse‹, lateinisch *talus*; irisch *ucht,* ›Brust‹, lateinisch *pectus.* Weitere Beispiele sind *culpa,* irisch *col*; *saeculum,* walisisch *hoedl*; *scūtum,* irisch *sciath,* walisisch *ysgwyd,* wenn auch im letzten Fall die italischen und keltischen Formen verschiedene Lautstufen haben. Die Präpositionen *cum* und *de,* irisch *con-* und *di,* finden sich nur im Italischen und Keltischen.

Vendryes hat auch beobachtet, daß das Italische wie das Keltische die indogermanischen Worte für ›Sohn‹ und ›Tochter‹ verloren haben, und wenn auch die neuen Worte einander nicht entsprechen (20), so weist doch die Tatsache, daß beide Sprachen die Worte durch andere ersetzen, auf einen gewissen übereinstimmenden Wandel im Familiensystem hin.

Neuerdings besteht die Tendenz, überhaupt zu leugnen, daß es eine Periode italisch-keltischer Einheit gab, oder den Begriff italokeltisch einfach nur im Sinn einer Feststellung von Gemeinsamkeiten in Laut und Form zu benutzen, ohne mehr unterstellen zu wollen. Offensichtlich können die dem Irischen und dem Sanskrit gemeinsamen Archaismen keine enge Verwandtschaft bedeuten, da die Sprachbereiche diametral entgegengesetzt liegen; wenn jedoch zwei oder drei Sprachen in einem zusammenhängenden Gebiet gemeinsame Überreste zeigen, ist damit eine gewisse Verwandtschaft angedeutet. In diesem Fall sind die gemeinsamen Neubildungen bedeutungsvoll. In der Lautlehre findet sich die Assimilation des *p* mit einem folgenden *qu̯* wie in *quinque*; in der Formenlehre der Genitiv Sing. Masc. auf *-i*, das Superlativsuffix der Adjektive, die Bildung des Konjunktivs und der Vergangenheit (zusammen mit dem Germanischen) und der Vergangenheit des Passivs. Im Wortschatz sind nur die neuen Wörter für ›Sohn‹ und ›Tochter‹ eigentliche Neubildungen, und diese stimmen nicht miteinander überein. Die gemeinsamen Wörter sind vermutlich ein gemeinsames Erbe aus einer benachbarten Sprache. Zu alledem darf man wohl das Fortbestehen des Passivs und des Deponens auf *-r* auch als Beweis heranziehen (21), und wir möchten annehmen, daß Pedersen im Recht war, wenn er die Meinung verfocht, man müsse eine Periode italokeltischer Einheit annehmen und sie bedeutend – vielleicht tausend Jahre – früher ansetzen als die indoiranische Periode (22).

Manche Sprachwissenschaftler werden es vorziehen, nur von einer engen Verwandtschaft zwischen dem Italischen und dem Keltischen zu sprechen. Diejenigen, die annehmen, daß das Oskisch-Umbrische und das Britische ihre gemeinsamen Merkmale (*p*<*qu̯*; *ī*<*ū*) als ein gemeinsames Erbe empfangen haben und nicht durch Zufall dazu gekommen sind, werden eine ursprüngliche ›gemeinsame‹ Periode unterstellen. Die linguistische Geographie hat uns gelehrt, stets Sprachgruppen vorauszusetzen, in denen Isoglossen einander in großer Vielfalt durchkreuzen. Das Italokeltische – wenn diese Bezeichnung erlaubt ist – wird eine Gruppe von Sprachen dargestellt haben, die etwa um 2000 v. Christus nördlich der Alpen gesprochen wurden und die genügend gemeinsame Züge hatten, um sich vom Griechischen einerseits und vom Germanischen andererseits abzuheben und als eigene Gruppe kenntlich zu sein. Gewißheit ist jedoch in diesem Punkt nicht zu erreichen, und in gewisser Hinsicht bleibt es eine bloße Frage der Definition. Watkins hat sich neuerdings entschieden gegen die Annahme einer Zeit der italokeltischen Einheit ausgesprochen, dabei aber zugegeben, daß Italisch und Keltisch nahe miteinander verwandt sind (23). Pedersen hielt daran fest, daß das Italokeltische als eine einzige Sprache eine vorgeschichtliche Tatsache sei, und in neuerer Zeit schreibt Kurylowicz über die ›italokeltischen‹ *r*-Endungen des Verbums und den ›italokeltischen‹ Superlativ der Adjektive auf *-is-amo-* (24). Italisch und Keltisch sind archaische Sprachen des Indogermanischen, die einige gemeinsame Neubildungen und bestimmte interessante Archaismen aufweisen, und sie sind geographisch gesehen zu Beginn ihrer Geschichte Nachbarn. Unserer Meinung nach ist ›italokeltisch‹ ein gültiger Begriff, der einer Wirklichkeit entspricht – nicht in dem Sinn, daß es je ein italokeltisches Volk gegeben hätte, sondern daß eine Gruppe von Sprachen da war, die durch ihre Verwandtschaft diese Bezeichnung rechtfertigt.

Wenn wir annehmen, daß die Kelten als eigenes Volk um 2000 vor Christus auftreten, kann das Goidelische eine sehr frühe Form des Keltischen sein und das Gallische (mit dem Britischen) eine spätere Form (25); die ersten keltischen Niederlassungen auf den britischen Inseln könnte man in die Frühbronzezeit (etwa 1800 v. Christus) setzen und sogar mit dem Auftreten der Glockenbecherleute in der ersten Hälfte des 2. Jahrtausends verbinden. Abercromby hat das schon vor langer Zeit behauptet (26), und in neuerer Zeit haben Crawford, Loth und Hubert diese Meinung vertreten. Das würde heißen, daß 1000 Jahre zwischen den ersten Ansiedlungen und den von Caesar erwähnten Belgeneinfällen lägen, eine Spanne, die genügte, um das Fehlen jeder Spur des Goidelischen in Bri-

Der Rock of Cashel, Tipperary, mit Kathedrale und Rundturm. 10. Jh. Commissioners of Public Works in Ireland, Dublin

Tarvos Trigaranos. Stiergott mit Kranichen. Musée de Cluny, Paris

tannien außerhalb der Gebiete späterer irischer Ansiedlung zu erklären. Es würde gut zu dem archaischen Charakter der irischen Überlieferung sowie zu dem Weiterleben indogermanischer Sprach- und Kulturmerkmale in Irland passen, die wir sonst nur in Indien und Persien und, was die Sprache betrifft, in den tocharischen Dialekten Zentralasiens finden.

Rhys und D'Arbois de Jubainville nahmen an, die Goidelen seien zuerst, die Briten in späteren, aufeinanderfolgenden Einfällen eingedrungen, und dieser Ansicht traten mehrere Archäologen bei. Das war auch die Meinung von Loth und Hubert (27). O'Rahilly jedoch legte eine ganz andere Theorie vor, die sich auf das Beweismaterial sprachlicher Entlehnungen stützte. Er nahm an, sowohl in Britannien als auch in Irland seien die ersten Eindringlinge britannisch gewesen; die Goidelen seien zuletzt gekommen, und zwar, wie Meyer und Zimmer geglaubt hatten, aus Gallien unmittelbar nach Irland. Seine Theorie von aufeinanderfolgenden Invasionen hat keine allgemeine Anerkennung gefunden, und das sprachliche Beweismaterial überzeugt nicht. Außerdem war der erstaunliche Archaismus der irischen Überlieferung zu seiner Zeit noch unerforscht. Wenn die ältesten keltischen Ansiedlungen aus der Bronzezeit stammen, fällt die Frage weg, ob die Einwanderer goidelische oder britannische Kelten waren. Sprachliche Eigentümlichkeiten, die die britannischen Kelten kennzeichnen, können viel späteren Datums sein; bei manchen kann es sich um Neubildungen (*ū*>*ī*; *qu̯*>*p*) handeln, die sich von einem Zentrum auf dem Kontinent ausbreiteten und niemals bis zu den Randgebieten Irland und Spanien vordrangen. Rhys hat diese Meinung schon vor langer Zeit vertreten (28).

Wann auch immer die Kelten kamen, brachten sie alte indogermanische Bräuche und vor allem eine Tradition der Bardendichtung mit, die den der Form nach lyrischen und ihrem

Inhalt nach heroischen Preisliedern berühmter Männer zu entsprechen scheint, wie man sie für die indogermanische Periode erschlossen hat (29).

Wenn wir uns Caesars Einteilung zu eigen machen, bestand die gelehrte Schicht aus Priestern, Sehern und Dichtern, doch muß es auch Juristen, Historiker und Ärzte gegeben haben. In der Zeit nämlich, für die wir irische und walisische Quellen besitzen, spielen diese drei Arten von Gelehrsamkeit die Hauptrolle, und die heidnischen Priester und Seher sind nur noch in der Erinnerung lebendig. Das überlieferte Wissen wurde mündlich in Gesetzestexten und Genealogien weitergegeben und die Literatur in Gedichten und Sagen, die sehr alte literarische Formen bewahren.

In Wales enthalten die Vier Alten Bücher (30) eine umfängliche Sammlung lyrischer Verse über heroische Themen, Preisdichtung, wie sie von Poseidonios und Diodoros für die Gallier geschildert wird; allerdings gehen die ältesten dieser Gedichte wohl nicht weiter zurück als bis in das 9. Jahrhundert. Sie handeln meist von den Männern des Nordens, *Gwŷr y Gogledd.* Urbgen (Urien) von Rheged, Riderch (Rhydderch) von Strathclyde, Guallauc und Morcant sind vier nördliche Fürsten des 6. Jahrhunderts, deren Ruhm in Gedichten besungen wird; diese werden Taliesin oder Aneirin zugeschrieben, von denen man annimmt, daß sie selbst zu dieser Zeit lebten.

Das packendste frühwalisische Gedicht ist das *Gododdin,* das in mancherlei Hinsicht auch das interessanteste ist. Hier liegt tatsächlich ein Identitätsproblem vor, denn was unter der Bezeichnung *Gododdin* bekannt ist, scheint eine Sammlung kurzer Gedichte ungewisser Entstehungszeit zu sein. Es ist in dem *Buch von Aneirin* (Handschrift, 13. Jh.) erhalten und hat zum Hauptgegenstand eine Schlacht zwischen Mynyddawg, dem König von Manau Gododdin, und dem König von Deira.

Gododdin war das Gebiet zwischen dem Forth und dem Tyne westlich von Bernicia, und Catraeth ist die walisische Form von Catterick in Yorkshire (31). In der Handschrift lautet der Titel: *Hwn yw e Gododin. Aneirin ae cant,* ›Dies ist das Gododdin. Aneirin hat es verfaßt.‹ Das Gedicht ist also nach dem Ort benannt. Es besteht aus 103 Strophen (*awdlau*) von verschiedener Länge (32): die kürzeste hat nur drei, die längste 28 Verse. Der ganze Text besteht aus über 1200 Versen, und ein Gedicht dieser Länge wäre etwas Einmaliges in dieser Gattung; das *Gododdin* scheint jedoch eine Kompilation von Heldengedichten über die Männer des Nordens zu sein. Manchmal beginnen mehrere *awdlau* mit den gleichen Worten, wie es in der walisischen gnomischen Dichtung so häufig ist, und diese müssen zusammengehören. Ein andermal ist das Thema die Lobpreisung eines einzelnen Helden oder einer Gruppe von Helden, deren Persönlichkeit wir nicht kennen. In einem Teil des Textes – nach Ifor Williams ist es ein Fünftel – finden sich Spuren der Orthographie des 9. Jahrhunderts, die auf ein Textexemplar aus jener Zeit hinweisen. Vielleicht hat es einen Kern aus dem 9. Jahrhundert gegeben, um den sich die Gedichtsammlung kristallisiert hat. Man wird an das irische *Bórama* erinnert, in dem der lange Kampf zwischen Leinster und dem Norden geschildert wird, mit seinen zahlreichen Zusatzgedichten. Es gibt jedoch keinen überzeugenden Grund für eine frühere Datierung. Ifor Williams allerdings wollte die Entstehung einiger Gedichte des *Gododdin* in das 6. Jahrhundert verlegen und schrieb außerdem manche dem Taliesin zu. Abgesehen von Taliesin und Aneirin zugeschriebenen Gedichten haben wir keine walisischen Texte des 6. Jahrhunderts, und wir können den damaligen Zustand der Sprache nur aufgrund britischer Namen in lateinischen Inschriften beurteilen. Jackson hat dieses Material sehr eingehend in allen Einzelheiten überprüft und ist zu dem Schluß gekommen, daß »die walisische Sprache in der Form des Urwalisischen noch nicht in der ersten, aber jedenfalls in der zweiten Hälfte des 6. Jahrhunderts vorhanden war und daß die Gedichte Taliesins und Aneirins gegen Ende dieses Jahrhunderts auf Walisisch, nicht auf Britisch verfaßt sein könnten« (33). Sein Schluß stützt sich jedoch zum Teil auf die Beweisführung von Morris Jones und Ifor Williams (34), und diese Beweisführung ist nicht vollständig. Das Versmaßsystem dieser frühen Gedichte ist nicht genau bekannt. Es scheint syllabisch, nicht rhythmisch zu sein, doch steht fest, daß Reime verwendet wurden. Aufgrund einer einzigen Handschrift ist Textkritik schwierig, und Williams mußte oft Zweifel an der Richtigkeit der Lesart zugeben. Das Übliche ist ein Vers mit sieben Silben, der mit einem ein-, zwei- oder dreisilbigen Wort enden kann. Endreim wird fast ausnahmslos verlangt. Der Vers kann – wie in der ersten Strophe – nur fünf Silben haben, doch kommen häufig Verse von acht, neun und zehn Silben vor. Weder die Silbenlänge noch der Versrhythmus stehen fest. Vielleicht haben wir einen sehr verderbten Text vor uns, oder wir haben es mit einer fehlerhaften Überlieferung zu tun. Wichtig ist, daß die Verwendung des Reimes allgemein ist. Thurneysen hat jedoch gezeigt, daß im Irischen des 6. Jahrhunderts eine ähnliche Versart mit Reim, doch ohne festgesetzte Silbenzahl auftritt (35), so daß die Verwendung des Reimes nicht gegen eine Datierung der *Gododdin*-Gedichte auf das 6. Jahrhundert spricht. Eher müßte man aus sprachlichen Gründen zögern, diese Datierung zu akzeptieren. Jackson nimmt an, daß Kontraktion und Verlust der Endsilben frühestens in der ersten Hälfte des 6. Jahrhunderts auftreten, und das Beweismaterial der Inschriften stützt diese Datierung. Können wir annehmen, daß vor Ende des Jahrhunderts eine walisische Sprache da ist, die nicht bedeutend älter ist als die des 9. Jahrhunderts? Die Pluralbeugung des Adjektivs verschwindet bereits, und ein Verbum im Singular kann mit einem Substantiv im Plural vorkommen: *trychan meirch godrud / a gryssyws ganthud,* ›dreihundert feurige Rosse eilten mit ihnen dahin‹ (36). Bei Taliesin sind, wie wir sehen werden, Zweifel noch berechtigter.

Am wahrscheinlichsten ist die Annahme, daß die frühen Lieder der Sammlung *Gododdin* im 9. Jahrhundert zu überlieferten Themen entstanden sind und Aneirin zugeschrieben wurden, gerade wie so viele irische Gedichte dem heiligen Kolumban zugeschrieben werden, die aus sprachlichen Gründen nicht so alt sein können.

Diese frühe Heldendichtung von Wales ist höfische Dichtung, Klage um tapfere Männer, die in der Schlacht gefallen sind, Loblied auf berühmte Fürsten, nicht aber Schilderung von Ereignissen. In den frühen walisischen Gedichten findet sich mehr Kriegerisches als in den irischen, denn die Briten führten schon im 5. Jahrhundert Krieg mit den Angelsachsen, während Irland von feindlichen Einfällen verschont blieb, bis die Wikinger kamen. Und was uns überliefert wurde, ist trotz aller Dunkelheit und offensichtlichen Verderbtheit vielleicht vollkommener und auch besser unterbaut als die ältesten überlieferten Fragmente irischer Heldendichtung. Wir können uns schwer vorstellen, daß es nicht auch jünger sein dürfte.

Das *Gododdin,* das man für die älteste überlieferte Dichtung hält, beginnt mit einer Klage um einen jungen Krieger, dessen Name nicht einmal erwähnt wird:

»Ein Mann an Mut, doch ein Knabe an Jahren,
Tapfer im Getöse der Schlacht.
Schnelle Rosse mit langen Mähnen
Unter dem wohlgestalten Jüngling.

Ein strahlender großer Schild
Auf der Kruppe eines schnellen Rosses.
Reine blaue Schwerter,
Fransen aus gutem Gold.
Vor seinem Hochzeitsfest
Strömte sein Blut zur Erde.
Ehe wir ihn begraben konnten,
War er ein Fraß der Raben.«

Mehrere Strophengruppen (*awdlau*) beginnen mit einer festen Wendung: ›Männer gingen nach Catraeth‹; ›Er ging hinab zur Schlacht‹; ›Es ist eine Pflicht zu singen‹. Für manche Strophen finden sich in der Handschrift zwei Texte, die sich so stark unterscheiden, daß man mündliche Überlieferung über eine lange Zeit hin annehmen muß. Manchmal werden 300 gerühmt, von denen nur ein einziger aus der Schlacht zurückkehrte. Öfter ist ein einzelner Krieger Gegenstand der Lobpreisung, und nicht immer ist es klar, daß die Schlacht von Catraeth gemeint ist:

Gwŷr a aeth Gatraeth oedd ffraeth eu llu;	Männer gingen nach Catraeth; sie waren bereit.
Glasfedd eu hancwyn, a gwenwyn fu.	Frischer Met war ihr Festmahl, aber er war Gift.
Trichant trwy beiriant yn catau –	Dreihundert laut Befehl in Schlachtordnung,
A gwedi elwch tawelwch fu.	Und nach dem Schreien war Schweigen.
Cyd elwynt i lannau i benydu,	Obgleich sie in Kirchen gingen, um Buße zu tun,
Dadl diau angau i eu treiddu.	Wahr ist die Geschichte, traf sie der Tod.

* * *

Tri chan eurdorch a grysiasant	Dreihundert mit goldenen Torques brachen auf,
yn amwyn breithell bu edrywant	Um ihr Land zu verteidigen, traurig war ihr Schicksal.
cyd ry lladded wy wy laddasant	Obwohl sie erschlagen wurden, erschlugen sie.
a hyd orffen byd edmyg fyddant	Gepriesen seien sie bis ans Ende der Welt.
ac o'r sawl a aethom o gydgarant	Von allen unseren Verwandten, die aufbrachen,
tri namyn un gwr nid enghysant	Wehe! kehrte nur einer zurück.

In der Handschrift sind die *Gododdin*-Gedichte, wie wir sahen, überschrieben: *Hwn yw e Gododdin. Aneirin ae cant,* ›Dies ist das Gododdin. Aneirin hat es verfaßt‹. Die Überschrift scheint für die 1257 folgenden Verse zu gelten, denn dann kommt ein neuer Titel: *Eman a dechreu Gorchan Tutvwlch,* ›Hier beginnt der Gesang des Tudfwlch‹. Doch die Zuweisung an Aneirin ist wahrscheinlich eine Fiktion. T. Gwynn Jones hat schon vor langer Zeit gesagt: »Das *Gododdin* ist zumindest in der uns bekannten Form kein zusammenhängendes Gedicht. Es ist eher eine Folge gesonderter Lieder oder Strophen« (37).

Die beiden anderen berühmten Dichter des 7. Jahrhunderts sind Taliesin und Llywarch Hen. Morris Jones äußerte in seiner großen Untersuchung des Buches von Taliesin (38) die Meinung, man könnte einige der Gedichte als echt ansehen, und hat sieben davon zu übersetzen versucht. Ifor Williams kam zu dem Schluß, zwölf historische Gedichte dürfe man billigerweise Taliesin zuschreiben; er edierte sie in seinem *Canu Taliesin.* Neun von ihnen hatte bereits Morris für echt gehalten, der mit großer Gewissenhaftigkeit den Beweis erbringen wollte, die Sprache der Gedichte könne aus dem 6. Jahrhundert stammen. Doch dieser Beweis überzeugt nicht. Morris zitiert Rhys, der behauptete, die Sprache sei, wenn überhaupt, jedenfalls nicht viel älter als die Handschrift, in der sie erscheint (39), und die Handschrift ist im späten 13. Jahrhundert entstanden. Heute sind sich die Gelehrten darüber einig, daß das Britische sich am Ende des 6. Jahrhunderts (40) ins Walisische umgebildet hat, doch ist kaum anzunehmen, daß sich in sieben Jahrhunderten so wenig Veränderungen ergeben haben sollen. Die erhaltenen Fragmente des Altwalisischen sind zu spärlich, als daß sie ein hinlängliches Kriterium darstellen könnten (41).

Die in diesen Gedichten gefeierten Helden sind noch immer Helden der Nordbritannier. Urien, Herr von Rheged, ist der bedeutendste Name, und Owein war sein Sohn; Rheged hat man mit dem Gebiet um Carlisle identifiziert. Die Gedichte sind zumeist in der *awdl*-Form abgefaßt, 25 bis 50 Verse lang, wobei der Grundvers neun Silben hat (*cyhydedd naw ban*); es kommen jedoch auch Verse mit zehn Silben und ein Kurzvers mit fünf, sechs oder sieben Silben vor. Reim wird durchweg verlangt. Die *Klage um Owein* ist ein *awdl* mit siebensilbigen Versen nach dem Reimschema des irischen *rannaigecht*: Endreim der geraden Verse und Binnenreim am Ende der ungeraden mit einem Wort in der Mitte der geraden (irisch *aicill*). Es scheint kaum möglich, daß dieses vollentwickelte Reimschema schon aus dem 7. Jahrhundert stammen sollte (42). Es folgen nun zwei der Gedichte, deren Verfasser nach Morris Jones und Ifor Williams Taliesin selbst sein soll. Ich stütze mich auf die Übersetzungen von Jones und Williams (43):

Die Schlacht von Argoed Llwyfain

Bore duw Sadwrn cad fawr a fu	Am Samstagmorgen gab es eine große Schlacht
O'r pan ddwyre haul hyd pan gynnu.	Von Sonnenaufgang bis Sonnenuntergang.
Dygryswys Fflamddwyn yn bedwar llu;	Fflamddwyn rückte mit vier Haufen heran;
Goddau a Rheged i ymddullu,	Während das Heer von Goddau und Rheged sich sammelte
Dyfyn o Argoed hyd Arfynydd,	Zu Dyfyn, von Argoed bis Arfynydd,
Ni cheffynt eirios hyd yr un dydd.	Konnten sie kein Stück Land erobern, nicht einmal für einen Tag.
Atorelwis Fflamddwyn fawr drebystawd,	Fflamddwyn rief mit stolzem Prahlen:
'A ddodynt yng ngwystlon? A ŷnt parawd?'	»Sind meine Geiseln da? Sind sie bereit?«
Ys atebwys Owain, dwyrain ffosawd,	Owein antwortete, der Verwüster des Ostens:
'Nis dodynt, nid oeddynt, nid ŷnt parawd;	»Sie sind nicht da. Sie waren nicht und sind nicht bereit;
A chenau Coel byddai cymwyawg	Und ein tapferer Welpe aus Coels Zucht wäre tief gekränkt,
Lew, cyn as talai o wystl nebawd.'	Ehe er eine einzige Geisel hergäbe.«
Atorelwis Urien, udd Erechwydd,	Urien, der Herr von Yr Echwydd, rief:
'O bydd ymgyfarfod am gerennydd,	»Würde hier von Frieden gesprochen,
Dyrchafwn eidoedd odd uch mynydd,	So laßt uns einen Wall auf dem Berge errichten!

Ac amborthwn wyneb odd uch ymyl,	Laßt uns unser Antlitz über den Gipfel erheben!
A dyrchafwn beleidr odd uch pen wŷr,	Laßt uns unsere Speere über die Häupter erheben
A chyrchwn Fflamddwyn yn ei luydd,	Und Fflamddwyn inmitten seines Heeres herausfordern
A lladdwn ac ef a'i gyweithydd.'	Und ihn und seine Gefährten erschlagen!«
Rhag Argoed Llwyfain bu llawer celain,	Am Ulmenwald gab es viele Leichen.
Rhuddai frain rhag rhyfelwyr,	Raben wurden blutig von den Kriegern,
A gwerin a gryswys gan hynefydd.	Und Männer stürzten voran mit ihrem Führer.
Armaaf flwyddyn nad wy cynnydd.	Ein Jahr lang will ich ein Lied singen auf ihren Sieg!

Eine Klage um Owein

Enaid Owain ab Urien	Die Seele des Owein ap Urien,
Gobwyllid Rheen o'i raid.	Möge der Herr sich ihrer Not erbarmen!
Rheged udd ae cudd tromlas,	Der Fürst von Rheged, der unter der schweren Erde liegt,
Nid oedd fas i gywyddaid.	Es war keine geringe Aufgabe, ihn zu rühmen!
Isgell gŵr cerddglyd clodfawr,	Das Grab eines berühmten Mannes, gepriesen im Liede,
Esgyll gwawr gwaywawr llifaid,	Seine scharfen Speere wie die Strahlen der Morgenröte,
Cany cheffir cystedlydd	Denn einen Ebenbürtigen wird man nicht finden

I udd Llwyfenydd llathraid.	Dem glorreichen Prinzen von Llwyfenydd.
Medel galon, gefeilad,	Mäher der Feinde, der Gefangene machte
Eisylud ei dad a'i daid.	Wie sein Vater und Großvater.
Pan laddawdd Owain Fflamddwyn	Als Owein Fflamddwyn schlug,
Nid oedd fwy nogyd cysgaid.	War es nicht mehr als Einschlafen.
Cysgid Lloegr llydan nifer	Das weite Heer von England schläft,
Â lleufer yn eu llygaid;	Das Licht scheint ihnen in die Augen.
A rhai ni ffoynt haeach	Und die nicht fliehen wollten,
A oeddynt hyach no rhaid.	Waren kühner, als es not war.
Owain a'u cosbes yn ddrud,	Owein strafte sie grimmig
Mal cnud yn dylud defaid.	Wie ein Rudel Wölfe, das Schafe jagt.
Gŵr gwiw uch ei amliw seirch	Ein glänzender Krieger in seinem vielfarbenen Harnisch,
A roddai ferch i eirchiaid.	Der Bittstellern Rosse schenkte.
Cyd as cronnai mal caled,	Ehe er es gehortet hätte wie ein Geizhals,
Rhy ranned rhag ei enaid.	Wurde es verschenkt um seiner Seele willen.
Enaid Owain ab Urien	Die Seele des Owein ap Urien,
Gobwyllid Rheen o'i raid.	Möge der Herr sich ihrer Not erbarmen!

Was Llywarch Hen betrifft, so wird ihm heute nichts mehr von den Gedichten zugeschrieben, für deren Verfasser man ihn früher hielt. Es scheint eher, als habe es eine Sage oder einen

Sagenzyklus über Llywarch Hen und seine 24 Söhne gegeben, aus dem nur die Reden in Versform erhalten sind, die ins 9. Jahrhundert gehören mögen. Diese von Ifor Williams vertretene Theorie ist um so verführerischer, als sie die walisische literarische Überlieferung mit der irischen in Übereinstimmung bringt. Die charakteristische Form der irischen Sage ist die Prosaerzählung mit Versdialog, und man hat festgestellt, daß dies auch die altindische und deshalb wahrscheinlich die älteste indogermanische Form ist (44). Freilich ist das in Wales entdeckt worden. Aber die walisische Aufzeichnung entspricht den *saṃvāda* oder Dialoghymnen des Rigveda; sie gibt den Versdialog ohne seinen Prosarahmen, und wir dürfen annehmen, daß die Prosaerzählung der mündlichen Überlieferung der *cyfarwydd* überlassen blieb. Der an metrische Vorschriften gebundene Vers war sozusagen kanonisch und wurde niedergeschrieben, als die Mönche einheimische Dokumente in betontem Gegensatz zu den lateinischen aufzuzeichnen begannen.

Llywarch Hen war ein Häuptling der Nordbritannier im 6. Jahrhundert, ein Vetter Uriens, des Fürsten von Rheged. Seine Söhne fielen sämtlich noch zu seinen Lebzeiten im Kampf, und die Legende schildert ihn als einen verzweifelten alten Mann, dem nur seine Erinnerungen geblieben sind. Wenn ihm Gedichte zugeschrieben werden, so entspricht das der Zuweisung fenischer Balladen an Oisín, den Sohn des Finn, nur ist Llywarch eine historische Figur. Die erhaltenen Versfragmente stellen ohne den einrahmenden Prosatext selbst dort, wo der Text klar ist, kein zusammenhängendes Ganzes dar. Als Beispiel lassen sich am ehesten die *englynion* anführen, die das Greisenalter beklagen. Wie so oft in der frühen walisischen und irischen Dichtung gibt es hier eine Eingangsformel, die die Strophen zu Gruppen zusammenfaßt:

Cyn bum cein faglawg, bum hy,	Ehe mein Rücken sich krümmte, war ich tapfer.
Am cynwysid yng nghyfrdy	Man hieß mich willkommen in der Trinkhalle
Powys, paradwys Gymru.	Von Powys, im Paradies von Wales.
Cyn bum cein faglawg, bum eirian;	Ehe mein Rücken sich krümmte, war ich schön anzusehen.
Oedd cynwaew fy mhâr, oedd cynwan,	Mein Speer war der erste beim Angriff.
Wyf cefngrwm, wyf trwm, wyf truan.	Mein Rücken ist gebeugt. Ich bin niedergedrückt und traurig.
Baglan brenn, neud cynhaeaf.	Kleine Krücke aus Holz, es ist Herbst.
Rhudd rhedyn; melyn calaf.	Der Farn ist braun, die Stoppel gelb.
Neur digereis a garaf.	Ich verachtete, was ich jetzt liebe.
Baglan brenn, neud gaeaf hyn.	Kleine Krücke aus Holz, es ist Winter.
Yd fydd llafar gwŷr ar llynn.	Männer reden viel beim Trinken.
Neud diannerch fy erchwyn.	Keiner kommt an mein Bett.
Baglan brenn, neud gwaeannwyn.	Kleine Krücke aus Holz, es ist Frühling.
Rhudd cogeu; goleu i gwyn.	Der Kuckuck ist braun. Licht leuchtet beim Fest.
Wyf digarad gan forwyn.	Kein Mädchen liebt mich.

Die Klage geht weiter. Was er am meisten liebte, ist ihm jetzt verhaßt: eine Frau, ein Fremdling, ein junges Pferd; was ihm am meisten verhaßt war, ist jetzt über ihn gekommen: Husten, Alter, Krankheit und Sorge. So sehnt er den Tod herbei.

Von einer weiteren Gruppe von *englynion*, die man früher mit dem Namen Llywarch Hen verband, hat Ifor Williams nachgewiesen, daß sie zu der verlorenen Sage von Cynddylan, dem Herrn von Pengwern bei Shrewsbury, gehören, der am Anfang des 7. Jahrhunderts lebte und im Kampf gegen die Engländer fiel. Tatsächlich wird Llywarch in diesen Gedichten überhaupt nicht erwähnt. Es sind Reden, die Heledd, der Schwester Cynddylans, bei der Beweinung ihres Bruders in den Mund gelegt sind. Eine Stelle ist berühmt, und es lohnt sich, sie zu zitieren. Sie beginnt mit einer Klage um die Halle von Cynddylan:

Stafell Cynddylan

Stafell Cynddylan ys tywyll heno,	Die Halle von Cynddylan ist dunkel heut nacht,
Heb dân, heb wely;	Ohne Feuer, ohne Bett;
Wylaf wers, tawaf wedy.	Ich will eine Zeitlang weinen und dann still sein.
Stafell Cynddylan ys tywyll heno,	Die Halle von Cynddylan ist dunkel heut nacht,
Heb dân, heb gannwyll;	Ohne Feuer, ohne Kerze;
Namyn Duw pwy a'm dyry pwyll?	Wer erhält mich gesund am Geist, wenn nicht Gott?
Stafell Cynddylan, neud athwyd heb wedd,	Halle von Cynddylan, du hast deine Schönheit verloren,
Mae ym medd dy ysgwyd;	Dein Schild liegt im Grab;
Hyd tra fu ni bu dollglwyd.	Solange er lebte, gab es keine Hürde in einer Bresche.
Stafell Cynddylan ys tywyll heno,	Die Halle von Cynddylan ist dunkel heut nacht,
Heb dân, heb gerddau;	Ohne Feuer, ohne Musikanten;

Dygystudd deurudd dagrau.	Tränen netzen meine Wangen.
Stafell Cynddylan, a'm gwân ei gweled	Die Halle von Cynddylan, sie zu sehen schlägt mir Wunden,
Heb doed, heb dân;	Ohne Dach, ohne Feuer;
Marw fy nglyw, byw fy hynan.	Mein Herr ist tot, und ich lebe weiter.
Stafell Cynddylan, a'm erwan pob awr	Die Halle von Cynddylan schmerzt mich ewig,
Gwedi mawr ymgyfrdan	Nach soviel freundlichem Beisammensein,
A welais ar dy bentan.	Wie ich's hier um den Herd sah!

Dann schildert Heledd die Adler, wenn sie über den Leichen der Gefallenen schreien:

Eryr Eli ban ei lef heno	Der Adler von Eli schreit heute nacht.
Llewsai ef gwyar llyn,	Er hat sich an Blut gelabt,
Crau calon Cynddylan Wyn.	am Herzblut Cynddylans des Blonden.
Eryr Eli a glywaf heno	Der Adler von Eli, ich hör ihn heut nacht.
Creu lyd yw; nis beiddiaf	Er ist voller Blut. Ich wage ihm nicht zu nahen.
Ef yng nghoed; trwm hoed arnaf.	Er ist im Walde. Schwer ist mein Kummer.
Eryr Pengwern pengarn llwyd, heno	Der graue Adler von Pengwern mit gesträubtem Gefieder, heut nacht
Aruchel ei adlais,	Ist laut sein Gelärm,
Eiddig am gig a gerais.	Voller Gier nach dem Fleische dessen, den ich liebe.

Eryr Pengwern pengarn llwyd, heno	Der graue Adler von Pengwern mit gesträubtem Gefieder, heute nacht
Aruchel ei eban,	Ist laut sein Schrei,
Eiddig am gig Cynddylan.	Voller Gier nach dem Fleische Cynddylans.
Eryr Pengwern pengarn llwyd, heno	Der graue Adler von Pengwern mit gesträubtem Gefieder, heut nacht,
Aruchel ei adaf,	Seine Kralle ist erhoben
Eiddig am gig a garaf.	gierig nach dem Fleisch dessen, den ich liebe.
Eryr Pengwern, pell gelwawd heno,	Der Adler von Pengwern rief fernher heut nacht,
Ar waed gwŷr gwylawd;	Er hat sich gelabt an Menschenblut.
Rhy elwir Tren tref ddifawd.	Tren soll eine Unglücksstadt heißen.
Eryr Pengwern, pell gelwid heno	Der Adler von Pengwern ruft fernher heute nacht,
Ar waed gwŷr gwylid;	Er labt sich an Menschenblut.
Rhy elwir Tren tref lethrid.	Tren wird eine berühmte Stadt heißen.

Es gibt noch ein weiteres bemerkenswertes Gedicht, das die in der späteren Dichtung so häufige Prophezeiung einführt: *Armes Prydein*, ›Die Weissagung Britanniens‹. Es wurde in der ersten Hälfte des 10. Jahrhunderts verfaßt und ist ein Aufruf an die Briten, sich zu erheben und die Sachsen aus ihrem Land zu vertreiben. Cynan und Cadwaladr, der letzte unumschränkte Fürst von Britannien, der 682 starb, werden wieder aufstehen, um das siegreiche Heer anzuführen, und die Fremden werden ungestüm ins Meer getrieben werden, wo sie umherirren werden, ohne irgendwo landen zu können. Die Männer von Dublin und die Kelten von Irland werden sich zusammen mit Cornwall und Strathclyde mit den Briten unter dem Banner des heiligen David zur Vertreibung der Eindringlinge vereinigen.

Das Gedicht ist im *Buch von Taliesin* (13. Jahrhundert) erhalten und umfaßt neun *awdlau*, insgesamt 199 Verse. Es ist das älteste und vielleicht das beste der prophetischen Gedichte. Ifor Williams hat im Vorwort seiner Ausgabe überzeugend nachgewiesen, daß *Armes Prydein* vor dem Normanneneinfall entstanden sein muß, da der Feind immer noch der Sachse ist, und daß es älter sein muß als die Schlacht von Brunanburh im Jahr 937, in der Athelstan die hier vom Dichter ausgesprochene Hoffnung vernichtete. Andererseits werden die Männer von Dublin als ein eigenes Königreich erwähnt, was seiner Meinung nach vor der zweiten Hälfte des 9. Jahrhunderts unwahrscheinlich wäre. Der erwähnte englische König muß Athelstan sein; er bestieg 925 den Thron. So ist eine Datierung um 930 wahrscheinlich: vielleicht nach der Demütigung der Ratsversammlung zu Hereford, in der Athelstan die walisischen Fürsten zwang, sich zu unterwerfen und einen jährlichen Tribut zu versprechen, denn von dem Tribut ist mehrfach die Rede (45).

Es folgt nun ein Abschnitt (Vers 127–146), der Form und Inhalt des Gedichtes verdeutlichen soll. Das Metrum ist syllabisch: ein Vers mit neun (bisweilen zehn) Silben und Endreim durchweg im ganzen *awdl*. Alliteration und Binnenreim werden häufig angewandt, doch vorgeschrieben ist nur der Endreim:

Dygorfu Cymry i beri cad,	Die Kymren werden zur Schlacht gezwungen werden,

a llwyth lliaws gwlad a gynnullant,	und sie werden sammeln des Reiches Heer
A lluman glan Dewi a ddrychafant	und hoch erheben das schimmernde Banner Davids,
i dywyssaw Gwyddyl trwy lieingant.	um die Iren unter seinem Linnensaum zu führen,
A gynhon Dulyn genhyn y safant:	und die Heiden von Dublin werden uns zur Seite stehen.
pan ddyffont i'r gad nid ymwadant.	Wenn sie in die Schlacht kommen, werden sie nicht ermatten:
Gofynnant i'r Saeson py geisysant,	Sie werden die Engländer fragen, was sie wollen,
pwy meint eu dylyed o'r wlad a ddaliant,	welches Recht sie haben auf das Land, das sie innehaben,
cw mae eu herwi pan seiliasant,	wo die Gefilde sind, von denen sie aufbrachen,
cw mae eu cenedloedd py fro pan ddoethant.	wo ihre Verwandten sind, aus welchem Lande sie kamen.
Yr amser Gwrtheyrn genhyn y sathrant.	Seit der Zeit von Gwrtheyrn leben sie unter uns.
Ni cheffir o wir rantir an carant.	Nicht rechtens ist das Erbteil unserer Leute so in Besitz genommen.
Neu freint an seint pyr y sanghysant?	Warum haben sie die Weihestätten unserer Heiligen mit Füßen getreten?
Neu reitheu Dewi pyr y torrasant?	Warum haben sie die Gesetze Davids gebrochen?
ymgedwynt Cymry pan ymwelant	Die Kymren werden dafür sorgen, wenn sie zusammentreffen,
nit ahont allmyn o'r nen y safant,	daß die Fremden nicht weggehen sollen von dort, wo sie stehen,

hyd pan talhont seithweith gwerth digonsant ac angau dihau yng ngwerth eu cam. Ef talhawr o anawr Garmawn garant y pedair blynedd a'r pedwar cant!	ehe sie siebenfach zahlen für das, was sie getan haben, ja sogar den Tod sollen sie erleiden für ihre Verbrechen. Durch die Kraft der Sippe von Garmon sollen sie zahlen für die vier und vierhundert Jahre!

Die Überlieferung von der Wiederkehr des Cadwaladr zur Befreiung der Kymren von ihren Bedrückern enthält auch die *Historia Regum Britanniae* des Geoffrey of Monmouth; das Thema ist ein fester Bestandteil der prophetischen Gedichte. Diese Voraussage lautet:

Yng nghoet ym maes [ym mro] ym mryn cannwyll yn nhywyll a gerdd genhyn Cynan yn rhagwan ym mhob discyn. Saeson rhag Brython gwae a genyn. Cadwaladyr yn baladyr gan ei unbyn, trwy synnwyr yn llwyr yn eu dichlyn.	In Wald und Ebene und Hügel und Tal, wie eine Fackel in der Dunkelheit, wird Cynan mit uns marschieren in der Vorhut einer jeden Schlacht. Die Engländer werden wehklagen, wenn sie fliehen vor den Briten. Cadwaladr mit seinen Häuptlingen wird ein Pfeiler der Kraft sein, wenn er sie aufspürt mit List und Ausdauer.
Pan syrthwynt eu clas dros eu herchwyn, yng nghustudd a chrau rhudd ar rudd allmyn. Yng ngorffen pob angraith anrhaith dengyn.	Wenn ihre Truppen über ihre Lager herfallen, werden diese Fremdlinge Schmerz empfinden, mit rotem Blut auf ihren Wangen. Nach jeder Herausforderung wird es große Beute geben.

Seis ar hynt hyt Gaer Wynt kynt pwy kynt techyn. Gwyn eu byd wy Gymry pan adroddynt. ry'n gwarawd y Drindawt o'n trallawd gynt.	Die Engländer werden Hals über Kopf, so schnell sie können, nach Winchester fliehen. Die Briten werden jubeln, wenn sie verkünden, daß die Dreifaltigkeit uns aus unserer Not erlöst hat.

Von einer Arthur-Überlieferung haben wir in den erwähnten Gedichten nichts gehört, und tatsächlich ist der König Arthur der romanischen Literatur eine viel berühmtere Erscheinung als sein walisisches Original. Es gibt einige wenige frühe Gedichte, in denen Arthur erwähnt wird, und zwei von ihnen heben ihn hervor (46). Eines ist ein Dialog zwischen ihm und seinem Torhüter, in dem Arthur seine Gefährten benennt und deren Heldentaten berichtet. Dieses Gespräch Nr. XXXI im *Schwarzen Buch von Carmarthen* ist als Bruchstück überliefert. Es finden sich viele Hinweise auf Episoden, die offenbar in einer verlorengegangenen Heldendichtung erzählt worden sind; wir müssen uns klarmachen, daß das Erhaltene nur der Schatten einer verschwundenen Überlieferung ist. Das andere Gedicht ist *Preideu Annwfn* oder ›Die Beute Annwfns‹, Nr. XXX, im Buch des Taliesin. Hier handelt es sich um den Bericht über eine Reise in die ›Andere Welt‹ auf der Suche nach dem Zauberkessel. Das Gedicht ist dunkel und sagt uns über Arthur kaum mehr, als daß er die Expedition anführte. Von den drei Schiffsbesatzungen, die aufbrachen, kehrten nur sieben Mann zurück.

Diese frühe walisische Dichtung ist infolge der Schwierigkeit ihrer Sprache nur wenig bekannt. Teils aus diesem Grund, teils wegen der darin enthaltenen Bruchstücke alter Überlieferungen ist sie überaus bedeutsam.

Die älteste erhaltene irische Dichtung stammt aus dem 6. Jahrhundert. Es sind stabreimende syllabische Verse, die berühmte Männer preisen oder den Tod eines Helden beklagen, lyrisch in der Form und heroisch ihrem Inhalt nach. Die alte Prosodie war syllabisch und reimfrei. Sie beruhte auf einem Langvers von sieben Silben mit dreisilbigem Rhythmus und einer Zäsur nach der vierten Silbe und auf einem Kurzvers von fünf Silben. Da eine zusätzliche Silbe am Anfang erlaubt war und Azephalien und Katalexen möglich waren, hatten manche Verse acht und manche nur drei Silben. In der frühesten Phase kommen sowohl Vierzeiler wie auch Strophen von unregelmäßiger Länge vor, doch später wird der Vierzeiler zur Normalform. In Murphys *Early Irish Metrics* werden 84 Metren untersucht, von denen 80 Vierzeiler sind.

Neuerdings hat Calvert Watkins (Harvard) überzeugend dargelegt, daß dieser irische heroische Vers gemeinsamen Ursprungs mit griechischen und vedischen Metren und ein altes indogermanisches Erbe ist (47). Im 6. Jahrhundert tritt dann der Endreim auf. Später wird die Anzahl der Silben in jedem Metrum genauer eingehalten, und es werden Binnenreime eingeführt, so daß sich das gesamte System wandelt. Doch das alte heroische Metrum mit der Grundform des siebensilbigen Verses, der dreisilbig endet und nicht reimt, erhält sich als epische Form in den Sagen bis in die frühe neuirische Periode.

Wir haben in dieser altertümlichen Versform Gedichte zum Ruhm mehrerer Könige von Leinster – Labraid Loingsech, Cathaír Már, Énna Cennselach – und weiterer legendärer oder historischer Könige und Krieger und die berühmte Lobpreisung des heiligen Kolumban. In Form und Inhalt entsprechen sie durchaus der Beschreibung, die Poseidonios und Diodoros in ihren Berichten über die gallischen Barden und deren Dichtung geben.

Luccreth mocu Iair (Chiara), Find Fili, Ferchertne Fili, Lugair Lánfili, Laidcenn mac Bairchedo, Torna Éces, Senchán Torpeist und Dallán Forgaill gehören zu den frühen Dichtern, deren Namen uns überliefert sind. Ferner ist Colmán mac Lénéni, der 604 verstorbene Begründer der Abtei von Cloyne, zu nennen, von dessen Dichtungen mehrere Fragmente erhalten sind. Im allgemeinen sind nur vereinzelte Vierzeiler erhalten, aber das Dallán zugeschriebene Loblied auf den heiligen Kolumba ist ein Gedicht von über 150 Versen, und vier Gedichte der *fursundud* (›Erleuchtung‹) genannten Gruppe haben jeweils 22, 54, 52 und 35 Vierzeiler. Diese letzteren sind eigentlich nur zur Gedächtnisstütze in Versform angeordnete Namensverzeichnisse, und man kann sie kaum als Dichtung bezeichnen. Sie werden Luccreth mocu Chiara, Find Fili und Laidcenn zugeschrieben. Nur die Zuweisung von *Amra* an Dallán Forgaill kann als zutreffend bezeichnet werden, und dieses Gedicht ist eher seines Stils und seiner Sprache als seiner dichterischen Qualität wegen bemerkenswert.

Labraid Loingsech, ein legendärer König von Leinster, der im 4. Jahrhundert v. Chr. regiert haben soll, ist der Held der Sage *Die Vernichtung des Dinn Ríg*, die den Ursprung der Männer von Leinster erzählt. Labraid scheint bei den Dichtern eine beliebte Figur gewesen zu sein, denn wir haben mehrere Fragmente, in denen er gepriesen wird (48):

»Lug mit dem Schild, hehres Bild (49), kein Mensch auf der Welt war so furchtbar wie der Sohn des Áine. Ein Mann, hehrer als die Götter, starke Eichel, reiner Baum mit vielen Ästen, Enkel des Loegaire Lorc.«

Es folgt ein weiteres, Ferchertne Fili zugeschriebenes Fragment:

»Dinn Ríg, starker Tuaim Tenbai – dreißig Edle starben dort qualvoll. Labraid, der wilde Kämpe, zerschmetterte und verbrannte sie, der Krieger von Irland, Enkel des Loegaire Lorc.«

Es gibt noch viele von diesen rhetorischen Lobgedichten oder Gedichtfragmenten, die uns ins Heldenzeitalter zurückführen. Eines auf Mes Delmann, einen legendären König des Domnainn von Leinster, der im ersten Jahrhundert gelebt haben soll, sei hier noch angeführt:

Mál ad-rualaid iathu *m*arb	Ein Fürst ist in die Gefilde der Toten gegangen,
*m*ac *s*oer *S*étnai;	der edle Sohn von Sétne;
*s*elaig *s*rathu Fomoire	er hat die Täler von Fomoire verwüstet,
for *d*oíne *d*omnaib.	als er unendliche Männerscharen überwand.
Di *ó*chtur *A*linne	Vom Gipfel des Ailenn
*o*irt *t*riunu *t*alman;	schlug er die Starken der Erde,
*t*rebann *t*rén *t*uathmar	starker Tribun seines Volkes,
Mess *D*elmann *D*omnann.	Mes Delmann der Domnainn.

Bei diesen Gedichten ergibt sich ein Problem. Man ist sich darüber einig, daß sie nicht vor dem 7. Jahrhundert entstanden sind, obwohl manche Dichtern zugeschrieben werden, die Zeitgenossen der besungenen Könige gewesen sein sollen. Warum sollten Hofdichter Könige verherrlichen, die einer so fernen Vergangenheit angehören? Handelt es sich etwa um Probearbeiten von Dichterschülern über vorgeschriebene Themen, oder reichte der Ahnenkult so weit, waren die Ahnen so berühmt, daß die Dichter sie wiederholter Lobpreisung würdig befanden? Labraid Loingsech von Leinster scheint sich ebenso wie Conn von den Hundert Schlachten und dessen Bruder Cathaír Már sowie sein Enkel Cormac mac Airt großen Ruhmes er-

freut zu haben; dasselbe gilt für Niall von den Neun Geiseln im Norden und Conall Corc im Süden. Vielleicht sind die wenigen Erzählungen, die sich über diese Könige erhalten haben, nur Fragmente einer verlorenen Literatur.
Hier folgen zwei Vierzeiler mit Reim und Stabreim und mit wechselnder Silbenzahl der einzelnen Verse. Stil und Stimmung erinnern an das vorher zitierte Gedicht:

Die vier Söhne des Cú Chorbb, Königs von Leinster

Nia Corbb, Corbmacc, Cairpre,	Nia Corbb, Corbmacc, Cairpre,
caine *a*irt, *a*ra, oirt *airgtib*,	ein herrlicher Krieger, Wagenlenker, der Hunderte schlug,
ocus Messin Corbb, *c*oim eirr ara*ch*liched *cairptib*.	und Messin Corbb, ein stattlicher Wagenkämpfer, der Streitwagen abwehrte.
Cethir *b*ráithir *b*uirr *b*resta,	Vier mächtige kriegerische Brüder,
*f*ian, *f*orraigtis *forlond*:	eine Schar, die eine Übermacht zu bezwingen pflegte,
fri maccu ní gaibed	keine gleiche Anzahl konnte standhalten
Con Corbb *comlond*.	den Söhnen Cú Chorbbs.

Die folgenden Beispiele haben Reim und eine feste Silbenzahl je Vers:

Labraid Loingsech

Labraid luam na *lergge*,	Labraid, Lotse des Schlachtfelds,
faglaid fri *fuam fairgge*,	Plünderer, wo das Meer brüllt,

glass gluairgrinn fri *gente,*	lichter, greller Blitz gegen die Heiden,
blass buainbinn na *bairddne.*	stets ein süßer Geschmack für Bardensang.

Bran Berba (gest. 795)

Bran dond, dín sluaig, seol *ngairgge,*	Bran der Braune, Schutz des Heeres, kühner Kämpe;
garg *r*ind, *re*cht *rán*, *r*uad n-*orbbai,*	strenger Speer, ruhmreicher, stark von den Vätern her;
orb gaeth, grian laech, lán *fairgge,*	Erbe von Weisheit, Sohn von Kriegern, Hochflut;
*f*ael crú, cú *ch*uan nad *chorbbai.*	ein blutiger Wolf, Hund aus der Meute, der nichts Böses tut.

Fedlimid mac Crimthainn (gest. im 4. Jahrhundert)

Is hé Feidilmith in *rí*	Fedlimid, der König,
diarbo *o*pair *o*enlaith*i*	für den es die Arbeit eines einzigen Tages war,
*a*ithrígad Connacht cen *chath*	Connacht ohne einen König zu lassen
ocus *M*ide do *m*annr*ad.*	und Meath in Trümmer zu legen.

Der Reiz der Gedichte dieser Art liegt allein in ihrer heldischen Stimmung und in der alten Überlieferung, die sie bewahren. Wahrscheinlich war dies die älteste Art der Dichtung in der indogermanischen Überlieferung: bloße Reihungen von preisenden Ausdrücken, die in lyrische Form gegossen waren. Wir wissen nicht, ob die erhaltenen Vierzeiler bloß Fragmente längerer Gedichte sind, was aber sehr wahrscheinlich ist. Die Gedichte wurden zur Unterhaltung von Fürsten und zu ihrer Ehre verfaßt, und ihr Vortrag muß eine beträchtliche Zeit in Anspruch genommen haben. Die späteren Bardengedichte der klassischen Zeit sind kaum kürzer als 20 Vierzeiler und oft mehr als doppelt so lang. Doch diese frühen Verse bewahren eine Tradition, die älter ist als alles, was die griechische oder lateinische Literatur aufzuweisen haben; sie sind vergleichbar mit der Dichtung, die in manchen Gupta-Inschriften Indiens erhalten ist. Solche Gedichte, reicher mit Binnenreimen geschmückt, wurden noch im 11. Jahrhundert verfaßt, wie uns zwei Fragmente zum Ruhme Mael Sechlainns, des 1022 gestorbenen Königs von Irland, zeigen:

Mael Sechlainn

A Maíl Sh*echlainn*,
nít *mess methchrainn*
airgfea R*echrainn*
rebthruinn ruaid;
a *ch*liath *chorrga*
thromda thogda
d*orrga thogla*
*T*emra *tuaid*.

Mael Sechlainn, du bist keine
Frucht eines toten Baumes,
du wirst Rechru plündern, die
heitere kraftvolle Insel.
Schlachtreihe scharfer Speere,
stark und auserlesen,
zorniger Speer, Zerstörer Taras
im Norden.

Mael Sechlaind mac *D*omnaill *dathgil*,
*d*orn i *Tailtin tulgatánaig*;
*d*aig ná *d*aim crannchur mo *ch*ara
anfad mara murbratánaig.

Mael Sechlainn, Sohn des blonden Domnall, eine starke Hand
über Tailtiu mit aus Ruten geflochtener Brustwehr. Mein
Freund ist ein Feuerbrand, der das Ziehen von Losen nicht wagen will,
ein Sturm über dem lachsreichen Meer.

Auch Satire gab es in der frühen Dichtung:

Ro cuala ní tabair eocha ar duana: dobeir aní as dúthaig dó bó.	Ich hörte, daß er als Lohn für Gedichte keine Rosse schenkt: Seiner Natur gemäß gibt er – eine Kuh!
Ní fuilet a maíne, nocho mó atá a maisse: nocho mór a gére, nocho déne acht braisse.	Er besitzt weder Reichtum noch Schönheit, sein Witz ist schwach – nur zum Schwatzen taugt er.

Abgesehen von Lobpreisung und Satire gibt es auch Klagen, von denen Fragmente erhalten sind. Eine Königin beklagt ihren toten Gemahl Aed mac Ainmirech (gest. 598):

Batar inmuine in trí toíb frisná fresciu aithirrech, toibán Temro, toíb Taillten, toíb Aeda maicc Ainmirech.	Geliebt waren die drei Anblicke, die ich niemals wiedersehen werde: den lieben Anblick von Tara, den Anblick von Tailtiu und den Anblick Aeds, des Sohnes von Ainmire.

Im 8. Jahrhundert war das alte aus vorgeschichtlicher Zeit überkommene metrische System dieser neuen, auf dem Reim begründeten Form gewichen, deren Normalmaß der Vierzeiler war. Die neue Verzierung durch Reime wurde rasch weiter ausgebaut, während die alte Schmuckform des Stabreims beibehalten und verbessert wurde. Zuerst erscheinen Reime in den lateinischen Hymnen des 3. und 4. Jahrhunderts. Commodius hat ihn als erster verwendet (50). Augustinus braucht ihn in seinem *Psalm gegen die Donatisten.* »Doch Sedulius

im fünften Jahrhundert«, sagt Raby, »ist der erste Hymnendichter, der den Reim in erwähnenswertem Ausmaß verwendet«. (51) Den Gebrauch des Reimes lehrte Virgilius Maro Grammaticus, dessen Werke in Irland sehr bekannt waren. Einige der ältesten irischen lateinischen Hymnen sind gereimt. Das *Altus Prosator* des heiligen Kolumban (gest. 597) ist in gereimten Verspaaren abgefaßt, und der heilige Columbanus (gest. 615) verwendet in seinem *Carmen de mundi transitu* zweisilbige und sogar dreisilbige Reime. Die irischen Mönche griffen den Reim begierig auf und machten ihn, lange bevor er anderswo üblich wurde, zu einem ständigen Schmuck der Dichtung.

Murphy (52) weist auf eine besonders kunstvolle Reimart in dem von Oengus mac Tipraiti (gest. 745) verfaßten irischen Hymnus auf den heiligen Martin hin, die in Hymnen auf dem Festland nicht vorkommt:

Martinus mirus *more*
ore laudavit Deum:
puro corde *cantavit*
atque *laudavit* eum.

Hier findet sich neben dem Endreim der geraden Verse ein Binnenreim der Schlußworte der ungeraden Verse mit einem Wort der jeweils folgenden Zeile. Außerdem ist der einheimische irische Stabreim wirkungsvoll verwendet. Diese Kombination von Endreim, Binnenreim und Stabreim, von der wir eben ein frühes Beispiel gesehen haben, bildet die ›neue Form‹ (*nua-chruth*), die in den irischen Metrik-Traktaten hervorgehoben wird. Zweifellos war sie die Erfindung von Mönchen, Erben der alten metrischen Tradition, die den neuen Reimschmuck zusammen mit der lateinischen Gelehrsamkeit aufgenommen hatten; sie ist die Grundlage des irischen Systems des *Dán Dírech* und des walisischen Systems des *cyng-*

hanedd. Das dichterische Genie Irlands sollte später diese neue Fertigkeit in der Verwendung von Konsonanz, Assonanz und Alliteration zu großartiger Blüte bringen.

Abgesehen von dieser neuen Form jedoch brachten die Mönche einen neuen Ton in die Dichtung: Vom 8. Jahrhundert an haben wir lyrische Gedichte, in denen Liebe zur Natur, zur Einsamkeit und zur Frömmigkeit wie zu Gott Quelle der Inspiration sind. Das alte Thema – die Lobpreisung berühmter Männer – wird von den Berufsdichtern noch immer gepflegt. Das war ihre Pflicht, und davon lebten sie. Aber die erlesenste Dichtung der Folgezeit bis zum Zusammenbruch des alten kolumbanischen Mönchtums und zur Zisterzienserreform im 12. Jahrhundert entstand in den Klöstern und kam von den *nua-litridi* (›den neuen Schreibern‹), wie sie genannt wurden.

Die neuen Metren, die man ausdrücklich den alten als ebenbürtig an die Seite stellte, waren *dian* und *sétnad*. Ihnen wurde von den Rechtskundigen ebenso ein Preis zugestanden wie den alten Metren (53), und beide fußen auf Versen von sieben oder acht Silben. Die Ambrosianischen Hymnen und die Hymnen des Prudentius und Venantius Fortunatus, jambische oder trochäische Tetrameter, hatten dieselbe Silbenzählung, und wahrscheinlich beanspruchten die Mönche für Metren mit so kostbarer Verwandtschaft besondere Anerkennung. Freilich kann man deshalb nicht, wie Murphy in Anlehnung an Thurneysen (54), behaupten, daß sich die neuen Metren von lateinischen Vorbildern herleiteten. Watkins hat gezeigt, daß der Siebensilbenvers der grundlegende Langvers einer bodenständigen Überlieferung in der Dichtung war, die bis auf indogermanische Zeiten zurückging (55).

Zur Verdeutlichung seien hier zwei berühmte Hymnen im ambrosianischen Metrum zitiert. Die erste stammt von Ambrosius selbst:

Splendor paternae gloriae,	O Abglanz von des Vaters Pracht,
De luce lucem proferens,	Du brachtest Licht vom wahren Licht,
Lux lucis et fons luminis,	o höchstes Licht, des Lichtes Quell,
Diem dies illuminans.	du Tag, der unsern Tag erhellt.

Die zweite Hymne wird noch immer bei der Komplet gesungen:

Te lucis ante terminum	Bevor des Tages Licht vergeht,
Rerum creator poscimus	hör', Welterschaffer, dies Gebet:
Ut solita clementia	Der Du so milde und so gut,
Sis praesul ad custodiam.	nimm gnädig uns in Deine Hut!

So sahen die Vorbilder aus, die den irischen Vierzeilern mit sieben- oder achtsilbigen Versen ihr Ansehen verliehen. Die gereimte Form dieser Metren gab der irischen Dichtung tatsächlich eine neue Gestalt.

In den Klöstern entstand also eine neue lyrische Dichtung, bei der das Thema ebenso lyrisch ist wie die Form. »Diese Gedichte«, sagt Kuno Meyer, »nehmen in der Weltliteratur eine einzigartige Stellung ein. Die Natur in ihren unscheinbarsten wie in ihren großartigsten Erscheinungen aufzuspüren, zu beobachten und zu lieben — das wurde keinem Volk so früh und so reichlich verliehen wie den Kelten.« (56)

Zwei Vierzeiler, auf den Blatträndern einer Priscian-Handschrift aus dem 9. Jahrhundert verzeichnet, die sich in Sankt Gallen (Schweiz) befindet, mögen als Beispiel dienen. Stabreim und Reim sind wie vorher durch Kursivschrift gekennzeichnet (57):

Dom-ḟarcai *f*idbaide *f*ál
fom-chain *l*oíd *l*uin, *l*uad nad *cél.*
Huas mo *l*ebrán, ind *línech*
fomchain tr*irech* inna n-*én.*
Fom-*ch*ain *c*oí *m*enn *m*edair *mass*
hi mbrott gl*as* de *d*indgnaib *doss*
Dé bráth – nom *ch*oimmdiu *coíma*! –
caín-scríbaimm fo *roída ross.*

Eine Hecke von Bäumen umgibt mich; ein Amsellied macht Musik für mich – ich werde es erzählen.
Über den Zeilen meines Buches musiziert Vogelgetriller.
Der hellstimmige Kuckuck singt mir ein liebliches Lied, von Busch zu Busch, in seinem grauen Rock.
Beim Jüngsten Gericht, möge der Herr mich beschützen!
– glücklich schreibe ich im Schatten der Bäume.

Regen bei Nacht

Uar ind adaig i *M*oín *Móir*
feraid *d*ertain, ní *deróil*:
dorddán fris-tib in gaeth gl*an*
géissid ós *ch*aille clith*ar.*

Kalt ist die Nacht in Móin Mór.
Es regnet in Strömen:
Ein tiefes Brüllen, dem der Wind hoch entgegenlacht,
rauscht über dem schützenden Wald.

Hier findet sich kein Binnenreim, doch Alliteration in jedem Vers. Die Endreime sind unrhythmisch, eine Mode, die in der späteren irischen und walisischen Dichtung sehr beliebt wurde. Watkins hat gezeigt, daß sie vielleicht schon im Irischen einsetzte, als bei den alten Metren, deren Endsilbe lang oder kurz (anzeps) war, der Reim eingeführt wurde (58).

Dieses plötzliche Naturempfinden kommt wie ein freudiges Erschrecken und ist sicherlich den Mönchen zu verdanken, die lernten, alles, was die Schöpfung hervorgebracht hatte, als Gottes Geschenk an die Menschen zu lieben und ihr Glück im Eremitendasein zu suchen. Robin Flower hat dargelegt, wie diese individuelle Dichtung als eine Folge der Culdee-Bewegung des 8. Jahrhunderts auftauchte, die vor allem in Tallaght und Finglas blühte und der Religion und Literatur neue Impulse gab: »Nicht nur, daß diese Autoren und Anachoreten der Bestimmung ihres Gelübdes zufolge in einer Atmosphäre der Wälder und Meere lebten; sie brachten vielmehr in diese Umgebung Augen mit, die durch andauernde geistige Übung so wunderbar geläutert waren, daß sie als erste in Europa jene seltsame Sicht natürlicher Dinge in einer fast unnatürlichen Klarheit besaßen.« (59)

Oft hört man wirklich den Ton der Frömmigkeit ganz deutlich heraus, und wir wissen genau, daß der Dichter ein Mönch ist, der die Natur als Spiegel der göttlichen Schönheit sieht:

Dúthracar, a Maic Dé bí, a Rí suthain sen, bothnat deirrit díthraba commad sí mo threb.	Ich wünsche mir, o Sohn des lebendigen Gottes, ewiger König von altersher, eine verborgene Hütte in der Wildnis, die meine Wohnung sein sollte.
Uisce treglas tanaide do buith ina taíb, linn glan do nigi pectha tría rath Spirta Naíb.	Seichtes grünes Wasser ringsum, einen klaren Teich, um die Sünden abzuwaschen durch die Gnade des Heiligen Geistes.
Fidbaid álainn immocus impe do cech leith, fri altram n-én n-ilgothach, fri clithar dia cleith.	Einen lieblichen Wald in der Nähe, ringsum auf allen Seiten, um die Singvögel zu hegen, als Zufluchtsort, um sie zu verstecken.

Deisebar fri tesugud,
sruthán dar a lainn,
talam togu co méit raith
bad maith do cach clainn.

Eine Südseite der Wärme wegen,
einen Fluß durch den Acker,
auserlesenes, fruchtbares Land,
das gut wäre für jederlei Pflanze.

. . .

. . .

Eclais aíbinn anartach,
aitreb Dé do nim,
sutrulla soillsi iar sain
úas Scriptúir glain gil.

Eine hübsche Kirche, mit Leinenzeug, eine Wohnung für Gott
vom Himmel, und schimmernde
Kerzen über der reinen weißen
Heiligen Schrift.

. . .

. . .

Mo lórtu bruit ocus bíd
ónd Ríg as chaín clú,
mo bithse im ṡuidiu fri ré,
guide Dé in nach dú.

Genug Nahrung und Kleidung
vom König mit makellosem Ruf,
und eine Weile, um zu harren
im Gebet zu Gott überall (60).

Ist es möglich, daß der erste Anstoß dazu vom Lobgesang *Benedicite opera Domini Dominum* herkam, der als Teil der Laudes in Irland gesungen wurde und so im Antiphonarium von Bangor erscheint? (61)

Eines der besten dieser längeren Gedichte wird Marbán dem Eremiten in den Mund gelegt, einem Bruder Guaires, des Königs von Connacht. Guaire regierte im 7. Jahrhundert, doch das Gedicht ist viel jünger, vielleicht aus dem 10. Jahrhundert. Marbán hatte sich in eine Einsiedelei zurückgezogen und lebte schlicht und einsam, und der König ging hin, um seinen Bruder zu überreden, er möge seine Zelle verlassen und wieder das Leben eines Kriegers führen. Marbán antwortete:

Atá úarboth dam i caill;
nís fitir acht mo Fhíada:
uinnius di-ṡíu, coll an-all,
bile rátha, nosn-íada.

Ich habe eine Hütte im Walde. Niemand kennt sie außer meinem Herrn, eine Esche auf der einen Seite, ein Haselnußstrauch auf der anderen, ein großer Baum an einem Hügel umhegt sie.

. . .

. . .

Mét mo boithe bec nád bec,
baile sétae sognath:
canaid sian mbinn dia beinn
ben a lleinn co londath.

Die Größe meiner Hütte ist wohl gering, eine Heimstatt mit vertrauten Pfaden, von ihrem Giebel singt ein Vogelweibchen ein süßes Lied in seinem Drosselkleid.

. . .

. . .

Aball ubull (mára ratha)
mbruidnech mbras;
barr dess dornach
collán cnóbec
cróebach nglas.

Ein Baum mit Äpfeln so groß wie die aus dem Märchenland, reiches Geschenk, eine hübsche büschelige Ernte grüngezweigter Haseln mit ihren kleinen Nüssen.

. . .

. . .

Glére thiprat,
essa uisci
(úais do dig);
bruinnit ilair

Ein reichströmender Quell und Wasserfälle, köstlicher Trank; Eibenbeeren, Vogelkirsche und Liguster sprossen im

cáera ibair,
fidait, fir.

Überfluß.

. . .

. . .

Tecat caínfinn,
corra, faílinn;
fos-cain cúan;
ní céol ndogra
cerca odra
a fráech rúad.

Schöne weiße Vögel kommen,
Reiher, Möwen –
das Meer gibt ihnen Antwort,
keine traurige Musik; braunes
Waldhuhn aus dem rötlichen
Heidekraut.

. . .

. . .

Fogur gaíthe
fri fid flescach,
forglas néol;
essa aba;
esnad ala:
álainn céol.

Das Rauschen des Windes
in einem vielzweigigen Wald,
graues Gewölk,
Wasserfälle,
Schwanenschrei:
herrliche Musik! (62)

Diese Lobpreisung setzt sich durch 32 Vierzeiler fort, und Guaire antwortet, er würde sein Königreich und sein gesamtes Erbe hingeben, um dieses Glückes teilhaftig zu werden.
Die Empfänglichkeit für Form, Farbe und Klang, die Freude am Detail kehren in Sommer- und Winterliedern wieder, die Kuno Meyer als erster entdeckt hat (63).
Auch in Wales dringt der neue Ton in die Dichtung ein, doch sind die frühen Beispiele noch nicht einmal annähernd datiert, da grammatikalische Kriterien fehlen und die Gelehrten auf Besonderheiten der Orthographie und des Reims angewiesen sind. Uns scheint, daß die walisischen Naturgedichte

von den irischen angeregt sind, und das Thema Natur wurde damals der gnomischen Dichtung dienstbar gemacht, wobei es seinen Reiz verlor und zur bloßen Formel wurde. Eine Stelle aus einem Gedicht in dem *Schwarzen Buch von Carmarthen* (13. Jahrhundert) kommt dem Anfang des irischen Gedichts über den Maientag so nahe, daß eine Entlehnung wahrscheinlich ist:

Cyntefin ceinaf amser,	Maienzeit, schönste Jahreszeit,
Dyar adar, glas calledd,	laut sind die Vögel, frisch das junge Gras,
Ereidr yn rhych, ych yng ngwedd,	Pflüge in der Furche, Ochsen im Joch.
Gwyrdd môr, brithotor tiredd.	Das Meer ist grün, die Felder sind gesprenkelt.
Ban ganont gogau ar flaen gwŷdd gwiw,	Wenn der Kuckuck in lieblichen Bäumen singt,
Handid mwy fy llawfrydedd,	wird mein Kummer größer;
Tost mwg, amlwg anhunedd,	Rauch beißt, mein Gram ist offenbar,
Can ethynt fy ngheraint yn adwedd.	denn meine Verwandten sind fortgezogen.
Ym mryn, yn nhyno, yn ynysedd môr,	Auf Hügel und Ebene und Inseln des Meeres,
Ymhob ffordd ydd eler	welche Straße man auch zieht,
Rhag Crist gwyn nid oes ynialedd.	es gibt keinen Rückzug vom seligen Christus.

Eine weitere lange Folge von *englynion* beginnt mit Versen, die den Winter schildern:

Llym awel, llwm bryn, anodd caffael clyd, Llygrid rhyd, rhewid llyn, Rhy saif gŵr ar un conyn.	Scharf ist der Wind, kahl der Hügel, es ist nicht leicht, Obdach zu finden; schlecht ist die Furt, der See ist gefroren; ein Mann kann auf einem einzelnen Stengel stehen.
Ton tra thon töid tu tir; Goruchel gwaeddau rhag bron bannau bre; Braidd allan orsefir.	Woge um Woge bedeckt den Strand, laut heult der Wind gegen die Bergspitzen an; man kann draußen kaum stehen.
Oer lle llwch rhag brythwch gaeaf; Crin cawn, calaf trwch, Cedig awel, coed ym mlwch.	Der See ist eine kalte Stätte im Wintersturm, trocken sind die Stengel gebrochenen Schilfs, wild ist der Wind, es sind Scheite in der Truhe.
Oer gwely pysgawd yng nghysgawd iäen; Cul hydd, cawn barfawd; Byr diwedydd, gwŷdd gwyrawd.	Des Fisches Bett ist kalt unter dem Eis, der Hirsch ist mager, die Rohre sind bärtig; der Abend ist kurz, Bäume beugen sich.

Doch die folgenden Verse sinken zu ziemlich öden Sinnsprüchen herab, denen es an dichterischer Qualität fehlt. Das Verfassen solcher *englynion*-Reihen muß Mode gewesen sein, denn mehrere Gruppen sind durch eine Eingangsformel miteinander verbunden: »Schnee fällt«, »Gebirgsschnee«, und so weiter; es kennzeichnet eine Periode des Verfalls. Die obenzitierte Stelle kann schon im 10. Jahrhundert entstanden sein, und spätere Dichter haben vielleicht immer noch mehr *englynion* hinzugefügt, so daß schließlich die zusammenhanglosen Reihen entstanden, die wir in der Handschrift vorfinden. Doch Glyn Davies vermutet – möglicherweise richtig –, daß diese und auch noch andere Seiten im *Schwarzen Buch* nur ein Durcheinander von Strophen darstellen, einen Trümmerhaufen von Gedichten, einem Schreiber von jemandem diktiert, der sich nur an Bruchstücke erinnern konnte (64).

Zur Zeit der frühesten erhaltenen walisischen Dichtung ist der Reim schon gang und gäbe: Wir haben im Walisischen nichts, was den alten ungereimten syllabischen Metren im Irischen an die Seite zu stellen wäre. Doch der Ursprung des *englyn* und des späteren *cywydd* findet sich wahrscheinlich in der alten indogermanischen Prosodie: ein Vers mit fester Silbenzahl, bei dem Azephalie und Katalexe möglich sind, bei dem die Quantität in der ersten Hälfte freisteht und der eine feststehende Kadenz nach der Zäsur hat. Für die alten irischen Metren ist das überzeugend dargelegt worden, und Irland und Wales hatten ein gemeinsames keltisches Erbe übernommen.

10

Die irische Literatur

SPRECHEN WIR von irischer oder walisischer Literatur, so meinen wir Gedichte und Legenden. Drama, Rhetorik, Philosophie oder Geschichte beschwören berühmte Namen der griechischen und römischen Überlieferung herauf, und auch im alten Indien hat es berühmte Dramatiker und Philosophen gegeben. In Irland und Wales dagegen wie auch im angelsächsischen England sind uns einzig und allein Unterhaltungsliteratur und der altertümliche Sagenschatz überliefert. Nicht, daß man die Geschichte vernachlässigt hätte – ganz im Gegenteil. Die Iren erinnerten sich nur zu gern vergangener Zeiten. Doch Gelehrsamkeit gehörte zum Pflichtenkreis der *filid*, und sie beruhte weithin darauf, das Sagengut ganz bewußt durch Erfindungen zu ergänzen und – gewöhnlich in Versform – die Könige und ihre Schlachten der geschichtlichen Zeit zu katalogisieren. Diese Aufzeichnungen sind um so verläßlicher, je jünger die Ereignisse waren. Die Pflege der Genealogien der großen Familien war eine wichtige Pflicht des Historikers, dem es mehr darauf ankam, die Familie des Gönners zu ehren als historisch treu zu berichten. Diese Geschichtsschreiber waren nicht bei Herodot in die Schule gegangen; ihr Hauptziel war, das Lob ihres Fürsten zu singen und den Ruhm des Stammes zu vergrößern, nicht aber die Abfolge der Ereignisse zu erforschen und historische Tatsachen festzustellen und zu deuten (1).

Die Sagen von Irland und Wales haben ihren Ursprung in der mündlichen Überlieferung und sind eigentlich anonym. Man kennt keinen Verfasser der *Táin Bó Cualnge* oder des *Culhwch und Olwen.* Auch die Gedichte sind, wie wir schon sahen, weitgehend anonym, obgleich wir es hier mit Arbeiten zu tun haben, die wohl bisweilen berühmten Männern der Vergangenheit zugeschrieben werden – etwa dem heiligen Kolumban oder Find Mac Cumaill in Irland, Aneirin oder Taliesin in Wales –, die aber letztlich doch das Werk unbekannter Verfasserpersönlichkeiten sind. Ein bemerkenswertes Kennzeichen irischer – und übrigens auch walisischer – Überlieferung ist das Fehlen erzählender Gedichte. Die älteste irische Dichtung – Lobpreis, Satire oder Klage – stammt von Hofdichtern, während die Sagen in Prosa weitergegeben werden.

Die irischen Erzählungen sind nach Form und Inhalt sowohl spannend und unterhaltsam als auch enttäuschend und oft sogar ermüdend. In den großen Handschriftensammlungen, die im *Book of the Dun Cow,* Rawlinson B 502 oder im *Yellow Book of Lecan* – um drei der berühmtesten zu nennen – erhalten sind, liegen uns sehr unvollkommene schriftliche Niederschläge mündlicher Überlieferung vor. Wir müssen den Schreibern freilich dankbar sein – die älteren waren Mönche –, daß sie diese Texte überhaupt aufgezeichnet haben, aber – und das hat Gerard Murphy sehr gut ausgedrückt – wir phantasieren nicht einfach, wenn wir uns die mündlichen Erzählungen unendlich viel besser vorstellen als den überlieferten Mönchsbericht, sondern wir hauchen einem Leichnam Leben ein, der in einer Handschrift begraben ist (2).

Die irische Literatur bietet uns in der Zeitspanne, die uns hier interessiert, nämlich vom 8. bis zum 12. Jahrhundert, heroische und mythologische Überlieferung, die von griechischem oder römischem Einfluß frei ist. Die Heldensagen schildern eine barbarische Welt, in der manche Bräuche noch lebendig sind, die uns klassische Autoren von den Kelten in Gallien berichten. Treue und Tapferkeit, Ehre und Gastfreundschaft sind die Tugenden, die die größte Bewunderung genießen. Es ist eine aristokratische Gesellschaft. Die Götter mischen sich manchmal in die Angelegenheiten der Menschen ein, und in den mythologischen Erzählungen ist die Vorstellung von Zauberei und von einer ›Anderen Welt‹ gang und gäbe.

Ein großartiges Motiv — der große Beitrag der Iren zur europäischen Literatur — ist jener Begriff einer Liebe, die den Menschen unversehens überfällt und bezwingt, die bis zum Tod währt und den Liebenden Leid bringt. Die Geschichte von Tristan und Isolde, die aus irischen Quellen stammt (3), ist das beste Beispiel dafür.

Die Sagen gliedern sich in Zyklen: mythologische Sagen, den Ulster-Zyklus, den Zyklus der Könige und Feniersagen; zur Mythologie kann man auch die Sagen von der ›Anderen Welt‹ (*echtrai*, ›Abenteuer‹, und *immrama,* ›Seereisen‹) rechnen, in denen der Held zu einer Reise aufbricht und sich plötzlich im Märchenland befindet. Diese letzteren sind insofern besonders interessant, als sie möglicherweise Quellen der Arthur-Romane sind. Im *Buch von Leinster* findet sich ein altes Verzeichnis von Sagen, in dem sie nicht nach Zyklen, sondern nach Typen geordnet sind: Zerstörungen, Viehraubüberfälle, Werbungen, Schlachten, Ungeheuer, Seereisen, Tragödien, Abenteuer, Bankette, Belagerungen, Plünderungen, Entführungen, Ausbrüche, Visionen, Liebesgeschichten, Beherbergungen und Überfälle. Viele Titel gehören zu Geschichten, die jetzt verloren sind, und nicht alle erhaltenen sind aufgeführt. Zumindest sehen wir, welche Menge von Literatur vorhanden war.

Aus dem mythologischen Zyklus sind nur wenige Sagen überliefert, doch finden sich in der Literatur Hinweise auf viele verlorene. Die schönste ist *Die Werbung um Étaín*, von der wir einen Text aus dem 9. Jahrhundert haben. Es sind drei Erzählungen, die aufeinander folgen. In der ersten wird *Étaín* die Frau eines Märchenkönigs, Midirs von Brí Léith. Tausend Jahre später wird sie dann als Mensch wiedergeboren und wird die Frau des Eochaid Airem, Königs von Tara, und in der dritten Erzählung kehrt sie mit Midir in die ›Andere Welt‹ zurück. In dieser Geschichte liegt eine seltsame Schönheit, wie sie wohl in keiner anderen irischen Sage ihresgleichen hat: Liebesgewalt, Zaubermacht und ein glücklicher Ausgang. Die Form ist einmalig: eine Sage in drei Episoden, gewissermaßen eine Komödie in drei Akten.

Die Schlacht von Moytura ist unsere Hauptquelle für die irische und eigentlich auch für die keltische Mythologie, denn fast alle irischen Götter erscheinen darin. Sie werden *Tuatha Dé Danann,* ›Völker der Göttin Danu‹, genannt und kämpfen gegen ein Riesengeschlecht, die *Fomoiri.* Es handelt sich hier um einen Schlachtenbericht. Nuadu ist der König, und die Beteiligten sind Dagda (Guter Gott), der auch *Ollathair* (Großer Vater) heißt, Lug mit dem langen Arm, Goibniu der Schmied, Dian Cécht der Arzt, Credne der Nagelschmied, Luchta der Stellmacher, Ogma der Kämpe und die Mórrígan. Doch die Erzählung ist weitschweifig und formlos und hat mehr mythologischen als literarischen Wert.

Der Zauber der ›Anderen Welt‹ wird uns in den Abenteuern und Seefahrten nähergebracht. Diese ›Andere Welt‹ stellt man sich im Westmeer vor. Sie wird »Land der Lebenden«, »Herrliche Ebene«, »Land der Jungen« oder »Verheißenes Land« genannt, wobei letzteres eine Übersetzung von *terra repromissionis* ist. Es ist ein Land, in dem es weder Krankheit noch Alter noch Tod gibt, in dem das Glück ewig währt und jeder Wunsch sofort erfüllt wird, in dem hundert Jahre wie ein Tag sind. Es ist das Elysium der Griechen, das *Jörd Lifanda Manna* der Nordmänner, und es mag ein altes indogermanisches Erbe widerspiegeln.

Ein schönes Mädchen naht sich dem Helden und singt ihm von diesem schönen Land. Er folgt ihr, sie fahren in einem gläsernen Boot davon und werden nicht mehr gesehen. Oder aber er kehrt zurück und findet, daß alle seine Gefährten tot sind, weil er Hunderte von Jahren fort war. Manchmal ist der Held auf einer Reise unterwegs, und ein Zaubernebel senkt sich auf ihn nieder. Er steht plötzlich vor einem Feenschloß, in dem ihm seltsame Abenteuer begegnen, und er kehrt zurück, nachdem er gefunden hat, wonach er ausgezogen war.

Eine der ältesten Abenteuergeschichten ist die von Bran, dem Sohn des Febal, der von einer Fee heimgesucht und ins Land der Frauen – wie es hier heißt – fortgelockt wird. Sie beschreibt ihm die Schönheit und die Reize der ›Anderen Welt‹ in einem großartigen Gedicht aus 28 Vierzeilern, an das sich viele ähnliche Schilderungen anlehnen. Da gibt es eine von vier goldenen Pfeilern getragene Insel. Auf einer silbernen Ebene werden Spiele veranstaltet, auch Wagenrennen und Wettrudern. Liebliche Farben schimmern überall. Die Freude ist ohne Ende. Es gibt weder Trauer noch Zorn, weder Kummer noch Krankheit, noch Tod. Aus der Luft klingt ständig Musik. Das Meer spült seine Wogen an das Land, so daß Strähnen von Kristall auf den Strand fallen. Die Wagen sind von Gold, Silber und Bronze, die Pferde von goldenem Kastanienbraun, gescheckt, ja blau wie der Himmel. Vom Sonnengott heißt es: »Ein blondhaariger Mann kommt bei Sonnenaufgang, um die flachen Gefilde zu erleuchten. Er fährt über die weiße Ebene, die der Ozean murmelnd umspült. Er rührt das Meer zu Blut auf.«

Bran bricht mit 27 Gefährten zu seiner Seefahrt auf. Nach zwei Tagen und zwei Nächten sieht er einen Mann näherkommen, der seinen Wagen über das Wasser lenkt. Es ist der Gott Manannán, und er singt ein Lied, in der der eigene Zauber, der über diesen Schilderungen der ›Anderen Welt‹ liegt, wiederum zum Ausdruck kommt. Bran glaubt über das Meer zu rudern, aber für Manannán ist es eine blumenübersäte Ebene. Was Bran für Wogen hält, sind blühende Büsche. Die springenden Lachse sind Kälber und hüpfende Lämmer. Sein Boot treibt über einen Garten mit Obstbäumen.

Nach einigen Abenteuern erreicht Bran die Insel der Frauen, fürchtet sich jedoch zu landen. Die Anführerin der Frauen wirft ihm ein Knäuel zu, das an seiner Hand haften bleibt, und sie zieht sein Boot an die Küste (4). Dann treten sie in eine große Halle, in der sich ein Bett und eine Frau für jeden findet. Das Essen, von dem sie nehmen, wird nicht weniger. Sie glaubten ein Jahr zu verweilen, es waren aber deren viele.

Als Bran nach Irland zurückkehrte, fragten ihn die Leute, die sich am Strand versammelt hatten, wer er sei. Und er antwortete: »Ich bin Bran, der Sohn des Febal.« »Den kennen wir nicht«, sagten sie, »aber die Seereise Brans ist eine von unseren alten Sagen.« Ein Mann wird an Land gesetzt, und er zerfällt sogleich zu Asche, als habe er schon Hunderte von Jahren im Grab gelegen. Bran erzählt den Leuten seine Abenteuer und sagt ihnen Lebewohl, und was er dann noch erlebte, weiß niemand.

Diese Sage spiegelt heidnisches Erbe; das Glück, stellt man sich vor, besteht in den Annehmlichkeiten des Essens und der Liebe, wie die ›Andere Welt‹ sie bietet. Dasselbe gilt für mehrere andere *echtrai*, und man muß die Treue bewundern, mit der christliche Mönche sie für uns bewahrt haben. *Echtrae Conli*, *Echtrae Loegairi*, *Echtrae Cormaic*, *Echtrae Airt meic*

Cuinn und *Serglige Con Culainn* sind weitere Sagen dieser Art, und alle sind sie durchtränkt von jener Zauberatmosphäre, die 400 Jahre später in den Arthurromanen nachklingt.

Im *Abenteuer des Loegaire* laufen die Männer von Connacht dem Helden zur Begrüßung entgegen, als er von seiner Fahrt heimkehrt. »Kommt uns nicht nahe«, sagt Loegaire, »denn wir sind gekommen, Lebewohl zu sagen.« Sein Vater Crimthann Cass, der König von Connacht, bittet ihn zu bleiben: »Verlaß mich nicht! Ich will dir das Königreich der Drei Connachts geben mit ihrem Gold und Silber, ihren Rossen und ihrem Zaumzeug und mit ihren schönen Frauen — nur verlasse mich nicht!« Loegaire antwortet mit einem Gedicht, das die Freuden der ›Anderen Welt‹ preist. Sie reisen auf dem Nebel und führen ein mächtiges Heer an. Dort gibt es köstliche Musik und das Glück der Liebe:

»›Herrliche Feenmusik, Reisen von einem Königreich zum anderen, Mettrinken aus glänzenden Schalen, Sprechen mit der Geliebten.

Wir spielen mit Figuren aus gelbem Gold auf goldenen Schachbrettern; wir trinken klaren Met in der Gesellschaft eines stolzen bewaffneten Kriegers.

Der Gréine, die Tochter des Fiachna, ist mein Weib, und um nichts zu verschweigen, es gibt eine Frau für jeden meiner fünfzig Männer.‹

Darauf ging er wieder von ihnen fort in den Feenhügel. Dort teilt er das Königreich des Feenhügels mit Fiachna mac Rétach in der Burg Mag Mell, und Fiachnas Tochter ist bei ihm, und er ist noch nicht wieder herausgekommen.«

Hier wird die ›Andere Welt‹ einem Feenhügel (*síd*) gleichgesetzt. In der Tat gibt es zwei Vorstellungen von der ›Anderen Welt‹. Man kann sie entweder durch eine Reise über das

Westmeer erreichen, oder indem man einen der Hügel betritt, in die, wie man glaubte, die *Tuatha Dé Danann* geflohen waren, als sie von den Söhnen Míls besiegt worden waren. *Bruig na Bóinne,* das man jetzt mit dem großen bronzezeitlichen Grabhügel von New Grange in der Grafschaft Meath identifiziert, war der Wohnsitz von Oengus, der ihn durch eine List dem Dagda abgewann. Es war ein herrlicher Ort, an dem die Obstbäume ständig Früchte trugen. Es gab ein gebratenes Schwein und auch einen Bottich mit köstlichem Trunk, der nie leer wurde. Bri Léith, ein Hügel bei Ardagh in der Grafschaft Longford, war die Heimat Midirs; Bodb Derg, der Sohn des Dagda, war der Herr von Síd ar Femen, das heißt von Slievenamon in der Grafschaft Tipperary; Síd Clettig am Boyne war die Heimat Elcmars und Síd Finnachaid die Aillén mac Midgna oder Lirs. Nuadu wohnte in Síd Alman, dem Hügel von Allen in der Grafschaft Kildare. Siugmall, der Bruder Elcmars, war der Herr von Síd Nenta am Lough Ree. Und die fünf (manchmal auch sechs) *bruidne* von Irland, die keinen festen Ort hatten, galten auch als Stätten der ›Anderen Welt‹. Wir hören, daß jede von ihnen einen unerschöpflichen Kessel in der Art des Dagda-Kessels hatte, von dem keine Gesellschaft unbefriedigt wegging.

Doch es gab auch die Inseln der ›Anderen Welt‹, und die Götter, die zu ihnen gehören, scheinen sich von den *Tuatha Dé Danann* zu unterscheiden. Manannán mac Lir ist die Hauptfigur unter ihnen. Er lenkt seinen Wagen über das Meer und soll nach Cormac mac Cuilennáin, dem Glossator aus dem 9. Jahrhundert, auf der Isle of Man gelebt haben. Seine wahre Heimat war jedoch Emain Ablach, das Avalon der Arthur-Überlieferung. Mit ihm hängen noch andere Götter zusammen, die nicht unter den *Tuatha Dé Danann* erscheinen: Labraid Rasch-Hand-am-Schwert und seine Frau Lí Ban; Eogan Inbir und seine Frau Bé Cuma; Eochaid Iuil und seine Frau Fand, die Cú Chulainn auffordert, ihr Geliebter zu werden, und viele andere. Diese »Edlen des Lands der Verheißung« mögen ursprünglich einem anderen Kult angehört haben, denn es gab mehrere ethnische Gruppen unter den keltischen Einwanderern vorgeschichtlicher Zeit: Cruithin, Érainn, Goídil (Féni) und vielleicht auch noch andere.

Die allgemein unter dem Namen Ulsterzyklus zusammengefaßten Sagen heißen deshalb so, weil sie zumeist von den Kriegern der Ulaid erzählen, dem Volk also, das in der Provinz Ulster (*Cóiced Ulaid*) in vorgeschichtlicher Zeit herrschte. Doch treten auch Ailill und Medb, König und Königin von Cruachain in Connacht, und so mancher berühmte Krieger aus der Schar der Männer von Connacht in den Sagen auf. Vom »keltischen Zauber« der ›Anderen Welt‹ ist hier nichts zu spüren; wir befinden uns in einem heroischen Zeitalter, wie Chadwick es definiert hat. Es handelt sich hier nicht um geheimnisvolle und phantastische Märchen, sondern um Geschichten, die historisch sein wollen und die zumindest einen gewissen historischen Kern haben. Die Waffen und Streitwagen, die Schmausereien und Versammlungen, die Gesellschaftsordnung, die sich im Ulsterzyklus spiegelt – das alles entspricht weitgehend den Berichten, die uns antike Schriftsteller über die Kelten Galliens und Britanniens überliefert haben (5).

Die zentrale Erzählung des Zyklus ist der Viehraub von Cooley, *Táin Bó Cualnge*. Der Held der Geschichte und des ganzen Zyklus ist Cú Chulainn (›Culanns Jagdhund‹), der tapfere, großmütige, stattliche Liebling der Frauen, der Ruhm und frühen Tod einem langen ehrlosen Leben vorzog. In der *Táin* verteidigt Cú Chulainn einen ganzen Winter hindurch Ulster allein gegen ein ganzes Heer, während die Männer von Ulster von einer geheimnisvollen Krankheit befallen darniederliegen.

Der Höhepunkt einer Reihe von Einzelkämpfen ist seine Begegnung mit Fer Diad, seinem Freund und Pflegebruder, den er nach dreitägigem Kampf erschlägt. Die Erzählung endet damit, daß die Männer von Ulster kommen und das Heer von Connacht auseinandersprengen.

Viele von den kürzeren Sagen sind der *Táin* als einleitende Erzählungen (*rem-scéla*) beigegeben und schildern Episoden aus der großen Schlacht; als berühmteste gilt mit Recht die Verbannung der Söhne von Uisliu, *Longes Mac nUislenn.* Sie erklärt, warum Fer Diad und andere Krieger aus Ulster sich im Lager von Connacht befanden und gegen Ulster kämpften, wenngleich dies nicht das eigentliche Motiv der Geschichte ist. Diese Sage ist das älteste Beispiel einer tragischen Liebe in der Literatur des Mittelalters.

Longes Mac nUislenn

Die Verbannung der Söhne von Uisliu

Die Ulaid schmausten eines Tages im Haus des Fedlimid, des Geschichtenerzählers von König Conchobar; während sie sich dort befanden, gebar das Weib des Fedlimid ein Mädchen, und ein Druide weissagte ihre Zukunft. Die Prophezeiung ist in Versform wiedergegeben. Das Mädchen soll den Namen Derdriu erhalten und zu einer Frau von wunderbarer Schönheit heranwachsen, Zwist und Kummer verursachen und aus dem Königreich fortgehen. Viele Männer werden ihretwegen sterben.

Die Ulaid rieten, das Kind sofort zu töten und so dem Fluch zu entgehen. Conchobar jedoch befahl, daß sie am Leben bleiben und für sich allein aufgezogen werden solle, den Blicken aller Männer entzogen, und er sagte, er selbst wolle sie zum Weibe nehmen. So wurde Derdriu Pflegeeltern anvertraut und in einer abgesonderten Behausung aufgezogen. Eine weise

Oben: Triptychon mit Wassernymphen. – Unten links: Wassergöttin Coventina. – Unten rechts: Männerkopf aus Kalkstein von Northgate Street

Steinkopf aus Cashel, Tipperary. Commissioners of Public Works in Ireland, Dublin

Frau, Leborcham, war der einzige Mensch, der sie sonst noch sehen durfte.

Einst häutete der Pflegevater des Mädchens im Winter draußen im Schnee ein Kalb, das er für sie kochen wollte, und sie sah, wie ein Rabe das Blut im Schnee trank. Da sagte sie zu Leborcham: »Schön wäre ein Mann, der diese drei Farben an sich hätte: sein Haar wie der Rabe, seine Wange wie das Blut und sein Körper wie der Schnee.« »Glück und Gnade über dich!« sagte Leborcham. »Er ist nicht weit von dir, hier drinnen nahebei: Noísi, der Sohn Usnechs.« (6) »Ich werde nicht froh sein«, sagte sie, »ehe ich ihn nicht gesehen habe.«

Eines Tages stand Noísi auf dem Wall der Burg und ließ seinen Ruf ertönen. Und süß war der Ruf der Söhne Usnechs. Jede Kuh und jedes andere Tier, das ihn hörte, gab um zwei Drittel mehr Milch. Für jeden Mann, der ihn hörte, bedeutete er Frieden und Freude. Dazu waren die Söhne Usnechs sehr tapfer. Wäre auch die ganze Provinz Ulaid auf einem Fleck über sie gekommen, so hätte man doch die drei, wenn sie Rücken an Rücken standen, nicht überwältigen können, so hervorragend verteidigten sie sich. Sie waren so rasch wie Hunde auf der Jagd. Sie pflegten das Rotwild durch ihre Geschwindigkeit zu erlegen.

Als Noísi draußen war, ging Derdriu gleich zu ihm hinaus, als wolle sie an ihm vorbeigehen, und er erkannte sie nicht. »Schön ist die Färse, die an mir vorübergeht«, sagte er. »Färsen müssen groß werden, wo es keine Stiere gibt«, sagte sie. »Du hast den Stier des Landes«, sagte er, »den König der Ulaid.« »Ich möchte die Wahl haben zwischen euch«, sagte sie, »dann würde ich mir einen jungen Stier wie dich aussuchen.« »Nein!« sagte er. Da lief sie auf ihn zu und schlug ihn an die Ohren. »Diese beiden für Spott und Schande«, sagte sie, »wenn du mich nicht mit dir nimmst.«

Noísi ließ seinen Ruf erklingen, und die Männer von Ulster sprangen auf, als sie ihn hörten, und die Söhne Usnechs, seine zwei Brüder, gingen hinaus, um ihn zurückzuhalten und zu warnen. Doch seine Ehre war herausgefordert. »Wir werden in ein anderes Land gehen«, sagte er. »Es gibt keinen König in Irland, der uns nicht aufnehmen wird.« In jener Nacht brachen sie auf mit 150 Kriegern und 150 Frauen und 150 Hunden, und Derdriu war unter ihnen.

Sie flohen nach Schottland und traten in den Dienst des Königs. Doch Derdrius Schönheit erregte seinen Neid, und die Söhne Usnechs mußten fliehen und suchten Zuflucht auf einer Insel im Meer.

Dann forderte Conchobar sie auf zurückzukommen und sandte Fergus, Dubthach und seinen Sohn, Cormac, als Bürgen; doch Noísi und seine Mannen wurden getötet, als sie nach Emain kamen, und Derdriu wurde zu Conchobar gebracht, und die Hände waren ihr auf dem Rücken gebunden.

Als die Bürgen von diesem Verrat hörten, kamen sie, das Verbrechen zu rächen: 300 Männer von Ulaid wurden getötet, und Frauen wurden getötet, und Emain wurde von Fergus niedergebrannt. Und Fergus, Dubthach und Cormac gingen an den Hof von Ailill und Medb, und 16 Jahre lang hatten die Ulaid keinen Frieden.

Derdriu war ein Jahr lang bei Conchobar, und sie lächelte niemals und erhob ihr Haupt nicht von den Knien.

Und wenn die Musikanten zu ihr kamen, sagte sie: »Ihr mögt die kühnen Krieger schön nennen, die stolz in Emain umhergehen – stolzer pflegten zu ihrem Hause zu gehen die tapferen Söhne Usnechs ...

Süß sind für Conchobar, euren König, die Pfeifer und Hornbläser – süßer ist für mich der Ruf der Söhne von Uisliu ...

Teuer war das graue Auge, das die Frauen liebten. Es war

wild gegen einen Feind. Nach einem Gang in die Wälder, nach edler Hatz, herrlich war sein Ruf durch den dunklen Forst.
Ich schlafe nicht, und ich streiche nicht Purpur auf meine Nägel. Freude kommt nicht in meinen Sinn, seit die Söhne Usnechs nicht kommen ...
Freude gibt es nicht für mich in der Versammlung von Emain, die voll von Edlen ist, auch keinen Frieden und kein Glück und kein Behagen, kein großes Haus und keinen schönen Zierat.«
Und wenn Conchobar sie trösten wollte, sagte sie:
»Conchobar, was tust du da? Du hast mir Kummer und Tränen gebracht. Solange ich lebe, werde ich dich nicht lieben.
Was mir am teuersten war unter dem Himmel und was ich am meisten liebte, ihn hast du mir genommen – ein großes Unrecht –, so daß ich ihn nicht wiedersehen werde bis zu meinem Tod ...
Zwei leuchtende Wangen, rote Lippen, Augenbrauen schwarz wie ein Käfer, Perlenzähne leuchtend wie die edle Farbe des Schnees ...
Brich mir nicht das Herz. Bald werde ich sterben. Gram ist stärker als das Meer, wenn du es verstehen kannst, Conchobar.«
»Was hassest du am meisten von dem, was du siehst?« sagte Conchobar. »Dich«, sagte sie, »und Eogan, den Sohn des Durthacht.« »Du sollst ein Jahr bei Eogan sein«, sagte Conchobar. Er gab sie Eogan. Am nächsten Tag gingen sie zur Versammlung von Macha. Sie saß hinter Eogan im Wagen. Sie hatte vorausgesagt, sie werde auf Erden nicht zwei Ehemänner zusammen sehen. »Nun, Derdriu«, sagte Conchobar, »du siehst aus wie ein Schaf zwischen zwei Widdern, zwischen Eogan und mir.« Da war ein großer Fels vor ihr. Sie stieß ihren Kopf gegen den Fels, ihr Haupt zerschellte, und sie starb.

»Das ist die Verbannung der Söhne des Usnech und die Verbannung des Fergus und der tragische Tod der Söhne Usnechs und Derdrius.«

Diese Geschichte ist in mehreren Handschriftenversionen und in der neueren Folklore überliefert. Die hier vorgelegte Fassung, die aus dem *Buch von Leinster* stammt, ist die älteste und mag schon im 8. Jahrhundert entstanden sein.

Der *Táin Bó Cualnge* kommt an Länge und vielleicht auch an Bedeutung am nächsten die Geschichte von Bricrius Festmahl, *Fled Bricrenn,* deren Hauptthema *curad-mír,* der Anteil des Helden, ist, um den Cú Chulainn und zwei andere Krieger streiten, wie es nach Poseidonios unter gallischen Kriegern üblich war. Ein zweites Thema ist die Prüfung des Kämpen: Hier werden Cú Chulainn und seine zwei Rivalen herausgefordert, einem Riesen unter der Bedingung den Kopf abzuschlagen, er dürfe bei seiner Rückkehr ihnen die Köpfe abschlagen. Der Verfasser von *Sir Gawayne und der grüne Ritter* hat dieses Motiv wieder aufgenommen.

Das erste dieser Themen ist am besten in einer der lebendigsten und unterhaltsamsten aller irischen Sagen dargestellt, in der *Geschichte von Mac Da Thós Schwein.* Hier fordert ein Krieger nach dem anderen das Recht, bei einem Festmahl das Schwein zerlegen zu dürfen, wobei einer nach dem anderen dem Rivalen weichen muß, der seinen Anspruch besser begründen kann. Die Prahlerei eines jeden Anwärters und die höhnischen Schmähungen, die sich danach über ihn ergießen, ergeben einen großartigen Dialog. Als schließlich der Held von Connacht, Cet mac Mágach, mehrere Männer von Ulster zum Gespött gemacht hat und das Schwein zerteilen will, tritt Conall Cernach in die Halle:

»Die Leute von Ulster hießen Conall lebhaft willkommen. Conchobar nahm seine Kappe ab und schwenkte sie hin und her.

›Wir möchten gerne zu Abend essen‹, sagte Conall. ›Wer zerlegt das für euch?‹ ›Es ist dem Mann zugefallen, der da eben schneiden will‹, sagte Conchobar, ›Cet mac Mágach.‹ ›Ist es wahr, Cet‹, sagte Conall, ›daß du das Schwein zerlegen willst?‹ Da sagte Cet:

Willkommen sei, Conall,
Herz von Stein,
wilde Kraft des Luchses,
Funkeln des Eises,
Rote Gewalt des Zornes
in eines Kriegers Brust,
ein Verwunder, ein Eroberer!
Sohn des Findchoem, du bist mir ebenbürtig!

Und Conall sagte:

Willkommen sei, Cet,
Cet, Sohn des Mágu,
Kriegers Heimstatt,
Herz von Eis,
Gefieder eines Schwanes,
Wagenkämpfer, stark im Gefecht,
zorniges Meer,
stattlicher wilder Stier,
Cet, Sohn des Mágu!

›Geh fort von dem Schwein!‹ sagte Conall. ›Wie kämest du dazu?‹ sagte Cet. ›Wahrhaftig‹, sagte Conall, ›das heißt mich zu einem Wettstreit herausfordern! Einmal werde ich mit dir kämpfen, Cet‹, sagte Conall. ›Ich schwöre den Schwur meines Stammes, seit ich zum erstenmal einen Speer in die Hand nahm, habe ich keinen Tag vergehen lassen, ohne einen Mann aus Connacht zu töten, keine Nacht, ohne ein Feuer anzulegen, und nie habe ich geschlafen ohne das Haupt eines Mannes aus Connacht unter meinem Knie.‹ ›Wahrhaftig‹, sagte Cet, ›du bist ein besserer Krieger als ich. Wäre Ánluan hier im Haus, so würde er mit dir kämpfen. Es ist schlimm für uns, daß er nicht im Haus ist.‹ ›Aber er ist hier‹, sagte Conall und nahm Ánluans Kopf von seinem Gürtel. Und er schleuderte ihn Cet gegen die Brust, daß ihm das Blut aus dem Mund floß. Da ging Cet weg von dem Schwein, und Conall setzte sich daneben nieder.«

Conall nimmt dann das beste Stück für sich selber und gibt den Männern von Connacht nur die Vorderfüße des Schweins. Dadurch in Wut versetzt, fahren sie auf von ihren Plätzen, und die Männer von Ulster erheben sich zum Widerstand; bald häufen sich Leichen auf dem Boden, und Blut fließt über die Schwellen.

Diese großartige Geschichte aus dem 9. Jahrhundert schildert einen Vorgang, den Poseidonios erlebt haben oder der ihm geschildert worden sein muß – 1000 Jahre früher und in Gallien. Es konnte sich gar kein besserer Beweis für den Archaismus der irischen Überlieferung finden.

Als Cú Chulainn im Osten war und das Waffenhandwerk von Scáthach lernte, um die Hand der Emer zu gewinnen, kämpfte er gegen einen anderen weiblichen Krieger, Aífe, eine Feindin von Scáthach. Er überwand sie und hatte einen Sohn von ihr. Alles das wird in einer langen Sage berichtet, die *Die Werbung um Emer* heißt. Der Knabe soll nach Irland kommen, wenn er herangewachsen ist, und seinen Namen nicht auf Verlangen eines einzelnen Kriegers sagen. *Der tragische Tod von Aífes einzigem Sohn* erzählt, wie der Jüngling nach Irland kommt und von der Hand des eigenen Vaters stirbt. Es ist die Geschichte von Sohrab und Rustum, das Thema auch des Hildebrandslieds, wahrscheinlich ein altes indogermanisches Motiv. In der uns überlieferten Form stammt es aus dem 9. Jahrhundert. Diese schlichte Erzählung ist bemerkenswert.

Aided oenfir Aífe

Der tragische Tod von Aífes einzigem Sohn

Die Männer von Ulster waren zu Trácht Éisi versammelt, als sie einen Knaben über das Meer kommen sahen in einem bronzenen Boot mit vergoldeten Rudern. Er vollbrachte seltsame Kunststücke, fing Vögel mit seiner Schleuder und ließ sie dann wieder frei. Durch Fingerfertigkeit ließ er sie verschwinden, dann sang er ihnen vor, und sie flogen zu ihm zurück. Die Männer von Ulster erschraken und schickten ihm einen Krieger entgegen, der seine Landung verhindern oder seinen Namen feststellen sollte. Zuerst geht Condere, doch der Knabe trotzt ihm. Dann geht der mächtige Conall Cernach hinunter, aber der Knabe wirft einen Stein mit seiner Schleuder, und Conall fällt zu Boden. Der Knabe bindet ihm die Arme mit dem Riemen seines eigenen Schildes. »Laßt einen anderen gegen ihn antreten!« sagt Conall Cernach.

»Cú Chulainn wollte sein Heldentum erweisen, indem er sich dem Jungen näherte, und der Arm Emers, der Tochter Forgalls, lag um seinen Hals. ›Geh nicht hinunter!‹ sagte sie. ›Er ist dein Sohn, der da unten. Töte nicht deinen einzigen Sohn! Halt ein, oh rascher Sohn Soailtes. Es ist nicht mutig und nicht weise, deinem tapferen Sohn entgegenzutreten ... Wende dich mir zu. Höre zu. Mein Rat ist gut. Laß Cú Chulainn hören: Ich weiß, welchen Namen er nennen wird, wenn der Knabe dort unten Conla ist, Aífes einziger Sohn.‹

Da sagte Cú Chulainn: ›Laß ab, Weib! Eines Weibes Rat kümmert mich nicht ... Laß dein weibisches Gerede von feinem Benehmen. Der gute Speer trinkt guten Trunk. Und wäre es auch wahr, Weib‹, sagte er, ›ich würde ihn töten um der Ehre Ulsters willen.‹

Dann ging er selbst hinab. ›Du spielst gut, Knabe‹, sagte er. ›Aber euer Spiel ist grausam‹, sagte der Kleine, ›daß nicht einmal zwei von euch kommen, damit ich meinen Namen sagen könnte.‹ ›Hätte ich denn etwa ein Kind mit herbringen sollen?‹ sagte Cú Chulainn. ›Du sollst sterben, wenn du nicht deinen Namen sagst.‹ ›So geschehe es denn‹, sagte der Knabe.

Der Knabe kam auf ihn zu. Sie kämpften miteinander. Der Junge streifte sein Haupt mit dem Schwert durch einen gezielten Streich. ›Das ist genug der Frechheit‹, sagte Cú Chulainn. ›Laß uns also ringen!‹ ›Ich werde nicht zu deinem Gürtel hinaufreichen können‹, sagte der Junge, stieg auf zwei Steine und warf Cú Chulainn dreimal zwischen die Steine. Und der Knabe rührte keinen Fuß von den Steinen, und seine Füße sanken bis an die Knöchel in die Steine. Die Spur seiner Füße ist noch immer dort. Davon hat der Strand der Fußspur in Ulster seinen Namen.

Dann gingen sie in das Meer, um einander zu ertränken, und der Knabe tauchte ihn zweimal unter. Er ging im seichten Wasser auf den Knaben los und täuschte ihn mit dem *gae bolga.* Denn Scáthach hatte den Gebrauch dieser Waffe niemanden gelehrt außer Cú Chulainn allein. Er warf es durch das Wasser auf den Knaben, daß ihm die Eingeweide auf die Füße fielen. ›Das hat Scáthach mich nicht gelehrt‹, sagte der Knabe. ›Wehe dir, du hast mich verwundet!‹

›Es ist wahr‹, sagte Cú Chulainn. Er nahm den Knaben in die Arme und trug ihn fort, und er brachte ihn hinauf und warf ihn vor die Männer von Ulster. ›Hier ist mein Sohn für euch, Männer von Ulster‹, sagte er.«

Eine andere Sage erzählt, warum der Held, Froech, Sohn des Fidach, an der *Táin* teilnahm. Es ist eine Liebesgeschichte: das Werben Froechs um Findabair, die Tochter von Medb und Ailill. Das feine Gefühl für Form und Farbe, das uns so oft in Vers und Prosa erfreut, kommt besonders in folgendem Abschnitt gut zum Ausdruck:

»Da ging Froech und brach einen Zweig von dem Baum und brachte ihn mit zurück über das Wasser. Findabair pflegte später bei allem Schönen, was sie sah, zu sagen, noch schöner erscheine ihr Froech, wenn er über einen dunklen Teich komme, der weiße Körper, das schöne Haar, das wohlgeformte Antlitz, das graue Auge, der edle Jüngling ohne Fehl und Makel, das Gesicht unten schmal und oben breit, der Körper aufrecht und vollkommen, der Zweig mit den roten Beeren zwischen seiner Kehle und dem schönen Antlitz. Findabair pflegte zu sagen, sie habe nie etwas gesehen, das halb oder auch nur den dritten Teil so schön sei wie er.«

In der Schilderung Étaíns, wie sie in einer Quelle badet, liegt auch etwas von dieser inneren Glut. Diese Étaín war die Tochter einer Tochter Étaíns, der Gemahlin Midirs, und sie war eine Sterbliche. Zu Beginn der Sage *Die Zerstörung der Herberge Ua Dergas* entdeckt sie der König:

»Er sah eine Frau am Rande eines Brunnes, und sie hatte einen silbernen Kamm mit goldener Verzierung. Sie wusch sich in einer silbernen Schüssel, auf der vier goldene Vögel waren und leuchtende kleine Edelsteine aus purpurnem Karfunkel auf der Ziselierung der Schüssel. Sie trug einen Purpurmantel aus feiner Wolle, der von Silberspangen mit goldener Ziselierung gehalten war, und ein Hemd aus grüner Seide mit goldener Stickerei. Es waren wunderbare Tierornamente in Gold und Silber auf Brust und Schultern. Die Sonne beschien sie, so daß die Männer das Gold im Sonnenschein auf der grünen Seide schimmern sahen. Zwei goldene Zöpfe waren auf ihrem Kopf, in vier Strängen geflochten, mit einer Kugel am Ende einer jeden Strähne. Die Farbe ihres Haares war wie die Blüte der Iris im Sommer oder wie pures Gold, wenn es blankgeputzt worden ist. Sie löste ihr Haar, um es zu waschen, so daß ihre Arme unter dem Kleid hervorkamen. Weiß wie der

Schnee einer einzigen Nacht waren ihre Hände, und ihre lieblichen Wangen waren weich und glatt, rot wie der Gebirgsfingerhut. Ihre Augenbrauen waren schwarz wie ein Käferrükken. Ihre Zähne waren wie Perlen. Ihre Augen waren so blau wie die Hyazinthe, ihre Lippen so rot wie parthisches Leder. Hoch, glatt, weiß und weich waren ihre Schultern, rein und weiß ihre langen Finger. Ihre Hände waren lang. Weiß wie der Schaum einer Woge war ihre Seite, lang und schlank, biegsam, glatt, weich wie Wolle. Ihre Schenkel waren warm und glatt und weiß; ihre Knie klein und rund und fest und hell. Ihre Schienbeine waren kurz und glänzend und gerade. Ihre Fersen waren glatt und lieblich. Wäre ein Meßstab auf ihre Füße gelegt worden, so hätte er kaum irgendwelche Unvollkommenheiten an ihnen gezeigt, höchstens, daß er das Fleisch oder die Haut gedrückt hätte. Das rosige Licht des Mondes lag auf ihrem edlen Gesicht, ein hehrer Stolz auf ihrer glatten Braue. Das Strahlen der Liebe war in ihren Augen; freudiges Erröten auf ihren Wangen, die bald rot waren wie Kälberblut, bald wieder schneeig weiß. Sanfte Würde lag in ihrer Stimme. Ihr Schritt war fest und anmutig. Sie hatte den Gang einer Königin. Sie war die schönste, anmutigste und feinste aller Frauen, die Männeraugen in der Welt gesehen hatten. Man dachte, sie sei aus dem Feengeschlecht. Von ihr hieß es: ›Alle sind reizend, bis man sie mit Étaín vergleicht. Alle sind schön, bis man sie mit Étaín vergleicht.‹«

Der Zyklus der Könige beginnt mit einer Gruppe von Ursprungssagen, die ein sehr altes Erbe darstellen. Sie sind von derselben Art wie die römische Sage von Romulus und Remus oder die griechische Sage von Athene und Poseidon bei der Gründung Athens. Eine von ihnen verdient deshalb besondere Beachtung, weil sie das Motiv des ›Eisernen Hauses‹ enthält, das, wie wir sehen werden, in die walisische Sage von Branwen übernommen wurde. Sie heißt *Die Zerstörung von Dinn Ríg* und erzählt die Geschichte von Labraid Loingsech, einer Ahnengottheit der Lagin oder Leinstermänner. Es ist eine Rachesage, die in ihrer jetzigen Form aus dem 9. Jahrhundert stammt.

Cobthach Coel, König von Brega, tötete seinen Bruder Loegaire Lorc, den König von Irland und den Sohn seines Bruders Ailill Aíne, der König von Leinster war. Ailills Sohn Labraid wurde in die Verbannung geschickt. Später kehrte er mit einem Heer von Männern aus Munster zurück, nahm Dinn Ríg ein und wurde selbst König von Leinster.

Labraid lebte in Frieden mit Cobthach. Er lud Cobthach ein, ihn zu besuchen, und es wurde zu seiner Bewirtung ein Haus gebaut. Das Haus war fest, denn es war aus Eisen gemacht – Wände, Fußboden und Türen. Die Männer aus Leinster bauten ein ganzes Jahr lang daran, und der Vater sprach nicht zum Sohn, die Mutter nicht zur Tochter, wie es im Sprichwort heißt: »In Leinster hat jeder sein Geheimnis.« Cobthach kam mit 30 Königen in seinem Gefolge, und alle wurden in dem eisernen Haus verbrannt.

Viele Sagen handeln von Königen der geschichtlichen Zeit, und eine der besten ist *Der tragische Tod des Mael Ḟothartaig, Sohnes des Rónán.* Der Text stammt in seiner heutigen Fassung wohl aus dem 10. Jahrhundert. Es ist die Sage von Phaidra und Hippolytos in irischem Gewand. Im ersten Dialog wird das tragische Thema angeschlagen und bei der Begegnung des jungen Mannes mit der Königin sofort wieder aufgenommen. Die Spannung läßt nie nach.

Rónán war König von Leinster im 7. Jahrhundert; er starb um 624. In der Sage ist sein Sohn Mael Ḟothartaig der berühmteste Jüngling in Leinster. Um ihn versammelten sich die Männer bei Zusammenkünften und Wettspielen. Er war der

Liebling der Mädchen und der Geliebte der jungen Frauen. Seine Mutter starb, und sein Vater war lange Zeit ohne eine Gemahlin.

»Warum heiratest du nicht?« sagte sein Sohn. »Du lebtest besser mit einer Frau.« »Man berichtet mir«, sagte Rónán, »Eochaid habe eine schöne Tochter.« »Du bist kein Gatte für ein junges Mädchen«, sagte der junge Mann. »Willst du nicht eine gesetzte Frau heiraten? Das wäre mir lieber für dich als ein mutwilliges Mädchen.«

Doch der alte Mann heiratete das junge Mädchen, und sie verliebte sich sofort in seinen Sohn und schickte ihre Magd, um ihn zu überreden. Als der Jüngling ihre Liebe zurückwies, beschuldigte sie ihn fälschlich. »Verflucht seien deine Lippen, schlechtes Weib!« sagte Rónán. »Du lügst!«

Mael Ḟothartaig kam herein und trocknete seine Füße am Feuer. Er sagte zwei Verszeilen, und das Mädchen konnte sie fortsetzen. »Also ist es wahr«, sagte Rónán. Und er befahl einem seiner Männer, den Jungen durch einen Speerwurf zu töten. Als Mael Ḟothartaig im Sterben lag, sagte er seinem Vater die Wahrheit. Gegen Ende beklagt der alte König den Tod seines Sohnes. Er rühmt Mael Ḟothartaig und seine Gefährten und heißt die Diener die beiden Hunde füttern, die um ihren toten Herrn trauern:

»Doíléne hat mir gut gedient:
Ihr Kopf ist in jedermanns Schoß ringsum
auf der Suche nach einem, den sie nicht finden wird.

. . . . . .

Mein Sohn Mael Ḟothartaig
war der Führer der Meute,
der hochgewachsene, schöne Held, der weithin leuchtete,
hat eine kalte Wohnstätte gefunden.«

Eine weitere wichtige Sage des Zyklus ist *Die Geschichte von Cano, dem Sohn des Gartnán.* In der einzigen Handschrift, die sie überliefert, dem *Gelben Buch von Lecan,* spricht sie mehr des Themas als der Form wegen an, da sie ziemlich unzusammenhängend ist und manche dunkle Stelle enthält. Die Geschichte ist reine Erfindung, denn obwohl die Helden geschichtlich sind, haben sie nicht zur gleichen Zeit gelebt, und außerdem sind offensichtlich mehrere alte Motive ineinander verflochten worden. Eines davon ist das Tristanmotiv, so daß diese Sage neben der von Deirdre zu den frühen keltischen Quellen der Tristanlegende gehört. Die Parallele bildet hier das Liebesthema, der Umstand, daß Créd die junge Frau eines alten Königs namens Marcán (Diminutiv von Marc) ist, sowie die Schlußepisode, in der Cano sich in einem Schiff der Küste nähert, Créd stirbt, ehe er das Land erreicht, und Cano selber bald darauf ihm in den Tod folgt (7). Als weiteres Motiv begegnet die Liebe zu einem Unbekannten, *adṛṣṭakāma* in der Sanskritüberlieferung. Im Irischen heißt es *grád écmaise,* Liebe zu einem, den man nur vom Hörensagen kennt, und dazu kommt noch das Motiv von der Seele, die außerhalb des Körpers weilt.

Cano war der Sohn eines schottischen Königs. Als sein Todesjahr wird in den Annalen 688 angegeben. In der Sage kommt er als Verbannter nach Irland und wird von König Diarmait ehrenvoll aufgenommen, dessen Tochter sich schon in ihn verliebte, noch ehe sie ihn gesehen hatte. Sie errettet ihn aus Gefahr, und er geht weg, um Guaire, den König von Connacht, aufzusuchen. Zuerst kommt er zum Hause Marcáns, dessen Frau Créd eine Tochter Guaires war. Auch sie liebte ihn bereits. Marcán hatte einen Sohn Colcu, offenbar einen Stiefsohn Créds. Später, als Cano bei Guaire war, kamen Créd und Marcán zu einem Festmahl, und auch Colcu war dabei. Créd bat um die Erlaubnis, an diesem Abend den Wein ausschenken zu dürfen, und sie gab allen außer sich selbst und Cano einen Schlaftrunk. Dann bestürmte sie ihn mit Bitten, doch er weigerte sich, ihr Geliebter zu werden, solange er nur ein Abenteurer sei, und versprach, sie zu seiner Königin zu machen, sobald er König von Schottland sei. Als Pfand gab er ihr einen Stein, der sein Leben enthielt.

Cano wurde nach Schottland zurückgerufen und wurde König, und jedes Jahr verabredete er eine Zusammenkunft mit Créd zu Inber Colptha (der Mündung des Boyne), doch stets war Colcu mit 100 Mann dort, um ihr Treffen zu verhindern. Schließlich verabredeten sie sich am Loch Créde im Norden. Créd kam und brachte den Zauberstein mit. Cano zog vom Osten heran, so daß sie einander schon sehen konnten, als Colcu wiederum erschien und ihn vertrieb. Créd schlug ihr Haupt gegen einen Felsen, und der Stein zerbrach, als sie tot niedersank. Cano zog wieder nach Schottland und starb drei Tage nach seiner Ankunft.

Selbst diese knappe Zusammenfassung zeigt, was an dieser Sage von besonderer Bedeutung ist: daß eine historische Figur als Held eines Tristanromans dargestellt wird, der sich dazu noch durch eine Seele außerhalb des Körpers auszeichnet. Der Text in der Handschrift ist stilistisch nicht bemerkenswert, doch wir sahen ja schon, daß man sich den Stil des mündlichen Erzählers kunstvoller vorzustellen hat.

Der Fenierzyklus war der letzte, der sich als eigene Überlieferung in der Literatur herausbildete. Neuere Untersuchungen durch Gerard Murphy und O'Rahilly haben ergeben, daß Find, die Hauptfigur des Fenierzyklus, ursprünglich mit dem großen Keltengott ›Lug mit dem langen Arm‹ identisch ist. Find ist ein Krieger- und Jägergott, der einen einäugigen Feuergott erschlägt, einen Brandstifter. Es gibt frühe Hinweise auf Find, aber sie sind fragmentarisch, und die alte Liste der Sagas enthält nur einige wenige Feniertitel. Offensichtlich waren Find und *fiana* im 12. Jahrhundert erst im Begriff, literarische Berühmtheit zu erlangen. Es sei erwähnt, daß einer der Titel im Verzeichnis *Aithed Gráinne re Diarmait* heißt, ›Die Entführung der Gráinne durch Diarmait‹, und wir wissen aus anderer Quelle, daß die berühmte Liebesgeschichte Diarmaits und Gráinnes im 10. Jahrhundert bekannt war, wenn auch der einzige erhaltene Text aus der neueren irischen Periode (15. Jahrhundert?) stammt. Es handelt sich um eine Variante der Deirdresage, und Schoepperle hat schon vor langer Zeit gezeigt, daß diese beiden Sagen die keltische Quelle der Sage von Tristan und Isolde darstellen.

Das 12. Jahrhundert war in Irland wie auch sonst in Europa eine Zeit der Regeneration und der Reform, und es brachte eine neue Blüte der Literatur und Gelehrsamkeit. Das *Buch der braunen Kuh*, das sogenannte *Buch von Leinster* und die berühmte Rawlinsonhandschrift entstanden alle in dieser Zeit, und damals drangen auch die großen Themen der Antike – die Belagerung Trojas, die Aeneis, die Zerstörung Thebens – ins Irische ein. In dieser Zeit des Übergangs kam es zu der plötzlichen Blüte des Fenierzyklus. Sie fiel zeitlich mit dem ersten Auftreten einer Balladendichtung in Irland zusammen, und die Fenierballade stellt sich als neue literarische Gattung dar.

Eine der ältesten dieser Fenierballaden ist das Schlaflied für Diarmaid, das Gráinne gesungen haben soll, als sie über ihrem schlafenden Geliebten wacht:

Codail beagán, beagán beag, óir ní heagail duit a bheag, a ghiolla dia dtardus seirc, a mheic Í Dhuibhne, a Dhiarmaid.	Schlaf ein wenig, nur ein wenig, denn es liegt keine Gefahr in ein wenig Schlaf, Jüngling, dem ich meine Liebe geschenkt habe, Diarmaid, Sohn des Ó Duibhne.

Codail-se sunn go sáimh,
a Í Dhuibhne, a Dhiarmaid áin;
do-dhéan-sa t'fhoraire dhe,
a mheic Í dhealbhdha Dhuibhne.

Schlaf ruhig hier, edler
Diarmaid Ó Duibhne;
ich werde über dir wachen,
schöner Sohn des Ó Duibhne.

Fenierballaden waren sehr beliebt, und Gerard Murphy hat der unter dem Namen *Duanaire Finn* bekannten großen Sammlung eine eigene Untersuchung gewidmet (8). Viele haben die Form eines Gesprächs zwischen Oisín, dem Sohn des Finn (Macphersons *Ossian*), und Sankt Patrick, in dem Oisín dem Heiligen Geschichten von den Abenteuern der *fiana* oder Fenier erzählt. Die meisten dieser Balladen stammen aus der neueren irischen Periode, doch die Dialogform geht auf einen berühmten Prosatext zurück, der im 12. Jahrhundert den Fenierzyklus *Acallam na Senórach,* ›Das Gespräch der Männer aus der alten Zeit‹, einleitet. Es ist eine Rahmenerzählung, in der berichtet wird, wie der heilige Patrick den Fenierkriegern Oisín und Caílte begegnet und mit dem einen oder anderen von ihnen durch Irland reist. Die Krieger erzählen dem Heiligen über 200 Anekdoten, von denen viele zu den Orten in Beziehung stehen, die sie unterwegs besuchen.

Das *Acallam* ist eines der gelungensten Werke der mittelirischen Literatur und könnte als glückliche Einführung ins Neuirische dienen. Gerard Murphy hat die Vermutung ausgesprochen, es könnte die bewußte literarische Schöpfung eines bestimmten Verfassers sein, der die Originalhandschrift niedergeschrieben hat – im Gegensatz zu den Heldensagen, die zweifellos auf mündliche Überlieferung zurückgehen (9). In diesem Fall wäre es ein interessantes Gegenstück zu den walisischen *Mabinogion.*

Bei der Betrachtung der Anfänge der irischen Literatur sahen

Das Ungeheuer von Noves, Bouches-du-Rhône.
Mittlere La-Tène-Zeit. Musée Calvet, Avignon

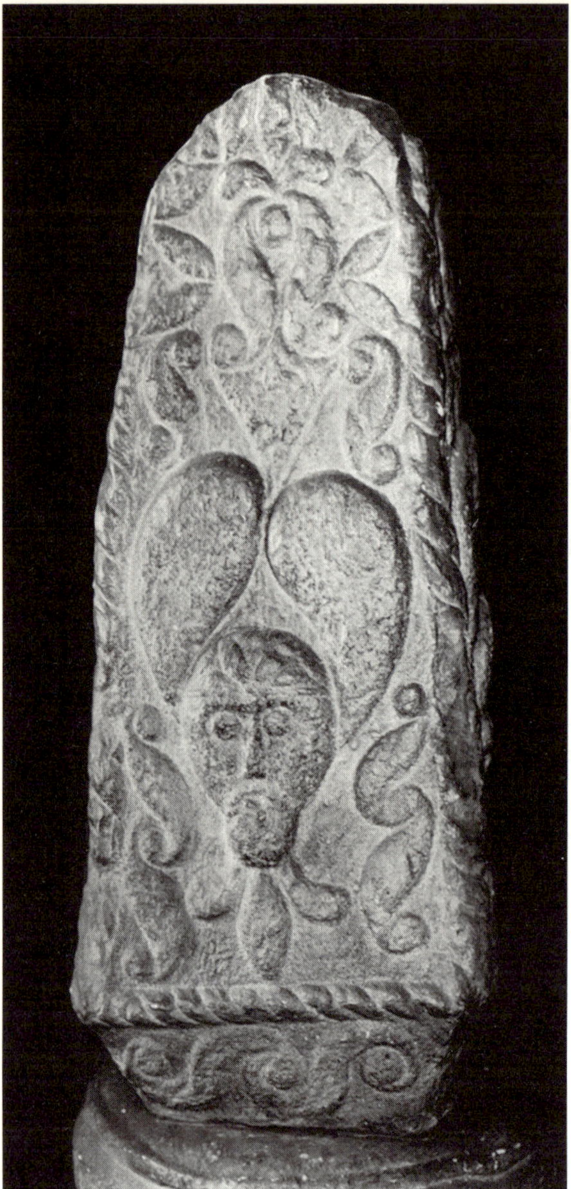

Steinpyramide aus Pfalzfeld bei St. Goar im Hunsrück. Rheinisches Landesmuseum, Bonn

wir die »neuen Formen« der Dichtung, die die Mönche entwickelten; Naturpoesie und Eremitenpoesie waren ihr besonderer Beitrag. Diese neuen Formen griffen bald auf die weltliche Dichtung über, und vom 9. bis zum 12. Jahrhundert gibt es eine reiche Überlieferung. Noch immer läßt sich die Stimme des Eremiten hören, aber es gibt daneben auch Humor und Leidenschaft.

Eine berühmte Handschrift, die vielleicht in der irischen Abtei auf der Reichenau im Bodensee entstand, fand ihren Weg in die österreichische Abtei Sankt Paul in Kärnten, wo sie als *Das irische Schulheft* bekannt ist. Es ist tatsächlich das Notizbuch eines Gelehrten mit Anmerkungen über Vergil, über die griechischen Deklinationen, mit Zitaten aus Horaz, dem heiligen Hieronymus und dem heiligen Augustinus; darunter befinden sich auch vier irische Gedichte. Eines ist ein Heldengedicht zum Ruhme Aeds, des Sohnes Diarmaids, das in der neuen Form des gereimten Vierzeilers geschrieben ist:

*A*ed *oll* fri *a*ndud n-*á*ne,	Aed, der groß darin ist, Glanz zu entflammen,
Aed *fonn* fri *f*uilted *féle*,	Aed, der eine Stütze ist im Erweisen von Gastfreundschaft,
in *d*eil *d*elgnaide as ch*óemem*	weit sichtbarer Pfeiler, teuerster
di dindgnaib *Roerenn réde*	der Häuptlinge des ebenen Roeriu.
Mac *Diarmata d*il *d*amsa,	Sohn des Diarmaid, der mir lieb ist,
cid *iarfachta* ní *insa*;	sollte danach gefragt werden,
a *m*olad *m*aissiu *máenib*	ist es nicht schwer zu sagen, sein Ruhm, kostbarer als Reichtum,
*l*úaidfidir *láedib limmsa*	wird von mir in Liedern besungen.

Insgesamt sind es acht Vierzeiler mit reichem End- und Binnenreim wie auch mit dem alten Stabreimschmuck.

Es gibt eine alte Sage, die von einer kummervollen Liebe berichtet und an die tragische Geschichte von Abälard und Heloise erinnert. Auch sie gehört dem 9. Jahrhundert an. Liadan und Cuirithir liebten einander, und Liadan ging in ein Kloster. Ihr Geliebter folgte ihr nach, und sie vertrauten sich der Leitung des heiligen Cummine des Großen an. Zuerst erlaubte er ihnen, sich zu unterhalten, einander aber nicht anzusehen. Später erlaubte er ihnen, miteinander zu schlafen, doch mußte ein Kind zwischen ihnen liegen, damit sie nichts Böses taten. Wir haben hier ein Beispiel eines *consortium mulieris,* wie es im alten Irland und auch anderswo als eine Form der Askese anerkannt wurde. Sie bestanden diese Probe nicht, und Cuirithir wurde in ein Kloster und später in die Verbannung übers Meer geschickt. Hier folgt die Klage der Liadan:

Cen áinius in gním í dorigénus an ro carus ro cráidius	Traurig, was ich getan habe! Ich habe dem Mann, den ich liebte, Kummer gemacht.
Ba mire nád dernad a airer-som mainbed omun ríg nime	Es war Wahnsinn, nicht seinen Willen zu tun, wäre nicht die Furcht vor dem Himmelskönig.
Níbu amlos dosom an dál dúthracair ascnam sech phéin i Pardos.	Kein Unglück war das Los, das er ersehnte, das Paradies ohne Bestrafung zu erlangen.
Bec mbríge ro chráidi friumm Cuirithir; frissium ba mór mo míne.	Es war eine Kleinigkeit, die Cuirithir gegen mich aufbrachte, ich war milde zu ihm.

Mé Liadan; ro carussa Cuirithir; is fírithir adfiadar.	Ich bin Liadan; ich liebte Cuirithir; ein wahreres Wort ist nie gesprochen worden.
Gair bása i comaitecht Chuirithir; frissium ba maith mo gnássa.	Nur kurze Zeit war ich bei Cuirithir; meine Gesellschaft war gut für ihn.
Céol caille fom-chanad la Cuirithir, la fogur fairge flainne.	Die Musik des Waldes erklang für Cuirithir und mich, auch das Rauschen der wilden See.
Do-ménainn ní cráidfed frimm Cuirithir do dálaib cacha dénainn.	Ich hätte gedacht, nichts, was ich täte, könne Cuirithir gegen mich einnehmen.
Ní chela ba hésium mo chride-ṡerc, cia no carainn cách chena.	Verheimliche es nicht, er war meines Herzens Liebe, wen im- mer ich sonst geliebt haben mag.
Deilm ndega ro thethainn mo chridese; ro fes nicon bía cena.	Eine brüllende Flamme hat dieses mein Herz zerschmolzen; ohne ihn kann ich gewiß nicht leben (10).

Natürlich war in erster Linie Latein die Literatursprache der Mönche, und die ältesten uns überlieferten Zeugnisse, beginnend mit den Schriften des heiligen Patrick, des heiligen Kolumban und Adamnáns *Vita Columbae*, die schon besprochen wurden, sind lateinisch abgefaßt. Allmählich wurde dann aber auch die Heimatsprache sowohl in der Versdichtung wie in der

Prosa angewendet, zunächst vielleicht nur – wie in den berühmten glossierten Texten von Würzburg, Mailand und St. Gallen –, um Glossen neben einen lateinischen Text zu schreiben. Seit Beginn des 8. Jahrhunderts gibt es jedoch Prosaschriften auf irisch. Die älteste ist eine Predigt über die Messe, die in einer Ende des 7. Jahrhunderts entstandenen Handschrift in Cambrai erhalten ist. Das *Buch von Armagh* enthält lange irische Anmerkungen aus dem frühen 8. Jahrhundert, und der Verfasser entschuldigt sich, daß er sich bei diesem Anlaß des Irischen bedient: »Hier enden diese wenigen Ausführungen. Sie sind nur unvollkommen in irischer Sprache verfaßt, nicht etwa, weil ich nicht in römischer Sprache zu schreiben vermöchte, sondern weil diese Geschichten schon in irischer Sprache kaum zu verstehen sind. Falls sie aber anderswo auf lateinisch erzählt wären, so fühlte sich der Leser nicht nur unsicher, sondern wüßte wegen der Fülle irischer Wörter, die für ihn keinen Sinn haben, überhaupt nicht, was er liest oder welche Sprache da tönt.« Im *Dreigeteilten Leben des heiligen Patrick* (um 900) haben wir eine geschlossene irische Erzählung.

Ein ausgezeichnetes Beispiel einheimischer Prosa in der klösterlichen Überlieferung ist *Fís Adamnán,* ›Die Vision des Adamnán‹. Sie gehört zu einer Gruppe von Texten, die sich aus jüdischen und christlichen Quellen herleiten und Visionen des Himmels und der Hölle schildern, wie sie heilige Männer erlebten. Diese Visionen stellen ein interessantes Beweismaterial dafür dar, was man im Irland des 8. und 9. Jahrhunderts las und studierte: Es scheint, daß apokryphe Schriften, die anderswo verboten waren, bei den Iren immer noch in Gunst standen.

Der heilige Adamnán, der Verfasser der *Vita Columbae*, eines großartigen lateinischen Lebenslaufs des heiligen Colmcille, war nach Colmcille, dem Gründer, der zehnte Abt von Iona

(679–704). Ihm wird eine Vision von Himmel und Hölle zugeschrieben, deren Schilderung in der uns überlieferten Form bereits aus dem 10. Jahrhundert stammt. C. H. Boswell wagt die Behauptung, daß der unbekannte Verfasser alle anderen Vorläufer Dantes übertreffe, und Seymour vertritt dieselbe Ansicht (11). Die Vision des Adamnán ist beredt und schlicht, nach Stil und Aufbau wahrscheinlich das Beste, was wir an irischer Prosa bis ins 12. Jahrhundert haben.

Das Motiv der ›Anderen Welt‹ und die christliche Visionenliteratur werden in einer großartigen Satire mit dem Titel *Die Vision des Mac Con Glinne* (12) parodiert, die im 12. Jahrhundert von einem enttäuschten Gelehrten verfaßt wurde, dessen Geist und Elan einen Vergleich mit Brian Merrimans *Midnight Court* herausfordern. Über die genealogischen Sagen der *filid*, die dichterischen Beschreibungen des *Mag Mell*, über Besuche sterblicher Helden durch Feen, ja selbst über die Bibel macht sich der anonyme Satiriker lustig, der anscheinend der Mode der Troubadours huldigt. Diese großartige Satire ist ein Meisterstück an Humor und Eloquenz. In Prosa und Vers verspottet der Verfasser die heroischen und mythologischen Sagen, die Wunder der ›Anderen Welt‹ und die schönen Jungfrauen, deren Anatomie die Sagen so eingehend schildern. Selbst über die Schreiber, die diese Sagen aufgezeichnet haben, macht er sich lustig, denn er wiederholt feierlich widersprüchliche Versionen verschiedener Episoden – die eine stammt von den Gelehrten, die andere aus den Büchern von Cork – und verspottet damit die Varianten, die in den Sagen häufig auftreten. Die Satire wird mit unerschöpflichen Späßen und schlemmerhaften Schilderungen des ›Freßparadieses‹, in das den Gelehrten seine Reise geführt hat, lange fortgesponnen. Die Qualen des hungrigen Königs bleiben der Vorstellungskraft des Lesers überlassen.

Das Motiv der ›Anderen Welt‹, das die *echtrae* inspirierte, ist auch das Thema der *immrama* (Seereisen), und deren wirkungsvollste ist die *Seereise des Mael Dúin*, in der man das Vorbild der berühmten *Navigatio Brendani* sieht. In einer Handschrift wird sie Aed Finn, dem ›Hauptgelehrten von Irland‹, zugeschrieben, den man jedoch nicht identifiziert hat. Die Erzählung ist spätestens im 10. Jahrhundert entstanden. Mael Dúin war ein Kind der Liebe und wurde von der Königin wie eines ihrer eigenen Kinder aufgezogen, da sie eine Freundin seiner Mutter war. Wie Oengus in der *Werbung um Étaín* erfuhr er durch die Spötterei eines Gefährten, daß er nicht ein Sohn der Königin war, und hörte dann, daß sein Vater, Ailill Ochair Ága, von Räubern aus Leix ermordet worden war. Er erkundigte sich nach dem Wege nach Leix, und weise Männer sagten ihm, er müsse über das Meer dorthin gehen. Also begab er sich nach Corcomroe (heute Grafschaft Clare), um einen Druiden zu Rate zu ziehen, der den Tag bestimmte, an dem er beginnen sollte, sein Boot zu bauen, sowie die Anzahl der Männer – 17 –, die er mitnehmen sollte. Doch nachdem er die Segel gesetzt hatte, schwammen seine drei Pflegebrüder dem Boot nach und wurden wider den Rat des Druiden an Bord genommen.

Sie segelten den ganzen Tag bis Mitternacht. Da erreichten sie zwei kleine Inseln, auf denen Berauschte und Prahlhänse großen Lärm machten, und sie hörten einen Mann schreien, er sei der bessere Krieger, denn er habe Ailill Ochair Ága erschlagen, und niemand aus Ailills Sippe habe das Verbrechen an ihm gerächt. Mael Dúins Leute waren hocherfreut, daß sie unmittelbar zum Haus des Mörders gekommen waren, doch während sie noch miteinander darüber sprachen, erhob sich ein Sturm, der ihr Boot aufs Meer hinaustrug. Als der Morgen anbrach, sahen sie nirgends Land. Mael Dúin schalt seine

Pflegebrüder, sie seien Ursache dieses Mißgeschicks, da sie sie dazu gebracht hätten, die Vorschrift des Druiden nicht zu beachten. Nun überließen sie ihr Boot der Führung Gottes, und damit begann ihre wunderbare Seereise.
Das Boot fährt über den unendlichen Ozean und führt sie zu vielen wunderbaren Inseln — 31 im ganzen. Auf den Inseln und auf offenem Meer begegnet ihnen viel Erstaunliches, und die Schilderung dieser Erlebnisse offenbart eine beträchtliche Phantasie und einen sympathischen Sinn für Humor.
Schließlich erreichen sie eine Insel, die offensichtlich das Land der Frauen aus den *echtrai* ist. 17 Mädchen bereiten ihnen ein Bad. Eines der Mädchen kommt, um sie willkommen zu heißen, und verkündet, daß die Königin sie in die Burg einlade. Ein Mahl wird aufgetragen, und als sie gegessen und getrunken haben, nimmt jeder von den Männern Mael Dúins ein Weib, und Mael Dúin schläft mit der Königin. Am Morgen heißt sie sie dableiben. Das Alter werde ihnen nichts anhaben, und sie würden ewig leben und die Freuden, die sie hier erfahren haben, jede Nacht genießen, ohne sich je mühen und plagen zu müssen. Einer der Gefährten Mael Dúins wird des Aufenthaltes überdrüssig und will nach Hause (wie in *Echtrae Brain*), doch Mael Dúin will bleiben. Die anderen überreden ihn, und eines Tages fahren sie ab, während die Königin abwesend ist. Sie reitet an den Strand und wirft Mael Dúin ein Garnknäuel zu. Er fängt es auf, und sie zieht das Schiff ans Land zurück (wie in *Echtrae Brain*). Dreimal wiederholt sich das, und schließlich sagt Mael Dúin, ein anderer müsse das Knäuel fangen. Sie fahren wieder ab, und als die Königin wieder ihr Knäuel wirft, fängt es ein anderer Mann auf, und es haftet an seiner Hand, doch Diurán schlägt ihm den Arm ab (13), und sie fahren davon.
Nun folgt eine Episode, von der Zimmer mit Recht annahm,

daß sie der Anlaß war, später die wunderbare Seereise St. Brendan von Clonfert zuzuschreiben (14). Sie landen auf einer großen Insel, deren eine Hälfte mit Eiben und Eichen bewaldet ist, während die andere aus einer weiten Ebene besteht, auf der eine große Schafherde weidet. Sie sehen eine kleine Kirche und eine Burg, und in der Kirche finden sie einen alten Mönch, der vollkommen behaart ist. Er ist einer der 15 Schüler des heiligen Brendan von Birr, die sich auf eine Pilgerfahrt begeben hatten und hier gelandet waren. Außer ihm sind sie alle gestorben. Er heißt sie von den Schafen essen, und sie bleiben eine Weile dort (St. Brendan von Birr ist 565, St. Brendan von Clonfert 576 gestorben. Hier wird nicht gesagt, daß ersterer die Reise selbst gemacht habe, sondern es ist nur von 15 seiner Mönche die Rede. Von letzterem jedoch wußte man, daß er andere Reisen gemacht hatte, und so konnte er leicht zur Hauptfigur eines regelrechten *immram* werden).

Noch zwei Inseln werden aufgesucht, und auf einer begegnen sie einem Einsiedler, der sie heimkehren heißt und ihnen weissagt, daß sie den Mörder von Mael Dúins Vater finden würden, ihn aber am Leben lassen müßten, da Gott sie vor vielen Gefahren bewahrt habe. Schließlich sehen sie einen irischen Falken nach Südosten fliegen. Sie folgen der Richtung seines Flugs, und bei einbrechender Nacht kommen sie zur ersten Insel, von der sie der Wind hinaus aufs Meer getragen hatte. Man heißt sie willkommen, und sie erzählen alle die Wunder, die Gott ihnen gezeigt hat.

Mael Dúin kehrt in sein eigenes Land zurück. Diurán legt das Silber auf dem Altar von Armagh nieder. Sie erzählen ihre Abenteuer von Anfang bis Ende und die Gefahren und Fährnisse, die ihnen zu Wasser und ebenso zu Lande begegnet waren.

Die Abenteuer und die Seereisen haben es mit der ›Anderen

Welt‹ zu tun, und so werden wir wieder an unseren Ausgangspunkt zurückgeführt. Auch der Fenierzyklus ist mythischen Ursprungs. Der Ulsterzyklus und der Zyklus der Könige tragen den Charakter der Heldensage. Wollte man es unternehmen, eine Geschichte der frühen irischen Literatur zu schreiben, so wäre darin weder die Rede von Ideengeschichte noch ließe sich eine Liste großer Schriftsteller anlegen, denn die Prosaerzählungen sind anonym, und unter den Dichtern, deren Namen wir kennen, findet sich keiner von Rang. Auch in der Versdichtung ist das Beste anonym. Tatsächlich gäbe es überhaupt nicht viel Geschichte im Sinn einer Entwicklung oder eines Fortschritts, sondern nur eine einigermaßen chronologisch geordnete Folge literarischer Erscheinungen. Die irische Literatur greift nicht sehr weit aus: Da ist die glühende Phantasie, die in der Beschreibung Étaíns aufleuchtet, wie sie sich am Brunnen wäscht, oder Froechs, wie er über einen Fluß schwimmt, oder des Rauschens und Wogens des Meeres in manchen Gedichten; das Motiv der unglücklich Liebenden, die Heldengestalt Cú Chulainns, das tragische Geschick eines vom eigenen Vater erschlagenen Sohnes, die lebendige Schilderung von Festmählern in einer heroischen Gesellschaft, wie wir sie in *Bricrius Festmahl* und in der *Geschichte von Mac Da Thós Schwein* finden, die herrliche Natur- und Einsiedlerdichtung; das sind die Elemente, auf denen der Anspruch der irischen, so früh in Erscheinung getretenen Literatur beruht.

11

Die walisische Literatur

Aus allem, was wir bisher von der ältesten walisischen Literatur sahen, geht deutlich hervor, daß nur Bruchstücke erhalten sind, halbwegs im Gedächtnis bewahrte Überlieferungen des *Gododdin,* dem Taliesin zugeschriebene Gedichte – unter anderen die schöne Klage um Owein ap Urien –, Dialoggedichte aus verlorenen Sagen des Llywarch Hen und Cynddylan und einige wenige Naturgedichte und gnomische Strophen. Die große Zeit der walisischen Dichtung sollte erst anbrechen: mit dem Auftreten der Hofdichter (*Gogynfeirdd*) im 12. Jahrhundert und dem späteren Ruhm des Dafydd ap Gwilym. In der Zwischenzeit tritt in Wales weniger dichterische Inspiration zutage als in Irland, obwohl die beiden Länder in enger Verbindung standen.

Eine Legendengestalt, Myrddin, ist in Überlieferungen verflochten, die sie mit dem irischen König Suibne Geilt, ›Sweeney dem Wahnsinnigen‹, in Beziehung bringen. Suibne, König von Dál nAraide, kämpfte 637 in der Schlacht von Moira und soll im Getöse der Schlacht den Verstand verloren haben. *Buile Ṡuibne*, ›Die Raserei Sweeneys‹, ist die Geschichte seines Lebens in der Wildnis, die einige schöne Gedichte enthält, in denen der König sein Elend beklagt und den Wald und die Tiere schildert, die darin umherstreifen.

Myrddin soll im 6. Jahrhundert gelebt haben und auf der Seite der Unterlegenen 573 in der Schlacht von Arfderydd

(Arthuret bei Carlisle) mitgekämpft haben. Auch er wurde wahnsinnig und floh in den Wald von Celyddon (Caledonia). »Dort lebte er ein halbes Jahrhundert lang und hatte nur die Bäume und die wilden Tiere zur Gesellschaft, er betrauerte den Tod Gwenddolaus' und fürchtete, Rhydderch werde ihn angreifen. In diesem Wahnzustand erlangte Myrddin die Gabe der Weissagung.« (1)

In Wirklichkeit entstand der Name durch eine falsche Analyse des Wortes Caerfyrddin (Carmarthen), dessen zweiter Bestandteil von *moridūnon* (›Seefeste‹) abgeleitet ist. In einem Gedicht wird er mit *Llallawc* und *Llallogan Vyrdin* angesprochen, in Jocelines *Leben des heiligen Kentigern* ist sein Name Laloicen und in zwei anderen Erzählungen Lailoken – Wörter, die offensichtlich von dem walisischen Beinamen herkommen (2). Zudem stellen die Geschichte Myrddins und die Suibnes eine keltische Variante des Themas »Wilder Mann« dar (3). Der älteste Hinweis auf Myrddin findet sich in *Armes Prydain,* einem Gedicht aus dem 10. Jahrhundert, und einige ihm zugeschriebene Verse mögen gleich alt sein; doch ist es schwierig, anonyme walisische Dichtung genau zu datieren. *Buile Ṡuibne* andererseits stammt frühestens aus dem 12. Jahrhundert. Wechselseitige Entlehnungen sind möglich; Dál Riata, das teils im östlichen Ulster und teils in Schottland lag, muß ein Gebiet des Austauschs gewesen sein. In jedem Fall liegt es in der Nähe des Schauplatzes.

Wie der irische Eremit Marbán in *Tromdám Guaire* hat Myrddin einen Lieblingseber, und in einem der ihm zugeschriebenen Gedichte spricht er ihn an:

Afallen beren a phren melyn	Ein süßer gelber Apfelbaum
A dyf yn halar heb âr yn ei chylchyn;	wächst auf dem kahlen Vorgebirge.

A mi ddysgoganaf gad ym Mhrydyn	Und ich weissage eine Schlacht in Britannien
Yn amwyn eu terfyn â gwŷr Dulyn.	zur Verteidigung des Landes gegen die Männer von Dublin.
Seithlong y deuant dros lydan lyn,	Mit sieben Schiffen werden sie über das weite Wasser kommen,
A saith cant dros fôr i oresgyn.	siebenhundert Männer von jenseits des Meeres, um zu erobern.
O'r sawl y deuant nid ânt i gennyn	Von denen, die da kommen, werden uns nur sieben entgehen,
Namyn saith lledwag gwedi eu lletgyn.	mit leeren Händen nach ihrer Niederlage.
Afallen beren a dyf tra Rhun.	Ein süßer Apfelbaum wächst jenseits des Rhun.
Cywaethlyswn yn ei bôn er bodd i fun,	Ich kämpfte unter ihm, um einem Mädchen zu gefallen,
A'm ysgwyd ar fy ysgwydd a'm cledd ar fy nghlun,	mit meinem Schild auf der Schulter und dem Schwert an der Seite,
Ac yng Nghoed Celyddon y cysgais fy hun.	und in Coed Celyddon schlief ich meinen Schlaf.
Oian a barchellan, pyr bwyllud hun?	Höre, kleines Schwein! Warum dachtest du an Schlaf?
Andaw di adar dyfr yn ymeiddun.	Lausche auf das Wassergeflügel bei der Paarung!
Tëyrnedd dros fôr a ddaw ddyw Llun.	Herren von jenseits des Meeres werden an einem Montag kommen.
Gwyn eu byd hwy Gymry o'r arofun.	Die Waliser mögen sich freuen über ihren Plan! (4)

Das ist alles recht vage; teilweise eine Wiederholung der Myrddinsage, teils Weissagung. Parry nimmt an, daß die Originalgedichte über Myrddin von den Weissagungen überwuchert worden seien, die in Wales bis ins 15. Jahrhundert hinein literarische Mode waren, etwa in der Art des jakobitischen *aisling* in Irland. Es handelte sich um Weissagung nach einer Niederlage: Ein Held wurde angekündigt – Arthur, Cadwaladr, Owain –, der erstehen werde, um sein Volk wieder zu befreien. Viele dieser prophetischen Gedichte wurden Taliesin oder dem legendären Myrddin zugeschrieben (5). Die obenzitierte Anrede des Lieblingsschweines kann eine Reihe von Strophen hervorgerufen haben, die mit »Höre, kleines Schwein« beginnen und jünger sein müssen als die anderen, da in einer von ihnen der Normanneneinfall in Irland erwähnt wird:

Oian a barchellan, oedd rhaid gweddi	Höre, kleines Schwein! Wir müssen beten
Rhag ofn pum pennaeth o Norddmandi;	aus Angst vor den fünf Häuptlingen aus der Normandie.
A'r pumed yn myned dros fôr heli	Und einer von den fünf wird das Salzmeer überqueren,
I oresgyn Iwerddon dirion drefi.	um Irland zu erobern mit den freundlichen Heimstätten.
Ef gwnahawd ryfel a dyfysgi	Er wird Krieg machen und Aufruhr,
Ac arfau coch ac och ynddi.	und es wird blutige Waffen geben und Wehklagen daselbst.
Ac wyntwy yn ddiau a ddoant oheni	Und sie werden kommen von dort
Ac a wnânt enrhydedd ar fedd Dewi.	und dem Grab des heiligen David Ehrerbietung erweisen.
A mi ddysgoganaf fyd dyfysgi	Und ich weissage, daß dort Aufruhr sein wird,

O ymladd mab a thad; gwlad a'i gwybi.	der Sohn wird gegen den Vater kämpfen – das ganze Land soll es wissen.
A myned i Loegrwys ddiffwys drefi,	Und sie werden ins wüste England gehen.
Ac na bo gwared byth i Norddmandi.	Möge es für die Normandie nimmermehr Hilfe geben! (6)

Die Weissagungen Myrddins sind für den Altertumsforscher interessant, da dies die typische Art der Weissagung war; die Versform ist wichtig für die Geschichte der walisischen Dichtung. Noch immer ist nur Endreim erforderlich (7). Myrddin unterteilt das Gedicht in Strophen von acht oder zwölf Versen. Stabreim und Binnenreim sind häufig, aber nicht unerläßlich. Wir sind also noch weit vom Schema des *cynghanedd* entfernt.

Mit dem 12. Jahrhundert setzt die große Zeit der walisischen Dichtung ein, und es kann kein Zufall sein, daß dieser Beginn mit dem Aufstieg der Bardenschulen in Irland zusammenfällt und auf die Regierung Gruffudds ap Cynan, des Königs von Gwynedd, folgt, dessen Mutter die Tochter eines Norwegerkönigs von Dublin war. Er verbrachte seine Jugend in Irland, und man nimmt an, daß er von dort Dichter und Musikanten mit nach Wales gebracht hat (8). Was in Irland den Stein ins Rollen brachte, wissen wir nicht, aber es ist Tatsache, daß vom Anfang des 12. Jahrhunderts an die Dichtkunst eifriger als vorher studiert und betrieben wurde und daß jetzt die großen Familien erblichen Bardentums – O'Daly, O'Higgins, O'Hussey, Macaward und andere – auftauchten und eine klassische Form der Sprache und des Stils herausbildeten, die dann 500 Jahre lang unverändert blieb. Möglicherweise war es eine Folge davon, daß unter Brian Boru die Gelehrsamkeit eine neue Blüte erlebte. In Wales mag das Aufkommen der *Gogynfeirdd* mit der nationalen Gesundung unter Gruffudd zusammenhängen. Es gibt jedoch kaum einen Zweifel, daß ein Zusammenhang besteht, wenn in beiden Ländern ungefähr gleichzeitig Dichterschulen sowie die strengen Formen des *cynghanedd* in Wales und des *dán dírech* in Irland auftauchen (9).

Einheimische Schulen hatte es in Irland schon seit ältesten Zeiten gegeben. Die metrischen Traktate des 10. Jahrhunderts schreiben die Metren und die heroische Literatur vor, die in jedem Jahr einer zwölfjährigen Lehrzeit studiert werden mußten, und man darf mit Sicherheit annehmen, daß eine lange Tradition hinter ihnen stand (10). Hier jedoch handelte es sich offenbar um neue Schulen in den Händen neuer Männer, die das Fach der Dichtkunst übernahmen, nachdem der alte Stand der *filid* verschwunden war. Etwas Ähnliches muß in Wales vor sich gegangen sein.

Die Bardendichtung in Wales und in Irland war eine in hohem Grad handwerkliche Kunst, die sich an strenge metrische Vorschriften sowie an formale und stilistische Konventionen zu halten hatte. Wie Parry betont, ist der Klang ebenso wichtig wie der Sinn. Das übliche Thema und der übliche Zweck war Lobpreisung eines Gönners. Seine Tapferkeit in der Schlacht, seine Großmut und der Ruhm seiner Vorfahren sind Gegenstand des Lobes, und wo diese Konvention herrscht, besteht die dichterische Leistung in der besonderen Kunstfertigkeit.

Der älteste Hofdichter, dessen Werke sich erhalten haben, ist Meilyr (1100–1137), der eine Elegie auf Gruffudd ap Cynan verfaßt hat. Sein Sohn Gwalchmai pries Owain Gwynedd, den Sohn des Gruffudd, wegen seiner Tapferkeit gegen die Normannen:

Ar gad gad greudde, ar gryd gryd graendde,	Für eine Schlacht eine blutigere Schlacht, für Schrecken größeren Schrecken
Ac am Dâl Moelfre mil fanieri;	und tausend Banner rund um Tal Moelfre;
Ar lath lath lachar, ar bâr beri,	einen blitzenden Speer gegen jeden Speer, Lanzen, um einer Lanze zu begegnen,
Ar ffwyr ffwyr ffyrfgawdd, ar fawdd foddi;	wilde Wut, um der Wut zu begegnen, Ertränken für die, die ihn ertränken wollten.
A Menai heb drai o drallanw gwaedryar,	Und der Menai ohne Ebbe infolge der Ströme Bluts,
A lliw gwyar gwŷr yn heli.	und die Farbe von Menschenblut war auf dem Meer.

Schon hier kommt der Sturzbach von Stabreim und Reim in der Wirkung dem *cynghanedd* nahe, wenn auch dessen strenge Regeln noch nicht bindend sind.

Manchmal widmeten sich auch die Fürsten selbst der Dichtkunst, und es gibt Gedichte von Hywel ap Owain Gwynedd, einem Enkel des Gruffudd ab Cynan, die lebhafter sind und mehr Beschwörungskraft haben als die rein formalen Arbeiten der Berufsbarden. In einem dieser Gedichte, *Gorhoffed Hywel ab Owain* (›Hywel ab Owains Freude‹), preist er Gwynedd, seines Vaters Königreich:

Ton wen orewyn a orwlych bedd,	Die schäumende weiße Woge spült über ein Grab,
Gwyddfa Rhufawn Befr, ben tëyrnedd.	das Grab von Rhufawn Pefr, dem Fürsten der Herrscher.
Caraf, drachas Lloegr,	Ich liebe heute, was die Eng-

Monogrammseite aus dem Evangeliar von Kells. Frühes 9. Jh. Trinity College, Dublin

leudir gogledd heddiw,	länder hassen, das helle Land des Nordens
Ac yn amgant Lliw lliaws calledd.	und das buschige Rohr am Lliw.
Caraf a'm rhoddes rybuched medd	Ich liebe die, die mir Met die Fülle gaben,
Myn y dyhaedd mŷr, maith gyfrysedd.	wo die Meere sich erstrecken in langem Wettstreit.
Caraf ei theulu a'i thew annedd ynddi,	Ich liebe seine Hofhaltung und seine feste Wohnung
Ac wrth fodd ei rhi rhwyfaw dyhedd.	und in den Krieg zu ziehen zur Freude des Königs.
Caraf ei morfa a'i mynyddedd	Ich liebe seine Marschen und seine Berge,
a'i chaer ger ei choed a'i chain diredd,	seine Burg in den Wäldern und seine schönen Herden,
A dolydd ei dwfr a'i dyffrynnedd,	seine Wiesen am Fluß und seine Täler,
A'i gwylain gwynion a'i gwymp wragedd.	seine weißen Möwen und seine lieblichen Frauen.
Caraf ei milwyr a'i meirch hywedd,	Ich liebe seine Krieger und seine zugerittenen Hengste,
A'i choed a'i chedyrn a'i chyfannedd.	seinen Wald, seine Festungen und seine Heimstätten.
Caraf ei meysydd a'i mân feillion arnaw	Ich liebe seine Felder mit ihrem kleinen Klee,
Myn yd gafas ffaw ffyrf orfoledd.	wo ich einen Herrn fand, stark im Sieg.
Caraf ei brooedd, braint hywredd,	Ich liebe seine Gefilde, Erstgeburtsrecht des Tapferen,
A'i diffaith mawrfaith a'i marannedd...	seine weite Wildnis und seinen Reichtum.

Ein anderes Gedicht handelt von einem Mädchen:

Fy newis i, rhiain firain
feindeg,
Hirwen, yn ei llen lliw
ehöeg.
A'm dewis synnwyr, synio
ar wreigiaidd,
Pen ddywaid o fraidd
weddaidd wofeg.
A'm dewis gydran,
cyhydreg â bun,
A bod yn gyfrin am rin,
am reg.
Dewis yw gennyf i,
harddliw gwaneg,
Y ddoeth i'th gyfoeth,
dy goeth Gymraeg.
Dewis gennyf di; beth yw
gennyd di fi?
Beth a dewi di, deg ei
gosteg?
Dewisais i fun fal nad
atreg gennyf;
Iawn yw dewisaw dewis-
dyn teg.

Meine Erwählte, ein schlankes,
schönes, heiteres Mädchen,
hochgewachsen, lieblich in ihrem
heidekrautfarbenen Gewand;
Meine höchste Freude, das
Mägdlein anzuschauen,
wenn sie zarte Worte flüstert.

Mein schönster Dienst, bei einem
Mädchen zu sein,
allein zu sein mit ihrem
Geheimnis und ihrer Gabe.
Ich wähle, du Schaumfarbene,

klug unter den Frauen, dein
schönes Walisisch.
Du bist meine Erwählte.
Was bin ich dir?
Warum schweigst du, süßes
Schweigen?
Ich habe ein Mädchen erwählt
und bedaure es nicht;
es ist recht, ein schönes Mädchen
mit Neigung auszuwählen.

Aus diesen Gedichten klingen Freude und Schlichtheit, im Gegensatz zu der Preisdichtung der Berufsbarden, in denen ein dunkler Stil und ein archaischer Wortschatz gepflegt wurden. Metrisch sind sie sehr streng: neun Silben je Vers, wobei der erste Vers des Reimpaares bisweilen auf zehn oder elf Silben erweitert ist; durchgehend Endreim, mit Ausnahme weniger Verse, wo er durch Binnenreim im nächsten Vers ersetzt wird. Das Metrum ist ein *awdl* aus *cyhydedd naw ban* (Reimpaar mit neun Silben in jedem Vers), *cyhydedd hir* (Reimpaar aus zehn und neun Silben) und *toddaid* (elf und neun Silben mit Binnenreim), mit reichem Stabreimschmuck und Binnenreim, der es in nächste Nähe des voll entwickelten *cynghanedd* bringt (11).

Ein anderer fürstlicher Dichter ist Owain Cyfeiliog, der von 1149 bis 1195 Fürst von Powys war und von dessen Gedichten nur eines erhalten ist. Es heißt *Hirlas Owain,* ›Owains großes blaues Horn‹; Gegenstand dieses Gedichts ist ein Bankett am Hof des Fürsten, bei dem er den Mundschenk anruft, er möge das Horn füllen und unter den Kriegern kreisen lassen.

Vielleicht das großartigste Gedicht aus dieser Zeit der *Gogynfeirdd* ist dasjenige, das ihr Ende ankündigt: die berühmte Klage um Llywelyn ap Gruffudd, den letzten der walisischen Fürsten, von Gruffudd ap yr Ynad Coch. Llywelyn fiel 1282 bei einem Angriff auf die Burg von Builth, und sein Tod machte die Hoffnung auf Freiheit in Wales zunichte. In die gleiche Verzweiflung geriet Irland erst im Jahr 1607 mit der Flucht der Earls. Wie später in Irland, erkannten auch in Wales die Dichter, welches Unglück über ihr Land gekommen war und damit auch über die Traditionen eines höfischen Lebens, von dem sie selbst so abhängig waren, und sie ließen ihren Kummer laut werden. In diesem Gedicht verleiht die Trauer dem Dichter gewissermaßen Flügel, so daß er sich über die Grenzen der berufsmäßigen Preisdichtung hinausschwingt. Es spricht für Wales das aus, was Owen Roe Macaward in seiner Klage um die Earls von Tyrone und Tyrconnell später so großartig für Irland ausgedrückt hat.

Die Klage erreicht ihren Höhepunkt in Versen, die unter Walisern berühmt sind, und sie ist in der Tat ein großartiger Ausdruck der Trauer. Die Musik der kunstvoll ausgeschmückten Verse ist hier kein bloßer Ersatz für Poesie. Hier fließen Klang und Sinn in einen Strom der Beredsamkeit zusammen, die von Zorn und Qual inspiriert ist:

Poni welwch-chwi hynt y gwynt a'r glaw?	Seht ihr nicht den Sturmwind und den Regen?
Poni welwch-chwi'r deri'n ymdaraw?	Seht ihr nicht, wie die Eichen aneinanderschlagen?
Poni welwch-chwi'r môr yn merwinaw – 'r tir?	Seht ihr nicht das Meer, wie es das Land peitscht?
Poni welwch-chwi'r gwir yn ymgyweiriaw?	Seht ihr nicht die Wahrheit in ihren Wehen?
Poni welwch-chwi'r haul yn hwylaw – 'r awyr?	Seht ihr nicht die Sonne, wie sie durch den Himmel eilt?
Poni welwch-chwi'r sŷr wedi r'syrthiaw?	Seht ihr nicht die Sterne, wie sie gefallen sind?
Poni chredwch-chwi i Dduw, ddyniadon ynfyd?	Wollt ihr nicht an Gott glauben, törichtes Menschenvolk?
Poni welwch-chwi'r byd wedi r'bydiaw.	Seht ihr nicht die Welt in ihrer Gefährdung?
Och hyd atat-ti, Dduw, na ddaw – môr dros dir!	Oh, daß zu dir, Gott, es kommen möge, das Meer über das Land!
Pa beth y'n gedir i ohiriaw?	Was ist uns noch übriggeblieben, daß wir hier verharren?
Nid oes le y cyrcher rhag carchar braw;	Es ist kein Ort, an den man fliehen kann aus dem Gefängnis der Furcht,
Nid oes le y triger; och o'r trigaw!	es ist kein Ort, an dem man bleiben kann; wehe dem, der bleibt!

Nid oes na chyngor na chlo nac agor,	Es gibt keinen Rat, keinen Schlüssel, keinen offenen Weg,
Unffordd i esgar brwyn gyngor braw.	den traurigen Widerstreit der Furcht von unseren Seelen zu wälzen. (12)

Das reich ausgebaute System mit Stabreim und Reim, das wir als *cynghanedd* kennen, ist noch nicht voll entwickelt, aber die Wirkung ist hier nahezu so, als wäre es schon da (13). Es würde sich für den Leser lohnen, diese Stelle auf Walisisch zu hören – erst dann bekäme er den richtigen Eindruck von der Leistung des Dichters.

Die Gedichte der *Gogynfeirdd* wurden in der Halle vom *pencerdd* oder dem *bardd teulu* vorgetragen, und der *cyfarwydd*, der Geschichtenerzähler, sorgte für weitere Unterhaltung. Von den Geschichten, die da erzählt wurden, haben sich nur einige wenige erhalten, die allgemein unter der Bezeichnung *Mabinogion* bekannt sind, nachdem die berühmte Übersetzung von Charlotte Guest weite Verbreitung gefunden hat. Eigentlich ist das der Titel von vier Geschichten, die in der Handschrift als »Zweige der *Mabinogion*« bezeichnet sind, weshalb wir gewöhnlich von den »Vier Zweigen« sprechen.

Die Vier Zweige der *Mabinogion* stellen insofern eine Art Wunder dar, als sie im 11. Jahrhundert plötzlich da waren; obwohl keine ähnlichen Erzählungen vorausgegangen waren und man auch den Verfasser nicht kannte, sind sie doch von einem Meister in einem schlichten, ausdrucksvollen und bewundernswerten Prosastil verfaßt, der weit bedeutender ist als ihr Inhalt. Die Handlung ist gelegentlich unzusammenhängend und unklar motiviert, auch stellen die vier Geschichten nicht etwa eine Folge dar. Die Geschichte von Manawydan ist die Fortsetzung der Geschichte von Branwen, und Pryderi kommt in allen vier Geschichten vor; ein Hinweis auf die Heirat zwischen Pwyll und Rhiannon findet sich in *Math.* Doch die vier Erzählungen sind unabhängig voneinander. *Pwyll* und *Math* sind in sich abgeschlossen. Dennoch sind die Vier Zweige der *Mabinogion* deutlich das Werk eines einzigen Bearbeiters, eines Mannes, der Bruchstücke einer entschwindenden Überlieferung gesammelt hatte und Gestaltungsgabe und Stilgefühl besaß. Am eindrucksvollsten sind *Branwen* und *Math.*

Matthew Arnold sagte als erster von den *Mabinogion:* »Der mittelalterliche Geschichtenerzähler beutet eine Vorwelt aus, deren Geheimnis er nicht ganz ergründet hat.« Gruffydd hat in seiner Arbeit *Math fab Mathonwy* gezeigt, wieviel Licht die zeitgenössische irische und schottische Folklore auf die Komposition der *Mabinogion* wirft; er hat dabei auch gleich die Verbindung aufgedeckt, die in der irischen Überlieferung zwischen dem Gott Lug und dem Helden Finn mac Cumaill besteht. Seine Vermutung, daß die Vier Zweige ursprünglich eine Sagenfolge mit Pryderi als Hauptheld gewesen sein könnten, überzeugt jedoch nicht. Jackson hat in seinen Gregynog-Vorlesungen (14) den Gegenstand weiter durchleuchtet und überzeugend dargelegt, daß die Geschichten von Sammlern alter literarischer Stoffe zusammengestellt sind, nachdem die Überlieferung des *cyfarwydd,* des berufsmäßigen Geschichtenerzählers, verlorengegangen war, und daß sie aus verschiedenen Quellen stammen: internationale Märchenmotive, alte keltische Mythologie und Entlehnungen aus irischen Sagen sind vertreten. Die Bearbeitung, die uns vorliegt, ist das Werk eines einzigen und hochbegabten Verfassers.

Die Sage von Branwen, der Tochter Llyrs, hängt eng mit Irland zusammen. Matholwch, der König von Irland, kommt und hält um Branwen, die Schwester Brans des Gesegneten, Königs von Britannien, an. Nachdem sie in Irland als Königin aufgenommen ist, läßt man sie grausame Marter erdulden als Rache für eine Beleidigung, die Matholwch während seines Aufenthalts in Britannien zugefügt worden war. Bran erfährt das und kommt mit einem Heer, um sie zu rächen. In der darauffolgenden Schlacht werden die Heere beider Parteien vernichtet. Die sieben überlebenden Waliser bringen das Haupt Brans mit nach Hause und begraben es in London.

Manche Episoden der Erzählung enthalten Motive, die sich auch in irischen Sagen finden. Mac Cana hat die Sage genau und nach allen Seiten hin untersucht und weist auf mehrere Episoden hin, die einfach übernommen zu sein scheinen (15). Dazu gehört die vom Eisernen Haus, deren irischer Ursprung längst anerkannt ist (16).

In mehreren irischen Sagen wird die Technik der Teichoskopie verwendet, um Fremdlinge zu identifizieren, die herankommen. Ein Wächter beschreibt, was er sieht, und nach seiner Beschreibung sagt ein anderer, der die Betreffenden kennt, wer sie sind. Das wird bisweilen mit guter Wirkung angewendet, wenn mehrere Gruppen nacheinander ankommen, eine immer prächtiger als die andere, so etwa in *Bricrius Festmahl*, wo die Ankunft Cú Chulainns den Höhepunkt bildet, oder im *Taín Bó Cualnge*, wenn Mac Roth dem Fergus die ankommenden Krieger beschreibt (17). In der *Zerstörung der Herberge Da Dergas* wird das Motiv zur Schilderung der Gesellschaft in der Herberge eingeführt. Ingcél schildert, was er sieht, und Fer Rogain erkennt die Krieger nach dieser Schilderung.

Mac Cana hat überzeugend dargelegt, daß der Verfasser von *Branwen* Anleihen bei der irischen Sage und verschiedenen anderen irischen Geschichten gemacht hat und daß er die alten Themen zu einem neuen Ganzen verwoben hat, das zwar in sich nicht ganz logisch zusammenhängt, trotzdem aber durch seinen Stil und die Atmosphäre des Zaubers beeindruckt.

Dieselben Stileigenschaften erscheinen mit der gleichen Wirkung auch in der Schlußperiode von *Branwen*, als die Überlebenden der großen Schlacht in Irland mit dem abgetrennten Haupt Brans nach Wales zurückgekehrt sind und auf Gwales (18) in Penfor bleiben. Ursprünglich handelt es sich um eine Schilderung der Glückseligkeit der heidnischen ›Anderen Welt‹, doch der Verfasser, ein Mönch, scheint das nicht zu merken. Die überquellende Phantasie der irischen Schilderung der ›Anderen Welt‹ in der *Seereise Brans* und in *Cú Chulainns Krankenlager* haben hier einer friedlichen Einfalt Platz gemacht. Den Helden ist gesagt worden, sie würden sich dieses Glückes 80 Jahre lang erfreuen dürfen, bis sie das Tor öffnen, das auf Aber Henvelen nach Cornwall zu hinausgeht.

Es liegt an der Anmut und Heiterkeit dieser Prosa, wenn der Leser die *Mabinogion* reizvoll findet. *Branwen* allerdings ist auch als Erzählung einigermaßen gelungen, dagegen ist *Math fab Mathonwy* ein Durcheinander von Themen, das man, wie Gruffydd gezeigt hat, nur schwer entwirren kann, und lediglich durch die obenerwähnten Eigenschaften wird hier die Plan- und Formlosigkeit wettgemacht.

Math ist der Herr von Gwynedd. Gwydion, der Sohn Dons, berichtet ihm, daß Pryderi, ein Fürst im Süden, wunderbare Schweine hat, und er verspricht, sie ihm zu verschaffen. Er vollbringt das durch Zauberei, indem er Pilze in Pferde, Jagdhunde und Schilde verwandelt, die er gegen die kostbaren Schweine eintauscht. Der Zauber hält nur einen Tag an, und Gwydion entweicht mit seiner Beute, solange die Verwandlung vorhält. Pryderi verfolgt ihn und fällt im Kampf gegen Math.

Während Math abwesend ist, vergewaltigen Gwydion und sein Bruder die Jungfrau, die Maths Bedienstete (19) war. Zur

Strafe verwandelt Math sie jeweils für ein Jahr in Rotwild, Schweine und Wölfe, bis sie ihr Verbrechen abgebüßt haben.
Gwydion sagt Math, er möge Arianrhod, die Tochter Dons, seine Nichte, als Bedienstete nehmen, denn sie muß eine Jungfrau sein. Doch es stellt sich heraus, daß sie keine Jungfrau ist. Das Kind, das sie gebiert, wird von Gwydion adoptiert und ist nach vier Jahren so groß wie ein Achtjähriger.
Eines Tages bringt Gwydion den Knaben zu einem Besuch zu seiner Mutter. Sie ist zornig, weil sie so an ihre Schande erinnert wird, und verflucht das Kind, es solle keinen Namen tragen, bis sie selbst ihm einen gebe. Gwydion verkleidet sich selber und den Jungen als Schuhmacher und bringt Arianrhod durch eine List dahin, daß sie den Knaben Lleu Llawgyffes (›der Glänzende mit der geschickten Hand‹) nennt (20). Dann verflucht sie ihn, er solle niemals Waffen erhalten, ehe sie selbst sie ihm geben werde. Gwydion läßt durch Zauberei eine feindliche Flotte erscheinen und kommt verkleidet mit Lleu, um Caer Arianrhod zu verteidigen. Arianrhod gibt ihnen Waffen dafür, worauf die Schiffe verschwinden. Wiederum überlistet, belegt sie ihren Sohn mit dem Fluch, er solle niemals ein Weib haben, ehe sie selbst ihm eines gebe.
Math und Gwydion machen für Lleu eine Frau aus Blumen und nennen sie Blodeuwedd (›Blumengesicht‹). Eines Tages, da Lleu zu Hofe gegangen ist, kommt Gronw Pebyr auf der Jagd nach Ardudwy. Er und Blodeuwedd verlieben sich sogleich ineinander und schlafen drei Nächte zusammen. Er sagt ihr, sie möge ausforschen, wie Lleu getötet werden könne.
Wie Delila in der biblischen Geschichte überredet Blodeuwedd Lleu, ihr sein Geheimnis zu verraten. Er hat die Zaubergabe der Unverwundbarkeit: Man kann ihn weder innerhalb noch außerhalb eines Hauses töten, weder zu Pferde noch zu Fuß. Er sagt, er könne nur durch einen Speer umkommen, an dem

ein ganzes Jahr lang nur sonntags während der Messe gearbeitet worden sei. Und auch mit diesem einzigartigen Speer könne er nur dann getötet werden, wenn er mit dem einen Fuß auf einem Ziegenbock stehe und mit dem anderen auf der Kante einer Badewanne. Hier verbinden sich drei bekannte Motive der Volkssage: das treulose Weib, das das Geheimnis ihres Gatten entdeckt (St. K. 2213, 4, 1), die absurden Aufgaben (St. H. 1050) und Unverwundbarkeit (St. Z 310). Jackson bemerkt, daß die Verbindung der beiden letzteren archaisch zu sein scheint, und weist auf Vritra im *Mahābhārata* hin, der weder bei Tag noch bei Nacht, weder durch Stein noch durch Holz usw. getötet werden kann (21).

Nach einem Jahr bringt Blodeuwedd das Verlangte zuwege, und mit dem giftigen Speer verwundet Gronw Pebyr den Lleu, der in Gestalt eines Adlers davonfliegt.

Gwydion macht sich auf, um Lleu zu suchen, und findet ihn, indem er einer Sau folgt; diese nährt sich von den Maden, die aus dem Fleisch des sterbenden Adlers fallen, während er auf einem Baum schläft. Gwydion gibt ihm seine menschliche Gestalt wieder und heilt seine Wunde. Blodeuwedd wird in eine Eule verwandelt, und Gronw Pebyr wird von Lleu erschlagen.

Als Erzählung ist *Math* nicht gelungen. Es gibt keinen Helden, will man nicht Lleu Llawgyffes dafür ansehen. Seine Abenteuer erregen die meiste Spannung, aber Gwydion ist ein größerer Held als er. Lleu kann auf eine bestimmte Weise getötet werden, doch der Verfasser scheint das vergessen zu haben, denn Lleu wird nicht getötet, sondern nur in einen Adler verwandelt, und später erholt er sich und rächt sich. Aber auch Gwydion ist zuerst ein Schurke und wird auf schimpfliche Weise bestraft. Am allerwenigsten ist Pryderi der Held. Er wird nur um seine Schweine betrogen und dann getötet, während er versucht, sie wiederzugewinnen. Die Geburt Lleus und die kühnen Taten, die er in seiner Jugend vollbringt, lassen eine heldenhafte Fortsetzung erwarten, aber was folgt, ist nur noch Folklore. Der Name des großen Keltengottes ist hier eine bloße Entlehnung.

Dennoch bietet die Geschichte gute Unterhaltung, Volkssagen und Märchen, in denen Menschen in Tiere verwandelt werden, eine Flotte oder eine Frau durch Zauberei erschaffen werden können, das Böse bestraft und das Gute belohnt wird.

Culhwch und Olwen ist in mancher Hinsicht die interessanteste walisische Sage. Sie enthält eine Fülle von Sagenstoff, in dem Personen und Überlieferungen vorkommen, die einer walisischen Zuhörerschaft einst vertraut waren; und in den Kreis von Arthurs Kriegern sind hier einige berühmte Gestalten der irischen Mythologie und Heldensage einbezogen: Cnychwr, der Sohn des Nes, Cubert (= Cú Roí?), Sohn des Daere, und Fercos, Sohn des Roch. Auch Manawydan, der Sohn des Llŷr, der irische Manannán, gehört in diese Namensliste. Darüber hinaus stehen hier Arthur und sein Hof im Mittelpunkt der Erzählung, während sie in den Vier Zweigen nicht einmal erwähnt werden.

Die Geschichte ist eher eine Volkssage als eine Heldensage, und tatsächlich ähnelt sie auch weitgehend neueren irischen Volkssagen vom Sohn des Königs von Irland: der verwitwete König, der sich wieder verheiratet, die eifersüchtige Stiefmutter, die dem Königssohn auferlegt, zur Burg eines Riesen auszuziehen, die Helfer, die Proben, der erfolgreiche Ausgang des Ritterzuges und das glückliche Ende, alles ohne genaue Lokalisierung.

Goleuddydd, das Weib Cilydds, gebiert einen Sohn an einem Ort, wo ein Schweinehirt eine Herde Schweine hütet. Das Kind kommt, da die Mutter vor den Schweinen erschrickt, vorzeitig zur Welt (22), und der Sohn wird in Pflege gegeben.

Die Mutter des Jungen stirbt bald darauf, und sieben Jahre später heiratet der König wieder. Als die Königin entdeckt, daß der König einen Sohn hat, bittet sie ihn, er möge ihn nicht länger verbergen, und der Junge wird an den Hof gerufen. Die Königin tut den Schwur, daß er nie heiraten solle, ehe er nicht Olwen, die Tochter des Riesenhäuptlings Ysbaddaden, gewinne, und sofort wird der Königssohn von Liebe zu Olwen erfüllt, »obwohl er sie nie gesehen hatte« (23). Sein Vater schickt ihn an Arthurs Hof, um sich Olwen als Geschenk zu erbitten, denn Arthur ist sein Vetter.

Culhwchs Ankunft am Hofe Arthurs erinnert an die Ankunft Lugs mit dem langen Arm am Hofe Nuadus in der irischen *Schlacht von Moytura*. Zuerst wird ihm der Zutritt verweigert, und dann befiehlt Arthur, ihn einzulassen, und heißt ihn willkommen. Culhwch bittet Arthur, er möge ihm Olwen verschaffen, und ruft die Krieger Arthurs namentlich an. Das Verzeichnis der über 250 Namen enthält einige, die – wie Manawydan, Sohn des Llŷr – nicht als Krieger an Arthurs Hof angesehen worden sein können, und es endet mit den Namen von 20 Frauen. Offensichtlich ist es ein bloßer Katalog von Namen, denen zum Teil kurze erläuternde Anmerkungen beigefügt sind.

Dann beginnt die große Ritterfahrt. Als die Krieger bei der Burg Ysbaddadens ankommen, warnt sie ein Schäfer und sagt, noch keiner sei lebend von dieser Fahrt zurückgekehrt. Sie erzwingen sich den Weg in die Burg und grüßen den Riesen. Ihm werden mit Forken die Augenlider gehoben, damit er sie sehen kann, und er schleudert einen vergifteten Speer auf sie (24). Bedwyr fängt den Speer auf und schleudert ihn zurück, wobei er den Riesen am Knie verwundet.

Nachdem er drei vergiftete Speere vergeblich geschleudert und selbst drei Wunden empfangen hat, wendet sich der Riese an

Culhwch und erlegt ihm eine Reihe unmöglicher Aufgaben auf, die er erfüllen muß, um seine Tochter Olwen zu erlangen. Dieses Verzeichnis von Aufgaben ist wiederum eine Sammlung von Sagenmotiven, in denen ein guter Teil verlorener Überlieferung beschworen zu werden scheint. Für den Leser ist das mühsam, aber von einem guten Geschichtenerzähler wiedergegeben, mag es unterhaltsam sein. 40 Aufgaben werden aufgezählt, und jedesmal erwidert Culhwch: »Für mich ist es leicht, das zu erlangen, wenn du auch denkst, es wäre nicht leicht.« Die 21. Aufgabe besteht darin, den Kamm und die Schere zu holen, die sich zwischen den beiden Ohren des Twrch Trwyth, Sohnes des Taredd Wledig, befinden, um dem Riesen das Haar zu stutzen, und fast alle folgenden Aufgaben sind dieser einen untergeordnet: ein Hund, um den Eber zu jagen, eine Leine für den Hund, ein Halsband für die Leine, einen Jäger, um die Leine zu halten, ein Pferd für den Jäger und so weiter.

Die vorhergehenden Aufgaben enthalten Anspielungen auf legendäre oder mythologische Figuren – Amaethon, den Sohn des Don, Mabon, Sohn des Modron, die Vögel von Rhiannon, den Kessel Diwrnachs des Iren – und weisen auf einen verlorenen Schatz an Überlieferung hin.

Unter Arthurs Führung beginnt nun die bedeutendere Ritterfahrt. Viele von den Aufgaben werden ausgeführt, viele einfach vergessen. Die Suche nach Mabon, dem Sohn Modrons, ist gut erzählt. Die Krieger holen sich Rat bei der Amsel von Cilgwri. Die schickt sie zu einem Hirsch, der sie zu einer Eule schickt, diese zu einem Adler, der sie zu einem Lachs schickt; der Lachs führt sie nach Caer Loyw (Gloucester), wo Mabon gefangengehalten wird. (Das Volkssagenmotiv von den Ältesten Tieren wird hier ganz ungekünstelt eingebaut.)

Manchen Teilen der Geschichte fehlt der logische Zusammenhang, etwa wenn Gwythyr einen Ameisenhaufen vor Feuer bewahrt, und wir erfahren, daß die dankbaren Ameisen später Leinsamen brachten und so die Erfüllung einer Aufgabe möglich machten. Die eigentliche Aufgabe jedoch wird überhaupt nicht erwähnt. Später folgt eine Abschweifung über den Wettstreit Gwythyrs, des Sohnes Greidawls, mit Gwyn, dem Sohn Nudds, um die Hand Creiddylads, der Tochter des Lludd, und wir hören, daß Arthur nach ihrer Versöhnung das Roß und die Leine erhielt, die der Riese verlangt hatte.

Nach der Erfüllung verschiedener Aufgaben versammelt Arthur die Krieger der Insel Britannien und der drei benachbarten Inseln sowie diejenigen Frankreichs, der Bretagne, der Normandie und des Sommerlands und begibt sich nach Irland, um den Twrch Trwyth zu jagen. Der Rest der Sage ist eine Jagdschilderung. Der zaubergewaltige Eber schwimmt nach Britannien und wird über den Severn nach Cornwall hineingejagt. Kamm und Schere werden erobert, und der Eber entweicht ins Meer.

Dann wird noch eine weitere Aufgabe vollbracht, die eher eine Antiklimax der Erzählung bedeutet: Culhwch kehrt im Triumph mit allen seinen Beutestücken an den Hof des Riesen zurück. Der Riese wird enthauptet, »und in jener Nacht schlief Culhwch mit Olwen, und sie war seine einzige Frau, solange er lebte. Und die Scharen Arthurs gingen auseinander, ein jeder in sein Land.«

Unter den fünf walisischen Erzählungen, in denen Arthur eine bedeutende Rolle spielt, ist *Culhwch und Olwen* die interessanteste. Hier nimmt Arthur den Helden auf und führt die Jagd auf den Twrch Trwyth an. Die Krieger, die die anderen Abenteuer bestehen, sind seine Mannen. Er erscheint nicht nur als König von Britannien, sondern auch als Herrscher über Frankreich, die Bretagne und Normandie, und eine der bedeutsamsten Stellen in der Erzählung ist das lange und langweilige Verzeichnis seiner Ritter. Im Mittelpunkt der Handlung steht er jedoch nicht. Die Hauptfiguren sind Culhwch und Ysbaddaden, während wir über Arthur selbst nicht viel erfahren. Sein Schwert *Caledfwlch*, sein Schild und Speer sowie sein Schiff *Prydwen* (das auch in dem alten *Preideu Annwfn* erwähnt wird) sind bereits berühmt.

Eine weitere Arthursage ist *Rhonabwys Traum*, eine seltsame und zusammenhanglose Geschichte, in der Arthur eine ziemlich armselige Rolle spielt. Er wird beim Durchqueren einer Furt von einem Pferd mit Wasser bespritzt, und einer seiner Männer schlägt das Pferd. Dann läßt er sich in ein Brettspiel mit Owein ein, der seine Forderungen ablehnt und ihm als Ebenbürtiger gegenübertritt. Doch selbst hier ist er der große Herrscher, und die Heere der Nordmänner stehen in seinen Diensten. Als Rhonabwy fragt, ob das Heer fliehen werde, erhält er die Antwort: »Der Kaiser Arthur ist noch nie geflohen, und wenn jemand hörte, daß du das behauptetest, wärest du ein verlorener Mann.« Zu alledem ereignet sich all das nur in einem Traum, während Rhonabwy auf einer gelben Ochsenhaut schläft.

Die anderen drei Arthursagen, *Gereint*, *Owein* und *Peredur*, sind von normannisch-französischer literarischer Tradition stark beeinflußt. In welcher Beziehung sie zu den französischen Romanen *Erec*, *Yvain* und *Perceval* des Chrétien de Troyes stehen, ist noch nicht hinlänglich geklärt. Sie sind keine bloßen Übersetzungen aus dem Französischen; man hält sie aber für Bearbeitungen französischer Romane, die ihrerseits wieder auf walisische Quellen zurückgehen (25). Das zu untersuchen hieße jedoch den Rahmen dieses Buches sprengen.

Diese Prosaromane stellen das Ende einer Tradition dar und

haben in der Literatur keine Nachfolge gefunden. In Wales lag genau wie in Irland eine ursprünglich mündliche Überlieferung zugrunde. Die Sagen wurden am Königshof oder in den Häusern der Edlen von den *cyfarwyddion* vorgetragen und in gröberer Form zweifellos von einfacheren Geschichtenerzählern am Feuer in jedermanns Haus erzählt. In beiden Ländern hat normannischer Einfluß neue literarische Moden eingeführt; die Zukunft gehörte den Übersetzungen, zuerst aus dem Lateinischen und dann aus dem Französischen. Die Belagerung Trojas, die *Aeneis,* die Thebais und die Geschichte von Alexander, Karl dem Großen, Marco Polo und Sir John Mandeville – das war die Unterhaltung, die unter den Vornehmen Mode wurde. Die einheimischen Überlieferungen lebten nur als Volksmärchen weiter, die am ländlichen Herd erzählt wurden, wie das in manchen Teilen Irlands heute noch geschieht. Es war Dichtung, die später in Wales zur Blüte kam und die auf wunderbare Weise noch immer weiterblüht.

12

Die keltische Kunst

Aus dem bisher Gesagten ist sicherlich klargeworden, daß die Kelten seit der Mitte des 1. Jahrtausends v. Chr. die mächtigsten und bedeutsamsten nichtmittelmeerischen Völker stellten. Diese ursprünglich über ganz Mitteleuropa verstreuten keltischen Stämme fanden allmählich im Westen zu einer einheitlicheren politischen Form: die Gallier. Sie hinterließen zwar nur spärliche Zeugnisse – vornehmlich Inschriften – über sich selbst, aber wir sind doch durch die Aufzeichnungen der antiken Völker, mit denen sie in Berührung kamen, über ihre Geschichte und ihre Einrichtungen ziemlich gut unterrichtet. Außerdem liefert uns die Archäologie immer neue Einblicke in ihre materielle Kultur und Lebensweise. Wir wissen einigermaßen, wie sie lebten und starben, wie sie kämpften und welche Waffen sie verwendeten, wir wissen auch einiges über ihre Religion und Mythologie. Aber da es keine des Lesens und Schreibens vollkommen kundige Gesellschaft gab, fehlen uns literarische Selbstzeugnisse der Gallier aus ihrem geistigen und Privatleben.

Dafür haben wir aber über ihre Kunst einen unmittelbaren Zugang zu ihnen. Von den ältesten Zeiten an bis zur letzten Blüte in den peripheren Inselländern des Westens während der frühchristlichen Jahrhunderte zeigt die keltische Kunst eine reiche und höchst individuelle Entwicklung. Sie wird durch Einflüsse aus dem Osten und aus dem Süden mitbestimmt und mitgeformt, aber niemals überlagert oder auch nur abgewandelt. Ihr Merkmal ist eine charakteristische, typisch keltische Eigenart, die sich unwandelbar erhält, wo immer keltische Völker auftreten. Wir können ihre ersten Spuren schon in der Periode der Hallstattkultur in der ersten Hälfte des 1. Jahrtausends v. Chr. feststellen, doch die Kunst, die wir als typisch keltisch bezeichnen möchten, fällt in die jüngere Eisenzeit: Es ist die La-Tène-Periode von etwa 500 v. Chr. bis 100 n. Chr. Das ist die Kunst Galliens in ihrer reichsten Entfaltung vor der Eroberung durch die Römer. Die Blüte dieser Kunst hält im 1. nachchristlichen Jahrhundert in den inselkeltischen Gebieten unvermindert an. In den Randgebieten überlebte sie den Römereinbruch, und in Irland, wohin die Römer nicht kamen, blühte diese ursprüngliche keltische Kunst bis ins Mittelalter, ohne daß ihre Entwicklung jemals abbrach. Geringe Veränderungen ergaben sich nur durch die Übernahme neuer Motive in der Wikingerzeit. Jacobsthal, der erste Sachverständige für die Kunst der Festlandkelten, faßt seine Eindrücke am Ende seines Buches über die frühkeltische Kunst folgendermaßen zusammen: »Meiner Meinung nach ist die gesamte keltische Kunst eine Einheit. Sie ist die Schöpfung einer einzigen Rasse, der Kelten.« (1)

Man hat die keltische Kunst mit Recht als den ersten großen Beitrag der Barbaren zur europäischen Kunst bezeichnet (2). Ihr Ursprung ist unbekannt, obwohl man bis vor kurzem annahm, sie müsse sich in ihrer ältesten Phase aus einer einzigen Richtung herleiten lassen. Aber wo, wann und wie war sie entstanden? Woher kam die erste Anregung? Die Antwort auf diese Fragen kennen wir nicht. Man nimmt eine langsame, mehrgleisige Entwicklung an, die sich unter wechselnden Bedingungen und an wechselnden Orten vollzog (3). Dennoch handelt es sich um eine ausgesprochen nationale Kunst.

Die keltische Kunst hebt sich in ihren hervorstechenden Zügen deutlich von der anderer Völker, etwa der Phöniker und Iberer, der Etrusker und Griechen, ab. Trotzdem hat sich die keltische Kunst nicht isoliert entwickelt, und ihre Geschichte bezeugt viele Berührungen mit anderen Völkern. Diese Kontakte haben eine wichtige Rolle gespielt, als die Kunst der Kelten von verschiedenen Gebieten her und zu verschiedenen Zeiten Gestalt gewann, und sie ermöglichen es uns, ihre Geschichte über Jahrhunderte hinweg bis zu einem gewissen Grad zeitlich festzulegen.

Welches sind die Grundzüge, die wir an der keltischen Kunst feststellen, wo immer wir sie finden? Ihr auffallendstes Kennzeichen ist vielleicht ihre Originalität und die Wahl und Zusammenstellung der Motive, die vorwiegend aus der Natur, der Tier- und Pflanzenwelt, genommen sind und nur gelegentlich und zufällig menschliche Elemente einbeziehen, wobei das Ganze letztlich als wirklichkeitsferne und phantasievolle Schöpfung der Einbildungskraft dasteht. Unveränderlicher Bestandteil dieser Kunstschöpfungen ist ein kultivierter Geist, der die Komposition bestimmt. Weder in der Konzeption noch in der Ausführung ist auch nur eine Spur von Derbheit festzustellen. Diese Kultiviertheit drückt sich überall aus: in der Eleganz der Linien, in einem unbeirrbaren künstlerischen Geschmack bei der Verwendung fließender Kurven und deren Einsatz in einem feststehenden Vorwurf.

Künstlerisch ergibt sich daraus, daß eine von der Materie losgelöste Vollkommenheit und Anmut erreicht wird. Die keltischen Künstler waren sich instinktiv der Bedeutung der fließenden Linie bewußt, die sie mit unbeirrbarer Sicherheit zogen. Sie liebten das ornamentale Muster. Die Natur lieferte ihnen die Inspiration zu einem künstlerischen Motiv, das in einem gewissen Abstand zur Sinneswahrnehmung nicht – wie wir betonen möchten – als Symbol wiedergegeben wurde, sondern als Ergebnis der Steuerung durch Instinkt oder Geschicklichkeit des Künstlers. Die keltischen Künstler hatten ein untrügliches Gefühl für die Wirkung des Ornaments und verstanden es, dieses Ornament jedem Material und Gegenstand vollkommen anzupassen. Dazu kam ein sicheres Formgefühl, das besonders an ihren Münzen (4) deutlich wird (Abb. S. 293). Ihr großer, überquellender Einfallsreichtum, der sich fast zu einem *horror vacui* steigert, verschwendete sich in einem unerschöpflichen Einsatz bewußter künstlerischer Bemühung, Gelegenheit und Material bis zum letzten auszunutzen. Diese Kunst ist ihrem Wesen nach eher auf Phantasie als auf naturgetreue Wiedergabe ausgerichtet. Es ist kaum möglich, in den Ornamenten die Laubart zu bestimmen. Bei Pflanzen wie bei Tieren wird viel mehr stilisiert als realistisch wiedergegeben, und die Verschmelzung verschiedener Gattungen bringt phantastische Gebilde hervor, die uns an die spätantiken Bestiarien erinnern. Diese Elemente haben der keltischen Kunst ihren Stempel ein für allemal aufgedrückt und ihr charakteristische Züge verliehen; sie überdauern alle Wanderungen und Kriege und auch die Zeit des großen Gallierreichs vor der Eroberung durch die Römer. Wir können die Spuren der uns entschwundenen Grundregeln typisch keltischer Ornamentik in den wunderschönen geschwungenen Linien der stilisierten Blumenmuster der Marnekeramik etwa im Museum von Saint-Brieuc in der Bretagne und viele Jahrhunderte später in der Kunst der ornamentalen Randzeichnungen irischer Handschriften verfolgen, obwohl hier die Zwischenstadien nicht immer gesichert sind.

Diese Grundform keltischer Kunst erreichte ihren Höhepunkt in der Zeit des Imperiums. Die in der ersten Hälfte des 1. Jahrtausends v. Chr. in der Hallstattphase verwurzelte keltische

Kunst war in keiner Weise ein nationales Phänomen gewesen, sondern Bestandteil der zeitgenössischen internationalen Kunst Eurasiens: Sie war von jener Entwicklung miterfaßt, die in Griechenland den geometrischen Stil hervorbrachte. Die Gemeinsamkeit besteht darin, daß alle Darstellungen natürlicher Vorbilder stilisiert und als lineare, vorwiegend eckige geometrische Formen wiedergegeben werden, die sich viele Male wiederholen. Typische Motive sind übereinander angeordnete Bänder mit völlig gleichen, hölzern wirkenden Pferden im Gänsemarsch und Wasservögeln, die sich endlos wiederholen. Es ist eine »en-gros-Kunst«, denn derartige gleichförmige Streifen ließen sich auf Metallarbeiten und Töpfereien leicht anbringen und ohne Aufwand wiederholen.
Im 8. Jahrhundert hatte sich in Griechenland und Italien eine höherentwickelte Kunst herausgebildet, die auf stärkeren und vielfältigeren Einflüssen aus dem Osten beruhte und von den klassischen Archäologen als orientalisierende Periode bezeichnet wird. 300 Jahre später kam es in Gallien zu einer ähnlichen Entwicklung, die eine völlige Wandlung des älteren geometrischen Stils zum reicheren, volleren und freieren Spiel der Phantasie bei der künstlerischen Wiedergabe der natürlichen Welt hin herbeiführte, ein Stil also, der sich geschwungener Linien bediente, üppiger wurde und sich so stark auf die Phantasie stützte, daß eine völlig neue und sehr individuell geprägte Kunst entstand. Die kulturelle Entwicklung Galliens wie auch die des nördlichen Europa ganz allgemein hinkte derjenigen der Länder um das östliche Mittelmeer nach, und so kam die ursprünglichere und reichere Inspiration bei der Herausbildung des neuen Stils in Gallien nicht unmittelbar aus dem Osten, sondern mit Verzögerung und auf einem Umweg teils über Griechenland und Italien, teils auch von Italien über Mitteleuropa, vielleicht sogar über den Kaukasus.

Diese Periode in der Kunst, die wir als spezifisch keltisch bezeichnen, zeigt sich voll entwickelt in phantastischen Verbindungen von Tieren und Laubwerk, bizarren und nicht naturalistischen Darstellungen von Naturobjekten, der Flora und Fauna des Ostens, Lotosblumen, Palmen, Löwen und wilden Tieren der Wüste, die von ihrem realen Erscheinungsbild losgelöst waren und – manchmal als Ganzes, manchmal auch nur in Einzelteilen – sich auf fremdem Schauplatz wiederfanden. Das Erstaunliche an diesem neuen Stil der La-Tène-Periode, der auf den Hallstattstil folgte, war, daß er keinen deutlichen Beginn und keine allmähliche Entwicklung zeigt. Wie die piktische Kunst in Schottland tritt er von Anfang an als reifes und fertiges Produkt in Erscheinung. Das konnte einzig und allein eine mächtige neue Anregung von außen her zuwege bringen, indem sie neue Motive in die keltischen Werkstätten einführte: Wüstentiere und tropische Pflanzen. Doch wie diese orientalischen Einflüsse zu den Nordkelten vordrangen, bleibt ein Geheimnis. Direkte Berührungspunkte können nicht angenommen werden, da es keinerlei Beweismaterial für unmittelbare politische oder wirtschaftliche Beziehungen quer durch die Steppen oder über den Seeweg von Griechenland her gibt. Die Berührungen müssen sich wohl mittelbar ergeben haben, und zwar vor allem und zuerst über Etrurien.

Viele der phantasiereichsten Motive, die für die keltische Kunst charakteristisch sind, finden sich in den getriebenen Verzierungen ihres größten Meisterwerks vereint, des großen Silberkessels, der gewöhnlich als Gundestrupkessel bezeichnet wird. Er wurde 1891 in mehreren Teilen in Dänemark in einem Torfmoor gefunden, ist jedoch eine keltische Arbeit und wird gewöhnlich auf das 1. oder 2. Jahrhundert v. Chr. datiert. Da er orientalische Elemente zeigt – den Elefanten etwa –, und wegen anderer Eigentümlichkeiten der Darstellung, nimmt man an, er könne im mittleren Donaugebiet entstanden sein. Vom Stamm der Skordisker in diesem Raum berichtet Athenaios, sie hätten das Silber dem Gold vorgezogen (5); die erstaunliche Größe des Kessels – 42 cm hoch, 69 cm Durchmesser – und sein Gewicht – fast 9 kg (6) – sind einzigartig unter den keltischen Silbergeräten. Noch bemerkenswerter sind die lebendigen und eindrucksvollen Darstellungen auf der Innen- und Außenseite: der gehörnte Gott Cernunnos und andere göttliche Wesen, Menschenmasken, Schlangen, erfundene und der Natur nachgebildete Tiere, Vögel, ein Zug bewaffneter Krieger und rituelle Szenen, etwa das Ertränken eines Menschen, der an den Beinen mit dem Kopf nach unten in eine Wanne gehalten wird.

Wenn wir auch die Anfänge der obengeschilderten keltischen Kunst zeitlich nicht fixieren können, so dürfen wir doch ihre eigentliche geistige Gestaltung auf die La-Tène-Periode der europäischen Kultur eingrenzen. Sie entfaltete sich später noch reicher, änderte sich ihrem Wesen nach jedoch nicht mehr. Man hat die keltische Kunst als eine Kunst der durch und durch phantastischen Verbindung von Ornament, Masken, Laubwerk und Tieren bezeichnet, und das sind auch zweifellos die Elemente, die ihre besondere Leistung ausmachen: Hierin liegt auch der Unterschied zur griechischen Welt des natürlichen Menschen und seiner Umgebung. Es ist die Kunst eines Volkes, das sich aufs eindringlichste seiner Umgebung in der natürlichen Welt bewußt ist, ehe noch die ersten Schritte zu einer wissenschaftlichen Klassifizierung getan waren. Wenn dieser Kunst die Humanität der griechischen Welt fehlt, so fehlt ihr doch auch die Überheblichkeit, die seit der Antike die europäische Kunst beherrscht, seit die griechischen rotfigurigen Vasen und die griechischen Meisterwerke der Plastik dem Menschen erstmals seine eigene Würde und seine Überlegenheit in der Welt der Schöpfung zum Bewußtsein brachten. Der gallische Künstler überlud seinen Bildraum, da er seine Wirkung mehr durch Einfallsreichtum als durch eindrucksvolle Sparsamkeit zu erzielen bestrebt war. Er erkannte nie den Wert des leeren Raums als eines künstlerischen Mittels, das die Wirkung des Dargestellten erhöhen und eine wichtige Rolle in der künstlerischen Komposition spielen kann. Das war die große Entdeckung der Griechen zur Zeit der rotfigurigen Vasen; sie drang nie bis zu den Künstlern Galliens vor, doch werden wir ihr in den Arbeiten der Inselkelten von Irland begegnen. Bei den gallischen Künstlern beschränkte sich die Wesensverwandtschaft auf die kykladische Kunst; diese füllte den leeren Raum um die Hauptfiguren ihrer Töpferarbeiten gern mit Rosetten, Muscheln und kleinen Spiralen aus, die entfernt an niedere Formen der Meeresflora oder -fauna erinnern. Charakteristische Züge der frühgriechischen Malerei erhielten sich, schwer überladen und ausgeschmückt, in der keltischen Kunst vor allem in den irischen Handschriften. Wir finden sie hauptsächlich in den Bildern zu den Evangelien im *Book of Kells.* Auch hier erinnern die eckigen Menschengestalten, die sich mit den Figuren auf frühen slawischen Ikonen vergleichen lassen, eher an die Gestalten auf griechischen schwarzfigurigen Vasen als an die naturalistischen Menschendarstellungen der rotfigurigen Zeit.

Das überraschendste und vielleicht überhaupt das revolutionärste Merkmal der La-Tène-Kunst ist das Aufkommen der Vielfarbigkeit. Sie fand gleichzeitig mit anderen orientalischen Stilmitteln Eingang in Gallien. In der frühen polychromen Periode trat das Farbelement nur in Form von Korallen-Einlegearbeit auf, doch in der zweiten Phase wird die Koralle weithin durch rotes Email ersetzt, das viel reicher und häufiger verwendet wird. Sein Ursprung ist unbekannt, doch kam es wahrscheinlich aus Zentralasien, vielleicht aus Persien. In Britannien wurde rotes Email als prächtiger Zierat bei Schmucksachen, Pferdegeschirren, Wagenbeschlägen und Waffen verwendet. Ein ganz hervorragendes Beispiel ist der ›Battersea-Schild‹, um 75 v. Chr., aus der mittleren La-Tène-Zeit. Es ist aufschlußreich, diesen Schild nach Höhe und Proportionen mit der Steinplastik des gallischen Kriegers aus der augusteischen Zeit zu vergleichen, die in Mondragon (Vaucluse) gefunden wurde und sich jetzt in Avignon befindet. Diese Statue zeigt, daß der Schild aus der mittleren La-Tène-Zeit während der Eroberung durch die Römer noch verwendet worden sein muß, und tatsächlich gehören die meisten der in den Gräbern bei Alesia gefundenen Schildbuckel diesem Typ an. Anhand dieser Plastik können wir uns Diviciacus, den »Haeduerfürsten«, vorstellen, der nach Rom gegangen war, um sich Hilfe gegen die Einfälle des Ariovist zu erbitten, und von dem es in dem anonymen, 310 dem Kaiser Konstantin gewidmeten Panegyrikus (VIII, 57) heißt, er habe, »auf seinen Schild gelehnt, dem Senat eine eindringliche Rede gehalten« (III).

Wie sich die Technik in jener Zeit fortentwickelte, sehen wir hauptsächlich an der Keramik und den Metallarbeiten, da dies die Stücke sind, die im allgemeinen erhalten bleiben. Die La-Tène-Keramik ist sorgfältig und symmetrisch gearbeitet, hat gewöhnlich eine sehr schön polierte schwarze Oberfläche und ruht auf einem kleinen und zierlichen Fuß. Die Metallgeräte sind meist aus Bronze, oft durchbrochen gearbeitet. Schmucksachen, Pferdegeschirr und Wagenbeschläge wie auch Waffen und Rüstungsstücke sind durchaus fachgerecht hergestellt. Schwertscheiden zeigen besonders am Ortband wunderbare Arbeit. Diese Bronzestücke werden durch freigebige Verwendung von rotem Email und Schmelzarbeit belebt.

Ihren Höhepunkt erreichte die keltische Kunst, als die Macht der Gallier am größten war. In den Randgebieten, besonders im insularen Britannien, wo man sich von dieser großartigen Entwicklung der La-Tène-Kultur anregen ließ, entfalteten und erweiterten sich die Hauptmerkmale in ästhetischer wie in technischer Hinsicht immer mehr, während in Gallien selbst nach der Eroberung durch die Römer die Kraft der Erfindung und Entfaltung, die Fähigkeit, in der Kunst der Darstellung neue Aspekte zu eröffnen, schwand. In der naturalistischen Plastik übertrafen die großen Errungenschaften der griechischen klassischen Welt die keltische Kunst der großen schöpferischen Periode, ohne sie zu berühren. Wir werden sehen, daß die Gallier von der naturalistischen griechischen Plastik mittelbar beeinflußt und angeregt wurden, aber erst in späterer Zeit und im Zuge einer sekundären Entwicklung.

Die frühkeltische Kunst ist eine lineare, im wesentlichen frontale Kunst, die sich eher zweidimensional als dreidimensional ausdrückt. Es mag die Ursache oder auch die Folge dieses linearen Charakters sein, daß die Steinplastik in der frühen Periode verhältnismäßig undifferenziert und auch relativ selten ist. Der lineare Stil hat sich in der Andeutung der Gesichtszüge, vor allem des Mundes, bei der Steinfigur von Holzgerlingen in Baden-Württemberg und sogar in den steinernen Köpfen von Roquepertuse noch erhalten. Die einheimische freistehende Steinplastik ist roh und läßt vermuten, daß die keltischen Künstler die Technik der Steinbearbeitung als bodenständigen Kunstzweig erst dann erkannten und entwikkelten, als der mediterrane Einfluß den Norden erreicht hatte. Das gilt vor allem für die frühe Darstellung der menschlichen Gestalt, die aufrecht wie eine Stele wirkt und sitzend ohne Leben bleibt. Selbst die menschlichen Köpfe, die das Gefühl oft außerordentlich ansprechen, wirken bei lebhaftem und oft

schönem Ausdruck typenhaft; sie sind nicht individualisiert und zeigen keine sorgfältige Oberflächenbehandlung.
Im allgemeinen ist in der keltischen Kunst die Darstellung lebender Gestalten in Metallarbeit der Steinplastik überlegen, beschränkt sich jedoch auf Bronzefigürchen, die als Henkel oder sonstiges Beiwerk an einem größeren, im allgemeinen nützlichen Zwecken dienenden Gegenstand angebracht sind. Köpfe und Büsten sind stark stilisiert, ihre Züge ähneln denen der Steinplastiken und sind typisch keltisch. Ein charakteristisches Beispiel ist das Bronzerelief von Waldalgesheim (7) mit dem typisch keltischen Kopf, »oben breit, unten schmal«, den vorstehenden Augen, der dreieckigen Nase, den betonten Augenbrauen, dem schmalgeschlitzten Mund. Die Ohren sind nicht deutlich markiert, zwei nach unten gerichtete Blätter bilden eine Umrahmung, und ganz oben befindet sich eine aufwärts gerichtete Locke, die vielleicht einmal stilisiertes Haar bedeutete, wenn man auch gewöhnlich die Kennzeichnung eines keltischen Gottes darin sieht.
Keltische Tierplastik ist in Stein sehr selten und kommt in naturalistischer Form auch in Bronze nur selten vor. Die aufschlußreichsten Beispiele sind das 12 cm lange Bronzepferd aus einem Wagengrab in Trier, eine steife und anatomisch ungelenke Wiedergabe, und ein Eber aus Budapest, der als Tier überzeugen könnte, wenn er nicht anstelle von Borsten aneinandergereihte Spiralen und Halbkreise als Mähne hätte. Ein kleiner Bronzehirsch (10 cm hoch) ist hübsch modelliert, aber nicht naturalistisch (8). Sein Zweck ist unbekannt, doch erinnern gewisse Details an skythische Technik. Die ornamentale Verwendung von Vögeln – einzeln, in heraldischen Paaren oder in Reihen – ist in der Kunst der eurasischen Welt von der Hallstattzeit an so weit verbreitet, daß man sie nicht als rein keltisch ansehen kann, wenn dieses Motiv auch in der

keltischen Kunst eine hervorragende Stelle einnahm. Das eindrucksvollste Beispiel einer La-Tène-Tierdarstellung sind die konventionell dargestellten Füchse (?) auf der Kanne aus Lothringen (Abb. S. 87), die eine Ente beschleichen – ein seltener Fall naturalistischer Anordnung. Der Künstler hat in vollendeter Weise die unschuldige Ahnungslosigkeit der Ente wie auch die Beutegier des Muttertiers eingefangen, das den Jungen das Anpirschen beibringt. In den Einzelheiten zeigen sich wieder orientalische Einflüsse, Korallen und Email sind verwendet, konventionelle Spiralen deuten die Beingelenke, Schraffuren das Haar an, aber trotzdem bringt diese intime kleine Szene auf einem Gegenstand, der an der Mosel gefunden worden sein soll, eine sonst seltene heimatlich vertraute Atmosphäre in die gallische Kunst: So etwa könnte eine Illustration zu *Mosella,* dem Gedicht des Ausonius, ausgesehen haben.

Ein Tier als Henkel findet sich wiederum an dem Salzburger Krug (9) und an dem Krug aus der Borscher Aue bei Geisa (10). Bei letzterem steht das Tier auf der Bauchung des Kruges und streckt sich zum Rand hinauf, um zu trinken. Trotz der Verschiedenheit der Motive muß man unweigerlich an den Hund denken, der einen Teil des Löffelstiels aus dem St.-Ninian-Schatz von den Shetlands bildet. Er dehnt sich nach vorn, um mit vorgestreckter Zunge gierig am Inhalt des Löffels zu lecken (11).

In Europa bildeten erstmals die Griechen dank ihrem Geschick in der Bearbeitung des Steins – als des naturgegebenen Materials ihrer Heimat – die Kunst der Oberflächengestaltung sowie der Steinarchitektur für menschliche Behausungen und religiöse Bauten heraus. In den keltoligurischen *oppida* entwickelte sich die ursprüngliche einfache keltische Befestigungsweise zu komplizierteren Stadtanlagen mit regelmäßigen Straßen und Tempeln fort, doch seit der Entdeckung einer einheimischen Holzplastik in Gallien, auf die wir später noch zu sprechen kommen, dürfen wir hoffen, Spuren bodenständiger gallischer Holzarchitektur zu finden, die höher entwickelt ist, als bisher angenommen wurde. Sowohl in Frankreich als auch in England ist die Technik, Spuren früher hölzerner Überreste aufzufinden, eine verhältnismäßig neue Errungenschaft der Archäologen. Wir dürfen auf Überraschungen gespannt sein.

Die beiden Gebiete, in denen sich schließlich eine keltische Plastik herausbildete, sind erstens Deutschland, wo sie am ursprünglichsten wirkt und wo verhältnismäßig selten Spuren fremden Einflusses festzustellen sind, und zweitens die Provence, wo sich über Marseille Einwirkungen von außen verfolgen lassen und wo die ältere ligurische Kultur eine Rolle spielte. Es besteht kein Zweifel, daß insbesondere im Süden ein wichtiger Anreiz für die Zunahme der Steinplastik in ihrer Zweckbestimmtheit lag und daß sie, wie wir noch sehen werden, eng mit der Entwicklung der großen Heiligtümer zusammenhing. Bei der Steinfigur aus Holzgerlingen in Baden-Württemberg legt der Verbindungszapfen eine architektonische Funktion nahe. Jacobsthal nahm an, daß er in eine Mauer eingefügt war.

Aus dem Rheinland und aus Baden-Württemberg haben wir mehrere Steinplastiken. Das Hauptzentrum ist Pfalzfeld im Hunsrück, im Land der Treverer, wo sich zahlreiche keltische Grabhügel finden. Eine berühmte Kalksteinsäule (Abb. S. 450) ist hier auf allen vier Seiten mit Reliefmotiven geschmückt; ein menschlicher Kopf, ebenfalls Reliefarbeit, ist von großen paarigen Lappen oder einer zweiblättrigen Laubkrone eingerahmt, die von Schnecken überragt wird und möglicherweise ursprünglich in einem Menschenkopf endete. Die Arbeit ist sehr archaisch und stammt vielleicht aus dem 3. oder 4. Jahrhundert v. Chr. (12). Das Motiv kehrt immer wieder und läßt sich vielleicht mit der Darstellung auf dem Bronzehort von Tal y Llyn in Merionethshire (Wales) aus der frühen La-Tène-Zeit vergleichen (Abb. S. 105). Das zugrunde liegende gallische Vorbild stammt möglicherweise von etruskischen Mustern auf Schmuckstücken aus dem 5. Jahrhundert.

Die Plastik des Südens bildet wiederum zwei Gruppen. Die erste, nach Zahl und Bedeutung geringere, ist eng mit Marseille verbunden und unmittelbar von der griechischen Plastik inspiriert. Bei der zweiten Gruppe handelt es sich um das Werk einheimischer Künstler in der sogenannten keltoligurischen Tradition, in der die älteste einheimische Kultur der Mittelmeerküste östlich der unteren Rhône mit einer späteren Überschichtung aus dem 3. Jahrhundert verschmolz. Diese Gruppe ist stark ortsgebunden und von auffallender Eigenprägung; sie unterscheidet sich deutlich von der griechischen und römischen Plastik. Ihre Erzeugnisse sind sämtlich aus heimischem Stein und das Werk einheimischer Künstler. Am zahlreichsten und eindrucksvollsten waren die Funde in den Heiligtümern von Entremont und Roquepertuse nördlich von Marseille, deren architektonische Eigenheiten unten noch kurz geschildert werden. Andere Heiligtümer im gleichen Bereich – Glanum etwa, das griechische *Glanon* – haben als heilige Stätten der Toten und der Unterwelt den chthonischen Charakter miteinander gemein, der sich in Glanum bis in die augusteische Zeit erhalten hat. Diese alten keltoligurischen Heiligtümer gehen bis auf die Hallstattzeit zurück und sind architektonisch sehr aufschlußreich. Ihre Stürze sind mit tief eingeschnittenen geometrischen Figuren und schematisierten Reitern verziert. Alle haben sie monumentale Portiken, *propylea*, die mit Malerei und Plastik geschmückt sind, und einen

primitiven Oberbau aus Holzwerk, der für den Hausbau in dieser Gegend typisch ist. Das Stadttor in Glanum aus dem 4. Jahrhundert v. Chr. ist das älteste Galliens, mit Reliefdarstellungen gallischer Gefangener an den Seitenwänden.
In Roquepertuse sind die Pfeiler mit ausgehauenen Köpfen versehen, die heute noch Spuren einer mehrfarbigen Bemalung mit geometrischen Mustern aufweisen. Auch Fische, Vögel, Pferde und Menschen, gemalt und eingeritzt, kommen vor. In Entremont (Bouches-du-Rhône) hat man am Mauerfundament des Heiligtums 15 Schädel ausgegraben, die dort ausgestellt worden waren. Das Bruchstück eines Sturzes zeigt zwei schädelförmige Nischen mit dem skulptierten Muster einer *tête coupée* in typisch keltischem Stil, nur hier ohne Mund, und einer der Pfeiler ist mit zwölf Köpfen derselben Art verziert. Eine etwas spätere Phase ist, ebenfalls in Entremont, durch abgerundete Pfeiler vertreten, die an den Seiten mit *têtes coupées* in Reliefarbeit geschmückt sind, während sich vorn ein Relief mit Reitern befindet, die mit Langschwertern der mittleren La-Tène-Zeit bewaffnet sind. Das Gebäude wird »Schädelhalle« genannt. Ähnliche Stürze und Pfeiler, die mit gemeißelten und echten Schädeln ausgefüllte Nischen zeigen, sind auch für Glanum und das große Heiligtum von Roquepertuse typisch.
Entremont stammt aus dem 3. Jahrhundert und war das religiöse Zentrum der keltoligurischen Völker, die zum Bund der *Saluvii* gehörten (13). In der Tat hoben die Lage seines *oppidum* und die Qualität der Plastik es als wichtigsten Mittelpunkt des politischen und religiösen Lebens der keltoligurischen Völker heraus; die enge Verbundenheit der einheimischen Plastik mit Religion und Architektur wird hier deutlich (14). Das Heiligtum von Roquepertuse gehört der mittleren La-Tène-Zeit an. In beiden Heiligtümern zeigt sich die

direkte Verwandtschaft mit der gallischen Kultur darin, daß der menschliche Kopf losgelöst von der menschlichen Gestalt, also ganz allgemein – um den üblichen französischen Ausdruck zu verwenden – die *tête coupée* die Hauptrolle spielt. Bisweilen sind an diesen Gebäuden wirkliche menschliche Schädel angebracht, die an Stürzen oder Pfeilern befestigt sind, oder auch Ersatzstücke in der Form skulptierter Muster von Totenmasken mit geschlossenen Augen.

Diese zahlreichen *têtes coupées* in den keltoligurischen Heiligtümern legen den Gedanken an einen Schädelkult nahe und illustrieren, was Diodoros und Strabon unter Berufung auf Poseidonios von dem alten gallischen Brauch berichten, den Feinden die Köpfe abzuschneiden und sie zu konservieren. Besonders aufschlußreich ist die Feststellung, daß sich *têtes coupées* nicht in allen Heiligtümern finden – in Mouries zum Beispiel nicht – und daß die Pfeiler von Roquepertuse und der Fries im Sturz von Glanum ihre Schädelnischen erst nach dem Bau des Portikus erhielten, während in Entremont die Schädelhalle in die letzte Bauphase des *oppidum* gehörte und nicht lange vor dessen Zerstörung 123 v. Chr. entstand. Man könnte versucht sein, daraus auf ein nicht allzu hohes Alter des Brauches zu schließen, aber eine beträchtliche Anzahl von Schädeln, die offensichtlich aufgehängt gewesen waren, fand sich in der Decke einer Straße, die mit dem sehr ergiebigen Trümmerschutt älterer Gebäude beschottert worden war. Vielleicht stammten sie tatsächlich von einer früheren Besatzung her. Manche der wahrscheinlich mumifizierten Köpfe scheinen kurz nach dem Tod abgeschnitten und durchbohrt worden zu sein. Der Kopfkult war im ganzen Gebiet weithin verbreitet, und im keltischen *oppidum* Puig Castelar hat man menschliche Schädel gefunden, in denen noch die Nägel steckten, an denen sie aufgehängt waren. Der Kult gehört in

Steinkreuz von Glamis, Angus. Ministry of Public Buildings and Works, Edinburgh

Südkreuz von Clonmacnoise, Offaly. 9./10. Jh.
Commissioners of Public Works in Ireland, Dublin

die mittlere La-Tène-Zeit und hängt möglicherweise auch noch mit den gemeißelten Köpfen auf der Zyklopenmauer in Tarragona und in bestimmten spanischen *oppida* sowie mit den *têtes coupées* an den etruskischen Toren von Perugia und Volterra zusammen. Vielleicht besteht auch ein Zusammenhang mit der Beliebtheit, die die Maske als Motiv der gallischen Kunst im gleichen Zeitabschnitt genoß.

Man hat von den *têtes coupées* gesagt, sie seien »der erste Ausdruck einer naturalistischen Kunst, die sich in der La-Tène-Kultur unter dem Einfluß der griechisch-römischen Plastik entwickelte« (15). In diesem keltoligurischen Bereich lernten die Kelten der späteren La-Tène-Zeit die Kunst, den Stein rundum zu bearbeiten. Diese Denkmäler sind keineswegs durchaus naturalistisch, und das eindrucksvollste, das Ungeheuer von Noves (Abb. S. 449), ist eine in hohem Grad phantastische Gruppe, die man im allgemeinen als Todessymbol deutet. Die Komposition verrät einen Könner: ein Ungeheuer mit dem Körper eines Löwen, einem greulichen Kopf und aufgesperrtem Rachen, aus dem ein menschlicher Arm herausragt, die Vorderbeine ruhen auf zwei realistischen *têtes coupées* aus Stein. Ungeheuer, aus deren Rachen menschliche Glieder herausragen, sind uns aus der Kunst von Este und Watch und anderen Fundorten der Hallstattzeit vertraut: Sie waren dort ein beliebtes Motiv, und wir dürfen nach einem gemeinsamen Ursprungsort Ausschau halten — aber wo? Der Bildhauer des Ungeheuers von Noves war kein Dilettant und beherrschte die Technik der Gruppenplastik vollkommen. Es kann von allen Seiten betrachtet werden und ist in seiner dreiteiligen Struktur genauso wohlgelungen wie die griechische Laokoongruppe.

Man glaubte früher, die Fülle an Skulpturen in diesen großen südlichen Heiligtümern an der Rhônemündung sei der Anstoß dafür gewesen, daß die Gallier in der späteren La-Tène-Zeit es lernten, Menschen naturalistisch als Rundplastiken in Stein darzustellen. Entremont vor allem war reich nicht nur an naturalistischen Menschenköpfen (16), sondern auch an ganzen Menschenfiguren. Die Köpfe zeigen die typisch keltischen Züge, die wir aus den irischen Sagen kennen – »oben breit, unten schmal« –, und die typisch vorstehenden Augen, eine gerade dreieckige Nase und den breiten, schmalgeschlitzten Mund; so sehen die gallischen Köpfe an allen Skulpturen aus, und so finden wir sie auch in dem Steinkopf aus Gloucester (Abb. S. 431). Die Büsten erinnern an Hermen. Wir haben in Entremont jedoch auch naturgetreue lebensgroße Statuen der Stammesheroen, Häuptlinge und Königinnen aus einheimischem Stein, die mit zeitgenössischen Gewändern bekleidet sind und Lederpanzer und Waffen tragen, die ihrem Stande angemessen sind. Vielleicht handelt es sich hier um regelrechte Porträts.

Der Tempelbezirk von Roquepertuse ist reich an Statuen in Menschengestalt, die noch unmittelbar mit ihrem religiösen Kult in Verbindung stehen. Vier oder fünf Figuren, die mit gekreuzten Beinen in Buddhastellung dasitzen, wie wir es auch vom Gott Cernunnos auf dem Gundestrupkessel kennen (Abb. S. 18), sind im inneren Bezirk des Heiligtums gefunden worden. Sie haben nackte Arme und Beine, während der Rumpf mit einer kurzen Tunika bekleidet ist, die mit geradlinigen geometrischen – teils leicht erhabenen, teils eingeritzten, teils auch gemalten – Mustern geschmückt ist. Die Figuren haben eine aufrechte Haltung und sind schlank und gut proportioniert, dabei aber steif und leblos, obwohl bei zumindest zweien von den Statuen der Arm vom Rumpf losgelöst ist. Die steife und hieratische Haltung erklärt sich vielleicht zum Teil funktionell aus der Aufstellung innerhalb des Heiligtums. Vermutlich sollten sie gar nicht aus der Nähe betrachtet werden, sondern auf die Phantasie der Betergemeinde wirken.

In neuerer Zeit hat man Bodenfunde gemacht, die unsere Vorstellungen von der keltischen figürlichen Plastik revolutioniert haben und uns zwingen, das Problem ihrer Herkunft und ihrer Verwandtschaft neu zu überdenken. Es ist zwar nach wie vor richtig, daß sich die stärksten Einflüsse auf die freistehende figürliche Steinplastik Galliens von den großen keltoligurischen Heiligtümern an der Rhônemündung herleiten, aber wir wissen jetzt, daß Zentralgallien eine einheimische Holzplastik besaß, die im 1. Jahrhundert v. Chr. eine verhältnismäßig hohe Entwicklungsstufe erreichte und in Heiligtümern beheimatet war. Diese Lokalisierung und die Verbindung mit der Religion mag zum Teil der Zufälligkeit unserer Quellen zuzuschreiben sein. Holzbildwerke sind in ihrer Erhaltung so gefährdet, daß unsere Beispiele begreiflicherweise auf wichtige Stätten beschränkt bleiben, die ihrer Bedeutung wegen ohnehin ausgegraben werden mußten. Die ältesten Holzskulpturen erinnern oft an die Plastik von Entremont und Roquepertuse (17). Ein hölzerner Kopf mit roh geformten und eingeschnittenen Gesichtszügen wurde in einem gallischen heiligen Bezirk in Montbouy (Loiret) gefunden, und ebendort fand sich in einem heiligen Brunnen eine genauso roh gearbeitete unversehrte Figur (Abb. S. 244). Am Ufer des Genfer Sees hat man eine über drei Meter hohe eichene Statue mit Kapuze ausgegraben, die für vorrömisch gehalten wird (18). Alle bisher gefundenen ganzfigurigen Holzplastiken erinnern jedoch an Baumstämme und könnten vielleicht den bei Lucanus erwähnten *simulacra* im heiligen Hain ähnlich sein.

Unter den bisher ausgegrabenen Holzfiguren kommt die wichtigste Gruppe aus dem bekannten gallorömischen Heiligtum Sequana an der Seinequelle, wo seit 1953 umfangreiche Ausgrabungen vorgenommen worden sind und noch fortgeführt werden (19). Während der Ausgrabungen in den Jahren 1936/1937 kamen in dem sumpfigen Gelände 190 Holzplastiken zutage, die, wie R. Martin uns versichert (20), in ihrer Unterschiedlichkeit, Originalität und in ihrem Zustand einen der erstaunlichsten Funde der gallorömischen Archäologie darstellen (21). Dieser Anfangsfund brachte 27 Statuen oder Statuetten von 50 bis 125 Zentimeter Höhe zutage, 40 Köpfe in halber bis ganzer Lebensgröße, 16 Stücke mit 2 oder 3 Köpfen, die reliefartig aus einem einzigen Stock herausgeschnitzt sind, 14 nackte, bekleidete oder schematisierte Torsen, etwa 30 Arme und Beine und einige Darstellungen der inneren menschlichen Organe, 12 Tierfiguren, darunter einen prächtigen Stier, usw. Es sind sowohl Männer wie Frauen dargestellt – die Männer in der Überzahl –, dazu Reisende (vielleicht Pilger), die an ihren Mänteln und Kapuzen zu erkennen sind. Die Köpfe bilden das Prunkstück der Sammlung; sie reichen von Blöcken mit spärlicher und grober Formung, eingekerbten Gesichtszügen und Haaren bis zur realistischen Modellierung in Relieftechnik, bei der der Knochenbau des Gesichts hervortritt und das Haar als Masse wiedergegeben wird (22), so daß sich trotz des keltischen Schlitzmundes ein realistischer menschlicher Kopf darbietet.

Der Kopf einer Frau (23) ist in der Modellierung des Knochenbaus, der Gesichtszüge und in der Anordnung des Haares ein Meisterwerk. Fundort und Art dieser Plastik, vor allem die einzelnen menschlichen Glieder und Organe, erlauben keinen Zweifel daran, daß diese Bildhauerschule den Bestandteil eines ärztlichen Heiligtums ausmacht, doch hat man bisher die genaue Funktion des Künstlers und seines Ateliers noch nicht bestimmen können. Hatte er eine offizielle Funktion und gehörte er zum Heiligtum, oder war er ein kommerzielles Anhängsel? Gewisse Einzelzüge, etwa die auf einen einzigen Stock geschnitzten Kopfreihen, legen einen Vergleich mit den Figuren von Entremont nahe, und die enge Verbindung realistischer Plastik mit Religion steht für alle diese gallischen Bildhauerschulen fest.

Die Bedeutsamkeit der einheimischen Holzplastik in Gallien beweist die Eigenständigkeit der Künstler und die enge Beziehung zwischen Kunst und heimischem Material. Der Stein – er hatte der Plastik der Mittelmeerländer Dauer verliehen – wurde verständlicherweise in den waldreicheren Gegenden Mitteleuropas durch Holz ersetzt. Unsere Kenntnis der keltischen Plastik und ihrer Geschichte ist infolgedessen lückenhaft, ja sogar entstellt, eben weil das Holz, aus dem die Skulpturen verfertigt sind, ein vergängliches Material ist.

Wenn wir uns bemühen, diese gallische Holzplastik ihrer wahren Bedeutung nach einzuschätzen, so müssen wir folgendes bedenken:

1. Wir befinden uns noch im Vorhof der Ereignisse. Die Ausgrabungen von Sequana sind noch im Gang, und wir besitzen nur erste Ergebnisse.

2. Die Beispiele, die uns vorliegen, stammen aus der gallo-römischen Zeit, und zwar offenbar aus der ersten Hälfte des 1. Jahrhunderts. Das Datum der ältesten Stufe dieser Holzplastik kennen wir nicht.

3. Die uns vorliegenden Beispiele weisen kaum auf eine fortgeschrittene Behandlung der Menschengestalt im ganzen hin. Die Arme sind nicht vom Rumpf gelöst. Abbildung IV (24) wirkt noch immer ein wenig wie ein Baumstamm, wenn auch der Mantel und die Haltung des rechten Arms dem bei römischen und griechischen Statuen üblichen Schema entsprechen.

4. Diese bedeutende Schule keltischer Holzplastik, von der wir wissen, daß sie im Gallien des 1. Jahrhunderts blühte – gleich-

viel, woher sie kam –, läßt sich in der Kunst der Inselkelten, die im allgemeinen mit der der entsprechenden Phase in Gallien identisch ist, nicht feststellen. Das scheint die traditionelle Ansicht zu stützen, daß die gallische Plastik in der späten La-Tène-Zeit und in der gallorömischen Periode durch mittelbare griechische Einflüsse über Marseille und den keltoligurischen Kreis an der Rhônemündung ihre besonderen Züge erhielt. Die Kunst der Inselkelten formte sich nach dem Bild der frühkeltischen Kunst Galliens, die der gallorömischen Periode vorausging und der wir uns jetzt zuwenden müssen.

Während jener Zeit, in der die frühkeltische Kunst in Gallien auf ihrem Höhepunkt stand, drang sie bis zu den Kelten Britanniens vor, wo sie zur Blüte kam und ein eigenes Leben entwickelte, dabei aber stets die typischen La-Tène-Merkmale aufwies, auch wenn sie originale Stile und lokale Abwandlungen zu entwickeln vermochte. Diese lokalen Stile waren das Werk lokaler Schulen, die in verschiedenen Teilen Britanniens aufgrund örtlichen Bedarfs, infolge der Ansprüche verschiedener Bevölkerungsschichten und je nach Art der Stammesbeziehungen zum Festland aufblühten. Wir können unterscheiden zwischen der nördlichen Schule, die zweifellos unter der Ägide der Parisi und Brigantes arbeitete, einer östlichen Schule im Gebiet der Iceni und einer südlichen Schule unter einem etwas unmittelbareren Einfluß der Kunstzentren des Kontinents, vor allem der Belgae. Diese keltische Kunst, die auf dem Festland im allgemeinen als La Tène bezeichnet wird, heißt in Britannien gewöhnlich »spätkeltisch«, da sie hier durch die ganze Römerzeit wirksam war und nach dem Ende der Römerherrschaft in den Ländern Nord- und Westbritanniens eine neue Blüte erreichte. Keltische Kunst war – hauptsächlich durch Importe – schon in der älteren Eisenzeit der Hallstattperiode nach Britannien gekommen, aber erst während der späten

Eisenzeit in Gallien entfaltete sich der ganze Reichtum keltischer Kunst auf den britischen Inseln.

Man nimmt an, daß die La-Tène-Kunst des Festlands im 4. Jahrhundert v. Chr. durch Importe in Britannien Eingang fand; schufen doch vom 2. Jahrhundert v. Chr. an Gruppen keltischer Künstler in Britannien selbständige Arbeiten, die zumindest bis zur Römerzeit den auf dem Festland entstandenen Arbeiten durchaus ebenbürtig waren. In Irland, wohin die Römer nie vordrangen, nahm die La-Tène-Kunst von ihren ersten Anfängen bis zum Normanneneinfall eine ungebrochene und großartige Entwicklung und überdauerte und absorbierte sogar Einflüsse der Wikinger, zu deren Kunst wiederum die Kunst der Kelten wichtige Beiträge geleistet hatte. Nachdem die Normannen Irland erobert hatten, übten noch immer althergebrachte Kunstformen ihren Einfluß auf die neue Kunst aus, die der Zisterzienserorden vom Festland herübergebracht hatte.

Die La-Tène-Kunst Britanniens unterscheidet sich nicht von der Galliens in ihrer besten Zeit und ist ihr durchaus an die Seite zu stellen. Es wurde bereits auf die hohe Qualität der Metallarbeiten hingewiesen sowie auf die reiche Entwicklung der Polychromie vor allem bei Pferdegeschirren und Wagenbeschlägen, bei Waffen und Rüstungsstücken. Die Schilde aus der Themse bei Battersea und aus dem Witham bei Lincoln sind hervorragende Beispiele (25). Den herrlichen Batterseaschild setzt man etwa in das Jahr 75 v. Chr. Der Schild aus dem Witham dürfte älter sein; er ist noch besser gearbeitet, und es besteht die Meinung, seine Technik sei jeder gleichzeitigen Arbeit auf dem Festland überlegen. Der Schildbuckel aus der Themse bei Wandsworth ist zwar weniger ansehnlich als die genannten Schilde, dafür aber noch schöner und gefälliger. Die keltischen Häuptlinge des Nordens hatten an dieser großartigen Ausrüstung der keltischen Kriegsherren auch ihren Anteil. Eins der schönsten bronzenen Rüstungsstücke aus der La-Tène-Zeit ist die Ponykappe aus Torrs, Kircudbrightshire, die, wie man annimmt, aus der zweiten Hälfte des 3. Jahrhunderts v. Chr. stammt (26). In oder dicht bei den Stanwickschanzen im Bezirk North Riding in Yorkshire sind über 90 Metallgegenstände gefunden worden: in der Hauptsache bronzene Prunkgeschirre für Pferde und Wagenbeschläge, die teilweise noch Spuren von Email zeigen. Das Vorhandensein eiserner Reifen läßt vermuten, daß all das zu einem Wagengrab von der Art der berühmten Gruppe im East Riding gehörte (27).

Etwas später finden sich die kunstvoller geformten Gegenstände, etwa die anthropoiden mit einem Heft versehenen Schwerter und Dolche; hier müssen wir an das höchst originelle naturalistische Männchen auf dem verlorenen Dolch erinnern, der ebenfalls im Witham gefunden wurde (28), an den schönsten aller Becher aus Trawsfynydd, Merioneth, mit seinem kunstvoll geformten Henkel, an den goldenen gedrehten Torques mit schweren verzierten Endstücken aus Needwood Forest in Staffordshire (29), an das verzierte goldene Armband und den Elektrontorques (Gold-Silber-Legierung) aus dem Snettishamschatz im nordwestlichen Norfolk (30). Das Gebiet der Iceni liefert uns reiche Funde, die die Fortdauer der traditionellen Kampfweise vom Streitwagen herab bezeugen, die Ausbeute an militärischen Rüstungsstücken jedoch ist verhältnismäßig gering. Außerordentlich häufig dagegen sind Gegenstände des persönlichen Schmucks, und Snettisham hat die reichste Anhäufung kostbaren Metalls erbracht, die sich bisher aus dem Britannien der Eisenzeit verzeichnen ließ. Die meisten Teile dieses Fundes kommen, wie man annimmt, aus dem Gebiet zwischen Südsuffolk und der Themse; andere goldene, mit Silber und Kupfer legierte Torques aus Funden im nordwestlichen Norfolk jedoch belegen, daß derartige Schmuckstücke im 1. vorchristlichen Jahrhundert getragen wurden und daß die herrschende Dynastie reich gewesen sein muß. In der Tat enthielt diese Gruppe von Horten über 50 Torques – mehr, als aus dem übrigen Britannien zutage kamen (31).

Feiner gearbeitet und mit der antiken Überlieferung vielleicht enger verbunden sind die wunderbar gravierten Bronzespiegel, die im letzten Viertel des 1. Jahrhunderts v. Chr. entstanden und in Südbritannien weite Verbreitung fanden. Ihre Verzierung hat die La-Tène-Technik der geschwungenen Linie mit verbundenen Spiralen und sich verdickenden Enden zur Vollendung geführt: Sie ist dem kreisförmigen Spiegelrund vorzüglich angepaßt. Die Schleifen und breitlaufenden blattförmigen Muster beherrschen die gesamte Zeichnung dadurch, daß die Zwischenräume mit gravierten Schraffuren ausgefüllt sind. Manchmal sind die Muster symmetrisch, wie etwa auf den Bronzespiegeln von Birdlip bei Gloucester und von Desborough, Northants (32); doch öfter wird eine symmetrische Wirkung dadurch erreicht, daß – etwa in dem prächtigen Spiegel unbekannter Herkunft im Museum Meyer in Liverpool (33) – asymmetrische Kurven raffiniert zusammengestellt werden. Die harmonische Wirkung wird mit einer fast unglaublichen Sicherheit des Geschmacks und der zeichnerischen Fertigkeit erzielt. Wie Françoise Henry bemerkt, kennen wir diese mit asymmetrischen Linien erreichte Harmonie der La-Tène-Kunst auch andernorts, etwa auf der Scheide von Cernon-sur-coole an der Marne (34), »aber auf den Inseln scheint diese Phantasie zum Gesetz geworden zu sein« (35). Diese Bronzespiegel und so manches andere mit La-Tène-Ornamentik verzierte schöne Exemplar haben kein Gegenstück auf dem Kontinent; sie lassen sich auch bei den Parisi und Brigantes im Norden nicht feststellen. Natürlich denkt man an die etruskischen Bronzespiegel älterer Zeiten, doch zeigt sich hier kein Verbindungsglied.

Etwa aus der Mitte des 1. Jahrhunderts v. Chr. stammen die zwei berühmtesten britannischen Beispiele in getriebener Bronzearbeit, die sogenannten Daubeneimer aus Aylesford in Kent und Marlborough in Wiltshire. Ersterer wird für möglicherweise etwas älter gehalten und zeigt zweifellos die feinere Arbeit (Abb. S. 106). Er ist nur 25 Zentimeter hoch und aus Holzdauben gebildet, die durch drei Bronzereifen fixiert sind, deren oberster mit zarten Spiralen aus kommaförmigen Blättern und köstlichen kleinen Phantasiepferden mit Hörnern, Schnäbeln und gegabelten Schwänzen verziert ist. An zwei menschlichen Masken ist ein Henkel befestigt. Das Gefäß wurde in einem Grab auf einem Belgenfriedhof gefunden und enthielt Aschenreste. In demselben Grab fand man auch eine Kanne antiker – italogriechischer – Herkunft und andere Grabbeigaben antiken und belgischen Typs, darunter auch Aschenurnen; es handelte sich also um einen Gräberfund. Der unvollständige Daubeneimer aus Marlborough gehört dem gleichen Typ an wie der aus Aylesford; man nimmt an, daß er wie dieser zur Aufbewahrung verbrannter Gebeine diente. Er ist zweimal so groß wie der Daubeneimer aus Aylesford und war auf allen drei Metallreifen mit getriebenen Mustern geschmückt, die jedoch im einzelnen nicht so fein ausgearbeitet waren wie die Aylesford-Ornamente. Auch hier finden wir stilisierte überlängte Tiere, darunter auch Hippokampen und einen naturalistischen bärtigen Kopf wie auch mehrere Masken, die man mit dem Kopf auf dem Gundestrupkessel verglichen hatte. Einzelheiten auf beiden Gefäßen erinnern an Muster auf armorikanischen Münzen; der Bronzeeimer aus Marlborough scheint aus Armorica importiert zu sein.

In diesem Zeitabschnitt waren die frühkeltischen Kunststile Galliens auch in Armorica wirksam, das in gewisser Weise Bindeglied zwischen der La-Tène-Kunst des Kontinents und der Britanniens gewesen sein muß. Die für diese La-Tène-Kunst und für die mit einem Fuß versehenen Vasen der Marnegräber typischen geschwungenen Linien finden sich in Britannien auch auf der armorikanischen Keramik (36), und obwohl sich in Armorica infolge der Armut des Landes nur verhältnismäßig wenige Beispiele der La-Tène-Kunst auf Gegenständen von außergewöhnlichem Wert erhalten haben, zeigen sich doch auch hier in Form und Zeichnung die typischen Merkmale der gallischen La-Tène-Kunst der mittleren und späten Periode. Die keltischen Pfahlbauten (*crannogs*) von Glastonbury und Meare in Somerset haben eine Fülle von Keramik und Holzgefäßen mit typischen La-Tène-Mustern aus geschwungenen Linien hinterlassen (37), wie sie für die Funde in den Friedhöfen und *oppida* von Finistère charakteristisch sind, die ihrerseits wieder der Keramik von Hunsbury in Northamptonshire und jenem Fund von armorikanischen Münzen der Coriosolitae und der Andecavi in Hengistbury Head nahestehen (38).

Es lohnt sich, der Tatsache nachzugehen, daß Armorica auch mit Irland einen seltenen, mit Ornamenten der La-Tène-Tradition geschmückten Denkmaltyp gemeinsam hat. Diese Ornamente ähneln denen der Bronzespiegel und dem Dekor der eben besprochenen Keramik, stammen aber wahrscheinlich aus einer früheren Zeit. Es handelt sich um die freistehende dekorierte Steinplastik; die bekanntesten irischen Beispiele dieser Art sind der Turoe-Stein, ein fast kuppelförmiger Block, den Françoise Henry (39) als *doyenne* der irischen Steinplastik bezeichnet, und der Stein von Castle Strange. Mit ihnen läßt sich der Kermaria-Stein aus Pont l'Abbé (Finistère) in Armorica vergleichen, der sich jetzt im Museum von St. Germain befindet (40). Der Turoe-Stein ist wie viele spätere keltische Skulpturen nur in zwei Ebenen behauen; neben dem Untergrund gibt es nur die obere Fläche des Musters, das sehr wenig erhaben herausgearbeitet ist und in der Technik stark an das von Pfalzfeld erinnert (41). Der Dekor leitet sich ohne jeden Zweifel aus der La-Tène-Tradition her, und die Feinheit und Vollkommenheit der Technik ist bezeichnend für keltische Arbeit auf ihrer höchsten Stufe; sie verraten einen hohen Leistungsstand, der — was Reliefarbeit betrifft — nicht unbedingt eine schon länger bestehende lokale Schule voraussetzt. Der Stein von Castle Strange zeigt eine andere Technik als der Stein von Turoe — in seine Oberfläche ist ein aus verbundenen Spiralen zusammengesetztes Muster eingeschnitten —, und er ist vielleicht auch jünger. Ein weiteres, viel umfangreicheres Denkmal derselben Kategorie hat man kürzlich in Killycluggin (Cavan) entdeckt. Das sehr elegante Ornament besteht aus eingeritzten Kurven und Spiralen.

Die ältesten noch vorhandenen Denkmäler irischer Kunst sind Steinplastiken. Menschliche Figuren lassen sich bis in die Jungsteinzeit verfolgen, wo sie sowohl in Form freistehender Plastik wie auch als Einritzungen in Wandplatten auftreten. Die ältesten irischen christlichen Steinkreuze, die dünnen geritzten Platten von Carndonagh und Fahan Mura auf der Halbinsel Inishowen im Norden, die wahrscheinlich aus der zweiten Hälfte des 7. Jahrhunderts stammen, können möglicherweise eine ungebrochene Überlieferung seit dieser neolithischen Kunst bezeugen. Im allgemeinen jedoch hat es wohl zumindest teilweise einen Bruch zwischen der megalithischen Kunst und der Kunst späterer Zeiten gegeben, der sich ganz natürlich daraus erklärt, daß sowohl vom Kontinent wie auch von Britannien her Arbeiten eingeführt wurden. Freilich braucht mit einem solchen Bruch nicht unbedingt ein vollkommenes Verschwinden alter Motive verbunden zu sein; der Turoe-Stein und andere gemeißelte Steine mit La-Tène-Ornamentik beweisen, daß die Technik der Steinbearbeitung eine ununterbrochene Geschichte hatte.

In den befestigten Anlagen für die Ratsversammlung auf dem Hügel von Tara hat man Überreste von Wohnungen gefunden, in denen sich Arbeitsspuren von Schmieden und Emailarbeitern feststellen lassen, sowie Überreste römischer Importe aus dem 1. bis 3. Jahrhundert, die auf enge Kontakte mit Britannien und Gallien schließen lassen. Nur wenige Meter entfernt fand man bei Grabungen, daß das »Grab der Geiseln« über einem megalithischen Grab angelegt war, das später mit zahlreichen Gräbern aus der Bronzezeit zugedeckt worden war. Daraus ergibt sich, daß Tara ursprünglich eine Nekropole und ein prähistorisches Heiligtum war, das von den Kelten später zum königlichen Wohnsitz umgewandelt wurde. Irland ist ein Museum des Lebens vergangener Zeiten, und Kontinuität läßt sich nie ausschließen.

Man nimmt an, daß die La-Tène-Kunst der Festlandkelten der jüngeren Eisenzeit im 2. Jahrhundert v. Chr. in Irland Eingang gefunden hat. Zu dieser Zeit gab es enge Beziehungen zu Britannien, das in gewissem Ausmaß nach Irland exportierte, die wichtigste Verbindung Irlands jedoch war die mit dem Kontinent. Die Berührung mit Britannien ergab sich ganz natürlich durch Handel und Kriegszüge, obwohl bei den ältesten irischen Steinplastiken durchgehend eine Wesensverwandtschaft mit bekannten festlandkeltischen Skulpturen festzustellen ist. Der Stein von Turoe ist dem Stein von Pfalzfeld in der Technik sehr verwandt, während die zwei rohen, aber doch eindrucksvollen freistehenden menschlichen Figuren von der Insel Boa, Grafschaft Fermanagh, und die auffallende Figur von

Tanderagee, Grafschaft Armagh, mit Bart und gehörntem Helm mehr mit der festlandkeltischen Figur von Holzgerlingen oder dem Fragment von Echterdingen gemein haben als mit dem fortgeschritteneren Typ der keltoligurischen Plastik von der Rhônemündung. Man hat angenommen, daß diese irischen behauenen Steine und Statuen mit der Einführung eines Kultes durch gallische Flüchtlinge zusammenhängen, die angesichts der Römereinfälle ihr Land verließen (42). Diese frühen Köpfe aus Irland stehen in scharfem Gegensatz zu dem in Gloucester gefundenen Kalksteinkopf eines jungen Kelten aus der Römerzeit (Abb. S. 431), bei dem die Gesichtszüge, die Behandlung des Haares und die Gesichtsform typisch keltisch sind, die Modellierung jedoch der klassischen Darstellung der griechisch-römischen Plastik folgt, wie sie in den südlichen gallischen Heiligtümern an der Rhônemündung üblich war (43). Die Chronologie der vorgeschichtlichen Phasen der frühkeltischen Kunst in Irland ist gegenwärtig ungenau und kann nur durch den Vergleich mit mehr oder weniger gleichlaufenden britischen und kontinentalen Stilen bestimmt werden. Es bedeutet eine beträchtliche Lücke, daß wir für Irland keine römischen Zeugnisse und keine Beweisstücke in Form römischer und festländischer Münzen besitzen, und die Tatsache, daß in Irland keltische Kunst vom 2. Jahrhundert v. Chr. bis zum Normanneneinfall ungestört von Römereinfällen weiterlebte, läßt Fragen der jeweiligen internen Zeitbestimmung willkürlich und fast belanglos erscheinen. Die meisterhafte Kunst der geschwungenen Linie auf den verzierten Bronzescheiden aus den Ruinen des *crannóg* von Lisnacroghera, Grafschaft Antrim (44), und anderen ganz ähnlichen aus dem Bann bei Toome und Coleraine wandeln durchgehend den mittleren und späten kontinentalen La-Tène-Stil ab, desgleichen läßt ihre enge Verwandtschaft mit dem Ornament des Daubeneimers von

Aylesford und der Holzschale von Glastonbury, beides aus der vorrömischen Zeit Britanniens, darauf schließen, daß etwa um 175 v. Chr. die La-Tène-Kunst in Irland auf Metallgegenständen einsetzt (45). Obwohl diese Geräte möglicherweise infolge einer Verzögerung jünger sind als ihre Gegenstücke auf dem Festland, so sind sie doch nicht später als zu Beginn unserer Zeitrechnung entstanden. Diese irischen Scheiden kommen vielleicht aus einer einzigen Schule, einer späteren Werkstatt, da sie sich nirgends sonst in Irland finden, und sie lassen vermuten, daß die frühe La-Tène-Kunst von Ulster der des Kontinents ganz besonders nahestand. Die Verzierung dieser irischen Scheiden erinnert stark an die der wenig späteren Bugthorpe-Scheide aus East Riding in Yorkshire, in der uns das erste britische Beispiel jener Schraffiertechnik vorliegt, bei der man sich bestimmte Flächen des Musters für Schraffuren vorbehält. Es sei jedoch bemerkt, daß diese Technik auch ein auffallendes Kennzeichen eines Schildbuckels aus Llyn Cerrig Bach in Anglesey ist (46).

Auf welche Weise die beste La-Tène-Kunst dieser frühen Periode Irland erreichte, können wir nur vermuten. Fox schreibt die nahe Verwandtschaft zwischen den etwas späteren Scheiden von Bugthorpe und Hunsbury und der Scheide im Lisnacroghera-Stil teils dem Handelsverkehr über den Kanal zu, teils »einer blühenden britischen Niederlassung in Galloway, die alte Überlieferungen bewahrte, für die unsere einzigen Beweise bisher die Ponykappe und die Hörner von Torrs sind« (47). Lange vorher hatte Kuno Meyer aufgrund literarischer Quellen vermutet (48), daß gallische Söldner in den ersten Jahrhunderten unserer Zeitrechnung im Dienste irischer Könige nach Irland gekommen waren, doch weisen seine Schlußfolgerungen eher auf den Süden hin. Möglicherweise wurden beide Routen benutzt.

Zu den frühesten Beweisstücken für Importe aus Britannien gehören die Bronzenadeln und zahlreiche Ringfibeln; erstere sind vielleicht ein wenig älter, letztere nach römischen Modellen hergestellt. Beide Formen hatten eine lange Lebensdauer und wurden zumindest schon seit Beginn unserer Zeitrechnung oft kunstvoll mit Email verziert. Die Bronzenadeln sind in Schottland genauso häufig wie in England, und die zahlreichen Ringfibeln sind überall auf den britischen Inseln verbreitet. Wir haben eine bronzene ringförmige Fibel aus Südwales und ein silbernes Exemplar komplett mit einer langen Nadel an einem beweglichen Drehring (6. Jh.) aus einer Wohnstätte in Pant y Saer, Anglesey (49). Am nächsten kommen dieser Fibel Fundstücke aus den Küstengebieten Schottlands, die in das 4. bis 6. Jahrhundert gehören.

Viele dieser Nadeln und Fibeln sind reich mit Email verziert. Eine besonders interessante Nadel stammt aus einem Hort von Norrie's Law in der Grafschaft Fife. Sie ist mit Email verziert, weist keltische und piktische Ornamente auf und ist von einem winzigen Kreuz bekrönt; nach byzantinischen Münzen im gleichen Hort läßt sie sich ins späte 7. Jahrhundert datieren. Eine große silberne ringförmige Fibel stammt ebenfalls aus diesem Schatz (50).

Vom 2. Jahrhundert unserer Zeitrechnung an hatte die an den römischen Niedergang sich anschließende Blüte der Kelten eine engere Verbindung zwischen Irland und Schottland und daraufhin eine gemeinsame künstlerische Entwicklung zur Folge, und man kann sagen, daß diese engere Verbindung seit der Begründung des irischen Königreichs Argyll im 5. Jahrhundert allmählich zu einer gemeinsamen Kultur geführt hat. Während dieser Zeit und noch mehr während der folgenden Jahrhunderte, in denen die christliche Kirche Anreiz und Förderung bot, trat bei der Verzierung von Metallarbeiten und

Das Bibelkreuz von Clonmacnoise, Offaly. 10. Jh.
Commissioners of Public Works in Ireland, Dublin

Details vom Kreuzgang aus Jerpoint Abbey. 15. Jh.
Commissioners of Public Works in Ireland, Dublin

Schmuckstücken eine Fülle neuer Hilfsmittel hinzu. Es wurde nicht nur sehr viel häufiger rotes Email verwandt, sondern man überzog die Oberfläche mit Halbedelsteinen, Granaten und Bernstein, ja auch mit farbigem Glas, und die Millefiori-Technik wurde von gallorömischen Schmuckarbeiten übernommen. Vermutlich lernten die Künstler in dieser Zeit auch zu löten und feines Goldfiligran zusammenzufügen, eine Technik, die ausgezeichnet zu dem traditionellen, noch immer lebendigen Schmuckelement keltischer Kunst, der geschwungenen Linie, paßte.

Die zwei bedeutendsten Stücke aus dieser großartigen Blüte einheimischen keltischen Geschmeides sind die Hunterstonfibel aus Ayrshire in Schottland und die Tarafibel in Irland (Abb. S. 88). Der Durchmesser der ersten (51) beträgt 10,4 x 12 Zentimeter, und was von der Nadel noch vorhanden ist, mißt 14 Zentimeter. Geformt ist sie wie ein abgeflachter geschlossener Silberring, der durch Grate in Felder geteilt ist. Die größeren Felder sind mit ineinander verflochtenen zoomorphen Ornamenten, keltischen Spiralen und Trompetenmustern verziert, die in Filigran gearbeitet und auf Goldblättchen gelötet sind, während die Ecken und die kleineren Felder mit Bernsteinstücken besetzt sind. Der feine Geschmack, die Zurückhaltung und das Gefühl für Proportionen, mit dem der reich gefüllte Grund behandelt ist, zeigt wieder die für die gesamte keltische Kunst typische unfehlbare Kompositionsgabe, die wir auch in der Buchmalerei finden werden. Interessant ist, daß zwei Besitzer ihren Anspruch geltend gemacht haben, indem sie ihre Namen auf der glatten Oberfläche der Rückseite in Runenbuchstaben skandinavischen Typs, wie sie für die Hebriden charakteristisch sind, eingekratzt haben. Die Inschriften stammen wahrscheinlich aus dem 10. Jahrhundert und lauten übersetzt etwa folgendermaßen: »Diese Fibel gehört Olfriti« und »Diese Fibel gehört Maelbritha«. Der erste Name ist skandinavisch, der zweite irisch; sie führen uns in das Königreich der Hebriden mit seiner skandinavisch-irischen Mischbevölkerung.

Die erstaunlichste von allen Fibeln und sicherlich das unbestrittene Glanzstück des gesamten irischen Schmucks ist die sogenannte Tarafibel. Wie die Fibel in Hunterston ist auch sie eine geschlossene, bronzene Ringfibel mit einer langen Nadel, die auf einem beweglichen Ring sitzt. Man datiert sie ins frühe 8. Jahrhundert (52). Sie ist verhältnismäßig klein, eine der kleinsten verzierten Fibeln überhaupt, und mißt nur knapp 9 Zentimeter im Durchmesser. Ursprünglich gehörte eine zweite Fibel dazu, die durch eine dicke Drahtkette mit ihr verbunden war; wahrscheinlich sollten sie auf den Schultern getragen werden und ein Gewand festhalten. Sie besteht aus einem Ring von gegossener Bronze und ist auf der Vorder- und Rückseite verziert. Die Oberfläche ist durch Leisten in Fächer geteilt, die mit Ornamenten von größter Feinheit und Anmut gefüllt sind. Die Muster in den kleineren Feldern stellen konventionelle Motive in der Technik geschwungener Linien vor, die aus aufgelegtem feinem Goldfiligrandraht mit dazwischen verstreuten winzigen Goldkörnern bestehen, während die größeren Felder von einer gelängten und ineinander verschlungenen Vogelform von ähnlicher Technik gefüllt sind. Köpfe von Vögeln und anderen Tieren ragen außen über den erhabenen Rand heraus. Vögel dieser Art kommen sonst auf derartigen Schmuckstücken nicht vor: Sie ähneln vielfach denen in den Randzeichnungen des *Evangeliars von Lindisfarne.* Rotes Email und Bernstein, kleine Scheiben aus blauem und rotem Glas und winzige in Amethyst geschnittene Menschenköpfe fügen der Feinheit und Zartheit dieser köstlichen künstlerischen Leistung noch bunte Farbenpracht hinzu.

Auf dem Raum, der uns zur Verfügung steht, läßt sich nur andeuten, wie großartig und reich die Metallarbeiten der frühchristlichen Kunst im 8. und 9. Jahrhundert in Irland sind. Insbesondere die Kirche schmückte ihre Geräte mit Darstellungen aus, die sehr viel dazu beigetragen haben müssen, die Phantasie einer ungebildeten Gemeinde anzuregen und die Kirche mit einer Schönheit und Pracht auszustatten, die ihren schlichten Behausungen abging. Auf den Altären standen mit Gold und Silber verzierte und mit Edelsteinen besetzte Kelche. Die Evangeliare wurden mit reich verzierten Einbänden versehen und in *cumdachs* oder Schreine eingeschlossen, die mit Zieraten besetzt waren, deren Kostbarkeit dazu reizte, sie abzureißen und zu stehlen. Reliquiare wurden als Erbstücke sehr verehrt und hatten bisweilen die Form von Hausschreinen, wie der in einem Wikingergrab in Kopenhagen gefundene Schrein zeigt, zweifellos ein irisches Beutestück (53), oder das Reliquiar von Monymusk (Aberdeenshire), das mit rotem und gelbem Email verziert und reich geschmückt war. Bei diesem hoch in Ehren gehaltenen Erbstück handelt es sich ohne Zweifel um das *Brechbrennoch*, das der Überlieferung nach mit dem heiligen Kolumba in Zusammenhang gebracht wird und eine ähnliche Funktion hatte wie das *Cathach* in Irland. Krummstäbe wurden mit kunstvoller Bronzearbeit verziert (Abb. S. 174). Der jetzt im British Museum aufbewahrte Krummstab von Kells ist ein besonders anschauliches Beispiel dafür (54). Wie eng diese Verarbeitung von Bronze und Email mit der Kirche verbunden war, wird aus den Vorräten von Schmelztiegeln, Zangen und anderen Werkzeugen der Bronzegießer deutlich, die man in Klosterbezirken – etwa im Kloster Nendrum auf der Insel Magee im Strangford Lough – gefunden hat. Die bescheidenen Ausmaße der Werkzeuge und die Reste roten Emails, das sich noch in den Schmelztiegeln befand, beweisen, daß sie nur für die kleinen Gegenstände bestimmt sein konnten, von denen eben die Rede war.

Der Kelch von Ardagh (Abb. S. 155) gilt verdientermaßen als berühmtestes Beispiel einer frühchristlichen Metallarbeit aus Irland; er muß eine wertgehaltene Kostbarkeit eines Kirchenaltars gewesen sein. Die zweihenkelige Schale aus getriebenem Silber auf einem silbernen Fuß ist mit Gold, vergoldeter Bronze und Email verziert (55). Der Eindruck der Schwere wird dadurch vermieden, daß das Auge des Betrachters einmal auf die Symmetrie und Ausgewogenheit der Schale gelenkt wird, die mit dem Fuß durch die goldene Manschette wunderbar zu einer Einheit verbunden ist, und zum anderen auf die Schlichtheit der polierten silbernen Oberfläche und die erstaunliche Wirkung des roten und blauen Emails sowie der goldenen Filigranarbeit in dem einzigen Zierstreifen nahe dem oberen Rand des Kelches und auf der Oberfläche und der Befestigung der Henkel. In wohlberechnetem Kontrast zu diesen kühnen Effekten stehen leichte und zarte Gravierungen in doppelten Bandlinien mit dazwischengesetzten, leicht gepunzten Pünktchen, die auf der schlichten Oberfläche des Kelches die Befestigung der Henkel nachziehen. Eine ähnliche zarte Gravierung verzeichnet außen auf der Schale die Namen der Apostel, denen bedeutungsvolle Tierornamente beigefügt sind. Kontrastwirkung und Einsatz des leeren Raumes als Kompositionsmittel mischen sich hier mit vollendetem künstlerischem Geschmack.

Wir können uns nur schwer vorstellen, wie die Gesellschaft aussah, in der ein Meisterwerk kirchlicher Kunst wie der Kelch von Ardagh und die großen illuminierten Handschriften angemessen geschätzt und honoriert werden konnten, und zwar von einer Aristokratie, die noch so archaische Einrichtungen wie die Brehon-Gesetze anerkannte und die sich noch immer den Maßstäben der heroischen Zeit unterwarf. Der Kelch von Ardagh gehört in die Welt der Eremitendichtung. Die Einführung des Christentums hatte eine vollständige Spaltung der Ideale Irlands in seiner frühen Zeit verursacht. Dennoch sind die Ideale auf beiden Seiten durch und durch irisch, und daß eine neue und höhere Kultur mit Kunst und Dichtung der Kirche einströmt, während man noch an den heroischen Maßstäben und mündlich überlieferten literarischen Formen der alten keltischen Welt festhält, führt im 1. Jahrtausend unserer Zeitrechnung zur Entstehung eines individuellen Idealismus und einer individuellen Kultur, die das größte Geschenk dieser fernen Insel im Westen an die europäische Gesellschaft darstellen.

Schmuckstücke und bronzene Kirchengeräte erinnern uns ständig daran, daß dieser Kunstzweig in engem Zusammenhang mit den großen illuminierten Handschriften des 7. bis 9. Jahrhunderts steht. Auf die Parallelität gewisser Details der Fibel von Tara und dem Kunststil des *Evangeliars von Lindisfarne*, das wahrscheinlich zwischen 710 und 720 entstanden ist, wurde bereits hingewiesen. Die Ähnlichkeit der Buchstaben in der Inschrift auf dem Kelch von Ardagh mit den großen Initialen des *Evangeliars von Lindisfarne* läßt nicht nur darauf schließen, daß die Entstehungszeiten nicht weit auseinanderliegen, sondern beweist auch, daß beide Kunstwerke Erzeugnisse einer und derselben künstlerischen Phase sind. Andererseits finden sich auf anderen Arbeiten – vor allem auf den Gürtelschnallen im Schiffsgrab von Sutton Hoo, England, auf etwa 625 datiert (56) – ähnliche Motive, und es wird allmählich deutlicher, daß im Kunstleben der britischen Inseln insgesamt seit der Mitte des 7. Jahrhunderts eine gemeinsame Entwicklung vonstatten geht.

Diesem Zeitabschnitt und dieser Phase der Kunst verdanken

wir das Emporkommen der großen Schule der Buchmalerei in Irland, jener schönsten Blüte keltischer Kunst (57). Der einheimische keltische Stil erreichte seinen Höhepunkt vom 7. bis zum Ende des 8. oder Anfang des 9. Jahrhunderts, das heißt bis zum ersten Zusammenstoß mit den Wikingern. Dieser großen Zeit des bodenständigen keltischen Kunststils verdanken wir Meisterwerke wie das *Book of Durrow* und das *Book of Kells.* Vom Ende des 8. Jahrhunderts an erfolgt ein allmählicher Abstieg bis etwa um 850.

Die keltischen Handschriften jener Zeit gliedern sich in zwei Gruppen: erstens die großen, sorgfältig in Unzialen oder Halbunzialen geschriebenen Evangelienbücher, die für den Altar bestimmt waren, und zweitens die kleinen, handlichen Bücher in Kursivschrift zum raschen Nachschlagen oder zur Privatlektüre, »Taschenbücher« also. Fast alle verzierten Handschriften sind Evangeliare und tragen auf der ersten Seite eines jeden Evangeliums einen ins Auge fallenden Schmuck, der hauptsächlich aus einem einzigen ungeheuren, von Ornamenten bedeckten Anfangsbuchstaben besteht. Die linke Seite, die dem Textanfang gegenübersteht, ist fast stets eine reine Schmuckseite; man nennt sie »Teppichseite«, und sie kann ziemlich verschieden ausgestaltet sein. Zusätzlich zur oder anstelle der Teppichseite findet sich am Anfang eines jeden Evangeliums das Symbol oder das Porträt des Evangelisten. Die Teppichseiten oder die Symbolseiten sind oft eingerahmt von fortlaufenden Flechtbandmustern im traditionellen koptischen Stil (58), während bei den Initialen ausschließlich Spiralen und feine Flechtlinien verwendet werden (59).

Die älteste der prächtig illuminierten Handschriften ist das kleine als *Book of Durrow* bekannte Evangeliar (Abb. S. 191), das um 650 oder wenig später entstanden ist (60). In seiner Zurückhaltung und meisterlichen Komposition stellt es wohl einen Höhepunkt irischer Buchmalerei dar. Die reife Meisterschaft des *Book of Durrow* läßt darauf schließen, daß hier eine Tradition – welchen Ursprungs auch immer – ihren Gipfel erreicht hat. In den großen Anfangsbuchstaben bei Beginn der Evangelien findet sich das traditionelle Spiralornament, während die Teppich- und die Symbolseiten mit dem frühen Flechtbandmuster – den Kreuzen von Carndonagh und Fahan vergleichbar – eingefaßt sind und auf manchen Scheibenornamenten den Einfluß der Emailtechnik verraten. Die Farbskala beschränkt sich auf Braun, Rot, Gelb und Grün, und die Gesamtwirkung gleicht der milden Schönheit des Herbstlaubes, ganz im Gegensatz zu der leuchtenden Buntheit späterer Handschriften, etwa des *Book of Kells*, das durch die großzügige Verwendung blauer Farbe die Leuchtkraft von Edelsteinen entfaltet. Blattgold findet sich nirgends – es bleibt der Zukunft vorbehalten –, doch ist es eine interessante Feststellung, daß die Durrow-Farben denen syrischer Handschriften aus späterer Zeit gleichen, die wahrscheinlich auf einer archaischen Tradition fußen. Ähnlich wie dort werden diese Farben für breite spiralförmige Zierbänder verwendet. Die Handschrift enthält mehrere Seiten, die nur Schmuckzwecken dienen und an die schönen orientalischen Teppiche erinnern; vielleicht waren diese tatsächlich an der Verbreitung der Muster beteiligt, da Gewebe sich ja leicht befördern ließen.

Am auffallendsten in ihrer Eigenart sind im *Book of Durrow* vielleicht die den Symbolen der Evangelisten gewidmeten Seiten, und zwar sowohl die mit Einzelfiguren wie auch die in Felder mit Symbolen aufgeteilten Seiten. Die Handschrift hat hier mit dem Kelch von Ardagh das doch ziemlich stark ausgeprägte Gefühl für das Kunstmittel gemein, durch einen leeren Hintergrund das Hauptmotiv stärker hervortreten zu lassen. Die Menschengestalten fallen ganz besonders auf: Sie vermeiden bewußt jeden Naturalismus und erzielen eine durchaus ikonographische Wirkung. Die Gestalt des Evangelisten Matthäus (Blatt 21), ohne Arme und mit parallel im rechten Winkel zur Körperachse gestellten Füßen, steif in ein einfaches gewürfeltes Gewand gekleidet, erinnert eher an ein Mosaik als an ein Gemälde. Dennoch steht es vor seinem leeren weißen Pergamentgrund in der Umrahmung der spiralförmigen Zierbänder als reifes Kunstwerk da, ein Höhepunkt viel eher als der Beginn einer Tradition. Die Figurenfelder, wie wir sie bezeichnen können, und die in Arkaden gerahmten Konkordanzen der Evangelien entsprechen am ehesten dem vom Mönch Rabula im 6. Jahrhundert geschriebenen syrischen Evangeliar (61) und sind, wie so viele Besonderheiten der keltischen Kirche, zweifellos durch Einflüsse aus dem östlichen Mittelmeergebiet angeregt worden.

Nach allgemeiner Ansicht ist das *Book of Kells* (Abb. S. 329, 467) das kostbarste Stück unter allen irischen Kunstwerken und steht auf einer Ebene mit dem *Book of Durrow*. Ob es im irischen Kloster Kolumbas auf Iona oder in Irland entstanden ist, weiß man nicht genau; auch ist die Entstehungszeit ungewiß, doch gehört es wahrscheinlich in das frühe 9. Jahrhundert. Kells hatte vom späten 9. Jahrhundert an und das ganze 10. Jahrhundert hindurch unter schweren Überfällen und Plünderungen zu leiden, doch zur Zeit ihrer ersten geschichtlichen Erwähnung ist die Handschrift in der Kirche von Kells verwahrt. Wir lesen in den *Annalen von Ulster* unter dem Jahr 1006: »Das große Evangeliar von Columcille wurde schändlicherweise in der Nacht aus der Westsakristei der großen Steinkirche von Kells gestohlen – wegen des Schmuckeinbandes die bedeutendste Reliquie der westlichen Welt«, ferner, daß es später, seiner Goldverzierungen beraubt, unter einem Rasenstück wiedergefunden wurde. 1661 kam die Handschrift nach Dublin ans Trinity College, wo sie sich heute noch befindet.

Der Codex (62) ist verhältnismäßig großformatig und besteht aus starkem geglättetem Pergament, auf das der Text in einer schönen runden Halbunzialschrift geschrieben wurde, wie sie für die besten großformatigen irischen Handschriften charakteristisch ist. Der Inhalt ist sehr vielgestaltig. Das erste Blatt enthält einige hebräische Worte mit der lateinischen Entsprechung sowie die Symbole der Evangelisten: den Menschen oder Engel für Matthäus, den Löwen für Markus, den Stier für Lukas, den Adler für Johannes. Die nächsten acht bebilderten Seiten sind mit den eusebischen Kanons gefüllt, die in schmalen Kolumnen in Arkaden mit verzierten Pfeilern geschrieben sind. Die Rückseite von Blatt 7 zeigt ein ganzseitiges Bild der Muttergottes mit dem Kind und mit dienenden Engeln in einer kunstvoll verzierten Einfassung. Die Zeichnung der Figuren, die hier wie in den Porträts der Evangelisten Matthäus und Markus hinsichtlich der Anatomie die von Durrow weitaus übertreffen, erscheinen bewußt stilisiert und vermeiden sorgsam jede Andeutung von Naturalismus. Wiederum finden wir uns an emaillierte und metallene Heiligenfiguren oder an Mosaikarbeiten erinnert, und vom Ideal der klassischen Antike ist diese Kunst ebensoweit entfernt wie die Schlangen, Fische und Vögel in dem verschlungenen Randmuster von zoologischer Realität. Es ist viel eher eine Kunst der Andeutung als der genauen Darstellung, und diese Andeutung ist eine Schöpfung der keltischen Phantasie, die über die abgesteckten Grenzen der Wissenschaft hinausgreift.

Diese ikonographische Behandlung der größeren menschlichen Gestalten beruht auf bewußter hochgradiger Differenziertheit. Paradoxerweise sind viele von den kleineren Engeln und Menschengestalten, die in das Ornament eingebaut sind, von überzeugender Natürlichkeit. Die kleine menschliche Figur an der Spitze der herrlichen Illumination der Eingangsworte des Matthäusevangeliums (Abb. S. 467) und der reizvolle Kopf, der das Ende der Schlinge des Buchstabens *P* auf der großartigen Initialenseite bildet, behaupten ihren Platz innerhalb des reichen und mannigfaltigen Schmucks dieser Seiten voll reiner Ornamente ohne jedes Mißverhältnis. Vielleicht beweist der Künstler gerade auf dieser großartigen Initialenseite stärker als anderswo seine Fähigkeit, die widersprüchlichsten Elemente in seinem Entwurf zu vereinen. In einem kleinen Zwischenraum am Fuß des großen Anfangsbuchstabens *Chi* befindet sich eine stille kleine Miniatur zweier Ratten, die an einer Hostie nagen und dabei von zwei Katzen beobachtet werden, die der Künstler sorgfältig unterschieden hat – eine ist schildpattfarben, die andere dunkel gestreift – und denen wiederum je eine Ratte auf dem Rücken sitzt (Abb. S. 467). Soll das den Frieden symbolisieren, in dem der Löwe und das Lamm beieinander liegen? Ist es nur eine Laune des Künstlers wie die Marginalien so vieler Schreiber?

Auf diesen großartigen Schmuckseiten zeigt sich das mit Wendigkeit gepaarte Fingerspitzengefühl der irischen Künstler in seiner höchsten Vollkommenheit. Ganz gleich, ob es auf eine starre Umrahmung beschränkt bleibt wie in dem großen Kreuz aus acht Kreisen (Blatt 33 v), ob es sich in winzigen Kreisen dreht und wendet und die große Initiale des Matthäusevangeliums (Blatt 34 r) mit dichtgedrängter Pracht und verwirrendem Glanz füllt oder ob es innerhalb einer vorwiegend geometrischen Einfassung gebändigt wird und die Erinnerung an die bleigefaßten Scheiben eines farbigen Glasfensters wachruft, wie in den Eingangsworten des Markusevangeliums die reichen Schnecken, die Trompetenmuster und das Spiralband sich verflechten und wieder auflösen, fließen, sich verschlingen und zusammenfließen, nur um sich in einer endlosen und mühelosen Mannigfaltigkeit wieder zu entrollen, die aufs erlesenste gebändigt und dem Hauptmotiv und Hauptzweck der Seite dienstbar gemacht wird. Die Linien des Ornaments erinnern uns immer wieder an zarte Filigranarbeit und an die Farbenpracht an Schmuckstücken. Wir sind weit entfernt von der ernsten Würde, der reifen Zurückhaltung des *Evangeliars von Durrow*, weit auch von dessen düsteren herbstlichen Farben. Der begnadete Meister von Kells verfügt über den verschwenderischen Glanz müheloser Meisterschaft und unbegrenzten Einfallsreichtum. Diese überströmende Verzierung, diese verschwenderische Ornamentik durchzieht das ganze Werk: eine ständige Augenweide, wenn sie – oft anscheinend ganz unmotiviert – überall im Text an den Rändern und zwischen den Zeilen leuchtend, phantasievoll und anmutig sich darbietet.

Seit dem 7. und 8. Jahrhundert waren die großen irischen Klöster, in denen die frühen irischen Kunstschätze entstanden, das Ziel schwerer Plünderungen durch die Wikinger, und oft waren die Mönche gezwungen, sichere Plätze aufzusuchen. Bisweilen nahmen sie dann ihre Bücher mit, und es wird deshalb immer schwerer, die Heimat einer erhaltenen Handschrift genau festzustellen. Die Mönche von Lindisfarne – Opfer der Wikinger im 9. Jahrhundert – ließen sich schließlich in Durham nieder, wo das in Bruchstücken erhaltene *Evangeliar von Durham* letzte Erinnerungen an das *Evangeliar von Durrow* mit dem eng verwandten Schmuckstil von Lindisfarne verbindet. Das jetzt in Lichfield befindliche berühmte *Book of St. Chad* (63), das sich wahrscheinlich vor dem Ende des 8. Jahrhunderts in Wales befunden hat, ist nahe verwandt mit diesen ältesten irischen Handschriften (64). Das *Evangeliar von Rushworth* oder das *Evangeliar von Mac Regal* (65), die sich im 10. Jahrhundert im Norden Englands befanden, kam wahrscheinlich ursprünglich aus der Abtei Birr in der Grafschaft Offaly. Die Kunst des prächtigen *Echternacher Evangeliars* steht in so engem Zusammenhang mit jener der Evangeliare von Lindisfarne und von Durham, daß allgemein angenommen wird, der *Echternacher Kodex* sei im frühen 8. Jahrhundert in Northumbria geschrieben und illuminiert und dann auf das Festland gebracht worden, doch steht er in den Details der irischen Kunst des *Evangeliars von Durrow* ebenso nahe. Wie F. Henry bemerkt, ist die Attitüde des großen Löwen, des Symbols des Evangelisten Markus, »der flammengleich und eine Fülle goldener Locken schüttelnd über einen Boden aus geraden Linien springt«, genau das, was »man von den Tiersymbolen im *Buch von Durrow* erwarten würde, sobald sie den Mut zur Bewegung aufgebracht hätten« (66).

Die Kunsteinflüsse dieses Zeitabschnitts wurden von irischen Mönchen den Festlandklöstern vermittelt, von denen manche im 8. und 9. Jahrhundert enge Beziehungen zu Irland hatten. Andere – etwa Luxeuil, St. Gallen und Bobbio – waren regelrechte irische Gründungen aus dem 7. Jahrhundert. Gewöhnlich wird angenommen, die Mönche hätten bei ihrer Flucht vor den Wikingern ihre Bücher auf den Kontinent mitgenommen, und zweifellos war das bisweilen auch der Fall, doch der Grund für den irischen Einfluß auf die Bücher des Kontinents liegt im allgemeinen doch wohl eher darin, daß in Irland während der vorangegangenen Periode klösterlicher Aktivität Gelehrsamkeit, Schreiben und die Herstellung von Büchern zu typisch irischen Errungenschaften und Handelsobjekten geworden waren. Die Mönche brachten auf den Kontinent ihre geistige und künstlerische Monopolstellung als

Mittel zum Lebensunterhalt mit, und alles, was sonst zum Gelehrtenleben und zur kirchlichen Kunst gehörte.

Seit dem Ende des 8. Jahrhunderts begann der Niedergang des eigentlich keltischen Stils mit seiner Überfülle an Spiralen, Trompetenmustern und rein geometrischen Flechtmustern, und es mischten sich immer mehr verschlungene Tiere und Vögel darunter, die der einheimischen keltischen Kunst mit der germanischen jener Zeit gemeinsam waren. Um 850 begann die Kunst der Wikinger den irischen Stil der Zeit durch die Einführung des sogenannten »Jellinge-Stils« aus Norwegen abzuwandeln, der wiederum in hohem Maß aus einer Nachahmung der irischen Ornamentik entstanden war. Die Stilmischung, die sich daraus ergab, führte in Irland und auf der Isle of Man ein kraftvolles Dasein, und nach dem irischen Sieg von Clontarf im Jahr 1014 ging mit dem Erstarken der Kirche eine eifrige Restaurierung und Neuschöpfung prächtiger Gegenstände zum kirchlichen Gebrauch Hand in Hand. Die meisten *cumdachs* oder Buchschreine sowie die Krummstäbe wurden in der Zeit von 1000 bis 1125 ausgebessert und verschönert, und gegen Ende dieser Periode entstanden die am reichsten und kunstvollsten geschmückten Schreine: der Schrein für die Glocke St. Patricks (Abb. S. 173), das Kreuz von Cong, der Schrein für St. Lachtins Arm und der Krummstab von Lismore (Abb. S. 174).

Tatsächlich scheint nach der Mitte des 10. Jahrhunderts die Kunst Irlands fast ganz in kirchliche Kanäle geleitet worden zu sein, und als die anglo-normannische Eroberung tatsächlich stattfand, war der Weg für einen neuen aus festländischen Quellen gespeisten Kunst- und Baustil insofern schon gebahnt, als fremde Orden eingeführt worden waren und Canterbury seinen besonderen Einfluß auf die irisch-dänischen Bistümer ausgeübt hatte. Der neue normannische Stil war wohl nur geringfügig von alten keltischen Überlieferungen beeinflußt: Bei den Steinköpfen an Cormacs Kapelle in Cashel (Abb. S. 432) mögen sich keltische *têtes coupées* gegenüber der normannischen und mittelmeerischen Strömung durchgesetzt haben.

Die Kraft der irischen, d. h. eigentlich der keltischen, Überlieferung kommt überall auf den britischen Inseln am stärksten in den behauenen Steinkreuzen zum Ausdruck. Wir sahen bereits, daß die Kunst und Technik der Steinplastik, die sich in der La-Tène-Zeit herausbildeten, in enger Verbindung mit der Kunst der folgenden Perioden bis ins Mittelalter fortwirkten. Die große Anzahl der Kreuze und der Reichtum ihres Schmucks bedeuten eine wertvolle Ergänzung dessen, was wir über die selteneren und dem Verderben stärker ausgesetzten Gegenstände aus Metall und Pergament wissen. Einige wenige Kreuze – die von Fahan Mura und das Muiredach-Kreuz von Monasterboice – geben durch ihre Inschriften einige chronologische Anhaltspunkte. Öfter können sie ihrer Anzahl und ihrer unveränderten Standplätze wegen in Schulen und Perioden eingeteilt werden und helfen uns so, durch Vergleiche kleinere bewegliche Gegenstände richtig einzuordnen, deren Herkunft unbekannt ist.

In ihrer ältesten Form sind die irischen Steinkreuze auf die flachen Steinoberflächen aufrecht stehender Tafeln gemeißelt und legen den Vergleich mit dem Bild auf einer Handschriftenseite nahe. Der Untergrund der Skulpturen besteht aus aufrechten freistehenden Platten oder Stelen, auf denen in flachem Relief ein einfaches Kreuz oder eine Kreuzigungsgruppe und andere, meist menschliche Figuren eingeschnitten oder ausgemeißelt sind (67). Im Hinblick auf den offenkundigen Einfluß der christlichen Kirche des östlichen Mittelmeers auf das frühirische Christentum ist es nur natürlich, letztlich einen Einfluß koptischer Stelen auf diese frühirischen Denkmäler anzunehmen. In Irland sind Kreuze dieses Typs weder selten noch auf einen einzigen Zeitabschnitt beschränkt, sie finden sich manchmal unmittelbar neben späteren Typen. Am aufschlußreichsten und kunstvollsten sind die Kreuze von Fahan Mura und Carndonagh, die beide von der Halbinsel Inishowen in Donegal stammen.

Daß sie zusammengehören, zeigt sich sowohl an der Behandlung der Figuren wie auch an den breiten Flechtbändern, die – von einer doppelten Linie eingefaßt – die gesamte Fläche des Kreuzes von Fahan Mura auf der Ost- und Westseite einnehmen. Die Ostseite ist sparsam behandelt und erinnert in gewissen Einzelheiten an koptische Stelen; die Westseite ist viel freier gestaltet, wobei das Flechtband auf die Randleiste übergreift, und der Stamm des Kreuzes wird von zwei steifen kleinen Figuren flankiert, die durch ihre starren Gewänder und das Fehlen jeglicher Andeutung der Arme an die Gestalt des Matthäus im *Evangeliar von Durrow* erinnern. Das Kreuz von Fahan ist insofern besonders interessant, als es eine Inschrift in deutlichen griechischen Buchstaben trägt, die eine griechische Fassung des *Gloria Patri* wiedergeben: »Ruhm und Ehre dem Vater und dem Sohn und dem Heiligen Geist.« Es handelt sich um die in Kanon 13 und 15 des Vierten Konzils von Toledo (633) erwähnte Formel, die vielleicht ungefähr um diese Zeit durch die neuere Form »Ehre dem Vater« abgelöst wurde, jedoch in der mozarabischen Liturgie fortlebte und in griechischen Liturgien weithin bis mindestens ins 9. Jahrhundert benutzt wurde. Wahrscheinlich handelt es sich bei der Formel auf dem Kreuz von Fahan um eine vielleicht im Lauf des 7. Jahrhunderts entstandene Kopie der Seite einer griechischen Handschrift – eine Datierung, die auch durch anderes Beweismaterial gestützt wird (68).

Fahan war ein sehr bedeutendes Kloster in der kolumbanischen Tradition des 7. Jahrhunderts und stand unter dem direkten Patronat eines Zweigs der nördlichen Uí Néill, die auf der nahegelegenen Burg Ailech in Donegal saßen. Das Kreuz von Carndonagh wenige Meilen weiter nördlich dagegen ist sehr viel roher gearbeitet; nach Ausführung und Entwurf eine provinzielle Abwandlung des mit Geschmack und Sorgfalt gearbeiteten Kreuzes von Fahan, gehört es dennoch offensichtlich derselben Schule und Kunstperiode an. Es ist eine hohe dünne Sandsteinplatte, deren eine Seite vollständig mit doppelt konturierten Bändern bedeckt ist, während die andere scharf eingeschnittene Figuren trägt, die ein fortlaufendes Muster bilden. Das Ganze ist auf ein Oval mit dem Kopf Christi in der Glorie ausgerichtet. Auf derselben (östlichen) Seite der Platte sind noch andere stilisierte Figuren ohne jede Andeutung von Armen angeordnet, und das Kreuz ist von zwei kleinen Pfeilern flankiert (69), die eingeschnittene und leicht modellierte Figuren verschiedener Art zeigen: einen Krieger, einen Kleriker, einen Harfenspieler und Jonas, der aus dem Walfisch auftaucht. Wir stehen auf der Schwelle zu den erzählenden Darstellungen der späteren hohen Kreuze. Im benachbarten Friedhof findet sich noch ein Kreuz derselben Schule, doch beschränkt sich diese Schule von Donegal nicht auf Fahan und Carndonagh, sondern hat auch auf Inishkeel und auf den Inseln Caher und Tory ihre Spuren hinterlassen.

Wenn wir von den Plattenkreuzen zu den Hochkreuzen übergehen, befinden wir uns in einer anderen Welt, in einem bodenständigen keltischen Milieu, denn die hohen Kreuze stellen eine spezielle Entwicklung der britischen Inseln dar. In der zeitgenössischen kontinentalen Plastik finden sich keine Parallelen, während sie vom 8. bis zum 12. Jahrhundert auf den britischen Inseln überall verbreitet sind, nicht nur in Irland – dort besonders in Mittel- und Südirland –, sondern in ganz England, in Cornwall, Wales, auf der Isle of Man und in Westschottland. Damit ist nicht gesagt, daß alle nach einem Schema gearbeitet wären. In Cornwall (70), Wales (71) und in Südwestschottland sind die Kreuze weitgehend mit geometrischen Flechtbändern und Knotenmustern verziert – künstlerisch nicht gerade einfallsreich, wenn man an die irischen und die höchst originellen piktischen Kreuze denkt. Die Technik allerdings ist im allgemeinen einwandfrei, was um so bemerkenswerter erscheint, als diese geometrischen Muster, besonders die eckigen – wie auf dem Kreuz von Carew –, höhere Anforderungen an die Geschicklichkeit des Bildhauers stellen als freiere Erfindungen. Ein Abrutschen des Meißels kann ein ganzes Feld verderben. Diese Lokalisierung von Kunststilen – wir dürfen an die einzigartige Tafel auf Calf of Man (Isle of Man) erinnern – und noch viel mehr diese Perfektion der Technik bei den Hochkreuzen in Britannien ist wiederum um so erstaunlicher, als es keinerlei Anzeichen für Vorstadien oder für eine allmähliche Entwicklung und ein langsames Absinken gibt. Selbst wenn wir Vorstufen in der Metallbearbeitung annehmen, ist die fehlerlose Übertragung auf Stein nicht weniger verblüffend. Wahrscheinlich muß man die Ursprünge des hohen Kreuzes wie der Steinsäule in mediterranen christlichen Ländern suchen, in Armenien oder anderswo im byzantinischen Reich, wo politische Umwälzungen wie die Eroberung durch die Araber und der Bilderstreit so manchen fähigen Künstler in die Verbannung trieben.

Die irischen Hochkreuze sind schwere Steinaufbauten, die gewöhnlich auf eine feste, manchmal hochragende Fußplatte aufgesetzt sind. Sie gliedern sich in umfangreiche Gruppen. Die erste Gruppe ist am besten durch die beiden Ahenny-Kreuze in Tipperary vertreten, die spätestens um 750 entstanden sind (72). Die Kreuze von Lorrha und die von Clonmacnoise (Abb. S. 502, 519) stammen aus der zweiten Hälfte des 8. Jahrhunderts. Auch das Kreuz von Moone, Kildare, datiert man wegen seiner Ähnlichkeit mit den Kreuzen der Gruppe I in das 8. Jahrhundert. Alle Kreuze dieser Gruppe sind stilistisch nahe verwandt mit den Metallarbeiten des frühen 8. Jahrhunderts und lassen sich gelegentlich auch aufgrund ihrer nahen Verwandtschaft mit Metallarbeiten datieren, die in Wikingergräbern aus dem frühen 9. Jahrhundert gefunden worden sind (73). Sie zeigen die Tendenz, die gesamte Steinoberfläche mit stickereiartigen fortlaufenden Mustern zu verzieren, wobei jedes einzelne Ornament ein abgegrenztes Feld bildet. Häufig verbinden sich in den Ornamenten Spiralen mit Bandgeflecht, Tierköpfen und sehr oft mit Mäandern. Auf den Kreuzen von Ahenny, Kilkieran und Lorrha ist die gesamte Oberfläche mit Spiralen und Bandgeflecht bedeckt, während Menschendarstellungen nur auf dem Sockel erscheinen. Auf dem Nordkreuz von Ahenny sind Reiter und Prozessionen dargestellt. Andere – etwa in Kilrea und Killamery – zeigen solche Szenen auf dem Kreuz selbst, sogar auf den Kreuzarmen. Auf dem »Südkreuz« von Clonmacnoise befindet sich unter dem Kopfteil eine Kreuzigungsszene. Alle diese Szenen, auch die Figuren auf dem Kreuz von Moone, sind in sehr flachem Relief ausgeführt und nur wenig modelliert. Das Kreuz von Moone ist ein bemerkenswertes Stück mit kleinem Kopfteil und schlankem Schaft, der sich auf einer hohen, aber schmalen pyramidenförmigen Basis erhebt. Ornamente hat es kaum: Die Oberfläche ist großzügig in Felder aufgeteilt, die geometrische Figuren und Tierdarstellungen enthalten. Mit seinem sparsamen Detail und den kühnen, starren und schlichten Gestalten ist es eines der eigentümlichsten und eindrucksvollsten Kreuze.

Zur Gruppe II gehört die Schule von Clonmacnoise. Durch eine Inschrift auf dem Kreuz von Bealin, das aus seiner ursprünglichen Umgebung nach Bealin bei Athlone gebracht worden ist, wird diese Schule ungefähr auf das Ende des 8. oder den Anfang des 9. Jahrhunderts angesetzt (74). Diese Datierung wird dadurch gestützt, daß sich in ornamentalen Details und Tiermustern Ähnlichkeiten sowohl mit dem *Book of Kells* wie mit dem *Book of Armagh* feststellen lassen. Die Modellierung und plastische Herausarbeitung ist immer noch in sehr flachem Relief gehalten, und die Überfülle von Ornamenten setzt sich aus feinem Bandgeflecht, komplizierten Spiralen und verschlungenen Tieren zusammen. Zu diesen Motiven treten »erzählende« Jagdszenen, meist in Felder eingeteilt, von denen sich schöne Beispiele auch auf dem Kreuz von Banagher befinden. Diese überraschenden Kavalkaden von Reitern und Jägern gleichen manchmal sehr den übereinandergesetzten Prozessionen von Kriegern und Jägern auf den piktischen Kreuzen, die in der westlichen Kunst dieser Zeit so gut wie einmalig sind. In der piktischen Plastik sind diese Reihen von unendlicher Mannigfaltigkeit. Aus welcher Quelle sie eigentlich stammen, ist dunkel, doch erscheinen Reiter auf den irischen Kreuzen bis ins 11. und 12. Jahrhundert.

Andererseits haben die Kreuze von Iona und die des irischen Königreichs Argyll jene kühnere Form und Ausführung entwickelt, die sich schon in den Kreuzen von Bealin findet und sich später noch weiter ausbildet. In diesem Stil sind die Kreuze in einen Kreis eingeschlossen, der einen Teil des festen Kopfteils bilden oder auch durchbrochen sein kann. Das Relief ist höher herausgearbeitet, und mit den großen Buckeln, die in Hochrelief aus der Mittelscheibe und den Enden der Kreuzarme herausragen, ist eine auffallende Entwicklung vor sich gegangen. Sie erinnern deutlich an Metallarbeiten, bei denen aus Korallen oder Email geformte Buckel zur Verkleidung eines Metallknopfes verwendet wurden, wie es der Schatz von Snettisham aus Norfolk, die große Gürtelschnalle von Sutton Hoo und andere Stücke zeigen.

Abgesehen von der beträchtlichen Menge von Reitern und Jagdszenen stammt die Mehrzahl der figürlichen und erzählenden Darstellungen aus der Bibel. Hauptthema ist die Kreuzigung, doch außer ihr finden sich – zweifellos als Vorgeschichte – auf den meisten irischen und schottischen Kreuzen auch Szenen aus dem Alten Testament. Besonders beliebte Motive sind Daniel in der Löwengrube, Jonas und der Walfisch, die drei Jünglinge im Feuerofen, das Opfer Abels, David als Harfenspieler und Krieger und einige Episoden aus dem Leben des heiligen Antonius.

Dieses allgemeine Repertoire an biblischen Szenen – Henry nennt es treffend eine »Theologie in Stein« (75) – wiederholt sich auf den Kreuzen des 9. und 10. Jahrhunderts, verschwindet aber dann, ohne eine Spur zu hinterlassen. Auf den Kreuzen des 11. und 12. Jahrhunderts fehlt es gänzlich, und Kreuze wie das in Dysert O'Dea kehren zu einer raumfüllenden Ornamentik zurück – es sind keine Spiralen mehr, sondern verschlungene Tiere – und reihen sich so in die Zeugnisse der nationalen Erneuerung ein, die sich auch in der Literatur und Schreibertätigkeit dieser Periode spiegelt und sehnsuchtsvoll auf das Irland vor der Wikingerzeit zurückblickt.

Es ist in der Tat bemerkenswert, daß in der ersten Hälfte des 9. Jahrhunderts zwar die Wikingereinfälle ihren Höhepunkt erreicht hatten und irische Klöster in großem Maßstab zerstört wurden, daß dennoch aber – so unerklärlich uns das scheinen mag – einige offenbar unbeschädigt blieben und eine verhältnismäßig friedliche Zeitspanne im späten 9. und frühen 10. Jahrhundert uns einige der schönsten Kreuze geschenkt hat, zu denen vor allem die von Kells und Monasterboice gehören. Anscheinend bildeten die Kreuze dieser Gruppe eine einheitliche Leinstertradition heraus, mit einer zentralen Bildhauerschule in Monasterboice, die bis ins 12. Jahrhundert ununterbrochen weiterwirkte.

Die Behandlung der Kreuzigungsszene ist nach Zeit und Ort sehr verschieden, doch kehren regelmäßig auf allen irischen Kreuzen zwei kleine Figuren am Fuß des Kreuzes wieder, von denen – wie auf dem unvollendeten Kreuz von Kells – eine den Schwamm hebt, die andere eine Lanze trägt. Wir sahen sie schon auf der Stele mit den Pfeilern von Carndonagh und finden sie auch auf der vergoldeten Bronzeplatte von Athlone aus dem 8. Jahrhundert (Abb. S. 156) wieder. Sie unterstreichen erneut den engen Zusammenhang zwischen den Motiven der Metallarbeiten und denen der Steinplastiken. Niemals erscheinen auf den irischen Kreuzen Johannes und Maria an dieser Stelle. Auf den frühen Kreuzen wird die Kreuzigung allgemein in Flachrelief in verhältnismäßig kleinem Maßstab dargestellt und manchmal relativ tief angebracht; darüber befindet sich oft ein triumphierender Christus wie auf den Kreuzen von Moone und Carndonagh. In dieser wie in manchen anderen Einzelheiten – z. B. in der Begegnung des heiligen Paulus mit dem heiligen Antonius und der Flucht nach Ägypten – hat die Ikonographie der irischen Kreuze manches mit dem Kreuz von Ruthwell in Dumfriesshire gemein.

Die Verwendung von Laubwerk ist allerdings selten, und wir haben keine Entsprechung zu den Blattfeldern der großartigen englischen und schottischen Kreuze aus den Grenzgebieten: Ruthwell, Bewcastle, Jedburgh und Acca. Unter den Szenen, die auf den irischen und schottischen Plastiken unmittelbar aus der karolingischen und byzantinischen Ikonographie stammen, finden wir realistische Jagdszenen, die möglicherweise eine symbolische Bedeutung haben, ganz gewiß aber aus dem überlieferten Motivschatz des Bildhauers stammen. Welche ist die unmittelbare Quelle dieser Darstellungen, in denen Ungeheuer ewig miteinander im Kampf liegen, Schlangen bekämpfen, Menschenköpfe, ja ganze Menschen verschlingen und uns die alte keltische Kunst von Watsch und Este sowie die kelto-iberische Statue des Ungeheuers von Noves (Abb. S. 449) in Erinnerung rufen? Wie sollen wir die beiden Felder auf dem Kreuz von Ahenny deuten, wo Krieger zu Roß und im Wagen dargestellt sind, die mit ihren Hunden offenbar zu einem Jagdausflug aufbrechen, und daneben ein Begräbniszug, in dem ein kopfloser Körper zu Pferde befördert wird, gefolgt von einem Mann, der den Kopf trägt, während andere vorausgehen, die Kreuze halten?

Im Lauf der Jahrhunderte hat die Form des Kreuzes und die Darstellung der Kreuzigung einen grundlegenden Wandel durchgemacht. In unseren frühesten Beispielen sahen wir, daß das Kreuzsymbol selbst nur leicht in einen flachen Stein eingeschnitten war, der einer Seite aus einer Handschrift ähnelte. Allmählich entwickelte sich das Relief, die Bildhauerarbeit wird immer kühner, und die Buchseitenwirkung verschwindet, wie etwa auf den piktischen Plattenkreuzen von Glamis (Abb. S. 501) und Aberlemno, Angus. Die architektonische Struktur des Kreuzes wird Hauptsache. In Irland ist der Kopfteil des Kreuzes gewöhnlich von einem Kreis oder »Rad« umgeben und betont. Dieser Kreuztypus bleibt in Schottland auf die irischen Gebiete beschränkt: Er findet sich in Argyll und auf den Hebriden und gehört ins 9. und 10. Jahrhundert (76). Auf den Armen und dem Kopfteil des Kreuzes stehen massige Buckel hervor – wie auf den Kreuzen von St. Martin und Johannes auf Iona (10. Jh.) –, oder sie erheben sich auch auf der Mitte des Kreuzes wie in Kildalton auf Islay. Auf den meisten dieser großen Radkreuze nimmt die Christusgestalt die wichtigste Stelle ein – das zentrale Feld im Schnittpunkt der Arme –, wobei sie bisweilen auf die Quer- und Längsbalken übergreift, z. B. in Castledermot (77) und auf dem Marktkreuz von Kells (78), dem Kreuz von Muiredach in Monasterboice und dem *Cross of the Scriptures* (Bibelkreuz) in Clonmacnoise (Abb. S. 519). In Irland wird das Kreuz zum Kruzifix, auf dem Christus manchmal in Hochrelief dargestellt ist und praktisch eine selbständige Plastik bildet, wie auf dem Kreuz von Dysert O'Dea (79) und dem entstellten Kreuz von Cashel (80).

In der Behandlung der inselkeltischen Kunst haben wir uns am ausführlichsten mit der irischen Kunst befaßt, denn gerade in Irland ist die Überlieferung der keltischen Kunst wie die der keltischen Literatur am reichsten und reinsten erhalten. In Großbritannien haben die keltische Kunst und ihre Technik sich viel stärker regional entwickelt. Wales ist reich an Steinkreuzen, freistehend und in Reliefarbeit, die aus dem 7. bis 9. Jahrhundert stammen. Die meisten dieser Kreuze sind flach; das berühmteste ist der Steinpfeiler in der Abtei Valle Crucis bei Llangollen, dessen Inschrift einem gewissen Eliseg gilt, der wahrscheinlich im 8. Jahrhundert lebte. Das hohe Kreuz auf abgestufter Basis findet sich in Wales und auch in Cornwall, doch sind figürliche Darstellungen selten, da sich die Kunst des Bildhauers im allgemeinen auf geometrische Muster beschränkt, die die gesamte Oberfläche bedecken. Seine künstlerische Fertigkeit zeigt sich an der genauen Einpassung der Muster in die Umrahmung und an der einwandfreien Ausführung der Arbeit. Die Steine von Whithorn und Kirkmadrine unterstreichen die Übereinstimmung der Schule von Strathclyde mit dieser Tradition der westlichen Grenzlande. Erst in der großen Schule von Northumbria aus dem frühen 9. Jahrhundert spüren wir einen neuen Auftrieb von den zeitgenössischen Motiven des Kontinents her: das Laubwerk der merowingischen Kunst und die majestätische Würde und Anmut des voll bekleideten Christus in der Kreuzigung auf den Kreuzen von Ruthwell und Bewcastle.

Diese skulptierten Grabsteine aus Westbritannien sind insofern besonders wertvoll für uns, als sie im Unterschied zu den irischen häufig Inschriften tragen, die uns etwas über damalige Menschen sagen. In Wales sind bisweilen Beruf und Amt des Verstorbenen angegeben, ein Arzt (*medicus*), ein Beamter (*magistratus*) ist verzeichnet, oder, auf einem Gedenktäfelchen mit einem winzigen eingeritzten Kreuz in Llangadwaladr in Anglesey, der König Cadfan (*Catamanus*), der »gelehrteste und berühmteste aller Könige«. In Cornwall finden sich neun Inschriften auf Stein, die zum größten Teil in römischen Großbuchstaben, zu einem geringen in Ogam geschrieben sind. Besonders interessant ist eine Inschrift bei Fowey, die möglicherweise dem Gedächtnis des Trystan der frühen kornischen romanhaften Legende gilt. Die kornischen Kreuze, deren Kopfteile die Radform zeigen, sind als Rundplastiken gearbeitet; sie stammen aus dem 10. Jahrhundert und werden unmittelbarem irischem Einfluß zugeschrieben, doch handelt es sich im allgemeinen genau wie in Wales um geometrische Kunst.

Die Isle of Man hat über 90 skulptierte Steine (81), zum größten Teil unverzierte Gedenktafeln mit eingeschnittenen Kreuzen. Besonders interessant ist eine mit fünf vorspringenden Buckeln, die das Gedächtnis eines gewissen Guriate verewigt, bei dem es sich aller Wahrscheinlichkeit nach um ein Mitglied der Familie handelt, aus der Rhodri Mawr (»der Große«), der König von Nordwales (gest. 878), hervorging. In Maughold, der ältesten und bedeutendsten Manxkirche, zeigt eine

Römisches Britannien

Keltisches Wales

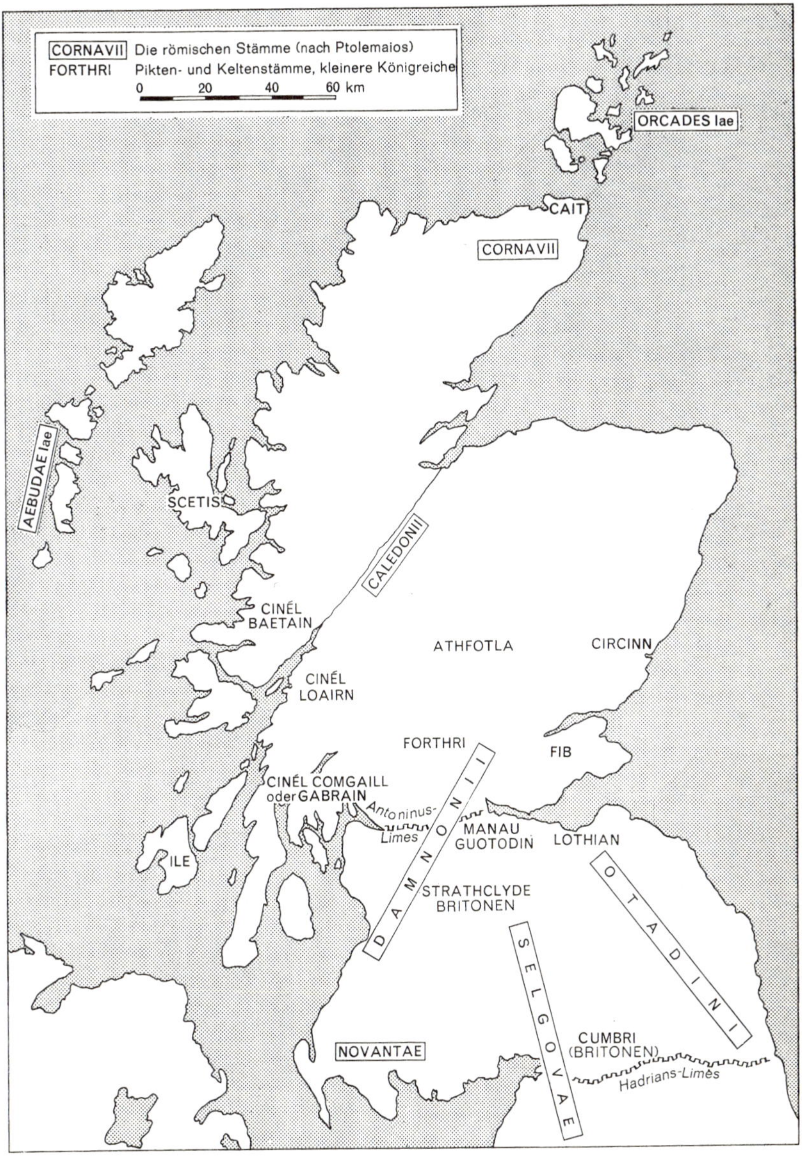

Frühes Schottland

Keltisches Irland

ihrer Form nach seltene Platte, die wahrscheinlich aus dem 8. Jahrhundert stammt, zwei kleine archaische Kreuze und darüber einen Kreis, der das Ringelblumenmuster mittelmeerischer Herkunft umschließt. Die Insel war zu allen Zeiten kultureller Mittelpunkt der umliegenden Gebiete; sie ist reich an Steinplastiken mit Darstellungen aus der heidnischen skandinavischen Mythologie, die aus der Wikingerzeit stammen. In krassem Gegensatz zu diesem heidnischen Motivschatz steht die einzigartige kleine Tafel mit eingeschnittener Kreuzigungsszene, die ins 8. oder 9. Jahrhundert gehört und auf Calf of Man an der Stätte einer frühen keltischen Kapelle gefunden wurde. Der Mann mit dem Speer steht am Fuß des Kreuzes, und auf der weggebrochenen Seite befand sich zweifellos der Mann mit dem Schwamm. Die Darstellung hat in ihren Details keine uns bekannte Parallele. Es ist ein lebender Christus mit offenen Augen, mit sorgfältig geordnetem Haar und geteiltem Bart, vollständig bekleidet, und zwar nicht mit einem einfachen totenhemdartigen Gewand, sondern in kunstvoll gearbeiteten Kleidern mit Stickereien und anderen Ornamenten. Auf Füßen und Händen sind die Nägel deutlich dargestellt, aber die Gestalt wirkt trotzdem nicht wie ein toter Heiland, sondern eher wie ein lebendiger, eben erst ans Kreuz geschlagener König.

Mit dem Süden und Westen Britanniens verlassen wir die traditionelle keltische Kunst. Im Grunde haben wir sie schon mit diesem Kruzifix von Manx verlassen. Das nördliche und östliche Schottland weist eine reiche Auswahl an Steinplastik auf, die keinerlei Vorläufer oder verwandtschaftliche Beziehungen hat: die Kunst der Pikten. In ihrer ältesten Form zeigt sie eine Reihe geometrischer Symbole, seltener auch konventionell dargestellter Vögel und anderer Tiere, alles höchst kunstvoll in die unbearbeitete Oberfläche von Findlingen geschnitten. Diese Symbole sind weit verbreitet, man hat sie aber noch nicht deuten können. Es sind mehr als 100 erhalten; sie gehören, wie man annimmt, ins 6. bis 8. Jahrhundert und finden sich von Shetland und den Hebriden bis zum Firth of Forth. An den Wänden bestimmter Höhlen in Fifeshire bilden sie eingeritzte Muster, und sie begegnen uns auch auf kleinen Gegenständen, etwa auf dem Bronzeteller aus Laws, Grafschaft Angus (82), der sich wie der blattförmige Teller aus Largo, Grafschaft Fife, im National Museum of Scotland befindet.

Die piktischen Steinplastiken treten nie freistehend auf, doch eine spätere Form piktischer Bildhauerarbeiten, die zwischen dem 7. und 9. Jahrhundert angesetzt werden, besteht aus aufrechten behauenen Platten mit Reliefs, deren Motivschatz weniger eng begrenzt ist und fremde Einflüsse zeigt: keltische Ornamentik und das Symbol des Kreuzes, wenn auch nie eine Kreuzigungsszene erscheint. Hauptgegenstände sind hier naturalistische Tierdarstellungen und Szenen aus dem menschlichen Leben, und wenn auch noch immer Symbole vorkommen, so gehören sie doch auf eine andere Stufe als die der vorangegangenen Gruppe. Die für die Nordpikten charakteristische stereotype Form der Symbole aus Gruppe I ist während des 8. Jahrhunderts bei den Südpikten der Tay Valley einer vorwiegend naturalistischen Kunst gewichen. Daß jetzt Bandgeflecht, Spiralen und Knotenmuster vorkommen, läßt auf den zunehmenden Einfluß politischer Beziehungen zu den Kelten schließen. In eine spätere Zeit gehören die ähnlich bearbeiteten Tafeln größeren Ausmaßes, die auf Symbole verzichten, aber nun Stileigentümlichkeiten, wie sie für die Kunst Northumbriens und Irlands charakteristisch sind, mit den naturalistischen Ornamenten der Gruppe II verbinden. Die Kunst des Piktenvolks ist also tatsächlich ein Spiegel seiner

Geschichte. Im 6. Jahrhundert unter dem großen König Brude mac Maelchon, dem *rex potentissimus* aus Bedas *Historia ecclesiastica*, stehen die Pikten auf der Höhe ihrer Macht; nur ein mächtiges und durchorganisiertes Reich konnte eine so einheitliche, ausgedehnte und hochstehende Kunst wie die der frühen Pikten hervorbringen, und nur ein fein ausgebildeter Geschmack konnte den Maßstab für diese ernste, möglicherweise hieratische Kunst setzen. Ihr Ursprung bleibt wie der der vorkeltischen Sprache der ältesten Pikten vollkommen im dunkeln und entzieht sich allen Vermutungen. Die piktische Plastik führt uns über die Grenzen der keltischen Bereiche hinaus.

Nachwort

Wir fanden die Kelten in der Bronzezeit, vielleicht schon um 2000 v. Chr., im Süden Mitteleuropas und sahen, wie sie sich später westwärts nach dem Atlantischen Ozean hin und über die britischen Inseln, ostwärts bis nach Kleinasien ausbreiteten. Im 4. Jahrhundert v. Chr. waren sie zahlenmäßig und dem Territorium nach das größte Volk Europas. Dann folgte eine Zeit des Niedergangs, in der die Gallier Norditaliens von den Römern überwältigt und die Stämme nördlich der Alpen von den Germanen unterjocht oder vertrieben wurden. Caesars *Gallischer Krieg* endete mit der heldenhaften Anstrengung des Vercingetorix bei Alesia: Seine Niederlage und Gefangennahme im Jahr 52 v. Chr. bedeuten das Ende der gallischen Unabhängigkeit. Doch die Gallier zogen so rasch Nutzen aus der römischen Staatsangehörigkeit und aus der römischen Bildung, daß Gallien im ausgehenden 4. Jahrhundert der geistig lebendigste Bereich des weströmischen Reiches war. Man kannte die Gallier als gewandte öffentliche Redner und talentierte Dichter: Ausonius, der Dichter, und Sidonius Apollinaris, der Bischof und Schriftsteller, sind berühmte Namen, und selbst Hieronymus rühmt »den Reichtum und Glanz der gallischen Redekunst« (1). Das stimmt mit der Feststellung des älteren Cato überein, daß die Gallier zu seiner Zeit vor allem Wert darauf legten, gute Redner zu sein.

Die große Leistung der Kelten in prähistorischer Zeit lag auf dem Gebiet schmückender Stein- und Metallarbeiten. Die sogenannte La-Tène-Kunst, die für die Kelten charakteristische Kunstform, ist eine abstrakte und ausschließlich dekorative Kunst, im Gegensatz zu der großartigeren Kunst Griechenlands und Roms, in deren Mitte der Mensch steht. Sogar eine naturgetreue Wiedergabe wird abgelehnt: Wo Tiergestalten in den Schmuckmustern erscheinen, sind sie als Phantasieformen dargestellt, als bloße Elemente im Schema der Kurven, Spiralen und Verflechtungen, an denen die Künstler ihre Freude fanden. Man setzt im allgemeinen das Ende der La-Tène-Kunst bald nach dem Überhandnehmen des römischen Einflusses in den keltischen Gebieten an, also etwa um das Jahr 100 unserer Zeitrechnung, aber sie verschwand doch nicht, ohne Spuren des für sie typischen Einfallsreichtums und Gefühls für dekorative Wirkung zu hinterlassen; Geräte und Denkmäler des römischen Gallien verdanken dieser Überlieferung nicht wenig.

In Irland ist der römische Einfluß nie wirksam geworden; hier hat sich der alte Kunststil erhalten und im Mittelalter zu größerer Pracht entfaltet. Die herrliche Arbeit des Silberkelchs von Ardagh und der Bronzefibel von Tara, die Buchmalerei aus dem *Book of Durrow* und dem *Book of Kells,* die Schmuckfelder des Kreuzes von Muiredach stehen sämtlich in der La-Tène-Überlieferung.

Die keltischen Bereiche der historischen Periode sind Irland und Wales, jeweils samt ihren Außengebieten in Schottland und der Bretagne. Und auf den britischen Inseln brachte das Christentum den keltischen Genius zur schönsten Entfaltung und spornte ihn zu seinen höchsten Leistungen an. Irland übernahm das Christentum aus Britannien, und »im 6. Jahrhundert übertraf das irische Christentum das eines jeden anderen Landes in Westeuropa nicht nur an Reinheit und Stärke, sondern auch in der leidenschaftlichen Hingabe an Gelehrsamkeit und missionarischer Begeisterung ... Die leidenschaftliche Begeisterung, mit der die Iren sich vom 7. Jahrhundert an dem Studium der Bibelwissenschaft und der freien Künste verschrieben, hat im übrigen Europa nicht ihresgleichen ... Vor dem 8. Jahrhundert gab es mindestens 50 bedeutende Zentren, in denen der irische Einfluß vorherrschte; sie reichten von der Bretagne im Nordwesten bis nach Würzburg und Salzburg im Osten und vom englischen Kanal ... bis Bobbio.« (2)

Das plötzliche Aufblühen von Gelehrsamkeit und Frömmigkeit im Irland des 6. Jahrhunderts ist ein so außergewöhnliches Phänomen, daß eine treibende Kraft dahinter vermutet werden muß, und es ist tatsächlich möglich, daß Irland in dieser Zeit ein Zufluchtsort von Gelehrten war, die in Gallien vor den Barbaren flohen, und wohl auch für Flüchtlinge, die den Heiden Ägyptens entgehen wollten und ihre Mönchstugenden in die neue Heimat mitbrachten (3). Im 6. Jahrhundert bekehrte St. Kolumba die Pikten Schottlands, und Columbanus war im Begriff, die Tradition der *Scotti peregrini* zu stiften. Von 548 an, dem Gründungsjahr von Clonmacnoise, bis zur Gründung des Schottenklosters in Regensburg 1090 spielten die Iren eine gewichtige Rolle in der Westkirche. Toynbee möchte ihnen über diesen ganzen langen Zeitabschnitt hin eine gewisse kulturelle Überlegenheit in Westeuropa zubilligen (4), und wenn das auch eine zu kühne Behauptung sein mag, so beweisen doch die uns bekannten Tatsachen einen hohen Grad von Frömmigkeit und Gelehrsamkeit in der irischen Heimat und im Ausland. Virgilius von Salzburg, genannt der Geometer (gest. 784), war Abt von St. Peter und leitete über 30 Jahre die Diözese Salzburg. Offenbar war er in der Kosmographie bewandert und wurde von St. Bonifaz beschuldigt, er lehre die Existenz der Antipoden. Clemens Scottus stand an der Spitze der Palastschule unter Ludwig dem Frommen. Sein Zeitgenosse Dícuil war der Verfasser des *Liber de mensura orbis terrae,* von dem es heißt, es sei das beste geographische Werk des frühen Mittelalters (5). Dúngal von St. Denis schrieb eine Abhandlung über eine Sonnenfinsternis. Donatus, von 826 bis 877 Bischof von Fiesole, war ein talentierter Dichter. Die beiden größten Namen, Sedulius und Eriugena, wurden bereits genannt. Und das ist nur eine Auswahl aus der Zahl der Dichter, Gelehrten und Heiligen, mit denen uns Traube und seine Schüler bekannt gemacht haben (6). Zu all diesen Namen treten noch die Klöster Bobbio und St. Gallen. »Die Rolle, die die Iren bei der Erhaltung der Literatur der Antike gespielt haben, kann in ihrer Bedeutung vom klassischen Philologen gar nicht hoch genug eingeschätzt werden.« (7)

Im 9. und 10. Jahrhundert wurde Irland von den Wikingern heimgesucht, und die Klosterschulen wurden immer wieder geplündert, so daß es Hunderte von Flüchtlingen gegeben haben muß, die nun wiederum die stillen irischen Klöster in Frankreich und Deutschland aufsuchten, von Péronne, Laon und Reims bis Fulda und Würzburg. Ihr wissenschaftlicher Eifer ließ nicht nach, und die Gelehrsamkeit der Iren auf dem Kontinent hatte ihren höchsten Stand im 9. Jahrhundert, in dem die meisten der obenangeführten Dichter und Gelehrten wirkten.

Doch auch in der Heimat hielten sich Wissenschaft und Kunst, ja, es kam trotz der Wikingereinfälle auch dort zu einer Blüte. In dieser Zeit entstanden einige der großartigsten Hochkreuze, und noch immer wurde vortrefflich in Metall gearbeitet (8). Wir verdanken es bis zu einem gewissen Grad sogar der Wikingergefahr, daß jene schönen Glockentürme errichtet wurden, die so mancher Klosteranlage Würde und Anmut verleihen. Die frühen »Rundtürme« – in Clonmacnoise, Kells und Monasterboice – sind, wie man annimmt, im 10. Jahrhundert vornehmlich als Festungen gebaut worden, in denen Reliquien, Kostbarkeiten und Bücher untergebracht werden und in denen die Mönche im Notfall Zuflucht finden konnten. Der erhöhte Zugang, der nur mit einer Leiter zu erreichen war, und die Form und Anordnung der Fenster beweisen, daß sie der Verteidigung dienen sollten. Die Annalen verzeichnen im Jahr 948 den Brand des Turmes von Slane, bei dem alle Reliquien zerstört wurden und einige Mönche umkamen, und in der zweiten Hälfte des 10. Jahrhunderts ist wiederholt von ähnlichen Katastrophen die Rede. Einige Türme – Kildare, Timahoe und Devenish – sind im romanischen Stil erbaut und können nicht vor dem 12. Jahrhundert entstanden sein. Der runde Turm wurde vielleicht inzwischen als notwendiger Bestandteil einer Klosteranlage angesehen, selbst wenn den Klöstern nicht ständig Gefahr drohte. Der schöne Turm von Ardmore (Abb. S. 364) ist ein Beispiel aus diesem Zeitabschnitt (9).

In der Literatur wie im Leben haben die Kelten anderen mehr gegeben, als sie selbst in ihre Scheuern einbringen konnten. Zwei Themen treten in der frühirischen Literatur besonders hervor: Natur und unglückliche Liebe. Kuno Meyer hat richtig erkannt, daß die Iren eine rasche künstlerische Auffassungsgabe besaßen und daß sie dem Halbausgesprochenen zuneigten; die frühe Naturlyrik, die wir hier vorgelegt haben, beweist das zur Genüge. Das Motiv der unglücklich Liebenden kam aus Wales in die Bretagne und wurde zu einem der großen Themen in der Dichtung des Mittelalters und der Renaissance. Es ist bekannt, daß auch die Arthursage, *la matière de Bretagne,* in ihrem ganzen Umfang ein walisisches Geschenk an Europa war, wenngleich die Quellen in Wales verloren sind. Nach einem herrlichen Anfang, dessen heroische Stoffe eines Homer nicht unwürdig waren, ging die irische Literatur in den Handschriften unter. Der Brauch des mündlichen Vortrags in den Häusern der Großen mag wohl ausgestorben sein, als die Kunst des Lesens und Schreibens sich ausbreitete, und die niedergeschriebenen Geschichten entarteten rasch zu ermüdender Weitschweifigkeit. Nur in den Hütten der Bauern wurden die alten Sagen noch vorgetragen, und dort wurden sie als Volksmärchen von internationalen Märchenmotiven überdeckt und im Stoff verändert. Finn trat an die Stelle von Cú Chulainn, und neben der Volkssage erschien die Ballade. Die Fenierkrieger sind gutmütige Riesen.

Vielleicht war auch die Gesellschaft in Irland und Wales schon irgendwie erstarrt, ehe die Wikinger kamen. Die Zukunft lag bei den Eindringlingen, und der einheimische Genius rührte sich nicht mehr. Im 11. Jahrhundert lebte die irische Gelehrsamkeit noch einmal auf; es gab eine Reformzeit unter Brian Boru. Sulien, ein Waliser, kam um 1045 nach Irland, um dort zu studieren, und er blieb mehrere Jahre, ehe er nach Wales zurückkehrte, um in Llanbadarn Fawr zu lehren. Um diese Zeit begann die zweite große Missionierung Deutschlands. 1067 begab sich ein irischer Mönch aus Donegal, Muiredach mac Robartaig, mit zwei Gefährten auf eine Pilgerfahrt nach Rom. Sie unterbrachen ihre Reise in Regensburg und wurden zum Bleiben aufgefordert; sie ließen sich außerhalb der Stadt in Weih-Sankt-Peter nieder, wo sie auf irische Art jeder in einer Hütte lebten. Muiredach, mit seinem lateinischen Namen Marianus, blieb dort bis zu seinem Tod 1080. Bald darauf gründeten einige seiner Mönche St. Jakob von Regensburg und nahmen die Regel des heiligen Benedikt an. Das war die erste der irischen Benediktinerabteien auf dem Festland – das erste der sogenannten Schottenklöster. Von Regensburg aus erfolgten dann Gründungen in Würzburg und Wien, in Nürnberg, Bamberg und Eichstätt. Selbst in Kiew gab es eine Zeitlang – bis zum Mongoleneinfall 1241 – ein Schottenkloster. Diese Abteien blieben in Verbindung mit Irland und holten sich 300 Jahre lang ihre Mönche aus der Heimat: eine merkwürdige und eigentlich zufällige Wiederaufnahme der großen Tradition des Columbanus. Dann kam kein Nachschub an Mönchen mehr aus Irland, und die Klostergründungen gingen eine nach der anderen in andere Hände über. St. Jakob ist jetzt das Diözesanseminar von Regensburg, Eichstätt gehört den deutschen Kapuzinern, nur das Schottenkloster in Wien hat seinen Namen behalten und gehört auch noch den Benediktinern, die freilich keine Iren mehr sind (10).

In Irland tritt um diese Zeit jene Schule historischer Dichter auf den Plan, die unter dem Namen »synthetische Historiker« bekannt sind. Cinaed Ua Hartacáin (gest. 975), Cúán Ua Lothchaín (gest. 1024), Fland Mainistrech (gest. 1056) und Gilla Coemáin (gest. 1072) verdienen erwähnt zu werden, und wenn Fland, wie Zimmer annahm, wirklich der Verfasser der großartigen Textrevision der *Táin Bó Cualnge* im *Buch von Leinster* wäre, gebührt ihm besondere Hochachtung.

Reformgeist und literarische Wirksamkeit waren am stärksten im 12. Jahrhundert unter St. Malachias, als die Diözesanordnung in der Kirche eingeführt wurde und die Zisterzienser aus Clairvaux kamen und Mellifont gründeten. Die Literaturbeflissenen machten sich jetzt daran, alte Überlieferungen zu kompilieren und neue Sagen zu erfinden (11). Bis zum Ende des 12. Jahrhunderts gibt es in Irland die umfangreichste mundartliche Literatur in ganz Europa, und die walisische nimmt den zweiten Platz ein.

Auch in Wales kam es zu einer neuen Blüte und einer Reformbewegung. Hier hatten sich die Wikinger im Süden schon als Eroberer festgesetzt, und längs der Küste drohte überall die

Fremdherrschaft. Der Tod Heinrichs I. von England im Jahr 1135 bot den Anlaß für eine allgemeine Anstrengung, den Feind abzuschütteln: »Ein neuer Geist des Wagemuts und der Selbständigkeit scheint die gesamte walisische Rasse ergriffen zu haben.« (12) Es war das Zeitalter des Gruffydd ap Cynan, der das starke Gwynedd aufgebaut und sein Gebiet erweitert hatte. Sein Sohn Owain wurde der mächtigste der walisischen Fürsten und fügte Ceredigion dem von ihm beherrschten Gebiet hinzu. Die Nordmänner erlitten 1136 eine verheerende Niederlage bei Cardigan und flohen mit schweren Verlusten, und in den folgenden Jahren zogen Owain und sein Bruder Cadwaladr wieder nach Süden und vervollständigten ihren Sieg. Unter Owain erlangte das walisische Volk sein volles Nationalbewußtsein (13), und er erlebte auch noch, daß der Feldzug scheiterte, den Heinrich II. von England 1165 unternommen hatte und nach dem er jede Hoffnung aufgab, Wales zu erobern. Die erste *Eisteddfod* (walisisches Sänger- und Dichterfest) fand in der neuen Burg von Rhys ap Gruffydd in Aberteifi statt, zu dem auch Teilnehmer aus Irland und Schottland geladen wurden. Beide Länder mögen impulsiv auf die Herausforderung durch die Wikinger reagiert haben. Ein bemerkenswertes Ergebnis war die verstärkte Tätigkeit der Bardenschulen, ein Versuch, einen sehr alten Brauch zu neuem Leben zu erwecken. Doch nirgendwo in den keltischen Ländern erstand damals ein großer Schriftsteller auf dem Boden der einheimischen Überlieferung. In Wales waren Meilyr und Gruffydd ap yr Ynad Coch die maßgebenden Dichter der Zeit. Man könnte den Verfasser der *Vier Zweige der Mabinogion* hinzufügen, wenn er sich identifizieren ließe.

Was immer die Ursache gewesen sein mag, die althergebrachte höfische Dichtung war das einzige literarische Genre, das im späteren Mittelalter und bis in die neuere Zeit in Schottland,

Wales und Irland in Blüte stand, in einer Form sogar – *dán dírech* im Irischen, *cynghanedd* im Walisischen –, die ausgefeilter und wirkungsvoller war als je zuvor. Diese Lobeshymnen entsprachen offenbar genau dem, was die walisischen und irischen Herren hören wollten und was sie zu bezahlen bereit waren. Die Dichter waren berufsmäßige Parasiten, aber auch mehr. Sie waren die Hüter einer sehr alten Tradition und hielten vor allem die Ehre und die Selbstachtung der irischen Edelleute aufrecht; sie verstanden freilich ihr Dichterhandwerk ausgezeichnet.

Es ist nicht unsere Absicht, das Schicksal der keltischen Völker über das 12. Jahrhundert hinaus zu verfolgen. In Irland erhielten sich alte keltische Einrichtungen zumindest im Westen und Norden bis ans Ende des 16. Jahrhunderts; Keltisches und Normannisches vertrugen sich nebeneinander, und manche normannischen Herren sprachen jetzt irisch und trugen sich irisch. Wales verlor im Jahr 1282 die Unabhängigkeit, doch gab es mehrere Phasen, in denen sie wiederauflebte. Wales ist noch immer entschieden keltisch in seiner Sprache und entschieden separatistisch – oder doch partikularistisch – in seiner Einstellung. In Schottland, das keine Eroberung durchmachen mußte, haben sich alte gälische Bräuche im Hochland und auf den Inseln sogar noch länger gehalten als in Irland. Für den 1738 verstorbenen James MacDonald wurde eine Elegie im strengen Bardenstil verfaßt (14). Die Bretagne kam erst 1532 formell zu Frankreich, und die bretonische Bevölkerung hing genau wie die walisische in Sprache und Brauchtum mit großer Treue an ihren alten Überlieferungen. Auf diese neuere Geschichte können und wollen wir hier nicht eingehen.

Uns ging es um die Darstellung dessen, was man von den Kelten in vorgeschichtlicher Zeit weiß, von den einzelnen Keltenvölkern in ihren jeweils späteren Bereichen, von der Gründung keltischer Königreiche, ihren Einrichtungen, Sprachen und Literaturen, von ihrer Kunst und von der Rolle, die sie in der Geschichte Europas gespielt haben.

Abkürzungen

AA	Archaeologia Aeliana
AB	Analecta Bollandiana
AC	Archaeologia Cambrensis
AJ	The Antiquaries Journal
APAW	Abhandlungen der Preußischen Akademie der Wissenschaften
ARJ	The Archaeological Journal
BBCS	The Bulletin of the Board of Celtic Studies
Beiträge	Beiträge zur Geschichte der deutschen Sprache und Literatur
BSHAB	Bulletin de la Société d'Histoire et d'Archéologie de Bretagne
BSL	Bulletin de la Société de Linguistique de Paris
CAIBL	Comptes rendus de l'Académie des Inscriptions et Belles-Lettres
CHAJ	Cork Historical and Archaeological Journal
CHR	The Catholic Historical Review
CR	The Celtic Review
Cymmrodorion	Transactions of the Honourable Society of Cymmrodorion
DL	Deutsche Literaturzeitung
DR	The Dublin Review
ÉC	Études Celtiques
JA	Journal Asiatique
JBAA	Journal of the British Archaeological Association
JCS	Journal of Celtic Studies
JRIC	Journal of the Royal Institute of Cornwall, Second Series
JRS	Journal of Roman Studies
JRSAI	Journal of the Royal Society of Antiquaries of Ireland
KZ	Kuhns Zeitschrift für vergleichende Sprachforschung auf dem Gebiete der indogermanischen Sprachen
MA	Medieval Archaeology
MPh	Modern Philology

MSHAB	Mémoires de la Société d'Histoire et d'Archéologie de Bretagne
MSL	Mémoires de la Société de Linguistique
NA	Neues Archiv für Sächsische Geschichte
NTS	Norsk Tidsskrift for Sprogvidenskap
PBA	Proceedings of the British Academy
PICCS	Proceedings of the International Congress of Celtic Studies
PMLA	Proceedings of the Modern Language Association of America
PRIA	Proceedings of the Royal Irish Academy
PSAS	Proceedings of the Society of Antiquaries of Scotland
RC	Revue Celtique
SC	Studia Celtica
SÉC	Société d'Émulation des Côtes-du-Nord, Bulletins et Mémoires
SGS	Scottish Gaelic Studies
SH	Studia Hibernica
SHR	Scottish Historical Review
SR	Scottish Review
TCWS	Transactions of the Cumberland and Westmoreland Antiquarian Society
TDGS	Transactions of the Dumfriesshire and Galloway Natural History and Antiquarian Society
TLCAS	Transactions of the Lancashire and Cheshire Antiquarian Society
TPS	Transactions of the Philological Society
WHR	Welsh History Review
ZfcPh	Zeitschrift für celtische Philologie
ZfdA	Zeitschrift für deutsches Altertum
ZDMG	Zeitschrift der Deutschen Morgenländischen Gesellschaft
ZSS	Zeitschrift für vergleichende Sprachforschung auf dem Gebiete der indogermanischen Sprachen

Anmerkungen und Literaturhinweise

1 Die Entdeckung der Kelten. Seite 9–40

1 A. Grenier, *Les Gaulois*, Paris 1945, S. 82.
2 Strabon, IV, I, 14; vgl. Diodoros Siculus, V, 32: »Es wird von Nutzen sein, hier eine Unterscheidung zu machen, da dieser Sachverhalt den meisten ganz unbekannt ist. Diejenigen, die nördlich von Marseille im Inneren des Landes wohnen ... nennt man Kelten; diejenigen aber, die jenseits dieses eigentlichen Keltenlandes ... in dem nach Norden hin gelegenen Gebiet ansässig sind, nennt man Galater.«
3 *Germania*, 43.
4 Viele Stämme östlich des Rheins, die als germanisch bezeichnet wurden, waren nach Feist Kelten; vgl. S. Feist, *Germanen und Kelten in der antiken Überlieferung*, Baden-Baden 1948, S. 28 f.
5 *Nikomachische Ethik*, III, 7, § 7.
6 S. Piggott, *Scotland before History*, London 1958, S. 66.
7 Die Lexikostatistik bringt uns der Antwort auch nicht näher; vgl. *Language*, 39, S. 638 ff.
8 M. A. O'Brien in M. Dillon, *Early Irish Society*, Dublin 1954, S. 37.
9 J. Vendryès in *ÉC*, I, 352 ff.
10 Caesar, *De bello Gallico*, VI, 14.
11 Siehe D. A. Binchy in *Ériu*, XVIII, 114 ff.
12 Strabon, XII, 5, 1.
13 A. Grenier, *Les Gaulois*, Paris 1945, S. 99 f.
14 Siehe J. J. Tierney, *The Celtic Ethnography of Posidonius* in *PRIA*, LX, C, 5, 1960, dessen Übersetzung hier zitiert wird.
15 Strabon, IV, IV, 2, 4, zitiert nach J. J. Tierney, a. a. O., S. 267, 269.
16 Diodoros, V, 28, zitiert nach J. J. Tierney, a. a. O., S. 249 f.
17 Athenaios, IV, 40, zitiert nach J. J. Tierney, a. a. O., S. 249.
18 Diodoros, V, 29, zitiert nach J. J. Tierney, a. a. O., S. 250.
19 Diodoros, V, 31, zitiert nach J. J. Tierney, a. a. O., S. 251.
20 *De bello Gallico*, IV, 14, zitiert nach J. J. Tierney, a. a. O., S. 202.
21 *Indo-European Metrics and Archaic Irish Verse* in *Celtica*, VI, S. 194. Wir nehmen hier an, daß der irische *fili* den Dichteranteil der Druidengelehrsamkeit übernommen hat.

22 Siehe R. Thurneysen u. a., *Studies in Early Irish Law*, Dublin 1936, VI, S. 183, 223; D. A. Binchy, *The Linguistic and Historical Value of the Irish Law Tracts* in *PBA*, XXIX, 1943, S. 23, 27, 30.
23 Manu, III, 20–34.
24 R. Thurneysen u. a., *Studies in Early Irish Law*, Dublin 1936, S. 183 f.
25 Siehe S. 187. Binchy bin ich sehr zu Dank verpflichtet für Aufschlüsse über die Verwandtschaft zwischen dem Hindu- und dem irischen Recht.
26 Siehe S. 181 f.
27 *MSL*, XX, 1920, S. 275.
28 Siehe R. Bromwich, *Trioedd Ynis Prydein*, S. 177; A. Holder, *Altkeltischer Sprachschatz*, 3 Bde., Leipzig 1896–1913, S. 345; *Corpus inscriptionum latinarum*, Berlin 1863 ff., Bd. II, 2818; Bd. XIII, 5078.
29 *The Festival of Lughnasa*, London 1962; siehe auch M. Tierney, *Lugh and Dionysius* in *Éigse*, X, S. 265.
30 *Duanaire Finn*, hg. u. übers. ins Englische von E. MacNeill u. G. Murphy, Bd. III, London 1908–1953, S. LXXXII.
31 *Beiträge*, 196.
32 *Early Irish History and Mythology*, Dublin 1946, S. 316. Mehrere Bildnisse des dreiköpfigen Gottes sind in Irland gefunden worden. Zwei befinden sich im National Museum, Dublin.
33 Siehe K. Meyer, *Sanas Cormaic*, Halle 1912, S. 150.
34 *Duanaire Finn*, hg. u. übers. ins Englische von E. MacNeill u. G. Murphy, Bd. III, London 1908–1953, S. LXXVIII, Anm. 5; vgl. J. Vendryès, *L'unité en trois personnes chez les Celtes* in *CAIBL*, 1935, S. 324–341.
35 M. L. Jonval, *Dieux et héros des celtes*, Paris 1940.
36 Siehe W. Kirfel, *Die dreiköpfige Gottheit*, Bonn 1948. Er tritt jedoch vor allem in Gallien hervor. Pettazzoni sieht in dem gallischen Tricephalus einen Sonnengott; vgl. R. Pettazzoni, *The All-knowing God*, London 1956, S. 196 f.; dt. von E. A. Voretzsch, *Der allwissende Gott*, Frankfurt 1960, Fischer-Bücherei.
37 *RC*, XXI, S. 288.
38 Lucanus, *Pharsalia*, I, 444.
39 *Ériu*, X, S. 14.
40 a. a. O., S. 7 ff.
41 H. Zimmer, *Altindisches Leben*, Berlin 1879, S. 364–371. Außer einem Fünfjahreszyklus und anderen Systemen wird auf S. 370 ein Dreijahreszyklus (*idavatsara, saṃvatsara, parivatsara*) erwähnt. Die neueste Arbeit über den *Kalender von Coligny* stammt von P.-M. Duval in *ÉC*,* X und XI.
42 C. Jullian geht noch weiter: »Bei den Galliern waren alle Literaturformen vertreten: die Rhetorik, in der alle ihre Heerführer sich hervortaten; die Epen von der Schöpfung, aus Geschichte und Tugendlehre, die die Druiden verfaßten; die lyrischen Gedichte oder die satirischen Gesänge der Barden. Sie dürfen mir glauben, es gab bei

* Études Celtiques

ihnen das Gegenstück zur *Ilias* oder zur *Genesis,* zu den *Atellanen* oder den Oden Pindars. Sie dürfen mir glauben, diese Literatur war ebenso reich, ja reicher noch als die von Rom vor Ennius. Die gallische Sprache schenkte denen viel, die sich ihrer bedienten« (G. Dottin, *La langue gauloise,* Paris 1920, S. IX f.).

43 Siehe Kap. 12.

44 P. Jacobsthal, *Imagery in Early Celtic Art* in *PBA,* XXVII, S. 10. Später heißt es (a.a.O., S. 19): »Sie entschieden sich nicht für die Humanität der Griechen, für heitere und freundliche Bilder; sie wählten statt dessen die unheimlichen Zaubersymbole des Ostens.«

45 Strabon, IV, IV, 5, zitiert nach J. J. Tierney, a.a.O., S. 269; Diodoros Siculus, V, 27, zitiert nach J. J. Tierney, a.a.O., S. 249.

46 *Early Celtic Art,* Oxford 1944, Bd. I, S. 160.

2 Die britischen Inseln bis zum Ende der Römerzeit. Seite 41–81

1 K. Jackson, *The Pictish Language* in *The Problem of the Picts,* Edinburgh 1955, S. 134 f., 159; vgl. auch H. M. Chadwick, *Early Scotland,* Cambridge 1949, S. 66 f.

2 Letzte Ausgabe, besonders wichtig für die britischen Inseln: C. Müller, *Claudii Ptolemaei geographia,* Paris 1883, Bd. I, Buch II, Kap. II: Hibernia; III: Albion. Wir zitieren durchweg nach dieser Ausgabe.

3 Antike Geographen, die Berichte über die britischen Inseln überliefert haben, siehe besonders bei E. H. Bunbury, *History of Ancient Geography,* London 1959, Bd. II, S. 595 ff.

4 T. F. O'Rahilly, *The Goidels and Their Predecessors* in *PBA,* XXI, 1935, S. 323 ff.

5 Den britischen Teil haben I. A. Richmond u. O. G. S. Crawford in *Archaeologia,* XCIII, 1949, S. 1–50, veröffentlicht; als Einzeldruck erschienen in der *Society of Antiquaries of London,* Oxford 1949.

6 Aufgezählt bei Ptolemaios, ed. Müller, Bd. II, S. 74 ff.

7 Eine wertvolle Untersuchung der Quellen und Methoden des Ptolemaios mit besonderer Berücksichtigung Schottlands legt I. A. Richmond vor in *Roman and Native in North Britain,* Edinburgh 1958, S. 133 ff.

8 Siehe W. J. Watson, *History of the Celtic Place-Names of Scotland,* Edinburgh 1926, S. 15.

9 Ptolemaios, ed. Müller, S. 74 ff.

10 a.a.O., II, II, 9.

11 a.a.O., II, II, 6; vgl. T. F. O'Rahilly, *Early Irish History and Mythology,* Dublin 1946, S. 33 f.

12 T. F. O'Rahilly, a.a.O., S. 40 f.

13 Siehe Kap. 2, Anm. 13.

14 II, III, 8; vgl. W. J. Watson, *History of the Celtic Place-Names of Scotland,* Edinburgh 1926, S. 16.

15 II, III, 11.
16 II, III, 7; vgl. W. J. Watson, a. a. O., S. 15.
17 W. J. Watson, a. a. O,. S. 24.
18 Ptolemaios, II, III, 5.
19 Ptolemaios, II, III, 7. Im allgemeinen wird diese Namensform der Lesart *Otalini* vorgezogen. Die entsprechende Form in der *Kosmographie von Ravenna* lautet möglicherweise *Volitani* (? für *Votilani*); doch scheint das frühmittelalterliche *Guododin* die Form *Votadini* zu stützen.
20 Ptolemaios, II, III, 6.
21 Ptolemaios, II, III, 12.
22 II, III, 12; vgl. auch Plinius, *Naturalis historia,* IV, 102.
23 Ptolemaios, II, III, 11.
24 Vgl. Tacitus, Kap. 18.
25 *Annalen,* XII, 32.
26 R. E. M. Wheeler u. K. Richardson, *Hillforts of Northern France,* Oxford 1957, S. 23f.
27 Ausgegraben von R. E. M. Wheeler 1951/52; vgl. seinen Bericht in *The Stanwick Fortifications,* Oxford 1954.
28 Ptolemaios, II, III, 10.
29 Die neueste Arbeit über die *Cornovii*: I. A. Richmond in I. Ll. Foster u. L. Alcock, *Culture and Environment,* London 1963, S. 251 ff.
30 Ptolemaios, II, III, 11.
31 Ptolemaios, II, III, 11.
32 Siehe Richmond, a. a. O., S. 252, Anm. 8.
33 Ptolemaios (II, III, 10) nennt als eines ihrer *oppida Cataractorium,* das mit Catterick in Yorkshire identisch sein soll.
34 Ptolemaios, II, III, 10.
35 Ptolemaios, II, III, 11.
36 Ptolemaios, II, III, 11.
37 Tacitus, *Agricola,* XII; vgl. *Annalen,* XII, 36; *Historien,* III, 45.
38 Siehe D. Allen in E. M. Clifford, *Bagendon, a Belgic oppidum,* Cambridge 1961, Kap. V.
39 I. A. Richmond, *Roman Britain,* London 1963, S. 15.
40 Ptolemaios, II, III, 12.
41 Ptolemaios, II, III, 11: »*Catuvellauni* in quibus oppida *Salinae, Urlanium (Verulamium)*«, mit Wheathampstead identifiziert; vgl. R. E. M. u. T. V. Wheeler, *Verulamium; a Belgic and two Roman cities,* Oxford 1936.
42 Ptolemaios, II, III, 11.
43 R. G. Collingwood, *Roman Britain and the English settlements,* Oxford 1937, S. 22.
44 Tacitus, *Agricola,* XV.
45 *Agricola,* XV f.
46 a. a. O., XVIII.
47 a. a. O., XVII.

48 *The Cornovii* in I. Ll. Foster u. L. Alcock, *Culture and Environment*, London 1963, S. 251 ff.

49 Vielleicht nach einer unter den belgischen *Dobunni* in den Cotswolds verbrachten Zwischenzeit; vgl. E. M. Clifford, *Bagendon, a Belgic oppidum*, Cambridge 1961, S. 160.

50 Die Geschichte von Cartimandua steht bei Tacitus, *Historien*, III, 45; *Annalen*, XII, 36, 40. Neuere Kommentare hierzu: I. A. Richmond, *Queen Cartimandua* in *JRS*, XLIV, 1954, S. 50 f.; a.a.O., Anhang zu R. E. M. Wheeler, *The Stanwick Fortifications*, Oxford 1954, S. 61 ff.; ferner N. K. Chadwick in *SGS*, VIII, 1955, S. 60 ff.

51 *Historien*, V, 78.

52 *Annalen*, XIV, XXX, nach der Übersetzung von A. Murphy; vgl. *Agricola*, XIV.

53 Tacitus, *Agricola*, XVI.

54 G. R. Dudley u. G. Webster, *The Rebellion of Boudicca*, London 1962, S. 20.

55 Cassius Dio, *Römische Geschichte*, Leipzig 1890–1928, Zusammenfassung von Buch LXII, 3, 4.

56 G. Simpson, *Britons and the Roman Army*, London 1964, S. 18 f.; vgl. auch dort die Karte der Kastelle Agricolas im südlichen Penninischen Gebirge, Abb. 4.

57 I. A. Richmond, *Roman and Native in North Britain*, Edinburgh 1958, S. 113 f.

58 Tacitus, *Agricola*, XXIV.

59 a.a.O., XXIV.

60 Über das Vordringen im Osten und die Forts siehe O. G. S. Crawford, *Topography of Roman Scotland North of the Antonine Wall*, Cambridge 1949, und die Karte im Einband.

61 Tacitus, *Agricola*, XXIX.

62 In letzter Zeit hat sich hierzu O. G. S. Crawford geäußert in *Topography of Roman Scotland North of the Antonine Wall*, Cambridge 1949, S. 130.

63 Crawford, a.a.O., S. 108 ff. und öfter.

64 *Agricola*, XXVI.

65 Feldzug und Schlacht sind eingehend bei Tacitus, *Agricola*, XXIX bis XXXVIII, geschildert.

66 Eine kurze Zusammenfassung der Vorgänge, die zum Bau der Wälle im Norden führten, bringt G. Simpson, *Britons and the Roman Army*, London 1964, S. 34 ff.

67 Die Inschrift scheint zeitgenössisch zu sein und ist außerordentlich bedeutsam. Untersuchung und Deutung der Inschrift von I. A. Richmond u. R. P. Wright in *AA*, Serie IV, Band XXI, 1943, S. 93–120, und Abb. III.

68 Siehe Cassius Dio, LXXVIII, 1.

69 Zur Flotte siehe D. Atkinson, *Classis Britannica* in *Historical Essays in Honour of James Tait*, hg. von Edwards, Galbraith u. Jacob, Man-

chester 1933, S. 1 ff.; aus neuerer Zeit siehe C. G. Starr, *The Roman Imperial Navy, 31 B.C. – A.D. 324,* Cambridge 1960.

70 Nach *Origo Constantini imperatoris,* auch bekannt als *Anonymus-Valesianus,* starb Constantius 306 in York; vgl. *MGH,* IX, *Chronica minora,* Berlin 1892, S. 7.

71 Neueste Untersuchung über die »Sachsenküste«: D. A. White, *Litus Saxonicum. The British Saxon Shore in Scholarship and History,* Madison 1961; vgl. auch die wichtige Besprechung von S. S. Frere in *MA,* V–VI, 1962/63, S. 350 f.

72 Flavius Vegetius Renatus, *Epitoma rei militaris,* Berlin 1885, Buch IV, Kap. 37. Man hat die Vermutung ausgesprochen, daß South Shields unter Constantius ein Flottenstützpunkt innerhalb eines Küstenverteidigungssystems im Norden geworden sein könnte, der dem der sächsischen Küstenforts ähnlich war.

73 XXVII, 8, 1: *Britannias indicabat barbarica conspiratione ad ultimam vexatas inopiam.*

74 *In Eutropium,* XXVIII, 3, 7.

75 Siehe die Untersuchung von C. E. Stevens, *Magnus Maximus in British History* in *ÉC,* III, S. 86 ff.

76 Nach dem Bericht in *The Dream of Maxen Wledig,* übersetzt von T. P. Ellis u. J. Lloyd in *The Mabinogion,* Oxford 1929, Bd. I, S. 135 ff.; vgl. auch G. u. T. Jones, *The Mabinogion,* London 1949, S. 79 ff.

77 Stammbaum Nr. II in MS. Harl. 3859.

78 *Incursantes Pictos et Scottos Maximus strenue superavit,* nach *MGH, AA,* IX (ed. Th. Mommsen), *Chronica Gallica,* S. 646.

79 Siehe *Notitia Dignitatum,* ed. O. Seeck, Berlin 1876; ... *in partibus Occidentis,* V, 65 (S. 118), 213 (S. 124); VII, 49 (S. 134).

80 Siehe C. E. Stevens, *The British Stations of the ›Notitia Dignitatum‹* in *AJ,* XCVII, 1940, S. 134 u. Anm. 5.

81 *Vandalenkrieg,* I, II. Prokopios war ein byzantinischer Geschichtsschreiber aus der ersten Hälfte des 6. Jahrhunderts.

82 Siehe M. P. Charlesworth, *The Lost Province,* Cardiff 1949, S. 35 f.

83 Zosimos, V, 5, 6.

84 a. a. O., V, 10.

85 Die historische Grundlage der *Táin* hat als erster W. Ridgeway aufgezeigt: *The Date of the First Shaping of the Cuchulainn Saga* in *PBA,* II, 1905/06. Eine neuere und genauere Untersuchung mit Korrekturen: K. H. Jackson, *The Oldest Irish Tradition. A Window on the Iron Age,* Cambridge 1964. Für die Überlassung seiner Anmerkungen zu diesem Gegenstand sind wir Jackson zu Dank verpflichtet.

86 K. H. Jackson, a. a. O., besonders S. 48 ff.

87 *Early Irish History and Mythology,* Dublin 1946, S. 208.

88 a. a. O., S. 207.

89 a. a. O., S. 207.

90 a. a. O., S. 208.

91 V. E. Nash-Williams, *Early Christian Monuments of Wales,* Cardiff 1950, Nr. 313.
92 a. a. O., Nr. 314.
93 a. a. O., Nr. 345.
94 K. H. Jackson, *Language and History in Early Britain,* Edinburgh 1953, S. 139.
95 W. J. Gryffyd, *Math vab Mathonwy,* Cardiff 1928, S. 342 f.
96 W. J. Watson, *History of the Celtic Place-Names of Scotland,* Edinburgh 1926, S. 228.
97 W. J. Gryffyd, *Math vab Mathonwy,* Cardiff 1928, S. 343, Anm. 90.

3 Die keltische Erneuerung. Seite 82–125

1 Über *Graffiti* siehe A. Burn, *The Romans in Britain,* Oxford 1932; F. J. Haverfield, *The Romanization of Roman Britain,* Oxford 1912, S. 28 ff.; M. P. Charlesworth, *The Lost Province,* Cardiff 1949, S. 67.
2 F. J. Haverfield, a. a. O., S. 30.
3 M. P. Charlesworth, a. a. O., S. 67
4 Zur Bedeutung des Titels siehe N. K. Chadwick, *Bretwalda, Gwledig, Vortigern* in *BBCS,* XIX, 1961, S. 225 ff.; ebenso N. K. Chadwick u. a., *Note on the Name Vortigern* in *Studies in the Early British History,* Cambridge 1954, S. 34 ff.
5 Die wichtigsten frühen Erwähnungen finden sich bei C. A. R. Radford in *Antiquity,* XXXII, 1958, S. 19; vgl. auch H. M. Chadwick, *The Origin of the English Nation,* Cambridge 1907, S. 37; vgl. ferner N. K. Chadwick, *Studies in Early British History,* Cambridge 1954, S. 21.
6 *Historia Brittonum,* Kap. 39, 41, 48.
7 Das obenerwähnte archäologische Material verdanken wir hauptsächlich J. N. L. Myres. Zusätzliche Beiträge stammen von K. Dauncey und dem verstorbenen R. R. Clarke; vgl. auch P. H. Blair, *Roman Britain and Early England,* Edinburgh 1963, S. 162 f. N. K. Chadwick hat die wichtigsten Hinweise auf alle diese Vorarbeiten in *The British or Celtic Part in the Population of England* in *Angles and Britons,* Cardiff 1963, S. 138 ff., aufgenommen.
8 Sir J. Rhŷs, *Celtic Britain,* London 1908, S. 238; vgl. auch Sir F. Stenton, *Anglo-Saxon England,* Oxford 1950, S. 3; Sir J. E. Lloyd, *A History of Wales,* London 1912, Bd. I, S. 125 f.; R. G. Collingwood, *Roman Britain and the English Settlements,* Oxford 1937, S. 321 f. Die neuesten und maßgeblichsten Arbeiten stammen von K. H. Jackson, *The Arthur of History* und *Arthur in Early Welsh Verse* in R. S. Loomis, *Arthurian Legends in Medieval Art,* London 1938.
9 Über die Britannier in Südschottland in diesem Zeitabschnitt stammen die besten Beiträge von K. H. Jackson, *The Britons in Southern Scotland* in *Antiquity,* XXIV, 1955, S. 77 ff.; *Angles and Britons in Northumbria and Cumbria* in *Angles and Britons,* Cardiff 1963,

S. 60 ff.; siehe auch P. Salway, *The Frontier People of Roman Britain*, Cambridge 1965, S. 198 f.

10 Hg. von O. Seeck, Berlin 1876. Sehr nützlich ist auch der Beitrag von C. E. Stevens in *AJ*, XCVII, 1940; E. Birley in *TCWAS*, XXXIX, 1939, Nr. XIV, S. 190 ff.; eine neuere Untersuchung von A. H. M. Jones, *The Later Roman Empire*, Oxford 1964, Bd. III, Anhang II, S. 347 ff.

11 Zu dem hier erwähnten System siehe P. H. Blair, *The Origins of Northumbria*, Gateshead-on-Tyne 1948; M. P. Charlesworth, *The Lost Province*, Cardiff 1949; H. M. Chadwick, *Early Scotland*, Cambridge 1949.

12 Die maßgebende Ausgabe ist die von Th. Mommsen, *MGH, AA*, XIII, I, Berlin 1894, S. 112 ff. Eine neuere Ausgabe stammt von F. Lot, *Nennius et l'Historia Brittonum*, Paris 1934. Eine gute englische Übersetzung ist die von A. W. Wade-Evans, *Nennius and the History of the Britons*, London 1938; sie enthält auch die *Annales Cambriae* und die Genealogien der britannischen (walisischen) Fürsten. Die von Wade-Evans besorgte englische Ausgabe dieser Texte bringt das in der MS Harleian 3859 des British Museum enthaltene Textkompendium und ist ein wichtiges historisches Dokument.

13 Vgl. Anm. 84 der engl. Ausgabe.

14 Vgl. Anm. 4, zum Beiwort *gwledig*.

15 Einen interessanten Bericht über einen piktischen Herrscher von Dumbarton hat uns das walisisch (lateinisch) verfaßte *Leben des heiligen Cadoc* überliefert; allerdings sind Vorbehalte am Platz. Text und englische Übersetzung von A. W. Wade-Evans, *Vitae sanctorum Britanniae et genealogiae*, Cardiff 1944, S. 24 ff.

16 Der Name scheint nicht britannisch zu sein, vielleicht aber irisch: *Cuaineda*? Vgl. *Annalen von Ulster*, 497, *Cuinnidh* oder *Cuinnedha*; vgl. auch *Annalen von Tigernach*, 495, hg. und übersetzt ins Englische von W. Stokes in *RC*, XVI, 1895, S. 170 ff.; XVII, 1896, S. 6 ff.

17 Siehe H. M. Chadwick, *Early Scotland*, Cambridge 1949, S. 3.

18 A. O. Curle, *The Treasure of Traprain: A Scottish Hoard of Roman Silver*, Glasgow 1923.

19 *The Cornovii* in I. Ll. Foster u. L. Alcock, *Culture and Environment*, London 1963, S. 251 ff.

20 I. A. Richmond, *Roman Britain*, London 1963, S. 155.

21 I. A. Richmond, *Roman and Native in North Britain*, Edinburgh 1958, S. 113, sowie weitere Hinweise unter Anm. 5.

22 Herausgegeben von K. Meyer, *Sanas Cormaic, an Old-British Glossary*, Halle 1912, Nr. 883, unter *mug-eme*, S. 75 f.; vgl. auch W. Stokes, *Three Irish Glossaries*, London 1862, S. 62, mit Übersetzung auf S. XLVIII.

23 Die überlieferten Daten sind 366–379.

24 Englische Übersetzung nach K. Jackson in *The Celts*, hg. von J. Raftery, Dublin 1964, S. 75.

25 *Historia Brittonum,* Kap. 14.

26 Vgl. die sehr brauchbare Karte der verschiedenen Stämme in Irland von Liam Price in M. Dillon, *Lebor na cert. The Book of Rights,* Dublin 1962.

27 Der wichtigste Bericht über die Kolonisierung Armoricas stammt von J. Loth, *L'émigration bretonne en Armorique du Ve au VIIe siècle,* Rennes 1883.

28 *De bello Gothico,* IV, 19.

29 F. M. Stenton, *Anglo-Saxon England,* Oxford 1950, S. 6.

30 Über die römischen Stadtstaaten und die Veränderungen im römischen Verteidigungssystem in Armorica siehe R. Couffon, *Limites des cités gallo-romains et fondations des évêchés dans la peninsule armoricaine* in *SÉC,* LXXII, 1942; F. Merlet, *La formation des diocèses et des paroisses en Bretagne* in *MSHAB,* XXX, 1950; XXXI, 1951; vgl. auch das Bulletin derselben Société, 1952.

31 Ed. von O. Seeck, Berlin 1876.

32 Das *Leben des St. Germanus* von Constantius ist uns in zwei Fassungen überliefert. Die kürzere und bessere, wahrscheinlich auch die ältere, hat W. Levison ediert in *MGH, SS rer. Merov.,* VII, 1920, S. 225 ff.

33 Die St. Germanus von Constantius beigelegten Ämter stellen ein schwieriges Problem dar; ein gewisses Mißtrauen ist angebracht: vgl. Gaudenet, *La carrière civile de St-Germanus* in dem von Le Bras und E. Gilson herausgegebenen Band *St-Germain d'Auxerre et son temps,* Auxerre 1950, S. 111 ff. Eine knappe Erörterung dieser Frage hinsichtlich der Verteidigung von Armorica gibt auch N. K. Chadwick in *Poetry and Letters in Early Christian Gaul,* London 1955, S. 263 f.

34 Zu den Aufständen der Armoricaner siehe W. Levison in *NA,* XXIX, S. 139 ff.

35 Über die Errichtung von Verteidigungswällen um die offenen gallischen Städte jener Zeit siehe C. Jullian, *Histoire de Bordeaux depuis les origines jusqu'en 1895,* Bordeaux 1895, S. 34, 43 ff.; ders., *Histoire de la Gaule,* Paris 1920, Bd. IV, S. 594, Anm. 4, und Hinweise; vgl. auch den knappen, aber guten Bericht von O. Brogan, *Roman Gaul,* London 1953, S. 221 f.

36 Vgl. S. P. O'Ríordáin, *Roman Material in Ireland* in *PRIA,* LI, 1947, C, Nr. 3, S. 39 f.

37 Beweismaterial und Hinweise bei K. Meyer in *Ériu,* IV, 1910, S. 208; vgl. auch K. Meyer, *Learning in Ireland in the Fifth Century,* Dublin 1913, S. 7 f., und Anmerkungen 15–17.

38 Zu diesem Thema siehe die beachtliche Untersuchung über Cennfaelad bei E. MacNeill, *A Pioneer of Nations* in *Studies,* XI, 1922.

39 Wie J. V. Kelleher gezeigt hat in *Early Irish History and Pseudo-History* in *SH,* Nr. 3, 1963, S. 113 ff.

40 Diese Daten sind sehr unsicher. Man nimmt an, daß Níall der Vater Loegaires war, dessen Thronbesteigung im Jahr 427 oder möglicherweise 428 und dessen Tod im Jahr 462 oder 463 als erste sichere Daten eines irischen Königs gelten; siehe T. F. O'Rahilly, *Early Irish History and Mythology*, Dublin 1946, S. 209. Die Chronologie des 5. Jahrhunderts ist jedoch sehr unsicher; vgl. T. F. O'Rahilly, a. a. O., und ebenso eine weitere wichtige Erörterung bei J. Carney, *Studies in Irish Literature and History*, Dublin 1955, S. 330 ff.; vgl. auch H. M. Chadwick, *Early Scotland*, Cambridge 1949, S. 133 ff.

41 Bei T. F. O'Rahilly, *Early Irish History and Mythology*, Dublin 1946, S. 221.

42 Die Texte bei K. Meyer, *Otia Merseiana*, II, London 1899, S. 88 ff.; ders., *Totenklage König Níall Noígiallach* in *Festschrift W. Stokes*, Leipzig 1900, S. 1 ff.; ders., *Über die älteste irische Dichtung* in *Sitzungsberichte der Königlichen Preußischen Akademie*, I, 1913, S. 14 ff.; II, 1914, S. 21 f.

43 Zu den verschiedenen Überlieferungen über seinen Tod vgl. T. F. O'Rahilly, *Early Irish History and Mythology*, Dublin 1946, S. 217 f.

44 O'Rahilly setzt den Tod des Dathi oder Nathí in das Jahr 445; vgl. a. a. O., S. 215.

45 K. Meyer, *Selections from Ancient Irish Poetry*, London 1913, S. 69.

46 Herausgegeben und übersetzt von K. Meyer in *Otia Merseiana*, London 1899, Bd. II, S. 84 ff.

47 Siehe O'Rahilly, a. a. O., S. 216, Anm. 3.

48 *Über die älteste irische Dichtung*, a. a. O., I, 1913, S. 15 f.

49 E. MacNeill, *Phases of Irish History*, Dublin 1920, S. 124 f.

50 T. F. O'Rahilly, *Early Irish History and Mythology*, Dublin 1946, S. 223, 227 f.; D. A. Binchy in *Celtica*, Nr. 2, 1962, S. 150.

51 Zu Oriel siehe T. F. O'Rahilly, a. a. O., S. 217.

52 T. F. O'Rahilly, a. a. O., S. 234.

53 Die heute unter dem Namen Grianán Ailech bekannte großartige Festung unmittelbar diesseits der Ostgrenze von Donegal.

54 Die *Uí Néill* sind die Nachkommen Níall Noígiallachs. Das Wort darf auf keinen Fall mit *O'Neill* verwechselt werden, einem Namen, der nur den Nachkommen des Niall Glúndubh zusteht; er fiel 919 in der Schlacht gegen die Norweger auf Liffey; vgl. E. MacNeill, *Celtic Ireland*, Dublin 1921, S. 90.

55 Wie wir aus Muichus *Life of St Patrick* erfahren.

56 Über die tendenziösen Quellen dieser Überlieferung siehe J. V. Kelleher in *SH*, Nr. 3, 1963, S. 120 ff.

57 Siehe E. MacNeill, *Celtic Ireland*, Dublin 1921, S. 129.

58 Siehe J. V. Kelleher in *SH*, Nr. 3, 1963, S. 123.

59 Siehe Colm Ó Lochlainn, *Roadways in Ancient Ireland* in *Essays and Studies presented to Professor E. MacNeill*, hg. von J. Ryan, Dublin 1940, S. 465 ff., und die Karte am Ende.

60 Siehe T. F. O'Rahilly, *Early Irish History and Mythology*, Dublin 1946, S. 222 f.; vgl. auch D. A. Binchy, *Patrick and his Biographers* in *SH*, Nr. 2, 1962, S. 150.

61 Siehe D. A. Binchy, a. a. O.; über die frühe Verbindung dieser drei unabhängigen Reiche mit dem übergeordneten Reich *Ulaíd* siehe E. MacNeill, *Phases of Irish History*, Dublin 1920, S. 185; ders., *Celtic Ireland*, Dublin 1921, S. 185; T. F. O'Rahilly, *Early Irish History and Mythology*, Dublin 1946, S. 222 f.

62 R. Flower, *The Irish Tradition*, Oxford 1948, S. 184.

63 Zu diesem Thema siehe die knappen, aber eindrucksvollen Untersuchungen mit reichen Materialien und Hinweisen von K. Meyer, *Learning in Ireland in the Fifth Century*, Dublin 1913, S. 7 f.; ders., *Gauls in Ireland* in *Ériu*, IV, 1910, S. 208.

64 Wie Tara der Überlieferung nach seine Gewalt über Leinster abschnittsweise ausweitete, zeigt E. MacNeill, *Phases of Irish History*, Dublin 1920, S. 120 ff., und besonders S. 187 ff.

65 Siehe *The Boromean Tribute*, Text und englische Übertragung von S. H. O'Grady in *Silva Gadelica*, Nr. XXVIII, London 1892.

66 Text und Übertragung ins Englische von W. Stokes in *RC*, XXIV, 1903, S. 41 ff.

67 L. O'Buachalla in *CHAJ*, LVII, 1952, S. 113 .

68 L. O'Buachalla, a. a. O., S. 116.

69 Siehe *Frithfolaith Chaisil fri Tuatha Muman Frish Texts*, I, London 1931, S. 19 ff., ein wichtiges Dokument zur Geschichte von Munster, wahrscheinlich schon um 800 zusammengestellt. Dieser Traktat ist trotz seiner Kürze zuverlässiger als der *Lebor na' Cert*, der wohl erst aus dem 11. Jahrhundert stammt. Das *Frithfolaith* gibt Rechenschaft über die wechselseitigen Dienstleistungen zwischen dem König von Cashel (d. h. von Munster) und den Königen der verschiedenen Staaten von Munster. Es zeigt Munster in der Zeit vor der Machtergreifung der *Dál Cais* nach 950; vgl. L. O'Buachalla in *CHAJ*, LVI, 1951, S. 90 f.; ders., a. a. O., LVII, 1952, S. 81 ff.

70 Nach MacNeill bedeutet *Déssi* (*Déisi*) »Vasallenstaaten«, in diesem Fall diejenigen, die rund um Tara saßen und vielleicht identisch sind mit den Luaigni, der wichtigsten Streitmacht von Nordleinster in der *Táin Bó Cualnge*.

71 Erschlagen 490, nach den *Annalen von Inisfallen* 492.

72 Ein klares Bild der Lage gibt L. O'Buachalla in *CHAJ*, LVII, 1952, S. 116. Der Text der Saga von der *Vertreibung der Déssi*, der um 750 zum erstenmal niedergeschrieben worden sein soll, ist von K. Meyer in *Y Cymmrodór*, XIII/XIV, 1900/01, S. 10 ff. abgedruckt; mit Hinweisen auf verschiedene Versionen und mit Kommentaren versehen hat ihn Meyer ein zweites Mal veröffentlicht in *Ériu*, III, 1907, S. 135 ff.; vgl. ferner den Text einer späteren Fassung, gleichfalls von K. Meyer ediert in *Anecdota from Irish MSS*, I, Dublin 1907, S. 15 ff.; vgl. auch S. Pender, *Two Unpublished Versions of the*

Expulsion of the Déssi in *Féilscríbhinn Torna,* hg. von S. Pender, Cork 1947, S. 209 ff.

73 L. O'Buachalla in *CHAJ*, LVII, 1952, S. 73.

74 *The Tripartite Life of St Patrick with other Documents relating to that Saint*, London 1887, Bd. I, S. 194 f.

75 Der Erdwall der Burg auf dem Turin Hill ist noch vorhanden.

76 K. Meyer, *Sanas Cormaic*, Halle 1912, S. 75, Eintrag 883, unter *mug-eme*; vgl. auch W. Stokes, *Three Irish glossaries*, London 1862, S. XLVIII f.

77 Der Text der Geschichte in Sagaform ist unvollständig. Hinweise auf die Quellen und eine Erörterung der tendenziösen und historischen Elemente in diesen Eóganacht-Überlieferungen siehe bei L. O'Buachalla in *CHAJ*, LVII, 1952, S. 116 ff.; vgl. auch M. Dillon, *The Cycles of the Kings*, London 1946, S. 30 ff.

78 Näheres siehe bei H. M. Chadwick, *Early Scotland*, Cambridge 1949, S. 41, Anm. 2.

79 *Annals of Inisfallen*, 721.

80 E. MacNeill, *Phases of Irish History*, Dublin 1920, S. 126.

81 L. O'Buachalla in *CHAJ*, LVI, 1951, S. 87.

4 Die Entstehung der keltischen Königreiche. Seite 126–166

1 Vgl. H. M. Chadwick, *Early Scotland*, Cambridge 1949, S. 35, Anm. 2.

2 *Rosnaree in Semne* in T. F. O'Rahilly, *Early Irish History and Mythology*, Dublin 1946, S. 504.

3 Nachweise siehe bei T. F. O'Rahilly, a. a. O., S. 504, Anm. 1.

4 Einen knappen Überblick über das prähistorische Material gibt R. H. Kinvig, *A History of the Isle of Man*, Liverpool 1950.

5 Das älteste Manx enthält das *Prayer Book*, um 1625.

6 Zu dem unten angeführten Material vgl. K. H. Jackson, *Common Gaelic* und *The Evolution of the Goedelic Languages* in *PBA*, XXXVII, 1951, S. 77 f.

7 K. H. Jackson in C. Fox u. B. Dickins, *Early Cultures of North-West Europe*, Cambridge 1950, S. 209 f.

8 K. H. Jackson, *Common Gaelic* in *PBA*, XXXVII, 1951, S. 78.

9 T. F. O'Rahilly, *Irish Dialects Past and Present*, Dublin 1932, S. 117.

10 Siehe K. H. Jackson in F. T. Wainwright, *The Problem of the Picts*, Edinburgh 1955, Kap. VI, und Anhang.

11 Hier sei auf die Arbeit von N. K. Chadwick, *The Name Pict* in *Scottish Gaelic Studies*, VIII, 1958, verwiesen.

12 *Historia ecclesiastica*, III, IV.

13 Der Name ist mit *Maelgwn*, Name des Herrschers von Nordwales, identisch.

14 Ist das Bedas Übersetzung eines keltischen Titels, der mit dem irischen *ard-rí* und mit dem britannischen *Ver-tigernos* (später Vortigern) verglichen werden kann?

15 Hier sei auf ein zweifelhaftes Dokument verwiesen, das vorgibt, eine alte Aufzeichnung über die Gründung von St. Andrews zu sein und uns versichert, der Schreiber gebe genau das wieder, was er *in veteribus Pictorum libris* gefunden habe; vgl. H. M. Chadwick, *Early Scotland*, Cambridge 1949, S. 28; M. O. Anderson in *SHR*, XXIX, 1950, S. 17.

16 Die meisten alten *Chronicles* sind bei W. F. Skene, *Chronicles of Picts and Scots*, Edinburgh 1867, abgedruckt. Erläuterungen dazu gibt Skene in *Celtic Scotland*, Edinburgh 1876–1880, Bd. I. Detaillierte Auszüge in englischer Übertragung finden sich bei A. O. Anderson, *Early Sources of Scottish History*, Edinburgh 1922, Bd. I, und öfters, besonders die bibliographischen Anmerkungen auf S. XIV ff.; vgl. auch die allgemeine Untersuchung zu diesem Thema bei H. M. Chadwick, *Early Scotland*, Cambridge 1949. Neuere und sehr wertvolle Beiträge liefert M. O. Anderson in *SHR*, XXVIII, 1949, und XXIX, 1950. Die beste Fassung der piktischen Königslisten gibt W. F. Skene, *Chronicles of Picts and Scots*, Edinburgh 1867, S. 4 ff.

17 Vgl. H. M. Chadwick, *Early Scotland*, Cambridge 1949, S. 96, 98, und die dort angeführten wichtigen Belege. Fast alle Königslisten sind vollständig bei W. F. Skene, a. a. O., abgedruckt.

18 Die klarste Allgemeindarstellung findet sich bei H. M. Chadwick, a. a. O., S. 121 ff., wenn auch diese Untersuchung jetzt aufgrund der späteren Forschungen von M. O. Anderson, besonders wie die Hinweise in *SHR*, S. 11, Anm. 2, zeigen, überprüft werden muß.

19 Hierzu siehe M. O. Anderson in *SHR*, XXIX, 1950, S. 18.

20 Vgl. T. F. O'Rahilly, *Early Irish History and Mythology*, Dublin 1946, S. 237, Anm. 3, S. 504; vgl. auch F. J. Byrne in *SH*, Nr. 4, 1964, S. 58.

21 Man kann, glaube ich, nicht daran zweifeln, daß O'Rahillys Interpretation der irischen Annalen im Gegensatz zu denjenigen einiger früherer Gelehrter die richtige ist; vgl. T. F. O'Rahilly, a. a. O.

22 Hg. von J. Bannermann, *Celtica*, VII, 1961, S. 14 f.

23 *Historia ecclesiastica*, I, 34.

24 Siehe K. H. Jackson in N. K. Chadwick u. a., *Celt and Saxon. Studies in the Early British Border*, Cambridge 1964, S. 20 ff.; vgl. auch a. a. O., S. 27 ff., 53 f.

25 Siehe P. H. Blair in *Studies in Early British History* von N. K. Chadwick u. a., Cambridge 1959, S. 86 ff.

26 Siehe I. Williams, *Lectures on Early Welsh Poetry*, Dublin 1954, S. 22. Drei Strophen alter walisischer Dichtung wurden jedoch in der ersten Hälfte des 9. Jahrhunderts auf den oberen Rand eines Blattes der Juvencus-Handschrift mit der metrischen Psalmenübertragung niedergeschrieben, die sich in der Cambridge University Library befindet; vgl. Williams, a. a. O., S. 28.

27 Einen guten und knappen Überblick über die oben geschilderte Entwicklung gibt R. Bromwich, *The Character of the Early Welsh Tradi-*

tion in *Studies in Early British History* von N. K. Chadwick u. a., Cambridge 1959, Kap. V.

28 Siehe H. M. Chadwick u. N. K. Chadwick, *The Growth of Literature,* Cambridge 1932, Bd. I, S. 163 f.; H. M. Chadwick, *Early Scotland,* Cambridge 1949, S. 143.

29 Eine Anzahl Genealogien sind in Harl. 3859 verzeichnet; siehe auch Jesus College, Oxford, MS. XX; ferner Hengwrt 356, beide hg. von W. F. Skene, *Four Ancient Books of Wales,* Edinburgh 1868, Bd. II, S. 454; vgl. ferner H. M. u. N. K. Chadwick, *The Growth of Literature,* Cambridge 1932, Bd. I, S. 149.

30 Siehe *Historia Brittonum,* Kap. 57. Wenn dies auch nicht ausdrücklich festgestellt wird, so ist doch der hier erwähnte *Rum* (*Run*), der Vater Riemmelths, wahrscheinlich Run, der Sohn des Urien.

31 Vgl. W. H. Lloyd, *A History of Wales,* London 1912, Bd. I, S. 118.

32 In Jesus College, Oxford, MS. XX, VIII, wird die Genealogie mit der von Dyfed durcheinandergebracht, was im Hinblick auf die irischen Elemente in der Überlieferung nicht verwunderlich ist; vgl. auch *Y Cymmrodór,* VIII, S. 85.

33 Legenden über Brychan und seinen Sohn Rhain, siehe bei J. E. Lloyd, *A History of Wales,* London 1912, Bd. I, S. 270 f.

34 Siehe A. W. Wade-Evans, *De situ Brecheniauc* in *Vitae sanctorum Britanniae et genealogiae,* Cardiff 1944, S. 313.

35 Siehe K. Meyer, *The Expulsion of the Déisi* in *Ériu,* III, S. 135 f.; *Y Cymmrodór,* XIV, 1900/01, S. 101 ff.

36 H. Waquet, *Histoire de la Bretagne,* Paris 1950, S. 20.

37 Siehe Baring-Gould u. Fisher, *The Lives of the British Saints,* London 1907–13, Bd. III, S. 343, Anm. 2.

38 Zu St. Gwrthiern siehe die Anmerkung bei N. K. Chadwick u. a., *Studies in Early British History,* Cambridge 1954, S. 39 ff.

39 Eine Erörterung zur Geschichtlichkeit dieser Erzählung siehe bei Durtelle de Saint-Sauveur, *Histoire de Bretagne,* Rennes 1947, Bd. I, S. 52 f.

40 Siehe Durtelle de Saint-Sauveur, a. a. O., S. 46 f., und Verweise.

41 *Historia Francorum,* IV, 4.

42 a. a. O., X, 9.

43 a. a. O., IX, 17; X, 9; vgl. auch L. A. Le Moyne de la Borderie, *Histoire de Bretagne,* Paris 1896–1914, Bd. I, S. 442 ff.

44 Einen knappen Bericht über Nominoë bringt A. Rebillon, *Histoire de Bretagne,* Paris 1957.

5 Die frühirische Gesellschaft. Seite 167–199

1 Siehe D. A. Binchy, *Críth Gablach,* Dublin 1941, S. 109; MacNeill, *Early Irish Population Groups* in *PRIA,* XXIX, C, 1911, S. 88 f.

2 a. a. O., S. 104.

3 Siehe Hogan, *The Trícha Cét and Related Land-Measures* in *PRIA*, XXXVIII, C, 1929, S. 191 ff.

4 Man hat Giraldus Cambrensis die Feststellung zugeschrieben, es habe zu seiner Zeit in Irland 176 *trícha cét* gegeben. Das beruht auf einem Mißverständnis. Giraldus erwähnt die *trícha cét* nicht, und seine Berechnung von *cantreds* in Irland entbehrt jeder realen Grundlage; vgl. *Giraldi Cambrensis topographia Hibernica et expugnatio Hibernica*, ed. J. F. Dimock, Bd. V, London 1867, S. 145.

5 D. A. Binchy in *Early Irish Society*, Dublin 1954, S. 56.

6 M. Dillon, *The Cycles of the Kings*, London 1946, S. 38 f.

7 E. Gwynn, *The Metrical Dindsenchas*, Bd. IV, Dublin 1903, S. 142, Verszeile 125.

8 *ZfcPh*, XVII, S. 139; siehe auch T. F. O'Rahilly in *Ériu*, XIV, S. 14 ff., wo sich weitere Belege finden, und J. Weisweiler, *Heimat und Herrschaft. Wirkung und Ursprung eines irischen Mythos*, Halle 1943. Die neueste Untersuchung stammt von Mac Cana, *Aspects of the Theme of King and Goddess in Irish Literature* in *ÉC*, VII, S. 76 ff., 356 ff.; VIII, S. 59 ff.

9 *Topographia Hibernica*, III, XXV.

10 J. O'Donovan. *Tribes and Customs of Hy Fiachrach*, Dublin 1843, S. 425; *Medieval Studies presented to Aubrey Gwynn SJ*, Dublin 1961, S. 197. J. Carney hat gezeigt, daß das *Feast of Tara* die Inaugurationszeremonie des Königs von Tara war: *Studies in Irish Literature and History*, Dublin 1955, S. 334 ff.; siehe auch D. A. Binchy in *Ériu*, XVIII, S. 134.

11 *Die magische Kraft der Wahrheit im alten Indien* in *ZDMG*, XCVIII, 1944, S. 1; *The Hindu Act of Truth in Irish Tradition* in *MPh*, XLIV, 1947, S. 137; Maartje Draak, *Some Aspects of Kingship in Pagan Ireland* in *The Sacral Kingship*, Leiden 1959, S. 651–663.

12 Siehe *Lebor na Cert. The Book of Rights*, hg. und ins Engl. übers. von M. Dillon, Dublin 1962, S. XVII.

13 D. A. Binchy in *Ériu*, XVIII, S. 125.

14 D. A. Binchy in *Early Irish Society*, hg. von M. Dillon, Dublin 1954, S. 58. Einen großen Teil des Materials verdanken wir in diesem Kapitel unveröffentlichten Notizen, die uns Dr. Binchy zur Verfügung gestellt hat. In einem walisischen Text heißt es: »Es gibt drei Arten von Personen, einen König, einen brëyr und einen bondman (Leibeigner).« Vgl. M. Richards, *Laws of Hywel Dda*, Liverpool 1954, S. 26.

15 Es ist so gut wie sicher, daß das Wort verwandt ist mit Sanskrit *arya-*, wenn auch Thurneysen eine andere Deutung vorgeschlagen hat in *ZfcPh*, XX, S. 353. Binchy hat uns darauf hingewiesen, daß der Genitiv *airech* sich in Analogie mit *ruire*, »Ober-König«, Genitiv *ruirech*, erklären läßt.

16 Belege siehe bei T. F. O'Rahilly, *Early Irish History and Mythology*, Dublin 1946, S. 340.

17 Siehe D. A. Binchy in *PBA*, XXIX, S. 223.
18 O'Rahilly weist darauf hin, daß der Name *Mide* spät ist. Der alte Name der zentralen Provinz ist ungewiß; a. a. O., S. 166, 174, Anm. 4.
19 a. a. O., S. 166.
20 D. A. Binchy, *PICCS*, Dublin 1962, S. 121.
21 Siehe R. Thurneysen, *Cóic Conara Fugill* in *APAW*, Philos.-Historische Klasse 7, 1925.
22 Siehe R. Thurneysen, *Die Bürgschaft im irischen Recht* in *APAW*, Philos.-Historische Klasse 2, 1928, S. 35 ff.; D. A. Binchy in *Early Irish Society*, hg. von M. Dillon, Dublin 1954, S. 63.
23 *Ancient Laws of Ireland*, hg. von W. M. Hennessy u. a., Dublin 1856–1901, Bd. I, S. 113.
24 R. Thurneysen, *Das Fasten beim Pfändungsverfahren* in *ZfcPh*, XV, S. 260 ff.; J. E. Jolly, *Grundriß der indo-arischen Philologie und Altertumskunde*, II, 8, S. 148; L. Renou, *Le jeûne du créancier dans l'Inde ancienne* in *JA*, 1943–1945, S. 117 ff.
25 Siehe D. A. Binchy, *Críth Gablach*, Dublin 1941, S. 84 f.
26 Siehe D. A. Binchy in *Ériu*, XII, S. 1 ff.
27 Sie ist die Kormlöđ, von der die *Saga of Burnt Njal* sagt: »Sie war mit großer Schönheit und allen den Eigenschaften begabt, die nicht ihr Verdienst waren; doch heißt es, sie sei in alledem, wofür sie selbst verantwortlich war, von großer Bosheit gewesen.«
28 R. Thurneysen u. a., *Studies in Early Irish Law*, Dublin 1936, S. 16 ff., 240 ff. Auch hier verdanken wir den unveröffentlichten Notizen von Dr. Binchy viel.
29 Der *sét* war eine Werteinheit, die dem halben Wert einer Milchkuh entsprach.
30 Siehe M. Richards, *Laws of Hywel Dda*, Liverpool 1954, S. 77.
31 Siehe *Ériu*, XX, S. 1 ff.
32 D. A. Binchy, *Críth Gablach*, Dublin 1941, S. 11, 47 ff.; *Ériu*, XII, S. 82 f.
33 Die späte Entstehungszeit der Manuskripte ist nicht das Entscheidende, denn die irischen Handschriften sind – mit einer Ausnahme – sehr viel jünger. In Irland erwies sich zunächst die einheimische Überlieferung als dem normannischen Einfluß überlegen, und die Normannen übernahmen dann bekanntlich bald die irische Lebensart.
34 H. D. Emanuel, *The Latin Texts of the Welsh Laws* in *WHR*, 1963, S. 25–32.
35 *A History of Wales*, London 1912, Bd. I, S. 302.
36 Siehe A. J. Roderick, *Wales through the Ages*, Llandybie 1959/60, S. 107.
37 Siehe *Ancient Laws of Ireland*, hg. von W. M. Hennessy u. a., Dublin 1856–1901, Bd. IV, S. 18 f.
38 In diesem Punkt verdanken wir den unveröffentlichten Notizen von Dr. Binchy sehr viel.
39 D. A. Binchy, *Críth Gablach*, Dublin 1941, S. 85.

40 Siehe J. R. Reinhard, *The Survival of Geis in Medieval Romance*, Halle 1933, S. 56 f.
41 Siehe *The Taboos of the Kings of Ireland* in *PRIA*, LIV, C, S. 1 ff.; vgl. auch J. R. Reinhard, a. a. O., S. 106 f.
42 *Ancient Laws and Institutes of Wales*, hg. von A. Owen, London 1841, II, XXI, 10.
43 Siehe *SC*, I, S. 1 ff.

6 Die Frühgeschichte der neuen keltischen Königreiche. Seite 200–240

1 Die Stelle befindet sich in der Strophe eines walisischen Gedichts im *Gododdin* und wird für eine spätere Einfügung gehalten.
2 Das Wort setzt sich anscheinend aus *ath* – das im Sinn des lateinischen *re-* eine Wiederholung bedeutet – und *Fótla* zusammen, das ein Name für Irland ist. Siehe W. J. Watson, *History of the Celtic Place-Names of Scotland*, Edinburgh 1926, S. 228 f.
3 Vgl. T. F. O'Rahilly, *Early Irish History and Mythology*, Dublin 1946, S. 37.
4 W. F. Skene, *Celtic Scotland*, Edinburgh 1876–1880, Bd. I, S. 305 f.
5 Irischer Gelehrter und Geschichtsschreiber aus dem 11. Jahrhundert.
6 Herausgegeben und übersetzt von K. Jackson in *SHR*, XXXVI, 1957, S. 125 ff.
7 Text siehe bei W. F. Skene, *Chronicles of Picts and Scots*, Edinburgh 1867, S. 209; vgl. ders., *Celtic Scotland*, Edinburgh 1876–1880, Bd. I, S. 306.
8 K. H. Jackson, *Common Gaelic, The Evolution of the Irish Language* in *PBA*, XXXVII, 1951.
9 *Historia ecclesiastica*, I, V.
10 Siehe W. F. Skene, *Celtic Scotland*, Edinburgh 1876–1880, Bd. I, S. 302; vgl. H. M. Chadwick, *Early Scotland*, Cambridge 1949, S. 10, u. ö.
11 Zur Datierung der Thronbesteigung Merfyns siehe J. E. Lloyd, *A History of Wales*, London 1912, Bd. I, S. 231; vgl. auch a. a. O., S. 224, Anm. 145.
12 Lloyd war der Ansicht, mit der Thronbesteigung Merfyn Vrychs im Jahr 825 habe sich »ein Fremdling des Thrones von Gwynedd und des Königssitzes von Aberffraw« bemächtigt; vgl. jedoch N. K. Chadwick, *Studies in the Early British Church*, Cambridge 1958, S. 74 ff.
13 Vgl. H. M. Chadwick, *Early Scotland*, Cambridge 1949, S. 146.
14 W. Stokes hat den (in den *Hanes Gruffydd ap Cynan* verzeichneten) Namen *Gureat*, Merfyns Vater, mit dem lateinischen *Vireatus* gleichgesetzt; vgl. auch K. H. Jackson, *Language and History in Early Britain*, Edinburgh 1953, S. 345. Skene identifiziert diesen Namen mit dem piktischen Ferat; vgl. W. F. Skene, *Four Ancient Books of Wales*, Edinburgh 1868, Bd. I, S. 94.

15 Siehe J. Rhŷs, *A Welsh Inscription in the Isle of Man* in *ZfcPh*, I, 1897, S. 48 f., und die Abbildung der *Crux Guriat.*

16 Skene war der Ansicht, der Ausdruck *dir Manaw* entspreche mehr dem »Land« (*dir, tir*) zu Beginn des Firth of Forth; vgl. W. F. Skene, *Four Ancient Books of Wales,* Edinburgh 1868, Bd. I, S. 94; siehe aber auch R. Bromwich, *Trioedd Ynis Prydein,* Cardiff 1961, S. 396.

17 Die Handschrift läßt sich in diesem Punkt nicht eindeutig interpretieren.

18 Näheres siehe bei N. K. Chadwick, *Studies in the Early British Church,* Cambridge 1958, S. 94 ff.

19 Über das Bildungsniveau am Hof von Gwynedd und seine Verbindungen in dieser Periode handelt ausführlicher N. K. Chadwick, *Studies in the Early British Church,* Cambridge 1958, S. 29.

20 N. K. Chadwick, *The Growth of Literature,* Cambridge 1932, Bd. I, S. 146 ff.

21 N. K. Chadwick, *Studies in the Early British Church,* Cambridge 1958, S. 46 ff.

22 Siehe die Handschrift im Jesus College, Oxford, XX, Stammbaum 20. Dieser Bericht, der mit der Handschrift Harl. 3859 im British Museum übereinstimmt, ist jenem anderen vorzuziehen, der die Gegebenheiten umdreht und Nest zur Mutter sowie Ethyllt zur Gattin Merfyns macht.

23 Siehe J. E. Lloyd, *A History of Wales,* London 1912, Bd. I, S. 325, Anm. 17.

24 Siehe J. E. Lloyd, a. a. O., S. 325.

25 Siehe Wade-Evans, *Vitae sanctorum Britanniae et genealogiae,* Cardiff 1944, Genealogie I.

26 Inwiefern Rhodris Sieg auf die Ereignisse in Lüttich und auf die Oden Einfluß hatte, zeigt N. K. Chadwick, *Studies in the Early British Church,* Cambridge 1958, S. 83 f.

27 So Handschrift A, aber Handschrift B hat *frater*; so auch *Brut y Tywysogyon,* die Handschriften *Peniarth* 20; ebenso *Red Book of Hergest.* Siehe auch die Ausgaben von Thomas Jones, Cardiff 1952 und 1955.

28 Siehe J. E. Lloyd, *A History of Wales,* London 1912, Bd. I, S. 326, und Anm. 27.

29 Der Stammbaum wurde aus Jesus College, Oxford, Handschrift 20, von E. Phillimore in *Y Cymmrodór,* VIII, 1887, ediert.

30 Ediert von I. Williams, Cardiff 1955.

31 Siehe Assers *Life of King Alfred,* Kap. 79, ediert von H. W. Stevenson, neu hg. von D. Whitelock, Oxford 1959.

32 Hierzu wie auch zur Persönlichkeit Swifnehs siehe Plummers Anmerkung zu dieser Stelle in *Two of the Saxon Chronicles parallel (787–1001 A. D.),* Oxford 1920, Bd. II, S. 105.

33 Plummer nimmt an, daß sich das ganz allgemein auf die Leute aus Cornwall bezieht; siehe a. a. O., S. 452. Diese Erklärung halte ich in

diesem Zusammenhang jedoch für unwahrscheinlich; vgl. ferner Plummers Anmerkung, a. a. O., S. 135 f.

34 C. J. S. Marstrander, *Bidrag til det norske sprogs historie i Irland,* Kristiania 1915, S. 56 ff.; vgl. auch A. Bugge, *Contributions to the History of the Norsemen in Ireland,* Kristiania 1900, S. 4.

35 A. Brøgger u. H. Shetelig, *The Viking Ships,* Oslo 1951, S. 52 ff.

36 Zu Harolds Lebensdaten siehe G. Turville-Petre, *The Heroic Age of Scandinavia,* London 1951, S. 116.

37 Zwei wichtige Aufsätze über Dicuil und sein Werk schrieb M. Esposito in *DR,* Bd. 137, 1905, S. 327 ff., und in *Studies,* III, 1914, S. 651 ff.

38 Der Bericht ist angeführt in dem isländischen Vorwort zu *Íslands Landnámabók* (*Das Buch von der Besiedlung Islands*), das teilweise aus dem 12. Jahrhundert stammt. Es wird im großen und ganzen als sehr zuverlässige Quelle angesehen.

39 Zu der frühen Datierung der Ansiedlung auf den nördlichen Inseln siehe A. Bugge, *Vesterlandenes Indflydelse i Vikingtiden,* Kristiania 1905; A. W. Brøgger, *Ancient Emigrants,* Oxford 1929; T. D. Kendrick, *History of the Vikings,* London 1930; H. Marwick, *Orkney,* London 1951, S. 36.

40 Siehe H. Shetelig, *Viking Antiquities in Great Britain and Ireland,* Teil I, Oslo 1946, S. 22 ff.; vgl. H. Koht, *Inhogg og Utsyn i Norsk Historie,* Kristiania 1921, S. 34.

41 Siehe *Orkneyinga Saga,* ediert von S. Nordal, Kopenhagen 1916; Übersetzung und Untersuchung der Saga von A. B. Taylor, Edinburgh 1938; Übersetzung ins Englische und gute Einführungsuntersuchung von Vígfússon in der *Rolls Series,* I, 1887, und II, 1894.

42 Siehe *The Battle of Clontarf* von John Ryan in *JRSAI,* VIII, Serie 7, 1938, S. 1 ff.

43 Allgemeiner Überblick bei E. MacNeill, *The Norse Kingdom of the Hebrides* in *SR,* XXXIX, 1916, S. 254 ff.

44 Siehe R. L. Brenner, *Saga-Book of the Viking Club,* III, 1902 bis 1904, S. 373.

45 M. Oftedal, *Norse Place-names in Celtic Scotland* in *PICCS,* Dublin 1962, S. 48.

46 Siehe A. Sommerfelt, *De Norsk-irske Bystaters Undergang 1169–71* in *Avhandlinger utgitt av det Norske Videnskaps-Akademi i Oslo,* Hist. Filos. Klasse, II, 1957, Nr. 4, S. 5.

47 Nach Dicuil waren diese Inseln zu seiner Zeit (frühes 9. Jahrhundert) infolge von Wikingerüberfällen (*causa latronum nortmannorum*) verlassen.

48 Siehe H. Shetelig, *Viking Antiquities in Great Britain and Ireland,* Teil I, Oslo 1946, S. 31.

49 M. Oftedal, *Norse Place-names in Celtic Scotland* in *PICCS,* Dublin 1962, S. 44 f.

50 D. h. Rogaland, ein frühes Königreich in Westnorwegen.

51 Wikinger in Wales, siehe B. G. Charles, *Old Norse Relations with Wales*, Cardiff 1934; siehe ferner M. Richards, *Norse Place-names in Wales* in *PICCS*, S. 51 ff.
52 Siehe B. Dickins, *The Place-names of Cumberland*, Cambridge 1952, Bd. III, S. XIII.
53 Vgl. die wertvolle Arbeit von F. T. Wainwright, *The Scandinavians in Lancashire* in *TLCAS*, LVIII, 1945/46, S. 71 ff., und die dort angeführten Belege; vgl. auch E. Ekwall, *The Scandinavians and Celts in the North-West of England*, London 1918; ders., *Place-names of Lancashire*, Manchester 1922.
54 Es ist das Thema der norwegischen Skaldendichtung *Darratharljóth*, ediert und ins Englische übertragen von N. K. Chadwick in *Anglo-Saxon and Norse Poems*, Cambridge 1922, S. 111 ff.
55 In *Cogadh Gaedhel re Gallaibh*, ediert und ins Englische übertragen von J. H. Todd, London 1867.
56 Siehe D. A. Binchy, *The Passing of the Old Order* in *PICCS*, Dublin 1962, S. 119 ff.
57 Vgl. F. Henry, *The Effects of the Viking Invasions on Irish Art* in *PICCS*, Dublin 1962, S. 61 ff.
58 Siehe Zimmer, *Keltische Beiträge*, III, S. 108.
59 Einen ausgezeichneten allgemeinen Überblick über Aufenthalt und Wirken irischer Gelehrter in Klöstern auf dem Kontinent vom 8. bis zum 10. Jahrhundert gibt L. Bieler, *Irland. Wegbereiter des Mittelalters*, Olten 1961, S. 65 ff.; vgl. auch J. M. Clark, *The Abbey of St. Gall*, Cambridge 1926, S. 18–54, besonders S. 33; ferner für St. Gallus siehe J. F. Kenney, *Sources for the Early History of Ireland*, New York 1929, S. 594.
60 Siehe J. M. Clark, *The Abbey of St. Gall*, Cambridge 1926, S. 3 ff.; vgl. auch N. K. Chadwick, *Studies in the Early British Church*, Cambridge 1958, S. 94 ff.
61 Siehe Clark, a. a. O.
62 Siehe D. Whitelock, *The Anglo-Saxon Chronicle*, London 1961, S. 53.
63 Siehe C. Plummer, *Two of the Saxon Chronicles parallel (787–1001 A. D.)*, Oxford 1920, Bd. II, S. 105.
64 Siehe Pádraig Leonard, *Early Irish Grave-Slabs* in *PRIA*, Bd. 61, C, Nr. 5, 1961, S. 161.
65 Siehe Petrie, *The Round Towers of Ireland*, wo sich auf S. 328 ein Holzschnitt des Grabsteins und Suibhnes Name befinden.
66 Deutsche Übertragung nach der englischen Übersetzung von K. Meyer, *Selections from Ancient Irish Poetry*, London 1959, S. 101.

7 Die keltische Religion und Mythologie. Seite 241–284

1 IV, IV, 6.
2 *Chorographia*, III, VI, 8. Die verschiedenen Lesarten siehe bei G. Dottin, *Manuel*, S. 383, Anm. 5.

3 Plutarch, *Moralia, De defectu oraculorum,* Kap. 18.
4 *Moralia,* XII, *De facie quae in orbe lunae apparet,* Kap. 26.
5 Siehe Rhŷs Roberts, *Demetrius,* London 1927, S. 273.
6 Prokopios, *Gotenkrieg,* VIII, XX, 45–49.
7 IV, I, 13.
8 C. Fox, *A Find of the Early Iron Age from Llyn Cerrig Bach, Anglesey,* Cardiff 1946.
9 I. A. Richmond, *Roman Britain,* Harmondsworth 1955, S. 196. Einen ausführlicheren Bericht gibt J. C. Bruce, *The Hand Book to the Roman Wall,* Newcastle-upon-Tyne 1914, S. 119 f., 126 ff.
10 Ein Verzeichnis der an diesem Ort gefundenen Steine mit Inschriften bringen R. G. Collingwood und P. P. Wright, *The Roman Inscriptions of Britain,* Oxford 1965, S. 485–498, Nr. 1520–1562.
11 *Pharsalia,* I, 452 f.
12 H. Usener, *Scholia in Lucanum,* Leipzig 1869, S. 33. Die Handschrift der Scholien stammt aus dem 10. Jahrhundert.
13 *Pharsalia,* I, 399 f.
14 LXII, VI, 7. Zur Namensform siehe G. Dottin, *Manuel,* S. 313.
15 *Annales,* XIV, 30.
16 Erwähnt seien Woodhenge, Sutton Hoo, Yeavering und jetzt Dunbar – sämtlich in Britannien; ferner die in Kap. 12 angeführten gallischen Fundstätten.
17 I. A. Richmond, *Roman Britain,* Harmondsworth 1955, S. 192; T. G. E. Powell, *Die Kelten,* Köln 1959, S. 159.
18 Suetonius, *Caesar,* 54.
19 I. A. Richmond, a. a. O., S. 192 ff.
20 a. a. O., S. 136 f., 194.
21 a. a. O., S. 142 f.
22 Vgl. R. E. M. Wheeler, *Report on the Excavation ... in Lydney Park, Gloucestershire,* London 1932; siehe besonders Anhang I, S. 132 ff. von J. R. R. Tolkien.
23 Lukianos, *Herakles,* 1 ff.; siehe F. Benoit in *Ogam,* V, 1953, S. 33 ff.
24 Siehe S. B. Platner, *Topographical Dictionary of Ancient Rome,* Oxford 1929, unter *Hercules Musarum,* S. 255.
25 K. Meyer, *Sanas Cormaic,* Halle 1912, Nr. 141.
26 Ed. E. Windisch, Leipzig 1905, S. 797, 5524.
27 *Herodian,* VIII, 3, 8, in J. Zwicker, *Fontes historiae religionis celticae,* Berlin 1934, Bd. I, S. 91.

8 Das keltische Christentum und seine Literatur. Seite 285–366

1 *Historia ecclesiastica,* V, 13.
2 É. Griffe, *La Gaule chrétienne à l'époque romaine,* Bd. I, Paris 1947, S. 13.
3 Migne, *PG,* XX, col. 407 ff.

4 *Historia ecclesiastica*, V, 3 f.
5 *De viris illustribus*, XXXV, in Migne, *PL*, XXIII, col. 649.
6 *Historia Francorum*, V, I, 29.
7 *Historia ecclesiastica*, V, 20; vgl. Irenaeus, *Adversus omnes haereses*, III, 3, 4.
8 *Historia ecclesiastica*, V, 24.
9 *Adversus omnes haereses*, Vorwort.
10 a. a. O., I, 10, 2. Tertullian, *Adversus Iudaeos*, VII.
11 Vgl. L. Duchesne, *The Early History of the Church*, London 1950, Bd. I, S. 185.
12 Eusebius, *Historia ecclesiastica*, X, V.
13 *Chronica*, II, 45.
14 Hieronymus, *Commentarius ad Galatas*, II, Vorwort; Sulpicius Severus, *Chronica*, II, 42.
15 *Epistolae*, XII; vgl. XX, 3.
16 Brief *Etsi tibi* in Migne, *PL*, XX, col. 472.
17 *Chronica*, unter dem Jahr 379.
18 *Confessiones*, VIII, 6.
19 Migne, *PL*, XX, col. 445.
20 *Epistolae*, 5, 15.
21 a. a. O., 23, 8.
22 Über St. Martin siehe É. Griffe, *La Gaule chrétienne à l'époque romaine*, Paris 1947, Kap. VI.
23 *Epistolae*, 4, J. D. Mansi, *Sacrorum conciliorum nova et amplissima collectio*, Bd. III, Graz 1960, S. 264; Migne, *PL*, I, col. 430.
24 Siehe J. M. C. Toynbee, *Christianity in Roman Britain* in *JBAA*, XVI, 1953, S. 3 ff.
25 *Carmen apologeticum adversus Iudaeos*, VII.
26 *Homilia IV in Ezechielem*, Migne, *PG*, XIII, S. 695 ff.
27 Vgl. *Das Leben des heiligen Germanus* von Constantius aus dem späten 5. Jahrhundert, auch die Erwähnung des Dichters Venantius Fortunatus im 6. Jahrhundert (*MGH, Poetae Lat.*, IV, I) und Beda, *Historia ecclesiastica*, I, 7. Vgl. W. Levison in *Antiquity*, XV, 1941, S. 337 ff.
28 Eusebius, *Historia ecclesiastica*, X, 5, 21 f.; Sulpicius Severus, *Chronica*, II, 41; siehe auch I. Richmond in *ARJ*, CIII, 1947, S. 64.
29 Athanasius, *Ad Iovianum imperatorem.*
30 *De synodis* in Migne, *PL*, *Hilarii opera*, II, col. 479.
31 *Apol. Cont. Arian.; Hist. Arian. ad Monach.*, Prol., Kap. 28.
32 Eusebius, *Vita Constantini*, III, 17.
33 V. E. Nash-Williams in *Archaeologia*, LXXX, 1930, S. 235, Abb. 1; *BBCS*, XV, II, 1953, S. 165 ff.
34 G. W. Meates, *Lullingstone Roman villa*, London 1962.
35 *Prosperi Tironis epitoma chronicon*, 429 (ed. Mommsen), *Chronica minora*, I, Berlin 1892, S. 341 ff.

36 Neuere Arbeiten über Pelagius: G. de Plinval, *Pélage, ses écrits, sa vie et sa réforme*, Lausanne 1943; J. Ferguson, *Pelagius. A Historical and Theological Study*, Cambridge 1956.

37 *Prosperi Tironis epitoma chronicon*, 429 (ed. Mommsen).

38 Eine kritische Betrachtung der Persönlichkeit des Constantius und seines Berichts über Germanus gibt N. K. Chadwick, *Poetry and Letters in Early Christian Gaul*, London 1955, Kap. IX, und Literaturhinweise, besonders die Arbeiten von W. Levison.

39 Siehe T. Haarhoff, *The Schools of Gaul*, Oxford 1920.

40 Ed. C. P. Caspari, *Briefe, Abhandlungen und Predigten*, Kristiania 1890.

41 a.a.O., S. 15.

42 J. Anderson, *Scotland in Early Christian Times*, Edinburgh 1881, S. 247 f.

43 a.a.O., S. 351; K. Jackson in *Antiquity*, XXIX, 1955.

44 Einen kurzen amtlichen Hinweis zum Gegenstand zitiert C. A. Radford und G. Donaldson, *Whithorn and Kirkmadrine, Wigtownshire*, Edinburgh 1953; siehe auch S. Cruden, *The Early Christian and Pictish Monuments of Scotland*, Edinburgh 1957, sowie die kurze Bibliographie am Ende (beide Bücher sind illustrierte Führer des Ministry of Works); vgl. auch C. A. R. Radford in *Antiquity*, XVI, 1942, S. 1 ff.

45 *Whithorn and Kirkmadrine, Wigtownshire*, Edinburgh 1953, S. 46, und Tafel bei S. 40.

46 a.a.O., S. 46.

47 C. Thomas, *Excavations on Ardwell Island. Preliminary Reports*, Edinburgh 1964/65.

48 *Historia ecclesiastica*, III, 4.

49 Eine wertvolle Untersuchung der Dokumente über Ninian legt W. Levison in *Antiquity*, XIV, 1940, S. 280, vor. Neuere Arbeiten siehe bei N. K. Chadwick in *TDGNHAS*, XXVII, 1959, S. 9; John MacQueen, *St. Nynia, A study of literary and linguistical evidence*, Edinburgh 1961.

50 Der Name bezieht sich zweifellos auf die außergewöhnliche Bautechnik – die Verwendung behauener Steine –, die im Gegensatz zu den Holzbauten steht, wie sie damals in Britannien üblich waren; vgl. Belgrad (*Beograd* = »die weiße Stadt«): In Jugoslawien ist das Wort in dieser Bedeutung gebräuchlich. Siehe A. B. Lord, *The Singer of Tales*, Harvard 1960, S. 35. Russische mündlich überlieferte Epen sprechen gewöhnlich von *bêlokamennaya Moskwa*, »Moskau mit den weißen steinernen Mauern«, womit die Rustikamauern des Kreml gemeint sind.

51 V. E. Nash-Williams, *Early Christian Monuments of Wales*, Cardiff 1950, Nr. 183.

52 D. A. Binchy in *SH*, Nr. 2, S. 166.

53 K. Jackson, *Common Gaelic* in *PBA,* XXXVII, 1951, S. 77 f.
54 Einen kurzen Überblick über das Manx-Christentum gibt A. Ashley, *The Church in the Isle of Man,* London 1958.
55 H. O'N. Hencken, *The Archaeology of Cornwall and Scilly,* London 1932, S. 121 ff.
56 Über Ursprung und Wesen dieser Inschriften siehe K. Jackson, *Language and History in Early Britain,* Edinburgh 1953, S. 157 ff.; ein detailliertes kritisches Verzeichnis findet sich bei V. E. Nash-Williams, *Early Christian Monuments of Wales,* Cardiff 1950.
57 Kap. 11., C. nos. 968, 971.
58 Siehe Kenney, *Sources,* S. 159, Anm. 7.
59 Über St. Patrick siehe D. A. Binchy, *Patrick and his Biographers* in *SH,* Nr. 2, 1962, S. 7 ff.
60 Einiges hierüber bei D. A. Binchy, a. a. O., S. 111 ff.; T. F. O'Rahilly, *The Two Patricks,* Dublin 1942. Zur Chronologie vgl. auch J. Carney, *Studies in Irish Literature and History,* Dublin 1955, Kap. IX.
61 *Confessio,* 51, 58.
62 *Toti Iberi, ultimi habitatores mundi,* vgl. G. S. M. Walker, *Sancti Columbani opera,* Dublin 1957, S. 38.
63 D. A. Binchy in *SH,* Nr. 2, S. 42 ff.
64 Siehe J. Anderson, *Scotland in Early Christian Times,* Edinburgh 1881, S. 116; Stewart, *Ronay,* Oxford 1937; Nisbet u. Gaile in *ARJ,* CXVI, 1961, S. 88.
65 J. Anderson, a. a. O., S. 114.
66 Adamnán, *Vita Columbae,* hg. von A. O. u. M. O. Anderson, Edinburgh 1961, V, 6; II, 40. Cormacs drei Reisen waren vielleicht Thema eines Sagenzyklus; vgl. die Seereise Brendans und andere *immrama.*
67 *Historia ecclesiastica,* IV, 4.
68 *JRSAI,* 1945, S. 127 ff.
69 Wir sind Harold Taylor zu Dank verpflichtet, der die architektonische Notwendigkeit und Zweckdienlichkeit dieser vorspringenden Steine für die Besteigung eines *clochán* vor Augen geführt hat.
70 *Church Island* in *PRIA,* LIX, 1957–1959, C, S. 57 ff.
71 H. G. Leask, *Irish Churches and Monastic Buildings,* Bd. I, Dundalk 1955, S. 25 ff., gibt eine allgemeine Darstellung und Pläne aller dieser frühen *clochán* und Oratorien.
72 Einen wertvollen Beitrag hierzu lieferte R. Flower, *The Two Eyes of Ireland* in *Church of Ireland Conference, A. D. 432–1932,* Dublin 1932, S. 66 ff.
73 Diesen Hinweis verdanken wir D. A. Binchy.
74 Ed. von E. Gwynn in *Hermathena,* XLIV, 2. Ergänzungsband, Dublin 1927, S. 31.
75 N. K. Chadwick, *The Age of the Saints in the Early Celtic Church,* London 1961, S. 88 f., geht auf die interessanten Theorien R. Flowers ein.

76 Gedruckt von Haddon u. Stubbs, *Councils,* II, II, S. 292 f. Vgl. den wichtigen Aufsatz von P. Grosjean SJ in *AB,* LXXIII, 1955, S. 197 ff.

77 Siehe J. Ryan, *Irish Monasticism,* London 1931, S. 260.

78 P. Barbier, *Les vestiges monastiques des îles de l'embouchure du Trieux: l'ile Saint-Maudez et l'île-verte* in *SÉC,* LXXX, 1951, S. 5 ff.; vgl. ders., *Le Trégor historique et monumental,* Saint-Brieuc 1960, S. 48 f., 104, 247 f., und Abb. 19–20.

79 Siehe D. A. Binchy in *SH,* II, S. 169.

80 ders., a. a. O., S. 169.

81 Wie D. A. Binchy in *Patrick and his Biographers* betont in *SH,* II, S. 149 ff.

82 a. a. O., S. 63.

83 Vgl. W. Stokes in *RC,* XX, 1899, S. 30 ff., der auch eine englische Übersetzung vorlegt. Über das Metrum siehe C. Watkins in *Celtica,* VI, S. 219, 228, 237, 243.

84 *Historia ecclesiastica,* III, 4.

85 Englische Übersetzung von J. F. Kenney, *Sources for the Early History of Ireland,* New York 1929, S. 220 f.

86 Siehe J. F. Kenney, a. a. O., S. 247 ff.

87 Englische Übersetzung von F. R. Hoare, *The Western Fathers,* London 1954, S. 247 ff.

88 J. F. Kenney, a. a. O., S. 432.

89 Die Ausgabe von Bischof William Reeves, Dublin 1857, ist noch immer das klassische Werk über diesen Gegenstand. Die beste moderne Ausgabe und Übersetzung ist die von A. O. und M. O. Anderson, Edinburgh 1961.

90 J. F. Kenney, a. a. O., S. 432.

91 Über die von Adamnán benutzten literarischen Quellen handelt G. Brüning in *ZfcPh,* XI, 1917, S. 217 ff.

92 Ediert und übersetzt von D. Meehan, Dublin 1958.

93 *Historia ecclesiastica,* V, 15.

94 Siehe D. A. Binchy in *SH,* Nr. 2, 1962, S. 57.

95 Vgl. G. S. M. Walker, *Sancti Columbani opera,* Dublin 1957, S. 36 ff.

96 Siehe J. M. Clark, *The Abbey of St. Gall,* Cambridge 1926; in neuerer Zeit H. Reinhardt, *Der St. Gallener Klosterplan,* St. Gallen 1952.

97 J. F. Kenney, *Sources for the Early History of Ireland,* New York 1929, S. 203 f.

98 a. a. O., S. 187.

99 a. a. O., S. 197 f.

100 a. a. O., S. 200, 240 ff.

101 Hierüber sowie über die Iren auf dem Kontinent handelt J. M. Clark, *The Abbey of St. Gall,* Cambridge 1926, S. 26 ff.

102 *Historia ecclesiastica,* III, 27.

103 *Gesta Caroli Magni, MGH, SS* (ed. Pertz), II, S. 731.

104 Diese Seite der irischen geistigen Aktivität ist großartig herausgestellt worden von Nigra, Traube, Manitius und in neuerer Zeit von Gougaud, Clark, Derolez u. a.; vgl. ferner *Studies in the Early British Church,* Cambridge 1958, hg. von N. K. Chadwick u. a., S. 101 ff. Eine wertvolle neue Arbeit ist K. Hughes, *Irish Monks and Learning* in *Los Monjes y los Estudios,* Abadía de Poblet 1963.

105 Siehe J. F. Kenney, *Sources,* S. 545 ff.; J. J. Tierney (Hg.), *Dicuili liber de mensura orbis terrae,* Dublin 1966.

106 Über Sedulius und seinen Kreis siehe J. F. Kenney, *Sources,* S. 571 ff.; M. L. W. Laistner, *Thought and Letters in Western Europe A. D. 500 to 900,* London 1957, S. 251.

107 a. a. O.

108 Editio S. Hellmann, *Sedulius Scottus,* München 1906.

109 M. Manitius, *Geschichte der lateinischen Literatur des Mittelalters,* München 1911–1931, Bd. I, S. 318; vgl. jedoch S. Hellmann, *Sedulius Scottus,* München 1906, S. 95, Anm. 2.

110 Editio S. Hellmann, a. a. O.

111 *Sources,* S. 565, Anm. 2.

112 Editio Traube, *MGH, Poetae Lat.,* III, 1886, S. 151–237.

113 S. Hellmann, a. a. O., S. 204; *MGH, Poetae Lat.,* III, S. 219.

114 S. Hellmann, a. a. O., S. 71; *MGH, Poetae Lat.,* III, S. 612.

115 *MGH, Poetae Lat.,* III, S. 219, *De pascha,* III.

116 Über Johannes Scottus siehe M. L. W. Laistner, *Thought and Letters in Western Europe A. D. 500 to 900,* London 1957, besonders S. 244 ff., 323 ff.; ferner J. F. Kenney, *Sources,* S. 569 ff.

117 J. F. Kenney, *Sources,* S. 571.

118 Siehe M. Dillon, *Early Irish Literature,* Chicago 1948, S. 125 ff.; J. F. Kenney, *Sources,* S. 410, Anm. 140.

119 M. Dillon, a. a. O., S. 130; J. F. Kenney, *Sources,* S. 447 f.

120 J. F. Kenney, *Sources,* S. 741.

121 J. F. Kenney, *Sources,* S. 406 ff.; C. Plummer, *Lives of Irish Saints,* Oxford 1922, Bd. I, Einleitung S. XVI ff.; Text der irischen *Vita,* Bd. I, S. 44 ff.; englische Übersetzung, a. a. O., Bd. II, S. 44 ff.

122 J. F. Kenney, *Sources,* S. 414 ff.

123 J. F. Kenney, *Sources,* S. 410.

124 J. F. Kenney, *Sources,* S. 410, Anm. 140.

125 J. F. Kenney, *Sources,* S. 410.

126 J. F. Kenney, *Sources,* S. 728.

127 I, 26; II, 19.

128 Zu *Navigatio* siehe J. F. Kenney, *Sources,* besonders S. 411 ff., 414 ff.; C. Selmer, *Navigatio sancti Brendani abbatis,* Notre Dame 1959.

129 Über die Wege, auf denen die Brendanlegende möglicherweise den Kontinent erreichte, siehe C. Selmer, *The Beginnings of the Brendan Legend* in *CHR*, XXIX, 1943, S. 169.

130 J. F. Kenney, *Sources*, S. 411.

131 J. F. Kenney, *Sources*, S. 415.

132 Die lateinischen Texte der *Vitae* hat C. Plummer ediert in *Vitae Sanctorum Hiberniae*, Oxford 1910, *Vita Prima*, Bd. I, S. 98; *Vita Secunda*, Bd. II, Anhang I, S. 270. Angaben über die Texte siehe a. a. O., Bd. I, Einleitung S. XXXVI ff.

133 Vgl. Kap. 8, Anm. 121.

134 Herausgegeben und ins Englische übersetzt von W. Stokes in *Lives of Saints from the Book of Lismore*, Oxford 1890.

135 a. a. O., S. V.

136 C. Plummer, *Vitae Sanctorum Hiberniae*, Oxford 1910, Bd. I, S. XXXIX.

137 Text des *Codex Salmanticensis;* vgl. D. O'Donoghue, *Brendaniana*, 1893, S. 263, mit englischer Übersetzung.

138 Angaben über Handschriften und Ausgaben bei J. F. Kenney, *Sources*, S. 501 f.; C. Plummer, *Beda Venerabilis*, Oxford 1946, Bd. II, S. 169 f.

139 Ed. W. Stokes in *RC*, XXV, 1904, mit englischer Übersetzung. Stokes setzt den Text ins 13. oder 14. Jahrhundert.

140 *Historia ecclesiastica*, III, 19.

141 J. F. Kenney, *Sources*, S. 502. Zusammenfassender kurzer Überblick bei C. H. Boswell, *An Irish Precursor of Dante*, London 1908, S. 166 ff.

142 a. a. O.

143 Siehe C. Plummer, *Beda Venerabilis*, Oxford 1946, Bd. II, S. 440.

144 Die Reihenfolge der Ereignisse ist in Bedas Bericht in Verwirrung geraten; Plummer scheint anzunehmen, daß die erste Krankheit, der Trancezustand und die Vision in die Jugend in Irland fallen, Schauplatz der zweiten dagegen ist Ostanglia (siehe *Beda Venerabilis*, Bd. II, S. 169 f.). Es besteht jedoch der Verdacht, daß hier irgendein Duplikat vorliegt.

145 J. F. Kenney, *Sources*, S. 444 f.; irischer Text bei G. Dottin, *Grammaire*, Bd. II, S. 101 f.

146 *Fís Adamnán* wurde übersetzt von C. H. Boswell, *An Irish Precursor of Dante*, London 1908, S. 28 f.

147 Siehe J. F. Kenney, *Sources*, S. 741 f. Den irischen Text haben V. H. Friedel und K. Meyer unter dem Titel *Aisling Tundale* in *La vision de Tondale (Tnudgal)*, Paris 1907, S. 89 ff., herausgegeben.; M. Dillon, *Early Irish Literature*, Chicago 1948, S. 132; vgl. auch C. H. Boswell, *An Irish Precursor of Dante*, London 1908, S. 212 ff.

148 Siehe a. a. O.; M. Dillon, *Early Irish Literature*, Chicago 1948, S. 133 ff.

9 Die keltischen Sprachen und die Anfänge der Literatur. Seite 367–420

1 Das Gallische stimmt hier mit dem Britannischen überein und ist p-Keltisch.

2 Im Lateinischen Relativ-, im Walisischen und Irischen Interrogativform. Im älteren Irisch der Ogaminschriften jedoch wird *q* von *c* unterschieden, etwa in MAQI, dem Gen. Sing. von »Sohn«, das in den meisten Inschriften vorkommt.

3 Editio G. Calder, *Auraicept na nÉces,* Edinburgh 1917, S. 272 ff. Ein unveröffentlichter Text findet sich in B. M. Additional 4783.

4 Verschiedene Theorien über Ursprung und Namen der Ogamschrift bei MacNeill in *PRIA,* XXVII, 1909, C, S. 329 ff.; R. A. S. Macalister, *The Secret Languages of Ireland,* Cambridge 1937, S. 20 ff.; C. J. S. Marstrander in *Norsk Tidsskrift for Sprogvidenskap,* I, S. 180 ff.; R. Thurneysen in *Beiträge,* LXI, S. 188 ff.; J. Vendryes in *ÉC,* IV, S. 83 ff.; J. Kurylowicz in *BSL,* LVI, S. 1 ff.; K. Richardson in *Hermathena,* LXII, 1943; T. F. O'Rahilly, *Early Irish History and Mythology,* Dublin 1946, S. 495; K. Jackson, *Language and History in Early Britain,* Edinburgh 1953, S. 156; D. A. Binchy in *SH,* I, S. 8. O'Rahilly scheint anzunehmen, daß Ogam aus Gallien nach Irland gekommen sei. Richardson unterstreicht die Bedeutung des besonderen Zeichens für *ng* (agma).

5 *Corpus inscriptionum insularum celticarum,* 2 Bde., Dublin 1945 bis 1949, Nr. 70.

6 a. a. O., Nr. 119.

7 a. a. O., Nr. 252.

8 Vollständige Übersicht bei K. Jackson, *Language and History in Early Britain,* Edinburgh 1953, S. 42 ff.

9 Siehe S. 341.

10 Siehe D. A. Binchy, *The Linguistic and Historical Value of the Irish Law Tracts* in *PBA,* XXIX, 1943, S. 23, 27, 30; R. Thurneysen u. a., *Studies in Early Irish Law,* Dublin 1936, S. 183, 223.

11 Siehe C. Watkins in *Celtica,* VI, S. 32–37.

12 Siehe H. Lewis, *The Sentence in Welsh* in *PBA,* XXVIII, 1942, S. 11 f., wo die Wortstellung im Mittelkymrischen dargelegt wird.

13 G. Calder, *Auraicept na nÉces,* Rezension von R. Thurneysen in *ZfcPh,* XVII, S. 277; XIX, S. 128.

14 Über die Bardenschulen siehe O. Bergin, *Irish Bardic Poems,* Einleitung. Bergin hat diese Schriften ediert in *Ériu,* VIII–XIV. Vgl. auch B. O. Cuív, *Linguistic Terminology in the Mediaeval Irish Bardic Tracts* in *TPS,* 1965, S. 141 f.

15 Lat. *corulus,* »Hasel«, ir. *coll*; lat. *salix,* »Weide«, ahd. *salaha,* ir. *sail*; lat. *flos,* »Blume«, ir. *bláth*; lat. *piscis,* »Fisch«, ir. *iasc,* sind Beispiele hierfür.

16 *veru,* »Spieß«, got. *qairu,* »Pfosten«, ir. *bir*; *cribrum,* »Sieb«, ae. *hridder,* ir. *criathar.*

17 Dieses Wort scheint aus dem Germanischen entlehnt zu sein, denn das englische *-c* setzt ein ursprüngliches *-g* voraus.

18 Auch der *ā*-Konjunktiv ist typisch für das Tocharische.

19 Von der linguistischen Geographie her gesehen ein gewohnter Archaismus. Unter historischem Gesichtspunkt jedoch eine sehr frühe allgemeine Neueinführung, wie H. Pedersen gezeigt hat in *Le groupement des dialectes indo-européens,* Kopenhagen 1925, S. 14 ff.

20 *filius,* ir. *mac,* wal. *mab*; *filia,* ir. *ingen,* wal. *merch.*

21 Vgl. J. Puhvel, *Ancient Indo-European Dialects,* Berkeley 1966.

22 *Le groupement des dialectes indo-européens,* Kopenhagen 1925, S. 8; *LS,* S. 313, 318.

23 J. Puhvel, a.a.O.

24 *The Inflectional Categories of Indo-European,* S. 64 ff., 238.

25 Doch darf der Unterschied nicht übertrieben werden. Die Isoglosse, die *p* und *q* trennt, ist die Hauptunterscheidung, und daß sie kein großes Hindernis bedeutete, beweist die *Uoteporigis*-Inschrift. Über ihre verhältnismäßig geringe Bedeutung siehe auch E. Hamp in *Lochlann,* I, S. 211.

26 J. Abercromby, *A Study of the Bronze Age Pottery of Great Britain and Ireland and its Associated Grave-Goods,* Oxford 1912, Bd. II, S. 99.

27 Ältere Theorien über das Eindringen der Goidelen siehe bei T. F. O'Rahilly, *Early Irish History and Mythology,* Dublin 1946, S. 419 bis 443. Zu Loth siehe *RC,* XXXVIII, 1921, S. 277 ff.; vgl. H. Hubert, *The Rise of the Celts,* London 1934, S. 187 ff.

28 *Early Irish History and Mythology,* Dublin 1946, S. 436, Anm. 2. Es könnte richtig sein, selbst wenn der Wandel *qu̯* > *p* in »italo-keltischer« Zeit erfolgt wäre, doch hat R. Thurneysen darauf hingewiesen, daß der Vorgang in jeder Sprache unabhängig stattgefunden haben kann; vgl. *ZfcPh,* XVI, S. 287, Anm. 2.

29 Siehe Th. Bergk, *Opuscula Philologica,* Halle 1884–1886, Bd. II, S. 392 f.

30 W. F. Skene, *Four Ancient Books of Wales,* Edinburgh 1868, enthält das Weiße Buch von Rhydderch, das Rote Buch von Hergest, das Buch von Taliesin und das Buch von Aneirin, die jetzt allgemein die *Vier Alten Bücher* heißen.

31 Siehe I. Ll. Foster u. G. E. Daniel, *Prehistoric and Early Wales,* London 1965, S. 234.

32 *awdl* bedeutet eine Strophe von Versen, die durch Endreim verbunden sind; die Silbenzahl der einzelnen Verse variiert dabei. Wenn der Endreim wechselt, beginnt ein neues *awdl.*

33 *Language and History in Early Britain,* Edinburgh 1953, S. 693.

34 a.a.O., S. 651.

35 *ZfcPh,* XIX, S. 206.

36 *Canu Aneirin,* Cardiff 1938, 45, 1136.

37 *Cymmrodor,* XXXII, S. 4. »Das *Gododdin* tritt uns in Form einer Reihe von Strophen entgegen, die offenbar aus mündlicher Überlieferung übernommen sind, in der Reihenfolge und Zusammenhang der Teile verlorengegangen waren«, M. Jones in *Cymmrodor,* XXVIII, 1918, S. 7.

38 *Cymmrodor,* XXVIII, 1918.

39 J. Rhŷs, *Lectures on Welsh Philology,* London 1879, S. 138 f.

40 K. Jackson, *Language and History in Early Britain,* Edinburgh 1953, S. 693.

41 Das älteste handschriftliche Beweismaterial ist das *Surrexit Memorandum* im *Buch von St. Chad,* das wahrscheinlich aus dem 8. Jahrhundert stammt, siehe K. Jackson, *Language and History in Early Britain,* Edinburgh 1953, S. 42 f. Die älteste Inschrift, auf der Walisisch als »nicht mehr britisch« in Erscheinung tritt, ist die vom Cingen-Stein aus dem 7. Jahrhundert, siehe *BBCS,* XI, 92; *Language and History in Early Britain,* Edinburgh 1953, S. 668.

42 Siehe T. Parry, *Oxford Book of Welsh Verse,* Oxford 1962, S. 538. M. Jones hat die Metren der von ihm edierten Gedichte analysiert (a. a. O.).

43 *Cymmrodor,* XXVIII, S. 156; *Lectures on Early Welsh Poetry,* Dublin 1954, S. 63.

44 *The Archaism of Irish Tradition* in *PBA,* XXXIII, 1947, S. 9 ff.

45 Siehe auch *Lectures on Early Welsh Poetry,* Dublin 1954, S. 53 f.

46 Siehe K. H. Jackson in *Arthurian Literature in the Middle Ages,* hg. von R. S. Loomis, Oxford 1959, S. 12–19. Loomis hat die Theorie vertreten, ein verlorener Arthurzyklus ist in Britannien vor Geoffrey of Monmouth anzunehmen; vgl. R. S. Loomis, *The Arthurian Legend before 1139* in *Wales and the Arthurian Legend,* Cardiff 1956.

47 *Indo-European Metrics and Archaic Irish Verse* in *Celtica,* VI, S. 194 ff.

48 Zitat nach K. Meyer, *Über die älteste irische Dichtung,* Berlin 1913; *Bruchstücke der älteren Lyrik Irlands,* Berlin 1919.

49 Siehe N. K. Chadwick in *SGS,* IV, S. 1.

50 Der Reim begegnet uns in heidnischen und christlichen metrischen Inschriften, die in der römischen Provinz Africa gefunden wurden; vgl. F. J. E. Raby, *A History of Christian-Latin Poetry from the Beginnings to the Close of the Middle Age,* London 1927, S. 14.

51 Raby, a. a. O., S. 25.

52 G. Murphy, *Early Irish Metrics,* Dublin 1961, S. 16 f.

53 Murphy, a. a. O., S. 12.

54 Murphy, a. a. O., S. 12, 25.

55 *Celtica,* VI, S. 218 ff.

56 K. Meyer, *Selections from Ancient Irish Poetry,* London 1913, S. XII.

57 Darüber hinaus besteht auch noch eine *uaithne,* »Einklang«, genannte feine Entsprechung zwischen dem Schluß des ersten und den Reimschlüssen des zweiten und vierten Verses: Der Vokal entspricht nach

der Quantität, der Schlußkonsonant (oder die Schlußkonsonanten) nach Klasse und Qualität.

58 *Celtica,* VI, S. 225.

59 *The Irish Tradition,* Oxford 1948, S. 42.

60 Text und englische Übersetzung bei G. Murphy, *Early Irish Lyrics,* Oxford 1956, S. 28.

61 G. Davies hat schon vor langer Zeit vermutet, daß der Anstoß von einem alten Gebetbuch kam; vgl. *Cymmrodorion,* 1912/13, S. 92. G. MacEóin hat gezeigt, daß das *Canticum trium puerorum* die Quelle der Anrufung der Elemente in den Loricae ist; vgl. *SH,* 2, S. 214.

62 Siehe G. Murphy, *Early Irish Lyrics,* Oxford 1956, S. 10.

63 *Four Old-Irish Songs of Summer and Winter,* London 1903.

64 *Cymmrodorion,* 1912/13, S. 84.

10 Die irische Literatur. Seite 421–459

1 Vgl. M. Winternitz' Angaben über die indischen Geschichtsschreiber: *Geschichte der indischen Literatur,* Leipzig 1905–1920, Bd. III, S. 81 f.

2 *Saga and Myth in Ancient Ireland,* Dublin 1961, S. 11.

3 G. Schoepperle, *Tristan and Isolt,* London 1913.

4 Vgl. S. 261.

5 Siehe K. H. Jackson, *The Oldest Irish Tradition. A Window on the Iron Age,* Cambridge 1964.

6 Uisnech und Uisliu sind zwei Formen desselben Namens.

7 D. A. Binchy, der diese Sage ediert hat, sieht wenig Ähnlichkeit mit der Tristansage; vgl. D. A. Binchy, *Scéla Cano meic Gartnáin,* Dublin 1963, S. XVII.

8 *Duanaire Finn,* Bd. II, Dublin 1933, und Bd. III, Dublin 1953.

9 *The Ossianic Lore and Romantic Tales of Medieval Ireland,* Dublin 1961, S. 25.

10 G. Murphy, *Early Irish Lyrics,* Oxford 1956, S. 82.

11 *An Irish Precursor of Dante,* London 1908; St. J. D. Seymour, *Irish Visions of the Otherworld,* London 1930, S. 98 f.

12 Ed. K. Meyer, London 1892.

13 Meyer hat in *ZfcPh,* X, S. 360, darauf hingewiesen, daß dieses Motiv aus der Argonautensage entlehnt ist.

14 *ZfdA,* XXXIII, S. 295 f.

11 Die walisische Literatur. Seite 460–484

1 T. Parry, *A History of Welsh Literature,* Oxford 1955, S. 27.

2 A. O. H. Jarman, *The Legend of Merlin,* Cardiff 1960.

3 S. Thompson, *Motif Index of Folk-Literature,* Kopenhagen 1955, F 567.

4 Das bezieht sich vielleicht auf die Rückkehr des Rhys ap Tewdwr und des Gruffydd ap Cynan, siehe M. E. Griffiths, *Early Vaticination in Welsh with English Parallels,* Cardiff 1937, S. 88.

5 T. Parry, *A History of Welsh Literature,* Oxford 1955, S. 26, 30.

6 Anspielung auf Heinrich II. von England, der bei seiner Rückkehr aus Irland St. David's besuchte und später mit seinem Sohn Krieg führte, siehe T. Parry, *A History of Welsh Literature,* Oxford 1955, S. 32 f.

7 Vgl. S. 392.

8 Siehe A. Jones, *The History of Gruffydd ap Cynan,* Manchester 1910, S. 180, Anm. 4; T. Parry, *A History of Welsh Literature,* Oxford 1955, 45.

9 Im allgemeinen rechnet man die »klassische« Periode der Bardendichtung von etwa 1250 an, doch ein historisches Gedicht, das nach O'Brien um 1120 entstanden ist, hält sich streng an die Alliterations- und Reimregeln; siehe *Ériu,* XVI, S. 157 ff. Die endgültige Ausbildung des strengen *cynghanedd* erfolgte im 14. Jahrhundert.

10 R. Thurneysen, *Mittelirische Verslehren* in *Irische Texte,* hg. von W. Stokes u. E. Windisch, Bd. II, Leipzig 1880–1905.

11 J. Lloyd-Jones, *The Court Poets of the Welsh Princes* in *PBA,* Bd. XXXIV, London 1948.

12 Englische Übersetzung von H. I. Bell in *A History of Welsh Literature,* Oxford 1955, S. 54.

13 *Cynghanedd* war erst im 14. Jahrhundert voll ausgebildet, siehe T. Parry, *A History of Welsh Literature,* Oxford 1955, S. 122.

14 K. Jackson, *The International Popular Tale in Early Welsh Tradition,* Cardiff 1961.

15 P. MacCana, *Branwen Daughter of Llŷr,* Cardiff 1958.

16 Siehe C. O'Rahilly, *Ireland and Wales,* London 1924, S. 106 ff.

17 W. Faraday, *The Cattle-Raid of Cualnge,* London 1901, S. 117 ff.

18 Wahrscheinlich die Insel Grassholm in Pembrokeshire, siehe J. Williams, *Pedeir Keinc y Mabinogi,* Cardiff 1930, S. 214 f.

19 Der »Fußhalter« des Königs ist nach walisischem Gesetz ein Hofbeamter.

20 Hier scheint sich eine alte Überlieferung erhalten zu haben, denn die Weihinschrift *Lugovibus* in Osma in Spanien (*Corpus inscriptionum latinarum,* Berlin 1863 ff., II, 2818) kommt von Schuhmachern; der Gott Lugus war also wohl ihr Schutzgott. *Lleu* ist die walisische Form seines Namens.

21 W. J. Gruffydd, *Math vab Mathonwy,* Cardiff 1928, S. 31, 301 ff.; K. Jackson, *The International Popular Tale and Early Welsh Tradition,* Cardiff 1961, S. 106 ff.

22 Der berühmte irische König Cormac kam in einem Wald während eines Gewitters zur Welt und wurde von einer Wölfin gesäugt, siehe *The Cycles of the Kings,* Oxford 1946, S. 24.

23 Vgl. das irische *grád écmaise.*

24 Balor in der irischen *Schlacht von Moytura* hat das Gift im Auge; das Augenlid wurde von vier Männern hochgehoben, wenn er einen Feind vernichten wollte; vgl. *RC*, XII, S. 100.

25 Siehe G. u. T. Jones, *The Mabinogion*, London 1963, S. XXVIII ff.; T. Parry, *A History of Welsh Literature*, Oxford 1955, S. 87.

12 Die keltische Kunst. Seite 485–551

1 P. Jacobsthal, *Early Celtic Art*, Bd. I, Oxford 1944, S. 160.

2 a. a. O., S. 163.

3 A. Varagnac, *L'art gaulois*, Paris 1956.

4 A. Varagnac, a. a. O., Abb. 184; J. Moreau, *Die Welt der Kelten*, Stuttgart 1958, Abb. 87–93.

5 T. G. E. Powell, *Die Kelten*, Köln 1959, S. 181.

6 J. Filip, *Celtic Civilization*, Prag 1961, S. 170.

7 P. Jacobsthal, *Early Celtic Art*, Oxford 1944, Abb. 8, 156.

8 a. a. O., Abb. 372.

9 a. a. O., Abb. 382.

10 a. a. O., Abb. 382, 383.

11 N. K. Chadwick, *Celtic Britain*, London 1963, Anmerkungen und Literaturhinweise zu Tafel 54.

12 J. Filip, *Celtic Civilization*, Prag 1961, S. 161.

13 F. Benoit, *L'art primitif méditerranéen de la vallée du Rhône*, Gap 1955, S. 9.

14 a. a. O., S. 17.

15 a. a. O., S. 24

16 a. a. O., Abb. 35.

17 J. Moreau, *Die Welt der Kelten*, Stuttgart 1958, S. 119.

18 F. Stähelin, *Die Schweiz in römischer Zeit*, Basel 1948, S. 544, Abb. 157.

19 Die hier folgenden Angaben über die Holzfiguren von Sequana sowie die Abbildungen stammen aus R. Martin, *Sculptures en bois découvertes aux sources de la Seine*, Dijon 1964. Wir sind Dr. Glyn Daniel zu Dank verpflichtet, der uns diese Arbeit beschafft hat.

20 R. Martin, a. a. O., S. 2.

21 a. a. O., 6 Abbildungen.

22 a. a. O., Abb. VI.

23 a. a. O., Abb. VII.

24 a. a. O.

25 C. Fox, *Pattern and Purpose. A Survey of Early Celtic Art in Britain*, Cardiff 1958, S. 26 ff.

26 a. a. O., S. 22 ff., Taf. 19; vgl. Abb. 16.

27 *British Museum Guide to the Antiquities of the Early Iron Age*, London 1925, S. 138 ff.; R. E. M. Wheeler, *The Stanwick Fortifications*, Oxford 1954, S. 2 ff.

28 C. Fox, *Pattern and Purpose*, Cardiff 1958, Abb. 10 e.
29 a. a. O., Taf. 25.
30 a. a. O., Taf. 32, Abb. 33.
31 R. R. Clarke, *East Anglia*, London 1960, S. 104 f.
32 C. Fox, *Pattern and Purpose*, Cardiff 1958, Taf. 57 c.
33 a. a. O., Taf. 55.
34 Zeichnung nach J. Déchelette, *Manuel*, Bd. II, Teil III, Abb. 463,2.
35 *La sculpture irlandaise pendant les douze premiers siècles de l'ère chrétienne*, Paris 1933, S. 35.
36 J. Déchelette, *Manuel*, Bd. II, Abb. 660, 661, 663, 667; vgl. Abb. 668.
37 C. Fox, *Pattern and Purpose*, Cardiff 1958, Abb. 16.
38 H. Hubert, *The Rise of the Celts*, London 1934, Abb. 218 f.
39 *La sculpture irlandaise*, Paris 1933, S. 35 f.
40 Abgebildet bei J. Déchelette, *Manuel*, Bd. II, Abb. 709.
41 F. Henry, *L'art irlandais*, Yonne 1963/64, S. 20; dies., *Irish Art in the Early Christian Period*, London 1965, S. 6.
42 *L'art irlandais*, Yonne 1963/64, S. 18.
43 J. M. C. Toynbee, *Art in Roman Britain*, London 1962, Taf. 8, Abb. 7.
44 C. Fox, *Pattern and Purpose*, Cardiff 1958, Abb. 73 b.
45 a. a. O., Abb. 26, Tafel 73 b.
46 a. a. O., Abb. 28.
47 a. a. O., S. 43.
48 *Learning in Ireland in the Fifth Century*, Dublin 1913, S. 8, Anm. 16.
49 Siehe N. K. Chadwick, *Celtic Britain*, London 1963, Tafel 33, und die dort angeführte Literatur.
50 J. Anderson, *Scotland in Early Christian Times*, Edinburgh 1881, S. 314 ff.
51 a. a. O., S. 1 ff., Abb. 1–3.
52 F. Henry, *Irish Art in the Early Christian Period*, London 1965, S. 119, 150 f.
53 a. a. O., Abb. 27 b.
54 Einzelheiten bei M. u. L. de Paor, *Alt-Irland*, Köln 1960, S. 154, 166 und Taf. 58–60.
55 F. Henry, *L'art irlandais*, Yonne 1963/64, Abb. 120 f., 107, 108.
56 C. Hawkes in *Antiquity*, XXXVIII, 1964, S. 252 ff.
57 Die großen farbigen Faksimilewiedergaben des *Book of Durrow* (2 Bde., 1960) und des *Book of Kells* (3 Bde., 1940) sind im Urs Graf Verlag, Bern, erschienen.
58 F. Henry, *L'art irlandais*, Yonne 1963/64, Abb. 31, 60.
59 a. a. O., Abb. 61.
60 F. Henry, *La sculpture irlandaise*, Paris 1933, S. 47; dies., *Irish Art in the Early Christian Period*, London 1965, S. 63.
61 Siehe O. M. Dalton, *Byzantine Art and Archaeology*, Oxford 1911, Abb. 266, 267.

62 Eine Inhaltsangabe und 24 farbige Wiedergaben bringt E. Sullivan, *The Book of Kells*, London 1914.
63 J. Moreau, *Die Welt der Kelten*, Stuttgart 1958, Abb. 103; F. Henry, *L'art irlandais*, Yonne 1963/64, Abb. 98.
64 Über diese Handschrift und den verwandten Stil in der Buchmalerei der Handschriften von Durrow und Lindisfarne siehe die wichtige Untersuchung von F. Henry, *The Lindisfarne Gospels* in *Antiquity*, XXXVII, 1963, besonders S. 104 ff.
65 F. Henry, *L'art irlandais*, Yonne 1963/64, Abb. 110, 287.
66 *Irish Art in the Early Christian Period*, London 1965, S. 129.
67 F. Henry, *L'art irlandais*, Yonne 1963/64, Abb. 49–56.
68 a. a. O., S. 162 f.
69 a. a. O., Abb. 59.
70 Insbesondere die Kreuze von Cardinham und Sancreed; vgl. H. O'N. Hencken, *The Archaeology of Cornwall and Scilly*, London 1932, Abb. 50, 51.
71 Vor allem die Kreuze von Carew und Penmon, ferner eines im Museum Brecon sowie das kleinere Kreuz von Margam; zur ganzen Serie siehe V. E. Nash-Williams, *Early Christian Monuments of Wales*, Cardiff 1950.
72 F. Henry, *L'art irlandais*, Yonne 1963/64, S. 170.
73 F. Henry, *Irish High Crosses*, Dublin 1964, S. 59.
74 F. Henry, *L'art irlandais*, Yonne 1963/64, S. 172; Abb. 88; »Nordkreuz« von Clonmacnoise: a. a. O., Abb. 91; einer der kleinen Pfeiler: a. a. O., Abb. 95.
75 *La sculpture irlandaise*, Paris 1933, S. 160.
76 S. Cruden, *The Early Christian and Pictish Monuments of Scotland*, Edinburgh 1957, S. 14 f.
77 F. Henry, *Irish High Crosses*, Dublin 1964, Abb. 23.
78 a. a. O., Abb. 31.
79 a. a. O., Abb. 62.
80 a. a. O., Abb. 64.
81 Einzelheiten und Abbildungen bei P. M. C. Kermode, *Manx Crosses*, London 1907.
82 N. K. Chadwick, *Celtic Britain*, London 1963, S. 131.

Nachwort. Seite 552–561

1 Siehe N. K. Chadwick, *Poetry and Letters in Early Christian Gaul*, London 1955, S. 26, 47 f., 296 f.
2 Siehe J. Crawford, *Anglo-Saxon Influence on Western Christendom*, Oxford 1933, S. 11, 17, 88.
3 Siehe L. White, *Latin Monasticism in Norman Sicily*, Cambridge Mass. 1938, S. 21, Anm. 7, und S. 16 ff.
4 *A Study of History*, hg. von D. C. Somervell, London 1960, S. 155.

5 L. Bieler, *Irland. Wegbereiter des Mittelalters,* Olten 1961, S. 125.
6 Siehe auch L. Weisgerber, *Eine Irenwelle an Maas, Mosel und Rhein in Ottonischer Zeit* in *Geschichte und Landeskunde. Forschungen und Darstellungen Franz Steinbach ... gewidmet,* Bonn 1960.
7 E. Norden, *Die antike Kunstprosa,* Leipzig 1909, Bd. II, S. 667.
8 F. Henry, *L'art irlandais,* Yonne 1963/64, S. 161–193, 198 f.
9 Über die Rundtürme siehe F. Henry, a. a. O., S. 71 ff.
10 Siehe D. A. Binchy, *Irish Benedictines in Medieval Germany* in *Studies,* XVIII, 1929, S. 194 ff.
11 G. Murphy, *The Ossianic Lore and Romantic Tales of Medieval Ireland,* Dublin 1961, S. 16 f.; F. Henry, *L'art irlandais,* Yonne 1963/64, Bd. III, S. 17.
12 J. E. Lloyd, *A History of Wales,* London 1939, Bd. II, S. 462, 523.
13 J. E. Lloyd, a. a. O., S. 487.
14 A. Cameron, *Reliquiae celticae: Texts, Papers and Studies in Gaelic Literature and Philology,* Inverness 1892–1894, Bd. II, S. 214.

Zeittafel

Vor Christus

um 2000	Glockenbecherkultur auf den britischen Inseln. Die Kelten treten als selbständiges Volk auf
2000–600	Aufspaltung der keltischen Sprachen in das sogenannte Goidelische (q-Keltisch) und in das Britannische (p-Keltisch) auf den britischen Inseln
um 1800	Erste keltische Niederlassungen auf den britischen Inseln
um 1500	Wessexkultur auf den britischen Inseln
14. Jh.	Bronzezeit. Hügelgräberkultur
um 1000	Urnenfelderkultur
um 800–450	Ältere Eisenzeit. Hallstattkultur
8. Jh.	Abwanderung der Kelten aus dem südlichen Mitteleuropa nach Frankreich, Spanien und England
6. Jh.	Früheste Erwähnung der Kelten bei Hekataios aus Milet. Die Kelten im südwestlichen Spanien
um 500	Einwanderung der Cruthin auf die britischen Inseln
5. Jh.	Einwanderung der Érainn (Fir Bolg) auf die britischen Inseln. Herodot erwähnt den Keltensitz im Quellgebiet der Donau, jenseits der Säulen des Herakles
um 450 v. bis 100 n. Chr.	Jüngere Eisenzeit. La-Tène-Kultur
um 400	Einfall der Kelten in Italien
4. Jh.	Die Kelten besiedeln das cisalpinische Gallien
390	Keltische Horden dringen in Rom ein
387	Der Keltenherzog Brennus erobert Rom
369	Keltische Söldner kämpfen auf dem Peloponnes gegen die Thebaner
um 350	Ausbreitung der Ostkelten auf der Balkanhalbinsel
300	Die Kelten auf dem Höhepunkt ihrer Macht
3. Jh.	Einwanderung der Laiginn, Domnainn und Gálioin auf die britischen Inseln. Polybios schreibt über die Kelten
279	Einbruch der Kelten (Galater) in Kleinasien
278	Die Kelten plündern das Heiligtum von Delphi

3./2. Jh.	Die Parisi wandern aus den nordöstlichen Ebenen Galliens in Britannien ein
120–50	Einwanderung der Goidelen vom südöstlichen Gallien nach Irland
1. Jh.	Marinos von Tyros berichtet über Irland. Poseidonios schreibt über die Kelten
58–51	Die Römer erobern das keltische Gallien und Britannien
56	Caesars Invasion in der Bretagne
55/54	Caesars Britannien-Expeditionen
53	Gallischer Aufstand unter Vercingetorix
52	Niederlage und Gefangennahme des Vercingetorix
43	Claudius erobert Britannien

Nach Christus

1. Jh.	*Kalender von Coligny*
61	Der römische General Suetonius Paulinus siegt am Menai-Kanal über die walisischen Stämme
2. Jh.	Ptolemaios aus Alexandria berichtet über Irland. Ansammlung keltischer Streitkräfte in den schottischen Lowlands und in Nordengland. Beginn der friedlichen Sachseninvasion in Britannien
nach 100	Die Römer geben alle Festungen nördlich der Cheviots und der Tyne-Solway-Linie auf
um 117	Kaiser Hadrian in England
117	Aufstand der keltischen Volksstämme in Schottland und Nordengland
122–128/129	Errichtung des Steinwalls vom Tyne bis zum Solway
155–181	Die Kelten zerstören fast alle Wälle und Forts der Römer
196	Die Kelten überrennen einen Großteil Britanniens
208	Septimius Severus und sein jüngerer Sohn Geta unterwerfen die Caledonii und die Pikten von Strathmore und Strathearn
211	Caracalla zieht alle römischen Garnisonen bis zum Hadrianswall zurück
227–266	Cormac mac Airt, König von Irland
293	Der römische Admiral und Kaiser Carausius wird ermordet
296	Constantius, Carausius' Nachfolger, kommt nach Britannien
Ende 3. Jh.	Die Sachsen besiedeln den *Litus Saxonicum* (Sachsenküste)
4. Jh.	Festus Rufus Avienus, *Ora maritima*. Beginn der Kolonisierung der Bretagne von Südwestbritannien aus
306	Tod des Constantius
367	Pikteneinfall in die römische Provinz Britanniens
383	Das römische Heer in Britannien ruft Maximus zum Kaiser aus

384/385	Maximus errichtet im gallischen Trèves seinen Kaiserhof
388	Maximus wird in Aquileia getötet
390–400	Die Sachsen werden *foederati* der Römer
392	Maximus bezwingt die Pikten und Skoten
395	Feldzug des Stilichos
4./5. Jh.	*Notitia Dignitatum*
5. Jh.	Beginn der geschichtlichen Periode Irlands. Die Vorherrschaft der Uí Néill festigt sich im mittleren und nördlichen Irland. Sklavenraub des Coroticus in Irland
um 400	St. Ninian predigt den Pikten das Christentum
406	Die Barbaren aus dem Norden überschreiten den Rhein
407	Aufstand der Britannier unter Konstantin, der, vom Heer gezwungen, den Kaisertitel usurpiert
409	Aufstand der Gallier von Armorica gegen die Römer
410	Die Goten erobern Rom. Honorius verkündet die Autonomie der britannischen Stadtstaaten
um 425	Vortigern, führende Keltenpersönlichkeit in Britannien
427/428 bis 462/463	Laegaire, der erste irische König
428	Eroberung von Donegal
429	Germanus besucht Britannien. Aufstand der Gallier von Armorica gegen die Römer
431	Palladius' Ankunft in Irland
432	Patricks Ankunft in Irland
435–437	Tibatto, Führer des Aufstands der Gallier von Armorica gegen die Römer
Mitte 5. Jh.	Britannien wird unabhängig. Die keltischen Fürsten übernehmen die Herrschaft
um 481–511	Frankenkönig Chlodwig
5./6. Jh.	Die Bretagne wird von Westbritannien aus kolonisiert. Arthur, legendärer britischer Heerführer
6. Jh.	Höhepunkt der westbritannischen Kolonisierung in der Bretagne. Gildas und Voteporix. *Kosmographie von Ravenna. De excidio Britanniae*
um 547–559	Ida von Bernicia
548	Gründung von Clonmacnoise
um 550	Entstehung des Piktenreiches und der Königreiche Dál Riata, Strathclyde und Bernicia
557	Gabráns Tod
563–597	Kolumban der Ältere (Columcille)
565	Tod Brendans von Birr
572–579	Theodric, König von Bernicia
573	Schlacht von Arfderydd (Arthuret, bei Carlisle)
575	Versammlung von Druim Ceata
576	Tod Brendans von Clonfert
577–594	Bretonenhäuptling Waroch II.

578	Schlacht von Manau
579	Vannes wird bretonisch
580	Aedáns Expedition zu den Orkneys
582/583	Tod Baetáns
585–592	Hussa, König von Bernicia
587	Waroch II. überfällt Nantes
590	Canao, der Sohn Warochs II., schlägt das Frankenheer
597	Kolumbans Tod
615	Tod König Mongáns von Moylinny am Lough Neagh in Nordirland. Tod des Columbanus
um 615	Jonas, *Vita Columbani*
616	Schlacht von Chester
624	Tod König Mongáns und König Rónáns von Leinster
625	Tod König Cadfans von Nordwales
627	Paulinus von Canterbury bekehrt Edwin, den anglischen König von Bernicia und Deira
um 628	Eochaid Buide, Piktenkönig
634	Schlacht von Mag Rath (Moira)
642	Domnall Brecc von Dál Riata unterliegt dem Britenkönig Owen von Dumbarton
642–671	Oswy, König von Northumbria
um 650	*Book of Durrow*, Evangeliar
658	Tod König Gurets (Gwriads) von Alcluathe (Dumbarton)
679–704	Adamnán, *Vita Columbae*
um 685–689	Adamnán, *Vita sancti Columbani*
688	Tod des schottischen Königssohnes Cano
8. Jh.	*Táin Bó Cualnge*, das große irische Prosaepos über den »Viehraub von Cooley«
704	Adamnáns Tod
um 710–720	*Book of Lindisfarne*
721–742	Cathal mac Finguini, König von Cashel
um 722–724	Schlacht von Allen
734	Sieg der Cenél Eógain über die Cenél Conaill
741	Angus' Angriff auf Dál Riata
745	Tod des irischen Hymnendichters Oengus mac Tipraiti
761	Tod des Oengus mac Fergusa
781	Tod des Piktenkönigs Fergus
9. Jh.	Ende der piktischen Vormachtstellung. Nennius, *Historia Brittonum*. *Sanas Cormaic*, zeitgenössische Enzyklopädie und Wörterbuch
820	Tod des Piktenkönigs Konstantin
822	Die Sachsen zerstören Degannwy
um 825	Dicuil, *De mensura orbis*
828	Der westsächsische König Ecgbright erobert Mercia und unterwirft sich die Waliser

835	Feldzug König Burgreds von Mercia gegen Wales
845–858	Sedulius Scottus
846	Nomenoë erzwingt von Karl dem Kahlen die Unabhängigkeit der Bretagne
853	Amlaim, Sohn des Königs von Lochlann, erobert Dublin. Die »Schwarzen Heiden« verwüsten Anglesey, die »Kornkammer von Wales«
855	Tod König Concenns von Powys
857	Ruadhri, der Sohn des britannischen Königs Mermin, tötet den Dänenführer Horm (Gormr)
858	Tod des Piktenkönigs Kenneth mac Alpin
870	Die Norweger zerstören die Felsenburg von Dumbarton
875	Die Norweger verwüsten Strathclyde und Galloway
877	Tod König Rhodri Mawrs. Aufteilung des walisischen Königreichs unter seine drei Söhne Merfyn, Anarawd und Cadell. »Sonntagsschlacht« von Anglesey
um 900	*Dreigeteiltes Leben des heiligen Patrick*
900–930	*Armes Prydein,* walisisches Heldengedicht
um 925	König Athelstan
937	Schlacht von Brunanburh
945	Tod des Norwegerkönigs Harold Blondhaar
950	Tod des walisischen Königs Hywel Dda
976–1014	König Brian von Munster
11. Jh.	*Buch der Invasionen,* revidierte Fassung
1002	Brian Boru wird König von Irland
1014	Schlacht von Clontarf
1066	Schlacht bei Hastings

Abbildungsverzeichnis

Schwarzweiß-Abbildungen

Register

Inhalt

6 – 1 – 3,5 – 9 – 7